黑龙江省省级重点学科农林经济管理学科
黑龙江省高端智库现代农业发展研究中心　资助

农业与农村经济发展研究
2021

东 北 农 业 大 学 经 济 管 理 学 院
东北农业大学现代农业发展研究中心　编

中国农业出版社
北　京

前言

FOREWORD

2021年2月21日，中共中央、国务院印发中央1号文件《中共中央　国务院关于全面推进乡村振兴加快农业农村现代化的意见》（以下简称《意见》），这是新世纪以来，中共中央围绕"三农"问题连续发出的第十八个1号文件。《意见》指出："坚持农业农村优先发展，坚持农业现代化和农村现代化一体设计、一并推进，坚持创新驱动发展"，"为全面建设社会主义现代化国家开好局、起好步提供有力支撑"。

"十三五"时期，新时代脱贫攻坚目标任务如期完成，现行标准下农村贫困人口全部脱贫，贫困县全部摘帽，易地扶贫搬迁任务全面完成。《意见》指出要"实现巩固拓展脱贫攻坚成果同乡村振兴有效衔接"，要在脱贫攻坚目标任务完成后，对摆脱贫困的县，从脱贫之日起设立5年过渡期，做到"扶上马送一程"；要深入实施重要农产品保障战略，完善粮食安全省长责任制和"菜篮子"市长负责制，确保粮、棉、油、糖、肉等供给安全；要"有序推进生物育种产业化应用"，要加快第三次农作物种质资源、畜禽种质资源调查收集，加强国家作物、畜禽和海洋渔业生物种质资源库建设；要"有序开展第二轮土地承包到期后再延长30年试点"，要坚持农村土地农民集体所有制不动摇，坚持家庭承包经营基础性地位不动摇，保持农村土地承包关系稳定并长久不变，健全土地经营权流转服务体系。

习近平总书记指出，"民族要复兴，乡村必振兴"。2021年中央1号文件是在脱贫攻坚和乡村振兴交汇推进时期发布的，既谋当前又谋长远，对实现巩固脱贫攻坚成果和乡村振兴有机衔接、加快推进农业现代化、大力实施乡村建设行动等进行了细致部署，擘画了新时期乡村振兴和"三农"发展新图景。围绕这些方面，东北农业大学经济管理学院的广大教师和科研工作者秉持深厚的爱农情怀和兴农担当，高度关注"三农"问题并开展相关研究，形成了丰硕的成果。为系统梳理这些成果，更好地服务"三农"发展，鼓励更多的教师、科研人员关注"三农"、投身"三农"，经济管理学院决定编辑出版 2021 年度的《农业与农村经济发展研究》。

东北农业大学是中国共产党在解放区创办的第一所普通高等农业院校，是一所"以农科为优势，以生命科学和食品科学为特色，农、工、理、经、管等多学科协调发展"的国家"211 工程"重点建设大学和"世界一流学科"建设高校。经济管理学院覆盖管理学和经济学两大学科门类，拥有农林经济管理（省级重点一级学科）博士学位授权一级学科，依托该学科设有博士后科研流动站，在教育部第四轮学科评估中并列第八名；拥有农林经济管理、应用经济学、工商管理 3 个硕士学位授权一级学科；拥有工商管理硕士（MBA）、会计硕士（MPAcc）、农业硕士（MAM 农业管理领域）和金融硕士（MF）4 个专业学位授权点。开设农林经济管理、会计学、工商管理、市场营销、人力资源管理、金融学、保险学和国际经济与贸易 8 个本科专业，其中农林经济管理和会计学专业为国家级一流本科专业建设点；金融学、人力资源管理和市场营销专业为省级一流本科专业建设点。学院拥有黑龙江省高端智库现代农业发展研究中心，依托智库平台在理论研究上围绕农村合作经济、畜牧经济、农垦经济、县域经济、农区林业经济、农村金融、农业保险等特色研究方向积极承担各级各类课题研究、决策咨询等，对乡村振兴战略实施的若干问题进行深入研究，并取得了较为丰硕的成果。

2021 年是全面推进乡村振兴战略的开局之年。在"十四五"期间，中国"三农"问题该走向何处？脱贫攻坚成果如何持续巩固？农业农村现代化怎样推进？乡村建设行动怎么实施？这都是学术界和理论界亟待研究解决的问题。面对这样的使命和任务，东北农业大学经济管理学院广大教师和科研工作者将继续秉承学校"艰苦奋斗、自强不息"的精神和"勤奋、求实、奉献、创新"的校风，坚持"立足龙江、面向全国、发挥优势、积极服务"的宗旨，依托省级高端智库平台，围绕优势研究领域开展课题研究、决策咨询等，继续实现学院科学研究、社会服务、人才培养的全面发展。

2021 年度《农业与农村经济发展研究》的编辑和出版得到了黑龙江省级重点学科东北农业大学经济管理学院农林经济管理学科和省级高端智库现代农业发展研究中心以及相关研究课题的资助，得到了全院师生员工的支持和帮助，在此一并表示感谢！

东北农业大学经济管理学院院长、教授、博士生导师

张启文　博士

2021 年 12 月

目 录
CONTENTS

目　　录

目　录

农地经营权抵押贷款保证保险
实证分析与政策选择研究[*]

李 丹　李心仪　王馨瑶

　　解决农业经营主体融资压力是我国农村金融工作的重点任务之一，各级政府应对此予以高度关注。考虑到农业经营主体缺乏有效抵押物的情况，自2008年中共十七届三中全会首次提出农业经营主体以农村土地经营权为抵押标的向银行申请贷款起，各级政府频繁发布文件支持该政策的推广。2016年，五部委联合发布《农村承包土地的经营权抵押贷款试点暂行办法》，选取了232个地区作为农村土地经营权抵押贷款试点。2019年1月，经二次修订的《农村土地承包法》正式生效，农地经营权抵押贷款正式得到较为完整的法律保障。

　　尽管农地经营权抵押贷款全面推开条件已经成熟，但由于农业具有弱质性，自然条件恶化、价格市场骤变、家庭变故、道德意识薄弱都有可能增加信用风险，一旦农业经营主体不能按期偿还贷款，银行就难以处置抵押标的，降低贷款发放积极性，进而影响商业可持续性，阻碍农地经营权抵押贷款闭环的形成。由于上述风险的存在，该融资方式在实际试点过程中未能稳定落实，仍存在"水土不服"的现象：部分地区采取该方式融资时仍需由担保人提供担保，或需将土地附着物一并抵押；个别试点地区的农地经营权抵押贷款试点工作停滞不前；还有部分试点地区的农地经营权并没有发挥实质性的抵押功能，却在指标任务压力下将传统担保贷款统计为农地经营权抵押贷款。

　　农业保险几乎是我国农村金融体系为农业经营主体生产提供风险保障的唯一手段，可用于增加信贷可得性和信贷额度。2014年中央1号文件鼓励探索开办涉农金融领域的贷款保证保险和信用保险等业务，在农地经营权抵押贷款试点推行背景下，农业保险的介入能够分散贷款过程中存在的风险，减小试点推行阻力，然而目前市场上还没有成熟的农地经营权抵押贷款信用风险化解产

　　* 国家社会科学基金一般项目（项目编号：17BJY207）。
　　项目负责人为李丹教授，主要参加人员有李心仪、王馨瑶、李鸿敏、贾晓晨、钱巍等。

品，现有的地方政府、银行与担保公司等分散风险的补偿金机制也存在一定不足：首先，没有进入市场主导阶段，过度依赖政府财政，财政状况较差的农业主产区政府信贷风险分担能力较弱，且存在大灾之年政府"无钱可补"的可能性；其次，多数银行本就不愿意向农业经营主体发放贷款，从理性经济人角度出发，若银行再承担部分风险补偿金，经济效益或受影响；最后，担保公司未曾了解农业经营主体的实际生产经营情况，对农业生产和经营风险的判断可能不具备专业性。因此有必要利用保险公司优势创新农地经营权抵押贷款保证保险产品，实现农业保险化解农业风险和分担信贷风险的功能，从根本上解决农业经营主体贷款难题。

一、农地经营权抵押贷款保证保险设计基础调研

由于国内尚无成熟的农地经营权抵押贷款保证保险产品，为设计创新型产品，了解农地经营权抵押贷款的实际开展情况，课题组从《农村承包土地的经营权抵押贷款试点暂行办法》指定的农地经营权抵押贷款试点地区中选取具有代表性的试点地区，进行实地调研，完成前期资料搜集工作，为设计产品运行流程、论证产品供需情况提供信息支持。

（一）调研选址情况

2017 年 6 月至 2019 年 10 月，课题组在农村的土地确权调研完成较顺利，并且在当地农业农村局接洽态度较好的黑龙江省（绥化市、齐齐哈尔市、佳木斯市、鹤岗市下辖县）、山东省（青岛市平度市、临沂市沂南县、潍坊市齐鲁土地产权交易中心）、四川省（成都市大邑县）、重庆市（永川区）采取了面对面调研的方式。其中在黑龙江省主要针对三类农业经营主体（普通农户、种植大户、农民合作社）进行调研，并与农业农村局、国土资源局、农地经营权流转相关部门进行座谈；在山东省主要针对新型农业经营主体进行调研，并和政府、保险公司、银行、土地流转网、齐鲁农村产权交易中心座谈；在四川省以对典型对象开展深度访谈形式调研；在重庆市主要针对新型农业经营主体、政府、保险公司、银行进行调研。

1. 东北地区农业大省选址

黑龙江省是我国最北端以及陆地最东端的省级行政区，辖 12 个地级市、1 个地区；54 个市辖区、4 个地辖区；67 个县（市），其中县级市 21 个。地跨黑龙江、乌苏里江、松花江、绥芬河四大水系，土地总面积 47.3 万平方千米，居全国第 6 位，耕地面积 15 940 850.84 公顷，占黑龙江省土地总面积的

33.87％。2020 年，黑龙江省粮食产量 7 541 万吨，比 2019 年增加近 40 万吨，实现"十七连丰"，黑龙江省是我国最大的粮食生产基地，是维护国家粮食安全的压舱石，为保障国家粮食安全做出了重要贡献。黑龙江省的农业生产相关活动在我国东北部农业生产地区中具有代表性，同时十余个县、市、区作为首批试点地区在农地经营权抵押贷款业务方面进行了初步探索，故课题组从首批农地经营权抵押贷款试点地区中，选取了绥化市、齐齐哈尔市、佳木斯市、鹤岗市下辖的富锦市、肇东市、汤原县、桦川县、克东县、克山县、讷河市、青冈县、绥滨县等多个地区。2017 年 5—9 月课题组前往当地调研。

2. 华东地区农业大省选址

山东省位于中国华东地区，辖济南、青岛等 16 个设区市，县级政区 137 个（市辖区 57 个、县级市 27 个、县 53 个）。2019 年，山东省粮食总产量达到 1 071.4 亿斤（1 斤＝0.5 千克），比上年增加 7.4 亿斤，连续 6 年稳定在千亿斤以上；基本完成农村集体资产清产核资，99.99％的涉农村（组）清查资产 5 843.69 亿元，98.92％的村（组）完成成员身份确认；农村土地制度改革不断深化，土地流转面积 3 589.7 万亩 *，占家庭承包经营总面积的 38.7％；扎实推进县域农村综合产权流转交易市场建设，实现交易额 220 亿元。要了解中国东部地区农地经营权抵押贷款保证保险的实践背景及基础，理应在山东省选取代表性地区进行实地调研，为此，在对山东省首批农地经营权抵押贷款试点地区进行筛选后，课题组于 2019 年 5 月前往当地调研。

3. 西南地区农业大省选址

四川省成都市大邑县辖 16 镇 3 乡 1 街道，面积 1 327 平方千米，全县总人口 51.3 万人，其中农业人口 31.8 万人、占 61.9％，共有耕地 44.73 万亩，永久基本农田 39.62 万亩，粮食生产功能区 18.19 万亩，重要农产品生产保护区 6 万亩，建成高标准农田 10.8 万亩。在对我国东北、华东地区的农业大省黑龙江省和山东省实地调研后，课题组了解到成都平原农村劳动力输出量巨大，农村土地流转十分普遍，有农地经营权抵押贷款试点经验和一定的业务量，也有相应的新闻报道和学术研究，但还不曾有农地经营权抵押贷款保证保险类业务的试点，课题组十分好奇当地化解银行的处置风险的途径。在校友的帮助下，课题组与成都市大邑县智慧农业产业园取得联系，了解到四川润地农业有限公司已在此地初步搭建润地数字农业综合服务平台，建成"农业＋互联网"信息化基地 15 个，在初步获得资料后，课题组于 2019 年 7 月前往当地调研。

---

  * 亩为非法定计量单位，1 亩≈666.7 平方米。——编者注

在选取了成都平原典型调研对象后，课题组还想选取一个重庆市的地区开展调研，该地区应具备如下特点：农业产业发达，农村政策体系和制度环境好，金融支持力度大。重庆市永川区作为全国第二批农村改革试验区，承担涉农建设性资金整合试验（涉农建设资金整合 25.58 亿元）、农产品目标价格保险试点、农业设施登记抵押担保融资方式试点等国家级改革任务，农村集体产权制度改革基本完成，自 2011 年 8 月起，以加快土地确权为基础，建立和完善权益评估、风险补偿、资产流转、担保保险、产权交易等机制，探索农地经营权抵押贷款试点。截至 2019 年，重庆市永川区已累计办理农地经营权抵押贷款 636 笔，共计 6.64 亿元。通过电话联系重庆市永川区农业农村委负责人，课题组了解到当地农村发展经验丰富，而且对于农地经营权抵押贷款采用了别样的风险化解方式，该地探索实施的农业设施及地上种植物登记抵押融资试点，非常吸引课题组。因此，2019 年 7 月课题组前往当地调研。

（二）农地经营权抵押贷款保证保险发展基础调研总结

制定农地经营权抵押贷款政策的出发点是为支持"三农"融资提供具体可实施方案，但通过对东北、华东、西南地区的农业主产区农地经营权抵押贷款发展情况及农地经营权抵押贷款保证保险实践背景进行调研，课题组发现目前政府支持下的农地经营权抵押贷款未能有效对接"三农"融资需求，存在一定疏漏和现实约束。总体来看，农地经营权抵押贷款受限最核心的原因是农用土地价值评估和处置变现不畅导致的风险控制问题，具体体现为：

1. **黑龙江省主要问题**

通过对黑龙江省部分地区调研发现，农地经营权抵押贷款业务开展初获成效，但非正规土地流转普遍存在，抵押贷款操作受限；抵押贷款可用土地性质受限；贷款模式倾向"双重保障"；农地经营权价值评估环节存在难点；农业贷款发放存在马太效应等问题。

2. **山东省主要问题**

通过对山东省部分地区调研发现，近年来国家各种惠农政策支持了农业生产，在一定程度上满足了农业经营主体融资需求，但由于贷款信赖程度较低、抵押标的处置较难、私下土地流转较多、银行实操顾虑较大、贷款业务性质较乱，导致农地经营权抵押贷款业务量较少、违约风险高、银行积极性受挫、部分试点地区已经暂停该项贷款业务。

3. **川渝地区主要问题**

通过对川渝部分地区调研发现，尽管农地经营权抵押贷款处在探索发展阶段，但存在突出的农地经营权抵押贷款风险处置问题和制度设计瓶颈，且尚未发展出支持农地经营权抵押贷款的金融产品，同时合作社的机制存在漏洞，直接导致合作社主理人在申请农地经营权抵押贷款时面临手续烦琐的问题。

以上问题的存在影响了农地经营权抵押贷款试点工作的开展，同时成为农地经营权抵押贷款保证保险的现实开展基础。针对农地经营权抵押贷款面临的实际风险提出对策，可以倒逼农村金融产品创新。尽管目前国内市场还没有成熟的农地经营权抵押贷款保证保险产品，但为获取相关数据以支持后续创新产品供需情况分析，在前期调研时将有类似产品的省份如黑龙江省和山东省视为农地经营权抵押贷款保证保险试点地区进行数据收集，并依据黑龙江省调研数据进行创新产品需求影响因素实证分析；将没有类似产品的地区如川渝地区视为农地经营权抵押贷款保证保险非试点地区，利用信号博弈模型判断农地经营权抵押贷款保证保险首次开展的可行性条件。

二、农地经营权抵押贷款保证保险理论框架

农地经营权抵押贷款保证保险业务与土地确权、农地经营权抵押贷款以及涉农保险息息相关，故在进行业务流程理论设计之前应对相关概念进行界定。

（一）相关概念界定

1. 农地经营权

农地经营权是农村土地经营权的简称，是基于土地"三权分置"思想从农村土地承包经营权之中细分出的一项权利，指农地经营者对其通过家庭承包或土地流转方式依法获得的土地，在规定期限内享有占有、使用及获取收益等的权利。农地承包权与经营权分置是我国城乡结构演变的必然结果。随各地区城镇化水平的提升，众多农村人口走出农村到城市寻求发展机会，从事农业生产的人数急剧下降。为了提升农地资源的使用效率，许多农民会选择将自身承包的土地交由他人代耕，农地承包权所有者保持不变，但农地实际使用者发生变化，由此产生农地承包权与经营权分离的现象。

2. 农地经营权抵押贷款

农地经营权抵押贷款指农业经营主体、个体工商户、企业法人及其他经济组织等具有中国国籍的完全民事行为能力自然人，以其依法取得并由农村产权交易中心完成登记确权的承包土地的经营权作抵押，向银行业金融机构申请贷款并按期偿还贷款本息的一种融资业务。农业经营主体抵押的农地经营权应是通过家庭承包或流转依法获得的，获得的资金应按照规定投入农业生产。该项业务坚持以依法合规、平等自愿、诚实守信为原则开展，坚决不侵犯农村土地

所有权权属、不改变承包经营权性质及用途，切实保护好农业经营主体利益。在农村金融市场上良好运行过程中，该项业务所涉及的各主体之间相互关联、协调，同时相互制约，以期共同发挥业务功能，在推进农村信贷市场供需平衡基础上，有效缓解农业经营主体贷款难的问题。

3. 贷款保证保险

贷款保证保险是指以银行发放的贷款本金（或本息）作为保证标的物，由保险公司（保证人）承保，保证当借款人（被保证人）无法履行约定按期偿还贷款时，保证人代为偿还银行等放贷机构经济损失的一种担保业务。在履行贷款保证保险合同过程中，合同签订双方分别为被保证人（借款人）及保证人（保险公司），银行等放贷机构则为该保险合同的第三方。从概念上看，传统财产保险所承保的是能够物化的风险，即保险标的物为具体实物，当风险事故发生时，保险人承担赔付实物经济损失的职能；而贷款保证保险所承保的是义务人的信用风险，即保险标的物为义务人信用，当风险事故发生时，保证人承担赔付义务人违背信用所造成放贷机构经济损失的职能。因而，贷款保证保险虽为财产保险的一类，但本质上是明显区别于其他财产保险业务的一种担保业务。

4. 农地经营权抵押贷款保证保险

农地经营权抵押贷款保证保险根植于农地经营权抵押贷款业务中，是将保证保险引入农村信贷体系，破解"贷款难、贷款贵"问题的一项农村金融创新产品。农地经营权抵押贷款保证保险中，签订合同的双方为农业经营主体与保险公司，分别为被保证人和保证人，放款的银行为第三方。政府决定是否支持该业务，如支持便要起到监管作用并发放补贴。各主体间的关系见图1。

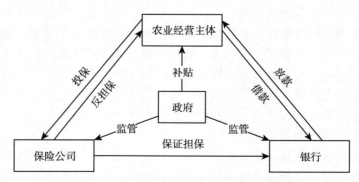

图 1　农地经营权抵押贷款保证保险各主体间关系

农业经营主体即借款人为增强自身信用易于获得贷款人放款，以自身信用为标的、以贷款额度为限度，向保险人提供其依法取得的农地经营权作为反担保物并支付担保费，获得保险人信用保证，当由于约定原因导致借款人不能按期偿还贷款并使贷款人遭受经济损失时，由保险人代替偿还后，向借款人直接追偿。

（二）农地经营权抵押贷款保证保险业务流程的理论设计

根据上述概念界定，结合有关业务经营情况，设计农地经营权抵押贷款保证保险标准化业务流程（图2）。

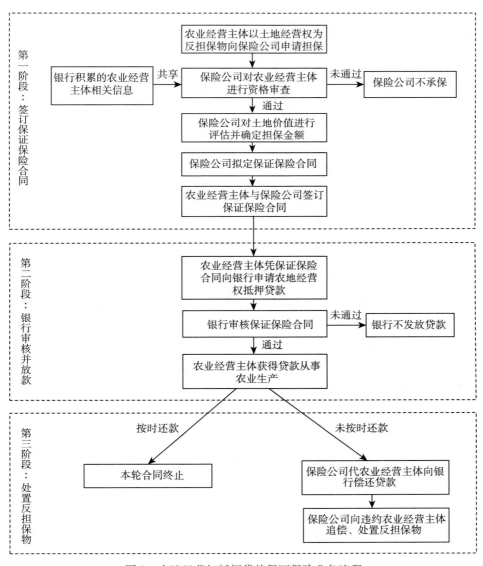

图 2　农地经营权抵押贷款保证保险业务流程

第一阶段，农业经营主体与保险公司签订保证保险合同。

有贷款需求的农业经营主体以农地经营权为反担保物，向保险公司申请购买农地经营权抵押贷款保证保险。保险公司对申请人的资信状况进行审核，并与银行共享信息，筛选出资信较好的农业经营主体，对其还款信用进行承保，由专业资产评估小组对农地价值进行科学评估并确定保证金额，保险公司根据审核结果对借款人出具保证保险合同。农业经营主体与保险公司签订保证保险合同或根据具体情况合理增设附加条款后签订保证保险合同。

第二阶段，银行审核保证保险合同，决定是否发放贷款。

农业经营主体与保险公司签订保证保险合同后，方可凭借该合同到银行申请贷款。放贷银行在对保证保险合同的内容进行审核后，对优质借款人在保证保险合同提供担保额度的范围内发放贷款。保险公司负责贷后监督相关事宜。

第三阶段，保险公司根据农业经营主体履约情况处置农地经营权。

若农业经营主体按时偿还贷款，则合同终止，保险公司归还其农地经营权；若农业经营主体无法按期偿还贷款，则由保险公司代农业经营主体向银行偿还贷款，然后再向违约农业经营主体追偿，依法处置农地经营权，直至农业经营主体还清本息。

三、基于结构方程模型的农地经营权抵押贷款保证保险需求的影响因素分析[*]

（一）实证数据来源

由前文理论分析可知，农业经营主体对农地经营权抵押贷款保证保险的需求建立在对农地经营权抵押贷款的需求之上，故实地调研时，先向黑龙江省 4 个市 9 个县的三类农业经营主体（普通农户、种植大户、农民合作社）以提问的方式确定其"是否有贷款需求"，筛选出有贷款需求的农业经营主体并进行问卷调研。共调研农业经营主体 517 个，其中有贷款需求的农业经营主体为 405 个，约占总样本量的 78.3%，无贷款需求的农业经营主体为 112 个，约占总样本量的 22.7%。结果显示，各类农业经营主体的贷款需求不同，种植面积越大的农业经营主体贷款需求越高（表 1）。向上述有贷款需求的农业经营主体发放问卷 405 份，回收有效问卷 371 份，有效回收率为 92.8%（表 2）。

---

[*] 原载于《金融理论与实践》2020 年第 1 期（作者：李丹、张良英等）。

表1　贷款需求统计

是否有贷款需求	普通农户		种植大户		农民合作社		个数
	个数	比例	个数	比例	个数	比例	
有贷款需求	118	66.7%	197	81.4%	90	91.8%	405
无贷款需求	59	33.3%	45	18.6%	8	8.2%	112
合计	177	100.0%	242	100.0%	98	100.0%	517

数据来源：根据调研统计数据整理得到。

表2　调研地点及有效问卷量

城市	调研县（市）	有效问卷量（份）	在总样本中的比重
绥化市	肇东市	37	10.0%
	青冈县	28	7.5%
齐齐哈尔市	讷河市	50	13.5%
	克山县	42	11.3%
	克东县	45	12.1%
佳木斯市	富锦县	41	11.1%
	桦川县	32	8.6%
	汤原县	56	15.1%
鹤岗市	绥滨县	40	10.8%
合计		371	100.0%

数据来源：根据调研统计数据整理得到。

本次问卷调查中，受访者均为其所属农业经营主体的主要负责人。样本构成方面，从性别结构上看，调查者多为男性，占96.2%，女性受访者占3.8%；从年龄结构上看，受访者年龄在40～65岁的居多，占60.7%，小于40岁的占36%，大于65岁的占3.3%；从文化程度结构上看，受访者为小学或小学以下学历者占14.8%，初中学历者占46.2%，高中学历者占27.5%，高中以上学历者占11.5%。

（二）变量设置

除受访者基本信息（性别、年龄、文化程度）之外，基于影响保证保险需求因素的理论基础，从政策、经济、风险、民间借贷以及业务的替代作用等几个方面，确定影响农地经营权抵押贷款保证保险需求的7个指标。鉴于上述指标无法直接观测，通过23个可测变量表达7个潜变量，且允许各变量带有测量误差（表3）。

表3 模型变量对应表

潜变量	可测变量	赋值内容
从事农业生产的 基本情况 （Agriculture）	农业劳动人口（Population）	参与农业生产的实际人口数
	从事农业生产年限（Year）	农民从事农业生产的具体年数
	经营类型（Type）	纯农业经营＝1；农业为主兼营其他＝2； 非农业为主兼营其他＝3；非农业经营＝4
	经营土地面积（Area）	土地经营的实际亩数
	农业收入（Income）	实际收入的万元数
	债务水平（Debt）	无负债＝0；有负债＝实际负债金额
农业经营主体的 借贷行为 （Lend）	贷款的需求比例（LDEMAND）	贷款额占资金需求额的比例
	贷款的主要方式（LMETHOD）	信用社贷款＝1；民间借贷＝2；商业 银行正常贷款＝3；其他方式＝4
	贷款的基本利率（LRATE）	不同种贷款方式的平均利率
	贷款的附加成本（LCOST）	除利息外的贷款所需其他费用的总和
相关政策的执行情况 （Policy）	是否完成土地确权（Right）	是＝1；否＝0
	是否进行土地流转（Transfer）	是＝1；否＝0
	是否购买政策性农业保险 （Purchase）	是＝1；否＝0
	是否有抵押标的（Pawn）	是＝1；否＝0
担保条件 （Guarantee）	抵押标的的类型（PAWNT）	房屋＝1；牲畜＝2；土地＝3； 其他家庭财产＝4
	抵押标的的价值（PAWNP）	抵押标的的实际现金价值量
金融机构的相关情况 （Financial）	对政策性农业保险服务评价 （PAGIN）	非常不满意＝1；不满意＝2； 一般＝3；满意＝4；非常满意＝5
	是否投保商业性农业保险 （CAGIN）	是＝1；否＝0
	银行贷款的难易程度（Difficulty）	非常困难＝1；困难＝2； 一般＝3；容易＝4；非常容易＝5
民间借贷 （Nongovernmental）	贷款利率（NLRATE）	贷款实际发生的年利率
	借贷规模（NLSCALE）	民间借贷占家庭总贷款额的比例
潜在需求（Demand）	对农地经营权抵押贷款保证保险 的了解程度（Awareness）	非常不了解＝1；不了解＝2；一般＝3； 了解＝4；非常了解＝5
	对农地经营权抵押贷款保证保险 的购买意愿（PURINT）	非常不愿购买＝1；不愿购买＝2； 一般＝3；愿意购买＝4；非常愿意购买＝5

（三）样本描述性统计

调研结果中，100％的受访者在"是否完成土地确权"一栏选择"是"，表明黑龙江省土地确权完成较为顺利，因其对后续分析不产生影响，故不将其作为变量处理；仅有1.89％的受访者在"是否有抵押标的"一栏选择"否"，因本课题主要研究对象是有抵押标的的农业经营主体对农地经营权抵押贷款保证保险的需求，且数据中无抵押标的的农业经营主体数据量过少，不具有代表性，故不将其作为变量处理并删除对应的无效样本。删除无效样本后样本总量为364个，针对内生潜变量"潜在需求"的有效样本整理如表4所示。

表4　潜在需求的样本特征

潜变量	赋值内容	个数	比例
对农地经营权抵押贷款保证保险的了解程度	非常不了解	146	40.11％
	不了解	157	43.13％
	一般	37	10.16％
	了解	13	3.57％
	非常了解	11	3.02％
	合计	364	100.00％
对农地经营权抵押贷款保证保险的购买意愿	非常不愿购买	101	27.75％
	不愿购买	133	36.54％
	一般	48	13.19％
	愿意购买	45	12.36％
	非常愿意购买	37	10.16％
	合计	364	100.00％

通过整理内生潜变量"潜在需求"的有效样本可见，受访者对于农地经营权抵押贷款保证保险的了解程度和购买意愿普遍偏低，因此需要通过结合实际情况及理论研究基础建立模型，探明导致农业经营主体不了解、不愿购买农地经营权抵押贷款保证保险的因素有哪些。按照农业经营主体不同类别对样本进行统计，普通农户99个，种植大户181个，农民合作社84个。统计得到不同类别农业经营主体对农地经营权抵押贷款保证保险的了解程度和购买意愿（表5）。

表5显示，不同农业经营主体的潜在需求不同。普通农户不了解且不愿意购买农地经营权抵押保证保险的比例较高，而种植大户、农民合作社同普通农

户相比，了解农地经营权抵押贷款保证保险后的购买意愿明显提升。

表5 不同农业经营主体的潜在需求

潜变量		普通农户		种植大户		农民合作社	
		个数	比例	个数	比例	个数	比例
是否了解农地经营权抵	是	0	0	43	11.81%	18	4.95%
押贷款保证保险	否	99	27.20%	138	37.91%	66	18.13%
是否愿意购买农地经营	是	11	3.00%	78	21.43%	41	11.26%
权抵押贷款保证保险	否	88	24.18%	103	28.30%	43	11.81%

注：将赋值内容"非常不了解（非常不愿购买）""不了解（不愿购买）"归类为"否"；"一般""了解（愿意购买）""非常了解（非常愿意购买）"归类为"是"。

（四）结构方程模型构建及实证分析

1. 模型选择

结构方程模型（Structural Equation Modeling，SEM）主要应用于经济学、管理学、社会学以及行为学等领域，用以解决传统统计方法不能较好拟合的问题，如经常会遇到无法直接观测的变量，或是处理多个因素相互影响、多个结果相互关联的关系等。SEM 将基于因子分析的测量模型与基于路径分析的结构模型整合为一个数据分析框架，是在估计每组可测变量与其测量的潜变量关系的同时，分析各潜变量之间关系的一种方法。

建立影响农地经营权抵押贷款保证保险需求因素的结构模型与测量模型，结构模型用来描述潜变量之间的关系，方程如下：

$$\eta = \boldsymbol{B}\eta + \boldsymbol{\Gamma}\xi + \zeta \tag{1}$$

式（1）中，η 代表内生潜变量；ξ 代表外生潜变量；ζ 为误差向量，代表方程中未能解释的部分。内生潜变量的系数矩阵 $\boldsymbol{B}$ 和外生潜变量的系数矩阵 $\boldsymbol{\Gamma}$，分别解释内生潜变量之间以及内外生潜变量之间的关系。

测量模型用来描述潜变量与可测变量之间的关系，方程如下：

$$Y = \boldsymbol{\Lambda}_v\eta + \varepsilon \tag{2}$$

$$X = \boldsymbol{\Lambda}_x\xi + \sigma \tag{3}$$

式（2）中，Y 代表内生潜变量的可测变量，$\boldsymbol{\Lambda}_v$ 代表内生潜变量与其可测变量的关联系数矩阵，ε 是 Y 的测量误差。式（3）中，X 代表外生潜变量的可测变量，$\boldsymbol{\Lambda}_x$ 代表外生潜变量与其可测变量的关联系数矩阵，σ 是 X 的测量误差。

2. 研究假设与模型建立

基于实地调研情况及 SEM 的建模标准，提出影响农地经营权抵押贷款保证保险需求因素的假说模型（图 3）。该模型以农业经营主体对农地经营权抵押贷款保证保险的潜在需求、从事农业生产的基本情况、农业经营主体的借贷行为、相关政策的执行情况、担保条件、金融机构的相关情况和民间借贷为潜变量，各潜变量分别含有 2～5 个不等的可测变量予以测量。

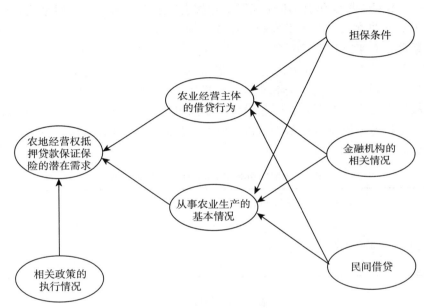

图 3 影响农地经营权抵押贷款保证保险需求因素的假说模型

综合分析假说模型构建之下各潜变量之间的相互影响关系，得出潜变量"农业经营主体的借贷行为""从事农业生产的基本情况"及"相关政策的执行情况"为潜变量"农地经营权抵押贷款保证保险的潜在需求"的直接影响因素，其余因素皆不直接对潜变量"农地经营权抵押贷款保证保险的潜在需求"产生影响，提出以下假设。

H1：担保条件、金融机构的相关情况以及民间借贷对从事农业生产的基本情况具有显著影响；

H2：担保条件、金融机构的相关情况以及民间借贷对农业经营主体的借贷行为具有显著影响；

H3：从事农业生产的基本情况、农业经营主体的借贷行为以及相关政策的执行情况对农地经营权抵押贷款保证保险的潜在需求具有显著影响。

3. 样本的科学性检验

在建立模型前，通过 SPSS21.0 统计软件对问卷调查数据进行信度与效度检验，其中采用 Cronbach's α 系数测量法测量数据内部一致性，以此判断信度水平，通过因子分析进行 KMO 测度和 Bartlett 球形检验，以此判断效度水平。对于总量表信度系数一般认为系数大于 0.8 的信度较好，21 个可测变量 Cronbach's α 系数值为 0.909，大于 0.8，表明数据整体间信度较高，通过信度检验。KMO 测度和 Bartlett 球形检验如表 6 及表 7 所示，一般来说，KMO 值大于 0.9 非常适合做因子分析，在 0.8～0.9 很适合；"$Sig. = 0.000$" 说明相关系数在 0.1％水平下显著，显著性较高，具有较高标准效度；7 个公因子贡献率达 72.344％，即所选的 7 个潜变量对 21 个可测变量解释能力达到 72.344％，说明通过这 7 个潜变量来分析问卷所要测量的问题具有较高结构效度；数据来源于问卷调查，问卷设计基于文献综述、理论基础以及预调查的实地情况，在专家提供意见基础上进行修改、最终确定，因此具有较好的内容效度，总体通过效度检验。

表 6　KMO 测度和 Bartlett 球形检验结果

KMO 检验统计量		0.830
Bartlett 球形检验	Approx. Chi－Square	3 876.812
	df	210
	$Sig.$	0.000

表 7　全部解释方差

成分	初始值			未经旋转提取因子的载荷平方和			旋转提取因子的载荷平方和		
	Total	%of Variance	Cumulative %	Total	%of Variance	Cumulative %	Total	%of Variance	Cumulative %
1	5.752	27.391	27.391	5.752	27.391	27.391	5.736	27.312	27.312
2	2.827	13.462	40.853	2.827	13.462	40.853	2.764	13.161	40.473
3	1.732	8.246	49.099	1.732	8.246	49.099	1.631	7.765	48.239
4	1.467	6.983	56.082	1.467	6.983	56.082	1.533	7.300	55.539
5	1.266	6.027	62.109	1.266	6.027	62.109	1.324	6.304	61.843
6	1.154	5.497	67.606	1.154	5.497	67.606	1.210	5.763	67.606
7	1.075	4.738	72.344	1.075	4.738	72.344	1.075	4.738	72.344
8	0.984	4.209	76.553						

4. 模型拟合与修正

将信度、效度通过检验的数据同初始模型拟合，拟合不理想部分经由修正系数进行逐次修正直至达到最优拟合路径，最后凭借输出的路径系数、误差、临界比分析潜变量之间及各潜变量与其可测变量之间的关系。

（1）模型拟合。 选用 AMOS21.0 软件，建立初始 SEM 路径（图 4），将数据导入后进行拟合。

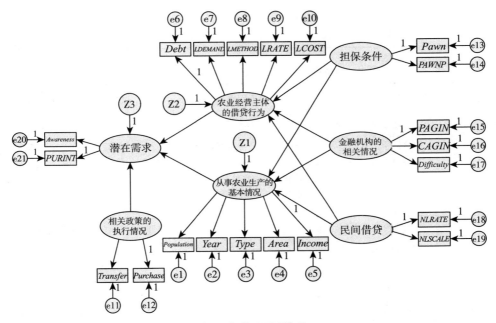

图 4 初始 SEM 路径

初始拟合结果部分不理想：拟合结果为 3.085，大于 2；GFI 拟合结果为 0.885，小于 0.9；ECVI 拟合结果为 1.802，大于饱和模型值 1.273；NFI 拟合结果为 0.862，小于 0.9；TLI 拟合结果 0.883，小于 0.9；AIC 拟合结果为 653.996，大于饱和模型值 462.000。虽有部分拟合结果不理想，但同标准相比较可知相差并不多，因此对模型进一步修正。

（2）模型修正。 在初始模型拟合不理想的情况下，选用修正指数（MI 对影响农地经营权抵押贷款保证保险需求因素的初始模型进行修正。具体的修正过程（表 8）体现为按照修正指数从大到小顺序，每次添加一个路径原则逐次修正，直至实现最优拟合，且注意添加路径能够通过理论模型解释其相关关系。经过 6 次修正初始模型实现最优拟合（表 9）。

表 8　初始模型修正

修正次数	修正路径	MI	Par Change
1	e9<−>el8	79.006	0.459
2	e8<−>e9	21.166	−0.212
3	e4<−>el3	14.290	−0.089
4	e8<−>e17	13.104	−0.149
5	e4<−>e14	11.641	0.028
6	e7<−>e9	10.140	0.118

表 9　模型整体适配度评价指标及修正后拟合结果

指数类型	指数名称	评价标准	拟合值	拟合结果
绝对拟合指数	卡方自由度之比 χ^2/df	<2，越小越好	292.813/167＝1.753	理想
	拟合优质指数 GFI	>0.9，接近 1 完美拟合	0.931	理想
	残差均方根 RMR		0.050	理想
	近似误差均方根 RMSEA	<0.08，拟合良好；<0.05，拟合精确；接近 0 完美拟合	0.046	理想
相对拟合指数	规范拟合指数 NFI		1.159（1.273；11.031）	理想
	增值拟合指数 IFI	>0.9，接近 1 完美拟合	0.926	理想
	Tucker－Lewis 指数 TLI		0.967	理想
	比较拟合指数 CFI		0.958	理想
简约调整拟合指数	简约比较拟合指数 PCFI	>0.5，在 0～1	0.966	理想
	简约规范拟合指数 PNFI		0.769	理想
信息标准指数	Akaike 信息标准指数 AIC	理论模型拟合值小于饱和模型、独立模型的拟合值	0.736	理想
	交互效应期望指数 ECVI		420.813（462.000；4 004.317）	理想

（五）模型最优拟合路径与结果分析

1. 模型最优拟合路径

上述拟合结果均为理想，表明模型通过整体适配度检验，可以用来检验前文提出的理论假设。理想拟合基础上形成最优拟合路径（图 5）。

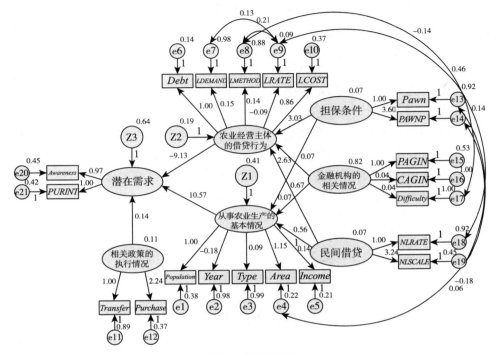

图 5 　最优路径

2. 结果分析

在 SEM 中，路径系数、误差、临界比以数据形态直观反映潜变量之间、各潜变量与其可测变量之间的关系（表 10）。

根据模型最优拟合路径所生成的路径系数，对农地经营权抵押贷款保证保险需求的各潜变量之间关系做出结果分析。

（1）结构模型相关关系分析。根据表 10 各潜变量之间路径系数、误差、临界比，前文 3 个假设均成立。其中，假设 3 "相关政策的执行情况对农地经营权抵押贷款保证保险的潜在需求的影响"显著性较弱，仅在 $p < 0.01$ 水平下显著。主要原因在于，黑龙江省土地流转程度为 88.69%，政策性农业保险投保率为 75.33%，相关政策的执行情况还不能达到预估标准，使潜变量 "相关政策的执行情况"对农地经营权抵押贷款保证保险潜在需求的影响程度较弱，符合预期假设。此外，间接影响因素 "金融机构的相关情况"对潜变量 "农业经营主体的借贷行为"的影响程度较弱，原因在于农业经营主体向银行贷款难，农业保险供需不平衡。

（2）测量模型相关关系分析。潜变量 "从事农业生产基本情况"的输出结果显示，可测变量 A3 对其影响不显著，原因在于，黑龙江省农村人口类型多为纯农业经营，或以农业为主兼营其他。此外，在问卷整理过程中所剔除的无潜在需求的农业经营主体，多以非农业经营为主。这两点原因使可测变量 A3 数据趋于一致、差异性较弱，导致可测变量 A3 对该潜变量影响不显著；可测变量 A1、A2、A4、A5 均对该潜变量有显著影响，其中可测变量 A2 的影响程度较弱，仅在 $p < 0.05$ 水平下显著，符合预期假设。

潜变量"农业经营主体借贷行为"的输出结果显示，可测变量 L9 对其影响不显著，这是由于确定平均利率所涉及的相关变量众多，计算过程难免存在误差，经修正虽已减小到最低限度但不能完全消除，导致可测变量 L9 对该潜变量的影响不显著；可测变量 L6、L7、L8、L10 均对该潜变量有显著影响，其中可测变量 L7、L8 的影响程度较弱，仅在 $p < 0.05$ 水平下显著，符合预期假设。

潜变量"相关政策的执行情况"的输出结果显示，可测变量对其显著影响较弱，原因与结构模型相关关系分析同理。潜变量"担保条件""民间借贷"中的各项可测变量均影响显著。其中可测变量 N19 对潜变量"民间借贷"的影响程度较弱，仅在 $p < 0.05$ 水平下显著，符合预期假设。

潜变量"金融机构相关情况"的输出结果显示，可测变量 F16、F17 对其影响不显著。现阶段虽然政策性农业保险覆盖率相对较高，但保障水平与农业经营主体的实际需求错配，而商业性农业保险产品少、覆盖率低，投保的农业经营主体数量甚微，由此导致可测变量 F16 对该潜变量影响不显著。经调查发现，农业经营主体认为银行贷款程序复杂、放款慢，但与现有其他贷款方式相比，银行贷款利率较低、有保障，所以倾向于选择银行贷款，两者之间的矛盾导致可测变量 F17 对该潜变量影响不显著。尽管数据表达与预期假设不完全符合，但基于实际环境主观选择分析后，认为结果依然符合预期假设。

潜变量"潜在需求"中两项可测变量 D20、D21 均对其影响显著，符合预期假设。

表 10　模型变量间回归结果

变量	参数估计值	S. E.	C. R.	P
农业经营主体的借贷行为<－担保条件	3.027	0.605	4.999	0.000
从事农业生产的基本情况<－担保条件	2.627	0.535	4.908	0.000
农业经营主体的借贷行为<－金融机构的相关情况	0.071	0.022	3.254	0.001
从事农业生产的基本情况<－金融机构的相关情况	0.074	0.020	3.703	0 000
农业经营主体的借贷行为<－民间借贷	0.672	0.175	3.844	0.000

（续）

变量	参数估计值	S. E.	C. R.	P
从事农业生产的基本情况＜－民间借贷	0.561	0.149	3.768	0.000
潜在需求＜－从事农业生产的基本情况	10.568	2.862	3.693	0 000
潜在需求＜－农业经营主体的借贷行为	－9.130	2.468	－3.700	0.000
潜在需求＜－相关政策的执行情况	0.344	0.132	2.613	0.009
A1＜－从事农业生产的基本情况	1.000			
A2＜－从事农业生产的基本情况	－0.175	0.076	－2.319	0.020
A3＜－从事农业生产的基本情况	0.089	0.076	1.1 77	0.239
A4＜－从事农业生产的基本情况	1.154	0.064	18.093	0.000
A5＜－从事农业生产的基本情况	1.139	0.064	17.768	0.000
L6＜－农业经营主体的借贷行为	1.000			
L7＜－农业经营主体的借贷行为	0.145	0.066	2.218	0.027
L8＜－农业经营主体的借贷行为	0.137	0.066	2.087	0.037
L9＜－农业经营主体的借贷行为	－0.094	0.066	－1.422	0.155
L10＜－农业经营主体的借贷行为	0.855	0.047	18.041	0.000
P11＜－相关政策的执行情况	1.000			
P12＜－相关政策的执行情况	2.339	1.800	1.300	0.194
G13＜－担保条件	1.000			
G14＜－担保条件	3.597	0.716	5.026	0.000
N18＜－民间借贷	1.000			
N19＜－民间借贷	3.239	1.322	2.450	0.014
F15＜－金融机构的相关情况	1.000			
F16＜－金融机构的相关情况	0.042	0.062	0.674	0.500
F17＜－金融机构的相关情况	0.039	0.062	0.628	0.530
D21＜－潜在需求	1.000			
D20＜－潜在需求	0.974	0.074	13.072	0.000

注：“1.000”表明设定该可测变量为基准变量，用以衡量同一潜变量之下其他可测变量的显著水平。

四、基于信号博弈模型的农地经营权抵押贷款保证保险在非试点地区供给决策分析

金融机构出于经济权益、风险规避和政策迎合的动机开展农地经营权抵押

贷款业务，但结合实际调研情况发现，农地经营权抵押贷款的良性运行必须以配套机制为保障。为完善农地经营权抵押贷款运行机制，本研究将农地经营权抵押贷款保证保险作为配套机制助力农地经营权抵押贷款模式的推广，基于信号博弈模型对供给主体在业务筹备试点阶段的供给行为选择进行分析，为多方参与主体的行为优化提供参考。

（一）信号博弈模型构建

在农地经营权抵押贷款保证保险非试点地区，从农地经营权抵押贷款保证保险供给侧出发，以农地经营权抵押贷款保证保险产品具有供给依据和能够产生的正向效用为前提，量化产品供给主体在筹备试点阶段的供给行为选择。

1. 模型选择

由于农业信贷体系中信息不对称程度较高，保险公司短期内无法准确了解当地农业经营主体的资金需求情况，或信息获取成本较高。而农地经营权抵押贷款作为中央政府支持、地方政府推行的农业信贷政策，地方政府能够结合以往工作内容较为准确地整合、判断当地农地经营权抵押贷款的开展情况，以及农业经营主体资金需求情况。在这种现实条件下，保险公司与地方政府之间的供给行为博弈具有不完全信息动态博弈的特征，符合信号博弈形式。

不完全信息指某一参与主体无法完全掌握所属环境中的全部信息，与真实经济环境情况较为契合。不完全信息动态博弈中，未知信息可能存在于行为选择、支付函数等方面，参与主体行为具有一定次序，每一参与主体根据其他主体行为 S，运用贝叶斯法则修正通过预判得到的事前概率 P，再根据修正得到的事后概率 $\overline{P}$ 优化行动。精炼贝叶斯均衡由策略组合 S^* 和后验概率 $\overline{P}$ 组成，是此类博弈的最优解，指各参与主体"信念"经贝叶斯修正后，在更新后的"信念"下行为选择同时达到收益最优状态。

本文构建信号博弈模型，对农地经营权抵押贷款保证保险经营主体的支付函数进行分析，探究在各地区筹备试点过程中供给主体决策均衡状态及存在条件。

2. 博弈主体与博弈过程

在非试点地区首次开展农地经营权抵押贷款保证保险的经营主体主要有地方政府、银行、保险公司。根据前文对银行正向影响的分析可知，理论上农地经营权抵押贷款保证保险始终有利于其综合效益增加，趋利的银行会愿意同保险公司共建互利合作关系。农业经营主体对农地经营权抵押贷款保证保险供给的影响则主要以增加贷款额的需求情况体现。因此，构建信号博弈模型时，假设参与主体1为地方政府，参与主体2为保险公司，博弈双方均是以收益最大化为目的的理性人。各主体的具体博弈过程：首先，在缺乏完备、准确的市场需求信息的情况下，利用海萨尼转换引入虚拟参与主体农业贷款市场，确定市场需求类型，即当地农业经营主体增加农业贷款额的需求情况；其次，地方政府根据市场需求发出扶持或不扶持农地经营权抵押贷款的行动信号 S；最后，保险公司观测到地方政府行动，运用贝叶斯法则将市场需求的先验概率 P (D) 进行条件修正得到市场需求的后验概率 P $(D \mid S)$，决定是否开展农地经营权抵押贷款保证保险。本研究用 U_G (D, S, I) 表示地方政府的收益函数，U_I (D, S, I) 表示保险公司的收益函数。

3. 模型假设与符号释义

为便于对农地经营权抵押贷款保证保险实施初期地方政府与保险公司的利益变化进行分析，对博弈中的相关因素进行符号定义（表11）。

表 11 符号释义

符号	释义（短期内）
N	农地经营权抵押贷款保证保险试点开展带来的贷款增量
C_G	政府寻求其他辅助农地经营权抵押贷款的可行性方式的成本
S	政府对农地经营权抵押贷款辅助业务的政策或资金支持
R_G	农业贷款环境改善带来的社会效用
$-\lambda$	政府因农业贷款市场需求强烈但未得到缓解产生的社会负效用
C_I	保险公司开展农地经营权抵押贷款保证保险试点的前期固定成本（包含需求调研、产品设计等）
μ	保险公司开展农地经营权抵押贷款保证保险试点的运营成本率
i	农地经营权抵押贷款保证保险费率
r	保险公司开展农地经营权抵押贷款保证保险试点的损失率

对筹备农地经营权抵押贷款保证保险试点过程中，地方政府与保险公司的信号博弈假设如下：

H1 $D \in \{D_y, D_n\}$ 表示当地农业贷款市场需求类型，其中 D_y 表示农业经营主体增加贷款额的需求强烈，D_n 表示农业经营主体增加贷款额的需求较低。在缺乏有效市场信息时，保险公司无法准确观测当地农业贷款市场需求类型及需求水平，设定需求强烈的概率为 m （$0 \leqslant m \leqslant 1$），需求较低的概率为 $1-m$。

H2 地方政府是信号的主要发送者，策略空间为 $S \in \{S_y, S_n\}$，其中 S_y 表示地方政府扶持农地经营权抵押贷款，S_n 表示地方政府不扶持农地经营权抵押贷款。

H3 当地对农业贷款需求强烈时，地方政府可能会以概率 θ（$0 \leqslant \theta \leqslant 1$）扶持农地经营权抵押贷款；当地对农业贷款需求较低时，地方政府不会扶持农地经营权抵押贷款。

H4 保险公司是信号的主要接受者，综合自身对农业贷款市场需求类型的预判和地方政府行为信号进行理性决策，策略空间为 $I \in \{I_y, I_n\}$，其中 I_y 表示保险公司参与农地经营权抵押贷款保证保险产品的供给，I_n 表示保险公司不提供农地经营权抵押贷款保证保险产品。

H5 存在具备此类产品经营能力并愿意尝试创新型产品供给的保险公司。

H6 若保险公司参与农地经营权抵押贷款保证保险产品的供给，银行会愿意与其共建互利合作关系，不改变原定衡量标准及利率，将该保证保险作为农地经营权抵押贷款附加项推出，在短期内带来贷款增量 N（$N > 0$）。

H7 博弈的成功与否只取决于参与博弈的双方，农业自然风险、税收、农地经营权价值评估等外部因素暂且不纳入考虑范围。

4. 模型建立

图 6 为保险公司与地方政府供给行为的信号博弈树，由博弈树可见：

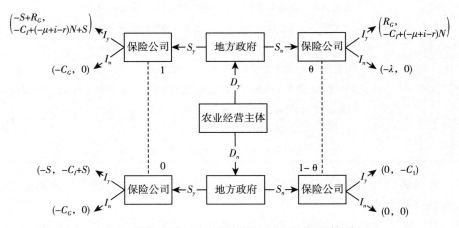

图 6　保险公司与地方政府供给行为的信号博弈树

（1）策略组合（D_y，S_y，I_y）下，地方政府对参与农地经营权抵押贷款保证保险产品供给的保险公司进行政策支持 S，农业贷款环境改善带来社会效用 R_G；保险公司需支付产品研发等前期固定成本 C_I 和运营产生的可变成本 μN，以 i 为费率赚取保费并承担概率为 r 的违约损失。此时，$U_G(D_y, S_y, I_y) = -S + R_G$，$U_I(D_y, S_y, I_y) = -C_I + (-\mu + i - r)N + S$。

（2）策略组合（D_y，S_y，I_n）下，地方政府扶持农地经营权抵押贷款，但短期内暂无法获取辅助农地经营权抵押贷款的可行性方式，支付寻求可行性业务的成本 C_G。此时，$U_G(D_y, S_y, I_n) = -C_G$，$U_I(D_y, S_y, I_n) = 0$。

（3）策略组合 (D_y, S_n, I_y) 下，保险公司自发供给农地经营权抵押贷款保证保险产品，需要支付产品研发等前期固定成本 C_I 和运营产生的可变成本 μN，以 i 为费率赚取保费并承担概率为 r 的损失风险；农业贷款环境改善带来社会效用 R_G。此时，$(D_y, S_n, I_y) = R_G$，$U_I(D_y, S_n, I_y) = -C_I + (-\mu + i - r)N$。

（4）策略组合 (D_y, S_n, I_n) 下，地方政府没有对需求强烈的农业贷款市场进行扶持，市场上也没有自发提供产品的金融机构，农业经营主体增加贷款额的需求未得到缓解，使地方政府社会形象产生负效用 $-\lambda$。此时，$U_G(D_y, S_n, I_n) = -\lambda$，$U_I(D_y, S_n, I_n) = 0$。

（5）策略组合 (D_n, S_y, I_y) 下，农业贷款市场需求度较低，但地方政府与保险公司均做出积极尝试。地方政府对参与农地经营权抵押贷款保证保险产品供给的保险公司进行政策支持 S；保险公司支付产品研发等前期固定成本 C_I，并获得政府支持 S。此时，$U_G(D_n, S_y, I_y) = -S$，$U_I(D_n, S_y, I_y) = -C_I + S$。

（6）策略组合 (D_n, S_y, I_n) 下，农业贷款市场需求度较低，地方政府防患于未然选择扶持农地经营权抵押贷款，但短期内无法找到辅助农地抵押融资的可行性方式，地方政府支付寻求可行性业务的成本 C_G。此时，$U_G(D_n, S_y, I_n) = -C_G$，$U_I(D_n, S_y, I_n) = 0$。

（7）策略组合 (D_n, S_n, I_y) 下，保险公司供给农地经营权抵押贷款保证保险但农业贷款市场需求度较低（$N \to 0$），保险公司收益甚微，无法弥补前期固定成本 C_I。此时，$U_G(D_n, S_n, I_y) = 0$，$U_I(D_n, S_n, I_y) = -C_I$。

（8）策略组合 (D_n, S_n, I_n) 下，农业贷款市场需求度较低，地方政府选择不扶持农地经营权抵押贷款，保险公司选择不供给农地经营权抵押贷款保证保险产品。此时，$U_G(D_n, S_n, I_n) = 0$，$U_I(D_n, S_n, I_n) = 0$。

（二）精炼贝叶斯均衡分析

信号博弈的精炼贝叶斯均衡由策略组合 $\{S^*(D), I^*(S)\}$ 和后验概率 $\widetilde{P}(D \mid S)$ 构成，需同时满足两个条件：

（1）$I^*(S) \in \underset{I}{\arg\max} \sum_D \widetilde{P}(D \mid S) U_I(D, S, I)$，即给定后验概率 $\widetilde{P}(D \mid S)$，保险公司对地方政府发出的信号做出自身收益最优的选择。

（2）$S^*(D) \in \underset{S}{\arg\max} U_G(D, S, I^*(S))$，即在预测到保险公司的行动策略

后，地方政府做出自身收益最优化策略选择。

由假设 3 中对地方政府行为的假设可知 $P(S_y \mid D_y) = \theta, P(S_n \mid D_y) = 1 - \theta, P(S_y \mid D_n) = 0, P(S_n \mid D_n) = 1$。当保险公司观测到地方政府采取扶持策略时建立推断 $\widetilde{P}(D_y \mid S_y), \widetilde{P}(D_n \mid S_y)$，当保险公司观测到地方政府采取不扶持策略时建立推断 $\widetilde{P}(D_y \mid S_n), \widetilde{P}(D_n \mid S_n)$。根据贝叶斯法则得到保险公司供给决策的后验概率：

$$\widetilde{P}(D_y \mid S_y) = \frac{P(S_y \mid D_y)P(D_y)}{\sum P(S_y \mid D)P(D)} = 1 \qquad (4)$$

$$\widetilde{P}(D_n \mid S_y) = \frac{P(S_y \mid D_n)P(D_n)}{\sum P(S_y \mid D)P(D)} = 0 \qquad (5)$$

$$\widetilde{P}(D_y \mid S_n) = \frac{P(S_n \mid D_y)P(D_y)}{\sum P(S_n \mid D)P(D)} = \frac{(1-\theta)m}{(1-\theta)m + 1(1-m)} = \frac{m - m\theta}{1 - m\theta}$$

$$(6)$$

$$\widetilde{P}(D_n \mid S_n) = \frac{P(S_n \mid D_n)P(D_n)}{\sum P(S_n \mid D)P(D)} = \frac{1(1-m)}{1(1-m) + (1-\theta)m} = \frac{1-m}{1-m\theta}$$

$$(7)$$

由式（6）可知，$\widetilde{P}(D_y \mid S_n)$ 是关于 θ 的减函数，由式（7）可知 $\widetilde{P}(D_n \mid S_n)$ 是关于 θ 的增函数。在此信号博弈中，由于地方政府只有扶持与不扶持两种行为策略，根据 θ 值的变化，保险公司的供给决策存在两种贝叶斯均衡状态：当 $\theta = 1$ 时，为分离均衡状态；当 $\theta = 0$ 时，为混同均衡状态，因此重点剖析分离均衡与混同均衡状态。

1. 分离均衡分析

分离均衡状态下，不同农业贷款市场需求类型下地方政府的供给决策不同，地方政府发出的信号能够较真实地反映市场需求情况。当地方政府在市场需求强烈时采取扶持策略的概率 $\theta = 1$ 时，信号博弈达到分离均衡状态。此时，若市场需求强烈，地方政府会选择扶持；若市场需求较低，地方政府会选择不扶持，即 $(D_y, D_n) \rightarrow (S_y, S_n)$。保险公司的后验概率为 $\widetilde{P}(D_y \mid S_y) = 1$、$\widetilde{P}(D_n \mid S_y) = 0$、$\widetilde{P}(D_y \mid S_n) = 0$、$\widetilde{P}(D_n \mid S_n) = 1$。

（1）保险公司的均衡行为分析。 当保险公司观测到信号 S_y 时，采取行动 I_y 的期望收益 EI_y：

$$EI_y = \sum \widetilde{P}(D \mid S_y)U_I(D, S_y, I_y) = \widetilde{P}(D_y \mid S_y)U_I(D_y, S_y, I_y) =$$

$$-C_I + (-\mu + i - r)N + S$$

采取行动策略 I_n 的期望收益 EI_n：

$$EI_n = \sum \widetilde{P}(D \mid S_y)U_I(D, S_y, I_n) = \widetilde{P}(D_y \mid S_y)U_I(D_y, S_y, I_n) = 0$$

即 $-C_I + (-\mu + i - r)N + S > 0$，保险公司自身收益最优化策略为参与产品供给，即 $I \times (S_y) = I_y$。根据假设5，参与博弈的保险公司具备此类业务经营的能力，并且在政府的参与下市场准入资格核定会更加严格，政策的支持也为农地经营权抵押贷款保证保险的顺利落地提供保障，保险公司行为策略稳定条件符合农业保险政府支持、企业经营的发展导向。

当保险公司观测到信号 S_n 时，采取行动 I_y 的期望收益 EI_y：

$$EI_y = \sum \widetilde{P}(D \mid S_n)U_I(D, S_n, I_y) = \widetilde{P}(D_y \mid S_n)U_I(D_y, S_n, I_y) +$$

$$\widetilde{P}(D_n \mid S_n)U_I(D_n, S_n, I_y) = -C_I$$

采取行动 I_n 的期望收益 EI_n：

$$EI_n = \sum \widetilde{P}(D \mid S_n)U_I(D, S_n, I_n) = \widetilde{P}(D_y \mid S_n)U_I(D_y, S_n, I_n) +$$

$$\widetilde{P}(D_n \mid S_n)U_I(D_n, S_n, I_n) = 0$$

已知 $-C_I < 0$，即 $EI_y < EI_n$，此时保险公司自身收益最优的选择为不参与产品供给，即 $I \times (S_n) = I_n$。

（2）地方政府的均衡行为分析。 在保险公司的策略选择为 $(S_y, S_n) \rightarrow (I_y, I_n)$ 时，地方政府在均衡路径上的收益：

$$U_G(D_y, S_y, I \times (S_y)) = U_G(D_y, S_y, I_y) = -S + R_G \qquad (8)$$

$$U_G(D_n, S_n, I \times (S_n)) = U_G(D_n, S_n, I_n) = 0 \qquad (9)$$

地方政府在非均衡路径上的收益：

$$U_G(D_y, S_n, I \times (S_n)) = U_G(D_y, S_n, I_n) = -\lambda \qquad (10)$$

$$U_G(D_n, S_y, I \times (S_y)) = U_G(D_n, S_y, I_y) = -S \qquad (11)$$

根据式（8）至式（11）可知，当 $-S + R_G > -\lambda$，即 $U_G(D_y, S_y, I \times (S_y)) > U_G(D_y, S_n, I \times (S_n))$ 时，市场需求强烈时地方政府不存在偏离均衡的动机，而且一定满足 $-S < 0$，即在市场需求度较低时，地方政府一定会选择不扶持。所以在 $-S + R_G > -\lambda$ 的实际条件下，$\{(S_y, S_n), (I_y, I_n), \widetilde{P}(D_y \mid S_y) = 1, \widetilde{P}(D_y \mid S_n) = 0\}$ 为该信号博弈的分离精炼贝叶斯均衡。该均衡是最有效率的均衡，表示地方政府与有关金融机构在面对农地经营权抵押贷款开展困境时，能够各司其职，协力推进农村金融产品供给，保障农业资金来源充足。

2. 混同均衡分析

混同均衡状态下，不同农业贷款市场需求类型下地方政府供给决策相同。地方政府能够依靠市场自发的商业化活动直接受益，无论农业贷款市场需求为何种类型，地方政府无须扶持，政府行为 S 已经起不到信号作用，即（D_y，D_n）$\rightarrow$（S_n，S_n）。保险公司的后验概率为 $\widetilde{P}(D_y \mid S_y)=1$、$\widetilde{P}(D_n \mid S_y)=0$、$\widetilde{P}(D_y \mid S_n)=m$、$\widetilde{P}(D_n \mid S_n)=1-m$。

（1）保险公司的均衡行为分析。 当保险公司观测到非均衡信号 S_y 时，采取行动 I_y 的期望收益 EI_y：

$$EI_y = \sum P(D \mid S_y)U_I(D,S_y,I_y) = \widetilde{P}(D_y \mid S_y)U_I(D_y,S_y,I_y) +$$
$$\widetilde{P}(D_n \mid S_y)U_I(D_n,S_y,I_y) = -C_I+(-\mu+i-r)N+S$$

采取行动策略 I_n 的期望收益 EI_n：

$$EI_n = \sum P(D \mid S_y)U_I(D,S_y,I_n) = \widetilde{P}(D_y \mid S_y)U_I(D_y,S_y,I_n) +$$
$$\widetilde{P}(D_n \mid S_y)U_I(D_n,S_y,I_n) = 0$$

该情况与分离均衡状态下保险公司观测到信号 S_y 时的收益情况一致，此时保险公司自身收益最优化策略为参与产品供给，即 $I\times(S_y)=I_y$。

当保险公司观测到信号 S_n 时，该信号不包含任何产品市场需求先验概率之外的额外信息，后验概率与先验概率保持一致。即 $\widetilde{P}(D_y \mid S_n)=P(D_y)=m$，$\widetilde{P}(D_n \mid S_n)=P(D_n)=1-m$。

采取行动 I_y 的期望收益 EI_y：

$$EI_y = \sum P(D \mid S_n)U_I(D,S_n,I_y) = \widetilde{P}(D_y \mid S_n)U_I(D_y,S_n,I_y) +$$
$$\widetilde{P}(D_n \mid S_n)U_I(D_n,S_n,I_y) = -C_I+(-\mu+i-r)N$$

采取行动 I_n 的期望收益 EI_n：

$$EI_y = \sum \widetilde{P}(D \mid S_n)U_I(D,S_n,I_n) = \widetilde{P}(D_y \mid S_n)U_I(D_y,S_n,I_n) +$$
$$\widetilde{P}(D_n \mid S_n)U_I(D_n,S_n,I_n) = 0$$

若 $m(-\mu+i-r)N-C_I>0$，即 $(-\mu+i-r)N>\dfrac{C_I}{m}$时，有 $EI_y>EI_n$，此时保险公司自身收益最优的选择为参与产品供给，即 $I\times(S_n)=I_y$；

而当 $m(-\mu+i-r)N-C_I\leqslant0$，即 $(-\mu+i-r)N\leqslant\dfrac{C_I}{m}$时，有 $EI_y<EI_n$，此时保险公司自身收益最优的选择为不参与产品供给，即 $I\times(S_n)=I_n$。

（2）地方政府的均衡行为分析。当 $(-\mu+i-r)N > \dfrac{C_I}{m}$ 时，保险公司的策略选择为 $(S_n，S_n) \rightarrow (I_y，I_y)$，$I \times (S_y) = I_y$，$I \times (S_n) = I_y$ 时，地方政府在均衡路径上的收益：

$$U_G(D_y，S_n，I \times (S_n)) = U_G(D_y，S_n，I_y) = R_G \qquad (12)$$
$$U_G(D_n，S_n，I \times (S_n)) = U_G(D_n，S_n，I_y) = 0 \qquad (13)$$

地方政府在非均衡路径上的收益：

$$U_G(D_y，S_y，I \times (S_y)) = U_G(D_y，S_y，I_y) = -S + R_G \qquad (14)$$
$$U_G(D_n，S_y，I \times (S_y)) = U_G(D_n，S_y，I_y) = -S \qquad (15)$$

根据式（12）至式（15）可知，一定满足 $R_G > -S + R_G$，即 $U_G(D_y，S_n，I \times (S_n)) > U_G(D_y，S_y，I \times (S_y))$，地方政府无动机偏离此均衡，且一定满足 $-S < 0$，即在市场需求较低时地方政府一定会选择不扶持。所以 $\left\{ (S_n，S_n)，(I_y，I_y)，P(D_y \mid S_y) = 1，P(D_y \mid S_n) > \dfrac{C_I}{(-\mu+i-r)N} \right\}$ 为该信号博弈的混同精炼贝叶斯均衡。该均衡表示当地农村金融市场发展水平较高时，相关金融机构能够根据市场实际需求主动合作开展商业性业务，保险公司在产品市场需求水平到达一定程度时，通过这种有效的需求盈利。同时，带来较为显著的社会效用 R_G，地方政府都能够从市场的自发调节中直接受益，无论农业经营主体对于增加贷款额的需求如何，地方政府均不需要进行政策支持。

当 $(-\mu+i-r)N \leqslant \dfrac{C_I}{m}$ 时，保险公司的策略选择为 $(S_n，S_n) \rightarrow (I_y，I_n)$，$I \times (S_y) = I_y$，$I \times (S_n) = I_n$ 时，地方政府在均衡路径上的收益：

$$U_G(D_y，S_n，I \times (S_n)) = U_G(D_y，S_n，I_n) = -\lambda \qquad (16)$$
$$U_G(D_n，S_n，I \times (S_n)) = U_G(D_n，S_n，I_n) = 0 \qquad (17)$$

地方政府在非均衡路径上的收益：

$$U_G(D_y，S_y，I \times (S_y)) = U_G(D_y，S_y，I_y) = -S + R_G \qquad (18)$$
$$U_G(D_n，S_y，I \times (S_y)) = U_G(D_n，S_y，I_y) = -S \qquad (19)$$

根据式（16）至式（19）可知，$-\lambda < -S + R_G$，即 $U_I(D_y，S_n，I \times (S_n)) < U_I(D_y，S_y，I \times (S_y))$ 时，农业贷款市场有需求时地方政府选择扶持策略的收益更高，地方政府有动机偏离此均衡，而且一定满足 $-S < 0$，即在市场需求较低时，地方政府一定会选择不扶持。该情况下不存在混同精炼贝叶斯均衡。

综上所述，农地经营权抵押贷款保证保险供给主体行为决策共有两种精炼贝叶斯均衡状态：分离均衡状态对地方政府政策决策效率的要求较高，是最有效率的均衡，均衡状态取决于政府扶持成本 S，以及保险公司前期固定成本

C_1、业务经营过程中的可变成本 N 和收益 $(-\mu+i-r)N$；混同均衡状态适用于农村金融市场发展水平较高的地区，地方政府能够从市场自发的商业化活动中直接受益，但对当地农村金融市场发展水平和保险公司经营决策专业水平要求更高，均衡状态是否稳定取决于保险公司前期固定成本 C_1、业务经营过程中的可变成本 N 和收益 $(-\mu+i-r)N$。

五、农地经营权抵押贷款保证保险产品实施路径与政策选择

（一）农地经营权抵押贷款保证保险产品实施路径

结合农地经营权抵押贷款供需双方的行为动机与约束机制，在既有监管条件下，为保障农地经营权抵押贷款保证保险产品的有效实施，应明确农地经营权抵押贷款保证保险产品在需求侧和供给侧的实施路径。

1. 提升农地经营权抵押贷款保证保险需求

根据对各项影响农地经营权抵押贷款保证保险需求因素的实证分析，提出需求侧实施路径——提升农地经营权抵押贷款保证保险需求，具体措施如下。

（1）强化权属保障促进产品创新。关于处理农地经营权的权属保障措施主要涉及两方面：一方面，保险合同生效后农业经营主体如何保证能取回自己的抵押物土地确权证；另一方面，一旦农业经营主体无法按期偿还贷款，银行将如何处理违约土地。基于此，保险公司应当明确相关条款，即农地经营权属性为抵押物，在农业经营主体未出险的任何情况下，土地确权证都依法归农业经营主体所有，保险公司不得擅自使用，使农业经营主体无后顾之忧。同时政府应进一步规范农地经营权流转业务流程，保障农业经营主体合法权益：①出台相关法律法规以加快完善农村土地产权框架，保障农业经营主体相关土地权益不受到侵害；②对于违约后一定时间内依然无法偿还银行债务的农业经营主体，政府建立统一平台，将其违约土地纳入平台，组织专业人员合法合规进行流转，直到违约农业经营主体依法偿还债务后再将土地返还；③为保障能够公平对待农业经营主体，对发生违约情况的，情况严重者可取消其享受支农惠农的资格，包括取消其财政补贴等。

（2）完善产品设计及风险管控工作。为了刺激农业经营主体对该产品的需求，真正解决贷款难问题，在设计这一创新产品后要做好产品优化，明确保险公司的承保条件、承保后涉农贷款的发放流程及贷款发放后的风险管控工作。保险公司具体应做到：①承保农地经营权抵押贷款保证保险前期，明确保险公

司承保条件。借款人为获取贷款而提出投保申请后，保险公司应审核借款人的个人资信水平、农业种植情况、收入水平等信息，及其提供的抵押标的（农地经营权）权属、价值水平等。作为信贷风险降低后的受益方，放贷银行应将已有的借款人信用信息共享，全程配合保险公司以提高贷前审核工作效率。由于保险公司所需要审核的内容同放贷银行所审核内容一致或范围更广，因而借款人出具投保保证书后，银行无须再次审核其他内容，仅需审核保证书即可。保险公司根据保证书审核结果确定担保额度，所提供的最高额度以政府规定标准为界。在审核结束时，保证人拥有最终审核结果决定权。②承保农地经营权抵押贷款保证保险后，明确贷款发放流程。发放流程涉及银行、农业经营主体及保险公司三方，具体流程如下：借款人以农地经营权作为抵押标的，向保险公司提出投保农地经营权抵押贷款保证保险申请。保险公司基于同银行共享的信息，对借款人的资信等相关情况进行审核、评级，承保信用级别较高的农业经营主体的个人信用、保险金额由专业评估小组针对其抵押标的物实际价值确定。根据审核、评估结果，由保证人同被保证人签订保险合同，被保证人将该保险合同提供给银行申请贷款。银行对该保证保险合同进行审核，向审核通过的借款人发放该合同规定担保额度内的贷款金额。贷款发放后，保险公司负责监督。③做好贷后风险管控工作。贷款发放后，保险公司需承担贷后风险监控责任，全程管控放贷资金真实使用情况、借款人有无资信变化等，降低因银行贷后疏于管理而引发的借款人道德风险。而对银行而言，同保险公司密切合作能够充分发挥保险公司在自然风险发生后迅速查勘定损的优势，减少风险损失，因此，银行应在借款人逾期还款时及时通知保险公司，以配合保险公司及时开展贷后风险管控工作。保险公司除全程监控外，还需设立风险警戒线，一旦赔付金额达到警戒线标准时，有权终止该项业务。

（3）创新承保模式增加贷款可获性。在具体实施过程中，保险公司承保农地经营权抵押贷款保证保险时，应以农业经营主体投保政策性农业保险为前提，一方面，获得被保证人的基本信息，划分其信用等级，有效缓解保证人与被保证人信息不对称的问题；另一方面，节约农地经营权抵押贷款保证保险业务的操作成本，真正实现两种保险产品之间的信息共享。银行为农业经营主体进行抵押放贷所面临的最大风险便是农业经营主体道德风险和逆选择，而政策性农业保险具有普及范围广、覆盖面大且对农业经营主体信息掌握充足等优势，能够有效规避这一风险。此外保险公司经营过政策性农业保险，在自然灾害发生后的查勘定损以及保险理赔方面有充足经验，能够有效提升该险种出险后的处理效率，同时保障被保证人利益不受损，降低"银保"合作的经营风险。该险种的普通违约情况均能依靠反担保机制追偿，而被保证人大量违约的情况仅在罕见的大规模自然灾害时出现，因而不需要建立单独的农地经营权抵押贷款保证保险风险补偿基金，当大规模自然灾害发生时，可调用政策性农业保险的国家农业大灾基金，以稳定保险公司正常运转，进而保障农业经营主体恢复生产。

2. 增强农地经营权抵押贷款保证保险供给

根据对农地经营权抵押贷款保证保险供给主体决策均衡状态及存在条件的总结，提出供给侧实施路径——增强农地经营权抵押贷款保证保险供给，具体措施如下。

（1）提升土地产权平台参与程度。 我国多地已建成专业化土地产权平台，主要包括政府主导型与市场主导型。对于政府主导型土地产权平台，可将其作为农地经营权抵押贷款支持政策的一部分，向开展相关业务的银行开放使用权限。以技术支持替代直接补贴，在保证扶持力度的同时降低政策支持成本，更加符合新时代政府政策导向。对于市场主导型土地产权平台，保险公司可与其达成利益互通的商业化合作，由土地产权平台为农地经营权抵押贷款相关业务提供信息与技术支持。由农地经营权抵押贷款等业务带来的产权交易量的增加能够实现土地产权平台效益提升，加速农村土地规模化流转，助力乡村振兴战略实施。

（2）多元设计产品并针对性推广。 在筹备农地经营权抵押贷款保证保险试点阶段，各地保险公司作为主要经营执行者应紧扣业务核心理论，严密贴合区域农业产业与资金借贷需求，进行产品适配性设计与优化，构建契合区域农业要求的业务经营标准，合理提升业务经营收益水平，增强农地经营权抵押贷款保证保险对各类农业经营主体的供给。

结合实际调研，目前我国普通农户多将农村土地流转出去，新型农业经营主体多将农村土地流转入手，土地整体流转和大规模经营助推了农业的现代化发展。与此同时，相比传统小农户，新型农业经营主体对农用资金的需求更迫切，资金回报率也相对更高，农地经营权抵押贷款保证保险产品向新型农业经营主体延伸更有利于提升保险公司的期望收益，进一步刺激供给。因此在经营标准导向下，可根据农业经营主体类型再次进行产品细分，适度提高对新型农业经营主体的支持力度，将其作为目标客户加大产品推广力度。同时也要关注到农民合作社这类新型农业经营主体的组织架构问题，在政策允许的范围内，适当降低农地经营权抵押贷款签字认定的门槛，如由所在村的村民小组出证明，证实合同真实有效，便可以贷款，减少农地经营权抵押贷款保证保险的供给阻碍；而对于传统小农户，由于其主要经营的是自给性农业，农业剩余少，商品率低，既不重视产品销售也无力开拓市场，自然也经受不起市场波动的风险，往往选择田间种植管理难度较低的大田作物，较少经营经济作物，也较少主动投保商业性农业保险，在融资方面往往选择如亲友借贷等保守型融资方式，且融资需求量不高，因此对于传统小农户，农地经营权抵押贷款保证保险的供给可将是否参保政策性农业保险甚至是商业性农业保险作为目标客户判定标准之一，以提高农地经营权抵押贷款保证保险的推广效率。

（3）加强农村金融创新保险产品知识宣传。 农地经营权抵押贷款保证保险作为向"三农"提供融资便利的农村金融创新保险产品，让农业经营主体了解并接受这项新型业务是经营者筹备试点阶段的工作重点。面向对于新兴事物接受能力较强的新型农业经营主体开展有关工作时，保险公司可通过视频等新媒体方式向需求者系统地展示业务基本理论、操作流程、保险保障等关乎其利益的重点知识，征求并梳理需求者意见动态、更新服务内容；面向对于新事物接受能力较差的农业经营主体开展有关工作时，可主要通过保险公司或银行营业部业务人员面对面地告知产品内容。在农地经营权抵押贷款保证保险相对成熟后，可结合典型案例更加直观地让农业经营主体了解产品的功能属性。此外，保险公司还可以依托国家对新型农业经营主体的教育培训工程宣传农地经营权抵押贷款保证保险，通过政府渠道进一步提高产品宣传的可信度。

（二）农地经营权抵押贷款保证保险的政府政策选择

作为"三农"领域的重要试点工作，我国政府要担负起进行农地经营权抵押贷款保证保险实施的政策选择的责任，在"放管服"原则指导下，明确应以信息共享保障、监管考核保障、政策支持保障等模式，保障农地经营权抵押贷款保证保险供给和采纳效果，最终达到农地经营权抵押贷款优化升级的根本目的。

1. 信息共享保障

农地经营权抵押贷款保证保险这一农村金融创新保险产品需要政府、银行和保险公司三方汇聚合力，共同推进。从信息共享的角度出发，政府应当充分发挥掌握农业经营主体信息的优势，做好农业经营主体信息采集、汇总、整理工作，明晰各类农业经营主体产权框架，规范财务信息，使其符合放贷银行的信贷准入标准，并将信息共享给保险公司及放贷银行，便于其对投保人进行资信评估，降低违约风险。

2. 监管考核保障

农地经营权抵押贷款保证保险的供给不仅涉及保险公司与银行两个主体，政府监管部门也不可缺位，政府应以监管者的身份核实土地信息准确性与操作规范性等内容，积极关注市场准入资格核定、业务运营监管以及金融消费者权益保护等工作，维护各方合法利益。除此之外，针对放贷银行政府应加强监管，可以对从业人员及经营机构制定处罚机制，例如规定罚款标准、取消业务资格、加入从业黑名单等，以有效避免放贷银行的疏忽乃至故意行为，保障借款人（农业经营主体）的合法利益，实现农业保险与农村信贷协同发展，维护金融市场稳定。

3. 政策支持保障

政府补贴主要针对那些需要扶持的行业，或公共物品、准公共物品的供给，以及某项政策的实施需要通过补贴进行利益补偿，一般认为这种利益是受政府补贴方从某项政府补贴计划中取得了某些它在市场中不能取得的价值。而农地经营权抵押贷款保证保险既是农地经营权抵押贷款配套机制，又隶属农业保险范畴，具备双重政策属性，政府在制定农地经营权抵押贷款保证保险的补贴政策时，应采用微利原则，对需求方提供保费补贴，对供给方提供特殊减税和政策倾斜，划分农业经营主体保费、保险公司经营管理费用等方面的补贴标准。政府在参与农地经营权抵押贷款保证保险供给的情况下，应建立起符合农业发展与政策调控需求的补贴管理机制，借商业化业务经营之手缓释农业贷款风险，保障农业贷款持续服务乡村振兴战略目标。一方面，针对不同类型农业经营主体开展业务，要考虑农业经营主体的实际支付能力和其面临的风险情况，使之接受预期贷款成本以满足其对该产品的实际需求，以保证额为基准按照一定系数计算补贴额度，传递政策需求导向；另一方面，对农业贷款风险分担机制不明确的地区，要考虑保险公司的经营能力和承担的保障责任，提供特殊减税，使之达到新险种预期收益值以提升其设计推广产品的积极性，在内部资金转移定价、考核激励政策等方面予以政策倾斜，吸引有关金融机构落实农地经营权抵押贷款保证保险的开展。此外，政府应动态关注农地经营权抵押贷款保证保险运营情况，根据开展实际需求实时调整支持事项，保证支持政策从有效迈向高效。

项目负责人：李丹
主要参加人：李心仪、王馨瑶、李鸿敏、贾晓晨、钱巍等

高校科研团队领导积极内隐追随对个体及团队创造力的跨层次影响机制研究

王 磊

2017 年 1 月 9 日，李克强总理在国家科学技术奖励大会上明确指出我国"已到了只有依靠创新驱动才能持续发展的新阶段""要大力加强基础研究和原始创新，充分发挥科研院所和高校的主力军作用""最大限度地激发科技人才的创造活力"。在我国，高校科研团队是我国基础研究和原始创新的主力军，承担着培养和造就具有创新精神和创新能力的高素质人才的艰巨使命，是国家科技创新的重要力量。高校科研团队因其组织构成、成员配置、目标诉求等特点，对创造力和创新具有天然的需求和渴望。2015—2017 年，高校在国家科学技术奖励大会上的获奖数量占通用数目总数的比例不断增加，分别为70.9%、74.7%、77.8%，说明我国高校科研实力整体在不断提升。然而，据ESI（基本科学指标数据库）统计，截至 2017 年 1 月，美国有 94 所高校的学术引文总数入围世界前 300，而我国仅有 8 所在列，表明我国高校的原始创新水平与发达国家之间仍有较大差距，高校科研团队创造力有待进一步提升。此外，应该看到，高校科研团队创造力来源于个体创造力，是团队成员在知识创造的过程中通过协作与共同思考扩展到团队的，个体创造力得不到有效提升，团队创造力将无法发挥知识协同效应和整合优势。因而研究高校科研团队中个体和团队创造力的提升对于增强我国高等学校在国家科技创新体系中的作用具有重要的意义。

创造力是高校科研团队的生存之本，是组织赢得竞争优势的关键驱动因素。为进一步为高校优秀科研团队和人才营造更好的环境政策以及提供相关帮助以鼓励他们完成在各自领域的研究工作，我国在《国家中长期人才发展规划纲要》中相继出台"长江学者奖励计划""国家高层次人才特殊支持计划""创

* 国家自然科学基金青年项目（课题编号：71704020）。

项目负责人为王磊教授，主要参加人员有赵丽娟、钱巍、苑婧婷、吴羽昕、万育铭、孙守增、田雨、朱雪晴。

新人才推进计划"等政策。为落实国家中长期人才发展规划，我国高校也在学校内部相继出台各种支持高校教师和科研团队发展的政策。无论是国家还是高校，都给予各类人才和高校科研团队充分的经费、政策和服务保障。我们发现在同样的成长环境和承担相同级别、领域的科研课题条件下，不同科研团队的创造力水平是不同的；同样，在同一高校科研团队内部成长环境和承担相同科研课题的条件下，不同团队成员个体创造力的水平是不同的。这种"创造力差异"问题严重制约了高校科研团队个体和团队创造力的进一步提升。考虑个体存在差异的现实前提下，在同一成长环境和相同任务条件下，产生"创造力差异"问题的主要原因之一就是团队领导（Zhang，Tsui & Wang）。

高校科研团队领导是团队的核心、灵魂和领军人物，起到凝聚人心，引领科学研究方向，推动团队内部沟通、协调、管理、创新和知识创造等活动进程的重要作用。高校科研团队领导也是个体和团队创造力的重要缔造者与影响者，他们会通过自身积极的领导行为来影响团队成员的行为、态度和认知，促进团队寻求变革与创新，使团队成员意识到科研工作的重要意义，激发团队成员的高层次创造需要，建立相互信任的氛围。众所周知，领导认知是促使领导行为产生的根源（Bass，1985），因此，高校科研团队领导积极的领导行为来源于积极的领导认知。在管理实践中，越来越多的证据表明，追随者对于领导者至关重要（Sy，2010）。于是开始有学者关注对追随者认知的研究（Carsten 等，2010；Nina 等，2016），即内隐追随理论。在西方现代领导科学研究中，内隐追随理论为研究者提供了一个揭示领导心理机制的新视角。

关于高校科研团队领导如何影响个体及团队创造力，现有成果大都是从外显理论入手，例如领导特质论、领导行为论、领导权利论、领导风格论等，虽有一定的实践指导意义，但是随着高校科研团队成员背景、特质和价值观等多元化日趋凸显（赵新宇等，2015），仅从外显理论研究高校科研团队领导行为是不够的，还需要从内隐的角度进行深入研究。西方学术界普遍认为，内隐追随理论弥补了当前对领导者认知过程研究的不足，有助于深刻理解内隐追随如何影响领导者对追随者的分类和评估以及这种分类和评估对追随者行为和态度的影响（Carsten 等，2010）。此外，内隐追随既有积极的维度，又有消极的维度（Sy，2010），积极的原因会带来正面的结果（Whiteley 等，2012），当领导积极内隐追随建立并被激活时，它将触发各种关联概念的产生，同时催生与之相关的行为（Epitropaki & Martin，2004）。

然而，现有文献针对高校科研团队领导积极内隐追随是否以及多大程度上影响个体和团队创造力还没有给出明确的回答。从高校科研团队领导积极内隐追随到个体和团队创造力的提升，这中间还存在一系列复杂的内部机制，而这些机制恰是理解领导积极内隐追随如何提升个体和团队创造力的关键所在。因此，本项目将研究高校科研团队领导积极内隐追随对个体及团队创造力的跨层次影响机制，这不仅有助于从行为学视角理解内隐追随理论对于高校科研团队个体和团队创造力提升的重要意义，更能窥测高校科研团队领导积极内隐追随对个体及团队创造力的动态影响过程，这无论是在理论上还是实践上均有重要价值。

一、高校科研团队领导内隐追随的维度与量表开发

（一）基于 KAQ 的高校科研团队领导内隐追随的内涵

本项目认为基于 KAQ 的高校科研团队领导内隐追随是指高校科研团队在科学技术研究、科研项目开发的过程中，高校科研团队领导对追随者在知识、能力、素质等方面特质和行为的预期和假设。当现实成员的表现与高校科研团队领导心目中积极追随原型相匹配时，高校科研团队领导就会对这些有效个体予以更积极的评价，在情感上更喜欢他们，对其在科研行为上提供帮助，在科研奖励上提供支持，积极营造良好的科研环境。

（二）基于 KAQ 的高校科研团队领导内隐追随的维度

高校科研团队领导内隐包括高校科研团队领导积极内隐追随和高校科研团队领导消极内隐追随，其维度包括以下几个方面。

①知识维度。对于高校科研团队而言，团队成员所具备的知识是团队从事知识创造活动的基础和前提条件，主要包括工具性知识、专业知识和交叉知识。

②能力维度。按照能力的结构理论，将高校科研团队成员科研能力分成三个方面，分别是科研认知能力、科研实践能力和科研创新能力。

③素质维度。高校科研团队成员应具备的素质有科研心理素质、科研道德素质和职业素质。

（三）内隐追随初始结构维度的确定

首先以开放式问卷进行高校科研团队领导内隐追随调查，要求被访者分别列出他们心目中关于理想型和非理想型追随者的 20 条特征。然后对所列条目进行分类汇总，共得到 198 条理想型追随者的特征和 180 条非理想型追随者的特征。接着，对这 378 条特征进行近义词合并（例如，将理想型中的"坚持不懈地""有毅力的""有恒心的""意志坚定的"合并成"持之以恒

的";将反理想型中的"伪造科研信息的""剽窃他人劳动成果的""低水平重复研究的""违规骗取科研经费的"合并为"科研品行不端的"),同时剔除特征词中出现频率比较少的特征（例如,理想型中的"同甘共苦的"和反理想型中的"孱弱的"）。最后,得到 67 条理想型追随者的特征和 58 条反理想型追随者的特征。

在初始维度确定的基础上,对量表进行题项设计。例如,将"掌握较充分的数学、外语、计算机知识"这一特征设计成"拥有良好的通识知识基础";将"了解学术前沿"设计成"把握学科发展动态的能力";将"懒惰、懈怠"设计成"从事科研工作懒散的"等。此外,还有针对近义词语如何取舍的问题,例如,"进取心"与 Carsten 和 UhlBien（2010）所提到的追随者特征"首创精神"相类似,由于"进取心"是领导者对追随者整个知识创造过程以及创造结果的一种评价,而"首创精神"更为强调的是领导对追随者所取得科研成果的一种评价,所以本项目保留"进取心"。因此本项目的初始问卷由这 125 条题项构成。问卷初步形成后,再次邀请人力资源管理领域的专家、高校行政管理人员、研究生对问卷指标进行评价,根据评价建议对问卷中存在的问题进行修正,形成探索性分析问卷。结果表明,初始问卷在一些指标描述上存在问题,例如,有些用语易产生歧义、学术化气息较重等,但问卷对各变量总体的把握较为合理。

（四）内隐追随理论量表的构建

1. 内隐追随结构维度的探索性因素分析

（1）量表的信度分析。通过 SPSS 20.0 对开发的量表进行信度分析,通过计算得知量表的总体 Cronbach's α 系数为 0.987,此结果证明了该量表总体的信度非常好。高校科研团队领导内隐追随原型的知识、能力、素质的 Cronbach's α 值分别为 0.935、0.963、0.979;高校科研团队领导内隐追随反原型的知识、能力、素质的 Cronbach's α 值分别为 0.962、0.979、0.991。上述各值都是大于 0.7 的,证明了各因子变量之间有着较好的相关性,且有着较高的内部一致性,所以完全可以利用该量表对数据进行调查研究。

（2）量表的效度分析。将初始的 125 个因子共确定为 12 个大因子,12 个因子的累积解释率为 75.647%,且都通过碎石检验以及特征值在 1 以上。通过剔除 12 个因子中仅有一两个题项的成分,以及各题项的因子载荷在至少两个成分之间均高于 0.45 的题项（包括低于 0.45 的自身因子载荷）,同时借鉴了 Sy 的测量方法仅保留因子上载荷较高的 3 个项目,但前提是满足心理测量学的要求,此后又经过多次探索性因子分析,最终确定了高校科研团队领导内隐追随的 6 个维度，18 个因子，KMO 值为 0.871，Bartlett 球体检验的卡方值为 5 419.918，累积解释率为 82.455%，说明具有较好的解释度。

6 个维度所包含的具体因子项如表 1 所示。通过探索性因子分析，将高校科研团队内隐追随原型划分为六个二级结构，即知识原型、能力原型、素质原型、知识反原型、能力反原型、素质反原型。

表 1　内隐追随原型旋转后的成分矩阵（$N=398$）

一阶潜在变量	因子	成分					
		1	2	3	4	5	6
知识原型	KF8 掌握跨学科知识			0.845			
	KF9 专业知识体系完备			0.827			
	KF5 拥有良好通识知识基础			0.805			
能力原型	AF13 实验设计与软件应用能力						0.810
	AF12 开展科研创造活动的能力						0.796
	AF20 把握学科发展动态的能力						0.762
素质原型	QF13 持之以恒				0.869		
	QF16 科研诚信				0.791		
	QF21 进取心				0.752		
知识反原型	KA6 专业知识薄弱的					0.813	
	KA5 知识体系较为单一的					0.797	
	KA7 通识知识欠缺的					0.715	
能力反原型	AA33 科研信息获取能力不强的		0.891				
	AA24 科研实践能力欠缺的		0.875				
	AA35 创造性思维能力缺乏的		0.850				
素质反原型	QA33 不思进取的	0.917					
	QA32 科研品行不端的	0.912					
	QA34 从事科研工作懒散的	0.902					

表 2 显示了测量变量之间的均值、标准差与相关系数，结果表明知识原型、能力原型、素质原型、知识反原型、能力反原型和素质反原型都有着很高的相关性，并且都是显著的，而且各个相关系数都小于 0.8，这证明了各个因素之间都是独立的，没有产生因为因素高度相关而发生的构思重合，也证明了通过探索性因子分析得出的这 6 个因子结构都是整体构思，并且是关于高校科研团队领导内隐追随的。

表 2　各个变量的相关系数和研究变量的描述性统计（$N=398$）

变量	mean	Sd	知识原型	能力原型	素质原型	知识反原型	能力反原型	素质反原型
知识原型	4.294 0	0.666 97						
能力原型	4.402 0	0.593 63	0.543**					
素质原型	4.069 5	0.755 18	0.298**	0.458**				
知识反原型	4.410 4	0.656 67	0.507**	0.570**	0.627**			
能力反原型	3.900 3	1.005 64	0.224**	0.205**	0.268**	0.303**		
素质反原型	3.937 2	1.177 60	0.129*	0.156**	0.137**	0.202**	0.595**	

注：＊表示相关系数通过 5%的显著性检验，＊＊表示相关系数通过 1%的显著性检验。下同。

2. 内隐追随结构维度的验证性因素分析

（1）量表信度的二次分析。由于量表由最初的 125 个题项 12 个因子降维到 18 个题项 6 个因子，所以在进行验证性因素分析之前，需要对量表的信度进行重新检验。按照 Gilbert 和 Churchill（1979）提出的信度检验相关建议，具体结果见表 3。结果显示，删除修正项总相关系数（$CITC$）小于 0.4 的题项后，量表总体的 Cronbach's α 系数为 0.893，说明量表总体的信度仍然非常好。知识、能力、素质原型和反原型的 Cronbach's α 值分别为 0.868、0.842、0.847、0.939、0.885、0.953，均大于 0.7，充分说明 6 个因子变量的相关性较好，内部一致性系数较高，利用该量表进行数据调查是可行的。

表 3　信度检验（$N=457$）

变量		修正项总相关系数（$CITC$）	α 值	变量		修正项总相关系数（$CITC$）	α 值
	KF5	0.696			KA5	0.878	
f1	KF8	0.804	0.868	f4	KA6	0.881	0.939
	KF9	0.744			KA7	0.860	
	AF12	0.729			AA24	0.760	
f2	AF13	0.719	0.842	f5	AA33	0.799	0.885
	AF20	0.673			AA35	0.771	
	QF13	0.709			QA32	0.899	
f3	QF16	0.728	0.847	f6	QA33	0.914	0.953
	QF21	0.710			QA34	0.893	

（2）量表效度分析。 通过表 4 数据可以看出，量表拥有良好的区分效度。

表 4　收敛效度、组合效度和区分效度评价结果（$N=457$）

潜变量	组合信度（CR）	收敛效度（AVE）	知识原型	能力原型	素质原型	知识反原型	能力反原型	素质反原型
知识原型	0.871 1	0.693 6	(0.832 8)					
能力原型	0.843 5	0.642 8	0.543**	(0.801 7)				
素质原型	0.846 9	0.648 5	0.298**	0.458**	(0.805 3)			
知识反原型	0.885 7	0.720 9	0.507**	0.570**	0.627**	(0.849 1)		
能力反原型	0.938 9	0.836 8	0.224**	0.205**	0.268**	0.303**	(0.914 8)	
素质反原型	0.953 8	0.873 1	0.129*	0.156**	0.137**	0.202**	0.595**	(0.934 4)

注：*、**分别表示在 5% 和 1% 的显著性水平上变量显著。下同。平均方差抽取量用对角线"（）"中的数值表示。

（3）验证性因子分析。 表 5 中的零模型是假设所有因子之间均不相关；单因子模型是将 6 个一阶潜在变量中的所有因子合并，共同解释 1 个潜在变量；二因子模型是将"知识原型""能力原型"与"素质原型"合并为 1 个潜在变量，将"知识反原型""能力反原型"与"素质反原型"合并为另 1 个潜在变量；六因子模型是分别将"知识原型与反原型""能力原型与反原型""素质原型与反原型"分别看成 1 个潜在因子；二阶 CFA 模型是将 6 个一阶潜在变量合并为两个二阶潜在变量"原型"和"反原型"。

从表 5 可以看出，关于拟合指数，六因子模型和二阶 CFA 模型显著优于其他模型，尤其是六因子模型的验证性因子分析的结果 $\chi^2/df=1.565<2$，$RMSEA=0.035<0.08$，$SRMR=0.029<0.05$，CFI 和 TLI 均高于 0.900，说明探索性因素分析得到的六因子模型能够很好地解释高校科研团队内隐追随的维度划分，并且结构效度也很好。最后，利用 Mplus7.4 得到了二阶验证性因素分析的标准化路径系数及各因子载荷值，并通过图 1 进行展示。

表 5　验证性因子分析的结果（N＝457）

模型	χ^2	df	χ^2/df	RMSEA	$\Delta\chi^2$	Δdf	SRMR	CFI	TLI
零模型	4 017.877	153	26.261	0.235	—	—	0.356	—	—
单因子模型	2 563.072	135	18.986	0.198	1 454.805	18	0.181	0.372	0.2
二因子模型	2 040.447	134	15.227	0.176	522.625	1	0.193	0.507	0.437
六因子模型	187.840	120	1.565	0.035	1 852.607	14	0.029	0.982	0.978
二阶 CFA 模型	338.641	128	2.646	0.060	150.801	8	0.109	0.945	0.935

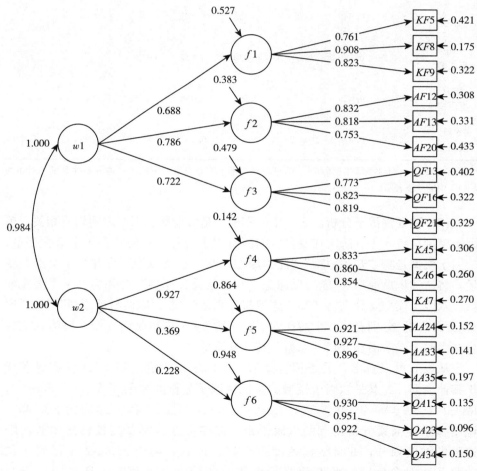

图 1　高校科研团队领导内隐追随的维度划分

（五）内隐追随理论的预测效度和增量效度的检验

采用上述开发的量表和 Sy（2010）量表进行试验，使用 SPSS 20.0 来检验 Pearson 相关性，具体结果见表 6 所示。要求研究生导师思考他们心中理想追随者的形象特征并进行评价，其中 1 代表"非常不符合"，7 代表"非常符合"，得到这些子维度的 Cronbach's α 值在 0.745～0.845。实际追随者与理想追随者属性相同，Cronbach's α 值在 0.899～0.946。研究生导师填写的组织公民行为和工作绩效量表的 Cronbach's α 值分别是 0.901 和 0.900。研究生导师团队成员填写的 LMX-7 条目量表的 Cronbach's α 值是 0.827。

结果表明，所有的量表都具有内部一致性，Cronbach's α 值在 0.745～0.946。高校科研团队领导内隐追随理想的原型和反原型呈负相关（$r = -0.321$；$p < 0.01$）。高校科研团队领导内隐追随理想的原型和反原型与 Sy（2010）的各分量显著相关（$|r| = 0.153 - 0.848$；$p < 0.01$）。两个积极的量表（$r = 0.372$；$p < 0.01$）和两个消极量表（$r = 0.848$；$p < 0.01$）之间的关系是显著正相关的。

同时可看出，本项目所开发的高校科研团队领导内隐追随量表与 *LMX*、*OCB* 和 *Performance* 的相关性大部分高于 Sy 所开发的内隐追随量表与 *LMX*、*OCB* 和 *Performance* 的相关性。因此，也证明本项目所开发的高校科研团队领导内隐追随量表更适合我国高校科研团队。

为了测试增量效度，本项目检验高校科研团队领导内隐追随原型和反原型的契合程度对 *LMX*、*OCB* 和 *Performance* 的影响，其中契合程度用欧式距离来进行测量（Graf，2011），本项目的契合程度用实际追随者的内隐追随得分减掉理想领导内隐追随的得分来表示。

接下来用 SPSS 20.0 进行多层回归分析，结果如表 7 和表 8 所示。结果显示，理想的契合程度（表 7）对 *LMX*（$R^2 = 0.061$；$p < 0.01$）、*OCB*（$R^2 = 0.044$；$p < 0.01$）、*Performance*（$R^2 = 0.069$；$p < 0.01$）的影响都是显著的。反理想的契合程度（表 7）对 *LMX*（$R^2 = 0.026$；$p < 0.01$）、*OCB*（$R^2 = 0.038$；$p < 0.01$）、*Performance*（$R^2 = 0.061$；$p < 0.01$）的影响也都是显著的。

本实验的主要目的是检验本项目所开发的高校科研团队内隐追随量表的有效性。可看出，本项目所开发的量表和 Sy（2010）开发的量表在多个维度之间存在相关性，验证了本项目所开发量表的结构有效性。预测效度和增量效度主要是通过追随者理想和反理想的契合程度对 *LMX*、*OCB*、*Performance* 存在显著性的影响进行验证。

表6 相关性分析 （N＝302）

变量	M	SD	1	2	3	4	5	6	7	8	9	10	11
1 IFT_ideal	5.453 6	0.359 3	(0.745)										
2 IFT_counter_ideal	1.599 3	0.405 8	−0.321**	(0.811)									
3 IFT_real	3.539 4	0.877 2	0.026	0.094	(0.914)								
4 IFT_counter_real	1.635 4	0.505 4	−0.121*	0.089	−0.167**	(0.899)							
5 Sy_ideal	5.341 1	0.642 3	0.372**	−0.153**	0.003	0.014	(0.749)						
6 Sy_counter_ideal	1.746 9	0.454 5	−0.299**	0.848**	0.118*	0.117*	−0.133*	(0.845)					
7 Sy_real	3.607 8	1.035 8	0.051	0.192**	0.615**	−0.138*	0.127*	0.234**	(0.946)				
8 Sy_counter_real	1.980 5	0.804 6	−0.153**	0.278**	−0.127*	0.194**	0.023	0.120*	−0.115*	(0.932)			
9 LMX	3.995 3	0.497 0	0.178**	−0.119*	0.341**	−0.090	0.132*	−0.101	0.199**	−0.041	(0.827)		
10 OCB	4.642 4	1.045 4	0.114*	−0.115*	0.283**	−0.120*	0.093	−0.117*	0.140*	−0.227**	0.100	(0.901)	
11 Performance	4.422 2	0.973 1	0.017	−0.068	0.261**	−0.298**	0.009	−0.087	0.354**	−0.056	0.230**	0.153*	(0.905)

注：LMX＝领导成员交换关系；OCB＝组织公民行为；Performance＝绩效；*、**分别表示在5%和1%的显著性水平上变量显著；"（ ）"内的数字表示Cronbach's α值。

表 7 追随者原型理想的契合程度对 *LMX*、*OCB* 和
Performance 的多元回归分析结果（$N=302$）

	LMX			*OCB*			*Performance*		
	B	*SE B*	β	B	*SE B*	β	B	*SE B*	β
Model 1									
Gender	−0.002	0.059	−0.002	0.086	0.123	0.041	−0.226	0.113	−0.115
Age	−0.001	0.006	0.024	0.008	0.013	0.061	−0.006	0.012	−0.054
Education	−0.031	0.073	−0.030	0.032	0.154	0.015	−0.223	0.141	−0.112
Title	0.016	0.042	0.028	−0.025	0.089	−0.021	−0.072	0.082	−0.065
Time at current team	−0.004	0.008	−0.062	−0.002	0.017	−0.015	−0.018	0.015	−0.134
Span of leadership	−0.000	0.016	−0.003	−0.031	0.033	−0.110	0.049	0.030	0.187
R^2	0.006			0.010			0.038		
F	0.298			0.503			1.921		
Model 2									
Gender	0.042	0.058	0.042	0.165	0.122	0.078	−0.134	0.111	−0.068
Age	−0.002	0.006	−0.039	0.006	0.012	0.048	−0.008	0.011	−0.071
Education	−0.060	0.071	−0.059	−0.021	0.151	−0.010	−0.284	0.137	−0.143
Title	0.044	0.042	0.078	0.026	0.088	0.022	−0.013	0.080	−0.012
Time at current team	−0.002	0.008	−0.035	0.001	0.016	0.008	−0.014	0.015	−0.105
Span of leadership	−0.004	0.015	−0.030	−0.037	0.032	−0.134	0.041	0.029	0.158
$(IFT\_real\text{-}IFT\_ideal)^2$	−0.028	0.006	−0.253	−0.050	0.014	−0.217			
R^2	0.061			0.044			0.069		
F	19.084**			13.798**			22.549**		
Total R^2	0.067			0.055			0.106		

注：*、** 分别表示在5%和1%的显著性水平上变量显著。

表 8 追随者反原型理想的契合程度对 *LMX*、*OCB* 和
Performance 的多元回归分析结果（$N=302$）

	LMX			*OCB*			*Performance*		
	B	*SE B*	β	B	*SE B*	β	B	*SE B*	β
Model 1									
Gender	−0.002	0.059	−0.002	0.086	0.123	0.041	−0.226	0.113	−0.115
Age	−0.001	0.006	−0.024	0.008	0.013	0.061	−0.006	0.012	−0.054
Education	−0.031	0.073	−0.030	0.032	0.154	0.015	−0.223	0.141	−0.112

（续）

	LMX			OCB			Performance		
	B	SE B	β	B	SE B	β	B	SE B	β
Title	0.016	0.042	0.028	−0.025	0.089	−0.021	−0.072	0.082	−0.065
Time at current team	−0.004	0.008	−0.062	−0.002	0.017	−0.015	−0.018	0.015	−0.134
Span of leadership	0.000	0.016	−0.003	−0.031	0.033	−0.110	0.049	0.030	0.187
R^2	0.006			0.010			0.038		
F	0.298			0.503			1.921		
Model 2									
Gender	−0.029	0.059	−0.029	0.156	0.123	0.074	−0.144	0.111	−0.073
Age	−0.001	0.006	−0.015	0.006	0.012	0.051	−0.008	0.011	−0.067
Education	−0.035	0.072	−0.034	0.042	0.151	0.020	−0.211	0.137	−0.106
Title	0.011	0.042	0.020	−0.013	0.087	−0.011	−0.058	0.079	−0.052
Time at current team	−0.007	0.008	−0.102	0.005	0.016	0.033	−0.010	0.015	−0.073
Span of leadership	0.002	0.016	0.013	−0.036	0.032	−0.130	0.042	0.029	0.163
$(IFT\_counter\_real - IFT\_counter\_ideal)^2$	0.105	0.037	0.165	−0.268	0.078	−0.200	−0.315	0.071	−0.253
R^2	0.026			0.038			0.061		
F	7.900**			11.793**			19.823**		
Total R^2	0.032			0.048			0.098		

注：*、**分别表示在5%和1%的显著性水平上变量显著。

二、 高校科研团队领导积极内隐追随对个体创造力的影响机制研究：基于个体自我认知视角

（一）变量的结构效度检验

本项目运用 Mplus 软件对问卷中的 6 个变量进行结构效度检验。该问卷的 $KMO=0.940$，$Bartlett=10\ 786.233$，在 $p<0.001$ 水平下显著，因此可以进行因子分析。该量表的各因子载荷值均大于 0.646，且高校科研团队领导积极内隐追随、个体创造力角色认同、创造力自我效能感、知识创造意愿、主动性人格、个体创造力的 AVE 值分别为 0.578 1、0.522 3、0.503 5、0.516 9、

0.747 4、0.539 9，均大于 0.5，且 CR 值分别为 0.924 9、0.766、0.801 8、0.81、0.863、0.970 2、0.824 2，均大于 0.7，说明该量表具有很好的聚敛效度。然后，本研究将利用 Mplus 继续对数据质量进行进一步的验证，假设基准模型由六个因子组成，分别是高校科研团队领导积极内隐追随（L）、个体创造力角色认同（I）、创造力自我效能感（E）、知识创造意愿（W）、主动性人格（P）、个体创造力（C），下同。从表 9 可以看出六因子模型的拟合指标是最好的，远远优于其他的竞争模型，因此，该量表具有很好的区分效度。

表 9　验证性因子分析结果（$N=413$）

模型	χ^2	df	χ^2/df	RMSEA	$\Delta\chi^2$	Δdf	SRMR	CFI	TLI
零模型 （L、I、E、W、P 和 C）	1 575.214	560	2.813	0.066	7 001.365	35	0.203	0.873	0.865
六因子模型 （L、I、E、W、P 和 C）	1 010.189	545	1.854	0.045	7 566.39	50	0.037	0.942	0.936
五因子模型 （L、I、$E+W$、P、C）	1 205.529	550	2.192	0.054	7 371.05	45	0.045	0.918	0.911
四因子模型 （L、$I+E+W$、P、C）	1 284.784	554	2.319	0.057	7 291.795	41	0.047	0.908	0.902
三因子模型 （L、$I+E+W+P$、C）	2 630.175	557	4.722	0.095	5 946.404	38	0.181	0.740	0.723
二因子模型 （L、$I+E+W+P+C$）	3 011.891	559	5.388	0.103	5 564.688	36	0.192	0.693	0.673
单因子模型 （$L+I+E+W+P+C$）	4 579.985	560	8.179	0.132	3 996.594	35	0.220	0.496	0.465

（二）变量的描述性统计分析

通过表 10 可以看出高校科研团队领导积极内隐追随与个体创造力之间呈显著的正向关系，$r=0.308^{**}$，$p<0.01$，H1 得到初步验证。此外，高校科研团队领导积极内隐追随与个体创造力角色认同（$r=0.463^{**}$，$p<0.01$）、创造力自我效能感（$r=0.490^{**}$，$p<0.01$）、知识创造意愿（$r=0.461^{**}$，$p<0.01$）之间均存在显著的正相关；个体创造力角色认同（$r=0.462^{**}$，$p<0.01$）、创造力自我效能感（$r=0.527^{**}$，$p<0.01$）、知识创造意愿（$r=0.405^{**}$，$p<0.01$）与个体创造力之间也均存在显著的正相关。该结果为后续研究中介效应检验奠定了一定的基础。

表 10 各主要变量的描述性及相关性分析 （N=413）

序号	变量	均值	标准差	1	2	3	4	5	6	7	8	9	10	11	12
1	Gender	1.43	0.496	1											
2	Age	2.96	1.540	-0.036	1										
3	Title	3.37	1.320	0.015	-0.250**	1									
4	Edu	2.52	0.602	0.067	0.470**	-0.418**	1								
5	ttime	3.04	1.368	0.025	0.741**	-0.070		1							
6	ltime	2.00	3.576	0.000	0.883**	-0.057	0.175**	0.590**	1						
7	L	4.306 7	0.519 58	0.022	-0.104*	0.023	-0.028	-0.075	-0.101*	1					
8	I	4.294 6	0.459 36	0.066	-0.086	-0.015	-0.048	-0.075	-0.067	0.463**	1				
9	E	4.334 1	0.462 85	0.072	-0.040	-0.040	-0.028	-0.054	-0.033	0.490**	0.585**	1			
10	W	4.316 6	0.492 46	0.086	0.039	-0.036	0.123*	0.054	0.002	0.461**	0.511**	0.477**	1		
11	P	4.248 5	0.785 24	-0.123*	0.021	-0.009	0.049	0.005	-0.017	0.344**	0.103*	0.056	0.130**	1	
12	C	4.410 4	0.448 66	0.005	0.007	-0.003	0.014	-0.001	0.010	0.308**	0.462**	0.527**	0.405**	0.039	1

注：*、**分别表示在 5% 和 1% 的显著性水平上变量显著。

（三）主效应检验

如表 11 中的模型 2 所示，高校科研团队领导积极内隐追随对个体创造力具有显著的正向影响（$\beta=0.269$，$p<0.001$）。

表 11　主效应检验结果（$N=413$）

变量		个体创造力（Y）	
		模型 1	模型 2
控制变量	性别	0.002	−0.003
	年龄	−0.009	−0.003
	职称	0.002	0.001
	教育程度	0.031	0.025
	在团队工作时间	−0.010	−0.008
	当领导时间	0.006	0.007
自变量	LPIFT（X）		0.269
	R^2	0.001	0.097
	F 值	0.060	6.205
	ΔR^2	0.001	0.096
	ΔF 值	0.060	43.040

（四）有调节的中介效应检验

通过表 12 可知，高校科研团队领导积极内隐追随对个体创造力角色认同（$a_{11}=0.500$，95% $CI=0.345\sim0.540$）、创造力自我效能感（$a_{12}=0.561$，95% $CI=0.406\sim0.593$）、知识创造意愿（$a_{13}=0.499$，95% $CI=0.370\sim0.576$）具有显著的正向影响，个体创造力角色认同（$b_1=0.202$，95% $CI=0.067\sim0.310$）、创造力自我效能感（$b_2=0.378$，95% $CI=0.234\sim0.466$）、知识创造意愿（$b_3=0.153$，95% $CI=0.021\sim0.245$）对个体创造力又具有显著的正向影响，模型加入个体创造力角色认同、创造力自我效能感与知识创造意愿（$c_1=-0.023$，95% $CI=-0.109\sim0.070$）后，高校科研团队领导积极内隐追随对个体创造力影响作用不显著，表明个体创造力角色认同、创造力自我效能感与知识创造意愿在高校科研团队领导积极内隐追随与个体创造力之间起到完全中介作用。

通过表 12 还可知，高校科研团队领导积极内隐追随和主动性人格的交互项对个体创造力角色认同（$a_{31}=0.160$，95% $CI=0.028\sim0.168$）、创造力自我效能感（$a_{32}=0.190$，$95\% CI=0.055\sim0.180$）的正向影响显著，说明随着个体主动性人格的提高，高校科研团队领导积极内隐追随对个体创造力角色认同、创造力自我效能感的显著正向影响越来越大；但是对知识创造意愿（$a_{33}=0.042$，$95\% CI=-0.051\sim0.105$）的影响不显著，这说明主动性人格在高校科研团队领导积极内隐追随与知识创造意愿之间的正向调节作用不显著；此外，有调节的中介效应指标 $a_{31}b_1$ 显著（$a_{31}b_1=0.032\,3$，$95\% CI=0.001\,9\sim0.052\,1$），$a_{32}b_2$ 显著（$a_{32}b_2=0.071\,8$，$95\% CI=0.012\,9\sim0.083\,0$），$a_{33}b_3$ 不显著（$a_{33}b_3=0.021\,4$，$95\% CI=-0.000\,2\sim0.048\,0$），说明个体主动性人格对中介效应个体创造力角色认同、创造力自我效能感的调节效应成立，对中介效应知识创造意愿的调节效应不成立。

表 12　有调节的中介效应分析（$N=413$）

		M1：个体创造力角色认同					M2：创造力自我效能感			
		B	SE	95% CI			B	SE	95% CI	
X：LPIFT	a_{11}	0.500	0.052	0.345	0.540	a_{12}	0.561	0.052	0.406	0.593
M1：角色认同										
M2：自我效能感										
M3：知识创造意愿										
W：主动性人格	a_{21}	0.037	0.062	−0.049	0.092	a_{22}	−0.016	0.049	−0.066	0.048
XW	a_{31}	0.160*	0.063	0.028	0.168	a_{32}	0.190**	0.055	0.055	0.180
U_1：性别	U_{11}	0.055	0.045	−0.030	0.131	U_{12}	0.057	0.044	−0.027	0.133
U_2：年龄	U_{21}	−0.094	0.138	−0.109	0.052	U_{22}	0.031	0.141	−0.074	0.093
U_3：职称	U_{31}	−0.065	0.053	−0.059	0.014	U_{32}	−0.070	0.053	−0.061	0.012
U_4：教育程度	U_{41}	−0.046	0.070	−0.140	0.069	U_{42}	−0.056	0.064	−0.139	0.053
U_5：工作时间	U_{51}	0.012	0.081	−0.049	0.058	U_{52}	−0.021	0.075	−0.057	0.043
U_6：领导时间	U_{61}	0.047	0.117	−0.023	0.035	U_{62}	−0.007	0.130	−0.034	0.032
C：截距	i_{m1}	0.301	0.340	−0.166	0.443	i_{m2}	0.205	0.334	−0.207	0.396
		$R^2=0.240^{***}$					$R^2=0.283^{***}$			

		M3：知识创造意愿					Y：个体创造力			
		B	SE	95% CI			B	SE	95% CI	
X：LPIFT	a_{13}	0.499	0.052	0.370	0.576	c_1	−0.023	0.056	−0.109	0.070
M1：角色认同						b_1	0.202	0.068	0.067	0.310
M2：自我效能感						b_2	0.378	0.057	0.234	0.466
M3：知识创造意愿						b_3	0.153	0.064	0.021	0.245
W：主动性人格	a_{23}	0.042	0.063	−0.051	0.105					
XW	a_{33}	0.140	0.086	−0.012	0.196					

（续）

		M3：知识创造意愿					Y：个体创造力			
		B	SE	95% CI			B	SE	95% CI	
U_1：性别	U_{13}	0.071	0.044	−0.016	0.157	U_{14}	−0.051	0.044	−0.120	0.031
U_2：年龄	U_{23}	0.082	0.133	−0.057	0.110	U_{24}	−0.009	0.115	−0.065	0.061
U_3：职称	U_{33}	0.017	0.052	−0.032	0.045	U_{34}	0.038	0.050	−0.019	0.044
U_4：教育程度	U_{43}	0.116	0.073	−0.023	0.213	U_{44}	0.040	0.066	−0.063	0.120
U_5：工作时间	U_{53}	−0.030	0.073	−0.062	0.041	U_{54}	−0.016	0.077	−0.052	0.042
U_6：领导时间	U_{63}	−0.036	0.123	−0.038	0.028	U_{64}	0.046	0.099	−0.018	0.029
C：截距	i_{m3}	−0.830	0.340	−0.735	−0.081	i_{mY}	−0.090	0.325	−0.311	0.233
		$R^2=0.250^{***}$					$R^2=0.270^{***}$			
$a_{31}b_1$	0.032 3	0.004 3	0.001 9	0.052 1	$a_{32}b_2$	0.071 8	0.003 1	0.012 9	0.083 0	
$a_{33}b_3$	0.021 4	0.005 5	−0.000 2	0.048 0						

注：各变量在分析时采用中心化值；各系数均为非标准化值。

对于调节作用的边界条件如图2、图3和图4所示。图2揭示了当个体主动性人格在（−2，1），个体创造力角色认同被调节的中介作用在（0，0.17），说明随着个体主动性人格的增加，个体创造力角色认同被调节的中介作用在逐渐增强，并且其影响程度达到了显著性；图3揭示了当个体主动性人格在（−2.6，1），创造力自我效能感被调节的中介作用在（0，0.295），说明随着个体主动性人格的增加，创造力自我效能感被调节的中介作用在逐渐增强，并且其影响程度达到了显著性；图4揭示了当主动性人格在（−1.3，1），个体知识创造意愿被调节的中介作用在（0，0.17），说明随着个体主动性人格的增加，个体知识创造意愿被调节的中介作用在逐渐增强，但是其影响程度没有达到显著性。

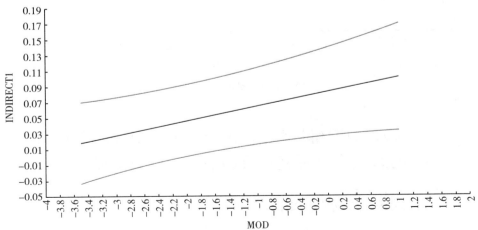

图2　个体创造力角色认同被调节的中介作用效果

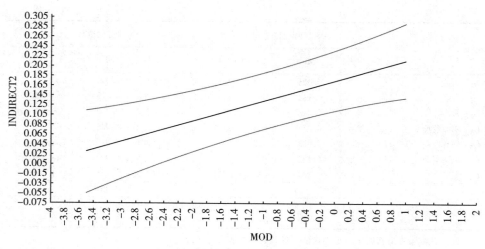

图 3　创造力自我效能感被调节的中介作用效果

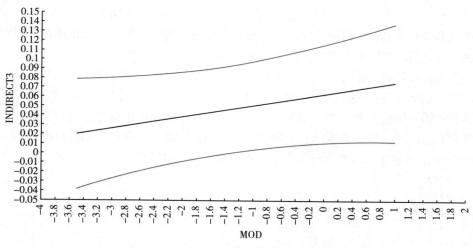

图 4　知识创造意愿被调节的中介作用效果

三、高校科研团队领导积极内隐追随对团队创造力的影响机制研究：被调节的中介效应模型

（一）变量的结构效度检验

本项目首先采用因子分析法对量表的结构效度进行检验。该量表的 *KMO*=

0.965，$Bartlett=17\,542.081$，在 $p<0.001$ 水平下显著，因此可以进行因子分析。该量表的各因子载荷值均大于 0.687，且"高校科研团队领导积极内隐追随""团队信任""团队授权氛围""团队创造力"的 AVE 值分别为 0.607 3、0.530 8、0.675 8、0.624 3，均大于 0.5，且 CR 值均大于 0.832 7，说明该量表具有很好的聚敛效度。然后，本研究将利用 AMOS17.0 继续对数据质量进行进一步的验证，假设基准模型由四个因子组成，分别是高校科研团队领导积极内隐追随（L）、团队信任（T）、团队授权氛围（E）、团队创造力（C），从表 13 可以看出四因子模型的拟合指标是最好的，远远优于其他的竞争模型，因此，该量表具有很好的区分效度。

表 13　验证性因子分析结果（$N=417$）

模型	χ^2	df	χ^2/df	RMSEA	NFI	IFI	CFI	TLI
零模型（L、T、E 和 C）	2 730.295	811	3.367	0.075	0.850	0.890	0.889	0.882
四因子模型（L、T、E 和 C）	2 364.569	805	2.937	0.068	0.870	0.910	0.910	0.904
三因子模型（L、T 和 $E+C$）	2 739.834	808	3.391	0.076	0.849	0.889	0.889	0.881
三因子模型（$L+T$、E 和 C）	3 318.731	808	4.107	0.086	0.856	0.856	0.855	0.846
三因子模型（$L+C$、T 和 E）	2 729.192	808	3.378	0.076	0.850	0.889	0.889	0.882
三因子模型（$L+E$、T 和 C）	4 393.877	808	5.438	0.103	0.758	0.794	0.793	0.780
二因子模型（$L+T$ 和 $E+Y$）	3 653.683	810	4.511	0.092	0.799	0.836	0.836	0.826
单因子模型（$L+T+E+Y$）	6 232.349	811	7.685	0.127	0.657	0.688	0.687	0.668

（二）变量的描述性统计分析

通过表 14 可以看出高校科研团队领导积极内隐追随、团队信任、团队授权氛围和团队创造力之间均存在显著正相关，其中，高校科研团队领导积极内隐追随与团队信任和团队创造力之间的相关系数已经达到 0.575**（$p<0.01$）和 0.220**（$p<0.01$），说明高校科研团队领导积极内隐追随与团队信任和团队创造力密切相关，符合理论预期。

（三）主效应检验

如表 15 中的模型 2 所示，高校科研团队领导积极内隐追随对团队创造力具有显著的正向影响（$\beta=0.193$，$p<0.001$）。

表 14　各主要变量的描述性及相关性分析（$N=417$）

序号	变量	均值	标准差	1	2	3	4	5	6	7	8	9	10
1	性别	1.45	0.498	1									
2	年龄	2.89	1.529	-0.019	1								
3	职称	3.38	1.352	0.007	-0.257**	1							
4	受教育程度	2.50	0.609	0.077	0.428**	-0.407**	1						
5	在团队工作时间	3.00	1.359	0.043	0.733**	-0.064	0.578**	1					
6	当领导时间	1.88	3.567	0.000	0.882**	-0.063	0.126**	0.580**	1				
7	L	4.271 8	0.667 36	0.012	-0.073	0.016	0.028	-0.042	-0.081	1			
8	T	4.318 9	0.542 07	0.038	0.079	-0.013	0.155**	0.111*	0.041	0.575**	1		
9	E	4.216 7	0.753 82	-0.064	-0.039	0.009	0.015	-0.042	-0.056	0.507**	0.274**	1	
10	C	4.263 8	0.584 44	-0.26	0.55	-0.083	0.107*	0.036	0.012	0.220**	0.398**	0.213**	1

注：*、**分别表示在 5% 和 1% 的显著性水平上变量显著。

表 15 主效应检验结果（$N＝417$）

变量		团队创造力（C）	
		模型 1	模型 2
控制变量	性别	-0.034	-0.036
	年龄	0.037	0.043
	职称	-0.010	-0.013
	教育程度	0.098	0.078
	在团队工作时间	-0.028	-0.024
	当领导时间	-0.008	-0.008
自变量	LPIFT（X）		0.193
	R^2	0.016	0.064
	F 值	1.112	$4.004***$
	ΔR^2	0.016	0.048
	ΔF 值	1.112	$21.031***$

注：$***$表示相关系数通过 10% 的显著性检验。

（四）有调节的中介效应检验

1. 以团队信任为中介变量、团队授权氛围为调节变量

通过表 16 可知，高校科研团队领导积极内隐追随对团队信任（$a_1=0.531\ 9$，$95\%\ CI=0.447\ 4\sim0.616\ 4$）具有显著的正向影响，团队信任（$b_1=0.433\ 6$，$95\%\ CI=0.314\ 2\sim0.553\ 0$）对团队创造力又具有显著的正向影响，模型加入团队信任（$c_1=-0.010\ 1$，$95\%\ CI=-0.106\ 2\sim0.086\ 0$）后，高校科研团队领导积极内隐追随对团队创造力影响作用不显著，表明团队信任在高校科研团队领导积极内隐追随与团队创造力之间起到完全中介作用。

通过表 16 还可知，高校科研团队领导积极内隐追随和团队授权氛围的交互项对团队信任的影响显著（$a_3=0.062\ 6$，$95\%\ CI=0.014\ 7\sim0.110\ 6$），说明随着团队授权氛围程度的增强，高校科研团队领导积极内隐追随对团队信任的显著正向影响越来越大；此外，有调节的中介效应指标 a_3b_1 显著（$a_3b_1=0.027\ 1$，$95\%\ CI=0.004\ 6\sim0.061\ 2$），说明团队授权氛围在中介效应团队信任中的调节效应成立，从调节结果上来看，当团队授权氛围较高或较低时，中介效应都成立（$95\%\ CI=0.108\ 9\sim0.316\ 1$，$95\%\ CI=0.151\ 9\sim0.346\ 1$），即随着团队授权氛围的增强，团队信任在高校科研团队领导积极内隐追随与团

队创造力之间的中介作用越来越大。

表 16　有调节的中介效应分析 1（$N=417$）

		\multicolumn{3}{c}{M：团队信任}			\multicolumn{3}{c}{Y：团队创造力}	
		B	SE	\multicolumn{2}{c}{95% CI}		B	SE	\multicolumn{2}{c}{95% CI}
X：LPIFT	a_1	0.531 9	0.043 0	0.447 4	0.616 4	c_1	−0.010 1	0.048 9	−0.106 2	0.086 0
M：团队信任						b_1	0.433 6	0.060 7	0.314 2	0.553 0
W：团队授权氛围	a_2	0.029 5	0.037 2	−0.043 7	0.102 7					
XW	a_3	0.062 6	0.024 4	0.014 7	0.110 6					
U_1：性别	U_{11}	0.015 5	0.043 6	−0.070 1	0.101 2	U_{12}	−0.045 6	0.053 6	−0.151 0	0.059 8
U_2：年龄	U_{21}	0.022 9	0.044 8	−0.065 3	0.111 0	U_{22}	0.036 1	0.055 3	−0.072 5	0.144 8
U_3：职称	U_{31}	0.016 0	0.019 3	−0.022 0	0.054 0	U_{32}	−0.020 5	0.023 9	−0.067 4	0.026 5
U_4：教育程度	U_{41}	0.101 3	0.055 6	−0.008 0	0.210 7	U_{42}	0.031 4	0.069 0	−0.104 1	0.167 0
U_5：工作时间	U_{51}	0.006 2	0.027 9	−0.048 6	0.061 1	U_{52}	−0.027 8	0.034 4	−0.095 5	0.039 9
U_6：领导时间	U_{61}	0.000 8	0.016 2	−0.031 0	0.032 7	U_{62}	−0.009 6	0.020 0	−0.048 9	0.029 7
C：截距	i_m	−0.432 0	0.157 1	−0.740 8	−0.123 2	i_Y	0.054 2	0.195 9	−0.330 8	0.439 2
		\multicolumn{4}{l}{$R^2=0.368\ 1$}		\multicolumn{4}{l}{$R^2=0.168\ 1$}
		\multicolumn{4}{l}{$F_{(9,\ 407)}=26.339\ 9^{***}$}		\multicolumn{4}{l}{$F_{(8,\ 408)}=10.302\ 8^{***}$}

间接效应	Boot indirect effect	Boot SE	\multicolumn{2}{c}{95% CI}
U：M−1SD	−0.753 8	0.210 2	0.108 9	0.316 1
U：M	0.000 0	0.230 6	0.135 1	0.321 9
U：M+1SD	0.753 8	0.251 1	0.151 9	0.346 1
$a_3 b_1$	0.027 1	0.001 5	0.004 6	0.061 2

注：各变量在分析时采用中心化值；各系数均为非标准化值。

2. 以认知信任、情感信任为中介变量、团队授权氛围为调节变量

通过表 17 可知，高校科研团队领导积极内隐追随对认知信任（$a_{11}=0.483\ 2$，95% $CI=0.385\ 7\sim0.580\ 7$）、情感信任（$a_{12}=0.580\ 6$，95% $CI=0.490\ 2\sim0.670\ 9$）具有显著的正向影响，认知信任（$b_1=0.162\ 1$，95% $CI=0.029\ 7\sim0.294\ 5$）、情感信任（$b_2=0.276\ 7$，95% $CI=0.134\ 2\sim0.419\ 2$）

对团队创造力又具有显著的正向影响，模型加入认知信任、情感信任（$c_1 = -0.017\ 1$，$95\%\ CI = -0.114\ 5 \sim 0.080\ 2$）后，高校科研团队领导积极内隐追随对团队创造力影响作用不显著，表明团队认知信任、团队情感信任在高校科研团队领导积极内隐追随与团队创造力之间起到完全中介作用。

通过表 17 还可知，高校科研团队领导积极内隐追随和团队授权氛围的交互项对团队认知信任（$a_{31} = 0.060\ 7$，$95\%\ CI = 0.005\ 4 \sim 0.116\ 0$）和情感信任（$a_{32} = 0.064\ 6$，$95\%\ CI = 0.013\ 3 \sim 0.115\ 8$）的影响显著，说明随着团队授权氛围程度的增强，高校科研团队领导积极内隐追随对团队认知信任和情感信任的显著正向影响越来越大；此外，有调节的中介效应指标 $a_{31}b_1$ 显著（$a_{31}b_1 = 0.009\ 8$，$95\%\ CI = 0.000\ 2 \sim 0.034\ 2$），$a_{32}b_2$ 显著（$a_{32}b_2 = 0.017\ 9$，$95\%\ CI = 0.001\ 8 \sim 0.048\ 5$），说明团队授权氛围在中介效应认知信任和情感信任中的调节效应成立，从调节结果上来看，当团队授权氛围较高或较低时，中介效应认知信任（$95\%\ CI = 0.013\ 7 \sim 0.156\ 2$，$95\%\ CI = 0.017\ 8 \sim 0.182\ 7$）和情感信任（$95\%\ CI = 0.050\ 5 \sim 0.240\ 1$，$95\%\ CI = 0.064\ 4 \sim 0.268\ 4$）都成立，即随着团队授权氛围的增强，团队认知信任和情感信任在高校科研团队领导积极内隐追随与团队创造力之间的中介作用越来越大。

表 17　有调节的中介效应分析 2（$N = 417$）

		M1：认知信任				M2：情感信任		
		B	SE	95% CI			B	SE	95% CI	
X：LPIFT	a_{11}	0.483 2	0.049 6	0.385 7	0.580 7	a_{12}	0.580 6	0.046 0	0.490 2	0.670 9
M1：认知信任										
M2：情感信任										
W：团队授权氛围	a_{21}	0.040 0	0.043 0	−0.044 4	0.124 5	a_{22}	0.019 0	0.039 8	−0.059 4	0.097 3
XW	a_{31}	0.060 7	0.028 1	0.005 4	0.116 0	a_{32}	0.064 6	0.026 1	0.013 3	0.115 8
U_1：性别	U_{11}	0.023 8	0.050 3	−0.075 1	0.122 6	U_{12}	0.007 2	0.046 6	−0.084 4	0.098 9
U_2：年龄	U_{21}	0.016 0	0.051 7	−0.085 7	0.117 7	U_{22}	0.029 7	0.048 0	−0.064 6	0.124 0
U_3：职称	U_{31}	0.003 3	0.022 3	−0.040 5	0.047 2	U_{32}	0.028 6	0.020 7	−0.012 0	0.069 3
U_4：教育程度	U_{41}	0.129 6	0.064 2	0.003 4	0.255 8	U_{42}	0.073 1	0.059 5	−0.043 9	0.190 1
U_5：工作时间	U_{51}	−0.000 9	0.032 2	−0.064 2	0.062 4	U_{52}	0.013 3	0.029 9	−0.045 4	0.072 0
U_6：领导时间	U_{61}	0.003 2	0.018 7	−0.033 6	0.040 0	U_{62}	−0.001 6	0.017 3	−0.035 6	0.032 5
C：截距	i_{m1}	−0.434 8	0.181 3	−0.791 2	−0.078 4	i_{m2}	−0.439 2	0.168 1	−0.759 6	−0.098 8
		$R^2 = 0.275\ 5$					$R^2 = 0.370\ 2$			
		$F_{(9,\ 407)} = 17.196\ 7^{***}$					$F_{(9,\ 407)} = 26.584\ 8^{***}$			

（续）

		Y：团队创造力		
		B	SE	95% CI
X：LPIFT	c_1	−0.017 1	0.049 5	−0.114 5　0.080 2
M1：认知信任	b_1	0.162 1	0.067 3	0.029 7　0.294 5
M2：情感信任	b_2	0.276 7	0.072 5	0.134 2　0.419 2
W：团队授权氛围				
XW				
U_1：性别	U_{13}	−0.044 9	0.053 6	−0.150 4　0.060 5
U_2：年龄	U_{23}	0.035 4	0.055 3	−0.073 3　0.144 0
U_3：职称	U_{33}	−0.022 0	0.024 0	−0.069 1　0.025 1
U_4：教育程度	U_{43}	0.034 1	0.069 0	−0.101 6　0.169 8
U_5：工作时间	U_{53}	−0.028 7	0.034 5	−0.096 5　0.039 0
U_6：领导时间	U_{63}	−0.009 4	0.020 0	−0.048 7　0.029 9
C：截距	i_{mY}	0.056 1	0.195 9	−0.329 0　0.441 2
	$R^2=0.169\ 8$			
	$F\ (9,\ 407)=9.246\ 3$			

间接效应	Boot indirect effect	Boot SE	95% CI	Boot indirect effect	Boot SE	95% CI
U：$M-1SD$	−0.753 8	0.070 9	0.013 7　0.156 2	−0.753 8	0.147 2	0.050 5　0.240 1
U：M	0.000 0	0.078 3	0.015 8　0.167 3	0.000 0	0.160 6	0.059 0　0.248 1
U：$M+1SD$	0.753 8	0.085 8	0.017 8　0.182 7	0.753 8	0.174 1	0.064 4　0.268 4
$a_{31}b_1$	0.009 8	0.001 9	0.000 2　0.034 2			
$a_{32}b_2$				0.017 9	0.001 9	0.001 8　0.048 5

注：各变量在分析时采用中心化值；各系数均为非标准化值。

四、高校科研团队领导积极内隐追随对个体创造力的影响机制研究：基于团队情境的跨层次调节作用

（一）变量的结构效度检验

各变量验证性因子分析的结果较为理想，其中高校科研团队领导积极内隐追随的模型与数据拟合值为$\chi^2/df=1.669\ 5$，$RMSEA=0.083$，$CFI=0.970$，$TLI=0.955$；开放导向型差错管理氛围的模型与数据的拟合值为$\chi^2/df=$

3.383，$RMSEA=0.072$，$CFI=0.987$，$TLI=0.960$；个体创造力的模型与数据拟合值为$\lambda^2/df=0.251$，$RMSEA=0.001$，$CFI=1.000$，$TLI=0.999$；因此，各变量拟合度较好。

（二）变量的描述性统计分析

从表 18 可知，高校科研团队领导积极内隐追随与开放导向型差错管理氛围（$r=0.498^{**}$，$p<0.01$）均存在显著正相关，数据分析结果初步支持假设，为后续的回归分析奠定基础。

表 18　研究变量的描述性统计结果（$N=468$）

变量	均值	标准差	1	2	3	4	5	6	7
1 性别	1.529	0.499							
2 年龄	2.580	1.238	−0.010						
3 在团队工作时间	2.900	1.160	0.022	0.422**					
4 个体创造力	4.247	0.715	0.013	−0.008	0.020				
团队层面									
5 团队人数	2.224	0.863							
6 团队成立时间	2.40	1.161					0.923**		
7 领导积极内隐追随	4.340	0.692					−0.123	−0.117	
8 差错管理氛围	3.787	0.658					−0.168	−0.162	0.498**

注：*、**分别表示在5%和1%的显著性水平上变量显著。

（三）跨层次的主效应和调节效应检验

本项目利用 Mplus 分析软件对数据进行多层次回归分析，首先，我们以个体创造力作为结果变量设定零模型，结果显示个体创造力的组间方差（σ^{00}）是 0.300，组内方差（σ^2）是 0.159，组间方差占总方差的 62.77%，即 ICC(1) 值为 0.627 7，大于 0.12，说明个体创造力存在显著的组间差异，因此本研究有必要进行多层线性分析。

如表 19 所示，高校科研团队领导积极内隐追随对个体创造力具有跨层次的显著正向影响（M1，$\beta=0.626$，$p<0.001$）。此外，在表 19 中，加入导向型差错管理氛围后，高校科研团队领导积极内隐追随对个体创造力具有显著的跨层次正向影响（M2，$\beta=0.650$，$p<0.001$），加入交互项后，交互项对个体创造力仍然具有显著的跨层次正向影响（M3，$\beta=0.808$，$p<0.001$）。

表 19　跨层次主效应和调节效应检验

变量	$M0$	$M1$	$M2$	$M3$
截距	4.500	1.641	4.369	4.280
个体层面				
1 性别	−0.020	−0.020	−0.021	−0.014
2 年龄	0.006	0.011	0.011	0.011
3 在团队工作时间	0.050	0.053	0.053	0.058
团队层面				
4 团队人数	−0.081	−0.035	−0.038	−0.068
5 团队成立时间	0.001	0.009	0.008	0.049
6 领导积极内隐追随		0.626***	0.650***	0.808***
7 导向型差错管理氛围			−0.052	−0.045
8 内隐追随×差错管理氛围				0.149
组内方差（σ^2）	0.159***	0.159***	0.159***	0.160***
组间方差（σ^{00}）	0.300***	0.114***	0.113***	0.097***
R^2	0.016	0.623***	0.626***	0.682***
ΔR^2	—	0.607	0.610	0.666

注：*、**、***分别表示在5%、1%和10%的显著性水平上变量显著。

　　为了更直观地反映导向型差错管理氛围的调节效应，本项目分别绘制了导向型管理差错氛围在高于和低于均值一个标准差的水平下的调节效应交互作用图。如图5所示，对于导向型差错管理氛围较好的团队，高校科研团队领导积

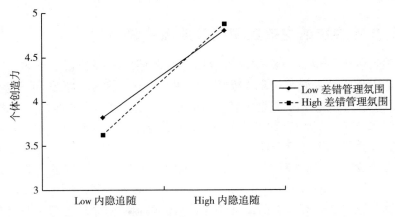

图 5　导向型差错管理氛围对高校科研团队领导积极内隐
追随与个体创造力之间的跨层次调节作用效果

极内隐追随对个体创造力的正向影响效果更显著（$\beta=0.343$，$p<0.001$）了，反之，对于导向型差错管理氛围较差的团队，高校科研团队领导积极内隐追随也正向影响个体创造力，但结果并不显著（$\beta=0.147$，$p>0.05$），由此假设得到进一步验证。

五、结论与管理启示

（一）结论

本项目通过问卷调研和实证研究，得到如下结论：①高校科研团队领导内隐追随包括原型和反原型两大维度，每个维度还包括知识、能力、素质原型与反原型6个子维度，共18个测量题项。②高校科研团队领导积极内隐追随对个体创造力具有显著的正向影响，个体创造力角色认同、创造力自我效能感、知识创造意愿在两者之间发挥完全的中介作用。主动性人格能正向调节高校科研团队领导积极内隐追随与个体创造力角色认同、创造力自我效能感之间的关系，同时，主动性人格也对中介变量产生正向调节作用。③高校科研团队领导积极内隐追随对团队创造力具有显著的正向影响；团队信任及团队信任的两个子维度，认知信任和情感信任在两者之间都发挥完全的中介作用。团队授权氛围正向调节高校科研团队领导积极内隐追随与团队信任（认知信任和情感信任）之间的关系，同时，团队授权氛围也对中介变量产生正向调节作用。④高校科研团队领导积极内隐追随对个体创造力具有跨层次的显著正向影响，开放导向型差错管理氛围在两者之间起到正向的调节作用。

（二）管理启示

1. 高校科研团队个体创造力的提升启示

第一，高校科研团队领导应树立积极的追随者原型。对于高校科研团队来说，研究生导师是科研团队的主要负责人，而研究生则是该科研团队的主要追随者，所以研究生导师积极的追随者原型对整个科研团队和研究生发展起到十分重要的作用。因此，高校科研团队研究生导师应从知识、能力和素质三个方面塑造积极的追随者原型。这主要是因为提高对研究生知识、能力和素质等方面的期望，一方面会影响研究生导师对研究生的选择和创造力的培养，影响研究生导师对学生科研成果及水平的要求，研究生导师据此选择研究生也会促进整个科研团队在人才选拔上的良好循环；另一方面，研究生导师在对研究生进行指导和培养的过程中，也会流露出自己对研究生的态度和期望，如果研究生认为自己和导师所期待的追随者原型相似时，研究生也会被激发出较高的学习劲头和科研热情，让研究生导师更加地重视自己、喜爱自己；同理，研究生导师也会较为积极地为研究生提供科研所需的条件和支持，并肯定研究生的科研成果。这不仅会使研究生个体的创造力提高，而且还会提升研究生的追随意愿，使研究生导师和研究生之间的关系更为融洽，也为取得高水平科研成果提供基础。相反，如果研究生导师认为研究生和自己理想的内隐追随原型有很大区别时，研究生导师对研究生流露出的消极情感会直接影响研究生从事科研工作的积极性，导致研究生工作效率低下，最终影响高水平科研成果的产生。与此同时，高校科研团队管理部门作为科研团队信息提供者、协调组织者，也应该注重通过引导研究生导师建立正确、积极的追随者原型，促进研究生导师将个人发展和团队发展相结合。

第二，重视团队成员个体自我心理认知的塑造与提高。高校科研团队领导积极内隐追随对个体创造力的影响是通过个体创造力角色认同、创造力自我效能感、知识创造意愿这三个中介变量作用的，这说明在高校科研团队个体创造力提升的过程中，不仅要从领导所树立的积极追随者原型入手，还需要重视对团队成员个体创造力角色认同、创造力自我效能感、知识创造意愿的塑造与提高入手，"双管齐下"，才能取得个体创造力提升的良好效果。

个体创造力的角色认同反映了领导或外界的期望与评价影响了个体在知识创造过程中对"我是谁"的诠释，进而影响了个体创造力角色认同的形成。创造力自我效能感反映了个体对知识创造的信心，即对自己有能力实现科研创新，取得科研突破，完成科研任务的信念，这种"我能干"信念的形成离不开领导的支持与帮助。个体知识创造意愿是用来衡量个体从事科学研究的期望强度，也是向往科学研究，愿意加大科学研究投入的一种心理状态。而这种心理状态受到高校科研团队领导态度的影响，即影响了个体在科学研究的过程中对"我愿干"的心路历程。因此，高校科研团队领导积极内隐追随提供了促进个体创造力角色认同、创造力自我效能感、知识创造意愿形成的崭新视角，也为高校科研团队领导积极内隐追随促进个体创造力提供了一条具有潜力和实践价值的新路径。因此，可从以下几个方面入手：一是，研究生导师应向学生积极地传达追随者原型的信息，通过与团队成员的沟通，使其了解研究生导师的期望和要求，并通过向团队成员表达自己对其能够在科研过程中战胜困难的信心，使团队成员明确研究生导师的积极态度，进一步提升团队成员的个体创造力角色认同、创造力自我效能感和知识创造意愿，从而促进个体创造力的提高。二是，研究生导师应公平对待团队中的每一位成员，无论他是有效追随者还是无效追随者，不能以消极的态度对待与自己追随者原型有差别的成员个体。在从事科学研究的过程中，研究生导师不仅应该让研究生感受到自己对其的积极态度，唤起研究生的个体创造力角色认同，而且还应提供给研究生更多参与、分享和学习的机会，提高研究生创造力的自我效能感。通过营造和谐融洽、包容并蓄的团队氛围，让研究生更愿意在公平、开放、可沟通的环境下从事科学研究活动，进一步提高个体知识创造意愿。由于研究生们能够感受到来自研究生导师的公平态度，所以其更愿意朝着导师所设定的追随者原型方向发展，其追随意愿得到进一步强化，从而有利于个体创造力的提升。三是，研究生导师应多提供能够锻炼研究生朝着追随者原型方向发展的，具有一定复杂性和挑战性的科研任务。通过科研任务，可以使研究生主动学习到较为前沿、先进的科学知识，不断激发其创新性的想法，不断提高其创造力；通过参与科研项目，不断鼓励学生敢于进行科研创新，并肯定其创新性的想法以增强研究生个体创造力的角色认同；通过参与科研项目，不断鼓励研究生运用创造性的思维，积极从事创造性的科研活动，点燃其知识创造热情，进而提高个体知识创造意愿。以此来塑造和提高高校科研团队成员个体自我心理认知，进一步提高成员个体的创造力水平。

第三，加强对团队成员个体主动性人格的激发与培养。高校科研团队管理者和研究生导师还应该注意团队成员个体主动性人格能够强化高校科研团队领导积极内隐追随对个体创造力角色认同、创造力自我效能感的正向影响以及强化个体创造力角色认同、创造力自我效能感的中介作用，这为高校科研团队个体创造力的提升提供了个体因素与情境因素相结合的管理方向。团队成员个体主动性人格是团队成员积极寻找、改变的对象，如果能够激发成员主动性人格，就会促进对创造力角色的认同，提高创造力自我效能感，从而进一步促进个体创造力的提高。因此，可以从以下几个方面入手：一是，科研管理部门或研究生导师应意识到个体主动性人格的重要性，在招收或培养研究生的过程中，侧重测评研究生的人格特征，选拔出拥有主动性人格的研究生来带动其他成员，并且根据个体人格特征及研究生的特质和行为与高校科研团队领导积极内隐追随原型的匹配程度来合理分配科研任务，影响个体的自我心理认知，进而影响个体创造力的提升。二是，研究生导师应有意识地培养团队成员的主动性人格，培养其主动思考、主动学习能力以及培养其自觉从事科研工作的习惯，使其更贴近研究生导师的追随者原型。研究生导师可以通过为团队成员提供更多的学习机会，争取更多的创新资源，帮助团队成员制定合理的学习计划，关注个体需求，提供更多的便利和人性化关怀，使团队成员感受到导师对其的重视和关注，提升团队成员的归属感，进而促进成员个体自我心理认知的提升，提高个体创造力。三是，研究生导师可以通过适当的方法，激发团队成员的主动性人格，使其更加契合研究生导师的追随者原型。例如，可以给团队成员适当的授权、为团队成员营造创新氛围、提供团队成员挑战性的学习任务、组织团队成员互相学习和知识分享等，使团队成员拥有更多主动学习和自我创造的机会。通过激发团队成员的主动性人格，来塑造团队成员的主动性人格特质，提升团队成员的身份认同感、增强从事科研工作的自信心，进而为个体创造力的提升提供有力保障。四是，研究生导师要正确对待低主动性人格的团队成员，更不能将其与高主动性人格的团队成员差别对待。对于具有低主动性人格的团队成员，研究生导师应以正面鼓励为主，给予其更多的信任和尊重，对其所从事的科研工作以及所使用的科研行为要予以正面的激励和反馈，肯定其进步和贡献，以此激励具有低主动性人格的团队成员提高主动性，使其自觉、主动地向研究生导师所期待的追随者原型方向努力，进而提高个体自我心理认知，促进个体创造力的提升。

第四，应努力营造开放导向型的差错管理氛围。开放导向型的差错管理氛围能够提高团队成员的心理安全感，促进团队成员知识创造行为的形成。研究生导师要包容和理解研究生在科学研究过程中出现的差错，当差错发生时，应与研究生共同面对，鼓励研究生重视这些差错，并对这些差错问题进行深入的思考和讨论，消除研究生因为出现差错而受到区别对待或者受到惩罚的担心。此外，在开放导向型差错管理氛围下，团队成员也会提高自我学习意识，不断激发自我的创新意识和冒险精神。

2. 高校科研团队团队创造力的提升启示

第一，高校科研团队及相关管理部门应帮助高校科研团队导师树立积极的领导追随者原型。可以从以下几个方面考虑：一是，鼓励研究生导师根据科研任务的需求，及时补充自身在知识、能力和素质方面的不足，带头学习新知识，养成主动学习的习惯，为研究生做出表率；二是，应帮助研究生导师根据内外部环境的变化、技术的发展、科研任务的目标与要求，不断调整其积极内隐追随原型与发展变化相悖的部分以适应新发展；三是，营造良好氛围，使研究生导师在建立积极的追随者原型时保持客观的态度，减少因个人喜好产生的偏见；四是，高校科研管理部门在对研究生导师培训时，应帮助研究生导师树立正确、积极的追随者原型，提升研究生导师对学生知识、能力和素质的认知能力，引导其将个人发展和团队发展相结合的理念应用到科研管理实践中来，同时，要帮助研究生导师理性地认识内隐追随对研究生可能产生的影响，使其重视积极的内隐追随原型的作用。

第二，重视团队成员之间信任关系的培养。高校科研团队领导积极内隐追随对团队创造力的影响是通过认知信任和情感信任这两个中介变量作用的，这说明在提升高校科研团队创造力的时候，不仅仅要从领导所树立的积极追随者原型入手，还需要从团队成员之间认知信任和情感信任关系的培养着手，"两手都要抓，两手都要硬"，才能取得更好的效果。认知信任倾向于对团队成员工作能力、诚实品格、可依赖程度的理性信任；情感信任则建立在人与人之间关系和支持基础上，而高校科研团队领导积极内隐追随恰恰有利于培养团队认知信任和情感信任，这因此可以成为高校科研团队领导积极内隐追随促进团队创造力提升的一条具有潜力和实践价值的新路径。可从以下几个方面入手：一是，研究生导师应向学生积极传递追随者原型的信息，使学生在入学前或者入学后就明确什么是导师的积极内隐追随，有利于团队成员之间认知信任和情感信任关系的快速建立；二是，研究生导师应正确对待和追随者原型有差距的研究生，不能对其置之不理，任其偷懒或搭便车，应积极督促、引导、教育其朝着积极追随者原型的方向发展，在这个过程中，导师一方面应让研究生了解自己的科研能力、工作能力、事业心和责任感等，使其对自己有积极、正面的认知和依赖感，另一方面应注重和研究生情感关系的培养，切实关心研究生在工作、学习和生活中遇到的困难，为他们在团队中建立一定的安全感和舒适度，从而有效强化他们的追随意愿；三是，研究生导师应努力开辟团队成员之间沟通、了解的机会和渠道，例如，定期召开团建会、研讨会、学术交流会等，以此夯实团队认知信任和情感信任的基础。

第三，营造良好的团队授权氛围。高校科研团队管理者和研究生导师还应该注意团队授权氛围能够强化高校科研团队领导积极内隐追随对团队信任（认知信任和情感信任）的正向影响，以及强化团队信任的中介作用，这为高校科研团队创造力的提升提供了个体因素或团队因素与情境因素相结合的管理方向。团队授权氛围代表了一个团队的动机、认知和情感状态，如果团队成员能够感受到较好的团队授权氛围，就会影响其工作态度，减少他与其他成员的沟通障碍，增强团队成员之间的认知信任和情感信任，从而进一步促进团队创造力的提升。可以从以下几个方面入手：一是，高校科研团队管理部门或者研究生导师应积极创造各种途径对研究生的知识、能力、素质进行开发，以此来实现研究生认可的个人、团队、组织发展愿景；二是，研究生导师不仅应向和追随者原型一致的研究生授权，也应该向和追随者原型不一致的研究生授权，让其承担更多的科研职责，给其提供快速融入团队科研工作的机会，有利于改善和追随者原型不一致的研究生在团队中的关系网络、获得更多的团队支持、产生工作动力，从而更容易形成团队认知信任和情感信任，进一步促进团队创造力的提升；三是，研究生导师应积极塑造自身在知识、能力、素质方面的人格魅力，不断鼓励和支持研究生们，愿意和他们一起承担科研工作中遇到的风险，激发他们在科研领域的高层次需求，不断挖掘他们的创造才能，从而促使高校科研团队能够实现较高层次的科研目标；四是，研究生导师应积极向研究生传达目前正在承担或未来需要承担的科研项目，强化研究生对个体胜任能力的认知，增强研究生对自己科研身份的认同感，从而使他们感受到科研工作的意义，并积极主动地投入到科研工作中来。

项目负责人：王磊

主要参加人：赵丽娟、钱巍、苑婧婷、吴羽昕、万育铭、孙守增、田雨、朱雪晴

提高地方政府重农抓粮
农民务农种粮积极性问题研究*

余志刚　马　丽　崔钊达　宫　熙

　　粮食安全问题是历年农业政策制定与文件关注的重点，而调动地方政府重农抓粮、农民务农种粮的积极性是保障粮食安全的关键环节。一直以来，中央对于粮食生产问题的政策制定思想是一致的：2004 年中央 1 号文件提出，要"充分调动农民的种粮积极性"，要"增加对粮食主产区的投入"，要"加强主产区粮食生产能力建设"；2020 年中央 1 号文件再次强调粮食生产要"稳"字当头，稳政策、稳面积、稳产量，保护农民种粮积极性，调动地方抓粮积极性。

　　从当前国际形势来看，中美贸易摩擦、新冠肺炎疫情、国际蝗灾等事件带来了国际粮食市场的严重不确定性。为了保证粮食安全，我国必须坚持自力更生。习近平总书记多次强调"中国饭碗一定要装中国粮"，要把粮食安全纳入国家安全体系，并作为农业的首要和根本目标。要进一步完善农业补贴政策，保障农民基本收益，让农民种粮不吃亏，要加大对产粮大县的奖励力度，优先安排农产品加工用地指标，支持产粮大县高标准农田建设新增耕地指标跨省域调剂使用，让地方抓粮不吃亏，调动地方抓粮积极性。

一、我国粮食安全的现状及测度分析

（一）我国粮食安全现状分析

1. 我国粮食数量安全现状

　　从播种面积来看，中国粮食播种面积的变化大体可以分为四个阶段（表 1）。一是 1978—1998 年粮食播种面积波动下降，由 12 058.72 万公顷下降到 11 378.74 万公顷，年均下降 0.29%。二是 1999—2003 年粮食播种面积直

---

　　* 中央农办、农业农村部乡村振兴专家咨询委员会软科学课题（项目编号：RKX202001B）。
　　项目负责人为余志刚教授，主要参加人员有马丽、崔钊达、宫熙、宫思羽等。

线下降，截至 2003 年粮食播种面积降至新中国成立以来最低，降至 9 941.04 万公顷，年均下降 2.67%。三是 2004—2016 年粮食播种面积直线上升，2004 年以后国家出台了一系列发展农业生产的新政策，粮食播种面积出现稳步增长的趋势，截至 2016 年，粮食播种面积达 11 923.01 万公顷，年均增长 1.41%。四是 2017—2020 年粮食播种面积缓慢下降，年均下降 0.89%。

表 1　中国粮食播种面积和产量

年份	播种面积（万公顷）	产量（万吨）	年份	播种面积（万公顷）	产量（万吨）
1978	12 058.72	30 476.5	2000	10 846.25	46 217.5
1979	11 926.27	33 211.5	2001	10 608.00	45 263.7
1980	11 723.43	32 055.5	2002	10 389.08	45 705.8
1981	11 495.77	32 502.0	2003	9 941.04	43 069.5
1982	11 346.24	35 450.0	2004	10 160.60	46 946.9
1983	11 404.72	38 727.5	2005	10 427.84	48 402.2
1984	11 288.39	40 730.5	2006	10 495.77	49 804.2
1985	10 884.51	37 910.8	2007	10 599.86	50 413.9
1986	11 093.26	39 151.2	2008	10 754.45	53 434.3
1987	11 126.78	40 297.7	2009	11 025.51	53 940.9
1988	11 012.26	39 408.1	2010	11 169.54	55 911.3
1989	11 220.47	40 754.9	2011	11 298.04	58 849.3
1990	11 346.59	44 624.3	2012	11 436.80	61 222.6
1991	11 231.36	43 529.3	2013	11 590.75	63 048.2
1992	11 055.97	44 265.8	2014	11 745.52	63 964.8
1993	11 050.87	45 648.8	2015	11 896.28	66 060.3
1994	10 954.37	44 510.1	2016	11 923.01	66 043.5
1995	11 006.04	46 661.8	2017	11 798.91	66 160.7
1996	11 254.79	50 453.2	2018	11 703.82	65 789.2
1997	11 291.21	49 417.1	2019	11 606.36	66 385.3
1998	11 378.74	51 229.5	2020	11 686.80	66 949.0
1999	11 316.10	50 838.6			

注：1978—2008 年数据来自《新中国农业 60 年统计资料》，2009—2019 年数据来自《中国统计年鉴 2020》，2020 年数据来自《全国年度统计公报 2020》。

与粮食播种面积相对应，将中国粮食产量大致划分为 3 个阶段。一是

1978—1998 年的粮食产量波动上涨阶段，粮食产量由 1978 年的 30 476.5 万吨增加到 1998 年的 51 229.5 万吨，年均增长 2.63%。二是 1999—2003 年的粮食产量显著下降阶段，由于粮食播种面积下降，2003 年粮食产量降至 43 069.5 万吨，年均下降 3.41%。三是 2004—2020 年的粮食产量持续增长阶段，2004 年后国家以中央 1 号文件形式，出台了一系列粮食生产扶持政策。随着粮食"四补贴、一奖励"政策的实施，农民种粮积极性大幅提高，中国粮食连续 13 年增产，连续 16 年丰产，连续 6 年产量稳定在 6.5 亿吨以上，2020 年中国粮食产量增加到 66 949.0 万吨，年均增长 2.24%。

从粮食库存来看，作为我国主要口粮的稻谷和小麦，每年的自给率一直保持在 98% 以上，稻谷、小麦、玉米三大谷物的自给率也稳稳地保持在 95% 以上。国内储备结构也日趋合理，不断满足了人民群众对各种粮食的需求，其中大中城市建立了确保满足当地 10～15 天的米、面、油等成品粮油储备制度。从《2019 年全国政策性粮食库存数量和质量大清查结果》可以看出，不仅大米、面粉等成品粮的库存占比不断提高，水稻和小麦等重要原粮储存品种占比也约有 70%。清查结果表明，全国政策性粮食库存账实基本相符，质量总体良好，储存较为安全，结构布局逐步改善，切实守住了全国政策性粮食储存安全的底线，确保把中国人的饭碗牢牢端在自己手中。

从粮食进出口来看，总体上中国粮食贸易为逆差（图 1）。从进口量看，粮食进口呈增加趋势。在 2002 年以前，中国粮食进口量基本在 2 000 万吨以下，年度间有波动，但幅度相对较小。2001 年，中国加入世界贸易组织后，粮食进口增速显著。自 2003 年起，中国粮食进口量大幅度增加，由 2 283 万吨激增到 2017 年的 13 062 万吨。此后，进口量有所下降，2020 年由于新冠肺炎疫情等因素的影响，粮食进口量迅速增加，达到历史最高水平。从出口量来看，中国粮食出口整体维持在较低水平。2004 年以前我国粮食出口呈现波动增加的趋势，2004 年以后，出口量又大幅下降，降至 2020 年的 354 万吨，年均下降 11.43%。

2. 我国粮食质量安全现状

（1）生产环节粮食质量安全现状。首先，从总体来看，中国粮食品种丰富，各种档次的粮食很齐全，粮食质量安全水平逐年提高，整体质量良好（唐明贵、刘善臣，2009）。近年来，中国米面油产品抽检总体合格率稳定在 95% 以上（王萌萌，2016）。然而，我国优质粮食生产比例偏低。据农业农村部统计，2019 年我国优质麦占比约 33%，同比增长 3 个百分点，但对一些面粉加工企业来讲，优质麦、超强筋小麦原料依旧处于紧缺状态（王崇民，2020）。从《2019 年中国稻谷（大米）产业报告》公布的数据来看，我国优质稻的种

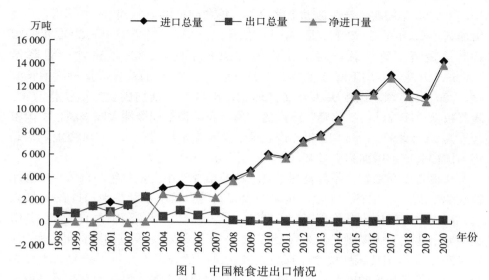

图 1　中国粮食进出口情况

注：1998—2019 年数据来自《中国统计年鉴》，2020 年数据来自中国海关。

植比例仍不高，市场上出售的大多数是普通稻。

其次，粮食生产质量因优质粮种增加、技术改进得到提升。随着粮食育种技术的发展，我国优质粮种增加。以水稻为例，特别是随着杂交水稻育种和分子育种技术的发展，生产方面不但重视产量的提高，还注重稻米品质、营养、抗病虫害、抗寒、耐热等方面潜力的挖掘（王月华、何虎、潘晓华，2012）。

（2）储存环节粮食质量安全现状。国家粮管部门调查数据显示，我国粮食在收购到消费的过程中损耗率高达 18%，其中相当一部分损失出现在仓储环节。粮食储存分为两个环节：一是农户在收获作物之后的晾晒和储存；二是粮食收购之后的集中储存。农户在储量过程中主要存在两大问题：一是由于农户没有专业的储粮设备，技术水平和管理水平都比较低，所以损耗率较大；二是由于农户普遍缺乏粮食储存的专业知识和技能，导致存储粮食质量差，对后期加工环节造成影响。目前，我国粮食集中储存环节主要有以下问题：储粮仓库多且位置分散，部分仓库设备老化，储存条件有待改善；库点管理人员专业知识欠缺，在粮食储存过程中由于操作不当导致粮食陈化或变质等。另外，在粮食储存环节，还会受到生物因素的影响，如仓库害虫和粮食微生物。在粮食储存的初期，人们往往对其疏于防范以致其大量繁殖，造成不必要的损失。

（3）加工环节粮食质量安全现状。粮食加工包括粮食收获后对粮食的干燥、脱粒、清选、分级、粉碎去壳、称重、包装等处理的整个过程。目前，我国粮食加工精细度较以往更高，粮食加工产品呈"精细白"特点，具有更好的品相和口感，但是这一过程造成粮食的营养成分大量损失、出品率降低和能耗大幅度提高。中国粮食行业协会统计数据显示，我国每年大约有20%的小麦、稻谷加工成精面、精米，过度加工造成的粮食损失约150亿斤。粮食的精细化加工使得粮食营养成分大量流失，容易造成某些"富贵病"（吴学安，2014）。对此，我国积极发展超微粉碎技术、超高压技术、稻谷适度加工技术等，都大大减少了粮食加工过程中的营养流失，保证了粮食质量。

3. 我国粮食资源安全现状

（1）水资源安全现状。 目前，我国水资源状况主要表现在四个方面：其一，水资源总量丰富但人均占有量不足。我国是一个水资源总量丰富但相对而言却严重缺水的国家，2019年我国水资源总量为29 041亿立方米，但人均水资源量仅为2 077.7立方米（图2）。其二，水资源分配不均衡。耕地占比为35%的长江流域及以南地区的水资源占到了全国的81%，而耕地占比为65%的长江流域以北地区的水资源却只占到了全国的19%。其三，水资源浪费现象严重、利用效率较低。根据相关数据统计，在农田灌溉中大约有一半的水资源未被使用，水资源运用率约54.2%（李玲玲，2019）。其四，水污染问题成了我国粮食安全的制约因素。工业化和城镇化是造成水资源污染的重要原因，全国七大水系中水质为五类与劣五类且不能用于农业灌溉的占40%左右。同时，农药和杀虫剂的大量使用，对水体造成了污染，导致农作物残留较多有毒物质。

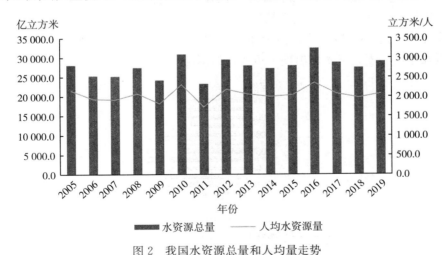

图2　我国水资源总量和人均量走势

注：数据来源于《中国统计年鉴2020》。

（2）耕地资源现状。 随着社会经济水平的不断提升和新型城镇化的不断推进，我国粮食生产的土地压力在日益加剧。我国耕地资源状况主要表现在两个方面：一是人均耕地资源少。2020 年我国耕地面积共有 18.26 亿亩，而人均耕地面积仅有 1.39 亩，比 1996 年人均耕地面积减少了 0.2 亩。二是耕地质量比较低，中低产田占比较大。从耕地质量划分等级来看，四级到六级是中等耕地，占全国耕地总面积的 44.8%；七级到十级是低等耕地，占全国总面积的 27.9%。总体上来看，我国耕地质量水平普遍较低。

4. 我国粮食价格安全现状

从粮食价格来看。首先，国内粮食价格过高。由于粮食支持价格政策的实施，自 2010 年起，中国粮食价格开始高于国际市场离岸价格。国家粮油信息中心数据显示，2015 年 1 月，与国外粮食进口到岸完税价格相比，中国主要粮食品种价格高出很多，其中，小麦价格高出 33.3%，大米高出 37%，玉米高出 51.3%，大豆高出 39.2%。

其次，粮食价格波动幅度大，波动频繁，不利于粮食生产结构调整和农民增收。2015 年秋粮收购中就出现了粮食增产，但三大主粮价格全线下跌，农民收入锐减的情况。粮价波动受国际国内经济的综合影响，也和国内粮食供需结构、库存结构密切相关。粮食价格是供需变化和粮食安全状况的直接反映，短期内会影响农民种粮收入预期，长期影响农民种粮积极性和粮食安全战略的制定。

从种粮农民收入来看。自 2004 年国家开始实施粮食最低收购价和临时收储政策以来，粮食价格的上升较好地促进了农民收入增长，2020 年农村居民可支配收入达 16 020.7 元。但由图 3 可以看出，种粮收入水平并不高，尤其是近几年，小麦、玉米均出现了负效益的情况。

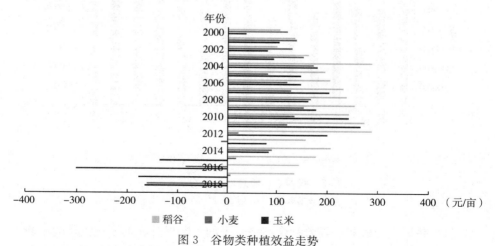

图 3　谷物类种植效益走势

注：数据来源于布瑞克农业数据库和《全国农产品成本收益资料汇编》。

（二）我国粮食安全测度分析

1. 数据与方法

粮食产量、粮食库存、粮食消费、粮食净进口量、粮食消费量、农药使用量、财政支农支出、粮食价格、耕地资源和农业用水数据来源于《中国统计年鉴》，粮食净利润数据来源于《全国农产品成本收益资料汇编》。

为了增加不同指标之间的可比性，对所有指标进行标准化处理，去除量纲和单位。对于正向指标采用：$X_{ij}{}' = (X_{ij} - minX_j)/(maxX_j - minX_j)$；对于负向指标采用：$X_{ij}{}' = (maxX_j - X_{ij})/(maxX_j - minX_j)$。

采用变异系数法进行赋权。变异系数法是一种客观赋权方法，直接利用各项指标所包含的信息进行赋权。在评价指标体系中，取值差异越大的指标实现难度越大，指标赋权更大。

$$CV_j = S_j/X_j$$
$$w_j = CV_j / \sum CV_j$$

其中，CV_j 表示指标 j 的变异系数，S_j 表示指标 j 的标准差，X_j 表示指标 j 的平均值，w_j 表示指标 j 的权重。

基于粮食安全评价体系，采用 2013—2018 年的指标数据，利用变异系数赋权法进行赋权，各指标权重如表 2 所示。由表 2 可见，我国粮食数量安全、粮食质量安全、粮食资源安全、粮食价格安全的权重分别是 27.42%、26.65%、21.87%、24.07%，各个子系统权重基本均衡。

表 2　粮食安全指标体系及权重

维度	子系统权重	指标	子系统内权重
粮食数量安全	27.42%	粮食产量	23.04%
		粮食产量波动率	24.30%
		粮食消费	22.36%
		粮食净进口量	30.30%
粮食质量安全	26.65%	农药使用量	48.63%
		粮食损耗	51.37%
粮食资源安全	21.87%	单位播种面积水资源可供应量	62.41%
		单位粮食产量占用耕地面积	37.59%
粮食价格安全	24.07%	粮食生产财政支出	27.26%
		粮食价格	34.63%
		种植主粮净利润	38.11%

2. 我国粮食安全测度结果分析

（1）我国粮食安全指数分析。 基于上述粮食安全评价指标体系和权重，计算 2013—2018 年我国粮食安全指数及 4 个子系统安全指数，结果如图 4 所示。

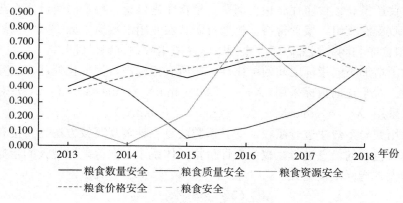

图 4　我国粮食安全指数变化情况

从粮食安全指数总体来看，我国粮食安全状况基本保持稳定，2014 年粮食安全指数略有降低，2014 年之后粮食安全形势逐渐好转；从粮食数量安全指数来看，我国粮食数量安全状况与我国粮食安全总体状况变化基本一致，粮食数量安全指数略低于粮食安全指数，总体呈波动上涨的趋势，粮食数量安全状况为粮食安全总指数提供了支撑；从粮食质量安全指数和粮食资源安全指数来看，两者波动变化较大，无明显变化趋势，质量安全和资源安全受自然条件影响较大，总体来看，粮食质量安全呈现出好转趋势；从粮食价格安全指数来看，我国粮食价格安全指数呈明显上升趋势，我国粮食价格安全状况逐渐好转，2018 年粮食价格安全指数有所下降。

（2）我国粮食安全趋势演变。 通过建立粮食数量安全指数、粮食质量安全指数、粮食资源安全指数和粮食价格安全指数的雷达图（图 5），对 2013—2018 年我国粮食安全演变进行分析。

2016 年以前为发展不均衡阶段：粮食数量安全和价格安全情况较好，粮食质量安全和资源安全是短板。这一阶段，强调粮食的供求和经济价值，而忽略了粮食质量安全状况和资源现状，化肥施用量和农药使用量都达到了很高的水平，高生产要素投入使得粮食数量安全得到保障，但粮食质量安全持续下降，粮食生产表现出"重量不重质"的倾向。

2016 年以后为均衡发展阶段：粮食数量安全、质量安全持续向好，粮食价格安全基本稳定，粮食资源安全逐渐下降。耕地面积农药和化肥的施用量呈

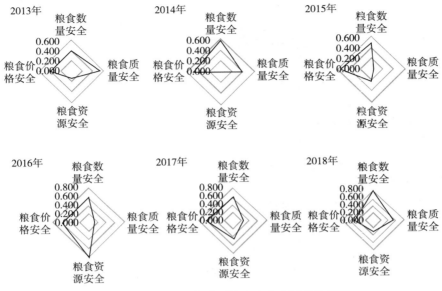

图 5　2013—2018 年我国粮食安全内涵变化情况

现下降趋势，粮食质量安全向好趋势显现。但粮食资源安全形势持续下降，主要是由于城镇化推进步伐加快、种植结构改变等原因造成。整体而言，国家粮食安全各项指标初步呈现均衡发展态势，随着国家粮食安全战略调整和粮食政策改革的深入，粮食安全状况必然会得到改善。

二、粮食安全视域下不同主体利益构成及行为博弈分析

(一) 粮食生产销售全过程中的主要利益主体

1. 中央政府

中央政府是粮食政策的制定者、执行的监督者，承担为农业科技创新投入，发放农业补贴，进行大型农业水利等基础设施的建设，建立主产区利益补偿机制，对种粮大县进行奖励等职责。中央政府的目的在于保证粮食产量，确保国家粮食安全，维护经济社会稳定繁荣。

2. 地方主体

地方政府是粮食政策的执行者，承担鼓励粮食生产、进行技术培训、小型基础设施建设等责任。地方政府对地方的经济政治管理有一定的自主权，但必须始终遵守国家相关规定，为追求自身利益最大化，可能会为地区经济发展支持更高效益产业，而忽视农业发展。地方政府的目的在于获得更高的财政收

入，获得政治利益——晋升机会，但必须承担保证粮食产量的责任。

3. 农民

农民是农业生产的主力军，其是否种粮的决策会直接影响粮食产量。作为理性经济人，农民会根据收益状况决定资源分配，粮食生产收益率高时，会积极种植粮食，反之更倾向于选择外出务工、种植经济作物等增收手段。种粮农民的目的在于获得更高收入。

4. 地方国有粮食企业

国有粮食企业包括以执行国家粮食政策性收购、储存业务为主的国有粮食购销企业和以执行粮油加工业务为主的国有粮食附营企业。

5. 粮食经纪人

粮食经纪人是指从事粮食收购和销售业务，并从中获取一定劳务费用的自然人、法人和其他经济组织，它们是连接粮食生产者和消费者的桥梁，为促进粮食商品流通和粮食购销市场的有序发展贡献了巨大力量。

（二）不同主体关于粮食生产的利益博弈

1. 中央政府与地方政府的利益博弈

在我国，中央政府是权力的中心，负责政策的制定工作，地方各级政府将根据地方实际情况，负责具体执行中央所制定的政策。在政策的执行过程中，中央政府与地方政府二者事实上是一种委托—代理关系。中央政府是政策的制定者同时也是政策执行的委托人，地方各级政府是政策执行的代理人。在这种委托—代理关系下，由于中央与地方存在信息的不对称性，以及政策执行过程中本就可能出现各种突发状况，使得地方政府很有可能利用自身在本地区管理中的信息垄断地位，在执行中央政府制定的政策时故意偏差，以谋取更大利益。

当种粮的资本收益率高于社会平均利润率时，中央政府鼓励种粮，地方政府增加种粮投入会获得更高的收入和补贴资金，此时中央政府与地方政府的利益目标一致，地方政府抓粮积极性高，有利于保障国家粮食安全。如种粮的资本收益率低于社会平均利润率，地方政府种粮不能得到最大利润，与中央政府利益目标不一致，会与中央政府展开博弈。一方面，此时地方政府继续发展农业会损失一部分经济利益，而为追求利益最大化和晋升的政治目标，地方政府不会倾向于发展农业；另一方面，地方政府作为政策执行的代理人，必须落实中央政府的政策，否则会受到惩罚。因此，地方政府可能出现机会主义倾向，对中央政策阳奉阴违，在思想上传达中央文件，鼓励粮食种植，但在行动上并不将资金投入到粮食生产中，损害粮食安全。

表 3　中央政府与地方政府的博弈矩阵

		中央政府	
		鼓励种粮	不鼓励种粮
地方政府	增加种粮投入	投入增加，收入增加	投入减少，收入减少
	不增加种粮投入	投入增加，收入不定	投入减少，收入不定

2. 地方政府与农民的利益博弈

由政府制定的政策，最终要靠农民来落实，而农民选择种植粮食作物或种植经济作物或外出务工，是根据所能获得的经济收益决定的。由于种粮所需种子、化肥、农药等各种生产要素价格提高，土地流转价格高，加之粮食售价不高，因此种粮的比较收益较低，农民从种粮中获得的利益少；政府虽发放种粮补贴，但补贴的金额较少，不足以支撑农民扩大生产。这些因素的共同作用导致农民的种粮积极性不高，种粮意愿不强。

当种粮的收益率高于社会平均利润率时，地方政府鼓励种粮，农民种粮会获得更高的收益和补贴，地方政府与农民的利益一致，但在当前的市场经济形势下，种粮收益率很难达到较高水平。当种粮收益率低于社会平均利润率时，农民不倾向于种粮，地方政府与农民进行博弈。此时，如政府选择鼓励种粮，给予补贴，则农民经济效益不受影响，且为获得更多补贴会积极种植粮食，继续扩大生产面积，粮食安全也能得到保障；如政府选择不补贴，农民则会在经济利益驱使下放弃种粮，而因受政府对农业生产的限制，农民往往不会完全不种植作物致农地荒芜，而是虽种植作物，但投入生产要素数量质量低下，粗放经营，导致耕地利用程度下降，出现产出水平低、生产效率低的"隐性撂荒"情况，会带来更大损失。

表 4　地方政府与农民的博弈矩阵

		地方政府	
		鼓励种粮	不鼓励种粮
农民	种粮	投入增加，收入增加	投入减少，收入减少
	不种粮	投入增加，收入不定	投入减少，收入不定

3. 地方政府与国有粮食企业的利益博弈

我国国有粮食企业是直接由政府组建的，政府始终是国有粮食企业改革的主导者，为国有粮食企业提供财政支持。国有粮食企业是自主经营和政策性经营结合在一起的，一方面承担着粮食调控的职能——收储政策粮，另一方面进行正常的收储流通业务，以实现自身利益最大化为经营目标。

自 2001 年至今，我国国有粮食企业实施了产权制度改革——实现政企分开，企业成为自主经营、自负盈亏的市场主体；将政策性粮食的财务挂账从企业剥离至县级以上粮食行政管理部门，将高于市场价的库存保护价、定购价收购的粮食大量出售；分流安置多余的职工，提高工作效率；推进企业合并改组，优化企业结构和布局；改善企业的经营管理方式，提高市场竞争力。这些改革措施使国有粮食企业甩开了大部分的历史包袱，经营负担大大减轻。

制约国有企业改革和发展的原因主要包括四方面：一是地方政府财政支持力度不足，许多经济发展慢、财政负担大的政府只能采用分步实施、量力而行的改革方式，导致改革效果差且不彻底。二是中储粮、地方粮食企业和地方粮食局的职能划分不清楚，谁来收粮，谁来管粮，权责界定不清。在地方，中储粮掌握着政策性粮食收购资金供应、粮食调拨和购销计划，在很大程度上取代了粮食局的职能；地方粮食企业的收购资金、数量、时间也完全受制于中储粮，难以实现敞开收购。三是地方领导决策力不足，改革粮食企业并不能带来直接的经济收益，且工作繁杂，导致很多领导缺乏改革的魄力。四是缺乏先进技术和人才，改革后留下的大部分员工仍是年龄偏大、学历偏低的，对技术的学习和创新能力差，难以促进企业进一步发展。

4. 粮食经纪人与农民的利益博弈

粮食经纪人在现代粮食流通领域是非常重要且不可或缺的一个主体，优秀的经纪人队伍可以促进粮食流通的繁荣，保障粮食储备、为加工企业提供充足且高质量的粮源，也促进农民收入的增加。但若管理和监督不好这支队伍，就会导致粮食收储环节出现问题，进而影响到粮食储备、企业加工和农民增收。

农户的主要售粮主体为粮食经纪人。一方面，直接在产地售粮节省了农民的运输成本、储藏成本和时间成本；但另一方面，在我国的粮食市场中，存在严重的信息不对称的情况，大部分农民文化水平较低，且对农业信息的了解不足，难以充分知晓粮食市场的行情，而粮食经纪人通常利用农民急于变现的心理，故意降低收购价格，压榨农民，在交易中损伤农民的利益。同时，粮食经纪人对粮食质量的界定可能缺乏统一标准，导致好粮卖不上好价，农民的预期收益受到影响。

粮食经纪人队伍建设存在很多不足。其人员较为分散，成分也较为复杂，很多人在秋收时兼职做这行，文化水平良莠不齐，对国家政策和专业知识了解不足，易受资金限制，难以形成收购的优质优价和无损保存。

三、地方政府抓粮积极性现状及影响因素分析

（一）地方政府抓粮积极性现状

1. 地方政府抓粮资金分析

近年来，随着国家对农业生产，特别是粮食生产活动的重视，农业财政支出也保持在较高的水平。除中央政府外，地方政府也对农业给予了高度的关注，并大力投入资金以支持相关事业发展。2014—2018 年各省（区、市）农业支出情况见图 6。各地因具体经济状况、自然条件与资源禀赋有所差异，在农业支出上多少不一，2018 年农业支出最高的省份为四川省，达到了1 310.89 亿元，最低的为天津市，仅 165.71 亿元。但总体来看，近年来各省的农业支出在总体上均保持了上升态势。农业支出的连年提升说明了各省对农业投入力度越来越大，进一步说明了地方政府对农业生产越来越重视。

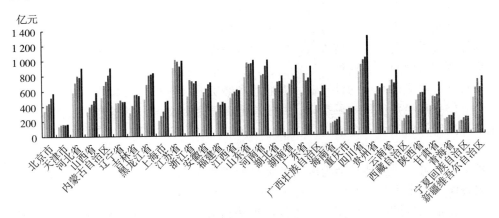

图 6　2014—2018 年各省农业支出

注：数据来源于国家统计局。

在调研中了解到，地方政府对于抓粮资金的安排存在以下几个问题：

（1）从地方重大项目安排和财政资金投向来看，一些高回报率、速效的项目是重点投资领域。一是高回报率项目。从目前产粮大县的重点执行项目来看，河南一产粮大县 2020 年第一批县级重点项目包括 171 项，总计划投资额达到了 461.3 亿元。其中大部分都是工业项目，直接与粮食生产相关的项目一个都没有；乡村振兴项目有 15 个，包括辣椒、芦笋、花生、蛋鸭等产业化项目、生态田园综合体项目、风力发电项目、脱贫攻坚和乡村振兴产业带项目

等，总项目经费为 35.5 亿元，不到总计划项目投资额的 10%。

二是速效项目。速效指的是能快速地收到效果的项目，一般也被老百姓称之为"形象工程"。对于亟须改造基础设施的粮食流通领域则很少投入，在对哈尔滨市一个国有粮库的调查中，一位负责人表示："目前情况是大部分仓容还是 20 世纪 50 年代建造的，根本无法完成储粮任务。但是财政不愿意投入，原因就在于粮食系统安排不了就业、财政没有收入、投资也看不到回报。"

（2）从资金分配来看，农业专用资金使用分散，希望能够整合资金，但是各部门又不愿意放弃当前的利益。农业基础设施建设等都需要投入大量的资金。但是在粮食主产区存在着如下特点：一是县级财力紧张，投入极为有限；二是国家财政投入分散使用，打捆使用较少，效用较低；三是金融贷款中的抵押担保贷款的条款过严，致使从事农业产业的企业和业主贷款困难，投入不足严重影响了粮食产业化发展。

有人将这种资金投入管理称之为"多头资金管理"，一是资金的投入存在多头现象，从上面下来的资金来自多个部门，例如科技部、农业农村部、水利部等多部委都有各种经费投入；二是地方政府对应接收使用经费的部门也是多头，例如省财政厅农村处、经贸处、科教文卫处各有自己管的一块，到了县级政府分别对应财政厅的计划股、农业股和经贸股都各有自己管的一摊。

（3）从经费使用效果来看，并没有起到显著的效果，资金使用效率低下。一是基础设施建设资金使用。由于每年各部门都有资金投入，但总量较小，因此，最后往往是多部门资金投入，重复建设现象严重，但基础设施并没有得到相应的改善。以土地整治为例，多次的小额资金投入，最后只是象征性地对土地表面进行了平整，并没有进行土壤改良等深入操作。

二是农技推广资金使用。主要问题表现在农业新技术新品种推广难度很大。首先，农民群众的接受能力差，在家从事农业生产的劳动力均属无文化或者文化基础差的群体，向这一群体推广农业新技术、新品种，难度很大；其次，推广试验经费少，财政机制改革后，仅能保证农业推广战线的基本工资，没有农业新技术、新品种推广试验示范经费；另外，农民商品意识依然较差，对农业新技术、新品种、市场信息等的关心运用程度不高，这也在一定程度上影响了农业产业化的发展。

2. 地方政府抓粮行为分析

（1）组织生产技术培训。为研究地方政府抓粮、农民种粮积极性现状，课题组于 2020 年 7—8 月对黑龙江、河南、山东和山西 4 省的农民进行了调查。课题组在调研中发现，许多地方政府都邀请专家教授参与对粮食生产的技术培训和讲座，内容涵盖种植、灌溉、病虫害防治、收割等粮食生产活动的方方面面。除此之外，地方政府还采取措施鼓励种粮农民参与其中，在本次调研中，参加过类似讲座与培训的农户占受访农户的 32.99%。这一举措促使农民学习更加科学先进的生产理念、知识与技术，并将其运用到生产实践中。这对提高粮食产粮与质量，促进农民增收，维护国家粮食安全具有重大意义。

（2）完善种粮基础设施。此外，地方政府还对粮食生产相关的基础设施进行了完善，例如修建和完善水利设施（水渠、水沟、机井等）、整修机耕路、平整土地、改善土壤质量等。在本次调研中，52.67% 的受访户表示当地政府修建和完善了水利设施（水渠、水沟、机井等），62.94% 的受方户表示当地政府整修了机耕路，28.71% 的受访户表示当地政府平整了土地或改善了土壤质量。种粮基础设施的完善，降低了农户生产粮食的成本，提高了生产效率，有助于提升农业现代化水平。

（3）确保种粮耕地专用。在调查中还发现部分地区出现了乱占耕地的行为，多用于私建厂房，但数量较少仅占调研对象的 5.11%，且多已查处。这说明地方政府打击乱占耕地行为成效显著，有利于耕地专用，防止耕地挪作他用，在一定程度上保障了粮农的利益。此外，在调查中 44.15% 的受访农户表示当地政府对禁止撂荒、闲置土地等颁布了政策文件或下达了相关要求，这有助于确保所有耕地切实投入生产实践，对于扩大粮食种植面积、增加粮食产量有着重要的意义。

（二）地方政府抓粮积极性影响因素

1. 抓粮带给地方政府的收益

自 2006 年我国全面取消农业税以来，粮食产业便成了一个"无税产业"，粮食生产不能给地方带来财政收入。与此同时，由于土地、产业政策的限制，"产粮大县"的头衔往往又禁锢了一个地方经济的自由发展，造成地方财政收入水平普遍低下。从被调查地区经济发展和财政收入等情况来看，第一产业均占有较大的比例，远远高于全国平均水平。但从经济发展和财政收入水平来看有着很大的差距。从人均生产总值来看，产粮大县都远远低于全国平均水平，第一产粮大县的人均生产总值只有 18 069 元，仅相当于全国水平的 25%。从财政收入和支出来看，产粮大县普遍存在着入不敷出的现象，并且缺口巨大，以榆树市为例，2019 年榆树市一般公共预算财政支出合计 81.1 亿元，而一般公共预算地方级财政收入合计仅为 63.4 亿元。

2. 产粮大县奖励力度

抓好产粮大县的种粮积极性对我国粮食安全工作尤为重要。对产粮大县而言，从前由于粮食对财政贡献小，越发展粮食生产，地方财政压力越大，影响了地方政府发展粮食生产的积极性。从 2009 年开始，国家逐步取消了主产区粮食风险基金的地方配套，每年为主产区减轻负担近 300 亿元。2011 年中央财政安排奖励资金 225 亿元，对粮食生产大县除一般性财政转移支付奖励政策外，对增产部分再给予适当奖励。随着对产粮大县奖励的力度不断加大，地方政府的财政压力得到了缓解，这对提高地方政府抓粮积极性起到了一定的作用。此外，国家还推进包括常规产粮大县、超级产粮大县、产油大县、商品粮大省、制种大县 5 方面的综合奖励政策体系，奖励资金由 2005 年的 55 亿元增加到 2018 年的 428 亿元，充分调动了产粮大县的政府抓粮积极性。

但在调查中也发现，很大一部分的产粮大县奖励资金被用于弥补历史欠账和补充人员经费支出。许多地区将国家每年投入对产粮大县的奖励资金大部分都用来填补历史负担的"窟窿"了，没有余力改善粮食生产条件和进一步加大粮食生产。

3. 政府业绩考核的驱动

从目前产粮大县的土地制度和干部考核方式来看，产粮大县的粮食生产和经济发展之间存在矛盾，保粮食生产客观上也使得产粮大县失去了很多发展机遇。

一方面，我国对基本良田实施极为严格的保护制度，而产粮大县由于耕地比例较高，肩负着保护耕地和基本农田的重任，土地规划受限，可用于建设的土地较少。除了县城、村镇、道路等之外，基本农田实行了严格的耕地保护制度，没有多余的土地来发展第二和第三产业。没有工业和商业发展的支撑，农业生产没钱投入、农民增收得不到保障，使得产粮大县经济发展越来越慢。同时，由于没有其他发展机遇，产粮大县只能进一步加大粮食生产。由此，产粮大县陷入了"越抓（粮食）越穷、越穷越抓"的怪圈。

另一方面，当前以 GDP 和财政收入为主要指标的干部考核不利于产粮大县粮食生产的发展。当前按照经济数据进行排名的考核方式，从指标设置上来看，往往有利于工业型、资源型的地区发展，产粮大县往往很吃亏，难以提高地方政府抓粮的积极性。

4. 地方政府对配套设施投入的比例

中央投入资金的地方财政配套问题，是长期以来影响产粮大县发展的重要问题。国家曾多次下达文件要求降低或者取消产粮大县的财政配套。2010 年，财政部印发《农业综合开发资金若干投入比例的规定》，进一步调整了粮食主产省区及产粮大县的农业综合开发地方财政配套政策，要求取消产粮大县的财政配套任务，规定对《全国新增 1 000 亿斤粮食生产能力规划（2009—2020

年)》确定的 800 个产粮大县中的农业综合开发县，取消其县级财政配套任务。2014 年中央 1 号文件又提出，要"降低或取消产粮大县直接用于粮食生产等建设项目资金配套"。

但实际情况是，大部分产粮大县还仍然需要承担部分地方财政配套的任务。绥化市北林区的调查数据显示，该区近五年的农业项目配套资金累计达1.4 亿元，而该区每年的财政收入只有 3 亿多元，配套压力很大。

5. 农业社会化服务健全程度

一是信贷支持缺位。发展规模经营、扶持新型经营主体是我国农业发展的一个方向。在合作社、种粮大户转包的耕地中，大多是排灌条件差、耕种难度大的田土，前期需投入大额资金用于修渠筑路和土地整理，生产期还需购买种子、化肥、农药等生产资料，筹资难度很大。但是筹资过程中缺乏有效的抵押和担保，贷款渠道不畅，只能靠民间借贷来获取资金。

二是农业保险有问题。一方面是保障水平太低，另一方面保障制度不健全。某农业局局长说，"现在农业保险保额太低，一亩小麦、玉米才补偿 300元，补偿标准太低，而将一亩地租出去，租金都远远高于这个金额。另外，农业保险赔付中，农户和保险公司的信息存在极大的不对称，而保险赔付条件又极为苛刻，这就造成了农民不愿意投保的情形"。

四、农民种粮积极性现状及影响因素分析*

（一）研究设计

1. 数据来源及样本基本特征

本研究数据来源于 2020 年 7—8 月在黑龙江、河南、山东和山西 4 省开展的农户问卷调查。其中黑龙江、河南和山东是全国有名的粮食生产大省，粮食产量常年位居全国前列，而山西多为山地，玉米种植面积较广且被誉为"小杂粮之乡"，杂粮产量位居全国前列，因此选取 4 省作为样本区具有一定的典型性。调研采取与农户一对一访谈的形式进行，问卷由调研人员填写，通过对收集的问卷进行整理，剔除无效问卷后，得到有效问卷 917 份，其中黑龙江 160份，河南 128 份，山东 272 份，山西 357 份。调查问卷内容主要涉及农户个体特征、农户生产经营特征、农户认知特征、政府抓粮行为特征。

在所调查的样本区中，种粮农户普遍呈现出偏男性化和老龄化特征，种粮农户男性占比达 77.21%，50 岁及以上的农户占比达 68.59%；农户受教育程

---

* 原载于《世界农业》2021 年第 4 期（作者：崔钊达、余志刚）。

度普遍较低，学历为初中及以下农户占比达 89.97％，其中学历为小学及以下农户占比达 36.64％；有超过一半的农户耕地面积集中在 10 亩及以下，占比达 61.72％，说明样本地区农户仍以小规模种植为主；大部分农户家庭务农劳动力集中在2～3人，占比达 76.99％；粮食生产年收入在 10 000 元以上的家庭占比最高，达 35.66％，在 4 000 元及以下的家庭占比为 34.68％，占比较高；大部分农户没有进行土地流转，占比为 69.25％；另外，仅有 6.00％的农户加入了合作社，比例较低。

2. 模型设定

本文所研究的被解释变量为农民种粮积极性，为 0 和 1 的二分类变量，故选择二元 logistic 模型进行实证分析。具体模型如下：

$$Y = \ln\left(\frac{P_i}{1-P_i}\right) = \beta_0 + \sum_{i=1}^{n} \beta_i x_i + \mu$$

其中，Y 为农民的种粮积极性，P_i 为事件 i 发生的概率，x_i 为模型的解释变量，即影响农民种粮积极性的因素，β_i 为解释变量的回归系数，β_0 为截距项，μ 为随机扰动项。

3. 变量选取

（1）**被解释变量。**本文选取农户种粮积极性作为被解释变量。通过实地调查询问农户"您是否愿意进一步扩大粮食种植面积？"这一问题来获取农户的种粮积极性，并将"缩小种植面积"选择项定义并赋值为"种粮积极性低＝0"，将"维持不变"和"扩大种植面积"两个选择项定义并赋值为"种粮积极性高＝1"。

（2）**核心解释变量。**本文主要分析资源禀赋和主体认知对农户种粮积极性的影响。在借鉴张朝华（2018）研究基础上，将资源禀赋划分为四类，包括劳动力禀赋、土地禀赋、资本禀赋和技术禀赋。劳动力禀赋主要通过询问农户家庭务农劳动力人数和农户受教育程度，从劳动力数量和质量两个维度进行定义。土地禀赋主要通过询问农户家庭耕地面积和农田地块分散程度来进行定义。资本禀赋和技术禀赋则主要通过询问农户的粮食生产年收入和粮食生产技术（包括测土配方施肥技术、病虫害综合防治技术等）使用情况来进行定义。主体认知主要是从农户对从事粮食生产态度的认知、务农与外出务工对改善生活条件的认知和对土地流转能否带来增产增收的认知三个维度定义。

（3）**控制变量。**本文借鉴已有研究（张宁、陆文聪，2006），选取农户性别、年龄、是否进行土地流转和是否加入合作社等影响农户种粮积极性的因素作为控制变量。另外，为控制不同地区在地理位置、气候条件、降水等方面的差异，加入地区虚拟变量，以消除地区对农户种粮积极性的影响。具体变量赋值及描述性统计如表 5 所示。

表 5　变量定义及描述性统计

	变量名称	符号	变量定义	平均值	标准差	预期方向
	种粮积极性	Y	积极性低=0，积极性高=1	0.829	0.377	
劳动力禀赋	务农劳动力人数	X_1	家庭实际务农劳动力人数/人	2.276	0.852	＋
	受教育程度	X_2	小学及以下=1，初中=2，高中=3，职校、中专=4，本科（大专）及以上=5	1.770	0.730	＋/－
土地禀赋	耕地面积	X_3	家庭粮食种植面积/亩，取对数	21.924	58.627	＋
	农田地块分散程度	X_4	相隔距离远且分散=1，相隔距离近且分散=2，集中连片=3	1.956	0.704	－
资本禀赋	粮食生产年收入	X_5	1 000 元及以下=1，1 000～4 000 元（含）=2，4 000～7 000 元（含）=3，7 000～10 000 元（含）=4，10 000 元以上=5	3.353	1.482	＋
技术禀赋	粮食生产技术使用	X_6	未使用=0，使用=1	0.609	0.488	＋
主体认知	从事粮食生产态度的认知	X_7	社会地位较低，有自卑感=1，社会地位平等，态度一般=2，社会地位较高，有自豪感=3	1.672	0.567	＋
	务农与外出务工对改善生活条件的认知	X_8	在家务农=1，半工半农=2，外出务工=3	2.594	0.670	－
	土地流转对增产增收的认知	X_9	既不增产也不增收=1，增产或增收=2，既增产又增收=3	1.363	0.672	＋
控制变量	性别	X_{10}	女=0，男=1	0.772	0.420	＋
	年龄	X_{11}	农户实际年龄/岁，取对数	53.983	9.718	－
	土地流转	X_{12}	未进行土地流转=0，进行土地流转=1	0.308	0.462	＋/－
	合作社	X_{13}	未参加=0，参加=1	0.060	0.238	＋

（二）结果分析

1. 农民种粮积极性现状的描述性统计

从表 6 中可以看到，调研地区大部分农户种粮积极性高，比例占到了 82.88%，种粮积极性低的农户比例占到了 17.12%。分地区来看，黑龙江种粮积极性高的农户占比最高，为 90.00%，其次是山西（89.36%）、河南（76.56%）和山东（73.16%）。整体来看，当前大部分农户种粮积极性高，务农收入作为家庭收入的主要来源，充分保障了家庭成员的各项生活开支，也成为家庭储蓄的重要基础。当前随着国家对种粮农户补贴力度的不断加大，农户从事粮食生产的积极性也处于较高水平。

表 6　农民种粮积极性情况

种粮积极性	黑龙江		河南		山东		山西		总和	比例（%）
	频数	比例（%）	频数	比例（%）	频数	比例（%）	频数	比例（%）		
低	16	10.00	30	23.44	73	26.84	38	10.64	157	17.12
高	144	90.00	98	76.56	199	73.16	319	89.36	760	82.88
总和	160	100	128	100	272	100	357	100	917	100

2. 实证结果分析

在构建模型之前，首先对模型自变量进行多重共线性检验，避免出现回归模型中各解释变量之间由于存在精确相关关系或高度相关关系而使模型估计失真或难以估计准确的情况。通过测算方差膨胀因子（VIF）可以看到，模型整体运行平均 VIF 为 1.78，最大值为 4.94，最小值为 1.05，远远低于合理值 10，因此模型自变量之间不存在多重共线性问题。本文运用 stata14.0 对 917 个样本进行 logistic 回归，并采用极大似然估计法进行参数估计。具体回归结果如表 7 中模型 1 所示，从表 7 中可以看到，模型 P 值为 0.000，模型总体非常显著。

表 7　回归结果分析

变量名称	模型 1：基准回归		模型 2：稳健性检验回归	
	系数	标准误	系数	标准误
务农劳动力人数（X_1）	0.282**	0.116	0.159**	0.064

（续）

变量名称	模型1：基准回归		模型2：稳健性检验回归	
	系数	标准误	系数	标准误
受教育程度（X_2）	0.194	0.139	0.125	0.077
耕地面积（X_3）	0.153	0.107	0.087	0.059
农田地块分散程度（X_4）	−0.060	0.146	−0.038	0.079
粮食生产年收入（X_5）	−0.118	0.074	−0.060	0.040
粮食生产技术使用（X6）	−0.990***	0.222	−0.552***	0.117
从事粮食生产态度的认知（X_7）	−0.462**	0.183	−0.258**	0.101
务农与外出务工对改善生活条件的认知（X_8）	0.200	0.136	0.112	0.078
土地流转对增产增收的认知（X_9）	−0.136	0.167	−0.054	0.095
性别（X_{10}）	0.047	0.228	0.023	0.125
年龄（X_{11}）	0.205	0.517	0.146	0.290
土地流转（X_{12}）	−0.215	0.251	−0.133	0.141
合作社（X_{13}）	0.402	0.437	0.238	0.236
黑龙江	−0.844**	0.326	−0.482**	0.179
河南	0.765	0.521	0.349	0.275
山东	−0.891***	0.279	−0.519***	0.152
常数项	1.487	2.349	0.704	1.304
Pseudo R^2	0.102		0.103	
LR 值	−376.893		−376.664	
P 值	0.000		0.000	

注：*、**、***分别表示在10％、5％和1％的显著性水平下显著。

（1）资源禀赋对农户种粮积极性的影响。 在模型1中，从劳动力禀赋来看，务农劳动力人数对农户种粮积极性具有显著的正向影响，且在5％的水平下通过显著性检验，说明务农劳动力人数越多，农户种粮积极性越高。可能的原因是务农劳动力人数越多，说明家庭劳动力资源越丰富，相应地越可能扩大粮食种植面积，以获取更多收益，因此农户种粮积极性越高。受教育程度对农户种粮积极性的影响不显著，但从其系数值的方向来看，受教育程度对农户种粮积极性表现出一定的正效应。可能是由于当前从事粮食生产的农户文化程度普遍偏低，因此受教育程度的影响作用不显著，但随着新型农业经营主体的发展壮大，越来越多的农民开始接受技能培训，文化水平得到显著提升，对提高其种粮积极性的正效应也逐步显现。

从土地禀赋来看，耕地面积和农田地块分散程度均对农户种粮积极性的影响不显著，但从两者系数值的方向来看，耕地面积对农户种粮积极性表现出一定的正效应，而农田地块分散程度则表现出一定的负效应。可能的原因是由于当前大部分农户仍以小规模经营为主，耕地面积普遍较小且经营地块较为分散，因此耕地面积和农田地块分散程度的影响作用不显著。未来，随着政府不断推进适度规模经营以及二三产业吸纳剩余农村劳动力外流作用的增强，耕地会趋于集中，农户种植面积也会得到一定程度的扩大，进而对提高农户种粮积极性的作用也会越来越显著。

从资本禀赋和技术禀赋来看，粮食生产年收入对农户种粮积极性的影响不显著，但从其系数值的方向来看，粮食生产年收入对农户种粮积极性表现出一定的负效应。可能的原因是农户普遍存在风险规避的心理，当前获得的收入越高，农户未来为保障收入稳定，可能不会进一步扩大种粮面积，进而在一定程度上降低了其种粮积极性。粮食生产技术使用对农户种粮积极性具有显著的负向影响，且在1%的水平下通过显著性检验。可能的原因是在当前粮食生产过程中，农户普遍延续已有的传统生产技术，而测土配方施肥技术、病虫害绿色防控技术等较传统的技术投资较高，效果显现周期较长且不稳定，增加了农户种粮收益的不确定性，因此对农户种粮积极性产生一定的负向影响。

（2）主体认知对农户种粮积极性的影响。在模型1中，从主体认知来看，农户从事粮食生产态度的认知对农户种粮积极性具有显著的负向影响，且在5%的水平下通过显著性检验，说明农户对从事粮食生产态度的认知越高，其种粮积极性越低。可能的原因是农户认知与行为存在不一致的现象，农户认知中对粮食生产重视程度较高，但由于种粮收益低、成本高，促使农户通过转出土地等方式缩减粮食种植面积，在一定程度上降低了农户种粮积极性。农户对务农与外出务工对改善生活条件的认知和土地流转对增产增收的认知对农户种粮积极性影响不显著，但从两者系数值的方向来看，农户对务农与外出务工对改善生活条件的认知对农户种粮积极性表现出一定的正效应，对土地流转对增产增收的认知则表现出一定的负效应。可能的原因是调研农户多以务农为主，农业生产经营收入是主要的收入来源，且进行土地流转的农户较少，农户相关认知水平较低，因此两者对种粮积极性的影响均不显著。种粮农户家庭生活条件的改善主要依靠于家庭经营性收入的增加，种粮作为收入的主要来源，随着效益的增加，对改善生活条件的作用也会进一步增强，而对于转出土地的农户而言，不仅获得了较高的租金收益，而且促进家庭资源的重新配置，实现劳动力向二三产业转移。因此，农户对务农与外出务工对改善生活条件的认知和土地流转对增产增收的认知对农户种粮积极性的作用也会愈加显著。

（3）稳健性检验。为进一步检验模型 1 结果的稳健性，本文借助 Probit 模型对统计数据进行再估计，具体回归结果如表 7 中模型 2 所示。从表 7 中可以看到，模型 2 的 P 值为 0，模型总体非常显著。与基准回归结果相比，显著变量的系数大小虽发生一定变化，但显著性水平和方向没有实质性改变，说明模型 1 结果稳健，进一步验证了上述结果分析的可靠性。

五、提高地方政府重农抓粮、农民务农种粮积极性的对策建议

（一）提高地方政府重农抓粮积极性的对策建议

1. 鼓励发展上下游产业

对于产粮大县的粮食产业发展来说，要提高产业利润率，必须要延长产业链，加强产业链两端的发展。具体来说，一是要加强粮食产业链上游种子、农资等产业的发展，提高科技含量，降低本地区粮食生产成本；二是要支持粮食加工和商贸物流的发展，延长产业链，实现粮食多次增值，切实提高粮食生产综合效益；三是要鼓励农民自愿走土地流转、合作发展的路子，使农村土地合理有序地向种粮大户、种田能手集中，提高机械化、规模化经营水平，达到粮食大幅增产的目的。同时，建议政府采取政府订购、奖励补助、免征农业经营性服务营业税等方式，加大支持力度，鼓励新型经营主体向粮食产业的上中下游延伸，形成规模效应和整体效应，从而将粮食产业上下游的利润都留在产粮大县。

2. 减轻地方政府抓粮财政负担

一是要进一步加大产粮大县的基础设施建设的投入力度。针对目前产粮大县农业基础设施建设薄弱的问题，可按照分批分层次的原则，按照产粮大县的产量排名分别加大财政专项资金投入力度；二是对于产粮大县特别是超级产粮大县来说，要重新按照粮食产量和调出量核算财政奖励标准。具体可参照全国县域平均财政收入水平或者适当偏高的水平制定标准，这样才能真正刺激产粮大县政府抓粮的积极性；三是在加大转移支付力度的同时，要积极落实 2014 年中央 1 号文件关于"降低或取消产粮大县直接用于粮食生产等建设项目资金配套"的要求，切实减轻产粮大县因为抓粮食生产带来的负担。

3. 改革产粮大县考核标准

改革产粮大县的考核标准，去除或弱化地区生产总值、财政收入等考核项

目，突出粮食产量、调出量等指标的重要性。建议由中央政府部门制定新的更加科学、公平、合理的考核体系，积极调动产粮大县稳步发展粮食生产的积极性。具体来说，可以积极推进粮食主体功能区建设，将不同产业为主的县（市）分类管理，分类考核。改变单纯以GDP为指标的干部考核体系，而代之以分区域分类型的政绩考核标准，对产粮大县要重点考核粮食生产能力，对工业发展区考核经济增长，以稳定粮食大县地方政府发展粮食生产的积极性。通过建立起科学合理的考核体系，让重农抓粮的地方政府在"政治上有荣誉、财政上有实惠、工作上有动力"。

4. 规范投入资金使用管理办法

规范投入资金使用管理办法，改掉过去的重审计、轻效果评价的弊病，真正建立起财政资金使用效果的实际考察办法。一是要加强资金使用效果的评价标准的制定工作，并严格资金审计和项目验收标准。对专项资金，一定要从资金审计和资金效果评价两个方面建立起具体的项目验收标准，确保钱用在该用的地方，钱发挥出应有的效果。二是要总结各地区资金使用的好的经验办法，并在全国进行推广。例如，为了解决资金使用效率过低的问题，可以采取"以奖代补"的形式。可参考潜江市的经验，该市每年安排2 000万元专项资金，用于对农业农村的各项事务与建设实施"以奖代补"，有效地引导与撬动社会资本向农林水事业投入十多亿元。

5. 出台制度措施整合资金

由中央政府出台制度和措施来整合资金，积极推行大部制改革以及各部门内部机构的设置改革，深化政府部门的横向整合。为了提高支农资金的使用效率，我国近些年开展了多次以县为主的支农资金整合试点。要求通过整合各种支农项目资金，有计划、有目的地投放资金，实现了"多个渠道进水，一个池子蓄水，一个龙头放水"，集中财力解决制约农业农村发展的瓶颈问题。例如黑龙江省以"两大平原"现代农业综合配套改革试点为契机，启动了黑龙江省"两大平原"涉农资金整合试点，从中央和制度层面推动涉农资金整合，将中央和地方财政安排的农业生产发展、农村社会发展、扶贫开发3大类77项资金全部纳入整合范围，赋予地方更大自主权，地方可以根据任务需求适当调剂、统筹安排使用涉农资金，集中支持现代农业综合配套改革的重点项目、重点区域、重点方向，充分发挥财政政策支农的撬动作用。

6. 推动社会化服务事业发展

要积极推进农村金融、农业保险等社会化服务事业的发展，通过社会化服务的方式来解决农业生产中的问题，一方面可以减轻产粮大县政府的负担，另一方面，社会化服务方式相比政府服务来说，效率更高，成本更低。

农村金融方面，一方面，要加强对商业性金融机构的引导和约束，制定商业性金融机构服务"三农"建设的任务目标；另一方面，要通过补助、奖励等多种方式，帮助这些商业性金融机构降低业务成本和市场风险，提高其参与积极性。农业保险方面，要通过引进国外经验，扩大农业保险范围，提高对合作社、种粮大户和家庭农场等新型农业经营主体的保费补贴比例。同时，通过制定税收减免等优惠措施积极引导社会资本参与农业保险事业，减少地方政府财政压力，增强农业应对自然风险的能力。

（二）提高农民务农种粮积极性的对策建议

1. 降低农民种粮成本

一是要积极鼓励小农户参加农民合作社，解决个体农户与市场接轨难的问题，在享受到农资集中购买等方面的价格优惠的同时拓宽销售渠道，并通过标准化的管理，提升粮食产量和品质，以此提高种植效益；二是持续推进化肥减量增效和有机肥替代化肥，积极开展病虫害统防统治和绿色防控，鼓励农户使用测土配方肥、生物或物理等病虫害防控手段，并采用先进的农业生产技术进行粮食生产，提高生产效率，降低投入成本。另外，专业合作社和农机站要积极提供技术和信息专业服务，大力开展农机技术推广服务，指导种植大户进行农田机械化作业生产，抑制农用物资价格上涨，查处杜绝农用物资乱涨价现象，帮助农民减少雇工和种植成本。

2. 完善利益补偿机制

要加快建立完整的利益补偿政策体系，支持主产区发展粮食生产，并加大中央财政支持力度，逐步缩小产销区发展差距。要进一步完善产粮大县奖励政策，提高奖励标准。在国家财政允许的范围内，进一步加大粮食补贴力度，提高种粮农民收入；要加强粮食补贴资金的管理和监督，保证补贴资金及时、按量发放到农民手中；要提高粮食补贴对象的针对性，严格按照"谁种粮、补贴谁"的原则，保障种粮农民切切实实获得补贴；要进一步加大粮食补贴政策宣传力度。同时，要重点提高规模农户的种粮补贴标准，增加对种粮大户、家庭农场等新型农业经营主体的专项补贴力度，鼓励农民规模种粮，提高种粮积极性。

3. 保障粮食价格平稳

加强政府粮食宏观调控力度，适度提高稻谷小麦最低收购价，务必提高农民口粮生产的积极性。要坚持以我为主，立足国内，适度进口原则，统筹利用好"两个市场、两种资源"，逐步完善国家宏观调控下的粮食价格形成机制，减小国际粮价波动对国内市场带来的冲击。强化市场机制的调节作用，健全和完善粮食市场体系和价格体系，充分发挥市场机制功能和市场在价格形成、供需调节中的决定性作用；要完善粮食生产风险监测和预警机制，降低不确定性因素对粮食生产带来的负面影响，充分保障粮食稳定供应。另外，还要加强市场监管力度，维持粮食市场的正常秩序，保障粮价平稳运行。

4. 提高农业抗灾能力

按照统筹规划、集中配套建设的思路，搞好农业基础建设。抓好水利工程建设，根据当地旱涝特点有针对性地建设大型控制性工程，组织动员广大农民，多渠道投入，做好配套渠系建设，解决重点旱区灌溉用水和涝区排水问题，积极在高效田、良种繁育基地发展节水灌溉。抓好农业生态建设，实施好退耕还林项目，强化生态林和草原湿地的保护，搞好小流域治理，防止水土流失。抓好培肥、地力工程建设，加大秸秆还田推广力度，增施有机肥，推广测土配方施肥技术。按照高标准建设、高质量管理、高效率运行的要求，搞好农机作业合作社建设，加快大型农机更新，创新农机管理体制，增强农机作业合作社的经营实力，积极扩大场县跨区作业规模，最大程度保证农民利益，消除农民种粮顾虑，减轻自然灾害对农民种粮积极性的负面影响。

5. 发挥协同带动作用

支持专业种植大户、家庭农场、农民合作社、小微农业企业等适度规模经营主体发展，加大对农民的培育力度，积极培育高素质农民，并出台相关优惠和资金扶持政策，吸引返乡农民从事粮食生产，有效发挥对小农户的协同带动作用。要大力培育农业社会化服务组织，发展土地托管、代耕代种等多种形式的社会化服务，提升农业生产社会化服务的专业化、规模化水平。同时，要积极引导银行、信贷公司等金融机构提供优质的社会化服务，通过加大信贷投放力度、简化信贷手续等，及时提供充足的资金保障。

项目负责人：余志刚
主要参加人：马丽、崔钊达、宫熙、宫思羽、卜德雨、陈琛、张琪、霍雨佳等

东北全面振兴中的现代农业发展与乡村振兴对策研究[*]

王颜齐　王慧月　班立国　张佳宁等

　　东北地区是我国重要的商品粮基地、林业生产基地以及畜牧业生产基地，肩负着粮食安全的重任。乡村振兴战略是党的十九大提出的重要战略部署，是实现农业现代化发展和社会主义现代化强国梦的重要战略。大力实施乡村振兴战略才能解决好"三农"领域问题，才能实现农业现代化发展的重要任务，是全党工作的重心所在。近年来，我国粮食产量逐年增长，农业生产取得前所未有的成就，粮食供需已经实现平衡，农业的主要矛盾已由总量不足转变为结构性矛盾。东北地区实施乡村振兴战略，应按照产业兴旺、生态宜居、乡风文明、治理有效、生活富裕的总要求，加快推进农业农村现代化。作为农业大省，黑龙江省推进农业农村现代化是振兴东北经济的重要手段。乡村兴，则国家兴。2019年黑龙江省牢记习近平总书记对黑龙江省的两次讲话精神，坚持农业农村优先发展，大力实施乡村振兴战略，认真贯彻中央1号文件精神，深入推进农业供给侧结构性改革。坚持质量兴农，绿色兴农，加快建设农业强省，争当农业现代化排头兵。

一、东北全面振兴中现代农业发展与乡村振兴现状

（一）东北地区现代农业发展现状

1. 农业资源与条件

　　东北地区幅员辽阔，农业资源丰富，不同区域资源禀赋差异很大。东北三省的土地总面积为78.81万平方千米，占全国土地总面积的8.2％。东北三省耕地资源和森林资源丰富，黑龙江、吉林、辽宁三省耕地总面积达3亿亩以上，其中黑龙江省人均耕地面积0.42公顷、吉林省人均耕地面积0.23公顷、

---

　　* 黑龙江省新型智库重点研究课题（项目编号：19ZK002）。
　　项目负责人为王颜齐教授，主要参加人员有王慧月、班立国、张佳宁、初楚等。

辽宁省人均耕地面积 0.11 公顷,远超全国平均水平;东北三省的森林资源同样具有优势,东北三省森林面积总计 3 338.54 万公顷,占全国林地面积的 15.80%,其中黑龙江省森林面积达 1 962.13 万公顷,占东北三省地区森林总面积的 58.7%,居东北地区第一位,居全国第二位。分区域来看,东北的中部地区和东北部地区依托辽河平原、松嫩平原、三江平原,土壤肥沃、耕地资源丰富,具有农业规模经营的基础;北部兴安岭林区和东部长白山林区,具有森林资源和特色植物资源优势;而西部高原地区及部分林区草地为畜牧业提供良好的发展条件。

2. 农业生产经营主体

数据显示,截至 2016 年东北三省农业合作社有 29.4 万个,规模经营户有 1 189.8 万户,占全国的 21.24%,农业经营户数占全国的 5.73%,农业生产组织经营主体主要有农业合作社、规模经营户、农业专业大户、家庭农场、家庭农户,其中家庭农户占据主体地位。东北地区的整体组织化程度高,但是黑龙江省作为东北地区农业经营户最多的省份,其农业组织化或规模化程度比较低,黑龙江省有 9.1 万个合作社,但是以农业生产经营或服务为主的农业合作社仅 1.0 万个,占黑龙江省的 10%。相较于辽宁省和吉林省,黑龙江省的农业组织化程度比较低,因此提高农业组织化程度是保障黑龙江省现代农业发展、提高农业生产效率、实现农业产业振兴的重要的手段,更是助力黑龙江省农业振兴的重要动力源。

3. 农业生产要素投入

数据显示,2002—2017 年这 16 年间全国的农业机械投入总动力总体上呈现上升趋势,投入力度也在增强,特别是东北地区农业机械化投入不断增加,投入总动力由 2010 年的 8 289.3 万千瓦时增加至 2017 年的 11 479.75 万千瓦时,平均每年增加 443.91 万千瓦时,黑龙江省农业机械投入总动力由 3 736.3 万千瓦时增加至 5 813.76 万千瓦时,其 2017 年的总动力占东北地区总动力的 50.6%,平均每年增加 254.5 万千瓦时。2002—2015 年全国、东北三省以及黑龙江省的化肥施用量逐年增加,在 2015 年之后,中央 1 号文件在针对农业可持续发展、提高农产品质量等方面加大力度,严格要求对农业化肥的使用量,加快转变农业发展方式。2015 年之后全国各地区对化肥的使用量也明显减少了,以保证对农业资源环境的保护。

4. 农业发展支持政策

乡村振兴战略提出以来,东北三省各地区紧紧围绕农业、农村、农民问题,推进农业供给侧结构性改革,提升农业生产效率,提高农业经营规模。依据农业农村部重点惠农政策,全面建立职业农民制度,将新型农业经营主体带头人、现代青年农场主、农业职业经理人、农业社会化服务骨干和农业产业扶贫对象作为重点培育对象，以提升其生产技能和经营管理水平为主要培育方向。鼓励通过政府购买服务的方式，支持有能力的农民合作社、专业技术协会、农业龙头企业等主体承担培训工作。以制度健全、管理规范、带动力强的国家农民合作社示范社、农民合作社联合社和示范家庭农场为扶持对象，支持其发展绿色农业、生态农业，提高其标准化生产、农产品加工、市场营销等能力。支持农村集体经济组织、专业化农业服务组织、服务型农民合作社等具有一定能力、可提供有效稳定服务的主体，针对粮食等主导产业和农民急需的关键环节，为从事粮棉油糖等重要农产品生产的主体提供社会化服务，集中连片推广绿色生态高效现代农业生产方式，实现小农户和现代农业发展有机衔接。健全全国农业信贷担保体系，推进省级信贷担保机构向市县延伸，实现实质性运营。重点服务种养大户、家庭农场、农民合作社等新型农业经营主体，以及农业社会化服务组织和农业小微企业，聚焦粮食生产、畜牧水产养殖、优势特色产业、农村新业态、农村一二三产业融合，以及高标准农田建设、农机装备设施、绿色生产和农业标准化等关键环节，提供方便快捷、费用低廉的信贷担保服务。支持各地采取担保费补助、业务奖补等方式，加快做大农业信贷担保贷款规模。

（二）东北地区乡村振兴现状

1. 农村基础设施建设与基本社会服务

相关数据显示，全国 2016 年末 91.3％的乡镇集中或部分集中供水，90.8％的乡镇生活垃圾集中处理或部分集中处理。73.9％的村生活垃圾集中处理或部分集中处理，17.4％的村生活污水集中处理或部分集中处理，53.5％的村完成或部分完成厕所改造。全国 2016 年末 96.5％的乡镇有幼儿园、托儿所，98.0％的乡镇有小学，96.8％的乡镇有图书馆、文化站，11.9％的乡镇有剧场、影剧院，16.6％的乡镇有体育场馆，70.6％的乡镇有公园及休闲健身广场。32.3％的村有幼儿园、托儿所，59.2％的村有体育健身场所，41.3％的村有农民业余文化组织。

与此同时，从 2011—2017 年东北三省的农村宽带接入用户数量可以看出，黑龙江省的农村宽带接入用户数量少于辽宁省的，虽然在 2015 年超过了吉林省，但是却远远低于辽宁省，因此，加大对黑龙江省乡村互联网技术推进有利于促进农村居民共享发展成果，提供及时的农业生产政策信息，特别利用互联网快播速度的特点，为农民在农产品生产销售等方面提供决策，提高农产品销售量，增加农民收入，助力实现乡村生活富裕。根据资料统计，2016 年末全国 68.1％的乡镇有商品交易市场，39.4％的乡镇有以粮油、蔬菜、水果为主的专业市场，10.8％的乡镇有以畜禽为主的专业市场，4.3％的乡镇有以水产为主的专业市场。47.5%的村有 50 平方米以上的综合商店或超市，4.9%的村开展旅游接待服务，30.0%的村开办有营业执照的餐馆。黑龙江省 54.9%的乡镇有商品交易市场，35.2%的乡镇有以粮油、蔬菜、水果为主的专业市场，4.7%的乡镇有以畜禽为主的专业市场，1.6%的乡镇有以水产为主的专业市场。全省 64.0%的村有 50 平方米以上的综合商店或超市，2.6%的村开展旅游接待服务，24.7%的村开办有营业执照的餐馆。

2. 农村居民生活条件

截至 2016 年末，东北三省 93.9%的农户拥有 1 处住房，没有住房的农户占 0.8%，高于全国的占比。黑龙江省 99%的农户拥有自己的住房。其中，拥有 1 处住房的有 365.7 万户，占 95.3%；拥有 2 处住房的有 13.4 万户，占 3.5%；拥有 3 处及以上住房的有 0.8 万户，占 0.2%；拥有商品房的有 39.8 万户，占 10.5%。全省农户住房主要为砖混和砖（石）木结构。住房为砖混结构的有 207.5 万户，占 54.1%；为砖（石）木结构的有 115.1 万户，占 30%；为钢筋混凝土结构的有 18.8 万户，占 4.9%；为竹草土坯结构的有 33.7 万户，占 8.8%；为其他结构的有 8.3 万户，占 2.2%。由此可以看出，东北三省以及黑龙江省的居民生活整体相对于全国水平偏低。在乡村振兴战略下实现乡村生活富裕，让更多的农村居民享受到改革发展的红利，需要加大对乡村经济格局的改善力度。

2014 年 12 月习近平总书记在江苏调研时指出，解决好厕所问题在新农村建设中具有标志性意义，能够提高农民的生活质量。2015 年 7 月习近平总书记在吉林延边朝鲜族自治州考察时提出："新农村建设不断推进，要来个'厕所革命'，让群众用上卫生的厕所"。自"厕所革命"提出以来，该举措在全国范围得到开展。2016 年东北三省农村水冲式卫生厕所占整个东北三省的 4.1%，普通旱厕占 82.9%。黑龙江省农村使用水冲式卫生厕所的农户有 14.6 万户，占总农户 3.8%；使用水冲式非卫生厕所的有 0.6 万户，占 0.2%；使用卫生旱厕的有 24 万户，占 6.3%；使用普通旱厕的有 341.6 万户，占 89%；无厕所的有 2.7 万户，占 0.7%，而东北三省农村无厕所农户占整个地区农户的 0.5%，说明了"厕所革命"初见成效。

二、东北全面振兴中现代农业发展效果与乡村振兴战略实施效果评估

（一）东北全面振兴下的现代农业发展与乡村振兴多元互动机理

东北的全面振兴必须以乡村振兴战略为方针，以现代农业发展为方式，确

保实现东北全面振兴、乡村振兴战略以及现代农业发展的良性多元互动。首先从乡村振兴战略与东北全面振兴的互动关系来看,东北地区的发展要以农业产业为基础,推动三产融合发展以及城乡融合发展,降低市场交易成本和交易风险,充分发挥产业化发展的规模效益和资源配置效益,进而实现东北地区空间层次的全面振兴。其次从现代农业发展与东北全面振兴的互动关系来看,以发展现代农业为具体方式贯穿东北全面振兴的整个进程。现代农业的发展能够极大地提高农业综合生产经营能力,确保农业发展最基本目标的实现。进一步来说,现代农业发展更加重视保障农产品供给和安全以及实现农业生态环境的可持续发展,这确保了农业发展朝更深层次的目标迈进,进而实现了东北地区时间层次的全面振兴。最后从东北全面振兴中乡村振兴战略与现代农业发展的互动关系来看,前者是实现东北全面振兴的行进方略,后者是实现东北全面振兴的具体方式,现代农业发展为乡村振兴战略的实施提供科技保障,乡村振兴战略对现代农业发展提供方向指引,二者的根本目标是一致的,共同促进东北地区的全面振兴(图1)。

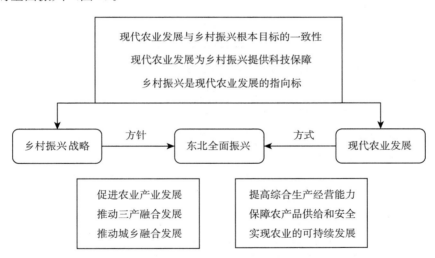

图1　东北全面振兴中现代农业发展与乡村振兴的多元互动机理

(二)东北全面振兴中现代农业发展效果及乡村振兴战略实施效果评估

1. 东北全面振兴中现代农业发展效果评价指标体系的构建

研究中国东北全面振兴中的现代农业发展效果,需要构建科学合理的评价指标体系。参考已有的相关文献,基于2019年6—8月在黑龙江省各县(市)

实地调研获得的数据，建立如表 1 所示的评价指标体系。该部分的目标层为现代农业发展，准则层为农业科技水平、农业规模化水平以及农业效益水平，进一步设置若干子准则层和指标层，最终得出现代农业发展效果的评价指标体系。

表 1　东北全面振兴中现代农业发展效果的评价指标体系

目标层	准则层	子准则层	指标层
现代农业发展	农业科技水平	农业机械化情况	人均农业机械投资额（万元/人）
		有机化肥施用情况	人均有机化肥投入额（万元/人）
		农业新技术投入情况	人均农业新技术投入额（万元/人）
	农业规模化水平	合作社加入情况	合作社加入率（%）
		土地流转情况	人均土地流转面积（亩/人）
	农业效益水平	农业销售收入情况	人均农业销售收入额（万元/人）
		农业成本收益情况	人均农业销售收入/人均农业成本
		农民满意度情况	农民对现代农业发展的满意度（由不满意到满意按 1 至 5 评分）

2. 东北全面振兴中乡村振兴战略实施效果评价指标体系的构建

研究中国东北全面振兴中的乡村振兴战略实施效果，需要构建科学合理的评价指标体系。参考已有的相关文献，基于 2019 年 6—8 月在黑龙江省各县（市）实地调研获得的数据，建立如表 2 所示的评价指标体系。该部分的目标层为乡村振兴战略，乡村振兴战略的二十字方针为"产业兴旺、生态宜居、治理有效、乡风文明、生活富裕"，因此选择将这五个方面作为准则层来评价乡村振兴战略的实施效果，进一步设置若干子准则层和指标层，最终得出乡村振兴战略实施效果的评价指标体系。

表 2　东北全面振兴中乡村振兴战略实施效果的评价指标体系

目标层	准则层	子准则层	指标层
乡村振兴战略	产业兴旺	产业发展情况	乡村总产值增长率（%）
		农业产业情况	农业总产值占比（%）
		特色产业情况	特色产业收入占比（%）
	生态宜居	乡村绿化情况	绿化面积占比（%）
		乡村生活垃圾处理情况	生活垃圾处理量（吨/人）
		乡村环保情况	环保资金投入额（万元）

（续）

目标层	准则层	子准则层	指标层
乡村振兴战略	治理有效	村民选举情况	村民选举的参与比率（%）
		乡村治理满意度情况	村民对乡村治理的满意度（由不满意到满意按 1 至 5 评分）
	乡风文明	乡村文化活动情况	乡村文化活动举办次数（次）
		乡风文明满意度情况	村民对乡风文明的满意度（由不满意到满意按 1 至 5 评分）
	生活富裕	村民收入情况	村民人均收入（万元）
		村民资本情况	村民人均固定资产总额（万元）
		乡村贫困情况	贫困村民人数占比（%）

3. 东北全面振兴下现代农业发展效果与乡村振兴战略实施效果综合评价模型的构建

对东北全面振兴下现代农业发展效果与乡村振兴战略实施效果进行综合评价，需要构建对应的综合评价模型，该部分选择使用极值法对评价指标进行标准化处理，而后利用熵值法确定各个评价指标的指标权重，进而得出现代农业发展效果与乡村振兴战略实施效果的综合评价值，具体步骤如下。

（1）构造原始评价矩阵。构建原始评价矩阵：$X = (x_{ij})_{m \times n}$，$(i = 1, 2, \cdots, m; j = 1, 2, \cdots, n)$，其中，$m$ 为评价指标个数，n 为评价对象个数。然后利用极值法对原始评价矩阵中的数据进行标准化处理，得到标准化评价矩阵 $Z = (z_{ij})_{m \times n}$。

具体的标准化处理方法有两种，正向影响的评价指标：$z_{ij} = \dfrac{x_{ij} - \min j(x_{ij})}{\max j(x_{ij}) - \min j(x_{ij})}$；负向影响的评价指标：$z_{ij} = \dfrac{\max j(x_{ij}) - x_{ij}}{\max j(x_{ij}) - \min j(x_{ij})}$，其中，$\max j(x_{ij})$、$\min j(x_{ij})$ 分别表示评价指标 i 的最大值和最小值。

（2）熵值法确定指标权重。在信息论中，熵值是用来反映不确定性水平的，当信息量越大时，系统的不确定性水平就越低，熵值也就越小；当信息量越小时，系统的不确定性水平就越高，熵值也就越大。该部分熵值可以用来判断某个指标的离散程度，即指标的离散程度越大，该指标的权重越大，其熵值越小。利用熵值法确定各个指标的权重 w_i。令 $w_i = \dfrac{1 - E_i}{\sum_{i=1}^{m}(1 - E_i)}$。其中，$E_i$ 是第 i 项指标的熵值，$E_i = -K \sum_{j=1}^{n} s_{ij} \ln s_{ij}$，其中，$K = \dfrac{1}{\ln n}$，$s_{ij} = \dfrac{z_{ij}}{\sum_{j=1}^{n} z_{ij}}$。

（3）计算综合评价值。进一步设系统的综合评价值为 R，则可以得出 $R = \sum_{i=1}^{m} z_{ij} w_i$，另外设 R_1、R_2 分别代表现代农业发展效果的综合评价值和乡村振兴战略实施效果的综合评价值。

4. 黑龙江省现代农业发展效果与乡村振兴战略实施效果评估结果及分析

利用已构建的东北全面振兴中现代农业发展效果与乡村振兴战略实施效果的评价指标体系，对东北全面振兴中现代农业发展效果与乡村振兴战略实施效果进行评估。2019 年 6—8 月，研究团队在黑龙江省 9 个县（市）进行了实地调研，分别是穆棱市、林口县、巴彦县、甘南县、克山县、木兰县、方正县、通河县以及克东县，这些县（市）分别位于黑龙江省的东部、中部和西部，调研对象主要是随机抽取的当地各县（市）下属乡镇的代表性农户以及各县（市）相关政府部门，研究团队最终对调研所得数据进行整理和修正后，用于评估黑龙江省的现代农业发展效果与乡村振兴战略实施效果。表 3 展示了利用统计软件计算后得出的黑龙江省现代农业发展效果与乡村振兴战略实施效果的评估结果。

如表 3 所示，从整体上看，在调研所得的样本中，现代农业发展效果的平均综合评价值为 0.519 0、乡村振兴实施效果的平均综合评价值为 0.605 3，表明黑龙江省现代农业的发展效果与乡村振兴的实施效果较好，并且乡村振兴实施效果的平均综合评价值 0.605 3 大于现代农业发展效果的平均综合评价值 0.519 0，表明乡村振兴的总体实施效果领先于现代农业发展效果。从各个县（市）来看，牡丹江市的下属县（市）穆棱市和林口县的综合评价值最高，尤其是穆棱市的乡村振兴实施效果达到了 0.811 4，属于较优水平。方正县、通河县以及克东县的评估结果排位较为靠后，相比于其他县（市）仍有提升的空间。另外，大部分县（市）的乡村振兴实施效果的综合评价值高于现代农业发展效果的综合评价值，表明这些县（市）的乡村振兴实施效果普遍优于现代农业发展效果，这些县（市）的相关政府部门应注意在实施乡村振兴的同时更要注重现代农业的发展。而巴彦县的现代农业发展效果综合评价值为 0.694 2，优于乡村振兴实施效果的综合评价值 0.651 6，说明巴彦县的现代农业发展水平更高，但同时也更应注重同步提高乡村振兴战略的实施水平。

表 3　黑龙江省现代农业发展效果与乡村振兴战略实施效果的评估结果

地区	综合评价值	
	现代农业发展效果 R_1	乡村振兴实施效果 R_2
穆棱市	0.781 3	0.811 4

(续)

地区	综合评价值	
	现代农业发展效果 R_1	乡村振兴实施效果 R_2
林口县	0.663 7	0.790 6
巴彦县	0.694 2	0.651 6
甘南县	0.594 7	0.749 5
克山县	0.652 1	0.661 6
木兰县	0.488 2	0.516 9
方正县	0.312 9	0.483 1
通河县	0.260 8	0.421 9
克东县	0.223 1	0.361 2
平均值	0.519 0	0.605 3

（三）东北全面振兴中现代农业发展与乡村振兴的协调发展程度评估

1. 现代农业发展与乡村振兴耦合协调度模型的构建

现代农业发展与乡村振兴之间存在着相互影响的关系，两者之间不应是孤立的，而应是一种多元的、协调的综合性整体。学界一般利用耦合协调度模型来对协调发展水平进行测度和分析，因此该部分选择构造现代农业发展与乡村振兴的耦合协调度模型，基于上述黑龙江省现代农业发展效果与乡村振兴战略实施效果的综合评价值，进一步构建如下模型。

（1）计算耦合协调度。耦合度模型主要用于反映两个系统间相互作用关系的强弱。如此，构建现代农业发展与乡村振兴之间的耦合度模型：$C = \left[\dfrac{R_1 R_2}{(R_1 + R_2)^2} \right]^{\frac{1}{2}}$，其中，$C$ 是现代农业发展与乡村振兴的耦合度，$0 \leqslant C \leqslant 1$，$C$ 越大表明两者间的关联性越大；R_1、R_2 分别为现代农业发展效果与乡村振兴战略实施效果的综合评价值，$0 \leqslant R_1$、$R_2 \leqslant 1$。进一步构建现代农业发展与乡村振兴之间的耦合协调度模型：$T = (\alpha R_1 + \beta R_2)^{\frac{1}{2}}$，$D = (CT)^{\frac{1}{2}}$，其中，$T$ 为两者的综合协调指数，$0 \leqslant T \leqslant 1$；$\alpha$、$\beta$ 为现代农业发展与乡村振兴的权重系数，考虑到现代农业发展与乡村振兴对东北全面振兴的重要性相似，所以取 $\alpha = \beta = 0.5$；D 为两者的耦合协调度，$0 \leqslant D \leqslant 1$。

（2）耦合协调度归类。耦合协调度 D 与系统的协调程度成正比。因此结合黑龙江省各调研地区的实际情况，本研究对现代农业发展与乡村振兴的协调发展阶段进行如下划分（表4）。

表 4　耦合协调度类型划分

协调发展阶段	协调度区间	综合评价值 R	类型
高级协调	(0.8，1]	$R_1 > R_2$	高度协调乡村振兴战略实施滞后型
		$R_1 = R_2$	高度协调现代农业发展与乡村振兴同步协调型
		$R_1 < R_2$	高度协调现代农业发展滞后型
中级协调	(0.6，0.8]	$R_1 > R_2$	中度协调乡村振兴战略实施滞后型
		$R_1 = R_2$	中度协调现代农业发展与乡村振兴同步协调型
		$R_1 < R_2$	中度协调现代农业发展滞后型
初级协调	(0.5，0.6]	$R_1 > R_2$	初级协调乡村振兴战略实施滞后型
		$R_1 = R_2$	初级协调现代农业发展与乡村振兴同步协调型
		$R_1 < R_2$	初级协调现代农业发展滞后型
濒临失调	(0.4，0.5]	$R_1 > R_2$	濒临失调乡村振兴战略实施滞后型
		$R_1 = R_2$	濒临失调现代农业发展与乡村振兴同步协调型
		$R_1 < R_2$	濒临失调现代农业发展滞后型
失调	[0，0.4]	$R_1 > R_2$	失调乡村振兴战略实施滞后型
		$R_1 = R_2$	失调现代农业发展与乡村振兴同步协调型
		$R_1 < R_2$	失调现代农业发展滞后型

2. 现代农业发展与乡村振兴协调发展程度的评估结果及分析

同样基于 2019 年 6—8 月在黑龙江省 9 个县（市）实地调研获得的数据，利用上述现代农业发展与乡村振兴的耦合协调度模型，对现代农业发展与乡村振兴的协调发展程度进行了评估。表 5 显示了各个调研县（市）的现代农业发展与乡村振兴协调发展程度的评估结果，并按耦合协调度类型进行了归类。

耦合协调度描述了各个县（市）的现代农业发展与乡村振兴的协调发展程度现状。从整体来看，样本中 2018 年没有县（市）达到高级协调水平，也没有县（市）处于濒临失调或失调水平。大部分县（市）处于中级协调水平，达到中级协调水平的县（市）为 5 个，达到了总调研县（市）数量的一半，调研样本中的平均耦合协调度为 0.603 4，处于中级协调水平，说明调研地区整体的现代农业发展与乡村振兴的协调发展程度较高。进一步看各个县（市），协调发展水平达到中级协调的有穆棱市、林口县、巴彦县、甘南县以及克山县，耦合协调度分别为 0.667 9、0.651 7、0.640 3、0.638 1、0.636 6，表明这些县（市）的现代农业发展与乡村振兴的协调发展程度较优。而木兰县、方正县、通河县以及克东县的协调发展水平为初级协调，耦合协调度分别为0.595 2、0.555 1、0.532 8、0.512 4，这些县（市）的现代农业与乡村振兴的协调发展程度良好，仍有提升的空间。相关政府部门在注重提高现代农业发展效果与乡村振兴战略实施效果的同时，也应注意到二者之间的同步性与协调性。

表5　现代农业发展与乡村振兴的协同发展程度的评估结果及归类

地区	综合评价值		C	T	D	耦合协调度类型
	现代农业发展效果 R_1	乡村振兴战略实施效果 R_2				
穆棱市	0.781 3	0.811 4	0.499 9	0.892 4	0.667 9	
林口县	0.663 7	0.790 6	0.498 1	0.852 7	0.651 7	
巴彦县	0.694 2	0.651 6	0.499 7	0.820 3	0.640 3	中级协调
甘南县	0.594 7	0.749 5	0.496 7	0.819 8	0.638 1	
克山县	0.652 1	0.661 6	0.500 0	0.810 5	0.636 6	
木兰县	0.488 2	0.516 9	0.499 8	0.708 9	0.595 2	
方正县	0.312 9	0.483 1	0.488 4	0.630 9	0.555 1	初级协调
通河县	0.260 8	0.421 9	0.485 9	0.584 3	0.532 8	
克东县	0.223 1	0.361 2	0.485 8	0.540 5	0.512 4	
平均值	0.519 0	0.605 3	0.494 9	0.740 0	0.603 4	中级协调

三、东北全面振兴中现代农业发展与乡村振兴存在的问题与制约因素

（一）城乡区域协同发展效果不佳

在经济新常态背景下，我国经济增长模式已由高速增长阶段转向高质量发展阶段，地区发展不平衡问题成为制约经济发展的瓶颈。党的十九大提出中国社会主要矛盾转化为人民日益增长的美好生活需要和不平衡不充分的发展之间的矛盾，并阐述这种不平衡和不充分集中体现在城乡发展不平衡、农村发展不充分，明确指出受此影响最大的群体是农民。强调实施乡村振兴战略，其核心是着力破解城乡发展不平衡、农村发展不充分等突出问题，弥补全面建成小康社会的乡村短板。

2019 年李克强总理在考察辽宁时强调，实现东北振兴关键在改革开放。对于东北三省的农业部门而言，要想促进农业转型升级，进而实现乡村振兴，就必须提高农产品竞争力，借助国际市场寻求产品最优价格是提升农业综合效益的必要途径。黑龙江省地理位置优越，耕地总面积和人均耕地面积均居全国首位，本应具备一定的农产品贸易比较优势，但事实却并非如此。资料显示，近年来黑龙江省农产品对外贸易依存度和进出口总额均低于全国平均水平，不但存在农业贸易逆差，且贸易逆差呈迅速增长态势，2015 年农业贸易逆差已达到 15.62 亿美元。黑龙江省农产品出口竞争力不强的具体原因主要有以下几方面。首先，现行农产品技术标准水平低，没有建立与国际接轨的农业标准体系与合格评定程序，经常遭遇以产品检验检疫、包装和标签要求以及绿色壁垒为代表的技术性壁垒。其次，出口的农产品多为低端初级产品，精深加工程度低，产品附加值不高且缺乏区域特色，不仅难以创造较高的经济收益，还使国外市场对黑龙江省农产品出口的依赖度较低。再次，尽管黑龙江省农地流转规模逐年上升，农业规模化、集约化、机械化程度处于国内领先地位，但由于农村土地制度和集体经济形式的制约，劳动生产率与西方国家仍存在一定差距，且农地流转价格、劳动力价格、物流成本的持续提高对黑龙江省农产品出口造成负面影响。

（二）农村产业结构不合理，农业三产融合程度低

东北三省长期存在普遍性的三产比重失衡，产业比重和经济结构不合理问题突出。由于一些历史原因，东北三省工业比重过高，其中，尤以黑龙江省最为显著，因长期依赖煤炭、石油、有色金属等"原"字头工业，能源产业占全省工业比重最高达 73%。偏资源型、传统型、重化工型的产业结构和产品结构不适应市场变化，形成了市场化程度不高、创新改革意识匮乏、对市场需求反应迟缓的经营模式和思维惯性，忽视了新型产品加工业和服务产业的发展。这种僵化的发展模式延展至"三农"领域，对黑龙江省当前推进农业现代化和乡村振兴战略造成障碍。

从农村产业结构层面看，黑龙江省农业第一产业占农业全产业链的比重过高，农业第二、第三产业发展不充分。据统计，黑龙江省农产品综合转化率仅为 53.6%，远低于全国平均的 65% 和发达国家的 85%，体现出黑龙江省农业第二产业的发展水平与国内外发达地区和国家相比仍存在较大差距，在发展农产品精深加工、延长农业产业链方面短板效应明显，未能有效落实国家"粮头食尾""农头工尾"的发展战略，不利于农业增效和农民增收目标的实现。从农产品的供给与需求层面看，省内农业生产存在结构性矛盾，存在重视生产供

给、轻视市场需求的问题。受国家宏观调控影响，黑龙江省农产品生产同质化问题严重，粮食作物种植比例过高，致使种植业结构呈现单一化。大面积种植粮食作物虽有利于提高农业经营的规模化、劳动生产效率和产品商品率，但与种植蔬菜、瓜果等经济作物相比利润较低。同时，还容易受到市场因素和自然灾害的双重影响，尤其是近年来国内取消玉米收储保护价和水稻价格的走低，给黑龙江省农民的收入造成较大影响。

（三）乡村"人"的问题、基础设施及乡村治理问题突出

2018年习近平总书记在东北三省考察时强调要把人的全面发展作为出发点和落脚点。当前，黑龙江省乡村中"人"的问题突出，农民整体文化素质较低、人口老龄化严重，对现代农业发展、乡村全面振兴的抑制作用明显。随着东北地区与东南沿海等我国经济发达地区的经济发展水平逐步拉大，工作机会和收入差距较大，促使黑龙江省乡村中的高素质、高学历年轻劳动力持续向经济发达地区的城市转移，加重了农村人口老龄化、留守儿童等问题。目前滞留于农村、从事农业经营的多为留守老人和妇女，因其需承担繁重的家务活、农活，没有时间精力去收集和学习农业技术信息，在农业经营方式上较大程度仍以粗放经营为主，引入现代农业生产要素的意愿不足，不便于农业新技术和规模经营的推广和应用，乡村人口问题不但对农业现代化的发展产生负面影响，还严重制约着黑龙江乡村的全面振兴。

在乡村公共基础设施建设方面，黑龙江省公共投入严重不足，乡村基础设施和公共服务条件差制约了农村经济社会全面发展。农村公路建设存在质量问题，一些贫困和偏远地区道路通畅的任务依然艰巨，经济欠发达地区的道路硬化和路网融入存在难题，公路建设的标准低，缺桥少涵，安全设施不到位，养护投入严重不足。农村电力设备陈旧落后，农村用电存在系统隐患，大多数变压器已经严重老化，电耗高、性能差，电线杆破损严重，如遇打雷下雨或超负荷运转就会造成供给不正常，容易引发安全事故。此外，乡村文化建设滞后，农民缺乏娱乐场所的问题也十分突出。近年来，农民收入虽有所提高，但物质生活条件的改善并未让农民彻底告别小农意识等旧观念，大操大办、攀比消费等现象仍有不少。由于乡村普遍缺少娱乐设施，相当部分农村居民将赌博作为娱乐消遣方式，不利于优秀传统文化传承和乡风文明建设，没有形成自治、法治、德治相结合的乡村治理体系，乡村公共文化服务体系仍需要进一步健全。据悉2016年黑龙江省仅有不到20%的乡镇有剧场和影视院，绝大部分的乡镇没有室内体育馆，农民文化生活相对单调，不利于文化兴盛、社会繁荣。

（四）乡村"三农"政策及农业金融保险水平较低

近年来，在中央部署下，财税、金融监管部门出台了一系列扶持优惠政策，虽在一定程度上激发了涉农金融主体的服务积极性，缓解了农户的贷款融资难题，但黑龙江省涉农金融领域仍存在深层次矛盾问题，阻碍了现代农业和乡村振兴的实现。主要表现在：一是农村金融供需矛盾依然突出，存在结构性缺口。随着黑龙江省农村社会经济的持续发展和农民生活水平的不断提高，农村居民住房、子女教育、医疗等生活性金融需求增长强劲。与此同时，农村经济结构变化和产业结构调整，促使各类新型农业经营主体的生产性融资需求越来越大。其中，既有短期、小额、分散的临时资金周转贷款，也有长期、大额、集中的投入性资金需求。银行业金融机构面对结构性需求变化供给转型较为缓慢，供给与需求的匹配程度不高，金融服务难以覆盖农业主体的多元化信贷需求。二是银行业金融机构开展利农惠农业务的动力不足。黑龙江省现有的农村经济结构决定了涉及农业生产的贷款需求占比较大，然而，因为农业存在重资产、周期长、收益低、收益波动幅度大等特性，再加上农民居住分散、位置偏远、贷后监管成本高、违约风险高的问题，涉农金融机构在利润导向的驱使下逃避责任，违背政策调控和脱离本职将资金投入非农领域。三是民间金融机构良莠不齐，存在社会信用隐患。小额信贷公司、融资担保公司、互联网金融机构等民间金融机构是多层级农村金融服务体系的组成部分，是对正规金融机构的有益补充，能够降低农户融资贷款的交易成本，弥补农村金融供给结构性缺失。但目前因为政策体系不健全、部门规范监管不到位，黑龙江省非挂牌金融机构未能发挥应有效用，民间借贷市场存在秩序混乱，时常出现农户上当受骗、贷款主体违约的情况。

农业保险的风险缓释作用有限，农业政策性保险制度仍有待完善。自然灾害是威胁农业可持续发展和农民收入提高的最重要因素之一，农业保险可以对农业风险进行管理，近些年在黑龙江省逐步得到推广。然而，在政府财政补贴力度加大的背景下，黑龙江省农业保险市场没有得到有效发展，农户对农业保险的有效需求明显不足。一方面，农业保险虽在一定程度上可以保障农户收入，但由于其赔偿仅限于物化成本，不涉及农户土地租赁成本和劳动力成本，再加上农民的农业收入占家庭总收入比重越来越低，因而赔偿金额过少，使得农业保险不能较好地发挥其风险管理功能，导致大部分农户对此类农业保险需求较低。另一方面，农业保险的政策目标定位与农业保险功能的实现之间出现不匹配现象，现行农业保险是国家委托商业型保险公司提供保险产品和服务，尽管政府补贴大部分保费，但财政资金补贴保费的形式存在一定的"漏出效应"，农民难以享受到农业保险的政府福利，财政资金对农业保险的支持作用没有充分发挥出来，这与农业保险的政策目的相背离。

（五）对绿色循环可持续农业发展的重视度不足

习近平总书记在 2016 年两会期间参加黑龙江省代表团审议时提出了"绿水青山是金山银山，冰天雪地也是金山银山"的重要论断，此后总书记来东北三省考察时多次强调这一概念，体现了对生态保护和绿色发展的重视。随着工业化和城镇化的快速推进，乡村和生态资源将会成为宝贵的资产，这种论断已经在欧美发达国家的逆城市化潮流中得到证实。不仅如此，自然资源并非取之不尽用之不竭，过度开采和破坏将突破自然承载能力的极限，所引发的后果会造成不可挽回的损失。因此，不论是基于经济发展，还是生态考量，发展绿色农业、保护生态环境都是黑龙江现代农业发展和乡村振兴的"必选项"。

在坚持人与自然和谐共生，牢固树立和切实践行"绿水青山就是金山银山"理念的背景下，黑龙江省要实现农村繁荣，促进农业发展，提高农民收入的战略目标，就必须借助科技的力量，用科技和理论创新所创造的现代生产要素替代传统粗放的农业生产、经营方式。2018 年习近平总书记来黑龙江省调研时强调，"要把发展农业科技放在更加突出的位置，大力推进农业机械化、智能化，给农业现代化插上科技的翅膀"。近现代，日本、以色列等传统农业弱势国家农业的崛起证明，引入科学技术为代表的现代农业要素，是提高农业生产率的最根本也是最有效的方法。

四、东北全面振兴中现代农业发展与乡村振兴的政策建议及配套措施

（一）挖掘独特优势，实现区域协调

乡村振兴战略的提出，从全局和战略高度明确了要坚持农业农村优先发展的理念，以推进城乡融合发展来破解城乡二元结构，对解决由城乡发展不平衡、区域经济发展不协调带来的公平和效率问题，化解制约黑龙江省农业现代化和乡村振兴的突出矛盾具有重要意义。

基于黑龙江省城乡差距过大的现状，在战略层面，应坚持多予少取的方针，建立以工促农、以城带乡的长效机制，加大强农惠农富农的政策倾斜，把国家基础设施建设和社会事业发展的重心放在乡村。在战术层面，应清晰地认

识到要从根本上消除城乡差距，必须重视激发和增强农村发展内生活力。为此，要加大农村改革力度，培育以专业大户、家庭农场、农业合作社为主的新型农业经营主体，发展多种形式适度规模经营，提高农业竞争力。同时，也要完善农村基础设施建设和管护机制，提升农村社会保障体系建设水平，优化农业农村生产经营环境，调动各方主体进入农村创业的积极性。为此，要健全有利于公共资源在城乡之间合理配置的财政体制，着力推进城乡居民基本权益和公共服务的均等化，统筹城乡义务教育资源配置，构建扩大优质教育资源覆盖面的有效机制；同时，要努力缩小城乡、区域收入分配差距，提高乡村基本养老保险和基本医疗保险的保障水平，推进农村最低生活保障制度发展。

区域经济发展失衡会影响区域整体发展水平，不利于地区全面振兴和乡村振兴战略的实施。当前，黑龙江省社会与经济发展要素过度向中心集聚，经济发展两极化趋势明显，严重制约黑龙江省乡村全面振兴战略的实现。政府应依据现实情况，找到引发区域不平衡发展的根本原因，并围绕最迫切的问题，系统部署、科学谋划，制定破解地区发展失衡的战略。首先，坚持因城施策，推进城市差异化、特色化发展。一方面，巩固哈尔滨、大庆等发达地区的经济优势，推动大城市基础设施向中等城市延伸，强化产业对接和功能配套，带动周围城镇经济发展。另一方面，多措并举寻找破解七台河、鹤岗、双鸭山等资源枯竭型城市发展困局的方法，加大财政转移支付力度，补齐经济发展落后城市的公共服务短板，营造承接产业转移的良好环境，降低组织成本和制度性交易成本，从而提高区域间的综合比较优势。

加强高水平区域间合作，提高农产品国际竞争力。首先是与国内兄弟地区的合作，支持省内城市与京津冀地区、长江经济带地区、粤港澳大湾区的城市开展粮食安全、农业技术交流、农业投资促进等相关农业活动。同时，深化黑龙江与广东之间的省际对口合作，利用优势资源开展农产品加工、农村服务产业的交流合作，学习先进农业管理经验，提高农业发展的质量和效率。其次，充分利用地处东北亚核心地带的优越地理优势，主动融入国家新一轮对外发展战略，以成立黑龙江自由贸易区为契机，打造我国向北开放的重要窗口，深化融入共建"一带一路"，加快建立"东北亚合作核心枢纽"和"中蒙俄经济走廊"，借助国家优惠政策，充分利用满洲里、绥芬河及黑河等陆路口岸，通过哈尔滨机场的国际航线，扩大黑龙江对俄、蒙、韩等东北亚国家和地区的农产品出口。同时，大力发展农产品精深加工产业，提高产品附加值，加大科技投入，推广先进生产技术，降低农产品从生产和流通运输成本；提高农产品品质，加快农业标准特别是主要农产品的内在品质、加工性能、分等分级、安全卫生及包装标准的制定工作，逐步完善农产品质量检测体系和绿色食品生产技术规程，健全农业质量安全过程监管体系，提高黑龙江省农产品国际竞争力，进而扭转贸易逆差持续增长的态势，以促进黑龙江省农产品价格和增值收益全面提升。

（二）引入三产融合企业，提高三产融合程度

农业产业结构调整符合世界农业发展趋势和我国农村社会经济发展现实，能够有效发挥黑龙江省农业资源丰富的优势，更好满足国内外市场需求，有利于实现农业现代化和乡村全面振兴。尽管，近年黑龙江省农业第一、第二产业得到较快发展，但仍存在第一产业占农业全产业链比重过高，农业第二、第三产业发展不充分的问题。应优化农业三产比重，大力发展农业第二、第三产业。

在农产品加工业方面，应落实好"粮头食尾""农头工尾"战略，把食品的安全和质量作为发展重点。在巩固玉米、水稻、山野菜、乳制品精深加工优势的基础上，鼓励企业围绕食品和农副产品深加工，结合中医养生、营养学、蔬菜保鲜学等科学理论知识，积极开发高质量的绿色食品和多元化主食产品。同时，开发适合出口地区市场的特色农产品深加工制品，比如在水果加工、果汁生产、坚果、食用菌等项目上，延长农产品加工链条。引导高等院校、科研院所与龙头企业合作攻关精深加工技术，不断培育和提高企业自主开发能力，加快设备和产品更新换代，提高产品附加值和农业收益。努力发展生物能源、生物医药、生物质材料等战略新兴产业，挖掘农产品深加工增值潜力。坚持大、中、小农产品加工企业共同发展，重点扶持一批大中型农产品加工龙头企业，鼓励和引导多种经济成分进入农产品加工行业，加强产业集聚，推动农产品加工业的整体进步。协调好农产品从生产到加工、销售各个环节，努力把食品和农副产品精深加工打造成黑龙江省的支柱产业。

在农村服务业方面，要充分认识到发展涉农服务业对摆脱目前"三农"困局的重要价值，推进现代农业与服务业深度融合。一方面，黑龙江省应大力发展农业服务业，建立完善的农产品市场流通和农业生产性服务体系。加强农产品批发市场建设，完善农产品配送系统和信息网络平台，降低农产品市场价格波动幅度，使农产品能够快速且低风险地参与交易。重点建设农产品仓储冷链物流，减少流通环节，降低交易成本。加强绿色食品营销，在扩大黑龙江农产品知名度的同时，积极发展农产品网上购销平台，促进农产品通过互联网平台进行购销活动，减少农产品销售中间环节。深入推进农业生产托管服务、病虫害统防统治等农业生产性服务，降低农业产前、产中、产后的经营成本，搭建小农户与现代农业有机衔接的桥梁。另一方面，推动农业产业和旅游业深度融

合。发挥黑龙江省天蓝、水净、寒地黑土等特有的生态环境优势，着力塑造观光农业、体验农业、休闲农业等农村旅游服务业良性发展态势，在充分整合自然资源、农业资源、生态资源的基础上，将观光、旅游、体验有机结合在一起。提高农村服务产品供给质量、深度挖掘农村旅游文化内涵，大力改善冰雪旅游、界江旅游、森林康养服务的基础设施条件，支持传统村落保护，维护少数民族特色村寨整体风貌。因地制宜地开发利用，改变黑龙江省农村服务旅游业收入低、发展落后的面貌。

在农业三产融合方面，需要打通产业间融合管道，促进农业产业深度融合。正确认识未来农业现代化的产业融合发展趋势，理解农业产业与其他产业之间的纵向融合与农产品生产环节之间的横向融合对未来农业发展的重要性，构建科学政策体系，提高相关扶持力度，为农业产业提供良好的融合环境。政府应在提高农民素质和农业经营能力方面投入更多资金，开办现代农民培训学校，组织农户在农闲时参与学习，了解农业的新技术和新管理方式，增加农户接触农业新产业、新业态和新商业模式的机会。缩短普通农户与"互联网＋"、区块链、电子商务等新技术和新理念的距离，大力推动前沿科技成果向农业生产领域的有机转化，为农业三产融合提供坚实的技术支撑。探索主体间有效的利益联结机制，在综合考虑各方利益的前提下，建立小农户与龙头企业的利益共同体，提高龙头企业带动小农户实现三产融合的意愿，让小农户可以分享产业融合带来的增值收益。只有把农业农村资源形成的一、二、三产业衔接好，并把它们留在农村，把产业链产生的效益留给农民，才能够真正实现广大农民群众所期盼的美好生活。

在农业生产结构方面，黑龙江省应积极构建以市场需求为导向的农业生产体系，加速推进农业产业结构调整。基于国内生活水平的提高所引起的民众消费需求和膳食结构改变，大力发展现代草食畜牧业，推动由单一粮食种植向粮经饲三元结构协调发展转变，满足民众对于牛、羊和奶制品的需求。针对消费者生活方式由"吃得饱"向"吃得好"过渡的实际情况，大力发展营养、绿色、健康的农业项目，种植结构往优质高效方向上调节。增加蔬菜、瓜果等经济作物的种植面积，扩大黑龙江省温室大棚面积，弥补冬季气候劣势，延长土地的利用时间，种植和销售反季蔬菜、瓜果，获取农业增值收益。树立品牌意识，提升品牌价值，推进农业规模化、集约化、标准化发展，大力推进转型发展，推动农业结构往绿色食品、经济作物和畜牧业发展。同时，根据我国农产品目前玉米库存较大，而大豆需要依赖进口的现状，黑龙江应充分发挥地区优势，充分利用黑龙江省是全国最大非转基因大豆生产区这一优势，调节粮食作物种植比例，提高大豆种植面积，缓解我国农业市场对美国大豆的依赖。

（三）建立城乡人才双向流动机制，提高农村基础设施建设水平和自治能力

加快农业现代化发展，推动乡村振兴战略实施，需要政府、社会帮扶的外力因素，但更需要农村地区自我发展的内生动力。目前，黑龙江省农村地区存在空心化、乡村治理体系不完善、社会基础设施薄弱等内生问题，严重阻碍地区经济发展和全面振兴。因此，黑龙江省亟须找到破解农村内生问题的突破口，练好"内"功，为农业农村发展提供坚实基础。

解决农村发展难题，需化解农村"人"的矛盾。当前，黑龙江省农村人口素质偏低、人口老龄化严重，阻碍了农业现代化和乡村全面振兴的实现。为此，亟须改变城乡间单向人口流动现状，建立城乡人才双向流动机制。一方面，剥离户籍福利功能，弱化乡村人口外流动机。大力推进包括就业市场、教育资源、医疗卫生、住房福利等方面的改革，逐步淡化城市户口的福利色彩，消除城市户口的含金量，增加农民社会福利，通过实现城乡居民统一的、无差别的制度安排，减少城乡福利落差，削减农村高素质人才、中青年人口离开乡村的动力。另一方面，推行农村创业创新扶持政策，吸引农村人口返乡创业，引导工商资本下乡。完善返乡人员创业保障政策，强化创业创新的制度保障，给予试错机会，鼓励大学生回乡创业、发展。依托优质教育资源扩大对农村创业创新的专业供给，加强高等院校、科研院所与农业企业间的合作，培育有吸引力的创业项目，鼓励工商企业投资资本密集型、技术密集型、农产品加工、生物育种、田园综合体等领域的项目建设，吸引各类资源要素向乡村集聚。同时，大力培育高素质农民，提高农村人口素质。支持农村务农人员通过弹性学制参加中高等职业教育，通过业余职业培训的方式提高农户掌握现代农业经营管理技术的能力，使农户能够适应现代农业生产力发展，全面提高黑龙江省农村居民素质。

培育造就一只"懂农业、爱农村、爱农民"的"三农"工作队伍，为现代农业发展、乡村战略实施提供人才支撑。首先，要强化党的基层组织建设，营造乡村振兴良好氛围。加强党对农村工作的领导，健全党委统一领导、政府负责的农村工作领导体制，按照党政一把手是第一责任人、五级书记抓乡村振兴的要求，落实领导责任制。强化农村基层党组织建设。打造坚强的农村基层党组织，加强农村党员队伍建设，选优配强村"两委"班子，加大后备干部培养力度。其次，坚持以我为主、兼容并蓄的农村工作队伍建设方针，一定要将有责任感、能力突出、年富力强、政治文化素质好、村内威信高的本村干部作为

带头人，针对村庄实际需要配备专业的外调技术人员和二把手，并且建立乡村人才长效统一管理机制，充分激励外调人员参与乡村服务的积极性。再次，健全自治、法治、德治相结合的乡村治理体系。在发挥农村自治的自我管理、自我服务功能基础上，提升乡村治理法制化水平，强化德治在农村治理中的基础作用，探索"三治结合"的治理机制和评价体系，为乡村振兴注入强劲动力。

目前，黑龙江省农村基础设施脆弱问题依旧严峻，水、电、公路等基础设施建设普遍滞后，在很大程度上造成了农村产业发展缓慢、乡村振兴动力不足的现状。首先，应加强基础设施建设，全面提高农村水电路网等基础设施水平，逐步提升农民基本生活条件；推进农村广播、电话、网络设施建设，使农民更多地接触到有价值的信息；加强农村生态环境保护，房舍改造、村屯绿化，推进美丽乡村建设；进一步实施农田水利设施和高标准农田建设，保护好基本农田，提高粮食产能。其次，逐年增加乡镇综合文化站的经费投入，持续推进乡镇综合文化站的硬件和内涵设施建设，保证基层公共文化服务能够涵盖免费演出、免费电影、图书借阅、电子阅览等内容；完善村屯文化广场体育设施，鼓励农民在农闲时开展体育活动，丰富农村业余生活。再次，应健全基础设施建设分类投入机制。对于没有收益的项目建设，如乡村道路铺设，由政府主导，并鼓励社会资本参与。对于有一定收益的项目建设，如污水处理，由政府和社会资本共同作为主要投入主体。对于以经营性为主的项目建设，如乡村电网，由企业作为主要投入主体，地方政府给予适当补助，并进行监督。最后，进一步理顺省、县、乡在农村基础设施投入中的关系。一方面，进一步增加省级财政对农村投资在省级财政总支出的比重，提高预算内固定资产投资中用于农村基础设施建设的比重。另一方面，根据各地经济发展情况制定支农资金配套比例，对于贫困地区和传统农区取消配套任务，防止因制度缺陷引发的基层负债。

（四）完善政府扶持乡村发展的政策体系，强化农村金融保险服务质量和水平

实施乡村振兴战略，坚持农业农村优先发展的原则，必须建立与之相匹配的支持性政策。目前，黑龙江省各级政府对"三农"工作的关注力度不够，未能形成完善的扶农支农政策体系。为此，黑龙江省亟须把农业农村作为财政优先保障领域和金融优先服务领域，深化农业供给侧结构性改革，为现代农业发展和乡村振兴战略实施增添外生活力。

实施农业农村优先发展的财政支持政策。一要确保财政投入优先。确保公共财政对乡村振兴的投入每年总量有增加、结构更优化。二要建立建设用地跨

区域调整机制。推动发展较为缓慢的乡镇新增耕地指标向城区调剂，获得发展资金。三要加强涉农资金整合。优化财政资金使用方向和使用结构，提高资金效益。四要发挥财政资金引导作用。设立黑龙江省乡村振兴母基金，母基金通过设立各类专项子基金，投资乡村振兴具体项目，引导和撬动更多金融和社会资本投向农业农村。

推动涉农金融机构回归本源的金融支持政策。首先，完善扶持政策体系，强化农村金融政策引导。发挥政策激励作用，兼顾统一性和特殊性，综合考虑农村经济社会发展、地区差异等多种因素，优化、细化激励措施。根据形势变化完善金融机构支农水平的考核指标体系。逐步改变政策实施方式，减少由政府指定机构、获得专项政策或资金支持、干预银行业务的做法，增加市场性、商业性、竞争性政策支持，利用商业规则引导和改善涉农金融服务的意愿。人民银行要完善扶持政策，运用好存款准备金率、支农再贷款、涉农贷款增量奖励等政策，加快发展信贷资产质押再贷款、金融扶贫再贷款，通过市场化操作强化政策引领作用。完善宏观评估考核体系，适当增加县域贷款额度，整合财税扶持政策，建立风险分担和补偿机制，统筹使用各类支持"三农"的财税奖励资金，充分发挥普惠金融发展专项资金的引导作用。其次，完善涉农金融机构体系，促进农村金融适度竞争。继续推进构建多层次、广覆盖、适度竞争的农村金融机构服务体系，实现政策性金融、商业性金融和合作性金融功能互补、相互协作，规范非持牌金融机构、民间金融、互联网金融有序发展。引导大型商业银行稳定县域网点，下沉金融服务，拓展服务半径；指导农业银行和邮储银行的"三农"金融事业部充分发挥支农扶农作用，进一步明确国家开发银行等开发性金融机构的功能定位，强化中国农业发展银行的政策性金融作用；强化农村商业银行、农村信用社、村镇银行等农村中小金融机构的支农主力军地位。再次，完善农村金融基础设施，营造良好发展环境。一是完善农村产权流转交易平台，实现农村产权融资功能。以承包土地的经营权抵押为例，加快建立农村土地产权流转交易平台，培育农地流转市场，完善贷款增信和风险补偿机制。二是推进农村信用体系建设，健全农户和农村企业信用档案，加大失信行为联合惩戒力度，营造良好的农村信用环境；加大农村金融案件执行力度，依法维护金融债权安全，强化依法行政，出重拳打击逃废债行为。三是完善农村支付体系和支付工具等金融基础设施建设，向现代农业经营主体提供全方位、网络化的信息服务，帮助其实现有效的资金配置和风险管理。根据形势变化，有针对性地加强对农村金融消费者权益保护，坚决打击各种非法集资，加强金融知识宣传普及，切实保护消费者权益。

落实以风险管理和收入支持为目标的农业保险制度。根据不同类型农业经营主体的风险管理需求，制定差异化的农业保险项目。以种植大户、家庭农场为代表的新型农业经营主体，存在生产规模大、投入多，对风险管理需求高的现况，黑龙江省应依托保险公司，积极开发适应新型农业经营主体需求的保险品种，强化农业保险风险管理功能。对于农业收入占家庭收入比重低的小农户而言，应以增加小农户收入为目标，取消中间环节，减少资金漏出。建议利用遥感影像，依据气象指数进行理赔，节约运营成本。同时，完善现有农业保险大灾风险分散体系，从法律层面明确运行机制和融资安排。建立以农业保险为主体，其他救助方式为补充的农业自然灾害救助体系，在财政每年安排专项预算的基础上，政府应该专门设立农业自然灾害救助基金，以加大自然灾害救助力度。此外，充分利用中央财政对农业保险的保费补贴政策，扩大农作物品种参保范围，提高单个品种的承保覆盖率。增设农业保险机构，鼓励在乡镇和农村设立农业保险服务点，提高偏远地区服务覆盖率，提高农业保险风险保障金额，完善农业保险赔付流程，充分发挥农业保险的"稳定器"和"助推器"作用。

深化以增加农民财产性收益为目标的农村产权制度改革。伴随着农村产权领域的大踏步改革，我国农村形成了落实集体所有权、稳定农户承包权、放活土地经营权的格局。在理论层面，农村土地"三权分置"有利于释放和激发土地活力，实现土地价值，能从根本上改变农业的弱势地位。然而，在实践层面，农村产权改革仍然面临许多难题，农村资产价值的有效实现依然有很长一段路要走。首先，继续完善农村土地经营权抵押贷款的业务环境。要大力推进农地产权确权颁证工作，在保障所有农户取得土地承包经营权证书的基础上，进一步开展土地承包权和土地经营权两证分离试点。探索农地抵押贷款的中长期实现机制，将土地承包到期后延长的 30 年土地经营权纳入农地抵押贷款的担保范围中来，从而满足农户日益增长的融资需求。当前，省人大和政府应加紧制定相关法律法规，解决金融机构办理农地抵押贷款业务中的法律缺位问题。其次，寻求多种途径，盘活农村宅基地、集体经营性建设用地的资产价值。深化国家批准的农村土地征收、集体经营性建设用地入市、宅基地制度改革试点；探索宅基地"三权分置"，适度放活宅基地和农民房屋使用权，因地制宜发展农宅合作社；开展利用农村集体建设用地建设租赁住房试点；建立健全利用农村零星分散的存量建设用地的制度，加大农村闲置地的整理与开发力度。再次，发展多种形式的适度规模经营，推动土地经营权向有技术和管理能力的新型农业经营主体集中，进一步探索新型农业经营主体与农民的合作机制，增加农户土地产权的财产性收益。

（五）构建绿色生态导向的农业支持制度，推动绿色循环可持续农业发展

中国特色社会主义进入新时代，更加注重发展的质量和内涵，生态文明建设的地位和作用更加突出。农业作为支撑国民经济建设与发展的基础产业，是自然再生产与经济再生产的交织，与自然环境有着紧密不可分离的关系。因此，发展现代农业、实施乡村振兴战略必须处理好生态文明与农业农村发展的关系。2018年习近平总书记在东北三省考察时强调，"良好的生态环境是东北地区经济社会发展的宝贵资源，也是振兴东北的一个优势"。再次指出东北农业农村发展要依靠自身环境优势。一方面，新时代黑龙江的乡村振兴必须活用白山黑水、冰天雪地的生态资源，打造好"北大荒""冰雪旅游"等名片，发展好休闲农业、体验农业、特色小镇等乡村旅游产业，在促进本地经济发展，满足人们更好的物质生活需要的同时，注重人与自然的和谐共生，保护人们生活所需要的优美生态环境。另一方面，新时代黑龙江现代农业的发展，必须依靠得天独厚的生态资源发展绿色农业。一是坚持绿色发展理念，摒弃原有的片面追求经济效益的发展模式，走绿色可持续发展之路，防止过量使用化肥、农药等造成环境污染，探索耕地轮休制度，"藏粮于地"，确保黑土地不退化。二是健全绿色生态导向的农业支持保护制度。要完善生态农业补贴制度，推动农业补贴资金重点向绿色生态农业、农业资源环境保护倾斜；构建以市场需求为导向的农业产品结构调整财政政策，设立绿色生态农业发展基金，对农业优质品种、高端产品、绿色环保产品进行补贴，促进农产品供给结构与市场需求相匹配。三是建立市场化、多元化的生态补偿机制。落实农业功能区、生态功能区制度。加快划定粮食生产功能区、重要农产品生产保护区，创建特色农产品优势区，完善功能区生态保护成效与资金分配挂钩的激励约束机制；构建森林保护补偿制度。实施天然林停伐补助和奖励政策，逐步提高生态公益林补偿标准及天然商品林管护补助标准。

黑龙江省是国家重要商品粮基地，在我国粮食安全仍存隐患、国际贸易形势复杂多变、国内资源与环境约束加剧的多重压力下，黑龙江省需处理好农业生产与农业科技的关系，通过科技创新支撑传统农业产业转型升级，推进乡村振兴和农业农村现代化。落实"藏粮于技"战略，基于互联网的智能化检测基地，建立土壤、水、肥、耕作综合管理平台，持续开展耕地质量保护与提升行动，通过深耕松土、秸秆还田、测土配方施肥等措施，保护和提升地力；健全农业科技创新和服务体系，加快落实科技人员兼职取酬制度规定，深入推进科技成果权益试点，充分调动农业科技人员积极性；明确农业科技创新目标的主

攻方向，提高满足消费需求和提升农业竞争力的农业科技创新能力，在特色优质品种选育、农村新产业、新业态发展等方面加快突破关键核心技术；加强对农业科技成果转化应用支持，建立科技成果转化激励体系，鼓励省内高校、科研院所建立一批技术转移中心、成果孵化平台，支持高校与社会力量合作参与农业科技推广，建立产学研相结合的长效工作机制，加快农业科技成果转化。

项目负责人：王颜齐
主要参加人：王慧月、班立国、张佳宁、初楚、孙楠、孙瑞遥、李松泽、史修艺

关于促进黑龙江省小农户与现代农业发展有机结合的研究[*]

张 梅　黄善林　颜 华　王 晓

　　将小农经济纳入现代农业发展轨道，共享现代农业成果，增加小农户的获得感、幸福感和安全感，是习近平新时代中国特色社会主义思想和十九大"五位一体""四个全面"发展战略的重要体现。习近平总书记视察黑龙江，东北振兴座谈会以及省十二届三次、四次全会的召开都标志着黑龙江省进入全面振兴、全方位振兴的新时期。发展现代农业是黑龙江省实现振兴发展的重要基石。筑牢国家粮食安全"压舱石"，争当农业现代化建设排头兵，是习近平总书记对黑龙江省的要求。根据第三次全国农业普查数据，全国农业规模经营户只占到总户数的 1.88%，剩下的基本上都是小农户，小农户是实现国家粮食安全和黑龙江省粮食产量提升的重要力量。当前和今后很长一个时期，小农户家庭经营将是黑龙江省农业的主要经营方式。但是应该看到由于农业弱质性、农户素质以及能力较低等原因，小农户是现代农业发展的短板。没有农民的现代化，就没有农业农村的现代化，也无法实现"两个百年"的奋斗目标。为此，党的十九大报告指出实现小农户和现代农业发展有机结合是推进中国特色农业现代化的必然选择。2017 年中央农村工作会议把"积极培育新型农业经营主体，促进小农户与现代农业发展有机结合"确定为推进农业大国向农业强国转变的一项重要任务。2019 年中共中央《关于坚持农业农村优先发展 做好"三农"工作的若干意见》指出：落实扶持小农户和现代农业发展有机结合的政策，完善"农户＋合作社""农户＋公司"利益联结机制。黑龙江省是全国最大的粮食主产省，重视小农户在现代农业中的地位，分析小农户与现代农业发展结合的途径、机制、存在的问题，以及构建配套的政策支持体系，在实现国家粮食安全的同时也使小农户分享现代农业成果，既是一个艰巨的挑战，又是一个全新的课题。

---

　　* 黑龙江省新型智库重点研究课题（项目编号：19ZK003）。
　　项目负责人为张梅教授，主要参加人员有黄善林、颜华、王晓、邬宝良等。

一、黑龙江省小农户与现代农业发展有机结合的模式

（一）合作社引领的小农户与现代农业发展有机衔接的典型模式

1. 基于农业产业链延伸的发展带动型

（1）合作社基本情况。龙江县尹波蔬菜种植专业合作社成立于 2017 年 4 月，合作社的理事长尹波的身份是农业经纪人，合作社成立之初共有 5 名社员，合作社主要经营蔬菜种植、加工和销售，蔬菜品种以胡萝卜、白菜和豆角为主。除胡萝卜直接作为生鲜销售外，白菜和豆角分别加工成酸菜和豆角干再进行销售。合作社的产品销地以东北市场为主，销售地区包括大庆、哈尔滨、长春、沈阳，以及牡丹江东宁，部分产品出口到俄罗斯和韩国。

2018 年种植蔬菜 7 000 多亩，其中 4 000 亩自营，其他部分采用托管或共营形式。合作社的自营土地主要流转自国有农场，有 6 000 亩，其他部分是流转农户的土地，每亩流转费用 450 元，比市场价高 50 元。合作社的收入来源于胡萝卜种植以及白菜、豆角加工。

（2）合作社与小农户衔接的机制。

1）采用了基于不同利益联结机制的经营模式。①合作社自营。合作社从农户手里流转土地，从种子到销售，实行包括产前、产中、产后在内的全产业链运营模式。收益和风险由合作社自己承担。②农户自营。农户出地和人工，向合作社购买种子、化肥等物资资料，合作社负责技术管理和销售，每亩的成本在 2 300 元左右。农户承担风险。③全托管。这种模式的主要特点是谁投资、谁受益、谁担风险。投资者向合作社按照每亩 2 600 元缴纳托管费用，合作社负责从种到收的全程投入和技术管理，并负责产品销售。价格随行就市，取得的收益也归投资者所有。风险由投资者承担，合作社不担风险。④合作经营。农户出土地和人工，合作社负责从种到收、销售的全程社会化技术服务和管理，除人工和土地之外的前期投资（种子、化肥等）也由合作社负责。产生的收益由合作社和农户四六分成，农户获得收益的 60%。合作社发挥其在市场销售、技术管理、品质控制、规模经营方面的优势，通过和农户、投资者所拥有的土地、人工、资金进行整合，通过从种到收的产业链管理防范风险。并通过生产规模扩大确保合作社稳定的、高质量的蔬菜供应，再通过合作社蔬菜深加工获得价值增值。

2）基于提高合作社运行效率的薪酬制度和职位设置。合作社注重对工作人员的激励，合作社采用理事长—厂长—职业经理人—种植队长的管理模式，

拥有普通工人 30 多人，发放 10 个月工资，每年工资支出 300 多万元。同时，合作社结合自身经营特色形成了以股份为基础的激励方式，给予普通工人 30 亩土地、底层管理者 50 亩土地、高层管理者 100 亩土地的股权，所需的投入资金 20% 由个人投资，80% 由合作社进行投资，但收益全部归个人所有，目的在于通过物质激励培养长期的合作关系。

2. 以生产服务为衔接途径的农民专业合作社土地托管模式

（1）合作社基本情况。龙江县超越现代玉米种植合作社成立于 2013 年 2 月，由龙江县景星镇农民魏刚等 7 人领办，注册资本 4 000 万元，占地面积 30 000 多平方米，办公面积 1 000 平方米。合作社日常经营业务包括三个方面：一是提供土地托管服务；二是流转土地 33 100 亩；三是开办烘干塔企业，收购农户粮食进行简单加工后售卖。其进行的土地托管服务范围在 2019 年达到了 42 万亩。土地分布于 5 个县市，即龙江县、甘南县、阿荣旗、扎莱特旗和讷河市。超越玉米种植合作社以合作社为组织载体，通过企业化运作，对玉米供应链上小农户实施前向整合，通过全托管和半托管土地的方式为小农户提供社会化服务。利用规模优势，合作社与中粮集团签订了订单合同，从而确保了玉米供应链的稳定性。合作社为小农户提供专业化的社会化服务，根据生产中的不同需要设立种肥公司、农机合作社、种植专业合作社，分别提供生产资料供应、农机服务和生产服务。

（2）合作社与小农户衔接的机制。

1）实行全托管和半托管套餐式服务机制。合作社对农户实施半托管和全托管服务两种方式。全托管是对小农户实行从种到收的全程化管理，包括整地、播种、出苗水、施肥、打药、植保、秋收等环节，全托管理的费用为每亩 350 元。半托管不包括打药和浇水以及人工，只包括播种、种子和施肥，费用为每亩 250 元，半托管主要适用于还愿意直接从事农业生产的小农户。两种托管方式都属于集种肥、农机、加工、仓储为一体的服务模式。

2）按劳取酬和物质奖励相结合的激励方式。超越合作社提供的玉米社会化服务的数量和质量对其效益提升至关重要，而社会化服务的质量和数量取决于农机手的业务开拓能力和工作质量。针对从事不同业务的农机人员，超越合作社确立了不同的激励方式。对于从事土地托管市场开拓的农机人员，超越合作社实行股权激励方式。由于土地托管面积较大，超越合作社设立了 5 个分区，并由合作社派驻分区总负责人，每个负责人均在总部锻炼 1～2 年后才能分配到各区，主要负责当地市场开拓，其他技术、机械和物资配套事宜由总公司来负责解决。为调动这些主管的积极性，总公司分配干股给主管人员，并将该区获得利润的 10% 作为奖励。对于从事具体农机服务的农机人员，实施标准化、精细化的按劳取酬与约束相结合的激励方式。超越合作社对农机服务实行明码标价，与农机手共享收益。其中耕种 25 元、出苗水 15 元、深松 20 元、打药 5 元、收获 45 元，总费用 110 元。但是农机手需要自己开拓市场，托管的当地土地至少要达到 600 亩，目前达到这个标准的大概有 160 个农机手。

（二）村集体带动的小农户与现代农业发展衔接的有机模式

1. 村民集体土地入股的村集体带动型

（1）合作社基本情况。 克山县北联镇新兴村位于北联镇政府所在地，2001 年由原西新村和兴发村合并而成，全村有 6 个自然屯，7 个村民小组，农户 926 户，3 926 口人，全村耕地 2.13 万亩。2003 年由省政府投放 100 万元装备组建了新兴村农机作业合作社，2008 年国家又投放 1 000 万元现代装备成立了克山县新兴现代农机专业合作社，合作社设置有管理人员、技术人员和驾驶操作人员。农机合作社有农机具 57 台，其中，大型进口及国产拖拉机 18 台、联合收割机 7 台、大型喷药机 1 台、作业农具 30 台（件）。2010 年投资 62 万元新建农机具标准大棚 1 150 平方米，投资 150 万元新建室内面积为 1 310 平方米的综合办公楼 1 座。综合办公楼内设有办公室、驾驶员休息室、学习培训室，达到功能全、设备齐、标准高的要求。2019 年依托合作社，村集体成立食品公司和畜牧养殖公司。

（2）合作社与小农户衔接的机制。

1）集体资产平均量化的股权设置机制。2012 年，新兴现代农机专业合作社根据村里实际情况，采取村民以土地折资入社方式进行股权设置。方式如下：一是全村 22 257 亩耕地，其中农民入股土地 21 300 亩，村集体机动地 957 亩，根据入社成员大会决议，每亩土地折资入社，每亩折资金 300 元，入社资金合计为 639 万元。二是把国投固定资产按土地入股股数进行量化，国投资产 1 453.5 万元，每股量化为 682.4 元，平均每户得 15 561.96 元，按土地入股数记到入社成员账户上。三是扩大合作社规模，合作社在农场承包 11 820 亩耕地进行耕种。本着风险共担、利益共享的理念，新兴村农机合作社的经营策略更加符合社员的期待。

2）集体资产平均量化和土地入股紧密结合的利益分配机制。为了保障国投资产保值增值，秉持公平公正原则进行利益分配。一是提取当年盈余的 40% 作为公积金，用于合作社扩大再生产。二是将可分配盈余对以土地折资入社的农民按照土地定价进行第一次分配。三是对剩余可分配盈余按国投、集体、成员出资比例进行二次分配。四是对国投资产产生的效益按比例平均分配给每位成员。

3）基于劳动力素质提升的岗位设置机制。合作社设置了严格的人才选拔制度，并且对表现优秀的员工实施奖励。一是通过公开竞聘的方式，面向社会招聘 24 名工作人员，其中正、副经理 3 人，生产管理和技术人员 9 人，农机驾驶员 12 人，所招聘的驾驶员需要有 5 年以上的驾驶经验，而且，这 24 人全部参加了省、市、县举办的财务管理和农机技术培训班，达到了"三懂四会"标准，持证上岗率达 100%。二是合作社驾驶操作人员的收入与作业量挂钩，实行基础加浮动工资制度，基础工资每人每年 1 万元，在此基础上，工资根据多完成的绩效作相应增加。

2. 依托庭院经济的村集体带动型

（1）合作社简介。 拜泉县绿色庭院种植专业合作社位于团结村，是由政府引导、村集体领办和运营的合作社，参与运营和管理的 5 人全部是村集体成员。

（2）合作社与小农户衔接的机制。

1）庭院经济得以充分发展的利益获取机制。合作社到农户家收购，农户做好采摘工作。合作社借助智能手机，建立微信群，销售农产品。针对远距离的客户，合作社选择快递配送方式，将农村的自家庭院种植的绿色蔬菜送货上门。通过这种方式，农户生产积极性得到很大提升。

2）运用现代科学技术组织生产的社会化服务机制。农户自家小院一般用于生产自家食用食物，不进行农药化肥的施用，农产品质量较高。需要解决的难题是如何提升产量，县技术人员义务为农户提供专门的技术指导，合作社为农户提供种苗，有机肥可供可不供，农户一般自身获取，合作社定期对蔬菜按照当地市场价进行收购。

（3）绩效分析。

1）大棚种植得以规模发展。目前，大棚种植共有 65 户参与，共建有 67 个大棚，大棚面积和种植面积取决于每户的院子面积，种植不同的品种导致获得的收入不等，在 500~8 000 元波动。

2）庭院经济带动农户增收。合作社带动当地农户种植大棚蔬菜，发展庭院经济以增加收入。蔬菜采用订单的形式进行销售，截至目前订单数量为 200 份，每份 2 000 元，合作社每周定时向购买者配送 8~10 斤的当地蔬菜 6~8 种。2018 年，该模式的盈利达 30 万元，纯收入达 10 万元。

（三）"银行＋企业＋农户"社会资本推动的小农户与现代农业发展有机衔接的模式

1. 公司简介

黑龙江博信农业科技有限公司于 2019 年成立，前身是经营相同业务的合作社，是一家以整体推进土地规模化经营为目的，增加农民收入为宗旨，创新农业生产发展方式为出发点的公司。其经营业务以满足农户资金、技术等社会化服务需求为主，发挥在农户和银行间的桥梁作用。该公司通过建立现代农业平台，整合资源，提供农户生产生活所需，解决目前农村地区存在的劳动力不足、生产服务缺乏和农业技术落后的问题。

2. 公司与农户间的衔接机制

（1）提供完善的农业社会化服务体系。提供给农户的社会化服务类型包括生产服务、生活服务、金融服务和技术服务。在生产服务方面，统一采购生产资料，包括种子、化肥、柴油、农药、饲料等。在生活服务方面，为社员提供质优价廉的生活用品，帮助社员解决看病难、就医难的问题。在金融服务方面，为生产创业有困难的社员提供资金支持。在技术服务方面，通过互联网打造以新媒体、新零售为基础的"互联网＋"平台。

（2）运用先进理念指导农业生产。公司秉持着先进生产理念，坚持以市场需求决定农产品产出、科学数据指导农业种植、综合技术的应用提高生产效率和投入产出比和农机的配套为原则来进行相对标准化和流程化的操作，用于指导农户的现代化农业生产，解决传统农业生产面临的农产品市场供需不均衡、种植不科学、产出效率低下和生产工具使用不合理的问题。

二、黑龙江省小农户与现代农业
发展有机衔接中存在的问题

习近平总书记视察黑龙江，东北振兴座谈会以及黑龙江省十二届三次、四次全会的召开都标志着黑龙江省进入全面振兴、全方位振兴的新时期，发展现代农业是黑龙江省实现振兴发展的重要基石。根据第三次黑龙江省农业普查数据，黑龙江省规模以下农户占农业经济主体的2/3，在未来一段时期内小农户将会长期存在。目前黑龙江省已经探索出依靠现代物质技术实现现代化大农业的发展道路，规模经营和小农户发展并不矛盾，如何通过机制建设和政策引导将小农户引入现代农业轨道是需要重点解决的现实难题。

（一）农户分化，增加了小农户和现代农业发展有机结合的复杂性

黑龙江省小农户越来越呈现出分层和分化的特点，在劳动年龄、资源禀赋、农业经营形式、有无劳动能力、是否为贫困户方面存在较大差异性。课题组成员参与了2018年8月对黑龙江省海伦市25个镇445户农户的调查，其结

果显示如下。

1. 年龄构成上老龄化问题显现、青年后备人口不足

黑龙江省农户年龄主要集中在 35～55 岁，占总人口的 78％，其中年龄分布较为集中的是 46～55 岁，65 岁以上人口占到总人口的 20％，35 岁以下务农人口只占到总数的 2.7％。农户年龄和土地经营规模、经营能力、对新事物认知存在重要关系。一般来说，规模型的、运营能力较强的农户年龄在 55 岁以下，55 岁以上农户对新事物接受能力差，很多人依然进行农业生产是因为恋土情节，这两类农户各占到农户总数的一半。年轻农户不但占比小，而且很多人不会种地，年轻劳动力稀缺是近年来农业劳动力成本不断攀升的主要原因。这种人口格局可能产生的趋势：一方面，农村土地越来越向种植大户和规模经营主体集中；另一方面，还会存在大量的老龄化的务农人口。前者很容易实现与现代农业的融合，后者则很难实现。

2. 小农户的资源禀赋不足，能力和素质较差

调查农户中其土地经营面积在 50 亩以上的为 11 人，占到调查总户数的 2.5％，土地经营面积在 50 亩以下的为 434 人，占到总户数的 97.5％，其中土地经营面积在 10 亩以下的占到 15.5％。固定资产在 1 万元以下的农户占到总户数的 65.53％，大部分农户对新型农业设施和设备的投入能力不足（表 1）。从文化程度来看，占比较高的是小学以下学历，占到总户数的 51.8％，初中以下学历占到 89.64％。低教育水平、低物质投资限制了先进科学技术和农业机械的应用和投入，靠提升小农户的内生动力实现其与现代农业的有机衔接不符合黑龙江省现实情况。小农户与现代农业有机衔接需要融合外部资源，借助外力才能实现。

表 1　调查样本农业固定资产情况及占比

农业固定资产	人数（人）	占比（％）
0 万元	186	42.47
0～1 万元（含 1 万元）	101	23.06
1 万～5 万元（含 5 万元）	73	16.67
5 万～10 万元（含 10 万元）	26	5.94
10 万元以上	52	11.87
总计	438	100

3. 兼业化比较普遍，但农业收入仍然是家庭收入的主要来源

调查农户总体呈现小规模的特点，但是农业收入占到家庭收入的比重超过

3/4 的比例为 67.45%，农业收入占家庭收入 1/2 以上的比例为 92.22%。在家务农的人数比例为 82.25%，没有稳定收入来源的比例为 70.23%。农户自营土地和转入用地户数占到总户数的近 80%（表 2），其中转入土地的农户占比要高于转出农户占比。调查农户中有 52.05% 的农户不愿退出承包地，这说明现有农户经营土地的意愿依然强烈，农业收入依然是当前小农户的主要收入来源。从事农业生产的农户完全自主经营的只占到 20%，租用农机的占到 81%，这说明农户的生产方式发生变化，农户对社会化服务的需求强烈。可以预测随着农业生产标准化和品质化要求的转变，农业生产服务也会呈现专业化趋势，将会产生较大的服务需求。小农户有升级土地规模的愿望，但没有实际扩大土地规模的原因主要是劳动力不足和缺乏足够资金。由于农业仍然是当前小农户的主要收入来源，农户仍然有经营土地的强烈愿望。因此，如何在资源禀赋较差、保留小农户经营权的前提下，实现小农户与现代农业衔接是一个迫切需要解决的难题。

表 2　调查样本承包地的状况及占比

承包地的状况	人数（人）	占比（%）
自主经营	108	24.71
转入	239	54.69
转出	90	20.59
互换	0	0.00
转让	1	0.23
退出	0	0.00
撂荒	1	0.23
总计	437	100

4. 贫困户在小农户中也占有一定比例，农户出现分层特点

调查的农户中贫困户占到总数的 20%，和一般农户相比，贫困户的资源禀赋更差，而且大多是因劳、因病致贫。虽然黑龙江省确立的脱贫攻坚目标是 2020 年实现绝对贫困人口脱贫，但是之后还会有大量相对贫困和次生贫困人口存在。现有的扶贫政策仍然具有较明显的救济性特点，贫困户与现代农业衔接的内生动力不足、贫困户参与现代农业经营管理的程度不足。

（二）供给限制，小农户资源禀赋和现代农业要求耦合性差

农业科技进步、人均收入上涨、消费者消费结构变化以及资源约束使农业

生产方式产生较大变革，农业已经进入到 4.0 时代，其特点表现为城乡、农工、农贸、农业和环境的融合性发展，农业多功能性拓展以及绿色化、品质化的发展理念，农业增长更多地由数量扩张向提质增效转变。农业科技在农业应用的广度和深度增加，大数据、区块链、智慧农业等新型技术不断向农业领域渗透。现代信息技术在农产品流通体系的应用，生物技术的应用，农业机械设备的自动化和智能化升级，冷链物流体系的跨区域建设，绿色、有机农业和休闲创意农业等成为新的热点投资领域。农业生产由过去的单一化、独立化向网状化、链状化发展，全产业链经营已经成为中国农业现代化转型过程中最有竞争力的产业模式。随着政府从直接管理农业领域逐步退出，在新的农产品价格支持体系下作为农业生产者的农户和市场的联系正在加强，国内国外的市场环境极大程度地影响到农户的利益实现。随着以精准化、标准化和绿色化为特点的现代农业的发展，要求农户与有更先进的现代物质装备、技术水平和管理水平的农业相对接。但是现实中小农户生产行为分散、农业科技素质较差薄、市场和品质意识较淡薄、物质技术装备配套性差。如果没有合适的组织引导，依靠小农户自己主动去融入现代农业，实现的难度较大。

（三）天然弱质，小农户在产业链、供应链和价值链中的利益难以实现

在农业产业链各节点组织中，小农户有天然的弱质性。在农业产业链、供应链和价值链中小农户凭借其资源禀赋和能力素质很难共享三链利益，如果没有外力（比如政府）干预和制度保障的话，小农户很难共享现代农业的成果。在一个完整的供应链中，利益获得程度高低依次是超市、企业、合作社和小农户。当前农业产业链中小农户参与度低、谈判能力差、对风险的规避能力弱，这使得小农户与企业及合作社的利益联结方式较为松散，一般采取土地流转的形式。即使采用土地入股形式，由于土地面积有限也很难获得话语权，因此只能获得价格改善收益，也就是合作社或企业土地集中之后的流转地溢价收入。小农户土地资源比较效益低，土地使用权虽然是一种物权，但现有土地基本没有抵押权，宅基地流转还受到体制限制，小农户很难通过土地获得资本利得。在应对风险方面，小农户很难像企业那样通过设计系统的风险机制来规避风险，只能被动地选择规避风险的形式，就是在土地流转中采取保底地租的形式，或者以低价格将土地流转给熟人或朋友，土地资源受益有限。因此，在小农户和现代农业衔接中，小农户和企业、合作社的利益联结机制是所有机制的关键，但是合作社和企业出于趋利目的很难主动地把利益让给小农户。调查显示，即使在有政府财政投入的新型农业经营主体带动小农户模式中，国家财政

资金使用流向不明晰，小农户与新型农业经营主体的利益联结机制不紧密，小农户参与程度低，小农户持续增收缺乏制度保障。因此，应该从政府部门的角度建立有效的激励和约束机制来进行合理的引导。

（四）体制缺位，缺乏对小农户与现代农业发展有机结合的政策指导和部门支持

我国的农业政策体系实践经历了三个大的阶段，第一个阶段是促进家庭经营（1978—2010 年）；第二阶段，通过土地流转实现规模经营（2011—2017 年），第三个阶段是立足我国小农户大量长期存在的国情，探索小农户与现代农业结合的实践路径（2018 年至今）。从黑龙江省来看，近些年的农业政策体系都是以实现粮食安全、促进土地规模经营为基调的，因此农业固定资产投资、新型农业经营主体培育等相关政策都是服务于这个目标的。由于小农户与现代农业有机结合的政策视角较新，提出时间不长，因此缺乏系统的政策支持体系。表现为相关的政策较为零散，缺乏系统性，例如针对贫困户的精准扶贫政策和乡村振兴政策缺乏有效衔接。没有制订专门的针对小农户与现代农业有机结合的相关政策，也缺乏相应的执行职能的相关部门。相关政策还处于顶层设计阶段，缺乏省、市、县、乡、村级的政策配套。

（五）同质竞争，企业和合作社等新型农业经营主体三产融合程度低

黑龙江省大部分大宗农产品和主导农产品的三产融合程度低，加工程度低。进入产业链运营实现价值增值的农产品数量较小，大部分农产品只是以原粮形式售卖。农产品产业链较短、产品形式较为单一。以玉米产业链为例，其产品主要是甜玉米和糯玉米，深加工产品少，产品附加值低。2017 年黑龙江省玉米加工转化率仅为 18％，水稻加工转换率为 54％。产业链初级产品加工多，精深加工产品少；产品优势难以转化为价值增值优势，低端产品多，高端产品少。一等原料、二等产品、三等包装、四等价钱的情况没有发生根本性变化。黑龙江省农产品进入农产品产业链的主要是大豆、水稻、玉米和杂粮，以及特色农畜产品，如食用菌、中药材、生猪和大鹅等，各地产业布局趋同性较强、农产品同质竞争加剧。在产业扶贫和乡村振兴的时代背景下，各地基本上把扶贫项目和产业项目整合，重点支持甜玉米项目、大豆产业项目、食用菌项目、马铃薯项目等，农产品产业链也是由这些项目带动。这些项目大多是以粗加工为主，产品技术含量不高，产品容易被复制，所以带来的竞争也较为激烈。由于市场容量有限，竞争必然发生在同质性较高的产地之间，区域间市场

无序竞争带来的结果是销售商和加工商压低农产品价格，合作社和小农户的利益增值空间被压挤，导致缺乏长期、稳定的收入保障。

（六）功能单一，电子商务、休闲农业、旅游农业等新型业态发展缓慢

电子商务、休闲农业、旅游农业等新型业态的发展是提升农业价值空间，将农业资源变为农业资产，将小农户与现代农业有机衔接的有效形式。但从目前来看，黑龙江省新型业态的发展还处在起步和布局阶段，黑龙江省农产品电子商务应用效果并不明显，整体来看缺乏成功的典型，农户和企业对农产品电子商务参与主动性不足，与国内其他省如浙江、山东省存在较大差距。这些新兴业态的发展在农产品销售规模、效益方面的效果还没有显示出来。与新型业态相关的配套设施建设还没有完善，"互联网＋"的区域性、县域、企业性的平台建设较为缺乏、不成体系，涉农电子商务企业较少。与乡村旅游相关的农村环境设施建设、道路及服务设施建设，以及文化建设等方面配套性差，缺乏有效的推广和营销手段，乡村旅游对消费者的吸引力不强。由于尚处于起步阶段，在新型业态方面，尚没有形成成熟的推广模式。

三、黑龙江省小农户与现代农业发展有机结合的模式组合及机制设计

基于黑龙江省小农户与现代农业结合的典型案例，结合现代农业要求和小农户意愿，黑龙江省的小农户生产与现代农业结合的主要实现模式有两大类：一类是在小农户土地不流转的前提下，由企业和合作社等新型农业经营主体带动，通过农业服务社会化和规模化实现小农户与现代农业衔接；另一类是小农户通过经营行为转变，即通过联户联营、承办家庭农场实现结合。两类模式的具体实现途径和适用条件：以小农户需求为导向，以是否有劳动能力、兼业户类别、能力特点、需求意愿作为小农户分类标准，确立小农户和现代农业发展有机结合的机制，包括新型经营主体的服务机制、各参与主体的利益联结机制、合作机制、小农户的参与机制、利益分配机制、激励机制和控制机制等。

（一）黑龙江省小农户与现代农业发展结合的模式组合

1. 土地托管模式

在小农户土地不流转的前提下，主要通过土地托管这一模式来实现农业服务社会化和规模化进而实现小农户与现代农业发展相衔接。土地托管是在农户

对土地的承包权不变、经营权不变、受益主体地位不变的前提下，将农业生产的某个或多个环节交由专业合作社、企业等社会化服务组织统一管理，农户根据使用社会化服务的多少支付服务费，托管方的收益则主要来自托管服务费、农业资料和销售粮食价差。土地托管又分为土地全托管、土地半托管。下面分别介绍两种托管模式的实现途径与适用条件。

（1）**土地全托管**。土地全托管服务适用于城镇化速度较快的地区。在人力资源方面，地区的农业劳动力较为稳定地向城镇流动；在自然环境方面，土地集中连片、地势较为平坦的地区相较于山地丘陵等地区更适宜推广土地全托管。土地全托管服务适用于逐步退出农业生产的小农户群体，他们基本不再从事农业生产，家庭总收入中非农收入占到 95％以上，这类小农户一般较为年轻，他们有能力在非农产业立足，但是由于社会保障不完善、户籍问题等原因，这部分小农户并不愿意放弃土地的承包经营权，也不想弃耕土地浪费资源，土地全托管对于他们而言就是一个既能获取农业收入，又不影响自身获取非农收入的方式。

（2）**土地半托管**。土地半托管服务适用于老龄化较为显著的农村地区。土地半托管服务适用于兼业农户家庭，家庭劳动力根据分工既有从事农业生产的，也有从事非农工作的，这种分工形式的出现得益于农业所具有的时节性特征。一般来说，这类家庭的分工是较为年轻的成员外出打工，年长的成员以及妇女在家务农。这种安排一方面是由于农业以外的产业对劳动力的选择要求，另一方面年长成员虽然在年龄上不占优势但他们具有丰富的农业生产经验，对土地有更深的感情，不愿意轻易退出农业生产，但他们自身也不具备完成整个生产过程的能力，土地半托管服务对于他们而言就是最好的选择。

2. 家庭农场模式

家庭农场模式在城镇化速度较快的地区发展较快，这些地区的农业劳动力较为稳定地向城镇流动，所以农户可能会有较为强烈的土地流转意愿，为家庭农场的土地规模提供了前提条件。家庭农场模式适用于专业从事农业生产，并以农业收入作为家庭主要收入来源的小农户群体，这部分农户将农业生产视为长远投资，他们有长远的目光，一般来讲这部分农户的整体素质较高，他们是潜在的新型农业经营主体。该群体小农户本身经营较大规模的土地，自己也拥有一部分农机，并有一定的资金实力供其扩大土地规模。

3. 庭院经济模式

庭院经济模式指依托黑龙江省各地区在长期的发展过程中积淀成型的一种或几种特有的资源、文化等方面的优势，从而形成的具有本地区特色并具有核心市场竞争力的产业或产业集群的发展模式。这种模式的发展虽然主体是小农户，但是需要村集体经济组织或者相应合作社的带动，因此庭院经济模式适用于具有特色农产品的地区，且该地区具有一定的村集体经济基础或者具有较强带动力的经营特色农产品的合作社。村集体或者合作社的作用就是组织庭院农产品的生产及销售，其销售主要依靠两种方式，一是开辟田头市场，二是由村集体或合作社负责寻找销售渠道。第一种销售方式适用于距离城市不远的农村地区，第二种销售方式适用于村集体或者合作社具有较强实力的村庄。

4. 多功能农业模式

黑龙江省农村可以实施休闲农业和乡村旅游精品工程，其可行性在于依托各地所具有的绿水青山、森林草原、河湖湿地、冰天雪地、田园风光、乡土文化等资源，引导农民和新型农业经营主体开发建设一批设施完备、功能多样的休闲观光园区、森林人家、康养基地、乡村民宿、特色小镇，可以打造一批特色生态旅游村镇和精品线路。丰富乡村旅游经营项目，在采摘、垂钓、餐饮、住宿等常规性旅游产品基础上，推出露营、农事、亲子、民宿等更具参与性、体验性和知识性的旅游产品。依托民族、农事等旅游活动主题，鼓励组织乡村旅游节庆活动。休养农业的可行性在于黑龙江省的生态、医疗和绿色食品等供给保障能力以及夏季气候优势。通过发挥政府引导作用和社会力量主体作用，完善养老设施和专项服务，推动健康养老和旅游融合发展，创建黑龙江省夏季健康养老基地。开发一系列集慢性病预防、观光度假、绿色食品配餐为一体的健康养老产品。整合养老、旅游、医疗康复等公共服务资源，壮大夏季养老服务联盟，发展跨省、跨地区合作经营。多功能农业模式适用于拥有自然资源、文化资源优势，也有旅游业和服务业基础的地区，这样的地区在发展休闲、休养农业时阻力较小，也较容易转变发展方向。

5. 三产融合模式

这种模式可以降低生产交易成本，提高生产者利润，有利于保障农产品质量安全，促进绿色生产，同时也有助于构建区域品牌，形成规模效益。三产融合中需要统筹农产品初加工、精深加工和综合利用加工协调发展，全面提升农产品精深加工整体水平，促进农产品加工就地就近转化增值，提高农产品副产物综合利用效率，同时也增加小农户在农产品第二、三产业环节流通中的参与度。支持各类新型农业经营主体建立低碳低耗循环高效的绿色加工体系，组织实施产业兴村强县行动，打造一批现代农业产业园和农村产业融合利益共同体，并充分发挥产业园对小农户的引领带头作用。

三产融合模式适用于黑龙江省农业链条较为完整的地区，通过发展三产融合使产业主体多元化，不断完善产业之间利益联结机制，从而打造农业全产业链，这样一来，农民也可以享受到第二、三产业对农产品进行加工后的增值收益，实现小农户与现代农业发展的衔接。

（二）黑龙江省小农户与现代农业发展结合的机制

1. 新型农业经营主体的服务机制

在新型农业经营主体的服务机制设计上，要健全面向小农户的社会化服务体系，建立农业社会化服务专项基金，加强农业资金、销售、信息、技术等方面的社会化服务。

（1）加快健全农业社会化服务体系。 着力加强农民合作社在社会化服务中的基础地位。首先，鼓励有条件的农户加入合作社，有关部门要有服务现代农业发展的大局意识，给合作社更多的政策、资金倾斜，建立健全合作组织的民主决策制度。其次，当前农村人口大量流失，应着力加强土地托管、土地流转等社会化服务，提高农村社会效益，同时加强企业、网络、产业等社会化服务模式。龙头企业要不断进行产业升级，提升产品技术含量，延长产业链，提高企业效益，实现规模化生产，政府要加强扩大龙头企业的科技带动作用。

（2）加快构建新型农业经营体系。 加快对新型农业经营体系的构建，强化管理服务，增加制度标准化建设，鼓励和支持家庭农场快速发展。在发展形势、发展内涵、扶持政策、社会化服务等方面进行深入探索，坚持创新引领，全力推动具有一、二、三产业融合特点的家庭农场发展，使之成为黑龙江省现代农业发展的重要载体之一。倡导规模化经营，提高机械化、作业标准化、产品规格化、专业化和产业化水平，最终实现经营效率的提高和生产成本的降低。

（3）推进农业生产全程社会化服务。 紧扣农事操作关键节点和最佳时期，引导支持各类专业合作组织围绕农业种植、加工、贮藏、运输、销售等环节，产前开展优质品种、化肥、地膜、农药等农资的统一配送，产中开展农田代耕代种、联耕联种和病虫害代防代治、统防统治等田间生产管理，产后协调加工、贮藏、运销组织，统一开展产品分类包装及调运销售，实现单一服务和综合服务、单个环节服务和全程服务的有机融合。

2. 利益联结与分配机制

利益分配主要是指新型农业经营主体在与农户合作时如何将效益在各内部主体与外部主体之间进行分配。利益分配是利益联结机制的核心环节，分配方式直接反映合作社与社员、外部主体之间的紧密程度，也关系到各方主体的切身利益与合作社的未来发展。制定合理有效的利益联结与分配机制能够有效提升服务组织中的凝聚力与创造力。

（1）促进利益联结机制新思路的推广。 提倡在产业融合发展过程中的不同环节应该采取不同的利益联结机制和分配方式。在政策的制定过程中，充分考虑产业链延伸与多功能服务农业所带来的新利益联结分配方式。在生产环节对参与小农户采取一种利益联结机制，在加工流通和服务环节采取另一种利益联结机制。对于两种机制的设计，政府要从理念、法律层面给予指导、鼓励，通过实践探索、弥补利润分配中出现的短板问题，通过各种媒介宣传新的理念，将衔接过程中的蛋糕做大并且分配得恰到好处。

（2）**维护普通与核心社员的利益稳定。**经营者要站在整个产业链的角度，来考虑各个环节的利益对接。由于在加工、流通和服务环节收获的利润远远大于生产环节，要充分兼顾利润较少的生产环节的农户付出的贡献，用产业链后端反哺前端，细化各个环节成员的贡献，结合激励机制，建立多层次的利益联结模式。对于一部分投资能力较强的具有创新意识的农户，可引导其加入产后投资环节，在利益分配上优先满足这部分农户的需求。

（3）**建立健全财务透明监督机制。**在合作社、家庭农场或是龙头企业的运营过程中，公开透明的财务监督机制有利于农户了解运营的具体情况，对整个服务组织的财务状况起到一定的监督作用，有利于加强管理者的责任意识。防止在合作社等运营过程中发生管理层对集体财产侵占的现象，利于合理利用政府的专项扶持资金。财务公开制度的建设，体现了公平的理念，能激发农户的积极性和参与性，促进小农户与现代农业发展的有效衔接。

（4）**改进利益协调中的民主化管理形式。**现今，民主化管理模式大多是一人一票制，对于出资额较大的农户给予表决权的形式。这种选举和表决的一人一票制，体现了个体农户对整个服务组织的民主化参与。但由于一部分极有能力的农户离开农村导致经营管理人才的缺失，而民主化管理中有关附加表决权的改进，有利于调动种粮大户以及农村精英参与现代农业的积极性，在衔接过程中发挥他们的经营优势，起到带动示范的作用。在各个服务组织的运营过程中，让经营大户在决策决议上拥有附加表决权，可以兼顾多方利益和调动各种积极因素。

3. 激励机制

高质量的成员和有效的激励机制对促进小农户与现代农业发展结合具有重要价值。黑龙江省在激励机制的设计上可以从薪酬激励、精神激励、目标激励、工作激励四个方面进行。

（1）**薪酬激励：建立以股金为基础的产权制度。**建立以股金制度为基础的产权制度，能够更好地平衡核心农户与普通农户之间的利益，重视保护小农户的利益，构建公平合理的利益分配机制，将交易额与股权分红的方式相结合，发挥对核心社员的激励作用。建立绩效考核评分制度，确保科学和公平，对于经营者进行定期绩效评价，给予表现好的农户一定酬劳激励，从而提高他们的工作积极性，使薪酬在激励体系中得到充分体现。

（2）精神激励：构建农户培训与特殊奖励机制。精神激励即内在激励，是指精神方面的无形激励，在注重小农户成长需求的前提下，对人力资本进行投资。根据不同的农户需求，分层分批对农户进行培训，在不同区域组织实施，现场指导农户，提高其生产技能水平。为不同资质的农户安排不同期培训，培养其完整的专业技术能力。加强对小农户的知识教育，增强其与现代农业发展结合的合作理念、经营能力，不断提高小农户的素质，促进小农户真正适应产业化发展的要求。还可建立一些特殊的奖励机制，奖励种子、化肥等生产资料和一些生产设备，同时可给予精神上的激励，在合作社大会和企业年会上选评优秀农户并颁发证书。

（3）工作激励：合理配置资源实现融合发展。工作激励指激发小农户在与现代农业发展结合中的责任感、主动性和参与热情。在新型农业经营主体的激励设置中，管理者应该根据生存环节的不同要求和小农户的特长，把生产要求同小农户的能力有机地结合起来，这不仅能使生产任务更好地完成，同时还满足了不同小农户自我实现的需要，从而极大地激发小农户的积极性。在新型农业经营主体与小农户的融合发展中，根据不同的环节需求吸收农户。在生产环节，选择种植经验成熟、勤恳务实的农户；在融资拓展阶段，选择一些资金实力较强的农户；在市场开发方面，选择一些销售水平较高、创新意识较强的农户；在产业链延伸拓展阶段，侧重选择管理与组织能力较强的农户。让善于经营的乡村精英来参与服务组织的管理工作，给予一定报酬。运用工作激励机制，把不同能力的农户安排于不同的农业发展需要，有利于小农户与现代农业发展的有效结合和健康发展。

（4）目标激励：确立共同发展目标和策略。目标激励对管理者而言是一个非常有效的激励方法。根据服务组织的发展目标和策略，明确经营者的职责，要求确定与自己能力相符的工作目标，且量化到具体环节或具体农户上，制定适当的绩效评估和标准，保证公平与合理。对于产业链各个环节也设置相应的目标激励，调节参与农户的行为，引导其向发展目标前进，从而激发农户的积极性，更好地达到目标。同时在激励机制中必须加强监督和管理，合理授权经营者，强化约束机制，以保障各服务组织系统运行良好。

4. 风险规避机制

黑龙江省农户在规避农业风险上所采用的大多都是购买保险的措施，农业保险也因此不断得到发展。经营模式逐步从粗放化向精细化转变，从种植业保险向价格保险、收入保险等创新保险转变，参保方式由小农户分散投保向以合作社集体进行投保的方式转变。发展农业保险对于化解自然风险、获得经济补偿、促进农业经济发展和社会稳定起到了举足轻重的作用，农业保险发展日渐成熟。但是农业保险还存在一定局限性，在规避农业风险上还存在一些弊端。根据在黑龙江省的实地调研，可以提出一种新型的"期货＋保险"的规避风险方式。农业服务组织或企业向保险公司购买期货价格保险产品，从而规避市场价格风险，保险公司通过向期货经营机构购买场外期权将风险转移，从而从制度安排上实现了风险共担。针对"期货＋保险"模式的推广，在机制构建上要从以下几个方面进行。

（1）**加强政府的大力支持和有效管理。**推广"期货＋保险"的模式，需要政府系统性构建农产品风险防控体系。在农业保险补贴方面，政府应鼓励保险公司利用风险管理方面的优势，积极参与到农业风险防控体系中。推动保险公司进行创新，针对不同的农业经营主体设计保险产品，对于规模较大的农作物产区进行保险试点推广，并不断地完善与发展。

（2）**完善保险和期货市场制度，促进再保险体系的构建。**保险公司可利用农产品期货市场进行农业的风险转移，以实现再保险。期货交易所应该对于场内期权产品进行上市机制的完善，使得保险公司可直接通过期权市场分散风险，化解一些无法预测的市场价格风险，降低交易成本费用。在此基础上，保险公司可将场外期权的费用用于再保险，在降低风险的同时获得一部分盈利性收入。

（3）**加大对保险知识与期货知识的宣传。**加大对保险知识与期货知识的宣传，提高合作社成员和小农户参与新模式的积极性。我国农户的素质相对较低，要通过合作社等服务组织来降低农民参与新模式的门槛。合作社的内部管理人员中大多数对农产品价格风险规避和利用市场手段进行对冲的机理不清楚，所以，要加大对其的培育力度，由专业人员对其进行专题培训。加强农村基础设施建设和农村服务网络的拓展，建立覆盖面广的信息化平台，更好地推广"期货＋保险"模式。

四、推动黑龙江省小农户与现代
农业发展有机结合的措施

（一）服务聚焦、依托农业服务规模化提升小农户农业生产质量

在农业生产由数量驱动向质量效益转型的过程中，农业生产过程管理出现

了规范化、标准化和精准化趋势。小农户对农业生产服务各阶段环节的服务性需求增加，农业生产服务逐渐趋向专业化和规模化。农业服务环节和生产环节分开，通过农业服务规模化实现农业规模经营是实现粮食安全的有效途径，也促进了小农户与现代农业发展的有机结合。当前要健全面向小农户的社会化服务体系供给，建立农业社会化服务专项基金，加强农业资金、销售、信息、技术等方面的社会化服务供给。根据黑龙江省现实情况，重点推进大宗农产品农业生产托管服务，提升生产托管对小农户的覆盖率。各地要根据本地区情况，确立在当地重点支持开展托管的农产品生产、托管环节、托管模式以及重点支持的服务规模经营形式，对于关键农产品和农业生产托管服务的关键环节进行重点支持。当前应该重点推进土地深松、三减、保护性耕作、秸秆还田等关键性环节社会化服务。农业托管服务方式应因地制宜、因人制宜。土地托管模式适用于农业人口和农业产值占比较大、土地面积大、土地贫瘠和土地流转价格低、农业收入在家庭收入中占比较大的地区，比如龙江县和兰西县。对于农业劳动力缺乏的小农户，可以实行全程托管；对于有劳动能力的小农户，可以实行以生产资料服务为主的半托管、单环节托管或者订单托管。土地托管的财政扶持应以生产性服务为对象，补助比例原则上不超过补贴比例的 30%（参照机械补助）。

（二）主体引领，加大对实施全产业链运营的新型农业经营主体的培育

新型农业经营主体通过从田间到餐桌的全产业链运营，采用标准化、现代化的管理手段，通过统一的社会化服务将分散的小农户与大市场有机对接，并共享合作收益。对于全产业链运营相对成熟、带动能力强的新型农业经营主体应加大政策支持力度，建立专项资金，按照带动主体、服务方式、产业融合标准树立农业全产业链运营的典型模式，增加资金补助，引导更多的新型农业经营主体进入全产业链运营领域。对全产业链运营中所需的加工、包装、冷藏、仓储、播种、农产品追溯设施可参照农业机械进行财政补助。实行差别化的农业加工配套设施的实贴制度，加大对农业深加工农业产业项目的财政投资比例、适当调减对农产品初加工机械的补贴力度。转变对新型农业经营主体的补助方式，对新型农业经营主体在保护性耕作、三减、土壤整治和修复等生态保护方面的社会化服务实施按量补贴。探索新型农业经营主体补贴与带动小农户挂钩机制，实行先建后补制度，将新型农业经营主体带动小农户户数作为新型农业经营主体绩效评价的考核指标。

（三）资源互补，推广合作、集体、股份经营等多种实现机制

小农户和现代农业发展结合需要考虑农业人口分化和地域特点，发挥合作社、企业以及村集体的引领作用，推广合作经营、共享经营、集体经营等多种实现机制，实现风险规避和合作共营。在具体的机制设计上，应该以发挥企业、合作社与小农户各自的资源禀赋和比较优势为原则。企业和合作社的优势在于对市场、销售、资金、资本的运营能力和对政策的敏感度；小农户的优势在于拥有土地资源、劳动时间和劳动力以及对农业生产的管理能力，有效的机制设计应实现双方的优势耦合。企业或合作社根据自身和小农户的资源特点选择适合的联结机制。比如尹波蔬菜合作社采用合作社自营、农户自营、全托管、合作经营四种与小农户的联结机制。富裕县三十三水稻专业合作社采用的是集体与小农户入股的联结机制。企业和小农户的联结机制还要考虑到环境因素。对于土地流转价格较高、外出务工收入占比高的地区，可以采用以土地流转为基础的合作经营和土地入股经营模式。在有集体经济和人文基础的地区，可以推广村集体带动、农户共同经营的模式。建立与小农户的利益联结机制要遵从自愿和利益实现原则，建议推广资金变股金、资源变资产、农民变股东的实施途径。对于村集体资产，要进行集体产权制改革，明晰小农户产权，确保小农户利益实现。

（四）产业带动，通过组织化提高小农户参与现代农业发展的内生动力

引导和组织小农户发展专业合作组织，整合土地、资金和技术资源，积极参与农业产业化经营、延长产业链条，实现风险共担、利益共享。在乡村振兴背景下，以产业振兴为契机，以农民专业合作组织为载体，加大农用生产性固定资产投入，通过发展特色经济、"一村一品"建设以及庭院经济，在乡村繁荣的同时促进小农户增收，提高小农户自主融入现代农业的积极性。对小农户与农村发展的制度进行顶层设计，将产业兴旺和产业扶贫项目进行整合，提高产业扶贫项目的持续性和普惠性。鼓励贫困户以土地入股，通过以奖代补的形式对有劳动能力的贫困户的适度规模经营进行扶持。探索废弃宅基地和抛荒地的复垦政策，鼓励小农户发展庭院经济。

（五）多元共营，重点加强中小型农业企业和家庭农场的培育

在带动小农户与现代农业发展有机结合的主体选择方面，政府一般将农业合作社和大的农业龙头企业作为扶持重点，这是出于政府绩效和管理成本的考

虑。但在实践中，大的龙头企业和农业合作社的财政资金使用效率不高，财政项目的利益更多的不是被小农户获得，而是被这些农业合作社和大的龙头企业获得，更多的是财政资金承担了小农户与现代农业发展衔接的成本。在小农户和现代农业发展有机衔接中，需要更多地引入社会资本，尤其是要重视农村中大量存在的中小型农业企业，它们对于市场销售、国家政策、农业资金运营和农业管理有较强的把握。中小型企业不断介入农业领域，它们增加了农业投资和农业科技应用，并在农业领域创造性地采用了多种创新形式，有效地弥补了小农户资源的不足，开创了合作共赢的新局面。实践中农业中小型企业开创出农业托管经营、"金融机构＋企业＋家庭经营""企业＋农户＋市场"等多种企业与小农户有机结合的形式，极大地推动了现代农业发展。因此，除了继续对农业大企业、农业合作社进行扶持外，还要重点加强对中小企业和家庭农场的培育。扩大农业社会化服务的补贴和奖励力度，除了对生产性服务进行奖励外，对于中小型企业在资金、销售和信息、技术方面的服务也给予适当补贴。建立家庭农场的培育政策，对规模适度、生产集约、管理先进、效益明显的家庭农场给予奖励，将从事产业融合、农业多功能性、特色农业的家庭农场树立为典型，适当政策倾斜。开展面向家庭农场的社会化服务，鼓励家庭农场和农业合作社、农业企业联合或合作。

（六）能力提升，加大对高素质农民和新农人的政策支持力度

高素质农民懂技术、会管理，具有强烈的现代意识和现代化的生产经营能力，是小农户和现代农业发展衔接的生力军。要加大对高素质农民的培训力度，分阶段、多渠道推进培育进程。紧紧围绕高素质农民发展需要，紧密结合农村发展实际，开展以素质和技能提升为重点的全方位的职业教育培训，要从传统的技术培训扩展到涵盖产前产后的相关领域，包括农产品营销、"互联网＋"农业、智慧农业、农场管理等。制定促进高素质农民发展的专项政策，对符合条件的高素质农民给以信贷、税收、技术、项目等方面的政策支持。对农村新型业态领域的优惠政策，重点向高素质农户和新农人倾斜。

（七）拓展功能，发展"农业＋"新型业态提升价值链空间

要充分发掘农业的多功能性，向拓展农业功能要效益。鼓励发展共享农庄、分享农场、创意农业、特色文化产业等多种新型业态。根据当地资源禀赋优势，依托美丽乡村建设，将生态农业、物联网、民宿民庄、乡村体验、乡村文化相结合，探索产品订制型、休闲养生型、投资受益型、文化创意型等多种形式的创意农业和分享农业新型业态。实施农耕文化保护传承工程，传承农业

文化价值。实施乡村就业创业促进行动，推动落实金融服务、财政税收、用地用电等双创政策优惠，打通人才向农村流动的障碍制约，引导各类返乡下乡人员到农村创业创新。大力发展休闲农业，积极推进农业与旅游、文化、康养、体育等深度融合，让农业有文化说头、景观看头、休闲玩头，让农民有更多赚头。加强农村互联网基础设施建设、加大互联网自有平台和第三方平台建设，汇集线上和线下资源，实现生产者、消费者和服务者的多维深层次对接。加大对"互联网＋"、休闲农业、健康农业及旅游农业等新型业态的项目投入，重点向带动小农户较多的新型农业经营主体倾斜。

（八）创新工具，系统设计小农户和现代农业发展结合的政策支持体系

建立针对新型农业经营主体，尤其是家庭农场和种植大户的财政支持政策，产业项目适度向新型农业经营主体倾斜。对家庭农场和种植大户在农业设施、农业机械等生产用固定资产投入方面给予支持。在土地托管成规模的县市开展土地托管信息平台建设。在现有普惠制政策保险基础上，增加对新型农业经营主体的保险品种，探索建立收入保险、价格指数保险、区域性保险等多种保险形式。建立风险补偿基金，与银行、保险机构合作，建立和完善再保险制度。鼓励企业和银行及保险公司合作，开展风险制度建设，探索"银行＋保险＋期货"的商业保险模式，防范经营风险，确保农产品供应链的稳定性。

项目负责人：张梅
主要参加人：黄善林、颜华、王晓、邬宝良、董双月

贸易摩擦背景下我国大豆进口来源布局多元化的影响因素与优化对策研究[*]

崔宁波　刘　望　范月圆　王　婷

21 世纪以来，全球经济高速发展，但如英国脱欧、特朗普当选美国总统等黑天鹅事件频发，严重影响全球经济政治环境。尤其特朗普当选后，为推行美国利益优先，在贸易领域实施了各种关税和非关税壁垒，针对中国发起"301 调查"，对此中国予以坚决的回应，此后双方贸易摩擦不断升级，中美双方政府代表多次谈判磋商无果。2018 年 7 月 6 日，美国对中国价值 340 亿元的商品加征 25％的进口关税，由此爆发了经济史上迄今为止规模最大的贸易战，中国于同期采取了同等力度的反制措施。

大豆是我国统筹利用国内外"两个市场，两种资源"最具代表性的农产品。中美贸易摩擦产生的影响同样作用到了大豆市场，导致世界大豆的贸易流向出现了显著变化。从进口来源布局看，我国大豆进口共经历了以下三个阶段：1997 年以前，我国近 95％的进口大豆来源于美国；1997 年起，我国从巴西、阿根廷进口大豆的比重逐年提高，截至 2017 年，美国、阿根廷、巴西在我国大豆进口市场所占份额比重分别为 34.39％、6.89％、53.30％；2018 年受中美贸易摩擦的影响，大豆进口来源布局发生了显著的变化，我国进口巴西大豆 6 650.48 万吨，占我国大豆进口总量的 75％以上，进口美国大豆 1 664万吨，同比下降 49％，仅占我国进口大豆总量的 19％，其余从阿根廷、加拿大、俄罗斯等国进口。而进口来源布局的变动会对我国大豆进口总量及进口来源地产生影响，也将会对我国大豆进口的稳定性产生影响。

综上，深入研究我国大豆进口差异化分布的内在规律，厘清我国大豆进口来源布局的影响因素，从降低进口风险的角度，对我国大豆进口来源布局的优化路径进行了定量分析，探讨合理、安全的大豆进口来源地结构及进口规模，在逐步增加国内供给的基础上实现进口大豆来源布局的多元化，对于缓解我国

---

* 黑龙江省社会科学研究规划项目（项目编号：19JYB022）。

项目负责人为崔宁波教授，主要参加人员有刘望、范月圆、王婷、王斯曼、赵文斌、肖扬等。

农业资源环境压力、促进农业结构战略性调整、增强重要农产品保障能力乃至保障国家粮食安全具有重要的现实意义。

一、我国大豆进口来源布局的现状及变动分析

(一) 我国大豆来源地布局现状与存在问题

1. 中美贸易摩擦背景下我国大豆进口来源布局现状

受中美贸易摩擦影响,2018 年和 2019 年,美豆进口份额占我国大豆进口市场比重出现下降,大豆进口来源布局向南美洲和"一带一路"沿线国家转移,巴西大豆进口数量显著提升。此外,我国加大对加拿大、俄罗斯等国大豆的进口力度,使其进口数量和比例均呈现显著变化。

如图 1 所示,2018 年我国进口大豆 8 912 万吨,其中巴西大豆进口比例为74.62%,较 2017 年上升 21.30%,美豆进口比例为 18.67%,较 2017 年下降15.83%,阿根廷大豆进口比例为 2.11%,较 2017 年下降 4.78%。由此可以观察出,中美贸易摩擦后我国进口美国大豆锐减,进口巴西大豆急剧增加,而对阿根廷、乌拉圭等国进口量下降是气候原因导致。

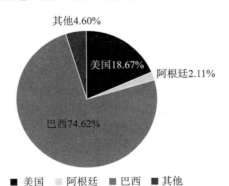

图 1　2018 年我国大豆进口来源国情况

数据来源:根据 UN - COMTRADE 数据库计算得出。

2. 我国大豆进口来源布局存在问题

(1) 大豆进口量依存度高。随着我国经济的快速发展,居民生活水平不断提高,膳食结构发生改变,我国大豆消费量呈显著性增长,但是受到国内资源禀赋的约束,导致大豆供给不足,供需缺口巨大,进口大豆成为我国保障大豆有效供给的重要措施。自 1996 年以来,我国大豆进口数量激增,占据 2/3 的世界大豆进口市场份额。目前我国大豆对外进口依赖程度达到 80% 以上,贸

易逆差严重，外资接连涌入，导致我国大豆产业链被逐渐操控，严重影响了我国大豆市场的定价行为，对我国大豆产业安全造成威胁。同时，也增加了我国大豆产业的生产成本，导致大豆有效供给不足，产业链不完善。而导致大豆进口量对外依存度过高现象存在的原因主要集中在两个方面：一方面是缺乏比较优势，另一方面是国内需求强劲。而且随着我国大豆进口量依存度的不断提升，大豆进口来源布局的变动将会给我国大豆的生产和消费带来不确定性，从而增加我国大豆的进口风险。

（2）大豆进口来源国别结构集中。我国大豆进口来源国别高度集中，虽然近年来我国从美国进口大豆的份额呈下降趋势，加上中美贸易摩擦推动了我国大豆进口来源布局的变动，但我国大豆进口来源仍高度集中于美国、巴西和阿根廷这三个国家，占进口总量的 95％左右。大豆进口来源国别结构的集中，加大了我国大豆进口产业的进口风险。而大豆除作为一种特殊的商品外，还具有较强的政治属性，政治关系的不稳定性也可能导致大豆供给的不确定性增加，如 2018 年中美贸易摩擦以来，全球大豆贸易格局发生了显著变化。因此，为保障大豆供给的稳定，我国应不断拓宽大豆进口来源，除了巴西、阿根廷、美国等传统的进口来源国之外，加大与俄罗斯、乌克兰、哈萨克斯坦等"一带一路"沿线国家的国际合作。

（3）转基因大豆进口冲击。1996 年转基因大豆开始大规模商业化种植，种植面积仅有 50 万公顷，到 2017 年，全球转基因大豆种植面积已经达到9 410万公顷，相当于全球转基因作物种植面积的 50％，占大豆种植面积的77％。从转基因大豆的主要种植国家可知，美国自 1996 年转基因大豆商业化到 2017 年，转基因大豆种植面积达到 3 622 万公顷，占大豆总种植面积的94％；巴西种植 3 370 万公顷转基因大豆，种植率从 2016 年的 96.5％提高到2017 年的 97％；阿根廷作为世界第三大大豆主产国，种植的大豆 100％都是转基因大豆，2017 年大豆种植面积达 1 810 万公顷，比 2016 年的 1 870 万公顷减少了 60 万公顷。美国、巴西和阿根廷作为主要的大豆生产国及出口国，其大豆出口主要流向中国。而转基因大豆的大量进口，主要是由于其价格低、品质高等原因，其较低的进口价格使得我国大豆的销售价格被压得更低，进而影响到我国大豆生产，致使国内大豆生产逐渐萎缩。因此，转基因大豆严重冲击着我国大豆市场。

（二）我国大豆进口来源布局变动分析

1. 我国大豆进口来源布局变动指标选择

（1）结构变化指数。我国大豆进口市场结构涵盖了大豆进口来源情况，也体现了各进口来源国占据我国大豆进口市场中的比重，及我国同各大豆贸易国之间的贸易关系。若某一大豆出口国占我国大豆进口市场比重越大，则我国大豆进口市场结构集中度越高。反之，所占比重越小，则大豆进口市场结构越分散。本研究借鉴劳伦斯指数及贸易结构变化指数，参考董桂才（2008）构建结构变化指数的方法，通过比较大豆进口来源国占我国大豆市场比重在不同时期的变动情况，构建了我国大豆进口市场结构变化指数（Lawrence Index，IL）：

$$IL_t = \frac{1}{2} \sum_{i=1}^{n} |s_{i,t} - s_{i,t-1}| \qquad (1)$$

公式（1）中，$s_{i,t}$ 和 $s_{i,t-1}$ 分别为 i 国 t 期和 $t-1$ 期在我国进口市场中所占的份额，且 $s_{i,t} = x_{i,t} / \sum x_{i,t}$，$x_{i,t}$ 表示我国从 i 国的进口数量，n 表示大豆进口来源国的数量。IL 指数取值 $[0，1]$，与我国大豆进口市场结构呈同方向变动。

（2）分散度指数。 实现进口商品的多元化布局是降低贸易风险的有效举措，为了降低我国大豆进口风险，我国政府相继提出了"重要农产品保障战略"和"进口多元化战略"。通过合理利用不同来源国之间要素禀赋、季节气候的差异，实现我国大豆进口来源国的多样化可以有效降低进口风险，减少中美贸易摩擦的影响。本研究使用分散度指数来测算我国大豆进口来源的多元化程度，采用赫芬达尔指数（HHI）的倒数表示：

$$EN_t = \frac{1}{HHI} = \frac{1}{\sum\limits_{i=1}^{n} (x_{i,t} / \sum x_{i,t})^2} = \frac{1}{\sum\limits_{i=1}^{n} s_{i,t}^2} \qquad (2)$$

公式（2）的变量含义与公式（1）的变量含义相同，取值为（1～+∞）。当 $EN=1$ 时，进口来源国只有一个。EN 的值会随着我国大豆进口来源地数量的增加而变大，也会随着各来源国占我国大豆市场份额的均等化而变大；反而言之，EN 的值会随着我国大豆进口来源地数量的减少而缩小，也会随着进口来源地集中化而变小。

（3）匹配性指数。 根据比较优势理论，我国大豆进口集中在出口份额较大的国家，则有利于我国大豆进口，相反则不利于我国大豆的进口。在分析大豆进口市场结构变化是否有利于大豆进口时，用某一进口来源国所占的市场份额与其出口商品所具有的比较优势的相互关联程度表示。若相关程度升高，说明大豆进口国的市场结构获得改善；反之，若相关程度下降，说明大豆进口国的市场结构逐步恶化。故此，本部分借鉴林大燕（2015）关于匹配性指数的构建方法，采用主要大豆进口来源国占我国大豆市场份额的比值与各来源国的皮尔逊积矩相关系数，衡量我国大豆进口市场结构的变动方向和变化程度。

$$\rho_{XY} = \frac{\text{cov}(X,Y)}{\sigma_X \sigma_Y} = \frac{E(X - \mu_X)(Y - \mu_Y)}{\sigma_X \sigma_Y} \qquad (3)$$

公式（3）为总体的相关系数，但是考虑到数据的可获得性，通常采用样本数据的相关系数代替：

$$\gamma = \frac{\sum\limits_{i=1}^{n}(X_i - \overline{X})(Y_i - \overline{Y})}{\sqrt{\sum\limits_{i=1}^{n}(X_i - \overline{X})^2 \sum\limits_{i=1}^{n}(Y_i - \overline{Y})^2}} \qquad (4)$$

公式（4）中，X_i、$\overline{X}$ 和 Y_i、$\overline{Y}$ 分别为变量 X 和 Y 的样本观测值及其平均值，取值为 $[-1, 1]$，$|\gamma|$ 与变量之间的相互关联呈正比。若 X 和 Y 呈正相关性，则 $\gamma > 0$；反之，则两变量呈负相关性。通常情况下，$0 < |\gamma| < 0.1$ 表示两个变量之间不相关，$0.11 \leqslant |\gamma| < 0.3$ 表示两个变量低度相关，$0.3 \leqslant |\gamma| < 0.5$ 表示两个变量中度相关，$0.5 \leqslant |\gamma| \leqslant 1$ 表示两个变量之间呈现显著相关关系。本部分将采用该指数描述我国大豆进口市场结构与全球大豆出口市场比较优势的匹配程度。采用各进口来源国占我国大豆进口市场的比值，表示我国大豆进口市场结构；采用贸易竞争优势指数，表示各进口来源国的比较优势。

2. 我国大豆进口来源布局变动指标评价结果

将 2001—2018 年我国大豆的进口相关数据代入分散度指数、结构变化指数与匹配性指数的公式，得出结果见表 1。首先，从分散度指数看，2001—2018 年，我国大豆进口来源国的分散度指数表现出先上升后下降的变动趋势，但变动幅度较小，说明我国大豆进口市场的多元化程度显著提升，进口风险下降，过度集中于美豆的市场结构得到优化，进口来源朝着南美洲国家转移。但是相较于其他年份，2018 年大豆分散度指数发生了明显的下降，下降至 2.448 4，表明受中美贸易摩擦的冲击，我国大豆进口巴西大豆超过 70% 以上，高度的进口集中度，导致了我国 2018 年大豆进口分散度较低。其次，从匹配性指数看，2001—2005 年、2010—2011 年以及 2016—2018 年我国大豆进口市场结构与各进口来源国大豆的比较优势均呈现正相关性。匹配性指数在 2002 年、2011 年以及 2016—2017 年高于 0.3，呈波动趋势。说明中国大豆进口市场结构不断得到改善，但是受到不确定性事件冲击，存在部分年份我国大豆进口市场结构与进口来源国大豆的比较优势的相关性较弱，这与根据结构优化指数得到的结论一致。最后，从结构变化指数看，2001—2018 年我国大豆进口市场结构呈现上下波动趋势。具体而言，2001—2002 年进口市场结构变化指数维持平稳，2003 年下降至 0.042 4，随后在 2004—2007 年呈现小范围波动，

2008 年受到金融危机的影响，大豆进口市场结构变化指数达到最低值，为 0.037 8。2009—2010 年，金融危机影响逐渐消除，结构变化指数上升至平稳状态。然而 2011—2017 年结构变化指数均低于 0.1，但是波动幅度较小，说明此期间我国大豆进口来源较为集中。在 2018 年我国大豆进口市场结构变化指数增长至 0.214 7，说明受到中美贸易摩擦的影响，我国大豆进口市场结构变动幅度发生了较大变动，反映出了我国大豆进口市场结构由集中趋向分散化。

表 1   2001—2018 年我国大豆进口市场结构的指数评价

年份	结构变化指数	分散度指数	匹配性指数
2001	0.116 2	2.611 9	0.117 0
2002	0.118 8	2.858 1	0.413 3
2003	0.042 4	2.888 9	0.133 2
2004	0.104 3	2.943 0	0.239 9
2005	0.088 8	2.641 7	0.050 5
2006	0.123 6	2.945 7	−0.231 2
2007	0.074 1	2.945 4	−0.203 8
2008	0.037 8	3.020 3	−0.293 0
2009	0.175 1	2.974 5	−0.316 0
2010	0.124 7	2.426 5	0.074 0
2011	0.063 0	2.917 1	0.371 3
2012	0.048 6	2.821 0	−0.474 3
2013	0.098 8	2.654 6	−0.179 8
2014	0.069 7	2.591 7	−0.432 7
2015	0.078 5	2.589 5	−0.714 2
2016	0.063 8	2.662 8	0.557 2
2017	0.089 8	2.611 2	0.582 9
2018	0.214 7	2.448 4	0.203 6

数据来源：根据布瑞克农业数据库计算所得。

二、我国大豆进口来源布局的影响因素分析

（一）我国大豆进口来源布局影响因素的定性分析

1. 需求因素对我国大豆进口来源布局的影响

（1）大豆消费量对我国大豆进口来源布局的影响。随着我国居民生活水平

的提高与食物消费的转型升级，居民对蛋白质和植物油的需求激增，导致大豆消费量大幅度增加。2017 年我国大豆消费量首次超过 1.1 亿吨，居世界首位。如图 2，我国大豆消费主要集中在压榨方面，随着压榨需求的增加，我国大豆压榨量占总消费量的 80% 以上。而国产大豆的产量停滞不前，无法实现有效供给，导致供需缺口不断扩大，进口量激增，对我国大豆进口来源布局产生严重影响。

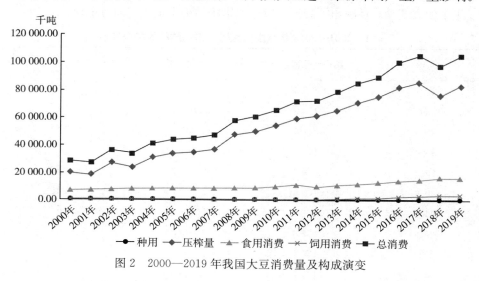

图 2　2000—2019 年我国大豆消费量及构成演变

（2）大豆替代品需求对我国大豆进口来源布局的影响。当前，随着畜牧业和水产业的高速发展，我国成为大豆净进口国。一方面，居民对肉、蛋、奶等蛋白质产品的需求激增，导致对豆粕需求量大幅度提升；另一方面，居民消费观念发生转变，消费者对品质的需求日益提升，导致对豆制品和食用油的需求逐渐增加。随着养殖业的发展，豆粕的消费量增速明显高于豆油消费量，如图 3。我国对豆粕和豆油的巨大需求导致供需缺口变大，间接地提高了我国对大豆的需求，进而对我国大豆进口来源布局产生影响。

2. 进口价格因素对我国大豆进口来源布局的影响

我国大豆进口来源布局发生变动，但进口来源国仍主要集中在美国、巴西和阿根廷三国。相关研究表明，在非完全竞争市场的结构下，国外出口商可利用其市场优势调整价格加成，以最大限度地降低其他出口商的市场份额，扩大自己市场占有率。据此，结合我国大豆进口来源布局的现状可知，当前我国在大豆进口来源上拥有更多的选择，在其他条件不变的情况下，我国大豆进口价格将有所下降。但是根据图 4 我国大豆进口价格波动与各来源国进口量的变动情况可以看出，我国从进口来源国的大豆进口量与进口价格呈同方向变动，与

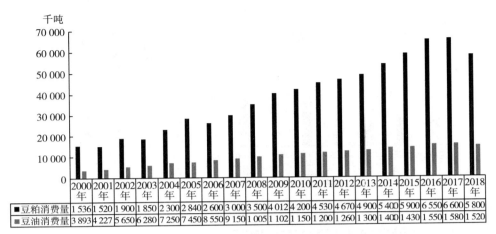

	2000年	2001年	2002年	2003年	2004年	2005年	2006年	2007年	2008年	2009年	2010年	2011年	2012年	2013年	2014年	2015年	2016年	2017年	2018年
■ 豆粕消费量	1 536	1 520	1 900	1 850	2 300	2 840	2 600	3 000	3 500	4 012	4 200	4 530	4 670	4 900	5 400	5 900	6 550	6 600	5 800
■ 豆油消费量	3 893	4 227	5 650	6 280	7 250	7 450	8 550	9 150	1 005	1 102	1 150	1 200	1 260	1 300	1 400	1 430	1 550	1 580	1 520

图 3　2000—2018 年我国豆粕和豆油的消费量演变

上述理论相悖，原因可能是受到我国大豆进口数量的激增、进口来源国的大豆生产成本及运输成本上涨等因素的影响。因此，进口大豆价格波动也将影响我国大豆进口贸易额和贸易方向。

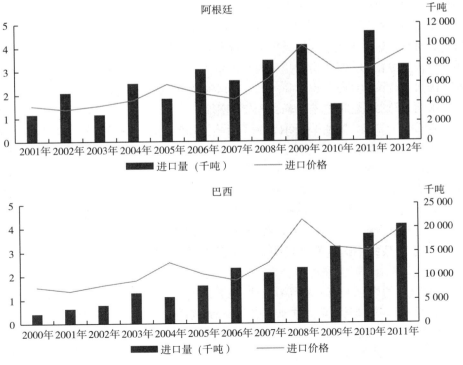

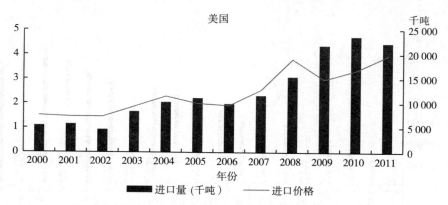

图 4 我国大豆进口价格波动与各来源国进口量的变动情况

3. 政策因素对我国大豆进口来源布局的影响

为保护本国的农业产业健康发展，各个国家在农产品贸易上通常采取较多的保护措施，如较为常见的关税贸易壁垒和非关税贸易壁垒。大豆作为我国重要农产品，早期，国家为了保障大豆产业的平稳运行和豆农的收益，针对不同的贸易状况，出台了一系列的贸易保护政策。自加入 WTO 以来，我国大豆市场开放进程逐渐加快，大豆进口关税率呈下降趋势，同时取消了进口大豆的配额限制。我国对大豆进口关税和配额的宽松制度，促进了我国大豆进口贸易。此外我国通过同多国签署自由贸易协定，推动了我国大豆进口贸易的多元化发展。同时我国对大豆相关制品如豆油和豆粕的贸易也有了相关的政策变化，其对我国大豆贸易亦有间接影响。而各国贸易政策的调整，也对我国大豆进口来源布局产生影响。

4. 汇率对我国大豆进口来源布局的影响

自 2005 年起，随着央行取消人民币汇率和美元汇率保持相同的制度，人民币汇率开始随着市场而变化，导致人民币不断升值，对我国商品贸易产生了重要的影响。汇率的变动也会对我国大豆的进口价格产生直接影响，进而对企业采购大豆的数量产生影响。从理论上看，进口大豆价格相较于人民币升值会变得相对便宜，采购商愿意进口更多数量的大豆。综上，汇率的变动会对我国大豆的进口价格产生直接影响，间接地影响我国大豆进口来源布局情况。

5. 经济政策不确定性对我国大豆进口来源布局的影响

经济政策不确定性通常会对一国稳定的宏观经济环境产生影响。根据2001 年以后的中国经济政策不确定性指数的时序趋势图（图 5），可以发现中国宏观经济环境截至目前，主要经历了五个波动期。首先 2001 年"911"事件所导致的第一个波动期，其次是 2008 年"金融危机"所导致的第二个波动期，同时期中国先后经历了"汶川地震"和"北京奥运会"，2011 年"欧债危机"

所导致的第三个波动期，2015—2017 年"股市危机""中共十九大"等为代表的第四个波动期，最后是以 2018 年"中美贸易摩擦"为代表的第五个波动期，中美两国之间不断演变的贸易争端给市场带来了较大不确定性，双方以加征进口关税作为贸易保护的手段，势必会对双方的贸易及商品结构产生强烈冲击。美国是我国进口大豆的主要来源国，加征进口关税将会冲言我国大豆产业，也将对整个油料作物产品产生连带效应。

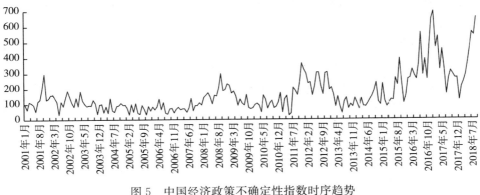

图 5　中国经济政策不确定性指数时序趋势

资料来源：http://www.policyuncertainty.com/index.html。

6. 季节因素对我国大豆进口来源布局的影响

大豆具有显著的季节特征，当出口国具有相似的生产季节和自然气候特征，其大豆产量和出口量将呈现同方向波动趋势，这也导致了大豆在收获季节时，生产和出口规模同时扩大，而在非收割季节则急剧下降。因此，在选择新的进口原产国时，应充分考虑靠近现有进口原产地的国家。但是，在该区域的非收割季节，也将很难实现大豆的大量出口。因此，当新进口国和原进口国进口的大豆没有品质的差异，进口价格也相对不变，但是生产季节出现显著的互补性时，可以在原进口国的非收割季节保障我国大豆的有效供给。大豆进口来源的多样化可以有效缓解中国进口大豆的价格波动。南美洲大豆产业的兴起，显著降低了我国大豆进口价格的波动水平。同时巴西和阿根廷农作物的生产季节与美国形成了互补，填补了美豆非收割季节我国大豆市场供给不足的问题，对我国大豆进口来源布局产生影响。

（二）我国大豆进口来源地布局影响因素的实证分析

1. 贸易引力模型的构建

（1）贸易引力模型的概述。引力模型是应用广泛的空间相互作用模型，以牛顿的万有引力公式为基础，被很多专家学者研究拓展到空间布局、旅游、贸易、交通等领域。20 世纪 20 年代 James Stewart 首次将其应用于社会科学。随后各个领域的专家学者通过扩展研究变量，改进和完善了贸易引力模型。引力模型被广泛应用于双边及多边贸易的贸易潜力和影响因素的学术研究中，成了国际贸易领域用来测量贸易流量的重要研究工具。

（2）模型变量的选择和解释。 在对我国大豆进口来源布局影响因素的定性分析基础上，确定了本研究的模型变量，采用了贸易引力模型进行实证分析，主要体现在以下几个方面。

①国内生产总值（GDP_{it} 和 GDP_{jt}）。一国商品的贸易量受其潜在需求和供给能力的影响，而该国的经济规模决定其潜在需求和供给能力，即一国的经济规模越大，则进口的需求能力越大，反之则越小。国内生产总值指标是衡量一国经济规模的重要指标，本研究将国内生产总值作为我国大豆进口来源布局的一个影响因素加以考察，并假定国内生产总值对我国大豆进口来源布局将产生正向的影响。

②距离（D_{ijt}）。通常认为，距离和运输成本呈正相关性，与贸易量存在负相关性。作为基本引力模型中的重要解释变量之一，关于距离反映的具体成本内容目前并没有确定并统一，距离本身的取值也存在着诸多的方法，主要包括绝对距离和相对距离。本研究主要采用大豆进口来源国的国内生产总值对绝对距离进行加权平均后取得的相对距离指标进行研究。并假定我国同进口来源国的相对距离与我国大豆进口来源布局呈负相关性。

③大豆及其替代品需求因素。

A. 大豆进口来源国进口额占我国大豆进口总额的比重（X_{ijt}）。我国大豆进口来源布局最直观的体现就是从进口来源国进口大豆的数量，所以本文选取其作为我国大豆进口贸易模型的被解释变量，其值越低说明我国大豆进口来源布局越趋于多元化。

B. 豆油进口量（$QSOI_{it}$）。随着我国居民消费水平的提高，豆粕和豆油的需求量激增。但根据我国实际情况，我国采购商对豆粕的进口量明显低于豆油的进口量。导致我国大豆进口量受到进口豆粕数量的影响较小。因此，本研究选择豆油的进口量作为影响我国大豆进口来源布局的重要因素，并预期豆油进口量将负向影响我国大豆进口来源布局。

C. 大豆进口来源国大豆产量（Y_{jt}）。大豆产量会影响来源国的大豆供给情况，在来源国国内需求不变的情况下，来源国大豆的产量越高，其可供出口的大豆数量越多，而来源国大豆产量的降低，也将会导致其出口数量减少，进而影响我国大豆进口来源布局的情况。因此，本研究选择大豆进口来源国大豆产量作为影响我国大豆进口来源布局的重要因素，因此，本研究选择国产大豆产量作为影响我国大豆进口来源布局的重要因素，并预期进口来源国大豆产量对大豆进口来源布局具有负向影响。

D. 国产大豆产量（Y_{it}）。在我国大豆需求总量不变的前提下，随着我国大豆产量的提升，我国进口的大豆数量会出现下降的情况，反之，我国大豆产量下滑，则会导致我国大豆的进口数量增加，也会影响到我国大豆进口来源布局的情况。因此，本研究选择国产大豆产量作为影响我国大豆进口来源布局的重要因素，并预期国产大豆产量正向影响我国大豆进口来源布局。

E. 豆粕和豆油消费量（QSC_{it}）。我国大豆的消费用途主要集中在压榨和饲料方面，豆粕和豆油的消费量对我国的大豆进口量将产生一定程度的影响。本研究选择豆油和豆粕的消费量作为影响我国大豆进口来源布局的因素，并预期我国豆粕和豆油消费量的变动正向影响我国大豆进口来源布局。

④价格因素（P_{jt}/P_{it}）。价格是影响我国对某一进口来源国大豆需求的重要因素，来源国大豆的价格越高，我国对该国的大豆需求越少，反之，来源国大豆价格越低，我国对该国大豆的需求越高。本研究采用进口来源国大豆价格与国产大豆价格的比值，表示我国大豆进口来源国的相对价格。并预期大豆来源国与国产大豆价格的比值对大豆进口来源布局具有抑制作用。

⑤汇率（R_t）。当一个国家从事国际贸易活动时，汇率作为重要的价格综合性指标，起到了价格转换的作用。同时汇率的变动也将通过改变商品价格，进一步影响该国的贸易情况。本研究中将汇率因素作为影响我国大豆进口来源布局的因素进行研究，并预期汇率变动将负向影响我国大豆进口来源布局。

⑥经济政策不确定性指数（EPU_t）。Baker 等人（2016）统计了"南华早报"有关经济政策不确定性的内容，据此建立了有关中国的经济政策不确定性指数。本研究利用该指数来衡量经济政策不确定性对我国大豆进口来源布局的影响，并假定经济政策不确定性指数对我国大豆进口来源布局产生负向影响。

⑦政策因素（F_1）。关税是影响我国大豆进口来源布局的重要政策因素之一，我国对某一大豆进口来源国实施高关税壁垒将导致从该国进口的大豆数量减少，而降低关税壁垒，则会增加从该国进口的大豆数量，本研究将采用虚拟变量对关税这一重要因素进行表示，实施关税后取 1，未实施关税取 0，时间转折点选 2018 年。并假定政策因素会对我国大豆进口来源布局产生负向影响。

⑧人口因素（POP）。我国是人口大国，随着居民消费水平的提高，对肉蛋奶的消费大幅度增加。大豆作为我国重要农产品，人口数量对我国大豆消费量产生重要影响，进而影响我国大豆进口贸易。本研究采用人口数量作为影响我国大豆进口来源布局的因素进行考察，并预期人口数量的变动将会正向影响

我国大豆进口来源布局。

（3）模型的设计与数据来源。 本研究选用贸易引力模型对影响我国大豆进口来源布局的因素做实证分析。该模型的标准表达式只考虑了贸易双方的 GDP、人口和距离三个变量，表达式为：

$$X_{ijt} = \alpha GDP_{it}^{\beta_1} GDP_{jt}^{\beta_2} POP_{it}^{\beta_3} POP_{jt}^{\beta_4} D_{ijt}^{\beta_5} \tag{5}$$

式中，X 表示贸易国之间的贸易流量，GDP 表示国内生产总值，POP 表示人口数量，D 代表贸易国之间的距离，i 表示出口国，j 表示进口国，t 表示时间，α 表示常数项，β 表示斜率项。

对公式（5）等式两边同时取对数得到线性化的引力模型：

$$\ln X_{ijt} = \alpha + \beta_1 GDP_{it} + \beta_2 GDP_{jt} + \beta_3 POP_{it} + \beta_4 POP_{jt} + \beta_5 D_{jit} + \mu_{ijt}$$
$$\tag{6}$$

根据标准的贸易引力模型表达式，综合考虑我国及进口大豆主要来源国（美国、巴西、阿根廷、乌拉圭、加拿大、乌克兰和俄罗斯）的实际情况后，引入一些新的解释变量，将引力模型进行扩展。

加入新的解释变量后，我国大豆进口引力模型构建如下：

$$\ln X_{ijt} = \alpha_0 + \alpha_1 \ln GDP_{it} + \alpha_2 \ln GDP_{jt} + \alpha_3 \ln D_{ijt} + \alpha_4 \ln QSOI_{it} + \alpha_5 \ln Y_{jt} +$$
$$\alpha_6 \ln Y_{it} + \alpha_7 \ln P_{jt}/P_{it} + \alpha_8 \ln R_t + \alpha_9 \ln EPU_t + \alpha_{10} F + \alpha_{11} \ln QSC_{it} +$$
$$\alpha_{12} \ln POP_{it} + \alpha_{13} \ln POP_{jt} + \mu_{ijt} \tag{7}$$

式中，GDP_{it}、GDP_{jt}、D_{ijt}、$QSOI_{it}$、Y_{jt}、Y_{it}、P_{jt}/P_{it}、R_t、EPU_t、F_1、QSC_{it}、POP_{it} 和 POP_{jt} 表示解释变量，α_0 是该方程的截距项，α_1、α_2、α_3、α_4、α_5、α_6、α_7、α_8、α_9、α_{10}、α_{11}、α_{12}、α_{13} 是待估参数，分别表示各解释变量的系数，μ_{ijt} 是随机扰动项。

综上，考虑到数据的统一性和可获得性，本文采用 2001—2019 年的面板数据，选取美国、巴西、阿根廷、乌拉圭、俄罗斯、乌克兰、加拿大 7 个国家作为研究对象。数据来源：GDP、汇率数据来源于 World Data Bank 数据库；绝对距离选取我国与大豆进口来源国首都之间的距离，单位为海里；大豆产量、豆油进口量、大豆进口量、豆油和豆粕的消费量等数据均来源于来源国 FAO 数据库和农业布瑞克数据库，单位为万吨；进口大豆价格与国产大豆价格数据来源于农业布瑞克数据库，进口大豆价格为大豆进口额与进口量的比值，单位为元/吨；虚拟变量大豆加征 25％关税，当对进口来源国加征 25％进口关税时，取值 1，否则取值为 0。

2. 实证检验与结果分析

（1）实证检验。

①平稳性检验。首先，本部分对模型中的各变量进行平稳性检验，如表 2

所示。根据表中的检验结果可知，除人口因素、进口来源国大豆产量及豆粕和豆油的消费量外，其余变量的原始数据均是非平稳序列，一阶差分后除 GDP_{it} 之外的变量均是一阶单整序列，接着 GDP_{it} 进行二阶差分检验，发现其为二阶单整序列。

表 2　各解释变量平稳性检验结果

变量	原始数据		一阶差分		二阶差分	
	ADF_t 值	p 值	ADF_t 值	p 值	ADF_t 值	p 值
$\ln GDP_{jt}$	18.679 1	0.177 6	34.339 7	0.001 8	—	—
$\ln GDP_{it}$	10.077 7	0.756 5	16.769 9	0.268 6	71.693 4	0.000 0
$\ln D_{ij}$	18.679 1	0.177 6	34.339 7	0.001 8	—	—
$\ln Y_{jt}$	37.013 1	0.000 7	—	—		
$\ln Y_{it}$	7.698 51	0.904 4	53.749 9	0.000 0		
$\ln X_{ijt}$	18.715 6	0.176 1	76.322 5	0.000 0		
$\ln QOSI_{it}$	9.769 44	0.778 8	54.397 5	0.000 0		
$\ln EPU_{it}$	4.410 73	0.353 3	24.302 7	0.000 0		
$\ln R_{ijt}$	8.367 51	0.869 5	40.426 6	0.000 2		
$\ln P_{ijt}$	20.205 4	0.123 8	80.926 9	0.000 0		
$\ln QSC$	35.517 5	0.001 2	—	—		
$\ln POP\_CH$	39.161 7	0.000 3	—	—		

②协整检验。本研究采用 Johansen 协整检验，采用组检验的方法，将因变量 $\ln X_{ijt}$ 分别与表示经济规模的 $\ln GDP_{jt}$、$\ln GDP_{it}$，表示进口大豆替代产品因素的 $\ln QOSI_{it}$、$\ln QSC$，表示大豆供给量的 $\ln Y_{jt}$、$\ln Y_{it}$，表示不确定因素的 $\ln EPU_{it}$，表示价格因素的 $\ln R_{ijt}$、$\ln P_{it}$ 等变量组成组检验对象。此前，将 GDP_{it} 进行一阶差分处理使其转化为一阶单整序列，表示我国国内生产总值变化率，并用其转化后的一阶单整序列与上述变量进行协整检验。结果如下表 3 所示。

表 3　贸易引力模型变量的 Johansen 协整检验结果

变量组	原假设	迹统计量	p 值	最大特征根检验	p 值
$\ln X_{ijt}$、$\ln GDP_{jt}$、$\ln GDP_{it}$	0 个协整向量	83.40	0.000 0	74.16	0.000 0
	至少 1 个协整向量	22.78	0.029 6	14.67	0.260 0
	至少 2 个协整向量	31.04	0.001 9	31.04	0.001 9

（续）

变量组	原假设	迹统计量	p 值	最大特征根检验	p 值
$\ln X_{ijt}$、$\ln QSOI_{it}$、$\ln QSC$	0 个协整向量	110.9	0.000 0	98.98	0.000 0
	至少 1 个协整向量	30.30	0.002 5	23.02	0.027 6
	至少 2 个协整向量	30.08	0.002 7	30.08	0.002 7
$\ln X_{ijt}$、$\ln POP\_CH$、$\ln POP$	0 个协整向量	196.2	0.000 0	179.5	0.000 0
	至少 1 个协整向量	90.68	0.000 0	71.34	0.000 0
	至少 2 个协整向量	48.00	0.000 0	48.00	0.000 0
$\ln X_{ijt}$、$\ln EPU_t$	0 个协整向量	67.38	0.000 0	41.52	0.000 0
	至少 1 个协整向量	56.78	0.000 0	56.78	0.000 0
$\ln X_{ijt}$、$\ln Y_{jt}$、$\ln Y_{it}$	0 个协整向量	53.45	0.000 0	38.70	0.000 1
	至少 1 个协整向量	27.54	0.006 5	18.27	0.107 8
	至少 2 个协整向量	31.16	0.001 9	31.16	0.001 9
$\ln X_{ijt}$、$\ln R_{ijt}$、$\ln P_{ijt}$	0 个协整向量	79.15	0.000 0	57.08	0.000 0
	至少 1 个协整向量	56.34	0.000 0	38.85	0.000 2
	至少 2 个协整向量	48.50	0.000 0	48.50	0.000 0

上表的迹统计量和最大特征根检验均表明，在以上5组变量中，除不确定性因素外，其余三组均至少存在2个协整关系，而不确定因素组的检验中，也存在至少1个协整关系。因此，说明我国大豆进口来源与我国及进口来源国的经济规模，我国及进口来源国的大豆产量，我国豆油进口量，大豆相关品消费量，汇率变动，大豆进口价格与国内价格的比值，经济政策不确定性指数等因素之间均存在长期均衡关系。

③模型估计结果。本研究运用 Eviews8.0 软件，选取普通最小二乘法 OLS 法对本研究的我国大豆进口来源布局影响因素的贸易引力模型进行估计。

表4　贸易引力模型估计结果

变量	预期符号	系数	标准误差	t 统计量	p 值
$\ln GDP_{jt}$	—	−0.624 716	0.113 322	−5.512 773	0.000 0
$\ln GDP_{it}$	+	5.443 782	1.539 728	3.535 548	0.000 6
$\ln QSOI_{it}$	—	−0.257 489	0.292 519	−0.880 249	0.380 9
$\ln QSOC_{it}$	+	1.226 044	0.404 424	3.031 583	0.003 1

（续）

变量	预期符号	系数	标准误差	t 统计量	p 值
$\ln EPU_{it}$	＋	0.386 946	0.408 994	0.946 091	0.346 4
$\ln Y_{jt}$	＋	1.576 654	0.178 129	8.851 171	0.000 0
$\ln Y_{it}$	－	－0.000 666	1.053 067	－0.000 633	0.999 5
$\ln R_{ijt}$	－	－1.175 844	0.234 892	－5.005 889	0.000 0
$\ln F_{it}$	－	－0.136 052	0.719 900	－0.188 963	0.850 5
$\ln D_{ij}$	－	－2.549 924	0.384 825	－6.626 186	0.000 0
$\ln POP\_CH$	－	－105.368 2	38.844 76	－2.712 545	0.007 9
c		1 478.413	546.761 2	2.703 947	0.008 1
R^2	调整后的 R^2	对数似然比	D.W. 统计量	F 统计量	p 值
0.845 139	0.826 368	－188.359 5	0.487 429	45.023 54	0.000 0

扩展形式下的拟合优度 R^2 的值为 0.845 139，调整后的 R^2 为 0.826 368，F 值为 45.023 54，方程具有较好的拟合效果。同时，通过表 4 可知，虽然豆油进口量、经济政策不确定性指数、国内大豆产量、价格和政策变量估计结果的系数符号和研究预期相同，但并未通过 1% 显著性检验。除此之外，其余变量估计结果的系数符号均与预期相一致，且通过显著性检验。

（2）结果分析。

①国内生产总值。变量 $\ln GDP_{it}$ 的回归系数是 5.443 782，符号与理论预期相符，并通过了 1% 的显著性检验。说明我国国内生产总值的变化对我国大豆进口来源布局具有比较显著的影响，我国国内生产总值的增长率增加 1% 会导致我国在一国进口大豆数量增加 5.443 782%。但是近几年我国国内生产总值增长率有所下降，我国从大豆进口来源集中国的进口数量出现下降，推进了进口来源布局趋于多元化。

②进口来源国国内生产总值。变量 $\ln GDP_{jt}$ 回归系数为 －0.624 716，符号与理论预期一致，并通过 1% 的显著性检验。说明大豆出口国国内生产总值负向影响该国占我国大豆进口市场份额情况，即进口来源国国内生产总值的增长率每增加 1% 会导致我国在该国进口大豆数量下降 0.624 716%。但是出口国大豆产量的增速高于该 GDP 的增速，同时该国出口量并不会受到该国对大豆需求量变动的影响，进而并未明显影响该国占我国大豆进口量比重情况。因此，进口来源国国内生产总值对我国大豆进口来源布局影响并不大。

③距离。变量 $\ln D_{ij}$ 回归系数为 －2.549 924，符号与理论预期一致，并通过了 1% 的显著性检验。说明我国与大豆进口来源国的相对距离对我国大豆进

口来源布局具有比较显著的负向影响，我国与大豆进口来源国的距离每增长1%会导致我国从进口来源国进口大豆数量下降2.549 924%。因此，我国应选择与我国距离较近的国家，对进口来源布局有正向影响。

④豆油进口量。变量 $lnQSOI_{it}$ 的回归系数为 $-0.257\ 489$，符号与理论预期一致，但是并没有通过显著性水平检验。当前我国进口大豆主要用于压榨，其系数较小，即我国豆油进口量每增加1%，主要进口来源国占我国大豆进口量会增加0.257 489%，说明我国豆油的进口量对我国大豆进口来源布局具有负向影响，但影响不明显。

⑤经济政策不确定性指数。变量 $lnEPU_{it}$ 的回归系数为0.386 946，符号与理论预期一致，但是并未通过显著性水平检验。大豆主产国和主要出口国仍集中在美国、巴西等美洲国家，同时我国大豆供需缺口仍需要通过进口贸易进行调节。因此，我国经济政策不确定性指数的变动并不会影响我国从主要大豆进口来源国进口的大豆量，进而对我国大豆进口来源布局也并不会产生显著影响。

⑥大豆产量。变量 lnY_{jt} 和 lnY_{it} 的回归系数符号均与理论预期相一致，但是我国大豆产量并未通过显著性水平检验。其中，lnY_{jt} 的回归系数为1.576 654，说明主要进口来源国的大豆产量每增加1%，我国从该国进口的大豆量将增加1.576 654%，说明主要进口来源大豆产量增加将会使我国增加从该国进口的大豆量，对进口来源布局多元化具有抑制作用。

⑦汇率。变量 lnR_{ijt} 的回归系数为1.175 844，符号为负，与理论预期一致，通过1%的显著性检验。说明汇率每增加1%，则主要进口来源国占我国大豆进口量的比重下降1.175 844%，而随着人民币的升值，将会促进我国大豆进口来源布局多元化。

⑧人口因素。变量 $lnPOP\_CH$ 的回归系数为 $-105.368\ 2$，符号符合理论预期，在1%的显著性水平下通过检验。说明我国人口数量每增长1%，我国在一国进口大豆的数量将降低105.368 2%，人口增加将促进我国大豆进口来源布局多元化。究其原因，我国人口数量若出现大幅增加，我国则会更加关注与粮食安全问题，要避免粮食进口的集中，降低粮食进口风险，保障粮食安全。以大豆为例，即降低在一国的大豆进口量，推进大豆进口来源布局的多元化，保障我国大豆的有效供给。

⑨豆油和豆粕的消费量。变量 $lnQSOC_{it}$ 的回归系数为1.226 044，符号符合理论预期，在1%的显著性水平下通过检验。说明我国豆油和豆粕的消费量每增加1%，我国从一国进口大豆的数量将增加1.226 044%，将抑制我国大豆进口来源布局多元化。

⑩政策因素。虚拟变量 $\ln F_{it}$ 的回归系数为 $-0.136\ 052$，符号为负，符合理论预期，并未通过显著性水平检验。说明进口关税政策的实施对我国大豆进口来源布局并没有显著影响。主要原因是我国对美豆加征进口关税，促使我国从巴西等国的大豆进口量增加，其中 2018 年巴西大豆进口量占我国大豆进口总量的 74.62%，较往年出现大幅度增加，另外由于乌拉圭和阿根廷等国受到自然灾害的影响，出口我国大豆的数量下降，促使了巴西大豆出口量的激增。因此，中美贸易摩擦加征关税对我国大豆进口来源布局并未有显著性影响。

三、我国大豆进口来源布局优化的实证分析

（一）我国大豆进口来源布局优化目标与原则

1. 我国大豆进口来源布局优化目标

（1）大豆供给安全。国家层面的粮食安全主要考量三个具体目标的实现情况，包括粮食生产数量的充足性、粮食供应的稳定性以及粮食需求的可获得性。目前来看，我国大豆供给连第一目标也尚未实现，本土大豆的供给量只能满足十分之一的市场需求，其他全部依赖进口。而第二目标的实现也要依赖于国家间贸易关系的和谐和世界大豆贸易形势的稳定。美国以大豆主要出产国、大豆重要生产链技术的拥有国和大型跨国粮商的所在国身份掌控了话语权，因此中美关系的发展态势将直接影响我国大豆供给，若美国及其跨国公司对中国断供，我国将很难实现第三个具体目标。

当前，我国大豆对外依存度较高，自给率较低，而世界主要的大豆主产国和出口国又比较集中，以南北美洲国家为主，我国作为世界上大豆需求量、进口量第一大国，大豆的供给链却牢牢被上游的美国大粮商所掌控，缺乏大豆市场的话语权和主动权。鉴于中美贸易摩擦的影响，我国有必要认真审视大豆供给安全的问题，应对可能出现的大豆供给危机。而大豆的供给安全包括大豆供给的稳定性和经济性，在保障大豆的供给方面，供给的稳定性实际是一个数量级概念，其实质是供给的持续稳定，同时价格上也只在一定水平范围内进行波动，满足经济发展对大豆的需求；经济性则是"质"的概念，过高的价格将会抑制经济发展。大豆供给安全的两大特征相互依存、不可分离的，必须统一存在。

（2）大豆进口安全。我国本来是大豆原产国，但是进入 WTO 以后逐渐放开了对大豆进口的限制，大豆的对外依存度逐渐上升，自给率逐渐下降，大豆严重依赖进口已经成为我国大豆供给的主要影响因素。我国同时也是世界大豆消费的第一大国，低自给率导致我国大豆产量远不及大豆需求量，产需之间

面临巨大缺口，只能通过进口加以弥补。每年进口全球约 60％ 的大豆。因此，我国大豆进口的高依存度，导致大豆产业极易受到国际贸易环境变化的影响。同时基于人少地多、规模经营的资源禀赋和转基因技术应用的影响，从美国、巴西及阿根廷等为首的大豆主产国在大豆国际贸易中占据优势竞争地位，使我国对美国、巴西等美洲农业发达国家产生高度依赖。大豆进口量的过快增长和高度集中，增加了中国大豆进口风险。

大豆已成为中国统筹利用国内外两个市场、两种资源最具代表性的产品。随着 2018 年中美贸易摩擦不断升级，大豆成为中方贸易反制清单上最受关注的项目，给国内外大豆市场带来了深远影响，世界大豆贸易流向出现显著变化，对中国的大豆进口多元化布局、大豆生产布局和国内农业供给侧结构性调整带来较大冲击。目前解决我国大豆供给问题迫在眉睫，主要可通过以下方式：避免大豆进口国的集中，分散大豆进口来源地，以此优化大豆进口来源地布局，降低贸易风险。同时加强国家间的粮食贸易合作，强强联合，寻求多种路径加入世界粮食贸易市场，并逐步提升话语权，通过粮食进口贸易改善我国当前大豆供需不匹配的现状，以实现大豆进口风险程度的降低，保障国内人民的大豆消费可获得性，满足多层次、多样化的消费需求，提升国内消费者大豆饮食品质。

2. 我国大豆进口来源布局优化原则

大豆进口高依存度已经成为我国大豆产业中一个亟待解决的高风险性问题，且在很长一段时间内都将保持这个态势，大豆供给的波动将直接波及相关上下产业链包括肉蛋奶及食用油等与大豆联系较为密切的产业，并通过产业间的关联带动作用影响我国经济发展，因此保障大豆的持续供给必须结合当前社情、农情和国内外形势的变化，坚持优化现有进口来源布局。确保大豆持续稳定供给必须做好以下两方面。

（1）保证供应稳定，维护运输安全。 大豆进口持续稳定的风险影响因素体现在两个层面，一个是来源地层面的风险，当前世界形势仍然动荡，大豆主要出口国国内的经济形势、政局动态、贸易政策等变化都可能直接对大豆贸易造成影响。另一个是运输层面的风险，大豆主要出口国集中在美洲国家，与我国航程较远，运输途中出现的海盗袭击、自然灾害、政治动荡、军事战争等都将影响进口大豆的运输。从当前世界大豆生产、需求及贸易格局来看，大豆进口来源国的生产量、经济发展、贸易关系的稳定等都将直接影响到其大豆可供给能力，一旦出现问题极有可能导致断供问题的发生。因此对外依存度高的大豆进口国为了避免进口来源单一化所造成的风险都开拓了多元的进口来源渠道，发展多个大豆贸易伙伴，避免单一依赖部分国家导致风险发生。并把大豆作为外交工具，协调贸易关系。同时运输过程中的安全也是保证大豆供给稳定的重要因素之一，各国都积极建设海上航线，推进运输通道的多元化，并配备一定程度的军事保护力量。

（2）开拓充足的供给替代。 保证大豆的持续稳定供给不仅需要规避进口来源国风险和运输风险，还应积极寻求更为开阔、稳定的供给补充渠道，即建立完善的大豆储备方案。储备可供使用的充足的大豆可以最大程度降低大豆断供危机造成的损失。此外，还应该增加大豆替代品的供给能力，如豆油、豆粕及其他豆制品，提高大豆替代品的替代率，以降低对大豆进口的依赖。而经济性同持续性一样，是大豆进口来源布局优化的重要原则，过高的大豆进口价格不利于国民经济的可持续发展。因此，本研究认为我国大豆进口来源布局优化的原则包含确保大豆供应源稳定性、提升替代品的供给能力和大豆进口价格的经济性。

（二）我国大豆进口来源布局优化的实证分析

1. 实证研究模型的构建

从降低大豆进口风险的角度出发，结合最优化技术和改进的投资组合理论，使用非线性规划模型，在最小化进口风险的基础上优化我国大豆的进口来源。基于研究的理论基础，本研究将大豆供应风险定义为大豆进口集中度指数、供应国风险、价格波动指数、进口依存度、经济不确定性指数的乘积。通过最小化大豆进口风险，获取我国大豆进口来源布局的最优化方案。模型如下：

$$\min_{q_i} Z = \sum_i \left[\left(\frac{q_i}{Q}\right)^2 \times \left(\frac{Q}{D}\right) \times (r_i + \sigma_{r_i}) \times \left(\frac{q_i}{Qe_i}\right) \right] \quad (8)$$

$$s.t. \ \frac{\sum_i q_i}{w} + P - S \geqslant D \quad (9)$$

$$0 \leqslant q_i \leqslant Qe_i \quad (10)$$

公式（8）中，Z 为我国的大豆进口风险指数；q_i 为我国从出口国 i 的进口数量；Q 表示大豆进口总量；Qe_i 表示进口来源国 i 的大豆产量；$\sum_i (q_i/Q)^2$ 表示大豆进口集中度，用 HHI 指数表示；P 表示国产大豆产量，D 表示大豆消费量；S 表示我国大豆的库存量；（Q/D）表示我国大豆进口依存度；r_i 表示进口来源国 i 的政治风险指数，σ_{r_i} 表示政治风险指数波动率；（q_i/Qe_i）为大豆出口国 i 向我国的出口量占其当年大豆产量的比例。并定义 $[(r_i + \sigma_{r_i}) \times (q_{ij}/Qe_i)]$ 为我国大豆的可持续获得性指数。

约束公式（9）和公式（10）表示我国大豆的有效供给与国内大豆需求量

和企业的压榨能力相适应。模型选择美国、巴西、阿根廷、俄罗斯、乌拉圭、乌克兰和加拿大等国的数据，用 w 来表示进口来源国占我国大豆进口市场的比重。以 2018 年为例，我国从这 7 个主要供应国进口超过 99% 的大豆，即 $w=99\%$。因此，公式（9）中，$\sum_i q_i/w$ 表示我国大豆进口总量。公式（10）表示，我国选择从一国进口大豆的数量不能超过该国的大豆产量。

本研究利用国际国家风险评估指数（ICRG），将一国的政治风险定义在（0，100）内，数值越大，该国政治越稳定，风险也就越小。在风险最小化的模型中，本文采用齐明（2014）的方法，对国家风险指数进行了如下转换：

$$r_i = 100 - ICRG \qquad (11)$$

公式（11）中，ICRG 通常被用来衡量一国的风险指数，转换得出 r_i，r_i 数值越小，该国政治风险越小。

2. 数据来源

考虑到数据的有效性及可获性，本研究以中美贸易摩擦（2018 年）的数据为基准，中国大豆进口量、产量、需求量、库存量的年度数据来自农业布瑞克数据库，见表 5。大豆进口来源国的政治风险采用 PRS 发布的 ICRG 的未来 5 年风险指数的预期值，通过计算最好情况和最坏情况下的平均值作为基础，加上年度风险指数的标准差得到该国的未来风险预期。

表 5　2018 年我国大豆消费量、进口量、产量、压榨量及库存量

单位：万吨

指标	大豆消费量	大豆进口量	大豆产量	大豆压榨量	大豆库存量
数量	9 720	8 912.87	1 600	7 550	2 093.8

数据来源：农业布瑞克数据库。

3. 实证检验与结果分析

通过将 2018 年的数据代入式（8）中我国大豆进口风险指数公式，得出了按我国大豆进口来源国别分类的最优大豆进口量，如表 6。通过对实际进口量和最优进口量的差值分析，2018 年我国应增加对美国、阿根廷、加拿大、乌克兰、乌拉圭和俄罗斯等国的大豆进口量，同时降低对巴西大豆进口依赖。模拟最优进口量结果中出现我国应该增加美豆进口量的原因是受到中美贸易摩擦的影响，2018 年我国对美豆加征关税，导致美豆进口价格的上涨，再加上政治方面的考量，我国大豆采购商不得不将采购计划向其他国家转移，导致美豆进口量大幅度降低。但是相比较 2017 年美豆进口量 3 285 万吨来说，若要实现我国大豆进口来源布局的优化，理应降低对美豆的进口依赖。由于 2020 年

中美签署第一阶段经贸协议，我国将可能恢复美豆进口，因此将此实证结果结合过往我国对美豆进口量情况来看，在美洲地区应适当调整从各国进口大豆的比例，比如降低巴西的大豆进口比例，增加阿根廷、加拿大、乌拉圭的大豆进口比例，合理确定美豆的进口数额，在"一带一路"沿线国家拓宽进口渠道，如乌克兰、俄罗斯等国。综上所述，对大豆进口来源结构进行调整后，我国大豆进口风险程度会显著性下降，进口有序性将得到提升，在进口的地理方向选择上更有侧重，大豆从本地区或相邻地区的进口比重也会变得越来越高，大豆进口格局和地理方向将趋向合理化。

表 6   2018 年按国别分类的我国最优大豆进口量

单位：万吨

国家	最优进口量	实际进口量	差值
美国	2 808.721 8	1 701.000 0	1 107.721 8
巴西	1 822.740 0	6 650.480 0	−4 827.740 0
阿根廷	1 338.989 9	188.060 0	1 150.929 9
加拿大	726.700 0	206.360 0	520.340 0
乌克兰	345.867 1	130.000 0	477.144 0
乌拉圭	607.144 0	0.120 0	345.747 1
俄罗斯	313.199 2	33.490 0	279.709 2

当前我国经济在平稳发展的同时也蕴含内在变动的隐患因素，同时外部环境趋向复杂，美股多次熔断，世界整体经济形势严峻，我国面临的内外部经济压力较大，一旦粮食经济出现问题将直接影响粮食的供给，粮食可获取量的减少不仅造成粮食价格的飙升也会影响社会稳定。因此，保障重要农产品有效供给，充分利用国际国内"两个市场，两种资源"尤为重要，大豆作为代表性农产品，仍需要依赖国际市场，但我国大豆进口市场存在着诸多问题，如进口依存度高，集中度高，易受突发性事件影响等。以 2018 年中美贸易摩擦为例，我国对美豆加征 25% 的关税后，我国大豆进口份额向南美洲转移，具体表现为美豆进口份额大幅下降，巴西大豆进口量显著增加，另外，阿根廷、加拿大、乌克兰和俄罗斯等国大豆进口数量和比例也发生了显著变化。虽然我国对美豆的依赖程度开始下降，但是也要谨防巴西等国通过提高价格再次冲击我国大豆市场。因此，我国需要在"一带一路"沿线国家探索开辟新的大豆贸易渠道，拓宽我国大豆的进口来源渠道，降低我国大豆进口风险。此外值得关注的是，随着我国和俄罗斯政治关系的不断升温，中俄全面战略协作伙伴关系深入

发展，带动两国贸易持续稳定增长，特别是大豆、小麦等农产品方面，俄罗斯广阔的发展潜力和我国持续增长的市场需求形成了明显的优势互补，贸易量逐年攀升，大豆、小麦等已经成为我国近年乃至今后进口贸易的重点大宗商品，保障我国大豆的有效供给，有利于打破我国大豆进口集中度过高的僵局，降低对以美国为代表的北美洲的大豆进口。因此，我国应该考虑将南美洲作为大豆进口的重要来源地，同时加大开发黑海沿岸国家及"一带一路"沿线国家的大豆贸易潜力。

四、大豆进口来源布局优化的对策建议

通过对我国大豆进口来源布局的描述性分析和实证分析，结合 2020 年中美签订第一阶段经贸协议后仍对美豆加征关税的背景，基于对我国大豆进口来源影响因素的分析，通过计量模型对我国大豆进口来源布局的方案进行数量优化，提出我国大豆进口来源布局优化对策和保障措施。

（一）优化对策

1. 加强与南美和"一带一路"沿线国家合作

通过定量分析我国大豆进口来源布局的优化方案的研究可知，我国应该加强与南美大豆主产国阿根廷、乌拉圭、巴西等国的合作，但也要根据各主产国大豆产量、年出口量等多方面指标合理规划各国的进口比例，降低大豆进口对单一出口大国的依赖。同时在现有进口来源国的基础上，在遵守 WTO 规则前提下，拓宽大豆进口来源渠道，加强与"一带一路"沿线国家合作。我国与"一带一路"沿线国家农业互补性较强，充分利用"一带一路"沿线国家的农业资源禀赋优势，形成我国与"一带一路"沿线国家劳动密集型与资源密集型农业互补、精细农业与粗放农业互补，促进发展中国家的农产品贸易与农业合作伙伴关系，坚守大国意识，互相扶持，共同提升发展中国家的农业生产水平。2018 年中央 1 号文件也明确提出，"要深化与'一带一路'沿线国家和地区的农产品贸易关系"。充分利用好"一带一路"沿线国家的农业资源和市场环境，积极开拓和培育新的轮换豆源供应国和地区，丰富进口渠道，构建更加完善、更加多元的进口油脂油料供应体系。

2. 充分利用海外耕地资源

海外耕地投资是我国深入实施农业"走出去"战略，充分运用"两个市场，两种资源"战略的必然要求。我国可通过购买或者租赁的形式，利用国外丰富的耕地资源，建立海外大豆生产基地，也将推动大豆进口来源的多元化。

相比较日韩等国，我国海外耕地投资起步较晚，仍处于初级阶段。截至 2017 年 11 月，我国作为海外耕地投资国，共达成交易 116 个，涉及的土地面积达 200.28 万公顷。而全球共达成 1 405 宗土地投资交易，涉及土地面积 4 892.07 万公顷，我国仅占其中的 4.1%。可以看出我国海外投资耕地规模还非常有限，我国海外耕地生产的粮食，主要供应对象也是当地市场，进口到国内的数量很低。而且我国海外耕地投资还受到国内外社会舆论压力、土地购买限购令、被投资国家的市场环境的影响。因此，我国政府应加强对中国海外耕地投资活动的政策和资金支持，同时加强对海外耕地政策的宣传及企业投资行为的引导，充分利用海外耕地保障粮食安全。

3. 推进中俄农业跨境合作

俄罗斯作为我国重要的经贸合作国之一，两国农业领域存在较强的互补性。近年来俄罗斯大豆种植业快速发展，2013 年以来大豆产量以每年 18% 的速度增长，到 2017 年俄罗斯大豆总产量达到 360 万吨，且大豆种植面积以每年 16% 的速度增加。同时中粮集团计划购买俄罗斯南部码头用于转运粮油和大豆，将进一步推动中俄两国粮食贸易。然而，联合开发俄罗斯远东农业资源仍存在诸多问题，如中俄两国文化背景差异、非关税壁垒、基础设施建设等。因此，在不断优化贸易政策的背景下，黑龙江省要发挥地缘优势，注重同俄罗斯远东地区开展战略对接，加强中俄谈判，改善贸易环境。积极建设境外农业合作示范区，提高农产品返销中国的税率、清关效率。加快形成以对俄合作为重点的全方位对外开放新格局，充分开发俄罗斯远东地区的农业资源。健全两地物流体系和农业基础设施建设，提升两地的农业技术，提升黑龙江省农业竞争优势，争取打造一个全新的黑龙江省大豆生产基地。

（二）保障措施

1. 构建新型大豆产业化经营模式

现阶段我国本土大豆种植面临困境，生产成本高于世界主要大豆出口国，市场接受度低，豆农无法获得高的经济效益。通过对我国大豆进口来源布局影响因素的分析可见，提高国内大豆产量可有效弥补我国当前的大豆产需缺口，减少进口大豆对我国大豆消费需求的缺口补充份额，推动我国大豆进口来源多元化布局的发展。因此，积极打造新型大豆产业经营模式，引导大豆主产区建立大豆产业专业合作组织，通过土地集中种植、统收统管、农机服务合作社等方式扩大大豆生产规模，提升作业机械化、栽培模式化、服务规范化水平，实现大豆产业化经营、标准化生产、优质化推进、市场化运作，从而降低大豆的生产成本和国内价格。黑龙江省作为我国重要的大豆生产基地，要将食用大豆供给牢牢掌握在自己手中，这既是中国大豆生产的底线，也是黑龙江省食用大豆产业发展的方向和责任。黑龙江省作为全国大豆主产区，要提高科技创新与技术支撑能力，重点突破高产优质专用品种，同时创新栽培模式，完善品种配套技术。在现有科研布局和优势研究单位基础上，建立穿梭育种网络，构建黑龙江省现代大豆育种创新体系。同时，黑龙江省要发挥大豆主产区区域优势，构建优势突出、特色鲜明、竞争力强的大豆规模化生产基地，打造中国大豆品牌。

2. 深入推进农业供给侧结构性改革

我国大豆产业链的整体发展仍存在系列制约因素，如种植成本高、仓储物流效率低、科技创新能力弱等。面对国内大豆市场供需不平衡，除拓宽大豆进口渠道，适时投放国家政策性大豆储备，增加市场供应外，我国更应该着力于本国的粮食生产结构调整布局，推动农业供给侧结构性改革不断发展，推进大机械化、现代化生产方式，以加大科技投入政策扶持等方式，改善我国农业生产条件，提高生产机械化水平，改善农田机械通行条件，建设规模化商品生产基地。优化农业生产布局，以调减玉米种植面积为重点，适当扩大大豆种植面积，降低我国大豆产业的对外依存度。同时全面落实大豆生产补贴，提升农户大豆种植的积极性，有效增加大豆的市场供给。未来我国大豆产业链条，须以现代化产业结构、组织方式、技术手段作为抓手，实现我国大豆产业的现代化转型。

3. 完善大豆期货市场

根据规范分析和实证分析下进口价格对我国大豆进口来源布局影响的分析结果，我国目前缺乏大豆市场的定价权与话语权，因此在大豆贸易中处于不利地位，应争取参与在国际市场上具有核心地位、拥有权威定价权的美国芝加哥期货交易所，获得国际上的大豆话语权，同时也应积极建设发展本土的期货市场，如建立高效、快速的期货市场信息共享机制，确保信息的有效性和及时性，使得投资者尽可能快速、详尽地了解期货市场的经济政策环境变化，减少投资者由于信息机制不完善导致的盲目决策。同时面对经济政策环境的不利影响，利用大型机构投资者稳定我国大豆期货市场、制定多元化的价格调控机制等，均可有效抵消不确定性冲击，稳定期货市场，从而保护我国大豆的进口贸易。

4. 争取大豆进口贸易的话语权

摆脱当前我国大豆加工企业进口大豆受制于跨国粮商的现状就需要我国加大"走出去"力度，我国大豆企业应逐步走向大豆贸易博弈的国际市场，提升定价权，争取大豆进口贸易的话语权，而实现这一愿景主要需要从两方面发力：一是建设大豆贸易保税区，充分发挥我国作为世界最大大豆消费市场的绝对优势，颁布优惠贸易政策，引导各国出口大豆在我国的大豆保税区集中，跨国粮商在保税区进行大豆贸易，推动大连交易所交易地位的提高，以其发布的大豆期货价格作为交易的定价标准，将定价权牢牢把握在自己手中；二是政府充分发挥宏观调控作用，实施各项减免政策，降低本土企业经营成本，鼓励本土企业积极参与大豆国际贸易，做到各环节积极把控，主动参与国外大豆生产地建设、国际大豆运输航线建设等，逐步摆脱跨国粮商垄断控制，提升本国企业的大豆自主权和产业链话语权。

5. 健全和完善我国大豆市场体系

健全和完善我国大豆市场体系应实行"三步走"战略：第一，完善市场机制、规范市场主要组织发展，保证市场实施主体——生产者、制作者、交易者和消费者经营的独立自主、公平。第二，建立健全大豆及衍生品现货、期货市场，发挥期货市场敏锐感知风险的功能，让市场的实施主体能更安全地进行生产经营，规避价格变动带来的经营风险。第三，政府充分履行职能，建立健全信息反馈系统，使之成为市场实施主体感知市场供需关系的传感器，以此调整生产经营活动，规避市场波动对生产经营的威胁，利用国内外"两个市场，两种资源"，为实现大豆进口来源布局的多元化创造有利环境。

项目负责人：崔宁波
主要参加人：刘望、范月圆、王婷、王斯曼、赵文斌、肖扬、方圆意如

黑龙江省农村养老保险适度水平研究[*]

吕　卓　徐鑫亮　孙　琳　吕　双

改革开放以来，随着人口流动限制政策的放开和城镇化率的显著提高，我国农村和城市的人口数量和人口结构不断变化，老龄化程度加深。然而，老龄化阶段与并不发达的经济发展阶段处于同一时期，加大了老年群体的长寿风险，特别是农村面临的人口老龄化问题比城市更加严峻，并且这种趋势仍在持续。国家陆续出台了一系列完善社会保障制度的政策，以解决我国基本养老保障不足的问题。此后，各地区根据当地实际情况相继提高了基础养老金的最低标准，并制定了养老保险缴费和养老金领取的规定。虽然黑龙江省近年来连续提高了基础养老金最低给付标准，但基础养老金的给付水平和调整速度仍然较其他地区更低，如何确定黑龙江省农村养老保险的适度水平，使农村养老金的支出与经济发展水平保持一致，既保证农村老年人的基本生活需求，又不超出政府的财政能力范围，是需要解决的重要问题。

一、我国农村养老保险制度的历史沿革与现状

（一）我国农村养老保险制度的形成与发展

1. 我国农村养老保险制度的探索阶段

1992 年，民政部颁发《县级农村社会养老保险基本方案》，标志着我国农村社会养老保险制度（简称"老农保"）的建立。"老农保"在我国农村养老保险制度的探索过程中取得了一定的成效，但也遇到了很多问题，主要体现在几个方面：①强调个人自保，国家财政投入不足。个人账户的资金来源仅仅是农民的个人缴费，没有政府补贴，基金管理方式落后，保值增值困难，缺少社会养老保险制度应有的共济性和社会性；②统筹层次过低，降低了制度的稳定性和基金运营的安全性；③保障水平低，管理不善，农民实际收益低于预期收

＊ 黑龙江省社会科学研究规划项目（项目编号：17JYC143）。
　项目负责人为吕卓，主要参加人员有徐鑫亮、孙琳、吕双、胡玉杰。

益，导致制度的可信度降低。对此，1999 年国务院发布《国务院批转整顿保险业工作小组保险业整顿与改革方案的通知》，对"老农保"进行整顿规范。自 2003 年开始，各地各级政府也积极参与，陆续试点新的农村养老保险模式。

2. 我国农村养老保险制度的实施阶段

在总结各地的试点经验之后，国务院于 2009 年 9 月发布《关于开展新型农村社会养老保险试点的指导意见》，即新型农村养老保险制度（简称"新农保"），这标志着我国农村养老保险进入了一个普惠的新时代。

与"老农保"相比，"新农保"在政策上有如下几点突破：①"新农保"制度政府参与加强，政府投入增多，实行"个人缴费＋集体补助＋政府补贴"的筹资方式，设定了最低缴费补贴标准和每位 60 岁以上老人 55 元/月的最低养老金领取金额。②设计不同的缴费层次，增加了制度的灵活性，鼓励集体补助。农民可以根据个人缴费能力和实际需求选择合适的档次，多缴多得。③采用"个人账户＋统筹账户"的模式。中央财政补贴的基础养老金计入统筹账户，个人缴费、集体补助和地方政府的缴费补贴计入个人账户。④"新农保"与其他类型的养老保险制度相衔接。"新农保"与"老农保"、城镇养老保险、失地农民养老保险等可以有效转换，与农村最低生活保障制度、农村五保户制度可以同时享受。

3. 我国农村养老保险制度的发展阶段

"新农保"是在我国城乡差距明显，同时，短期内这种二元经济格局难以改变的现实情况下建立的农村社会养老保险制度。此后，2011 年 6 月，我国建立了城镇居民社会养老保险制度（简称"城居保"）。2014 年 2 月，"新农保"和"城居保"合并实施，在全国范围内建立统一的城乡居民基本养老保险。

2019 年 11 月，为积极应对人口老龄化，中共中央、国务院印发了《国家积极应对人口老龄化中长期规划》，计划到 2022 年，我国积极应对人口老龄化的制度框架初步建立；到 2035 年，积极应对人口老龄化的制度安排更加科学有效；到 21 世纪中叶，与社会主义现代化强国相适应的应对人口老龄化的制度安排成熟完备。

（二）我国农村养老保险制度的现状及存在的问题

1. 农村养老保险基础养老金保障水平偏低

近年来，全国城乡居民基本养老保险基础养老金最低标准进行了多次调整，从 2009 年每人 55 元/月，提高至 2014 年每人 70 元/月，进而提高至 2018 年的每人 88 元/月。虽然养老金发放的最低标准有所提高，但各地参保居民对基础养老金的发放金额仍不满意。目前，我国农村养老保险仍停留在"保基本"的阶段，大多数农村的统筹账户养老金不足以维持农村老人的基本生活，加之农民投保意识薄弱，个人账户资金数额少，资金增值水平低，导致养老保险保障基本生活的功能不能充分发挥。可见，该制度对保障和改善城乡老年居民基本生活状况的作用不明显，与人民群众的期待还有相当的差距。未来 10 年将是退休人口进入高峰、赡养负担快速上升的 10 年。随着人口结构的持续老化，养老保障需求也将日益凸显。

2. 东北地区老龄化加重，地方政府养老金支付压力较大

2018 年 7 月，国务院提出建立养老保险基金中央调剂金制度，对各省份养老保险基金进行适度调剂，以均衡地区间企业职工基本养老保险基金。中央调剂制度的实施预期会对缓解地区间基金收支失衡起到明显作用，但该制度主要的覆盖范围为企业职工养老保险，我国目前尚未建立针对城乡居民的中央调剂制度，对于养老金支付压力大且农村人口众多的黑龙江省来说，地方政府的财政压力仍然较大。此外，调剂金作为调节地区"再分配"的一项措施，只能对缓解地区间的收支失衡起到一定作用，并不能从根本上改变部分地区收不抵支的趋势，同时调剂金政策的精确性也有待进一步完善。

3. 参保缴费激励机制有待完善

长期以来，政策体系的构建体现了社会经济发展对效率的高度重视，对公平则有所忽视，导致我国生态环境日益恶化，引发社会危机。公平是实现可持续发展的前提和基础，效率是实现可持续发展的保证和动力。因此，社会经济的可持续发展既要提高效率，又要兼顾公平。"老农保"侧重于结果公平，体现了社会保障制度的普惠原则；而"新农保"的首要目标是实现农民群体在获得社会保障权益方面的机会公平，在机会公平的基础上，兼顾效率的提高、权利与义务对等。为了激励农民积极参保，"新农保"建立了较完整的参保缴费激励机制，在机制设计上有所改进，但从实施效果上看，还有待提高。

4. 农村养老保险基金管理层次低且监管难度大

"新农保"基金实行县级管理，随着试点的扩大逐步提高统筹层次，有条件的地区实行省级管理。然而，多数地区统筹层次低，农村集体经济效益不佳，对养老服务支持力度不足。《2016 年农村集体经济组织运行情况》报告显示，没有经营收益或者经营收益在 5 万元以下的村集体占调查总数的 74.8%，村集体经济发展整体形势不容乐观。此外，我国社会养老保险基金的征缴、管理及运营集中于同一个部门，在缺乏有效监督和制约的情况下，社保基金的运营、管理出现问题在所难免，社保基金挪用、违规投资和违规使用等情况屡见不鲜。

5. 农村养老服务设施不健全

我国农村养老服务资源的分布呈现离中心城镇距离越远，养老服务资源越少的分布特点，偏远农村、深度贫困地区的养老服务最为缺乏。目前，我国针对农村老年人提供的服务仍然是最基本的起居饮食照料，对于护理、医疗、康复、教育和心理健康指导等综合化服务缺乏专业的人员和设备，导致能满足老年人需求的服务产品和服务项目较少。这一格局特点决定了农村养老服务工作应充分考虑区域资源差异性，探索构建城乡之间、地区之间的养老服务协作机制，通过对口支援等帮扶机制促成以强带弱、区域统筹的新型养老协作关系。

二、黑龙江省农村养老保险的现状与可持续发展

（一）黑龙江省农村养老保险的现状及存在的问题

1. 参保赡养率高

近年来大量参保的年轻劳动力由北向南转移，使得南方发达城市参保水平提高，北方城市参保水平降低，我国各省企业职工基本养老保险参保赡养率差距较大。2019 年，黑龙江省已成为参保赡养率最高的省份，高达 84.2%，相当于全国平均水平 37.7% 的两倍有余。相比之下，广东省的参保赡养率仅为13.1%，不到黑龙江省的 1/6。预计到 2028 年，黑龙江省的参保赡养率将高达 118.6%，这一数据表明，黑龙江省领取养老金的人数已经超过了参保人数。黑龙江省参保赡养率高的主要原因，一方面是农村青年劳动人口流出，导致参保人数增速放缓，另一方面是大批 60 年代出生的参保人从养老金的缴费方变为领取方，赡养人数快速增加。

2. 财政支付压力大

从基金收支来看，无论是城镇职工基本养老保险还是城乡居民基本养老保险，均呈现出明显的地区差异，并且差异仍在继续扩大。自 2013 年起，黑龙江省城镇职工基本养老保险已出现收不抵支的现象，并且这种养老金亏空的状态仍在持续，城乡居民基本养老保险也同样面临着严峻的财政支付压力。以黑龙江省养老保险缴费 100 元，政府补贴 30 元的情况来看，省级政府和县级政府需分别承担缴费补贴的 60% 和 40%，即 18 元和 12 元，这对于各级政府而言，也是一笔不小的支出。

从养老金的总体运行情况来看，因省际迁移劳动力的职业、户籍所在地、参保意识、社保缴纳和领取情况、各省市社保跨地区转移接续政策等的差异，巨大的流动人口量对各地基础养老保险统筹基金的收缴和发放产生了巨大的影响，造成一部分地区基础养老金支出远大于收入。例如，广东省因缴费者多而

退休者少，不仅筹资标准偏低，待遇标准偏高，而且养老保险基金结余数以千亿元计；而辽宁省、黑龙江省却因缴费者少而退休者相对多，不仅筹资标准居高难下，待遇标准也偏低，基金收支更是出现巨大亏空，如果没有外部资金补充，辽宁省、黑龙江省的基本养老保险制度实际上已经崩溃。

3. 基础养老金给付水平较低

中央财政对 60 岁以上的农村老年人按每月 55 元的标准对中西部地区全额补贴。自人力资源社会保障部发布《关于 2018 年提高全国城乡居民基本养老保险基础养老金最低标准的通知》以来，2018—2019 年各地区根据当地实际情况相继提高了基础养老金的最低标准，并制定了养老保险缴费和养老金领取的规定。

从 2017 年 1 月 1 日起，黑龙江省城乡居民基本养老保险基础养老金标准由每人 70 元/月提高到 80 元/月，2018 年 1 月 1 日从每人 80 元/月提高到 90 元/月。2019 年 1 月 1 日起，65～79 岁老人的基础养老金从 90 元/月增加至 95 元/月，80 周岁以上老人的基础养老金从 90 元/月增加至 100 元/月，调增部分资金由县（区）承担。

4. 养老保险制度差距增大

近年来，机关事业单位人员、城镇职工和城乡居民三个群体的养老保险制度之间的保障水平差距不但没有缩小，反而呈现出不断扩大之势。城乡居民基础养老金及其增幅过低，一个重要的原因是政府把解决群体间养老金待遇差距问题的重点放了机关事业单位工作人员与企业职工之间，而以农民为重点的城乡居民养老金偏低问题并未得到应有的重视。这既是社会保障事业发展的阶段性问题，更是理念问题。尽管城乡居民基本养老保险制度已经建立，但基本养老金权益公平性问题远未解决。基本养老金待遇差距如此之大，直接影响着国民对基本养老保险制度的认同和信赖，长此以往，将会影响国家和社会的长治久安，这是一个重要的风险因素。

（二）黑龙江省城乡基本养老保险可持续发展的必要性与可行性

1. 必要性——养老服务供需不平衡

与中国总体的人口老龄化类似，中国农村人口老龄化也同样具有规模大、速度快的特点。如果与农村的社会经济相结合，农村人口老龄化区域不平衡且超前于经济发展的形式则更为严峻，养老服务需求将更为迫切。

截至 2017 年年末，黑龙江省农村养老机构数量为 144 个，年末收养人数为 22 392 人，平均每个养老机构收养 156 人，而广东省平均每个养老机构收养人数仅为 24 人。从平均收养人数来看，黑龙江是全国水平的 2.3 倍，是广东省的 6.5 倍。可见，黑龙江省农村养老机构承担的养老负担较重。此外，许多农村养老机构硬件条件较差，服务质量也参差不齐，养老保障水平普遍较低，这也是人们选择居家养老和子女养老的主要原因。

2. 可行性——农村养老保险参保意愿强烈

"新农保"计划在 2020 年之前基本实现对农村适龄居民的全覆盖，2014 年 2 月，"新农保"和"城居保"合并，在全国范围内建立统一的城乡居民基本养老保险。黑龙江省也积极响应国家政策，逐步在省内推行农村养老保险。

通过实地调研发现，大多数的农民参保意愿强烈，参保积极性高。黑龙江省农村地区居民的养老方式多数仍为独居养老或子女养老，农村养老机构数量少、条件差，村民对于养老保险的需求较旺盛。2017 年，黑龙江省农村居民享受最低生活保障的人数为 105.2 万人，是城镇低保人数的 1.1 倍。黑龙江省城乡居民基本养老保险参保人数达到 839.3 万人，实际领取人数为 266.7 万人，基金收入 48 亿元，支出 30.4 亿元，累计结余达到 70 亿元。

虽然许多研究表明，黑龙江省企业职工养老保险已出现多年缺口，但近年来城乡居民基本养老保险基金运行较好，仍有盈余，基金收入可完全覆盖支出。虽然从 2014 年 2 月开始，"新农保"和"城居保"合并，但是基于代际公平和地域公平的原则，目前资金的积累和发放仍要根据实际保费缴纳情况来确定。

三、黑龙江省农村养老保险适度
水平的宏观测度与动态调整*

（一）黑龙江省农村养老保险适度水平的宏观测度

农村养老保险适度水平是在宏观区域经济发展水平下，根据劳动要素分配和养老保障支出等指标确定的农村养老保险保障水平（农村人口获得养老保障的限度、幅度和范围）。农村养老金的支出要与经济发展水平保持一致，既保证农村老年人口（60 岁及以上人口）的基本生活需求，又不超出政府的财政能力范围。

随着农村养老保障制度的完善，我国农村养老保障将会由社会养老、土地养老和子女养老的"多重家庭养老模式"向以居家为基础、社区为依托、机构

---

* 原载于《大连大学学报》2019 年第 6 期（作者：吕卓、徐鑫亮、万祥荣）。

为补充的"多层次农村养老服务模式"转变。在这一转变过程中,社会养老地位逐渐增强,对基础养老金的承担比重也逐步增多。依据穆怀中等(2013)提出的养老保险适度水平宏观测度模型,建立农村养老保险适度水平系数模型、农民养老金给付适度水平模型和农民养老金替代率适度水平模型,在养老金目标替代率为30%的"多重家庭养老模式"和养老金目标替代率为45%的"多层次农村养老服务模式"下,对黑龙江省农村养老保险的适度水平进行宏观测度。

1. 黑龙江省农村养老保险适度水平系数测度

依据 1991—2017 年《黑龙江统计年鉴》和 2010 年黑龙江省第六次人口普查数据,可计算"多重家庭养老模式"下,1990—2016 年黑龙江省农村养老保险水平系数的适度下限从 0.49% 上升到 1.16%,适度上限从 0.66% 上升到1.52%;1990—2016 年黑龙江省农民养老金给付水平适度下限从 292.89 元/年上升至 6 018.92 元/年,给付水平适度上限从 393.63 元/年上升至 7 897.16 元/年。"多层次农村养老服务模式"下,1990—2016 年黑龙江省农村养老保险水平系数的适度下限从 0.73% 上升到 1.74%,适度上限从 0.98% 上升到 2.28%;1990—2016 年黑龙江省农民养老金给付水平适度下限从 439.33 元/年上升至9 028.38元/年,给付水平适度上限从 590.45 元/年上升至 11 845.74 元/年。"多重家庭养老模式"的养老保险水平系数低于"多层次农村养老服务模式"的养老保险水平系数,但两种模式的适度水平系数均逐年提高,适度下限和适度上限呈上升趋势,且"多重家庭养老模式"上限与"多层次农村养老服务模式"下限基本保持一致。

1990—1996 年,"多重家庭养老模式"和"多层次农村养老服务模式"的适度上限和适度下限之间的差距较小。2000—2013 年,适度上限和适度下限之间的差距逐渐变大。产生这一结果的主要原因在于:一方面,2000—2013年黑龙江省人均 GDP 增速较快;另一方面,城乡居民人均收入水平的增速小于黑龙江省人均 GDP 的增速,导致城乡居民人均收入占人均 GDP 的比重增幅较小,农民收入分配系数的实际值低于其合意值,且差距逐年加大。2014—2016 年,城乡居民人均收入水平增幅明显,增速超过人均 GDP 的增速,适度上限和适度下限之间的差距逐年缩小。

2. 黑龙江省农民养老金给付适度水平测度

从养老金给付水平来看,在"多重家庭养老模式"和"多层次农村养老服务模式"下,农民养老金给付水平的适度下限和适度上限均呈增加趋势,"多重家庭养老模式"上限与"多层次农村养老服务模式"下限仍基本保持一致。2000—2010 年适度区间逐渐增大,2011—2016 年适度上限增速放缓,但适度下限仍保持较快的增速。这主要是受人口"乡—城"迁移和人口老龄化的影响，2000—2010 年，黑龙江农村中随子女迁移到省内城市生活的老年人也有所增多，农村老龄化趋势略有减缓，农村养老压力暂缓。

3. 黑龙江省农民养老金替代率适度水平测度

从农民养老金替代率来看，农民养老金替代率曲线呈现"增加—平稳—降低"的形态：1990—2003 年，农民养老金替代率逐年增加，适度上限从 0.30 增加至 0.64，适度下限从 0.23 增加至 0.43，这主要由农民养老金给付水平的持续增长所致；2004—2011 年，由于农村人均收入的大幅提高，并且农民养老金给付水平与农村人均收入保持同速增长，使农民养老金替代率保持稳定，适度上限稳定在 0.61～0.68，适度下限稳定在 0.36～0.41；2012—2016 年，农民养老金替代率逐年递减，适度上限从 0.63 降至 0.51，适度下限从 0.37 增加至 0.39，略有上升并保持稳定，主要由农村人均收入水平的增长幅度超过养老金给付水平增长幅度所致。

农民养老金替代率适度水平是依据国民财富、收入分配系数等指标确定的农民养老金替代率适度区间。参照穆怀中（2013）的研究，可根据资金来源的不同将其分为基础养老金替代率和个人账户养老金替代率两部分，各自的份额分别设定为 35％和 65％。由此，可计算出"多重家庭养老模式"下，1990—2016 年农民基础养老金适度上限从 11.48 元/月增长到 230.33 元/月，适度下限从 8.54 元/月增长到 175.55 元/月。在"多层次农村养老服务模式"下，1990—2016 年农民基础养老金适度上限从 17.22 元/月增长到 345.50 元/月，适度下限从 12.81 元/月增长到 263.33 元/月。

从 2019 年 1 月 1 日起，不考虑通货膨胀因素，黑龙江省农村 65～79 岁老人的基础养老金已增加至 95 元/月，80 周岁以上老人的基础养老金增加至 100 元/月，所需资金由县（区）承担。100 元/月的基础养老金分别占 2016 年"多重家庭养老模式"给付下限和上限的 57％和 43％，分别占 2016 年"多层次农村养老服务模式"给付下限和上限的 38％和 29％。可见，虽然基础养老金给付金额有所提高，但仍未达到"多重家庭养老模式"的给付下限，距离"多层次农村养老服务模式"的给付下限仍有较大差距。

通过对黑龙江 1990—2016 年城乡居民基本养老保险的适度水平进行宏观测度，发现东北地区农村基本养老保险水平系数和给付水平逐年提高，适度下限和适度上限呈同步上升趋势，农民养老金替代率曲线呈现"增加—平稳—降低"的形态。理论上，"多重家庭养老模式"上限与"多层次农村养老服务模式"下限基本保持一致，"多重家庭养老模式"可以向"多层次农村养老服务模式"过渡。从养老金给付来看，当政府对养老金的给付水平达到"多重家庭养老模式"基础养老金给付上限时，便可转变为"多层次农村养老服务模式"。

因此，要达到农村基本养老金给付的适度水平，黑龙江省农村地区应先以发展"多重家庭养老模式"为主，渐近式增加基本养老金的给付。具体地，可采取连续三年调增基础养老金的方式，每年调增给付金额。在第一阶段，先将农民 100 元/月的基础养老金调整至"多重家庭养老模式"的适度水平上限，即连续三年每年增加 43 元/月；在第二阶段，待达到"多重家庭养老模式"的给付上限（230.33 元/月）后，可转变为"多层次农村养老服务模式"，将农民每月的基础养老金增加区间设定为［33，115］元/月，连续三年每年调增范围为［11，38］元。当然，该测算数据未考虑未来区域性经济发展和人口变动因素，若要对未来基础养老金进行更精确的预测，还应对人口和经济等因素进行综合分析和测算。

农村基础养老金最低标准的动态调整机制的建立，将促进农村基本养老保险由过去注重外延式扩张的数量型增长模式转向注重完善内在机制的质量型增长模式，有利于提高农村基本养老保险制度运行质量和效益。然而，近年来黑龙江省农村地区的实际基本养老保障水平不升反降，在乡村振兴战略背景下，提升农村养老保障水平需要依靠农民个人、中央和地方政府共同努力而实现，而中央和地方政府还需要承担一定比例的保费补贴和养老金给付责任。各农村地区应先以发展"多重家庭养老模式"为主，渐进式增加基本养老金的给付，逐步向"多层次农村养老服务模式"过渡，配合养老服务机构的设立和养老服务设施的完善，最终实现多层次农村养老服务体系的构建。

（二）黑龙江省农村人口预测

参照邓大松等（2014）对农民国民生命表的编制方法，根据 2010 年第六次全国人口普查数据，编制全国农村国民生命表；根据黑龙江省 2010 年人口普查数据，编制黑龙江省农村国民生命表。考虑到黑龙江省农村大规模的"乡—城"人口迁移特点和严重的人口老龄化背景，引入农村人口迁移率，对农村迁移人口分年龄、分性别进行预测，以反映包涵了农村人口迁移状况的人口发展总体情况。

将黑龙江省 2010 年人口普查数据中户口登记地在外乡镇的分年龄、分性别城市人口，剔除市区内人户分离人口后，除以相应的农村人口，计算人口迁移率，作为分年龄、分性别的黑龙江省农村人口迁移率。由于人口普查数据每10 年更新一次，因此以 2010 年人口普查数据为基期，预测 2011—2060 年的人口数量，通过 2011—2016 年人口理论值与实际值的对比，进一步对 2017—2060 年预测的人口数进行调整。从人口总量来看，2011—2060 年黑龙江省农村人口呈持续平滑下降趋势，由 2011 年的 1 668 万人减少至 2060 年的 177 万人，50 年间人口总量减少 89.39％，年均减少速度将达到 4.39％，这主要是工业化与城镇化水平快速提升所带来的结果。假定农村人口结构主要受城镇化的影响，采用线性插值法计算 2011—2060 年黑龙江省 60 岁以上人口比重，对 2011—2060 年不同年龄阶段的人口比重进行比较，黑龙江省农村人口结构的变化可以分为三个阶段，如图 1 所示。

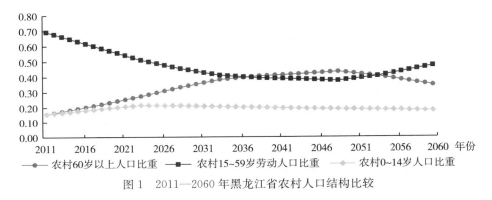

图 1　2011—2060 年黑龙江省农村人口结构比较

第一阶段为老龄化加速期（2011—2036 年），60 岁以上老年抚养比从 2011 年的 22.20％提高至 2036 年的 99.04％。在这一时期，大量农村青壮年劳动力迁移至城市生活，而老年人则选择在农村留守，因而农村 15～59 岁劳动人口比重从 2011 年的 69.24％逐年下降至 2036 年的 40.09％，而老龄人口比重则从 2011 年的 15.37％大幅上升至 2033 年的 39.70％。农村人口老龄化程度持续增强，直到 2036 年，农村老龄人口与劳动人口数量基本持平。

第二阶段为人口结构稳定期（2037—2053 年），60 岁以上老年抚养比从 2037 年的 101.11％先升后降至 2053 年的 100.10％。这一阶段，已有一批农村青壮年劳动力完成了从农村向城镇的迁移，部分农村老龄人口也因达到寿命而死亡。随着农村人口总量的大幅减少，老龄人口比重基本稳定在 40.17％～43.51％，而劳动人口比重则保持在 37.59％～40.66％，农村老龄化程度保持稳定。

第三阶段为老龄化衰退期（2054—2060 年），60 岁以上老年抚养比从 2054 年的 95.73％降低至 2060 年的 73.29％。这一阶段人口总量继续减少，老龄人口比重也略有降低，从 2054 年的 39.85％下降至 2060 年的 34.76％，而劳动人口比重有所提高，从 2054 年的 41.63％增加至 2060 年的 47.44％，农村人口老龄化程度减弱。

对 2011—2060 年黑龙江省分时期、分年龄农村人口结构进行动态比较，如图 2 所示，分时期、分年龄的农村人口结构呈现两大特征。第一个特征是峰值年龄先增后减。一方面，1958 年国家颁布《中华人民共和国户口登记条例》，限制了农村劳动力向城市的流动。另一方面，20 世纪 60 年代，为了响应国家精简职工、回乡支农的号召，大批农村户籍的城镇职工回到家乡支援建设，使得农村新生人口和总人口大幅增加。随着时间的推移，农村峰值年龄从 2011—2015 年的 45～49 岁逐渐提高至 2046—2050 年的 75～79 岁，处于峰值年龄的老年人陆续死亡后，峰值年龄下降为 2056—2060 年的 70～74 岁。同时，青年人口大批减少。一方面是由于农村教育水平较低，一部分 15～25 岁的青年在初中或高中阶段选择辍学去城市打工，另一方面是一些农民以农民工身份迁移至城市生活，导致 2011—2025 年近 15 年间，农村青年人口数量持续较少，约 2026 年以后，城镇化进程逐渐放缓。2050 年以后，农村各年龄段人口数量已大量减少，并基本保持稳定。

综合来看，在人口总量上，2011—2060 年黑龙江省农村人口呈持续平滑下降趋势，由 2011 年的 1 668 万人减少至 2060 年的 177 万人，50 年间人口总量减少 89.39％，年均减少速度将达到 4.39％；在人口结构上，黑龙江省农村人口结构的变化大致可以分为老龄化加速期（2011—2036 年）、人口结构稳定期（2037—2053 年）和老龄化衰退期（2054—2060 年）三个阶段，人口结构从动态上呈现出峰值年龄先增后减和青年人口大批减少的特征，直至 2050 年以后，农村各年龄段人口数量基本保持稳定。考虑到黑龙江省未来 40 年的人口变化，地方政府应结合地区实际情况制定经济和人口发展方案。一方面，地方政府应积极提高经济发展水平，加强对青年人才引进，为城镇化发展提供充足的资本和技术支持；另一方面，应积极响应国家的人口政策，鼓励生育，为城镇新增育龄妇女提供基本医疗和就业保障。

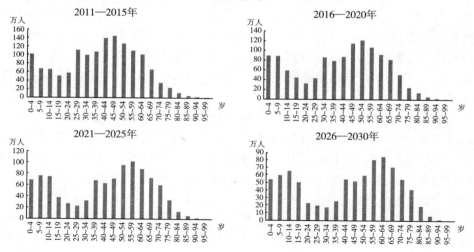

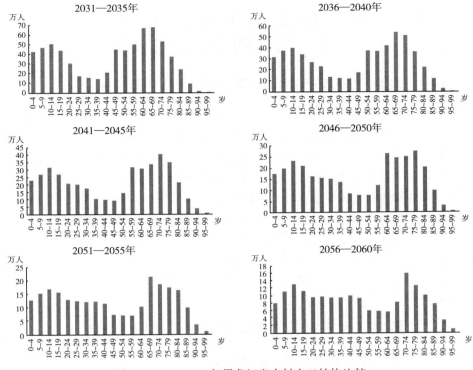

图 2　2011—2060 年黑龙江省农村人口结构比较

（三）黑龙江省农村养老保险适度水平宏观预测

在对 2011—2060 年黑龙江省农村总人口预测的基础上，使用农村养老保险适度水平系数模型、农村养老金给付适度水平模型和农民养老金替代率适度水平模型，分别对"多重家庭养老模式"和"多层次农村养老服务模式"下 2016—2060 年黑龙江省农村养老保险适度水平区间进行预测。结果表明，2016—2060 年黑龙江省"多重家庭养老模式"农民养老金给付水平适度下限由 2016 年的 626 元/月上升到 2060 年的 8 236 元/月，养老金给付水平适度上限由 2016 年的 721 元/月上升到 2060 年的 8 188 元/月。2016—2060 年黑龙江省"多层次农村养老服务模式"农民养老金给付水平适度下限由 2016 年的 939 元/月上升到 2060 年的 12 354 元/月，养老金给付水平适度上限由 2016 年的 1 082 元/月上升到 2060 年的 12 282 元/月。两种模式下的养老金给付水平区间在 2020—2050 年均呈逐渐扩大趋势，在 2050—2060 年呈逐渐聚拢趋势，直至 2060 年，养老金给付水平上限和下限基本处于同一水平。

四、黑龙江省农村养老保险适度
水平的微观测度与动态调整[*]

（一）农村养老保险适度水平的微观测度理论基础

从微观角度分析养老保险适度水平，是将考察目标由整体状况转移到每一个个体，将考察目标具体指向每一个农村居民。农村养老保险适度水平是一个包含下限与上限的区间，已有研究是将适度水平下限的衡量标准确定为能够满足农村老年人基本生存需要，即生存必需的最低限度食品和服务支出。以我国居民营养达标为目标，根据 2014 年 1 月 28 日国务院颁发的《中国食物与营养发展纲要（2014—2020 年）》来计算符合我国居民健康需求的食品消费量。适度水平上限的衡量标准是达到同期农村居民生活消费支出的 60%。60% 这一标准是国际上公认的养老金给付水平标准，它表明老年人的消费结构更加集中于食品、医疗等领域，在这种情况下，当期居民生活消费支出的 60% 是可以保证老年人正常并体面生活的。

（二）黑龙江省农村养老保险适度水平的微观测度

1. 农民养老金适度下限的微观测度

农村养老保险适度水平下限必须能够满足农村老年人口对食品和服务的最低日常需求，这一需求可以通过对恩格尔系数的测算得到。农村老年人生活消费支出的种类比社会平均水平要少得多，对传统恩格尔系数进行修正，用修正后的恩格尔系数衡量农村老年人口真实的基本生活需求，进而计算农民养老金适度下限。

农村老年人的需求可分为食品需求和非食品需求，其中食品需求是指农村老年人口为了保证健康的生活而对各类食品的需求，可以通过营养素摄入量、食品消费结构和食品年平均价格计算老年人每年食品消费金额；非食品需求是农村老年人口生活必需的衣着、交通、通信等费用支出，不包括基本医疗服务支出（这一部分由新型农村合作医疗制度解决）。根据 2014 年 1 月 28 日国务院颁发的《中国食物与营养发展纲要（2014—2020 年）》对我国居民食物消费量和营养素摄入量的目标要求[①]和营养学家对老年人每日摄取能量的分析，根

---

[*] 原载于《现代商贸工业》2019 年第 30 期（作者：吕卓、崔宏楷、张鑫）。
[①] 到 2020 年，我国人均全年口粮消费 135 千克、食用植物油 12 千克、豆类 13 千克、肉类 29 千克、蛋类 16 千克、奶类 36 千克、水产品 18 千克、蔬菜 140 千克、水果 60 千克。

据 2015 年《黑龙江统计年鉴》数据，计算老年人每日对各类食品的需求量[①]。在食品需求计算方面，根据黑龙江省食品价格分季节进行加权平均处理，更符合食品价格的实际变化情况。根据代表性食物日人均消费量和 2015 年食物平均价格水平[②]，可以计算出在 2020 年的营养目标基础上，2015 年一个老年人每天用于食品消费的金额为 9.15 元，即月人均食品消费金额为 274.5 元，年人均食品消费金额为 3 339.75 元。测算农村最低养老保险水平时参考农村最低收入水平户的非食品需求，以其作为农村老年人口必须得到的基本生活服务水平的最低限度。

根据 2015 年黑龙江省各地区农村居民人均可支配收入数据，将黑龙江省 15 个地区按照常住居民人均可支配收入从高到低进行五等份分组。低收入组农村居民人均可支配收入均值为 8 441 元/年。根据穆怀中等（2011）对农村低收入组农民食品和非食品支出的测算[③]，以及 2009—2015 年我国农村居民消费价格指数[④]，可以计算 2015 年我国农村低收入组农民食品支出和非食品支出分别为 819.23 元和 395.21 元，总支出为 1 214.44 元，修正的恩格尔系数（食品支出/总支出）为 67.46%。由 2015 年黑龙江省农村居民年人均食品消费金额 3 339.75 元，可以计算年人均总消费金额为 4 950.71 元，月人均总消费金额为 412.56 元[⑤]，即 2015 年农村养老保险适度水平下限。值得注意的是，412.56 元是基于低收入组计算的月人均总消费金额，低于基于黑龙江省农村总人口计算的月人均总消费金额 699 元，即低收入组的生活消费占平均消费水平的 59%。这一适度水平下限是针对完全无劳动能力和养老金收入的农村老年人口的保障金额，对于具有劳动能力和选择子女养老、土地养老的老年人，各地应制定分级保障标准，根据各户的实际情况进行养老保险金的给付。

2. 农民养老金适度上限的微观测度

由于人们消费习惯等原因，使得可支配收入对消费支出的影响存在时间滞

---

① 老年人年人均口粮消费 108 千克、肉类 23.2 千克（猪牛羊肉 18.189 千克、鸡鸭鹅肉 5.011 千克）、蛋类 12.8 千克、奶类 28.8 千克、水产品 14.4 千克、蔬菜 112 千克、水果 48 千克，即每日人均口粮消费 0.296 千克、肉类 0.063 千克（猪牛羊肉 0.049 千克、鸡鸭鹅肉 0.014 千克）、蛋类 0.035 千克、奶类 0.079 千克、水产品 0.040 千克、蔬菜 0.307 千克、水果 0.131 千克。

② 农村销售食品种类少，特别是水产品和水果类食品种类较少，部分代表性食物价格数据根据县市一级的食品价格数据计算。

③ 2009 年农村低收入组农民的食品现金支出为 673.71 元/年，非食品现金支出为 325.01 元/年，总现金支出为 998.72 元/年。

④ 将 2009 年作为基期（2009 年农村居民消费价格指数＝100），可计算 2015 年农村居民消费价格指数＝121.6。

⑤ 412.56 元是基于低收入组计算的月人均总消费金额，低于基于黑龙江省农村总人口计算的月人均总消费金额 699 元，即低收入组的生活消费占平均消费水平的 59%（412.56÷699＝0.59）。

后，由此建立动态计量经济模型中的分布滞后模型。因此，对于农民养老金适度水平的上限，可利用考伊克分布滞后模型进行测度，计算得出 2015 年黑龙江省农村居民人均生活消费支出为 8 339.61 元。根据老年人养老收入达到社会平均收入 60% 的国际标准，假设黑龙江省农村老年人所需要的养老保险适度水平上限也为同期农村居民生活消费支出的 60%，计算得出 2015 年黑龙江省农村老年人养老保险适度水平上限为 5 003.76 元，即 416.98 元/月。由以上分析可知，2015 年黑龙江省农村老年人养老保险适度水平区间为 [412.56，416.98] 元/月。

3. 微观视角的农民养老金适度水平区间预测

基于 1990—2015 年黑龙江省农村居民人均全年生活消费支出①数据和新的考伊克分布滞后模型，对 2016—2060 年黑龙江省农村居民人均全年生活消费支出进行预测。计算 1990—2015 年通货膨胀率的平均值约为 4.3%，将该值作为 2016—2060 年通货膨胀率的预测值，即 2016 年－2060 年我国每年的通货膨胀率均为 4.3%，居民消费价格水平也以每年 4.3% 的幅度增长。在 4.3% 的通货膨胀率下，黑龙江省农村居民养老金给付水平适度下限将由 2016 年的 366 元/月上升至 2060 年的 2 332 元/月，适度上限将由 2016 年的 627 元/月上升至 2060 年的 3 996 元/月。然而，黑龙江省目前养老金给付水平为 95～100 元/人，与满足农民基本生活需求的适度下限水平尚有很大差距。若养老金给付水平增长速度高于 4.3%，则黑龙江省农村居民的养老保险水平将进一步提高；若当前养老金给付水平增长速度低于 4.3% 的通货膨胀率，那么农村居民养老保险的实施效果将逐渐减弱。

综合以上分析，在宏观与微观视角下，分别对黑龙江省农民养老金给付水平预测数据进行整理，得出农民养老金给付水平适度上限与下限。宏观和微观视角下，农民养老金水平均呈现显著的上升趋势，但宏观视角下农民养老金水平的增长明显快于微观视角下农民养老金水平的增长。

五、黑龙江省农村养老保险适度水平的分层贡献分析

（一）黑龙江省农村养老保险水平及社会保障水平现状分析

农村社会保障程度的提高是影响社会保障水平的重要因素，我国从 2009 年启动新型农村社会养老保险试点以来，黑龙江省农村养老金支出迅速从

---

① 生活消费支出＝基本生活支出＋文化教育娱乐服务支出。农民家庭生活消费支出是指农村常住居民家庭用于日常生活的开支，是用来反映和研究农民家庭实际生活消费水平高低的重要指标，包括用于衣食住行等的开支和文化、教育、娱乐和其他服务费用开支两大部分。

2008 年的 7.8 亿元增加至 2009 年的 28.1 亿元，至 2016 年已达到 309.6 亿元。"新农保"政策实施后，黑龙江农村养老保险水平快速提高，从 2007 年的 0.1% 提高至 2016 年的 2.01%，提升了近 20 倍。农村养老保险水平在城乡养老保险水平中所占比重也从 2007 年的 2.87% 迅速提高至 2010 年的 9.79%，并且在 2011 年以后大幅度提高至 20% 左右。然而，与全国水平相比，黑龙江省农村养老保险水平在全国水平中的占比尚不足 50%，仍有较大的提升空间。

"新农保"的实施不仅提高了农村养老保险水平，还提高了农村社会保障水平。2009 年以后，新农保政策实施效果明显，黑龙江省农村养老保险水平约占城乡养老保险水平的 17.2%。但与全国平均水平相比，黑龙江省农村养老保险水平明显低于全国农村养老保险水平；与城镇水平相比，黑龙江省农村养老保险水平也远低于黑龙江城镇养老保险水平。

从 2007—2016 年的数据来看，黑龙江省城乡社会保障水平高于全国社会保障水平，主要原因在于黑龙江省 GDP 增速缓慢，GDP 水平较低，而社会保障水平保持稳定增长，使得黑龙江省社会保障水平相对较高。若 GDP 增速持续放缓，将会使黑龙江省的社会保障基金形成缺口，导致财政支出困难。

（二）农村养老保险适度水平对黑龙江省养老保险水平的贡献

假设从 2017 年开始，农村养老保险制度实现了全覆盖，农村养老保险水平达到微观测度的适度下限标准，以此为基础分析"多重家庭养老模式"和"多层次农村养老服务模式"下，农村养老保险适度水平的实现对提高养老保险水平的贡献，如图 3 所示。

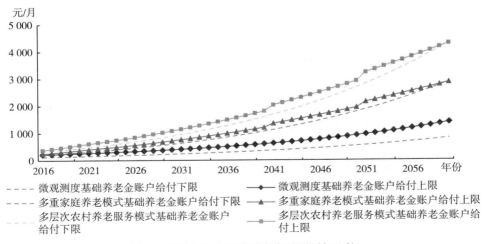

图 3　基础养老金账户适度水平预测与比较

1. "多重家庭养老模式"下基础养老金账户给付水平的贡献

2019 年黑龙江省已将农村基础养老金提高至每月 95～100 元，虽然这一金额与微观测度的基础养老金给付水平差距较小，但与宏观测度的基础养老金给付水平差距仍然很大。若黑龙江省农民养老保障不充分，农民的晚年生活质量也会受到严重影响。基于此，假定基础养老金和个人账户养老金均能够达到微观测度的给付下限水平。在满足微观测度适度水平的前提下，测度基础养老金账户对"多重家庭养老模式"下养老保障水平的贡献率。

计算基础养老金账户适度水平对"多重家庭养老模式"的贡献率平均值，2016—2060 年贡献率从 25.44％下降至 13.50％。随着农民生活水平的逐步提高，微观测度的农民养老保障水平逐渐降低，这表明农民未来养老保障需求不仅包括以食品为主的消费，还要包含其他领域的消费，农村老年人的生活需求将更加丰富。

2. "多层次农村养老服务模式"下基础养老金账户给付水平的贡献

计算微观测度的基础养老金账户适度水平对"多层次农村养老服务模式"的贡献率平均值，2016—2060 年贡献率从 16.96％下降至 9.00％。在"多层次农村养老服务模式"下，微观测度的基础养老金适度水平贡献率将进一步下降，这表明与农民更高的未来养老保障需求（例如乡村文化建设需求）相比，仅仅对物质方面进行保障将无法满足农村老年人的养老需求，农村老年人生活需求将会呈现多样化特点，从物质文明向精神文明发展。

六、结论及对策建议[*]

（一）研究结论

1. 黑龙江省农村基础养老金给付水平和调整速度仍然低于其他省市

黑龙江省主要存在参保赡养率高、财政支付压力大、基础养老金给付水平较低的问题，虽然黑龙江省近年来连续提高基础养老金最低给付标准，但基础养老金的给付水平和调整速度仍然较其他地区更低。基于农村居民对养老保险强烈的参保意愿，结合政府政策的有效实施，黑龙江省城乡基本养老保险养老服务供需不平衡的现状有望得到改善。

2. 黑龙江省城乡基础养老金给付水平尚未达到适度给付水平

黑龙江省的城乡基础养老金给付水平虽在逐年提高，但距离适度给付下限仍有一定差距，未达到"多重家庭养老模式"的给付下限，距离"多层次农村

* 原载于《会计之友》2020 年第 11 期（作者：吕卓、崔宏楷、肖俊）。

养老服务模式"的给付下限仍有较大差距。

3. 黑龙江省农村养老保险可由"多重家庭养老模式"向"多层次农村养老服务模式"发展

理论上,"多重家庭养老模式"上限与"多层次农村养老服务模式"下限基本保持一致,"多重家庭养老模式"可以向"多层次农村养老服务模式"过渡。从养老金给付来看,当政府对养老金的给付水平达到"多重家庭养老模式"基础养老金给付上限时,便可转变为"多层次农村养老服务模式"。

4. "多重家庭养老模式"与"多层次农村养老服务模式"的保障水平差距呈先大再小趋势

通过对 2016—2060 年黑龙江省农民养老金给付适度水平的预测可知,2016—2060 年黑龙江省"多重家庭养老模式"下农民养老金给付水平适度下限由 2016 年的 626 元/月上升到 2060 年的 8 236 元/月,养老金给付水平适度上限由 2016 年的 721 元/月上升到 2060 年的 8 188 元/月;"多层次农村养老服务模式"下农民养老金给付水平适度下限由 2016 年的 939 元/月上升到 2060 年的 12 354 元/月,养老金给付水平适度上限由 2016 年的 1 082 元/月上升到 2060 年的 12 282 元/月。两种模式的养老金给付水平区间在 2020—2050 年均呈逐渐扩大趋势,在 2050—2060 年呈逐渐聚拢趋势,直至 2060 年,养老金给付水平上限和下限基本处于同一水平。

5. 建议养老金给付水平的增速不低于 4.3%,以保障黑龙江农村居民的养老保障水平

在 4.3%的通货膨胀率下,黑龙江省农村居民养老金给付水平适度下限将由 2016 年的 366 元/月上升至 2060 年的 2 332 元/月,适度上限将由 2016 年的 627 元/月上升至 2060 年的 3 996 元/月。然而,黑龙江省目前养老金给付水平为 95～100 元/人,与满足农民基本生活需求的适度下限水平尚有很大差距。若养老金给付水平增长速度大于 4.3%,则黑龙江省农村居民的养老保险水平将进一步提高;若养老金给付水平增长速度低于 4.3%的通货膨胀率,那么农村居民养老保险的实施效果将逐渐减弱。

6. 农村老年人生活需求将会呈现多样化,从物质文明向精神文明发展

在"多重家庭养老模式"下,随着农民生活水平的逐步提高,微观测度的农民养老保障水平逐渐降低,原因在于农民未来养老保障需求不仅包括以食品为主的消费,还要包含其他领域的消费,农村老年人的生活需求将更加丰富。在"多层次农村养老服务模式"下,微观测度的基础养老金给付适度水平贡献率将进一步下降,原因在于和农民更高的未来养老保障需求相比,仅仅对物质方面的保障将无法满足农村老年人的养老需求。

（二）对策建议

1. 加强宏观统筹管理

目前，黑龙江省城乡基本养老保险基础养老金给付最低标准范围为每月95～100元/人，这相对于基本养老保障实现的目标还有一定差距，养老金给付水平有望进一步提高。基于参保赡养率高、财政支付压力大、基础养老金给付水平较低的问题，相关政府部门应在国家政策的指导下，对城乡养老保险在基金拨付、资金管理、人员保障、技术服务等方面进行宏观统筹管理。

（1）基金拨付方面。 以收定支，当年筹集的资金全部拨付地方，中央政府在下达中央财政补助资金和拨付中央调剂金后，各省份养老保险基金缺口由地方政府承担。从可支付月数来看，即使引入中央调剂制度，2019—2028年黑龙江省养老金发放面临较大的支付压力，财务风险较大。目前，城乡基本养老保险还未建立中央调剂制度，这也是养老保险制度有待完善的地方。建议城乡基本养老保险建立相应的中央调剂或地方调剂制度，保障制度的代际公平和地域公平。

（2）基金管理方面。 通过划转部分国有资本充实社保基金。在推动国有企业深化改革的同时，划转部分国有资本充实社保基金，使全民共享国有企业发展成果，实现代际公平，增强制度的可持续性。在参考社会平均工资的增长水平、投资收益率、期望寿命、人口增长率、老龄化速度等因素的前提下，根据精算平衡原则，适时降低缴费率、提高待遇给付水平，并实现代际平衡。黑龙江省作为老工业基地，过去国有企业职工占相当一部分比例，有一部分更是在上山下乡的年代留在了农村。此外，还应配合中央调剂制度的实施。黑龙江省外流人口较多，特别是中青年劳动力人口严重外流，建立中央调剂制度有利于保证代际公平和地域公平。

（3）人员保障方面。 一些基层地区在编管理人员数量过少，聘用人员工作能力有限、工作效率低下，工资待遇不高，主管人员更换频繁，很难为居住分散的农村地区参保人员提供有效服务。因此，应增强对专业人员的业务培训和工作监督，提高养老服务机构的经办能力和工作效率，加强队伍的专业化建设。

（4）技术服务方面。 社会保险部门与公安、民政部门有关信息系统未实现关联，人脸识别系统尚未全面推行，参保人员身故信息难以得到及时更新确认，容易出现待遇冒领的情况。因此，应加强对社保部门的技术支持，以基层为重点增加技术资源投入，提高信息化建设水平。

2. 建立待遇调整机制

从长远看，应逐步改进城乡居民基本养老保险制度设计，建立激励约束有效、筹资权责清晰、保障水平适度的城乡居民养老保险待遇确定和基础养老金正常调整机制。①提高待遇标准。未来和工薪劳动者纳入同一基本养老保险体系，采用统一的个人账户记账利率①，按照职工基本养老金调整办法提高城乡居民基本养老金待遇，逐步缩小不同群体养老待遇差距。具体地，应合理评估县以下各级单位设立新农保经办机构的必要性和可行性，根据现实情况因地制宜，健全农村社会保障经办管理体制。②中央地方支持。农村基础养老金最低标准的动态调整机制的建立，将促进农村基本养老保险从过去注重外延式扩张的数量型增长模式转向注重完善内在机制的质量型增长模式，有利于提高农村基本养老保险制度运行质量和效益。然而，近年来黑龙江省农村地区的实际基本养老保障水平不升反降，在乡村振兴战略背景下，提升农村养老保障水平需要依靠农民个人、中央和地方政府共同努力实现，而中央和地方政府还需要承担一定比例的保费补贴和养老金给付责任。③渐进式发展。各农村地区应先以发展"多重家庭养老模式"为主，渐近式增加基本养老金的给付，逐步向"多层次农村养老服务模式"过渡，配合养老服务机构的设立和养老服务设施的完善，最终实现多层次农村养老服务体系的构建。

3. 完善缴费激励机制

个人缴费方面，省人力资源社会保障厅和财政厅可根据全省经济社会发展、城乡居民可支配收入、灵活就业人员年参保缴费额等情况，适时提出全省统一的居民基本养老保险参保缴费档次意见，报省政府批准执行。最高缴费档次标准，原则上不超过当地灵活就业人员参加职工基本养老保险的年缴费额。适度提高最低缴费档次标准，每 5 年调整 1 次，适当减少缴费标准档次，提高缴费最低标准，鼓励长期持续缴费，对重度残疾人等缴费困难群体，可保留现行最低缴费档次标准。

缴费补贴方面，根据经济发展和个人缴费状况，合理调整缴费补贴标准，对选择较高档次缴费的人员，适当增加缴费补贴，引导居民选择高档次标准缴费。根据现行居民基本养老保险个人缴费档次，对选择 300 元标准缴费的，补贴标准不低于每人每年 30 元；对选择 500 元、600 元标准缴费的，补贴标准不低于每人每年 60 元；对选择 800 元及以上标准缴费的，补贴标准不低于每人每年 80 元。同时，鼓励集体经济组织提高缴费补助，鼓励其他社会组织、

---

① 城乡居民基本养老保险个人账户记账利率普遍较低，一般不高于 3%，而职工基本养老保险个人账户记账利率一般高于 7%。

公益慈善组织、个人为参保人缴费加大资助。

为鼓励引导居民早参保、长缴费、不断保，参加居民基本养老保险缴费满15 年后，每多缴一年，在领取居民基本养老保险待遇时，每月适当加发年限基础养老金。加发年限基础养老金具体标准由市、县（市、区）政府确定，所需资金由市、县（市、区）政府承担。

4. 推进养老保险基金投资管理

为贯彻落实《基本养老保险基金投资管理办法》，更好地促进城乡居民基本养老保险基金保值增值，2018 年 8 月，人力资源和社会保障部、财政部印发了《关于加快推进城乡居民基本养老保险基金委托投资工作的通知》，明确从 2018 年起，各省（区、市）按年分批启动，到 2020 年底全面实施居民养老基金委托投资工作。

按照《国务院关于印发基本养老保险基金投资管理办法的通知》《人力资源和社会保障部、财政部关于加快推进城乡居民基本养老保险基金委托投资工作的通知》规定，开展居民基本养老保险基金委托投资，实现基金保值增值，提高个人账户养老金水平和基金支付能力；对未开展委托投资、留存在地方的居民基本养老保险基金，要严格按规定存银行、买国债，不得违规投资运营。

5. 完善农村养老保险会计理论体系

参考《政府会计制度》在财务会计与预算会计适度分离并相互衔接的成功经验，在收支业务方面扩大权责发生制的应用范围，逐步实现财务会计与预算会计统一衔接。根据国家相关法律法规和《社保会计制度》的改革方向，提出以下建议：①对影响农村社会养老基金会计信息质量关系较紧密的"社会保险费收入""财政补贴收入""委托投资收益"和"利息收入"等科目，试行权责发生制会计核算，增强财务报表的真实性与可比性。②针对预缴保费，在"暂收款"中增设"预缴社会保险费"明细科目，以完善债务关系。针对应缴未缴保费，在"暂付款"中增设"未缴社会保险费"明细科目，以完善债权关系。③农村社会养老保险的"社会保险待遇支出"和"转移支出"等科目具有强制性的法律属性，且金额数量也较为单一，无论当期是否实际支付，均应按"规定时间"进行账务处理。④继续提高会计信息披露水平。农村社会养老保险会计制度的会计信息披露应有别于其他政府会计信息的披露，原因在于农村社会养老保险涉及农业人口比重较高，同时该项基金的会计主体相关权益归属于参保对象而非受托代理机构，就现状看仍需继续在规范披露内容、提高披露层次、增加披露频率、加强披露监管方面做出努力，以提高会计信息披露的质量。未来应进一步考虑增加对表外会计信息的披露，可参考国际经验，尽快制定有关农村养老保险基金精算平衡性的分析与披露要求，以提高会计信息的决策相关性。⑤构建现代社会保险基金会计信息化系统。近年采，大数据、云计算、区块链等技术日臻成熟，在此背景下，企业会计领域中现代化手段应用也日趋完善，并积累了大量实践经验。可以积极借鉴企业会计系统的有效经验，迅速建立和完善相关现代化会计系统和平台，有效对接改革进程，提升社会保障效率和质量，进而为全面实现"老有所养"的多层次农村养老保险体系提供手段支持。

项目负责人：吕卓
主要参加人：徐鑫亮、孙琳、吕双、胡玉杰

中国对丝绸之路经济带沿线国家园艺产品出口贸易潜力研究[*]

蔡玉秋　刘辰洋　秦文琦　王馨瑶　王芊颐

"丝绸之路经济带"的提出对于应对后金融危机以来的贸易保护主义以及新贸易通道的开辟提供了重大的发展契机。丝绸之路经济沿线国家在农业资源方面的要素禀赋存在很大差别，农产品贸易的互补性很强。中亚五国作为丝绸之路经济带建设的核心区，与我国在园艺产品方面的贸易联系十分紧密，因此，研究我国与中亚五国园艺产品合作状况对分析我国与丝绸之路经济带沿线国家的园艺产品合作具有重要的意义。以中亚五国作为丝绸之路经济带沿线国家的代表，研究我国对其园艺产品的贸易潜力，这对促进我国经济的发展尤其是西部大开发、促使我国园艺产品在中亚国家市场的竞争中立于不败之地以及帮助我国出口企业做出正确的市场战略选择具有十分重大的现实意义。

一、中国对丝绸之路经济带沿线国家园艺产品出口现状分析

（一）中国园艺产品的贸易现状

1. 中国园艺产品贸易规模不断扩大

自改革开放以来，中国的园艺产品便呈现出强劲的出口势头，目前园艺产品已经成为中国出口至世界各地的农产品中最具活力和潜力的产品类别之一。尤其是 2004 年中国加入 WTO 后，中国的产品市场进一步开放，中国园艺产品的出口额更是呈现出大幅度的增长趋势。根据 UN Comtrade 数据库计算显示，2000 年中国园艺产品的出口值达 42.63 亿美元，到 2019 年中国的园艺产品出口值达 280.53 亿美元，增长了 5.6 倍，年平均增长 11.90 亿美元，年平

　＊　黑龙江省哲学社会科学研究规划项目（项目编号：17JYE397）。
　项目负责人为蔡玉秋教授，主要参加人员有刘辰洋、秦文琦、王馨瑶、王芊颐等。

均增长率高达 10.42％。园艺产品的出口整体呈现增长趋势，且增幅较大，尤其是在中国加入 WTO 后，园艺产品出口额的增长速度更快。

从进口方面看，中国园艺产品的进口额呈现总体上升趋势。1999 年中国园艺产品的进口总额为 6 亿美元，到 2019 年中国园艺产品的进口额达到 113.32 亿美元，增长了 17.89 倍，年平均增长 5.11 亿美元，年均增长率为 15.83％。虽然从中国园艺产品进口的绝对数额看，其呈现不断上升的趋势，但相对于出口来说，中国园艺产品的进口远远低于出口，呈现贸易顺差，且顺差呈现不断增加的趋势，从 2000 年的 366 400 万美元增长至 2019 年的 1 672 500 万美元。我国是园艺产品净出口国，在对外贸易方面竞争优势非常明显、外贸输出前景看好。

2. 中国园艺产品出口结构趋于集中

从中国园艺产品的出口结构来看，《商品名称及编码协调制度》（HS1992）分类中的 06 类、07 类、08 类、09 类、20 类和 24 类的出口情况如表 1 所示。从表 1 可以看出，2000—2019 年中国对外输出的园艺产品主要是 07 类食用蔬菜、块根及块茎，08 类水果、坚果或柑橘的果皮，09 类咖啡、茶以及调味料，以及 20 类蔬菜、水果、坚果、植物的制成品。这四类产品的出口额占中国园艺产品总出口额的 90％以上，且占比相对稳定，均处于 90％～94％。其中，07 类食用蔬菜、块根及块茎的出口份额占比最大，是园艺产品出口的主力军，也是最稳定的出口源；20 类蔬菜、水果、坚果、植物的制成品占比相对较高，在 2004—2012 年超过 07 类食用蔬菜、块根及块茎位居中国园艺产品出口第一位，甚至在 2011 年出口份额高达 40.64％，因此 20 类蔬菜、水果、坚果、植物的制成品也是中国园艺产品出口的中流砥柱；08 类水果、坚果或柑橘的果皮的出口份额相对较低，但其出口的总体趋势是不断增加的，并且在园艺产品出口的地位越来越重要，将会发展成中国园艺产品对外输出的一个新的经济增长突破点；09 类咖啡、茶以及调味料的出口总额占中国园艺产品出口总额的比重变化不大，基本处于 10％；06 类活植物、剪花以及簇叶的出口总额占园艺产品的总输出额的比重最低，徘徊在 1％，但其呈现明显增长趋势，随着消费结构的变化，消费者对鲜花等观赏类园艺产品的需求必将增加，因此，06 类活植物、剪花以及簇叶的出口势头强劲；24 类烟草及烟草代用品的制品出口比重越来越小，不具备出口优势。

表 1　2000—2019 年中国园艺产品出口结构分析

年份	06 类（％）	07 类（％）	08 类（％）	09 类（％）	20 类（％）	24 类（％）
2000	0.74	35.48	10.89	12.96	24.50	15.42

（续）

年份	06 类（%）	07 类（%）	08 类（%）	09 类（%）	20 类（%）	24 类（%）
2002	0.79	38.68	10.82	12.46	28.68	8.57
2003	0.77	37.53	10.14	12.28	31.94	7.34
2004	0.75	37.62	9.37	11.68	32.25	8.32
2005	0.82	36.06	10.62	10.56	33.65	8.29
2007	0.86	33.95	12.26	11.57	34.49	6.87
2009	1.01	35.58	12.30	9.47	36.22	5.42
2011	1.03	29.37	14.64	9.15	40.64	5.16
2012	1.30	33.58	16.46	9.71	32.87	6.08
2013	1.11	40.23	14.42	8.92	29.83	5.49
2015	1.18	31.82	17.38	8.95	34.85	5.82
2017	1.69	33.82	17.75	10.08	31.38	5.28
2019	1.18	37.59	19.55	10.62	26.15	4.91

3. 中国园艺产品国际市场占有率显著提升

从我国园艺产品的国际市场占有率角度看，中国是世界上为数不多的园艺产品生产大国，但是我国园艺产品的对外输出占世界所有国家园艺产品对外输出的份额相对较低，如表 2 所示。从整体上看，中国园艺产品的市场占有率呈现上升趋势，在 2002 年为 3.46%，到 2019 年上升至 8.75%，这表明我国园艺产品的出口竞争优势正在逐渐释放出来。但相对于中国园艺产品的生产量来说，中国园艺产品的对外输出份额并不高。随着丝绸之路经济带概念的提出，丝绸之路经济带沿线国家必将加大对中国园艺产品的进口，因此，中国园艺产品的出口前景会越来越好。

表 2　2002—2019 年中国园艺产品的国际市场占有率

年份	中国出口量（亿美元）	世界出口量（亿美元）	市场占有率（%）
2002	39.26	1 135.40	3.46
2004	46.41	1 117.33	4.15
2005	52.22	1 049.95	4.97
2007	74.74	1 487.61	5.02
2008	87.55	1 661.87	5.27
2009	104.39	1 864.39	5.60

年份	中国出口量（亿美元）	世界出口量（亿美元）	市场占有率（%）
2010	129.71	1 750.48	7.41
2011	143.73	2 362.69	6.08
2012	144.51	2 337.39	6.18
2013	185.85	2 604.46	7.14
2014	222.82	3 101.26	7.18
2015	217.00	2 820.84	7.69
2018	257.58	3 243.65	7.94
2019	280.57	3 208.25	8.75

（二）中国对丝绸之路经济带沿线国家园艺产品出口现状分析

本研究以中亚五国为例分析了我国出口至丝绸之路经济带沿线国家园艺产品的贸易现状。中亚国家作为发展较快的发展中国家，农业发展以畜牧业为主，随着各国经济实力的增强，人均收入的增加，其消费结构也发生了变化，对农产品的需求量很大，尤其对园艺产品的需求量增长最为迅速。但由于中亚国家地处亚欧大陆中部，降水稀少，且技术水平落后，园艺产品往往供不应求，需要大量进口。

1. 园艺产品贸易增长迅速

2000—2019年，中国出口至中亚国家的园艺产品总体呈现增长趋势，且增长迅速，从2000年的0.21亿美元，上升到2018年的3.39亿美元，年均增长0.17亿美元，年均增长率高达20.1%，但偶尔会出现回落态势。在丝绸之路经济带概念提出之后，中国与中亚国家的联系必然会加强，中国出口至中亚国家的园艺产品势必会继续增加，因此，中国与中亚国家在园艺产品方面的交流与合作会越来越频繁。

从丝绸之路经济带沿线国家园艺产品的进口来源看，这些国家从中国进口的园艺产品占其总园艺产品进口的比重较高，基本稳定在15%～25%。说明这些国家在园艺产品进口方面对我国的依存度很高。如表3所示，中国占丝绸之路经济带沿线国家园艺产品的进口比重不断增加，其中2000—2012年丝绸之路经济带沿线国家从中国进口的园艺产品增长迅速，2012年该比重达到近20年最高峰，为25.42%。2012年之后，随着各国对中亚市场重视程度的加深，中国园艺产品占中亚园艺产品进口的比重出现回落，从2012年到2016年该比重下降了6%。随着丝绸之路经济带概念的提出，中国园艺产品的占比又呈现增长趋势，这说明丝绸之路经济带加强了中国与中亚各国之间的贸易联系，中国与中亚五国之间商品进出口联系更加频繁。

表 3　丝绸之路经济带沿线国家园艺产品进口情况

年份	进口总额（亿美元）	从中国进口（亿美元）	中国占比（%）
2000	1.37	0.21	15.33
2001	1.15	0.19	16.52
2002	1.19	0.18	15.13
2004	1.16	0.19	16.38
2005	1.22	0.22	18.03
2007	2.04	0.34	16.67
2008	2.66	0.59	22.18
2009	3.79	0.87	22.96
2010	4.95	1.07	21.62
2011	6.65	1.60	24.06
2012	6.49	1.65	25.42
2013	7.48	1.87	25.00
2014	12.92	2.31	17.88
2015	14.00	2.61	18.64
2016	17.11	3.08	18.00
2017	15.09	3.12	20.68
2018	13.66	3.39	24.82
2019	12.00	2.74	22.84

2. 园艺产品出口地区分布不平衡

如表 4 所示，从中国园艺产品出口至丝绸之路经济带沿线国家的贸易占比情况看，在 2003 年之前，乌兹别克斯坦是中国园艺产品出口的主要国家，占中国出口至中亚地区园艺产品总量的一半左右，中国出口到哈萨克斯坦的园艺产品总量也很大，占中国出口至中亚地区园艺产品总量的 25% 左右，出口到吉尔吉斯斯坦、塔吉克斯坦、土库曼斯坦的园艺产品比重较小，尤其是吉尔吉斯斯坦和塔吉克斯坦。2003 年之后，哈萨克斯坦（除 2010 年以外）成为中国园艺产品出口的主要国家，贸易占比从 2004 年的 30.90% 上升到 2019 年的 67.37%，增长态势迅猛，中国园艺产品出口至乌兹别克斯坦的贸易占比呈现不断下降的趋势，出口至塔吉克斯坦和土库曼斯坦的比重（除部分年份外）呈现缓慢增长的趋势，出口至吉尔吉斯斯坦的园艺产品增速相对较快，有部分年份该贸易额占中国出口至中亚五国总贸易额的 40.87%。总体来看，中国对丝绸之路经济带沿线国家园艺产品的出口量分布不均，主要集中在哈萨克斯坦和乌兹别克斯坦，其他三个国家占比较少，主要是缺乏与这些国家的合作，存在贸易壁垒等政策性障碍，阻碍了中国园艺产品对这些国家的出口。

表 4 2000—2019 年中国园艺产品出口至丝绸之路沿线国家的贸易占比情况

年份	哈萨克斯坦（%）	吉尔吉斯斯坦（%）	塔吉克斯坦（%）	土库曼斯坦（%）	乌兹别克斯坦（%）
2000	5.20	0.61	0.23	1.49	92.47
2001	23.18	4.93	1.56	11.88	58.45
2002	21.66	5.45	0.64	19.16	53.09
2003	33.76	9.42	1.12	10.40	45.30
2004	30.90	10.16	1.22	11.90	45.82
2005	42.71	7.05	1.76	8.30	40.17
2006	57.47	7.43	1.34	3.89	29.88
2007	48.48	17.69	1.47	4.42	27.94
2008	46.94	29.40	1.41	5.05	17.20
2009	40.52	40.87	1.24	2.07	15.30
2010	27.51	17.26	44.77	1.37	9.10
2011	61.10	18.56	0.89	2.37	17.07
2012	61.88	18.08	1.32	2.42	16.30
2013	57.96	22.50	3.97	2.50	13.07
2014	63.37	16.49	2.68	2.75	14.72
2015	61.94	11.71	2.36	3.09	20.90
2016	65.43	11.51	2.63	2.64	17.80
2017	64.34	16.69	3.59	2.84	12.54
2018	62.15	18.07	2.23	2.39	15.16
2019	67.37	14.08	2.53	4.21	11.82

3. 园艺产品贸易结构多元化

从丝绸之路经济带沿线国家从我国进口园艺产品的结构看，《商品名称及编码协调制度》（HS1992）分类中的 06 类、07 类、08 类、09 类、20 类和 24 类的进口情况如表 5 所示。2000—2005 年我国出口至丝绸之路经济带沿线国家的园艺产品的种类比较集中，主要是 24 类烟草及烟草代用品的制品，占丝绸之路经济带沿线国家园艺产品总进口比重的 50% 以上，甚至在 2002 年该比重达到了 70.72%，是中国出口至丝绸之路经济带沿线国家的主要产品；09 类咖啡、茶以及调味料也是丝绸之路经济带沿线国家从中国进口的主要产品之一，只在 2002 年比重较低，2000—2005 年中其他年份的 09 类咖啡、茶、以及调味料的进口比重较高，稳定在 19%～28%；20 类蔬菜、水果、坚果、植物的制成品位列其进口比重的第三位，其余种类的园艺产品占比较低，但总体呈现增长趋势。2006—2019 年，丝绸之路经济带沿线国家从中国进口的园艺产品种类呈现多元化趋势，各类园艺产品的进口占比逐渐趋于均衡。08 类水果、坚果或柑橘的果皮成为丝绸之路经济带沿线国家从我国进口占比份额最高的园艺产品，进口占比增长很快，从 2006 年的 12.01% 上升到 2017 年的 40.19%；24 类烟草及烟草代用品的制品的进口比重呈现下降态势，在 2017 年其进口比仅占 13.8%；07 类食用蔬菜、块根及块茎，09 类咖啡、茶以及调味料，20 类蔬菜、水果、坚果、植物的制成品成为丝路经济带沿线国家从我国进口园艺产品的新类别。

表 5　2000—2019 年丝绸之路经济带沿线国家园艺产品从中国进口园艺产品的结构分析

年份	06 类（%）	07 类（%）	08 类（%）	09 类（%）	20 类（%）	24 类（%）
2000	0.66	2.74	4.24	19.25	9.28	63.84
2001	1.57	2.83	3.66	25.89	10.20	55.85
2002	1.15	4.51	6.41	8.88	8.33	70.72
2004	1.18	4.58	4.67	28.15	11.94	49.48
2005	1.07	3.59	8.58	24.13	14.69	47.94
2006	1.52	2.12	12.01	25.95	20.80	37.60
2008	1.88	1.91	13.10	19.36	26.53	37.22
2009	2.37	3.72	14.38	19.72	27.91	31.91
2011	4.07	5.32	16.97	16.24	26.65	30.75
2012	3.83	6.08	22.96	16.23	20.71	30.19
2013	4.21	12.79	29.22	16.68	18.24	18.86
2014	2.83	16.85	34.99	10.79	17.01	17.53
2016	4.78	15.68	36.96	9.99	15.24	17.36
2017	3.75	16.67	40.19	9.43	16.15	13.80
2018	4.12	13.59	38.67	10.25	16.35	17.02
2019	5.14	11.16	37.36	11.25	13.95	21.13

二、中国与丝绸之路经济带沿线国家园艺产品贸易竞争性、互补性关系分析

（一）贸易竞争性分析

本研究对中国与丝绸之路经济带沿线国家园艺产品的竞争性分析主要使用了显示性比较优势指数指标，通过对该指标的分析，可以更加直观地看出我国与丝绸之路经济带沿线国家的园艺产品的贸易关系。

显示性比较优势指数（Revealed Comparative Advantage Index，RCA）是用来分析农产品比较优势的定量指数指标，该指标是 1965 年美国经济学家巴拉萨（Balassa）首次提出来的，主要用来衡量商品的出口竞争优势。RCA 指数是指一个国家或某一地区某种产品的出口额占该国出口总额的比重与世界出口总额中该类商品出口额所占份额。RCA 指数是衡量一国产品或产业国际市场竞争力最具说服力的指标，定量地揭示了一国在国际贸易中的比较优势，通过 RCA 指数可以判断一国的哪些产业具有出口竞争力，RCA 指数的大小如何表现该类产品的出口竞争力如表 6 所示。

表 6　RCA 指数与出口竞争力

RCA 指数	RCA＞2.5	1.25＜RCA＜2.5	0.8＜RCA＜1.25	RCA＜0.8
竞争力状况	极强的出口竞争力	较强的出口竞争力	中等出口竞争力	出口竞争力较弱

本文先将丝绸之路经济沿线国家作为一个整体，比较中国与丝绸之路经济带沿线国家的出口竞争力。如表 7 所示，从整体上看，中国与丝绸之路经济带沿线国家的园艺产品出口竞争力均不强。中国只是在 2000 年的 RCA 指数超过了 1，其余年份均在 1 以下，而且 RCA 指数呈现不断下降的趋势，这表明中国的园艺产品并不具备比较优势，在国际市场上并不具备较强的竞争力。尤其是在 2006 年以后，中国的园艺产品 RCA 指数都不到 0.8，园艺产品的竞争力较弱，主要原因是受到了园艺产品的需求结构变化、中国园艺产品出口遭遇贸易性壁垒的影响。丝绸之路经济带沿线国家的园艺产品的 RCA 指数从 2000 年至 2019 年均小于 0.8，园艺产品的出口值占丝绸之路经济带沿线国家总出口比重远远低于世界园艺产品占世界总贸易额的比重，园艺产品的出口竞争力较弱，这主要是因为中亚五国地处亚欧大陆中部，降水稀少，自然条件恶劣，而园艺产品对水以及自然环境的要求较高，因此，丝绸之路经济带沿线国家的园艺产品的产量较低，丝绸之路经济带沿线国家园艺产品并不具备出口优势。

表 7 2000—2019 年中国与丝绸之路经济带沿线国家园艺产品的比较优势指数

年份	中国园艺产品出口量（亿美元）	丝绸之路经济带沿线国家园艺产品出口量（亿美元）	RCA 指数（中国）	RCA 指数（丝绸之路经济带沿线国家）
2000	42.64	0.70	1.06	0.44
2001	40.77	0.39	0.97	0.28
2002	39.26	0.35	0.93	0.23
2003	41.16	1.06	0.86	0.44
2004	46.41	0.79	0.94	0.48
2005	52.22	0.83	0.89	0.46
2006	62.66	0.78	0.77	0.31
2007	74.74	1.54	0.74	0.43
2009	104.39	1.79	0.67	0.29
2011	143.73	3.07	0.6	0.25
2013	185.85	1.97	0.66	0.19
2014	222.82	2.26	0.67	0.14
2015	217.00	2.88	0.61	0.18
2016	237.38	3.45	0.61	0.23
2017	243.26	1.44	0.57	0.1
2018	257.58	2.60	0.56	0.27
2019	280.57	3.02	0.64	0.38

以上是中国与丝绸之路经济带沿线国家园艺产品在整个国际贸易中的比较优势分析，但本文研究的是中国对丝绸之路经济带沿线国家的出口竞争力，表现的是中国与丝绸之路经济带沿线国家的双边贸易，因此我们对上述比较优势指数公式进行修正。RCA 指数与比较优势具有正相关关系，RCA 指数越大，比较优势越明显，当 RCA 指数小于 1 时，则该商品不具备比较优势，属于处在竞争劣势的产品。中国对丝绸之路经济带沿线国家园艺产品修正的显示性比较优势指数如表 8 所示。从表中可以看出，2000—2019 年，除少数年份外，中国对丝绸之路经济带沿线国家的比较优势指数都是大于 1 的，这说明我国对丝绸之路经济带沿线国家在园艺产品上是具有比较优势的。具体来看，2005年以前，中国园艺产品的比较优势是十分明显的，中国园艺产品在丝绸之路经济带沿线国家具有很强的竞争力。2006 年后随着世界各国加强对中亚地区市

场的开发，中国在中亚地区的园艺产品竞争力开始减弱。金融危机过后，我国对中亚地区的园艺产品比较优势逐渐加强，尤其是在 2013 年丝绸之路经济带概念提出后，中国园艺产品的比较优势进一步加强，中国对丝绸之路经济带沿线国家的园艺产品的出口竞争力加强。

表 8　中国对丝绸之路经济带沿线国家园艺产品修正的显示性比较优势指数

年份	中国对丝绸之路经济带国家的园艺产品出口额（亿美元）	中国出口至丝绸之路经济带国家的出口总额（亿美元）	中国出口到世界的园艺产品出口额（亿美元）	中国出口到世界的总出口额（亿美元）	修正的RCA指数
2000	0.21	2.49	42.64	1 827.92	3.60
2001	0.19	4.55	40.77	1 838.09	1.89
2002	0.18	6.34	39.26	1 949.31	1.41
2003	0.15	7.67	41.16	2 492.03	1.25
2004	0.19	4.92	46.41	2 660.98	2.20
2005	0.22	9.44	52.22	3 255.96	1.44
2007	0.34	30.15	74.74	5 933.26	0.90
2008	0.59	52.29	87.55	7 619.53	0.99
2010	1.07	126.93	129.71	12 200.6	0.79
2011	1.60	225.96	143.73	14 306.93	0.70
2012	1.65	166.70	144.51	12 019.47	0.82
2013	1.87	165.31	185.85	15 777.64	0.96
2014	2.31	185.85	222.82	18 983.88	1.06
2015	2.61	213.05	217.00	20 487.82	1.16
2016	3.08	232.41	237.38	22 090.07	1.24
2017	3.12	240.53	243.26	23 422.93	1.25
2018	3.39	175.63	257.58	22 734.68	1.70
2019	2.74	179.69	280.57	20 976.37	1.14

（二）贸易互补性分析

1. 互补性分析

贸易互补性的测算有很多种，本文选择贸易互补性指数（Trade Complementarity Index）分析我国与丝绸之路经济带沿线国家在园艺产品外贸输出过程中的互补性。在对贸易强度分析的基础上，1967 年经济学家 Peter Drysdale

提出了贸易互补性指数（简称 TCI），其基本公式被定义为国家 A 在商品 j 上的出口显示性比较优势指数与国家 B 在商品 j 上进口方面的显示性比较劣势的乘积。

我国对丝绸之路经济带国家园艺产品的贸易互补情况如表 9 所示。可以看出大部分年份中国对丝绸之路经济带沿线国家的园艺产品贸易互补性指数都大于 1，这说明中国与丝绸之路经济带沿线国家的园艺产品存在互补性。具体来看，2003 年以前，中国与丝绸之路经济带沿线国家的贸易互补性指数较大，中国丝绸之路经济带沿线国家的贸易互补性很强，丝绸之路经济带沿线国家对中国园艺产品的依赖性较大，主要是茶和蔬菜。2003 年后，中国对丝绸之路经济带沿线国家园艺产品的贸易互补性指数很不稳定，大体可以分为两个阶段。第一阶段是 2010—2013 年，贸易互补性指数小于 1，这是因为金融危机的影响，丝绸之路经济带沿线国家减少对中国园艺产品的进口，以及丝绸之路经济带沿线国家园艺产品消费结构的改变，因此，中国与丝绸之路经济带沿线国家园艺产品的互补性不强。第二阶段是 2003 年后除第一阶段的其他年份，中国对丝绸之路经济带沿线国家的园艺产品的互补性指数都大于 1，存在互补性，且在 2014 年之后，中国对丝绸之路经济带沿线国家园艺产品的互补性越来越强，中国对丝绸之路经济带沿线国家的园艺产品的贸易潜力很大，贸易前景较好。

表 9　中国对丝绸之路经济带沿线国家园艺产品互补性指数

年份	修正的 RCA 指数	丝绸之路经济带沿线国家园艺产品比较劣势	我国与丝绸之路经济带沿线国家园艺产品的贸易互补情况（TCI）
2000	3.60	6.31	22.72
2001	1.89	3.12	5.90
2002	1.41	1.16	1.64
2003	1.25	1.10	1.38
2004	2.20	3.2	7.04
2005	1.44	1.97	2.84
2007	0.90	1.16	1.04
2008	0.99	1.13	1.12
2010	0.79	1.02	0.81
2011	0.70	1.04	0.73
2012	0.82	1.01	0.83
2013	0.96	1.01	0.97

（续）

年份	修正的 RCA 指数	丝绸之路经济带沿线国家园艺产品比较劣势	我国与丝绸之路经济带沿线国家园艺产品的贸易互补情况（TCI）
2014	1.06	1.06	1.12
2015	1.16	1.00	1.16
2016	1.24	1.06	1.31
2017	1.25	1.03	1.29
2018	1.70	1.31	2.23
2019	1.14	1.21	1.38

2. 贸易结合度分析

贸易结合度指数（Trade Intensity Index，TII），又称贸易强度指数，是用来衡量双边贸易联系紧密度的重要指数。它是在 1949 年由经济学家 A. J. Brown 提出并经过 Kiyoshi 和 Kojima 等人完善然后推广使用。一般认为，双边贸易的结合度与双边贸易前景呈反比，如果双边贸易联系越紧密，双边进行进一步贸易合作的空间会越小；如果双边贸易联系较少，双边进行进一步贸易合作的空间会越大。

表 10 展示了我国与丝绸之路经济带沿线国家对园艺产品的贸易强度指数计算结果。可以得出以下结论：我国与丝绸之路经济带沿线国家的园艺产品的 TII 值均大于 1，这说明中国与丝绸之路经济带沿线国家的园艺产品双边贸易联系非常紧密，对丝绸之路经济带沿线国家的园艺产品市场开发程度比较高，意味着中国的园艺产品在这些国家的贸易往来加强，中国园艺产品的竞争优势不断凸显。

表 10　我国与丝绸之路经济带沿线国家对园艺产品的贸易强度指数

年份	中国出口至丝绸之路经济带沿线国家园艺产品额（亿美元）	中国园艺产品出口额（亿美元）	丝绸之路经济带沿线国家园艺产品进口额（亿美元）	世界所有国家园艺产品进口额（亿美元）	中国园艺产品进口额（亿美元）	TII 指数
2000	0.21	42.64	1.37	1 201.91	6.00	4.30
2001	0.19	40.77	1.21	1 204.49	4.73	4.67
2002	0.18	39.26	1.79	1 210.95	5.07	3.09
2003	0.15	41.16	1.51	1 159.12	7.58	2.69
2004	0.19	46.41	1.16	1 166.77	9.73	4.06

（续）

年份	中国出口至丝绸之路经济带沿线国家园艺产品额（亿美元）	中国园艺产品出口额（亿美元）	丝绸之路经济带沿线国家园艺产品进口额（亿美元）	世界所有国家园艺产品进口额（亿美元）	中国园艺产品进口额（亿美元）	TII 指数
2005	0.22	52.22	1.22	1 183.24	9.81	4.02
2007	0.34	74.74	2.05	1 612.55	15.42	3.56
2008	0.59	87.55	2.66	1 787.27	18.33	4.50
2010	1.07	129.71	4.95	2 076.94	26.90	3.42
2011	1.60	143.73	6.65	2 467.13	31.02	4.08
2012	1.65	144.51	6.49	2 436.00	41.26	4.21
2013	1.87	185.85	7.11	2 688.31	51.62	3.73
2014	2.31	222.82	9.92	3 204.80	69.51	3.27
2015	2.61	217.00	12.00	2 976.14	85.97	2.90
2016	3.08	237.38	14.11	3 248.38	92.01	2.91
2017	3.12	243.26	15.09	3 409.05	111.15	2.81
2018	3.39	257.58	13.66	3 322.70	119.92	3.08
2019	2.74	280.57	12.00	3 372.79	113.32	2.65

表 10 从整体上分析了中国与丝绸之路经济带沿线国家的贸易结合度指数，现在将对中国与丝绸之路经济带沿线国家园艺产品各个类别的贸易结合度指数进行分析，如表 11 所示。

我国与哈萨克斯坦仅在 08 类瓜果、坚果或柑橘的果皮和 20 类蔬菜、水果、坚果、植物的制成品上的贸易关系密切，贸易往来较频繁，其他种类的园艺产品贸易结合度指数均小于 1，因此，我国与哈萨克斯坦的贸易联系并不密切，拥有很强的贸易结合度，在双边贸易潜力方面属于潜力巨大型。

我国与吉尔吉斯斯坦在 06 类活植物、剪花及簇叶和 20 类蔬菜、水果、坚果、植物的制成品上的 TII 指数较低，说明我国与吉尔吉斯斯坦在这两类产品上的贸易联系较少，在这两类产品上面进一步开展贸易合作的空间较大。而其他类别的园艺产品的 TII 指数较高，说明中国与吉尔吉斯斯坦的贸易联系非常密切，尤其是 08 类瓜果、坚果或柑橘的果皮。

我国与乌兹别克斯坦的 TII 指数相对于其他丝绸之路经济带沿线国家较低，这表明中国应该进一步加强对乌兹别克斯坦市场的开发，加强中国同乌兹别克斯坦的联系，发掘乌兹别克斯坦的贸易潜力。

我国与塔吉克斯坦的总体贸易联系很密切，进一步开发其园艺产品市场的空间不大，但 20 类蔬菜、水果、坚果、植物制成品的 TII 指数小于 1，中国可以 20 类蔬菜、水果、坚果、植物的制成品为基点再次开拓塔吉克斯坦的市场。

我国与土库曼斯坦在园艺产品上整体贸易结合度很强，土库曼斯坦市场的园艺产品贸易潜力巨大，尤其是 08 类瓜果、坚果或柑橘的果皮的贸易联系相对不密切，在强烈的互补性情况下，中国的园艺产品在土库曼斯坦有很大的贸易上升空间。

表 11　2019 年我国出口至丝绸之路经济带沿线国家园艺产品各个类别的贸易强度指数

HS 码	哈萨克斯坦	吉尔吉斯斯坦	乌兹别克斯坦	塔吉克斯坦	土库曼斯坦
06 类	0.23	0.07	0.11	—	0.41
07 类	0.81	8.24	0.24	2.31	0.53
08 类	5.73	21.33	0.57	17.16	0.19
09 类	0.29	1.95	14.6	11.37	0.53
20 类	1.3	0.89	0.35	0.89	1.32
24 类	0.19	—		—	0.22

三、基于引力模型的园艺产品出口贸易潜力测算

（一）引力模型

引力模型近年来越来越多地用于说明双边贸易量和计算贸易潜力，引力模型可引入虚拟变量，因此该模型也可用来估算自由贸易区建立后或者成立关税同盟后的经济效应。采用引力模型定量描述两国之间贸易的模式是经济学家 Tinbergen（丁伯根）在 1962 年首次提出的，他认为两国之间的贸易量取决于两国各自的经济总量（通常用 GDP 表示）和两国之间的距离，经济总量对贸易量有正向促进作用，而两国之间的距离对贸易量起反向阻碍作用，其基本形式为：

$$E_{ij} = a_0 Y_i^{a_1} Y_j^{a_2} D_{ij}^{a_3} A_{ij}^{a_4}$$

式中，i、j 分别表示出口国和进口国，E_{ij} 表示 i 国向 j 国的出口额，Y_i 表示出口国 i 的 GDP，Y_j 表示进口国 j 的 GDP，D_{ij} 表示两国之间的距离，A_{ij} 表示其他贸易量影响因素。在实践中，为了便于计算，通常将这种指数形式的模型转化为弹性形式，得到如下模型：

$$\ln E_{ij} = \ln\alpha_0 + \alpha_1\ln Y_i + \alpha_2\ln Y_j + \alpha_3\ln D_{ij} + \alpha_4\ln A_{ij}$$

随后，越来越多的学者将更多的因素引入引力模型，1966 年经济学家 Linnemann 将人口因素引入引力模型，他认为人口规模与贸易量是正相关关系，之后，学者也将汇率、人均收入以及一些虚拟变量等变量因素引入引力模型。这些虚拟变量大体包括：是否有共同边界，语言、货币是否处于一体化组织等。而这些变量因为数据的易获得性，说明问题更加准确、直观的特点，被广泛地运用于引力模型中。

（二）模型构建

1. 引力模型的变量选择

利用引力模型对贸易潜力进行估算时，需要对影响双边贸易量以及潜在的贸易量的影响因素进行选择，也就是对引力模型的解释变量进行选择。本研究将对中国与丝绸之路经济带沿线国家园艺产品出口贸易量或者潜在贸易量影响较大的变量进行选择，随后根据模型检验结果进行逐一分析。

2. 自然决定因素

（1）贸易双方的空间距离。 贸易双方的空间距离对于双边经济交流具有负向影响，两个贸易国之间的空间距离越远，运输商品的成本也就越高，它对双边贸易起阻碍作用。但在建立引力模型时对于空间距离界定不同的学者有不同的观点。在对贸易引力模型的距离变量进行选择时，最常用的是把两国的首都或者两国的经济中心之间的距离认定为两国距离变量的值。但杨祺（2013）在研究中国与东盟国家之间的贸易量时，对于双边距离的界定是两国之间主要贸易港口的航海距离。本文的研究对象是丝绸之路经济带沿线国家，主要是通过陆上交通实现贸易往来，因此，本文对距离的界定就是贸易双方首都之间的距离。

（2）贸易双方的人口。 人口作为引力模型的又一重要变量，对引力模型的结果有很大影响。人口分为进口国人口和出口国人口，这两类人口对引力模型有不同的影响。

本文研究中国对丝绸之路经济带沿线国家园艺产品的贸易潜力，因此，出口国为中国。中国的人口越多，对于某类产品的消费也就越多，在产量一定的情况下，可供出口的数量就越少，因此，对双边贸易量会产生负向影响。进口国人口越多，对商品的需求量也就越大，因此，进口该类产品的数量也会越多，对双边贸易量产生正向影响。

3. 贸易的人为因素

（1）贸易国双方的 GDP。 双边贸易最直接的影响因素是进口国的需求能力和出口国的供给能力。进口国的国民生产总值是衡量进口国需求能力的主要指标，出口国的国民生产总值是衡量出口国的供给能力的主要指标。出口国国内生产总值增加，出口的供给能力就会提高；出口对象国的国内生产总值增加，就会增加对进口商品的消费。因此，经济总量与一国某商品出口量呈正相关关系。

（2）汇率因素。国际贸易与国内贸易的显著区别在于进行贸易时存在汇率变动。汇率变动对双边贸易的影响很大，当出口国汇率上升，出口产品价格提高，对于价格敏感型产品来说，进口国会减少该类产品从出口国的进口；反之，进口国会增加该类产品从出口国的进口。杨祺（2013）在基于引力模型对我国农产品进行出口贸易分析时指出，2008 年汇率改革后，人民币汇率上升，我国农产品的出口减少。实证结果表明，人民币汇率每上升 1‰，农产品的出口减少 1.75%，进一步的研究结果表明，人民币汇率的变动对果蔬产品、畜产品的影响很大。本文主要研究的是园艺产品，因此必须把汇率这一因素纳入引力模型的变量选择中。

（3）虚拟变量。本文中设置两个虚拟变量，一个变量为是否属于世界贸易组织（World Trade Organization，WTO）成员，另一个变量为是否属于上海合作组织（Shanghai Cooperation Organization，SCO）成员。当贸易国属于WTO 成员时设置为 1，不属于 WTO 成员设置为 0；当贸易国属于 SCO 成员时设置为 1，不属于 SCO 成员时设置为 0。贸易双方如果隶属于统一经济体或者一体化的经济组织，贸易双方之间势必会签署一系列的贸易优惠政策，贸易壁垒也相对较少，势必促进双边贸易的发展。本文中，以是否属于 WTO 成员以及 SCO 成员考察一体化经济组织对双边贸易的影响。

4. 引力模型的回归方程形式

将上述变量引入引力模型测定园艺产品的贸易潜力，因变量为 E_{ij}，表示我国出口到丝绸之路经济带沿线国家园艺产品的贸易额。对于自变量的选择，本文选取了我国与丝绸之路经济带沿线国家的经济规模 Y_i、Y_j，其中，i 表示中国，j 表示丝绸之路经济带沿线国家；双边贸易国之间的距离用 D_{ij} 表示；中国与丝绸之路经济带沿线国家的人口分为 POP_i 和 POP_j；人民币对于其贸易国的双边汇率为 EXR_i；虚拟变量设为 WTO 和 SCO。因此，模型的数学表达为：

$$E_{ij} = a_0 Y_i^{a_1} Y_j^{a_2} D_{ij}^{a_3} POP_i^{a_4} POP_j^{a_5} EXR_i^{a_6} WTO^{a_7} SCO^{a_8}$$

将上述模型对数化后得到如下形式：

$$\ln E_{ij} = \ln a_0 + a_1 \ln Y_i + a_2 \ln Y_j + a_3 \ln D_{ij} + a_4 \ln POP_i +$$
$$a_5 \ln POP_j + a_6 \ln EXR_i + a_7 \ln WTO + a_8 \ln SCO + U$$

式中，$\ln a_0$ 是常数项，a_1、a_2、a_3、a_4、a_5、a_6、a_7 和 a_8 是解释变量的

系数，U 代表模型中的残差项。表 12 是对引力模型的解释变量的分析说明。

表 12　引力模型中解释变量的经济含义、预期符号与变量说明

解释变量	经济含义	预期符号	变量说明
Y_i	我国国内生产总值	＋	出口国国内生产总值越大，出口的供给能力就会提高
Y_j	进口国国内生产总值	＋	出口对象国的国内生产总值越大，对进口商品的消费量越大，进口需求也越大
D_{ij}	贸易双方的空间距离	－	距离越远，运输成本越高，对双边贸易起阻碍作用
POP_i	中国的人口	－	中国的人口越多，可供出口的数量就越少
POP_j	进口国的人口	＋	进口国人口越多，对商品的需求量也就越大，利于双边贸易的发展
EXR_i	双边汇率	－	汇率升高，中国出口园艺产品的价格提高，不利于园艺产品的出口
WTO	是否属于WTO 成员	＋	贸易成员之间的贸易壁垒较少，促进了双边贸易
SCO	是否属于SCO 成员	＋	同一区域经济组织的互惠政策，促进了双边贸易

（三）引力模型样本的范围和数据来源

本研究选取了 2000—2019 年中国对丝绸之路经济带沿线国家园艺产品出口的面板数据作为研究对象，这些国家包括与中国接壤的哈萨克斯坦、吉尔吉斯斯坦以及塔吉克斯坦，还包括与中国在园艺产品贸易方面联系频繁的乌兹别克斯坦和土库曼斯坦。中国向丝绸之路经济带沿线国家园艺产品出口的贸易额由 UN Comtrade 数据库获得；中国和丝绸之路经济带沿线国家的 GDP 数据来自国际货币基金组织（IMF）数据库；中国和丝绸之路经济带沿线国家的人口数据由联合国数据库（UN Data）获得；中国与丝绸之路经济带沿线国家之间的空间距离从 Time and date 网站上获得；人民币对双边贸易国的汇率由国际清算银行统计数据库所得；是否属于 WTO 成员和 SCO 成员的信息来源于这两个经济组织的官网。

（四）引力模型回归结果分析

本文采用 Eviews6.0 对中国出口至丝绸之路经济带沿线国家的园艺产品的

引力模型进行 OLS 估计，模型结果如表 13 所示。其中，Variable 是变量，Coefficient 是变量系数，Std. Error 是标准误差，t‑Statistic 是 t 值，Prob 是 P 值。在首次进行引力模型检验时，将所有变量引入模型，随后根据模型结果进行分析，将没有通过显著性检验的变量剔除，再进行模型检验。在给定的 10% 的显著性水平的条件下，如果 P 值大于 0.1，则接受原假设，变量没有通过 t 检验，如果 P 值小于 0.1，那么拒绝原假设，变量通过 t 检验。表 13 结果表明，POP_j、POP_i 以及 WTO 三个变量没有通过显著性检验，因此，需要对模型进行修正。

表 13　中国园艺产品引力模型初次估计结果

Variable	Coefficient	Std. Error	t-Statistic	Prob
Y_j	0.669 024	0.107 130	6.244 990	0.000 0
Y_i	0.793 403	0.226 361	3.505 038	0.000 7
POP_j	−0.300 363	0.417 603	−0.719 255	0.473 8
POP_j	0.759 065	0.629 038	1.206 707	0.230 6
D_{ij}	−4.076 438	1.508 389	−2.702 512	0.008 2
EXR_i	−0.576 430	0.142 530	−4.044 275	0.000 1
WTO	0.071 011	0.141 954	0.500 241	0.618 1
SCO	0.218 131	0.112 380	1.941 016	0.055 3

在剔除变量 POP_j、POP_i 和 WTO 对模型进行加权分析后，得到修正后的引力模型估计结果。如表 14 所示，解释变量 Y_j、Y_i、D_{ij}、EXR_i 和 SCO 在给定的 10% 的显著水平下，都通过了 t 检验。因此，得到了如下回归方程式：

$$\ln E_{ij} = \ln 8.575\ 507 + 1.015\ 473\ln Y_i + 0.587\ 845\ln Y_j - 3.683\ 343\ln D_{ij} - 0.531\ 572\ln EXR_i + 0.185\ 282\ln SCO + U$$

表 14　中国园艺产品引力模型修正估计结果

Variable	Coefficient	Std. Error	t-Statistic	Prob
Y_j	0.514 463	0.045 841	11.222 86	0.000 0
Y_i	1.018 461	0.776 64	13.113 63	0.000 0
D_{ij}	−5.824 869	0.964 772	−6.037 558	0.000 0
EXR_i	−0.537 468	0.079 915	−6.725 499	0.000 0
SCO	0.175 659	0.054 085	3.247 806	0.001 6

从模型的计算结果来看，解释变量的系数符号与上述预期系数符号一致，

且均处于较高的显著性水平。调整的自由度 $R^2=94\%$，说明此模型拟合程度很理想，即中国园艺产品出口量对数变动的 94% 可由回归方程的解释变量来解释。所有解释变量的概率值（P 值）均小于 0.1，故拒绝了在 10% 的显著性水平条件下解释变量系数为 0 的假设。各个解释变量的具体分析如下。

（1）Y_i 代表中国国内生产总值，其系数为正，该解释变量的符号与预期符号相同。中国国内生产总值的系数为 1.018 461，且统计显著性水平很高。说明中国国内生产总值每增加 1%，中国对丝绸之路经济带沿线国家的园艺产品出口将增加 1.018 461%。因此，中国园艺产品源源不断持续出口的重要保证就是园艺产品产量的稳定。

（2）Y_j 表示园艺产品进口国的国内生产总值，其系数为正，与预期符号相同。中国园艺产品进口国的国内生产总值系数为 0.514 463，出口对象国的国内生产总值每上升 1%，将会促使中国对丝绸之路经济带沿线国家的园艺产品出口增加 0.514 463%。因为园艺产品作为一般消费品，弹性系数较大，它的消费量与居民的收入呈正向相关关系，收入高会促使人们更多地消费园艺产品，这就加速了中国的园艺产品出口。

（3）D_{ij} 表示中国与丝绸之路经济带沿线国家的空间距离，其系数为负，与预期符号相同。距离变量的系数为 $-5.824\ 869$，中国与出口对象国之间的距离越远，运输成本越高，园艺产品的出口成本也越高，故其对中国园艺产品出口到丝绸之路经济带沿线国家的贸易量有负影响。

（4）EXR_i 表示人民币对于丝绸之路经济带沿线国家的双边汇率，其系数为负，与预期符号相同。汇率变量的系数为 $-0.537\ 468$，这表明中国的汇率提升，中国园艺产品出口的成本提高，因为园艺产品中大部分对价格的反应比较明显，因此人民币的汇率每提高 1%，中国出口到丝绸之路经济带沿线国家的园艺产品将减少 0.537 468%。

（5）SCO 表示中国与丝绸之路经济带沿线国家是否同属于 SCO 成员。其系数为正，与预期符号相同。SCO 成员的系数为 0.175 659，表明中国与园艺产品进口国同属于 SCO 成员时，贸易双方拥有贸易互惠政策，贸易壁垒较少，极大地促进了我国园艺产品向丝绸之路经济带沿线国家的出口。

（五）园艺产品出口贸易潜力测算

本文利用引力模型计算的参数估计值计算中国对丝绸之路经济带沿线国家园艺产品出口的潜力值，将潜力值与实际出口额比值（本文用 A 代表该比值）测算中国与丝绸之路经济带沿线国家园艺产品的贸易潜力。根据比值结果，大体可以分为三类，如表 15 所示。

表 15　贸易潜力比值

比值	A<0.8	0.8<A<1.2	A>1.2
潜力类型	潜力巨大型	潜力开拓型	潜力再造型

　　根据引力模型估算结果测算了中国对丝绸之路经济带沿线国家园艺产品的出口潜力，并将其与实际贸易额对比，本文选取了 2014—2019 年的潜力指数，得到了表 16 的结果。

表 16　2014—2019 年我国出口至丝绸之路经济带沿线国家园艺产品贸易潜力指数

国家	2014 年	2015 年	2016 年	2017 年	2018 年	2019 年
哈萨克斯坦	0.91 潜力开拓型	0.92 潜力开拓型	0.87 潜力开拓型	1.13 潜力开拓型	1.01 潜力开拓型	1.12 潜力开拓型
吉尔吉斯斯坦	4.01 潜力再造型	4.37 潜力再造型	4.61 潜力再造型	4.52 潜力再造型	4.97 潜力再造型	5.17 潜力再造型
乌兹别克斯坦	0.71 潜力巨大型	0.69 潜力巨大型	0.75 潜力巨大型	0.62 潜力巨大型	0.65 潜力巨大型	0.73 潜力巨大型
塔吉克斯坦	2.03 潜力再造型	2.96 潜力再造型	1.97 潜力再造型	0.76 潜力巨大型	0.74 潜力巨大型	0.50 潜力巨大型
土库曼斯坦	0.65 潜力巨大型	0.74 潜力巨大型	0.71 潜力巨大型	0.79 潜力巨大型	0.64 潜力巨大型	0.67 潜力巨大型

　　从上表可知，2014—2019 年，哈萨克斯坦的贸易潜力均属于潜力开拓型，贸易潜力指数稳定，可以发掘中哈之间园艺产品贸易的积极因素，对哈萨克斯坦的贸易潜力进行挖掘。吉尔吉斯斯坦的贸易潜力属于潜力再造型，贸易潜力指数较大，对吉尔吉斯斯坦的贸易潜力几乎被挖掘殆尽，因此只能在维持现有贸易水平上，利用对园艺产品贸易额有显著影响的贸易因素，寻找园艺产品新的贸易方向。乌兹别克斯坦和土库曼斯坦属于潜力巨大型，中国园艺产品在这些国家的市场上拥有很大的潜力，只要消除与这些国家在贸易中的不利因素就能极大地促进中国园艺产品出口到该国家，因此，我国可以加强与这两个国家的贸易往来，建立一体化的经济组织，争取打破贸易的不利因素，促进双方园艺产品的贸易。塔吉克斯坦的贸易潜力由潜力再造型转化为潜力巨大型，这与塔吉克斯坦加入 WTO 有密不可分的关系，说明中国园艺产品在塔吉克斯坦的市场上处于不饱和状态，我国应该利用 WTO 成员在税收和贸易上的优势条件加强与其的经济联系，开拓塔吉克斯坦国家的市场。

四、挖掘我国对丝绸之路经济带沿线园艺产品出口贸易潜力的对策建议

（一）建立健全基础设施

1. 促进交通基础设施互联互通

便利的交通运输对我国园艺产品出口至中亚地区具有重要的促进作用，园艺产品的出口必须依赖完整的交通运输系统。在"丝绸之路经济带"的倡议下，我国应该积极推进中亚五国签署《国际道路运输便利化协定》，提升我国与中亚五国的交通运输效率。加快建设以铁路为主体，铁路、公路、航空多式联运的一体化交通网络。

积极推进中国的高铁外交政策，建立泛亚铁路，修缮中国与哈萨克斯坦的铁路干线，促进中国与中亚地区互联互通。同时，对我国新疆地区的铁路线路也应该加强完善和维修，加强南北疆铁路联通，加强东中西铁路联通，保证通过铁路运输的园艺产品能顺利出口。在公路方面，应以各大交通枢纽建设和交通大道建设为重点，建立完善的联结中国与中亚五国的交通运输体系。

园艺产品类别中包含的鲜花和鲜活植物对运输的要求较高，需要借助航空运输，因此加强航空运输建设也是建立健全交通运输体系的重要方面。应加强机场建设，建立并优化中国与中亚国家之间的航线，完善航空运输体系。覆盖面广、运输效率高的铁路、公路和航空一体化的交通运输系统对全面提升中国与中亚各国的园艺产品贸易量和挖掘丝绸之路经济带沿线国家的贸易潜力具有重要意义。

2. 推进边境口岸建设

边境口岸是中国与中亚五国进行经济合作的重要前沿。但沿边地区的边境口岸大部分位于偏远的地区，国家财政或者投资很难覆盖，在仓储、交通、检验等最基本设施建设方面非常薄弱，以至于无法快速实现对货物的通关检查，效率极低。边境口岸作为陆上丝绸之路重要的起点和节点，加强边境口岸建设对实现双边贸易顺利对接具有十分重要的意义。沿线各个国家应该加强对边境口岸的财政支持力度，更新通关检验的设备，建设符合条件的通关场所，加强边境口岸的仓储功能，使得边境口岸发挥节点在丝绸之路经济带整个陆路交通枢纽中的作用。

（二）建立丝绸之路经济带自贸区

在上述模型中，是否属于上海合作组织成员这一虚拟变量对中国园艺产品

出口至中亚五国的贸易量有很大影响。除土库曼斯坦外中亚五国都是上海合作组织的成员国,上海合作组织积极提倡在其成员国内建立自贸区。总体来说,我国对中亚五国园艺产品的贸易潜力较大,对于贸易潜力属于巨大型和开拓型的国家来说,一体化的经济组织的建立势必会使这些国家直接受益。

但在目前中国与中亚五国未建立任何自贸区的情况下,应当充分发挥SCO的重要作用,积极发挥其在促进成员国之间贸易方面的积极作用。同时我国也可以探索区域性的自由贸易,例如积极推进中国与哈萨克斯坦建立中哈跨境自由贸易园区,促进中国与哈萨克斯坦之间的自由贸易,减少贸易壁垒和贸易的不利因素。

但从中国与中亚五国之间园艺产品的长期贸易往来出发,要想更针对性地提高我国园艺产品的出口量就必须尽快建立丝绸之路自贸区。当前中国中部和东部市场接近饱和,而中国西部地区一直处于待开发状态。一旦建成丝绸之路自贸区后,不仅可以加快中国西部的大开发,促进西部产业结构的升级,推动中国园艺产品向中亚五国的出口,还对其他方面的经贸合作有重要的促进作用。对于中亚五国来说,中国的园艺产品对其具有很强的互补性,且贸易潜力巨大,与中国进行贸易的国家都会极大促进本国经济的发展。因此,中亚五国与中国建立自贸区是贸易双方的共同选择。自贸区形成的贸易创造和贸易转移效应会极大地提升成员国间的贸易往来与合作。自贸区建立后,成员国之间签订一系列的贸易优惠政策,消除贸易壁垒,改善贸易环境。同时,也应该鼓励丝绸之路经济带沿线各个国家积极融入自贸区,这样可以减轻因过度的贸易保护和高关税造成的贸易成本提高。

(三)完善汇率体制

1. 推进双边本币互换和本币结算

中国应该与丝绸之路经济带沿线各个国家签订有助于双边货币直接互换的协议,例如双边本币互换协议。早在 2011 年,中国与哈萨克斯坦、乌兹别克斯坦分别签署了金额达 70 亿人民币和 7 亿人民币的双边本币互换协议。该协议的顺利推行有效地规避了汇率风险、降低了双边贸易的成本。在本币结算方面,中国与吉尔吉斯斯坦在 2003 年签订了双边本币结算协议。在 2014 年,中国与哈萨克斯坦进行边境贸易时企业和居民可以自由地对人民币和坚戈(哈萨克斯坦的货币)进行结算和支付。同年,中国与塔吉克斯坦就双边本币协议达成共识,推动了中塔双边贸易的本币结算。

贸易双方的货币合作是实现互利共赢的重要举措。应以签署的一系列双边本币结算协议和双边本币互换协议为基础,促进与这些国家在货币方面的合作，将只适用于边境贸易的本币结算协议和双边本币互换协议扩大到一般贸易中。同时，对于未实行任何双边本币结算协议和双边本币互换协议的中亚国家，可以先把这些协议使用到双边的边境贸易中，为以后的一般贸易的本币互换或本币结算奠定基础。

货币互换和本币结算有利于丝绸之路经济带沿线国家规避汇率风险、降低双方的汇兑成本，促进双方的经贸往来。同时，在中亚地区实行双边本币结算有利于深化货币合作，也为中亚地区货币实现国际化提供保证。

2. 直接汇率机制

中国与中亚国家的贸易往来均以美元作为结算货币，双方的汇率通过与美元套算得出。受国际经济局势变动尤其是经济危机的影响，美元的汇率剧烈波动，导致汇兑成本上升，这对使用美元作为结算货币的国家非常不利。鉴于此，中国可与这些国家签订关于直接汇率的协议。例如，中国与哈萨克斯坦经过积极地探索，实现了人民币对坚戈的直接汇率机制。中国应加强与丝绸之路经济带沿线国家的沟通交流，深化金融货币领域的合作，促使双边甚至多边汇率的实现。直接汇率制度的实行有利于降低结算成本，减少结算环节，规避美元作为结算货币的汇率风险，促进两国之间开展经贸合作。

（四）促进贸易双方的文化交流

不同国家的国民之间联系密切，在一定程度上会促进国家之间的交流与合作。民心相通是促进不同国家之间国民联系的必要条件。但国与国之间必然会存在文化差异，而这些文化差异对贸易的开展起到了阻碍作用，Hofstede 将文化差异作为虚拟变量引入引力模型中。进入 21 世纪后，更多的学者倾向于专注文化方面的差异对双边贸易量的影响。研究表明，文化差异这一解释变量的系数为负，对贸易量的影响起阻碍作用，减少贸易双方的文化差异有利于双边贸易的发展，也有利于提高产品的出口效率。因此要加强与中亚五国的文化交流，互相尊重文化的多样性，建立多元包容的文化氛围，避免贸易中出现文化冲突。

加强文化交流可以有效地弱化文化差异。首先，我国应加强外贸工作人员的整体素质。外贸工作人员作为与贸易国进行直接接触的人员，贸易国对我国的直观印象受外贸从业人员的直接影响。因此，提高外贸人员的综合素质势在必行。一方面，强化外贸工作人员的专业素养和职业技能。深化外贸从业人员对我国和贸易国对园艺产品相关贸易政策的了解，通过专业化培训，提升外贸从业人员的服务水平，优化服务效率。另一方面，当今我国高级外贸人员比较短缺，尤其是从事与经济带沿线国家贸易的从业人员更是短缺。因此，我国应该设立专项资金培养专业的外贸人才，也可以利用高等教育资源从学校入手培养一批专门的外贸人员，壮大我国外贸服务工作者的队伍，整体提升我国外贸工作人员的专业素养。

其次，加强贸易双方的文化交流。中国利用留学生项目，鼓励丝绸之路经济带沿线国家的留学生来华学习，扩大中国的文化影响，同时，也鼓励中国学生到丝绸之路经济带沿线国家学习，深化双方的交流，深入了解这些国家的文化。留学生作为文化传播的主要因子，在缩短双方的文化差异、加强双方的文化沟通、促进双方文化交流方面会产生极大的促进作用，也间接地加强了中国与丝绸之路经济带沿线国家在园艺产品贸易方面的双边交流与合作。

最后，鼓励中国与中亚五国开展双边旅游贸易，促进双边国家间人民的交流。中国可建立旅游组织，提供专业化的服务，积极利用丝绸之路沿线得天独厚的旅游资源，同时，中亚五国也可根据自身旅游资源的独特性吸引中国游客。旅游资源的独特性、国民收入的增加、各国人民消费模式的转变会增加旅游消费。中国与丝绸之路经济带沿线国家旅游贸易的发展，有利于促进国家间人民的交流与沟通，大大缩小了文化差距，使得双边园艺产品贸易快速发展。

（五）进一步开拓丝绸之路经济带沿线国家的园艺产品市场

1. 推动贸易结合度较低的地区的互补性贸易

在前文的分析中发现，我国在与丝绸之路经济带沿线国家进行园艺产品贸易往来时，中国对这些国家在园艺产品贸易方面具有很强的竞争优势，但在蔬菜、水果和茶叶方面存在互补性且贸易结合度较低。因此，我国应该充分发挥园艺产品的比较优势，加强与中亚五国的互补性贸易，积极推进贸易结合度较低的产品的贸易。在必要时，我国可对园艺产品采取适当的补贴政策，加快园艺产品的出口，实现互利共赢。

2. 实施积极的产品战略

①提高我国园艺产品的质量。随着人均收入和生活水平的提高，居民对产品质量的要求也越来越高。我国企业想要在园艺出口中占据优势，就必须提高我国出口园艺产品的质量。对于蔬菜、水果和茶叶这一类食用园艺产品来说，一定要控制农药残留，鼓励企业生产天然无公害的绿色产品，对检验检疫不符合标准的园艺产品禁止出口。对于烟草类园艺产品，我国要明确生产标准，保证产品的好品质、高质量。出口高质量的园艺产品有利于保持我国园艺产品的持久竞争力，维护出口企业的良好信誉。②提升我国园艺产品的附加值。我国出口到丝绸之路经济带沿线国家的园艺产品主要是初级产品，附加值低，科技

含量有限，因此，在中亚市场上获利不多。因此，我国应在一定程度上加强对园艺产品的科技和研发投入，促进高附加值、高技术含量的园艺产品的出口。③加强园艺产品的品牌建设，打造一批高质量、高品质的中国园艺产品品牌。打造一批龙头企业，建立园艺产品品牌战略，一方面需要提升我国园艺产品的质量，另一方面，要注重产品的宣传，参加博览会、商贸洽谈会，提高中国园艺产品的品牌知名度。

3. 实施多元化市场战略

实施多元化的市场战略，不仅有利于减轻我国园艺产品对某一地区或者某一国家的过度依赖，降低我国园艺产品的对外输出的风险，还有利于增加我国园艺产品的外贸输出额。根据前文的研究，中国园艺产品对丝绸之路经济带沿线国家的贸易主要集中在哈萨克斯坦和乌兹别克斯坦地区。"鸡蛋不能放在一个篮子里"，因此，我国对丝绸之路经济带沿线国家园艺产品的外贸输出要实施多元化战略，在稳定已经开拓的市场基础上，积极开发新的市场。

实施市场多元化战略，一方面应该继续巩固哈萨克斯坦和乌兹别克斯坦的市场份额，并提高出口产品的质量，增加产品的附加值。另一方面，开拓我国园艺产品在吉尔吉斯斯坦、塔吉克斯坦和土库曼斯坦的外贸输出市场，根据这些国家的市场特点，出口个性化、差异化、高质量、价格合理的园艺产品，占领这些国家的市场。

（六）提供关于园艺产品出口方面的公共服务

根据模型分析结果，国民生产总值对园艺产品的贸易量有正向影响。中国国内生产总值的增加提升了中国的经济实力，政府应该加大对园艺产品的扶持力度，利用国内优越的自然条件，引入优良品种，实行绿色种植，避免 SPS 协议对中国出口园艺产品的制裁，同时对园艺产品种植农户和出口企业提供低息贷款和符合相关规定的补贴，鼓励果农投入生产，为园艺产品的出口提供保障。

在政策方面，出台关于园艺产品的扶持政策，增加对园艺产品生产企业的资金支持和技术扶持力度，增加对园艺产品的出口补贴，规范园艺产品外贸企业的出口行为。完善政策，加大宣传力度，营造适应企业发展的内部环境。政府应加大宣传力度，积极帮助企业了解适应自贸区的新规则、新政策。同时出台有关政策扶持国内园艺产品出口企业的发展，加大对园艺产品生产企业的技术培训和资金支持，对园艺企业实行适当的出口补贴和出口津贴政策。政府还应积极推动园艺产业标准化建设，规范出口企业的生产和出口行为，提升企业的自身竞争力，提供良好的市场环境，鼓励企业公平竞争，自主创新，培育具有持久竞争力的园艺出口企业。

在国家可以提供的公共服务职能方面，我国应该充分利用驻外办事机构搜集中亚园艺产品的外贸信息或者园艺产品外贸政策的变动信息，为企业提供咨询帮助服务。同时设立专门的信息研究机构，向出口企业和园艺产品生产者提供分析结论和园艺产品贸易国的进出口预测信息，帮助农户和企业规避出口的风险，增加园艺产品的外贸输出。还可以向出口企业和农户发布丝绸之路经济带沿线国家园艺产品的贸易限制性政策或市场准入限制相关信息，促进园艺产品出口的正常增长。

（七）实施积极的产品战略

近年来，随着经济的迅猛发展，居民生活质量的明显改善，人们对产品的质量要求也在不断提升。我国园艺产品的出口企业要想在竞争激烈的市场上胜出，就势必要保证出口园艺产品的质量。对于烟草类园艺制品来说，我国要明确其生产标准，保证不掺假造假，提高产品质量。而对于蔬菜、水果等食用类园艺产品来说，我国要严格控制其农药残留，积极鼓励企业尝试采用新技术减少果蔬类产品的病虫害，提高企业的质量安全意识，限制不符合检验检疫标准的产品出口，大力发展绿色有机园艺产业。尽管高标准生产相对费时费力，但是这样生产出来的园艺产品质量优等，增值效应较大，同时高品质还有利于我国企业良好声誉的形成，有助于我国园艺产品持久竞争力的形成。

注重技术研发和创新，提高我国园艺产品的附加值。我国出口的园艺产品主要是初级产品，质量不高，科技含量低，附加值有限，这导致我国园艺产品在市场上定价不高，利润不大。因此，加强对园艺产业的科技投入，提高园艺产品的附加值，开发园艺产品储运和保鲜技术等是增强我国园艺产品出口竞争力的重要措施。

加强品牌建设，构建园艺产业龙头企业。随着消费者品牌意识的增强，提升我国园艺产品的质量，打造一批知名的园艺产品品牌和企业对促进我国园艺产品向丝绸之路经济带沿线国家出口具有重要意义。园艺产品品牌战略要求我国企业首先提升园艺产品的质量；其次注重商标的注册，提升品牌意识；最后重视品牌的宣传，通过积极参加商贸洽谈会、产品博览会、展销会或积极开展广告宣传的方式，提高自己的品牌知名度，从而增加产品的附加价值。同时，我国要充分利用国内的园艺资源重点建设一批龙头企业，让这些龙头企业积极发展其带动作用，为我国园艺产品更好、更快、更多地进入中亚市场奠定基础。

（八）调整优化产品结构

积极组建行业协会，推动园艺产品的产业化经营。我国除烟草外园艺产品的生产加工企业规模一般不大，例如我国水果、蔬菜等园艺产品大多由小农户生产。农户和小企业一般缺乏规范运营意识，在销售上也存在随意性，同时我国园艺产业没有建立较为完善的产供销体系，这些都容易导致我国园艺产品的供给与丝绸之路市场的需求脱节。行业协会可及时获取需求变动的信息，组织园艺产品生产企业或农户及时调整产品生产结构，并对园艺产品的生产、加工、运输、销售等一系列环节提出积极指导，更好地将专家、农户和企业组织在一起，形成强有力的市场服务团队，推动园艺产品的产业化经营。

产业化经营能有效减少供需矛盾引起的损失。积极开发个性化的园艺产品，增强园艺产品的差异性，适当划分产品级别，不断优化园艺产品结构。我国现阶段出口的园艺产品技术含量少、附加值低，初级产品多、加工制品少，这些不仅导致我国园艺产品竞争力不足，还容易招致丝绸之路经济带沿线国家设置的各种非关税壁垒。所以，有针对性地开发适合不同消费群体、不同消费水平的多元化商品，突出商品的个性化和层次化，提升附加值高的产品在出口园艺产品中的比重将有助于增加出口利润。对高端市场可以增加观赏类园艺产品的出口，比如创新研发的花卉新品种或盆景。而对需求层次不高的其他市场则要注意为他们提供物美价廉的基本园艺产品。

实施出口市场多元化战略能有效稳定我国园艺产品对丝绸之路经济带沿线国家的出口额，降低出口风险。根据前文研究可知，我国园艺产品的出口市场结构是相对合理的，坚持了多元化的发展方向，在稳定传统市场份额的基础上积极开发了新兴市场。实现市场多元化，关键是区分目标市场，针对不同的目标市场采取不同的策略。首先，继续巩固传统地区传统园艺产品出口的市场份额，并逐步提高相应产品的质量档次，增加高附加值产品的份额，提升传统地区的市场利润。其次，对于某些国内供给相对过剩的园艺产品，我国要避免与其正面竞争，而主要开发与其互补的园艺产品市场。最后，中国应将相应产品的出口市场向同类园艺品种竞争力较弱的国家延伸，实行先用高质量、中等价格、互补型产品占领市场份额，再追求利润的市场战略。

项目负责人：蔡玉秋

主要参加人：刘辰洋、秦文琦、王馨瑶、王芊颐、张墨、马丽芳、杨环

黑龙江省奶牛养殖组织形式演化研究*

王立民　王洋　徐鑫亮　田荣华

　　随着奶牛养殖规模的逐步提升，散养户逐渐退出了养殖环节，黑龙江省奶牛养殖组织形式出现了明显变化，小农户开始与其他奶牛养殖组织形式连接在一起，同时出现了牧场托管等新模式，托管不仅见于奶牛养殖领域，也见于生猪养殖等其他领域，紧接着种植领域也开始大量涌现托管模式。2017 年，农业部办公厅适时出台了《关于大力推进农业生产托管的指导意见》，2017 年、2018 年、2019 年，中央财政农业生产发展专项资金中分别安排资金 30 亿元、40 亿元、40 亿元支持以农业生产托管为主的农业社会化服务，托管逐渐成为广大学者关注的焦点。那么，那些还有意愿发展奶牛养殖业的小农户该何去何从呢？从国家大政方针来看，2019 年、2020 年中央 1 号文件重点聚焦"精准扶贫""脱贫攻坚"，而贫困群体往往是处于弱势地位的缺少资源的小农户，无论是牧场托管还是土地托管，小农户的利益保障都是值得重点关注的议题。

一、黑龙江省不同奶牛养殖组织形式的成本收益及资源要素配置

（一）黑龙江省奶牛养殖组织形式的成本收益比较分析

　　从表 1 来看，2018 年黑龙江省每头奶牛所需物质和服务费用与养殖规模呈正相关关系；且每头奶牛所消耗的人工成本也与养殖规模呈正相关关系。究其原因在于，养殖规模越大意味着标准化、集约化和精细化的程度越高，对所在养殖场的管理要求、饲养水平要求也就更高，管理技术也要更加精进，由此所造成的费用消耗也较大，平均至每头奶牛所需要的费用和人工成本也就越高；相对来说，散户养殖和小规模养殖大多为粗放式养殖，饲料供给为自家种

---

　　* 黑龙江省哲学社会科学研究规划项目（项目编号：16JYE20）。
　　项目负责人为王立民，主要参加人员有王洋、徐鑫亮、田荣华等。

植的玉米秸秆、苜蓿等，原料成本较低，也就使得所需的总费用较低，平均至每头牛的费用和成本也较低。除此之外，与全国同期平均水平相比，黑龙江省小规模养殖、中规模养殖、大规模养殖的奶牛费用和人工成本都略低（2018年全国小规模每头奶牛物质和服务费用平均水平为 13 666.74 元，每头奶牛所耗费的人工成本平均水平为 3 200.32 元；中规模每头奶牛物质和服务费用平均水平为 17 851.54 元，每头奶牛所耗费的人工成本平均水平为 3 165.69 元；大规模每头奶牛物质和服务费用平均水平为 22 524.11 元，每头奶牛所耗费的人工成本平均水平为 3 107.92 元）。究其原因在于，黑龙江省作为我国的畜牧业大省，土地资源、农牧资源丰富，气候适宜，草原辽阔，原料供给充足，工业基础良好，且交通相对发达，为畜牧业的发展提供了充足的支持条件，因此黑龙江省奶牛养殖相较于北京、上海、山东、福建等省、市，养殖费用和成本都较低，各个规模的奶牛养殖费用和用工都低于全国同期平均水平。

表 1　2018 年黑龙江省不同奶牛养殖组织形式的费用及用工情况比较

项目	单位	小规模	中规模	大规模
一、每头物质与服务费用	元	12 450.14	13 559.60	15 841.39
（一）直接费用	元	10 489.82	11 347.60	13 302.92
1. 仔畜费	元			
2. 精饲料费	元	6 808.17	7 204.49	8 119.38
3. 青粗饲料费	元	3 165.47	3 573.49	4 401.42
4. 饲料加工费	元	47.59	25.65	12.50
5. 水费	元	19.49	23.42	22.05
6. 燃料动力费	元	61.00	70.13	176.97
电费	元	45.44	53.02	119.89
煤费	元	15.56	17.11	57.08
其他燃料动力费	元			
7. 医疗防疫费	元	123.13	134.51	169.92
8. 死亡损失费	元	71.39	87.99	106.30
9. 技术服务费	元	3.45	7.52	30.13
10. 工具材料费	元	14.89	34.97	45.68
11. 修理维护费	元	22.05	34.99	39.57
12. 其他直接费用	元	153.19	150.44	179.00

（续）

项目	单位	小规模	中规模	大规模
（二）间接费用	元	1 960.32	2 212.00	2 538.47
1. 固定资产折旧	元	1 922.65	2 093.78	2 263.75
2. 保险费	元	21.78	38.87	25.00
3. 管理费	元	10.20	17.53	154.83
4. 财务费	元		3.82	3.33
5. 销售费	元	5.69	58.00	91.56
二、每头人工成本	元	2 567.72	3 069.48	2 933.75
1. 家庭用工折价	元	2 214.19	450.85	65.11
家庭用工天数	日	26.08	5.31	0.77
劳动日工价	元	84.89	84.89	84.89
2. 雇工费用	元	353.53	2 618.63	2 868.64
雇工天数	日	3.84	25.79	27.91
雇工工价	元	92.07	101.54	102.78
三、附				
1. 仔畜重量	千克			
2. 精饲料数量	千克	2 447.92	2 618.90	2 871.83
3. 耗粮数量	千克	1 898.82	2 019.39	2 200.40

数据来源：黑龙江省经济社会发展统计数据库。

表2　2018年黑龙江省不同奶牛养殖组织形式的成本收益情况比较

项目	单位	小规模	中规模	大规模
每头				
主产品产量	千克	5 761.64	6 190.11	6 686.32
产值合计	元	20 166.52	22 210.62	24 373.90
主产品产值	元	18 270.19	20 313.34	22 291.65
副产品产值	元	1 896.33	1 897.28	2 082.25
总成本	元	17 594.38	19 711.21	21 734.97
生产成本	元	15 017.86	16 629.08	18 775.14
物质与服务费用	元	12 450.14	13 559.60	15 841.39
人工成本	元	2 567.72	3 069.48	2 933.75
家庭用工折价	元	2 214.19	450.85	65.11

（续）

项目	单位	小规模	中规模	大规模
雇工费用	元	353.53	2 618.63	2 868.64
土地成本	元	8.94	12.65	26.08
净利润	元	5 139.72	5 568.89	5 572.68
成本利润率	%	34.20	33.46	29.64
每 50 千克主产品				
平均出售价格	元	158.55	164.08	166.70
总成本	元	118.14	122.94	128.59
生产成本	元	118.07	122.85	128.41
净利润	元	40.41	41.14	38.11
附:				
每头用工数量	日	29.92	31.10	28.68
平均饲养天数	日	365.00	365.00	365.00

数据来源：黑龙江省经济社会发展统计数据库。

从表 2 来看，小规模养殖的人工成本最低，三者的人工成本排序依次是中规模＞大规模＞小规模，除此之外，从表中还可以看到，大规模养殖的土地成本也高于其他养殖规模，而每头牛所增加的收益不足以弥补每头牛所带来的养殖成本，进而导致大规模养殖的成本利润率较低。与全国同期平均水平相比，黑龙江省小规模养殖的成本利润率略低，中规模养殖和大规模养殖的成本利润率略高（2018 年全国小规模养殖的每头奶牛的成本利润率为 37.05％，中规模养殖的每头奶牛的成本利润率为 31.57％，大规模养殖的每头奶牛的成本利润率为 27.08％）。因此，从不同养殖规模的成本收益角度来看，小规模养殖的成本较小，但收益也较少，大规模养殖的成本较大，成本利润率也较低，而中规模的养殖形式介于两者之间，成本略高于小规模养殖，成本利润率略高于大规模养殖，这也符合经济学中的规模经济理论，由此推动了黑龙江省的养殖户适度扩大生产规模，优化养殖形式，以期取得奶牛养殖规模效应的最大化。

（二）黑龙江省奶牛养殖组织形式的资源要素流动与配置分析

1. 不同奶牛养殖组织形式的土地资源分析

从图 1 来看，黑龙江省散养模式下的土地成本最高，其次是大规模养殖，然后是小规模养殖和中规模养殖。且全国同期其他省份，也存在这样的特征。

原因在于，首先，散养模式的小规模、分散性特征明显，粗放式的饲养导致土地利用率较低，土地资源滥用，加上奶农自身管理水平有限，粗放饲养的不良习惯、管理不善导致环境污染严重，土地整治成本较高，因而导致土地资源的总成本支出较高；其次，大规模的养殖对土地资源的丰富性要求较高，需要有大面积的牛舍、牛棚容纳，较高的存栏量要求较高的管理水平，土地维护成本相对较高，导致土地资源的总成本也较高；中小规模的养殖介于这两者之间，既在一定程度上解决了散养分散性、浪费性、污染性高的缺点，又降低了高存栏量带来的高维护成本，因而其土地成本支出相对较低。

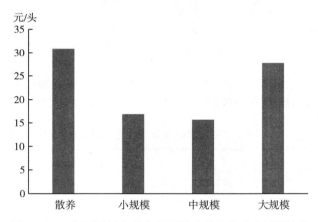

图 1　2016 年不同奶牛养殖组织形式的土地成本情况比较

数据来源：《中国奶业年鉴》、黑龙江省经济社会发展统计数据车。

2. 不同奶牛养殖组织形式的人力资源分析

从图 2 来看，黑龙江省的散养模式所需要支付的人工成本最高，中小规模养殖的人工成本较低，大规模养殖的人工成本介于散养和中小规模养殖之间，呈现出规模越小，人工成本越高的特征。虽然黑龙江是农业大省，但因为气候原因，冬季无法进行农作物种植和生产，饲养奶牛的原料源自囤积饲料，供应相对来说较缺乏，加上奶牛不耐寒，冬季易发病，奶农需要为其注射疫苗和针液，但是奶农自身能力有限且资金不足，要求奶农投入的精力更多，从而加剧人力资本的投入，提高了人工成本的总支出。

3. 不同奶牛养殖组织形式的投资来源情况比较

从表 3 可以明确看出三种养殖模式的投资来源，散养的投资来源主要是农户自身，投资来源比较单一，资金实力较弱，且资金稳定性与农户每年的收益挂钩，具有一定的风险性。养殖小区又可以分为奶牛特区、合作社、都市广场三种细化模式来分析，其中奶牛特区的投资来源依靠政府或者乳品公司，渠道

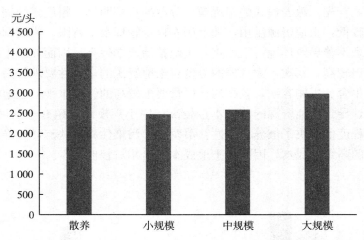

图 2　2016 年不同奶牛养殖组织形式的人力资源成本情况比较

数据来源：《中国奶业年鉴》、黑龙江省经济社会发展统计数据库。

表 3　三种养殖模式的投资来源比较

模式		投资来源
散养		农户自身
养殖小区	奶牛特区	政府或者乳品公司
	合作社	合作社社员或者当地政府
	都市广场	社会资金拥有者
规模化养殖	规模化牧场	具有一定投资能力的养殖户或者养殖企业
	乳品企业自建牧场	各大乳品企业（完达山、光明松鹤等）
	外资企业投资牧场	外企投资（外国乳品公司）

资料来源：《中国畜牧业年鉴》。

相对较广，资金实力较强，稳定性也优于散户养殖，保障性更高；合作社模式的养殖小区投资来源主要是合作社社员或者当地政府，合作社的出资方实力较强，稳定性较高，且其会专门选派一名管理者入驻合作社进行专业化指导，不仅保证了资金的可靠性，也在一定程度上提高了合作社养殖的管理水平，精进了管理技术；都市广场模式的养殖小区投资来源依靠社会资金拥有者，这部分投资者资金实力雄厚，保证了牧场资金的有效运转，且其拥有较多良好的配套设备，市场议价能力较强，从一定程度上来说，都市广场的奶农获得的奶款会高于自己销售至奶站的奶款。规模化养殖模式可以从规模化牧场、乳品企业自建牧场、外资企业投资牧场三种具体模式来分析。规模化牧场的投资者是具有一定投资能力的养殖户或者养殖企业，这些投资者在原有奶牛养殖中获取收益较高，积累了大量资金，因而扩大养殖规模，在现有区域内建立牧场，他们的资金实力较强，稳定性较好；乳品企业自建牧场的投资来源是各大乳品企业，黑龙江省主要乳品投资企业有完达山、飞鹤、光明松鹤，这些乳品企业资金实力雄厚，稳定性较强，且具有成熟的加工渠道和销售渠道，保证了牧场的资金来源，也提高了牧场经营效益；外资企业投资牧场的投资来源依靠外国乳品公司，他们资金实力较强，管理水平较高，管理技术先进，管理模式多元化，在一定程度上推进了黑龙江乳业的发展。据黑龙江日报报道，黑龙江乳业正在探索国际化发展道路，在 2017 年中国国际乳业合作大会暨第五届中国国际奶业展览会上，荷兰你好集团在了解了黑龙江省乳业发展历程和战略之后，认为黑龙江乳业具有极强的开拓性，并且与集团乳业发展战略具有极强的关联性和互补性，表达了合作意愿。你好集团与黑龙江省红星集团等其他企业在奶牛养殖技术、管理经验、奶酪加工、原奶销售等业务领域试图寻找新的战略合作方向。德国斯诺金机械公司将大型自走式饲料搅拌机应用于黑龙江奶牛养殖业，助力黑龙江高品质生鲜乳生产形成新趋势，不断提高乳制品生产能力，延长生产链，促进婴幼儿奶粉、奶酪、黄油等附加品的发展，开拓更为广阔的国际市场。从乳业供应链方面来看，乳业发展将会带动上下游企业同步发展，主要表现在上游的种植业为乳业发展提供原料供应，下游乳品加工企业为乳业提供加工渠道，增加原奶的附加值。许多国内外知名乳业装备生产商和供应商都将黑龙江视为中国乳业发展的标杆，且表示许多先进设备将在黑龙江率先试用，随后再推广至其他省份，这不仅是对黑龙江乳业的认可，更是对黑龙江乳业发展的大力支持，这必将推进黑龙江乳业发展的国际化步伐。

从上述对不同养殖规模的土地成本、投资来源、人力成本的分析来看，黑龙江省这三种奶牛养殖规模间的资源流动表现出时间性、渐进性、共享性的特点。首先，养殖小区是由散养不断发展而来的，而中小规模牧场的发展也有养殖小区和散养的缩影，虽然三者在规模上有所差异，但是同一个地区，不同奶牛养殖场之间的资源是可以相互流动的，散养农户可以从合作社奶牛场或者乳品公司建立的奶场获得奶牛销售的信息、管理经验，租借先进设备等，而养殖小区和乳品公司建立的奶场又可以收购散户养殖的奶牛或者牛奶，进一步加工形成产品销售市场。三者之间资源的共享进一步完善了黑龙江省奶牛养殖的形式，在农村形成规模化、集约化的养殖，散养比例不断降低，资源利用效率不断提高，环境问题逐步改善，奶牛单产、乳品质量显著提升，奶农也增加了收入。

二、黑龙江省奶牛养殖组织形式的
演化机制及衍生问题

（一）黑龙江省奶牛养殖组织形式演化的内在动力及外在驱动因素

1. 内在动力

（1）农业生产力的发展促进了奶牛养殖组织形式的演进。农业生产力可通过农业机械化、现代农业技术应用水平进行衡量，随着农业生产力的发展，无论种植业还是养殖业都走向规模化道路。为了便于提高机械化利用效率，耕地需要集中连片，这导致了大规模土地流转的发生，进而引发了奶牛养殖组织形式的变化。小农经济阻碍了农业生产力的发展，奶牛散养户、小型牧场在标准化管理方面、安全卫生方面都难以适应时代的需要，生产空间被逐渐压缩，在这种情况下，规模化生产的需要促进了生产资料向拥有大量资本和技术的规模经营主体集中。

（2）农业生产关系的调整促成了奶牛养殖新形式的产生和发展。所有权和经营权的分离是理解奶牛养殖组织形式演化的基础。其中，奶牛养殖的经营权还包括养殖决策权、生产管理权、原奶处置权，以上权力在不同组织形式下让渡给规模经营主体的程度不一样，农民获得收益情况也不一样。我国农村的基本经营制度为统分结合的双层经营体制，土地集体所有，农户以家庭为单位承包经营，在"分"的层面，凸显了其激发生产力蓬勃发展的作用，但"统"的层面弱化，在黑龙江省的很多调研村庄，集体经济名存实亡，有的村干部也主张有必要强化集体经济，使其有能力带动本地经济的发展。确实，一些农业基础设施的建设依然要依赖于集体经济的投入，虽然国家有相应补贴，但毕竟额度有限，而依靠农户自身力量去改善基础设施建设，也是不现实的。村庄集体经济的宏观调控存在弱化现象，农户都是自行决定如何开展农业生产，与村集体的联系若有若无。村庄中很多基础设施建设，遭到个别农民破坏，已经无法使用，年久失修的公共设施也缺少维护。属于生产关系范畴的农村经营制度对奶牛养殖组织形式演化具有重要影响，其变革调整也促使了奶牛养殖组织形式的改变。

2. 外在驱动因素

（1）环境保护压力。黑龙江省生鲜乳产量达到 539.5 万吨，位居全国第 2 位，奶牛肉牛存栏、生猪存栏都在累积增加，到 2020 年，黑龙江省畜禽养殖排泄物总量接近 1.83 亿吨。畜禽排泄物污染也引起各界人士的普遍关注，环境规制也越来越严格，一项研究显示，2016 年，浙江地区被强制取缔的养殖场中，有 67％是由于环境不达标而被迫关停。自《国务院办公厅关于加快推进畜禽养殖废弃物资源化利用的意见》（国办发〔2017〕48 号）（简称 48 号文件）发布以来，很多牧场建立了大规模粪污处理系统，比如黑龙江省肇源县将养殖废弃物综合利用率由 70.37％提升到 75％以上，相应地在 2020 年农业可持续发展规划中加入养殖组织模式转化的条款："实现分散小规模向集中牧场标准化养殖转变，奶牛养殖量发展到 5 万头。在龙头企业惠丰的带动下，大力推动义顺乡、浩德乡、超等乡、大兴乡、头台镇发展规模化奶牛牧场。发展绿色生态养殖，带动青贮饲料种植 6 万亩"。

目前，黑龙江省畜禽养殖污染相关的法律、法规、条例、办法和指导意见共出台 46 个。2018 年发布的《全省加强有机肥生产和利用的指导意见》明确指出，"农家肥和农民自制的有机肥的重金属指标须达到国家标准 NY525—2012 中 4.3 重金属的限量指标要求""有机肥施用后的土壤重金属含量不能超过土壤重金属国家标准限量指标"。原始传统的直接还田模式将面临改制，未来要经过重金属监测和检测环节。

为满足环保要求，粪污处理成本增大。经典例子就是大北农，最初设计的处理成本是 100 万～200 万元，由于不能露天堆放，产生的沼气不能排放，无氧化塘，重新设计后处理成本达到 1 500 万元。对于小规模奶牛养殖组织来说，能达到环评标准的寥寥无几，散养户无法实现人畜分离。

（2）规模化需求。黑龙江省在奶牛养殖的过程中根据自身的实际情况实施有效的奶牛养殖计划以及完备的奶牛养殖振兴策略设计，在积极发展本省的特色农业之外，重点关注奶牛养殖的问题，在 2010 年，根据实际情况提出了《黑龙江省人民政府关于推进奶业持续健康发展的意见》，该意见针对奶牛产业的健康发展进行了规划，对奶牛养殖业中遇到的主要问题进行了回答，并根据实际情况进行了有效的制约，未来黑龙江省的奶牛养殖将逐渐走向正轨。在 2015 年以后黑龙江省针对奶牛业生产制定的主要政策是关于肉牛的良种保持、奶牛的保险以及奶牛规模化生产方面的内容，重点推进奶业发展项目。

2020 年黑龙江省颁布《黑龙江省 2020 年奶牛场改造升级项目实施方案》（以下简称《实施方案》），《实施方案》指出，对黑龙江省的奶牛家庭牧场、合作社奶牛场、家庭经营的中小规模牧场和奶农联合经营的中小规模牧场进行奶场升级改造，给予养殖小区和中小规模的奶牛养殖场重点关注，旨在提高黑龙江省奶牛养殖的规范性和效益（表 4）。黑龙江省政府和省农业农村厅希望通过对奶牛场进行升级改造来提高奶牛单产和生鲜乳质量，为广大奶农创造更大的养殖效益。同时希望在省政府支持下，带动各地方政府、农业农村局探索培育出本土化的规模奶牛养殖主体，优化奶牛养殖规模，夯实黑龙江省的奶牛养殖基础。从下发的文件来看，此次改革调整的关注对象集中在养殖小区和中小规模的养殖场，对于农户散养模式的养殖场的升级改造未做过多指示。究其原因，其一，黑龙江省的奶牛散养养殖场数量在不断减少，养殖小区和中小规模养殖场的数量开始增加，加大对这两种模式的奶场升级改造是要点所在，趋势所在；其二，在 2019 年，黑龙江省已经对部分散养形式的养殖场进行规范改造，部分散户养殖户已经纳入当地的奶牛养殖合作社或者被其他形式奶场兼并，不再享受本年度的奶场升级改造政策。从《实施方案》细则来看，对奶场升级改造对象的补助力度较大，补助范围较广，内容较全，对饲养方式、疫病监测防控、粪污处理、饲料加工、挤奶设备等都进行了详细批示，足以看出黑龙江省政府、省农业农村厅对奶牛养殖的重视，而这些先进技术和设备的引进，将大幅度提高黑龙江省奶牛单产、管理水平和养殖效益，促进奶牛养殖场绿色健康可持续发展。

表 4　2020 年黑龙江省不同养殖规模奶牛场改造升级实施计划

奶牛场组织形式	补贴标准	补助内容
散养	/	/
养殖小区 奶牛家庭牧场 合作社奶牛场 家庭经营的中小规模牧场 奶农联合经营中小规模牧场 中小规模养殖场	以 100 头为一个单元，对每个单元补贴不超过 50 万元（按 12 月龄以上奶牛实际存栏数计算）	（1）发情监测、精准饲喂管理软件和配套设施 （2）购置粪污前期收集、贮存、预处理和还田设备，完善配套设施设备硬件 （3）购置养殖、饲草料生产加工、挤奶等机械设备和防疫、质量检测等仪器设备及相关易耗品 （4）新建或改扩建牛舍、挤奶厅、青贮窖等主要生产设施

资料来源：黑龙江省农业农村厅。

调查的新建牧场很多都受益于《2013 年黑龙江省两大平原资金整合项目》。2013 年 7 月国家出台政策计划建设 45 个以龙头企业（伊利、蒙牛、完达山、光明、飞鹤）为首的标准化规模化牧场，每个牧场奶牛存栏数是 1 200 头泌乳奶牛，每个牧场的投资预算是 2 600 万元，省政府补贴 50%，龙头企业入股，但不分红，投资占 30%，农民和合作社自筹 20%，到 2013 年底该政策收效甚微。2014 年修改为只要在工商资本注册投资建设泌乳奶牛存栏数达1 200头以上的规模化标准化牧场，政府补贴 50%，自筹 50%，同时每个牧场争取到的政府补贴不能超过四个单元，即 5 200 万元。在此背景下，截至 2014年底，双城区共建牧场 100 个，组织建设了双城雀巢有限公司奶牛养殖培训中心、现代牧业（双城）有限公司等 5 个现代示范奶牛场，共 8 个单元（每个单元存栏泌乳牛 1 200 头），这 5 个奶牛场 8 个单元于 2015 年逐一通过验收，投入使用，引入高产优质奶牛 1.5 万头。

林甸县实行牧场模式较早，现存全部牧场奶牛存栏数达 100 头以上，2015 年林甸县商品奶总产量位居全省第二。林甸县现有十个单元享受国家 1 300 万元补贴，国家共投资 13 000 万元，伊利共有 4 个单元享受国家该项补贴政策（4 个单元分别是龙嘉、四合、大金牛现代牧业科技示范园区和众晔奶牛养殖专业合作社）。

这些牧场在国家支持项目推动下，由私人承担建设任务，属于个人独资性质，调查样本中，投资额 500 多万元的有四家牧场，最高的投资额达 6 000 多万元，最少的投资额为 40 万元。牧场前期投资全部完成后，由国家评估，评估合格后拨付资金，都是采取先建后补方式。分两期，一期 650 万元。这种方式要求前期投资较大，政策执行中，资金的匮乏对于牛场的初期建设很不利。有的养殖场在建设前，虽经过了国家审核，但没有获得正规的审批证明，银行不认可，不发放贷款。由此可以看出，政府部门应及时下发正规的审批证明，使牧场可以进行贷款，筹措资金。

（二）黑龙江省奶牛养殖组织形式演化的风险分担及利益补偿机制

奶牛养殖组织的生产经营面临巨大的经济风险、市场风险、社会风险。奶牛养殖业的危机预警机制尚不健全，因此容易发生动荡，会直接损害奶牛养殖组织的根本利益。建立风险分担及利益补偿机制，提高其应对风险的能力，是促进奶牛养殖组织形式演化的重要路径之一。

首先，土地租金的上涨及生产资料的价格波动加大了农业经营风险。目前奶牛养殖成本越来越高，无论是饲料成本还是雇工成本都推高了奶牛养殖成本。土地流转费的上涨，可能不会直接提升农业生产力水平，反而可能导致农产品价格过高失去市场竞争力，那么其更多的可能是一种利益补偿，从"效率"上来说没有明显作用，但从"公平"上来说意义重大。因为在农村社会保障缺失的情况下，土地就成为一种保障，承担了大量社会保障应该承担的功能。由此可见，其具有收入再分配的属性。流转合同期限也影响了农业长期投资，由于土地流转的期限比较短，不能超越 2023—2028 年"二轮"承包期限，这限制了投资人对农地进行长期投资的积极性，短期行为导致化肥农药的滥用，土地板结，不利于农业的长期可持续发展。影响土地租金的因素有很多，其中一个规律值得探讨，即农民人均可支配收入与收入增加的边际效用成反比例关系，当农民人均可支配收入很低时，每增加 100 元都会给农民带来很大的效用，而当农民人均可支配收入很高时，100 元对农民不会意味着太多。那么，这条规律对土地流转费用会产生什么影响呢？从某种程度上说，会导致土地租金下降，因为相较于大部分农民的收入来说，土地租金的金额很小。然而对有些农户来说，土地租金收入依然是其主要生活来源，同时土地租金也要随行就市，不论如何，租金的上涨已经成为既定事实，在北方很多粮食主产区，土地流转费用达到 800～1 200 元/亩，2015 年，安徽北部粮食主产区（宿州、阜阳）土地流转费用达到 1 000～1 200 元/亩，都有上涨趋势。租金成为农业经营成本的重要组成部分，较高的成本使得农业经营利润微薄，抵抗风险能力减弱，这种高风险，单独依靠一个经营主体来分担越来越不现实，所以在实践中发展出了类似托管这种新型的组织模式，可以实现农户与规模经营组织之间共担风险。

同时，农业雇工成本也越来越高，2003—2014 年，我国粮食生产中的雇工平均日工资从 18.80 元上升到 107.49 元，按当年价格计算增加了 4.72 倍，养殖业雇工成本也很高。反而机械使用价格相对便宜，其增长速度甚至慢于工资上涨速度，经济理性也促使人们更多地选择依靠机械而减少人力的使用，相应地组织形式也发生了变化，比如农户将农业生产部分环节或所有环节外包给拥有机械的组织。

不同模式下托管牧场与奶农的利益风险分担状况不同，比如半托（寄养）的方式，奶农承受的风险较大，奶牛生病甚至于淘汰的风险都由奶农承担，对此奶农有很大意见；而奶农参与牧场管理，有助于提高奶牛饲喂精细度，但会产生其他的一些问题，这种方式下奶农也需要承担一定的风险；散户将奶牛全权托管到牧场的方式，奶农不承担任何风险，但奶农对于每年的固定收益水平并不满意。故此，建立合理的利益风险分担机制是牧场模式有效推行的关键。

关于风险分担，处于奶业供应链上的各个组织可以结成紧密的联盟关系来实现共赢，这是因为，各组织间彼此存在着资源的依赖，通过资源的整合，互通有无，建立良好的合作机制，畅通信息交流，使得知识可以在各组织间共享，共同创造价值，形成系统竞争力，使得供应链上的每个组织都能从中获益。

（三）黑龙江省奶牛养殖组织形式演化的产业链纵向整合机制

乳业产业链纵向整合包括前向一体化和后向一体化，很显然，处于弱势地位的奶农很难进行后向一体化整合，其下游的乳制品制造商却可能进行前向一体化整合，比如知名的乳企伊利、完达山都和黑龙江省的牧场合作，将它们纳入自己的供应链中。另外位于奶农上游的生产资料供应商也可能进行后向一体化整合，比如农资零售商转型成为牧场托管服务的提供方。农资零售商和奶农有着天然的联系，地理位置邻近，业务往来频繁，空间距离与心理距离都小，是奶农所需服务的直接提供者。农资零售商的纵向整合动机来源于规避风险，目的是要减少环境的不确定性。随着组织之间竞争越来越激烈，农资开始滞销，为了促进销售，各农资零售商都普遍接受了赊销这一方式，在购买饲料时赊账，待销售原奶后还账。一开始仅仅出现在奶农资金紧张时，但随着市场供大于求，为了吸引客户，各农资零售商都以此为竞争手段，逐渐发展成为行业惯例。即便是农户资金充裕，也依然会选择赊销方式。相关调查显示，赊销与现金付款方式的比例约为 8：2，可见赊销是农民购买农资的主要方式。这促使了纵向整合行为的发生，因为纵向整合之后，能够实现组织对市场的替代，变市场交易为组织内的交易，节约交易成本，杜绝了坏账的风险。另外，随着散养户规模的逐渐扩大以及新型农业经营主体的不断涌现，这部分主体会跳过农资零售商直接和一级经销商甚至生产厂商合作，由于没有中间商赚差价，所以成本大幅度降低。这种变化进一步挤占了农资零售商的生存空间，迫使他们纷纷转型升级，开始向下游的生产环节延展。通过纵向整合，变不确定的农资销售量为稳定的销售量，锁定了收益，规避了动态环境带来的不确定性。

除了农资零售商，农业机械组织也有理由进行纵向整合，以此增加盈利渠道和总收益。随着整合程度的提高，牧场托管组织不仅提供农资零售、农业机械服务，获取这些环节的收益，甚至还向下游的流通环节进行拓展，自己销售原料奶，因为小农户自己销售原奶往往售价较低（因为其数量有限，质量等级不高），而托管组织由于有较强的议价能力，可以取得大型乳企最优收购价，该价差利润也是托管组织的一大收入来源。

产业链纵向整合成功实施的先决条件是物质资本、人力资本以及社会资本积累达到一定程度。比如农资零售商主导的纵向整合，首先，他们积累了社会资本，农资零售商很多是农户的邻里熟人，出生在本地或在本地生活过较长时间，甚至本身的身份就是农民，对乡土社会比较了解，具备与农民建立密切联系的天然优势。经过多年的农资经营，已经赢得了农民的信赖，积累了良好的声誉。其次，他们在农资销售领域深耕多年，积累了雄厚的资金，使得应用现代化机械及先进农业技术成为可能。最后，在人力资本积累方面，农资零售商相比于普通农户，在管理才能方面更加突出，他们在财务管理、人事管理等方面都有实践经验，他们与生产厂家建立了良好的合作关系，能够以优惠价格获得农资产品，人脉关系广阔。

（四）黑龙江省奶牛养殖组织形式演化的衍生问题

普遍的观点认为，鉴于小农经济的种种弊端，规模化是必然趋势，是发展现代农业的应有之义，但是从利益主体的角度来看，奶牛养殖组织形式演化涉及到底为谁服务的定位问题。

1. 小农户与组织形式演化的衔接困难

规模化的奶牛养殖组织的运行离不开供销社、村"两委"、养殖合作社等主体的参与，多主体均需从奶牛养殖组织中分享收益以维系自身的运行，这些主体对市场收益的追求可能会导致对社会服务和公益责任的弱化。首先，供销社作为一种特殊的组织形式，从行政属性角度来看，其具有公益性组织性质，但在市场化改革中，供销社也具有了营利性组织的一些特性。其次，村"两委"虽然是真正意义上的行政组织，是服务村民的基层机构，但在壮大村集体经济的客观需求下，村"两委"越来越注重"开源节流"，积极发展经济，也有经济利益的导向。从组织人员角度看，农资零售商的前身大都是供销社基层社的员工，在供销社改革过程中，逐渐演变为农资店的老板。村干部很多都承包了大面积耕地，或者搞规模养殖，有的拥有着池塘、有的拥有着果林、有的成立了农机合作社。正是这种组织成员身份重叠的现象，引致了公与私的利益矛盾。当奶农将部分生产环节委托给牧场托管组织时，或者将全部生产环节外包时，在利益分享及风险分担方面都面临挑战。相比于普通农户，村庄精英掌握着更多的配置，普通农户对这种资源具有依赖性，稀缺的资源赋予村庄精英更大的权力，权力会进一步影响资源的配置，这样富者更富了。如果村庄精英的逐利意识超越社会责任感，这些组织就会以私人利益最大化为目标，尽管实现了市场化转型，但在效率和公平方面会失衡。

奶牛养殖组织形式演化的突出特点是，小农户退出奶牛养殖领域，部分农户属于主动退出类型，自愿将奶牛完全托管给企业，还有一部分农户属于被动退出类型，随着托管组织的私人化倾向，对小农形成了挤出效应，有的农户虽然有养奶牛的意愿却受到规模化经营的排挤而被迫退出农业生产。很显然，小农户在大规模牧场面前没有竞争力，规模化牧场在原料乳卫生安全方面更有保障，村集体也会以此为由引导小农退出农业经营领域。零散小户被排斥在奶牛养殖领域之外，似乎有其正当性，但这种简化问题的解决方式很显然值得商榷。

奶牛养殖组织形式演化不能等同于规模化，规模化带来的经济效益只是一方面，也要关注分化农民群体中底层群体的利益，发展现代农业旨在振兴乡村经济，打赢扶贫攻坚战，小农户不应该仅仅是现代农业的改造对象，更不能被排斥在外，恰恰相反，他们是现代农业发展不可忽视的组成部分。所以，散户如何与奶牛养殖组织衔接是值得关注的问题，奶牛养殖组织形式演化不能只给资本大户、农资店老板、村庄精英等带来利益。依据舒尔茨改造传统农业的理论，一旦重视要素资本的投入尤其是农民的人力资本投入，自然而然会实现传统农业向现代农业转变。高素质农民的培育就是这种思想的体现，但实际享受这种资本投入的是以规模经营为代表的新型农业经营主体，尽管这无可厚非，有助于更好地发挥新型农业经营主体在现代农业建设中的作用，但农业具有多功能性，应该正确理解农业的基础性地位：既保障着粮食安全，也保障着农民生活的安定，从现实出发，依然有大量的农民要长期生活在村庄依赖着农业生产活动。奶牛养殖组织形式演化浪潮不应该成为少数人积累财富的手段载体，应该警惕出现"去小农化"的倾向。

总之，在促进组织形式演化过程中，不应仅仅考虑经济效益，还要综合考虑社会效益和生态效益。

2. 组织形式演化导致村庄内部职业分化

奶牛养殖组织形式演化重构了职责分工，以供销社、农资零售商、农业企业为代表的规模化经营组织，以利润最大化为目标，与村干部结成密切联盟关系，村干部成为其在村的代理人，负责沟通协调、动员宣传等与村民直接打交道的工作。而小农户则退出奶牛养殖业，开始为规模化经营组织打工。即使这样，也会受到一些限制，尤其那些老年农户因年事已高，难以满足雇工环节对高强度劳动的要求而遭到排斥，与此同时，他们也难以依托养殖少量奶牛实现劳动价值，只有部分合作社出于同情会雇佣他们打零工，比如分拣马铃薯。

退出奶牛养殖的很多农村富余劳动力会选择进城务工，但农民在城市务工具有极强的不稳定性，一旦遭遇政策的变动或经济危机，部分进城务工的农民仍需返回村庄。而剥夺农民农业经营的权力，无异于拔掉其在村庄生活的根基，出现农民所言的"想养牛，都不让养了"的与民争利情形，乡土社会基本的生活保障丧失，基本社会秩序也遭遇挑战。故此，在培育新型组织形式过程中，要兼顾村庄内部富余劳动力的务农需求。

3. 强制性制度变迁忽视农民意愿

在基层实际运作过程中难免会出现一些不顾实际一味追求规模化或者为打造示范点不顾农户意愿强制组织形式变革等衍生性问题。比如托管模式的初衷旨在确保农户在托管过程中的主体地位，所以受到农户的欢迎。但在具体实践中，有的基层政权不顾农户意愿与选择，实行一刀切，反而会造成农户的抵触情绪，违背托管的服务初衷。

4. 奶牛养殖组织的管理水平有待提升

半托管模式下，很多时候，奶牛仅在产奶期在托管牧场，干奶期时农民把牛牵走，由农户自己喂养。配种育种等很多环节都是农户独立操作。可以说，频繁牵出牵进是不利于防疫的，农户对牛整个一生的健康状况并不是很了解，了解的只是一个阶段。如果干奶期饲养不好，营养不均衡，事实上会对产奶量产生不利影响。毫无疑问，牛的整个生命周期都在牧场渡过更合理一些。但鉴于目前牧场与奶农这样一种利益联结方式，出奶时农户赚钱，一旦干奶，农户赔钱，因为在自己家饲喂要比在牧场节约成本。农户以追求自身利益最大化为目标，会进行成本收益核算，所以才会出现上述现象。

随着组织规模的扩大，管理 500 头牛与原来管理 8～10 头牛的方法是不一样的。牧场集中了散户的奶牛，如何进行管理？这对牧场来说是一个挑战。每家每户的牛都不一样，无法进行分群管理，自己喂自己家的牛，产奶量水平各不相同，要求必须有高素质的有经验的牧场经理参与管理。很多牧场都缺少专业的管理人才。新技术、新经验的引进比较匮乏，而且奶农对科学管理的意识不强，新技术、新经验不好推广。牧场管理受资金限制，即使参加了培训，对于应用先进管理方式仍然排斥，牧场主希望的是不花钱而提高牧场效益，这是很难做到的。

调研中发现，奶牛患乳腺炎的比例较高，其中一个受访奶农表示，从2015 年到现在因乳腺炎淘汰的奶牛有 5～6 头，因此相比往年，收入下降不少。急性乳腺炎很难医治，一旦得病直接淘汰，作为肉牛处理，对于乳腺炎，奶农很无助。

这反映出牧场的管理水平还有待提升，奶牛规模化牧场重建设、轻管理现象普遍存在，部分牧场只考虑加快建设进度，建设后怎样经营、怎样管理考虑得很少。缺少高水平行业人才成为制约牧场发展的瓶颈问题，懂经营会管理的专业人员"千金难聘"，养牛行业的脏与累也导致其缺乏对人才的吸引力。

三、黑龙江省奶牛养殖组织形式演化的理论模型

（一）奶牛养殖组织的进入与退出模型

如图 3 所示，奶牛养殖组织形式的演进，提升了结构性进入壁垒，这是由于规模化是奶牛养殖组织形式演进的主要特征，从而逐渐形成了规模经济壁垒，即或许存在一个最小有效规模（MES），如果新进入者以低于 MES 的规模进入，则新进入者的成本必然高于原有大规模奶牛养殖组织，在竞争中处于劣势，将导致自身的进入失败。如果新进入者以 MES 数量进入，那么市场的

总产量可能就会超过最大市场容量，引起市场价格下降到平均成本以下，进入会导致新进入者亏损。奶牛养殖业本身也有着必要资本壁垒，资本投入比较大；与此同时也存在一定的制度性壁垒，政府的干预、政府的政策和法律，行政保护也起到一定的作用。

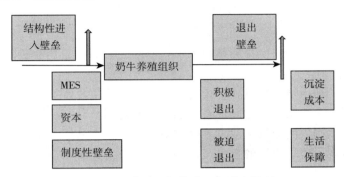

图 3　奶牛养殖组织的进入与退出模型

　　退出壁垒方面，奶牛养殖业还有待建立科学的退出机制。退出和进入是相对的，有进入就有退出。退出有积极退出和被迫退出。积极退出是指有关养殖主体发现了盈利更高的机会，而主动转移到其他产业或市场；被迫退出是指组织难以为继进而关闭或出售后转产。对那些经营不景气的奶牛养殖组织，可以按照有关程序实施关停。对于那些环境污染严重，会导致乳制品安全事故的奶牛养殖组织，应根据相关法律法规强制关闭令其退出。在市场经济条件下，组织的退出是市场机制发挥调节作用的自然结果，是市场对资源配置发挥基础性作用的正常反应。但由于奶牛养殖业的基础设施需要较大的资本投入，会成为沉淀成本从而形成退出壁垒。这些资产有时无法在二手资产市场上出售或出售价格远低于其机会成本的部分。政府在强制某些奶牛养殖组织退出时也存在困境，因为要考虑转产后农民的收入来源和生活保障。

　　鉴于农业的特殊性，政府为控制农产品价格总水平实行限价政策，这种情况下组织要退出该行业，也会受到政府干预。退出壁垒会使市场机制配置资源的作用弱化，组织退出的手段不成熟不完善，将会直接导致产业调整的步伐受阻。如果同一产业内存在众多的企业参与竞争，价格战此起彼伏，组织会长期处于低利润甚至亏损状态而不愿意退出。

（二）奶牛养殖组织形式设计模型

　　应用组织设计理论，可以将奶牛养殖组织形式分为横向主体关系（农业协会或者合作经济组织）与纵向主体关系（从初级品生产到最终消费市场的各主体间的市场关系，如市场交易关系、协调合作关系、公司内部分工关系等。比如企业在农业科技研发、农业生产资料投入等方面进行联合投入；或者大型规模龙头企业将农业产前部门纳入该企业内部，对农业产前的生产资料、科技服务、金融服务等各方面进行企业化运作管理），如图 4 所示。

组织设计的维度可以有多种，比如价值链维度、产业链维度、行业维度、区域维度、产品种类维度、消费者类别维度等，本研究按产业链维度各主体结合的紧密程度的不同将奶牛养殖组织形式归结为松散型、半紧密型和紧密型三种组织形式。

松散型，即市场交易模式。市场是联系他们的主要桥梁，在这种交易模式之下，乳制品企业与奶农之间没有明确的交易合同，乳制品企业根据市场现行价格直接采购奶农的原奶，双方不存在契约关系，交易形式松散，制约条款较少，基本实现了市场资源的自由流动和产品的自由买卖。

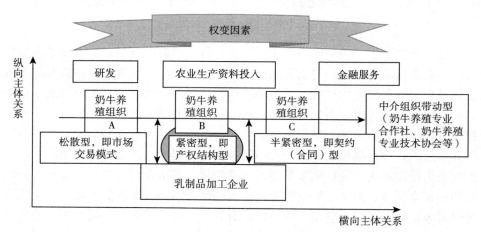

图 4　奶牛养殖组织形式设计模型

半紧密型，即契约（合同）型，所谓的订单农业。各主体之间以合同契约建立交易关系。契约的存在在一定程度上加大了对乳制品企业利益的保护，契约一旦签订，农户就不得不将自己的原奶卖给乳制品企业，这不仅降低了企业市场信息搜寻的难度，也大大降低了企业的管理费用，使其处于优势地位。这是种市场地位不平等的契约关系，合同制定主体存在单一性，农民只能被动接受企业制定的购买价格，且分散的奶农不具备有利的谈判地位，使得农户利益无法得到保障。除此之外，合同对双方的约束有限，因此违约、毁约情况时有出现。由于农业受自然因素的影响较大，一旦遇到疫病流行，奶农不仅需要承担自身养殖奶牛带来的效益损失，还得承担因为无法及时按合同规定提供产品造成的违约金，而背负巨大的资金压力。与此同时，公司也会因为农户没有按时提供农产品导致自身利益受损而拒绝给农户以必要的经济补偿。在实践中这种半紧密型关系通常表现为龙头企业带动农户型（以"当地龙头企业＋农户"为典型代表）。

调查区域中，杜蒙与林甸县属于伊利的奶源基地，甘南县是飞鹤的奶源基地，双城县是雀巢的奶源基地，都是通过政府与企业签订协议的方式而确立。比如林甸县政府从 2004 年开始与伊利公司签订协议，县政府每年与伊利公司沟通协调为当地牧场基地争取优惠政策。近几年发展良好，没有农户倒奶、公司拒收、拖欠奶资的现象发生，并为林甸县政府创造了平均每年 3 000 多万元的地方财政税收，随着牧场扩建和规模标准化牧场的投入运营，2015 年伊利公司上缴税款达 3 346 万元。受访的牧场对于这种稳定的合作关系也表示认可，避免了前几年抢奶源事件的发生，所有牧场都没有更换销售对象的意愿，表示会延续当前的销售协议。

紧密型，即产权结构型，指奶牛养殖各环节统一由一个经营主体完成，这是一种完全的一体化，此种类型最大的优势在于赋予农民更多的自主性和选择性。在这种交易模式之下，农民可以根据自己的实际情况选择以资金、管理、养殖技术、养殖设备或者自家的奶牛等生产要素入股企业，与企业采取利润分成的模式获得盈利，在这个过程中农民作为企业股东可以完全参与企业的经营决策，稳定性显著提高，该模式助力农民切实保障自己的权益。紧密型的交易模式不仅帮助农民实现了奶牛养殖的企业化经营，也帮助双方减少了市场交易费用，是目前发展前景较好的奶牛养殖模式。

中介组织带动型。在奶牛养殖中，这种中介组织主要有奶牛养殖专业合作社和奶牛养殖专业技术协会。与紧密型养殖模式相比，中介组织带动型模式的建立成本较高，与农民达成合作意向所耗费的时间较长，对合作社和技术协会支出的监督成本也较高。且在中介组织的管理过程中，农民需要支付一定的管理费用，当这一费用一旦高于其自主进行市场交易的花费，农民便会选择自己进入流通市场销售产品，放弃与中介组织的合作。且在中国本土市场中，中介组织的建立需要自筹资金，在一定程度上限制了其规模发展和高效运转，同时，难以保证销售渠道的稳定性，农民合作的意愿也有待加强，中介组织在中国奶牛养殖市场的发展任务是比较艰巨的。发达国家的合作社带动涉农产业一体化经营的共有经验是政府需要对合作社的建立给予强大的政策和资金支持。

同时，奶牛养殖组织形式设计也要结合相应的权变因素，表现在三个方面。其一是专用性资产的多寡与其专用性的强弱。通常情况下，奶牛养殖组织拥有的专用性资产较少，且这些资产的专用性较弱，也就表明其各方的利益更为松散，应该采用松散的组织形式，例如松散型模式、半紧密型模式，相反地，则应该采用紧密型模式。

其二是组织化水平的高低。在组织化水平较高的区域内，其组织发展起步较早，组织规模较大，商品经济较为发达，形式更为规范，消费者需求呈现多元化、个性化特点，奶农自身科学文化素质较高，市场竞争意识较强，这种类型组织化水平可高达 30％以上，中介组织的带动作用更强，而在一般区域，组织化水平只能达到 15％左右，中介组织发挥的作用就较弱。

其三，组织化程度的高低。由于农业本身季节性、时效性的特征，促使农民合作组织大多发源于蔬果、养殖等附加值较高的区域，这些区域市场竞争激烈，经营风险较大，需求弹性较高，盈利空间较大，而相比于市场开发较晚，竞争较为落后的区域，组织化程度相对较低，中介组织的带动作用也就较弱。

四、黑龙江省奶牛养殖组织形式 演化的优化方向及对策

（一）推动散养和小区饲养模式向规模养殖转变

大规模养殖有利于提高生产水平和效率，增加农民收入；有利于加强原料乳的质量控制，提高乳制品的质量和安全性；有利于提高对奶牛疾病的预防和控制能力，降低疾病风险，并确保人畜安全。因此，中国奶牛养殖的发展迫切需要改变发展模式，从自由放养模式转变为繁殖社区，再到中等规模的繁殖。在推进大规模奶牛养殖的过程中，必须解决以下问题：首先，把握进度，有序推进。从长远发展的角度来看，我们不可否认，大规模育种与散养养殖和社区养殖相比在提高育种管理水平、育种效率、规模化产出方面以及批量管理，保证原奶新鲜度、安全性等方面具有显著优势，散养养殖和社区养殖由于自身规模的局限性以及技术的不到位，无法与大规模育种相比。但是，我们也必须明确认识到，黑龙江省的乳业仍处于发展初期，养殖形式改革仍需深化，大规模育种的全面实现还需政府、农业合作社、农民等多方主体团结协作、持续发力，乳业的基础仍然很薄弱，无论是奶牛场、饲料等必不可缺的硬件，还是管理技术、育种技术等无形的软件，都需要不断完善，逐步构建有黑龙江特色的养殖体系（包含特色管理体系、人才体系、技术体系等），切忌急于求成，应遵循改革规律，认清自身实际，有序、稳步地推进黑龙江奶业改革步伐。其次，大规模奶牛养殖的数量必须适应当地条件。黑龙江省幅员辽阔，不同地区的资源和禀赋不同。养殖规模取决于支持奶牛场的饲草场的大小，周围环境的

承载能力以及周围地区是否有牛奶加工厂来实现经济效益。最后，解决合理分配问题。从北部到南部，黑龙江省乳业当前的发展不平衡。黑龙江省南部人口稠密，对乳制品的需求潜力巨大。但是，奶牛的数量很少，原料奶的产量相对不足。在黑龙江省北部，奶牛养殖业比较发达，奶牛数量众多，鲜奶产量大，但人口密度却不如南方，市场需求低于南方。我国的南部，特别是我国的东南沿海地区，是消费潜力最大的地区，应该按照实际情况进行有效的消费价值引导，多进行南北合作，来促进黑龙江地区的发展，并有针对性地对黑龙江省的奶牛养殖进行高效的经济资源利用。

（二）采取种养结合模式

改革与改进并存，在改革制度的推动下，中国奶业蓬勃发展，取得辉煌成绩，但也不可避免地在改革过程中暴露出行业发展存在的问题，亟须改进，其中最突出的是优质粗饲料的供应不足。由于中国土地资源相对短缺，许多奶牛场通常只考虑用于生产奶牛的土地，而没有考虑周围饲料土地的匹配问题。同时，将奶牛育种产生的肥料作为有机肥料返回田间，与生态农业的发展很好地融合在一起。如此，农业的可持续发展才能真正实现。奶牛是草食性牲畜，饲草饲料供应在黑龙江省的奶牛养殖行业中属于一大难题，如果一个省内的饲料供应情况得到了显著改善，那么该省的乳业发展具有良好的发展基础。在奶牛养殖业中，高质量的饲料，养育了一批又一批高品质的奶牛，输出了高质量的牛奶，这也就启示了中国奶业的改革应该从源头抓起，提高草料质量，从根本上提高奶牛品质。对于黑龙江省来说，应当密切联系发展实际，注重科学管理和分配，采用奶牛养殖的高效生产模式，重点发展适合黑龙江奶牛养殖的土壤和经济环境。黑龙江作为农业大省，拥有丰富的优质牧草资源，这些牧草保证了高质量粗饲料的供应，而高质量粗饲料的优势十分明显，它不仅体现在奶牛本身价值的提高，牛奶品质的优化，为奶制品安全性、可靠性提供了保障，更体现在其对土地肥力和利用率的高效促进，推动一物两用，既优化了奶牛品质，又实现了环境保护，也贯彻了"绿水青山就是金山银山"的发展理念，可见黑龙江省未来奶业的发展，必须以科学规划为导向，以自身实际为基础，以国家政策为指引，切实推进改革步伐，以配合奶牛的生产。国家应出台相应的地方政府保护政策以及相关的税收减免政策，为黑龙江奶牛养殖的可持续发展提供积极的支持和正确的指导。

（三）发挥非正式制度变迁作用

制度是社会的游戏规则。奶牛养殖业演进时，制度成为行为人的行动指南和决策前提。诺斯将制度区分为正式制度和非正式制度，二者相互作用。从演化的角度看，正式制度可以瞬间由立法机关改变，而非正式制度短期内无法通过政策而改变。它们二者对于奶牛养殖业组织演化所起的作用也不相同。非正式制度潜移默化的影响对于组织演化的约束力很强。

（四）促进跨区域跨领域的协同合作

政府应优化资源配置，尽全力创造条件促进奶牛养殖业组织强强联合，实现跨区域、跨领域的协同合作，从而促进奶牛养殖业水平的提升及经济效益的优化，把奶牛养殖业做大做强。首先，利用信息技术建立奶牛养殖业组织协同平台，平台的信息公开有利于促进奶牛养殖领域要素资源配置优化及资源利用效率；其次，打破地域限制，鼓励跨区域奶牛养殖业组织的联合与协作，鼓励组织发挥自身优势，同时也借助外界的优势不断提升自己的能力；最后，鼓励区域内奶牛养殖业组织的联合与合作，共同打造品牌，提高社会声誉，承担社会责任。通过典型案例、座谈会、培训等方式强化奶牛养殖业组织的社会责任意识，使其认识到践行社会责任对地方农业经济发展所产生的重要意义，从而激发奶牛养殖组织的社会责任感与使命感。

项目负责人：王立民
主要参加人：王洋、徐鑫亮、田荣华等

黑龙江省农业科技金融
资源配置门槛效应[*]

赵丽娟　柴　玲　张玉喜

　　随着中国经济发展进入新常态，科技创新成为经济发展的主要驱动力。科技创新受资源与环境双重制约，尤其是科技金融资源匮乏，导致农业科技创新面临资金动力不足压力。自创新驱动发展战略实施以来，农业科技创新发展得到国家重点支持，为实现农业科技的持续创新，解决当前农业科技金融资源约束，黑龙江省政府部门在农业科技创新体系中发挥了重要作用。黑龙江省政府在市场机制不能有效发挥资源配置作用，以及金融资本及社会资本无力或是不愿意投入到农业科技创新领域的情况下，起到对农业科技金融市场资源的引导、补充及调节作用。充分发挥政府部门在农业科技金融资源配置中的主导作用，是提高农业科技金融资源配置效率、提升农业科技创新水平的重要保障。

　　黑龙江省虽然是我国农业大省，但存在农业科技金融体系不健全、资金投入不足、科技成果转化率低等问题，严重影响了农业科技金融创新产出效率。为提高黑龙江省农业的竞争力，迫切需要合理、有效地配置农业科技金融资源，以有限的资源投入获得更大的产出。农业科技金融是引导和动员金融资源向农业科技产业集聚，满足农业科技产业发展需要的金融服务过程，是农业科技创新与金融创新的有机融合。在黑龙江省"四化同步"持续推进和产业结构不断升级的背景下，为引导金融资源向农业科技领域配置，加快推动农业科技与金融的有机结合，迫切需要提高黑龙江省农业科技金融资源配置效率。

---

　　* 黑龙江省哲学社会科学研究规划项目（项目编号：18JYE652）。
　　项目负责人为赵丽娟，主要参加人员有柴玲、张玉喜、辛立秋、潘方卉等。

一、黑龙江省农业科技金融资源
配置现状和存在的问题分析

（一）黑龙江省农业科技金融资源配置现状

1. 财政资金的配置现状

从绝对规模来看，黑龙江省财政资金规模呈现逐年上升趋势，并且增长数额明显，从 2007 年至 2018 年增长了 485.3 亿元，从这一点上来看，黑龙江省财政对于农业科技的支持力度是不断加强的，并且资金投入增幅较为显著。但从相对规模来看，黑龙江省用于农业科技创新的财政资金占财政支出的比重还比较小，2018 年该占比仅为 17.85%，与 2017 年相比只增长了 0.27%，增长幅度较小。从农业科技创新的财政资金支出增长速度角度看，从 2007 年到 2018 年间，增长速度最快的是 2016 年，增长速度达到了 38.75%，2017 年的增长速度为 18.55%，2018 年的增长速度为 2.67%，下降较为明显。由此可以看出，黑龙江省用于农业科技创新的财政资金相对规模有下降趋势，这可能与黑龙江省政府部门财政收入规模以及相关政策的变化有关，进而导致黑龙江省配置到农业科技领域的财政资金受到持续性制约，不利于黑龙江省农业科技发展。同时，黑龙江省财政资金在农业科技领域的投入增长幅度低于 GDP 的增长幅度，说明当前财政资金对农业科技发展支持力度有所不足，不利于农业科技创新水平提升。

2. 科技信贷的配置现状

科技信贷是农业科技金融资源的重要组成部分。虽然科技信贷项目在黑龙江省设立较早，但是由于技术创新存在较高的风险性、不确定性以及外部性等特征，银行对农业科技创新领域的投入热情不高，金融机构对农业科技创新发展的支持匮乏。从图 1 来看，2007 年农业科技活动筹集经费中金融机构信贷绝对规模为 1 704.8 万元，占农业科技活动筹集经费的比重为 2%；2018 年，金融机构信贷绝对规模达到 9 830 万元，占农业科技活动筹集经费的比重仅为 4.84%。2007—2018 年金融机构信贷占农业科技活动筹集经费的平均增长率为 0.25%，虽然金融机构的信贷绝对规模保持了稳定增长，但是金融机构信贷规模占农业科技活动筹资额的比重却呈现有个别年份下降的趋势，黑龙江省农业科技金融整体水平较低，科技贷款支持农业科技创新的支撑作用不明显。

（二）黑龙江省农业科技金融资源配置存在的问题

1. 资金结构失衡

黑龙江省农业科技财政支出以农业科技创新领域投入为主，2018 年占财

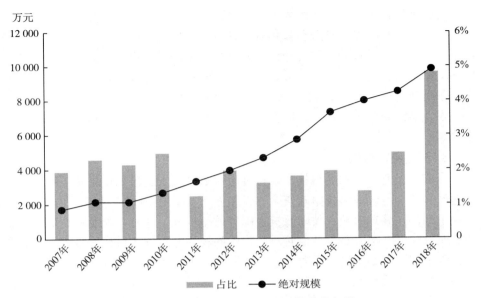

图 1　2007—2018 年黑龙江省科技信贷规模

政支农支出的比重为 36%，其中，农业科技事业费占财政支农支出的比重为 21%，农业科技三项费用占财政支农支出的比重为 15%。2007—2018 年农业科技各项事业费用支出呈现逐年下降趋势，但事业性费用占财政支农支出比重较大，这意味着事业性费用会排挤农业科技三项费用，产生挤出效应。农业科技三项费用在农业科技创新领域具有重要作用，可以提高农业科技创新水平，使农业生产状况和生产模式得到有效改善，优化农业产业结构，提高农业总收入，增加农民收益。但黑龙江省农业科技三项费用支出增长缓慢，2018 年较 2017 年仅增长了 0.23%，可以看出，黑龙江省农业科技研发投入明显不足。农业科技三项费用一方面用于农业科研院所的经费支出，另一方面用于农业科研投入，相比之下，农业科研投入相对较少，这就导致黑龙江省农业科技创新投入不足，农业科技创新水平不高，财政资金的杠杆效应难以发挥。此外，农业科技财政资金用于基础设施建设所占比重较小，农业基础设施投入不足，不利于农业科技发展。从经济可持续发展角度来看，黑龙江省对农业科技投入的资金结构不合理，需要政府及相关部门进行及时调整。

2. 资金投入分散

当前，黑龙江省农业科技创新资金投入项目种类较多，但资金投入过于分散。黑龙江省各地区具有不同的自然条件、不同的农业科技创新需求，因此，要满足各地区需求，就要扩大农业科技创新资金投入覆盖面。除了丰富农业科技资金投入项目类型、细分科技机构，还要增加投入力度，使农业科技创新资金集中在主要地区投入，提高地区创新水平，带动并提高周边地区及农业科技发展落后地区的创新能力。此外，要在农业科技创新主体及农业科技推广等方面给予财政补贴，并加强农业基础设施建设，增加投入力度，如农田水利工程、农业防洪建设等。同时，还要提高资金监管力度，使农业科技资金配置效率提高。

3. 资金监管缺失

当前，黑龙江省农业科技财政资金所占财政支农支出比重虽然不高，有逐年递增趋势，但农业科技财政资金在配置过程中，也因资金监管机制不健全、监管不到位，导致农业科技财政资金配置效率较低。同时，农业科技信贷资金和农业科技资本也存在资金监管不到位的问题，导致农业科技信贷资金和农业科技资本配置效率不高。黑龙江省农业科技金融资源涉及的管理部门较多，管理部门在资源管理职责方面界定不清，导致资源管理职能层层叠加，难以进行有效监管。制定完善的农业科技金融资源监管机制，可以避免在配置农业科技金融资源过程中出现挤出或私自挪用资源现象的发生，使农业科技金融资源有效配置到农业科技创新领域或农业科技型企业，进而提升农业科技创新水平。

二、黑龙江省农业科技金融资源
配置效率门槛效应分析

（一）农业科技金融资源配置效率评价指标体系构建

为了更准确地衡量农业科技金融资源在农业科技创新活动中的配置效果，本研究将通过构建农业科技金融资源配置效率的评价指标体系及评价模型，对农业科技金融资源配置效率及影响因素进行实证分析，以便更准确地评价农业科技金融资源在农业科技创新活动中的配置情况。

1. 评价指标体系构建的原则

（1）科学性原则。 只有遵循科学性原则，才能够清晰地反映农业科技金融资源配置效率评价的层次结构，同时能全面地反映农业科技金融资源配置效率的客观性。

（2）系统性原则。 农业科技金融资源构成本身就具有系统性，它是由各种资源要素组成的、相互联系、相互作用的动态系统。因此，反映的评价指标也具有系统性特点。

（3）协调性原则。农业科技金融资源配置系统中的各要素不是孤立发挥作用的，各要素在作用发挥的同时受系统内其他要素的影响。

（4）动态性原则。农业科技金融资源配置系统是一个复杂的、动态的农业科技金融资源投入与农业科技创新产出系统。

（5）可获性原则。农业科技金融资源配置系统中所选取的评价指标要充分考虑可获得性及可量化性。

（6）客观性原则。评价农业科技金融资源配置效率的指标体系必须遵循客观、公正的原则，以便真实地反映指标体系的影响和作用。

2. 评价指标体系的构建

综合考虑指标的科学性、系统性、协调性、动态性、客观性等原则，在遵循评价指标构建原则的基础上，对评价指标的选择要同时兼顾数据的可获得性与可量化性，建立科学合理的评价指标体系。如表1所示。

表1 农业科技金融资源配置效率评价指标体系

一级指标	二级指标
	农业科技财政资金
农业科技金融资源投入	农业科技信贷
	农业科技资本市场融资
	专利
	农业科技成果
农业科技创新产出	农业科技论文
	农业植物新品种权
	土地生产率

（1）农业科技金融资源投入指标。

1）农业科技财政资金。主要是农业财政科技资金投入，通过农业财政科技支持引导商业资本与社会资本投入农业科技创新领域，反映了政府财政对农业科技创新的直接支持力度。

2）农业科技信贷。主要通过农业科技型企业科技研发筹资额中的金融机构贷款来衡量，该指标反映了科技金融机构的发展情况及其对农业科技创新的支持情况。

3）农业科技资本市场融资。由于科技资本市场数据缺乏，本研究主要根据农业领域上市公司在股票市场的融资情况，选取股票筹资额来衡量，主要反映科技资本市场的发展情况及其对农业科技创新的支持情况。

（2）农业科技创新产出指标。

1）专利。专利有三种类型：发明专利、实用新型、外观设计。这三种类型专利中，发明专利的技术含量最高，更能客观地反映一个地区原始创新能力与专利综合实力。故本研究选取发明专利为农业科技创新产出指标，暂不考虑其他两种专利。

2）农业科技成果。科技成果转化是技术创新最为重要的环节，是新技术、新发明最终实现市场价值的"惊险一跳"，是科技进步支撑经济发展的关键所在。因此，本研究将农业科技创新成果量指标纳入农业科技创新产出衡量指标体系。

3）农业科技论文。农业科技论文大体上分为两大类，一类是国外主要检索工具收录的农业科技论文数量，另一类是中文科技期刊刊登的农业科技论文数量。这两个指标都是反映农业科技创新知识产出的主要指标，通过分析这两项指标，基本上能摸索出农业科学技术研究知识产出的整体情况和发展趋势。

4）农业植物新品种权。与专利权一样，属于知识产权的范畴，植物新品种权也属于农业科技创新产出成果，反映农业科技创新产出情况。因此，选取植物新品种权作为农业科技创新产出指标。

5）土地生产率。专利、论文、科技成果等都是农业科技创新直接产出指标，不能充分、全面地对农业科技创新产出进行评价。因此，选取土地生产率作为农业科技创新间接产出指标，土地生产率能更加准确地反映农业科技创新对农业生产的推动作用，用农业总产值与总播种面积之比表示。

（二）模型构建

1. 随机前沿法

随机前沿法（Stochastic Frontier Analysis，SFA）是一种应用最为广泛的研究效率的参数估计方法。在 Farrell（1957）对技术效率研究的基础上，Aigner et al.（1997）以及 Meeusen et al.（1977）构建了随机前沿分析模型，允许生产无效率的存在，并把其归结为受技术无效率和随机扰动两个因素影响。这种方法更能够将影响效率的因素分离出来，从而深入研究增长的根源，以便更为准确地描述生产者行为。

目前，由 Battese 和 Coelli（1995）提出的模型已经获得了大多数国内外学者的认同，该模型能够兼顾考察无效率项的影响因素。从实证研究的逻辑讲，在对农业科技金融资源配置效率进行测度时，只需对农业科技金融中政府机制投入要素进行考虑。因此，本研究在此使用随机前沿模型对区域创新效率进行测度，同时考察政府机制的影响因素。

在使用随机生产前沿模型对生产函数形式进行选择时，以往经常将生产函数设定为柯布—道格拉斯（Cobb‐Douglas）型生产函数。其最大的优点为函数形式简单，待估参数少，估计过程方便，其缺点为函数假设条件太过于苛刻，如其投入的产出弹性需要保持不变，隐含的假定技术变化效应是一个常数等，往往与实际情况不太相符。现阶段多数研究都采用超越对数（Translog）作为生产函数。其优点为函数形式假设广泛、约束条件少、比较灵活，投入的产出弹性随投入的增加而不断变化，允许技术变化效应随着时间的变化而改变，并且可作为任何生产函数的近似，理论基础广泛，但其缺点是函数形式比较复杂，不易估计，也易产生多重共线性问题。为了使测量结果变得更加准确，本研究选用超对数生产函数（简称 Translog 函数）作为生产前沿面函数。投入主要考虑农业科技财政资金、农业科技信贷资金、农业科技资本市场融资等方面，具体模型：

$$\ln g(x_{it}, \beta) = \beta_0 + \beta_1 \ln(K_{it}^1) + \beta_2 \ln(K_{it}^2) + \beta_3 (\ln K_{it}^3) + \frac{1}{2}\beta_4 \ln(K_{it}^1)^2 +$$

$$\frac{1}{2}\beta_5 \ln(K_{it}^2)^2 + \frac{1}{2}\beta_6 \ln(K_{it}^3)^2 + \beta_7 \ln(K_{it}^1)\ln(K_{it}^2) +$$

$$\beta_8 \ln(K_{it}^1)\ln(K_{it}^3) + \beta_9 \ln(K_{it}^2)\ln(K_{it}^3) + (v_{it} - u_{it}) \quad (1)$$

其中，β_0，$\cdots$，β_9 为待估计参数，K_{it}^1，$\cdots$，K_{it}^3 分别表示决策单元 i 在第 t 期的农业科技财政资金、农业科技信贷资金、农业科技资本市场融资。

由于式（1）中包含随机扰动项 v_{it} 和非负技术无效率项 u_{it}，估计时要对两个误差项进行假设，使前沿生产函数的估计较为困难。通常，随机扰动项 v_{it} 为均值是 0 的白噪声，与技术无效率项 u_{it} 无关，且独立分布。

在使用超对数随机前沿法测算农业科技金融资源配置效率时，需要分析影响农业科技金融资源配置效率的因素，即科技资源投入、科技金融生态环境、经济发展水平和条件等因素。然后基于已有研究，再结合相关数据的可得性，重点考虑农业科技人力资源、物力资源、信息资源、产业结构、经济规模和基础设施等因素在农业科技金融资源配置中的影响。

（1）农业科技人力资源。科技人力资源作为科技资源的核心，最具创新性和革命性，也是支撑一国科技知识的生产、扩散和应用的重要载体，体现在创新过程的各个环节、各个方面，在推动一国经济社会发展方面发挥着举足轻重的作用。它包括专门人才、专业技术人员、科技活动人员、R&D 人员、科学家和工程师。其中，R&D 人员是农业科技活动人员的核心，也是衡量一个国家或地区科技资源的重要指标，其占有的比重较大。因此，本研究只选取农业 R&D 人员作为科技人力资源投入，采用农业 R&D 人员全时当量指标表示农业科技人力资源投入，其值等于报告年度全时人员数与非全时人员按工作量折算为全时人员数的总和。

（2）**农业科技物力资源**。农业科技物力资源承担着提供农业基础设施的主要任务，是农业科技创新企业开展农业科技活动的基础物质保障。农业科技物力资源的丰裕程度能够从一个侧面反映出农业科技创新能力，也能够体现出政府部门对农业科技创新活动的重视程度。本研究使用农业机械总动力指标衡量农业科技物力资源，农业机械总动力越大，农业机械化水平越高，农业科技物力资源就越丰裕，农业科技金融资源配置效率就越高。

（3）**农业科技信息资源**。随着通信技术的快速发展，信息化浪潮正席卷全球，互联网与移动电话成为人们获得信息和沟通的主要渠道，相关技术也正在向农业领域渗透，将在农业现代化过程中起到重要的作用。农业信息化将助力实现农业资源的信息共享，提高农业资源的信息利用程度，提高农业生产和农产品销售的经济效益，从而提高农民收入。同时，现代信息技术也会进入农民的生活消费领域。鉴于此，本研究选取农村人均计算机拥有量和人均移动电话拥有量作为农业科技信息资源的衡量指标。

（4）**产业结构**。农业产业结构调整和升级会促进农业科技金融资源集聚，农业科技金融资源集聚通过规模效应、信息资源、融合资金、降低风险等措施提高农业科技金融资源配置效率，进而能够极大地推动区域产业结构的调整和优化，最终通过产业结构转型升级推动各地区农业经济增长。本研究选取农业总产出与 GDP 之比来衡量农业产业结构，合理的农业产业结构是资源要素合理配置的表现，也是农业生产顺利进行的重要保证。

（5）**经济规模**。由于 GDP 是衡量一个国家或地区经济规模、综合国力和国民收入水平的重要指标，因此，本研究通过农业 GDP 来反映各地区之间的经济规模大小。农业 GDP 越大，农村经济发展水平越高，农业经济规模就越大。

（6）**基础设施**。基础设施是国民经济各项事业发展的基础。在现代社会中，经济发展越快，对基础设施的要求越高。基础设施越完善，创新环境越好。完善的基础设施对加速社会经济活动，促进其空间分布形态演变起着巨大的推动作用。借鉴骆永民等（2012）的研究，本研究采用农村固定资产投资额来衡量基础设施建设情况。

上述指标用下表 2 说明。

表 2　农业科技金融资源配置的影响因素

指标	变量	影响
农业科技人力资源	农业 R&D 人员全时当量	农业科技人力资源投入越多，农业科技金融资源配置效率越高
农业科技物力资源	农业机械总动力	农业科技物力资源投入越多，农业科技金融资源配置效率越高
农业科技信息资源	农村人均计算机拥有量人均移动电话拥有量	农业科技信息资源投入越多，农业科技金融资源配置效率越高
产业结构	农业总产出/GDP	合理的农业产业结构有助于农业科技金融资源配置效率提升
经济规模	农业 GDP	农业经济规模越大，农业科技金融资源越丰富，有利于提高农业科技金融资源配置效率
基础设施	农村固定资产投资额	为政府机制配置农业科技金融资源提供强有力的物质基础，基础设施越完善，越有利于农业科技金融资源配置效率提高

根据前文使用的随机前沿法测度农业科技金融资源配置效率，对技术无效率项的影响因素建立如下模型：

$$m_{it} = \lambda_0 + \lambda_1 \ln Z_{it}^1 + \lambda_2 \ln Z_{it}^2 + \lambda_3 \ln Z_{it}^3 + \lambda_4 \ln Z_{it}^4 + \lambda_5 \ln Z_{it}^5 + \lambda_6 \ln Z_{it}^6 + \omega_{it}$$

$$(2)$$

式（2）中，Z_{it}^1，$\cdots$，Z_{it}^6 分别为农业科技人力资源、物力资源、信息资源经济发展水平、产业结构、经济规模和基础设施等因素，λ_0 为常数；λ_1，$\cdots$，λ_6 分别为农业科技人力资源、物力资源、信息资源、经济发展水平、产业结构、经济规模和基础设施等因素对技术无效率项的影响系数；若某一影响系数＜0，说明该影响因素对技术无效率项影响为负，对农业科技金融资源配置效率影响为正，反之，相反；ω_{it} 为随机误差。

$$\gamma = \frac{\sigma_u^2}{\sigma_u^2 + \sigma_v^2} + \sigma_v^2 \qquad (3)$$

式（3）中，参数 γ 表示 u_{it} 对实际产出发生偏离的影响程度（用 γ 检验 SFA 模型中技术无效率项是否合理），且 $\gamma \in$ （0，1），γ 越趋向于 1，表明决策单元实际产出发生偏离受技术无效率项的影响，此时采用 SFA 模型是有效的；若 γ 越趋向于 0，表明决策单元实际产出发生偏离受随机误差的影响，此时 SFA 模型失效，需用最小二乘法估计。

2. 投影寻踪模型

投影寻踪（PP）是近代统计学出现的一种解决高维数据问题的统计方法，其关键是构造能够找到最佳投影方向的有效算法。1974 年，Friedman 和 Tuke 用数据的一维散布和局部密度的积构造了一类新投影指标，作为优化投影方向时的目标函数，并采用固定角旋转（Solid Abgle Transport，SAT）技术搜索最佳投影方向，并将此方法命名为投影寻踪。它是用来处理和分析高维数据，尤其是来自非正态总体分布的一类统计方法，即可作探索性分析，又可作确定性分析。其基本思想是把高维数据通过某种组合投影到低维子空间上，通过极大化或极小化某个投影指标，寻找出能反映高维数据结构或特征的投影，在低维空间上对数据结构进行分析，以达到研究分析高维数据的目的。

由于投影寻踪方法在处理高维数据时具有稳健性好、抗干扰性强和准确度高等特点，因此，其理论方法得到了长期的研究和应用。目前，投影寻踪方法已广泛应用于工业、农业、水利、医学以及遥感等领域。

对高维数据进行线性投影是投影寻踪降维的基本方法，从数学角度对投影寻踪基本思想进行描述与说明。设 X 表示待处理的高维数据构成的 $n \times p$ 矩阵，其中，n 和 p 分别表示样本数据个数与维数；投影矩阵或投影方向用秩为 k 的 $k \times p$ 矩阵 A 来表示，其中 $k < p$；Z 表示 p 维数据在 k 维空间上的线性投影。用数学形式表示：

$$Z = X \times A, X \in R^p, Z \in R^k \qquad (4)$$

设高维数据矩阵 X 服从 F 分布；投影矩阵 Z 服从 F_A 分布。当 $k = 1$ 时，A 变为列矩阵 a^T，F_a 则表示 A 为 a^T 时的分布。数学证明在投影方向 a 上的一维投影 F_a 的特征函数 ϕ 等价于 F 的特征函数 ϕ_a 在同一方向 a 上的投影，线性投影的等价关系数学形式：

$$\phi_a(F) = \phi(F_a) \qquad (5)$$

其中，ϕ_a 是 F 的特征函数，ϕ 是一维投影 F_a 的特征函数。

上式可以证明，将高维数据降维后，其特征量并没有丢失，仍然能够进行低维表示，这是投影寻踪模型的基本思想得以实现的数学依据。

3. 门槛效应模型

通过运用 SFA 模型，测算了农业科技金融资源配置效率。为了进一步检验农业科技金融资源对资源配置效率产生不同影响，即农业科技财政资金、农业科技资本和农业科技信贷是否存在一个合理的强度区间，以及如何充分发挥农业科技金融资源对配置效率的积极作用等问题，本研究采用面板门槛模型分别检验三者对农业科技金融资源配置效率影响的门槛效应，并进一步讨论这种门槛效应的特征，最后根据门槛值分析确定农业科技金融资源的最优区间，为政府和相关管理部门制定科学有效的农业科技金融资源配置效率提升政策提供决策参考。

由于农业科技金融市场存在信息不对称、垄断等市场失灵现象，政府通过制定税收减免、融资优惠等扶持政策或采取环境规制、预算约束等措施来干预农业科技金融资源配置，调节与纠正市场机制在资源配置中的错配等问题，有助于农业科技金融资源配置效率的提升，进而提高农业科技创新水平。因此，在农业科技金融资源配置过程中，政府机制将发挥不可替代的重要作用。政府部门既是政策的制定者，又是资金供给者。因此，如何通过运行不同的政府机制来影响农业科技金融资源配置，进而影响金融对农业科技创新能力提升和效果改善的支持作用，这一课题的研究，对创新驱动发展战略背景下政府机制构建具有重要的理论与实践意义。

（1）模型介绍。 面板门槛模型属于非线性模型，主要用来研究变量间影响的不同阶段性变化。本研究采用 Hansen（1999）所提出的面板门槛数据模型，并根据数据本身特点估计出门槛值，再对门槛值的准确性及内生性的门槛效应进行显著性检验，进而准确分析政府机制与农业科技金融资源配置效率之间的非线性关系。

假定 x 是解释变量，u_{it} 为被解释变量，Z_{it} 为显著影响被解释变量 u_{it} 的其他变量，被称为控制变量，则单一面板门槛模型设定：

$$u_{it} = \rho_0 + \rho \ln Z_{it} + \rho_1 \ln x_{it} \times I(\mu_{it} \leqslant \eta) + \rho_2 \ln x_{it} \times I(\mu_{it} > \eta) + \varepsilon_{it}$$

$$(6)$$

式中，i 表示个体变量（$i=1, 2, \cdots, m$），t 表示时间变量（$t=1, 2, \cdots, n$），ε_{it} 为随机干扰项，且服从于 $N(0, \sigma^2)$ 分布。$I(\cdot)$ 为指示函数，当括号内的条件满足时，$I(\cdot)=1$，否则 $I(\cdot)=0$。解释变量 x 是受 μ_{it} 影响的，μ_{it} 为门槛变量，即该变量对 u_{it} 的影响为非线性。ρ 表示门槛变量 μ 在不同区间时，解释变量 x 对被解释变量 u_{it} 的影响系数。η 为特定的门槛值，当 $\mu_{it} \leqslant \eta$ 时，$\ln x_{it}$ 的系数为 ρ_1；当 $\mu_{it} > \eta$ 时，$\ln x_{it}$ 的系数为 ρ_2。

根据模型形式可知，门槛变量的数值在门槛值 η 之前，对 u_{it} 产生第一种影响，在超过门槛值 η 之后，对 u_{it} 产生第二种影响，直观表现为函数斜率的变化。斜率的变化反映了变量间产生影响的结构变化。因此，该模型的重点为寻找门槛值 η。

对于面板门槛模型来说，有两个问题是需要解决的：一是模型的估计，二是对门槛值进行检验。为了得到参数的估计量，需要先从每个观察值中减去其组内平均值以消除个体效应，然后对所有观察值进行类叠，最后采用矩阵形式得出式（7）：

$$u^* = X^*(\eta)\rho + \xi^* \tag{7}$$

对于给定的门槛值 η，可以采用 OLS 估计式（2.7），可得到 ρ 的估计值：

$$\hat{\rho}(\eta) = [X^*(\eta)'X^*(\eta)]^{-1} X^*(\eta)'u^* \tag{8}$$

相应的残差平方和：

$$S_1(\eta) = \hat{e}^*(\eta)'\hat{e}^*(\eta) \tag{9}$$

式（9）中，$\hat{e}^*(\eta) = u^* - X^*(\eta)\hat{\rho}(\eta)$ 为残差向量。然后，可以通过最小化式（9）中的残差平方和 $S_1(\eta)$ 来获得门槛值 η 的估计值：

$$\hat{\eta} = \arg \min S_1(\eta) \tag{10}$$

最终可以得到系数估计值 $\hat{\rho}(\eta)$、残差向量 $e^*(\eta)$ 和残差平方和 $\hat{\sigma}^2$。

在估计出门槛值 η 以后，还要对门槛值进行一致性检验：

1）门槛效应的显著性检验。门槛效果是否显著，门槛的估计值是否等于其真实值。

检验式（6）中 ρ_1 和 ρ_2 是否存在显著性差异，检验的原假设 H_0：$\rho_1 = \rho_2$；对应的备选假设 H_1：$\rho_1 \neq \rho_2$。这样得到似然比检验统计量 F：

$$F = \frac{S_0 - S_1(\eta)}{\hat{\sigma}^2} \tag{11}$$

式（11）中，S_0 为在原假设 H_0 下得到的残差平方和。在原假设 H_0 下，门槛值 η 是无法识别的，因此，F 统计量的分布是非标准的。Hansen（1999）建议采取自举法来获得其渐近分布，继而构造其 p 值。

2）门槛估计值的一致性检验。检验的原假设 H_0：$\eta_1 = \eta'_1$；对应的备选假设 H_1：$\eta_1 \neq \eta'_1$。可得似然比检验统计量 LR：

$$LR(\eta) = \frac{S_1 - S_1(\hat{\eta})}{\hat{\sigma}^2} \tag{12}$$

LR 统计量的分布也是非标准的，Hansen（1999）给出了一个计算非拒绝域的简单公式，即当 $LR(\eta_0) \leqslant l(\alpha)$ [其中，$l(\alpha) = -2\ln(1 - \sqrt{1-\alpha})$，$\alpha$ 为 LR 统计量的显著性水平] 时，不能拒绝原假设。

为了检验在不同政府机制下，农业科技金融资源对配置效率的非线性效果，构建如下单一门槛模型，同样在实证分析中会依据需要扩展为多重门槛模型。

$$eff_{it} = \rho_0 + \rho_1 Fr_{it} \times I(grd_{it} \leqslant \eta) + \rho_2 tf_{it} \times I(grd_{it} > \eta) + \sum \rho_j X_{jit} + \varepsilon_{it} \tag{13}$$

其中，eff_{it} 为被解释变量，表示农业科技金融资源配置效率，Fr_{it} 为解释变量，包括科技财政资金（tf_{it}）、科技资本（stc_{it}）、科技信贷（tl_{it}），grd_{it} 为门槛变量，表示政府机制变量。当 $grd_{it} \leqslant \eta$ 时，Fr_{it} 的系数为 ρ_1；当 $grd_{it} > \eta$ 时，Fr_{it} 的系数为 ρ_2。即 Fr_{it} 对 eff_{it} 的影响系数取决于门槛变量 Fr_{it}。

（2）变量设定。

1）被解释变量。本部分的被解释变量是农业科技金融资源配置效率（eff），需要使用超对数 SFA 模型对农业科技金融资源配置效率进行测算。

2）解释变量与控制变量的设定。本章的核心解释变量是农业科技金融资源。农业科技金融资源主要选取农业科技财政资金（tf）、农业科技资本市场融资（stc）和农业科技信贷（tl）三项指标为农业科技金融资源投入指标。其中，用农业财政科技资金投入来表示农业科技财政资金；用农业科技型企业科技研发筹资额中的金融机构贷款来表示农业科技信贷；用农业上市公司股票筹资额来表示农业科技资本市场融资。

当考察政府机制对农业科技金融资源配置效果的门槛效应时，考虑到政府机制的不同作用方式的数据可获得性，本研究从资本集中机制、政府规制和公共保障机制出发，分析农业科技金融资源对配置效率影响的非线性特征。

资本集中机制。资本集中机制主要有农业政策性金融、农业科技三项费用和政府 R&D 资金投入三种指标。用中国农业发展银行贷款余额表示农业政策性金融，原因是农发行是我国唯一一家农业政策性银行，承办大部分农业政策性贷款业务，具有较强的代表性。农业科技三项费用是国家为支持农业科技事业发展而设立的，它是反映政府对农业科技创新进行资金支持情况的重要指标。用农业研发经费内部支出中政府资金来表示政府 R&D 资金投入。

政府规制。政府规制是政府部门为了弥补市场机制失灵而制定一系列法律法规对农业科技创新活动中所投的资金进行干预、监管。它包括经济性规制和社会性规制，经济性规制是政府机构运用法律手段进行干预，社会性规制是政府部门为保证社会生产、生活正常进行而实施的环境保护、灾害治理等。农业科技创新存在较大的自然风险和社会风险，环境保护和治理对农业科技创新至关重要。同时，鉴于经济性规制不容易量化，本研究只考虑社会性规制在农业科技金融资源配置中的作用效果。社会性规制更多反映的是政府环境保护职能，而政府环境规制是政府社会管理职能和环境保护职能的集中体现，是环境保护领域的政府规制。因此，本研究选取政府环境规制指标来反映政府规制在农业科技金融资源配置中的作用效果。政府规制使用政府环境污染治理投资额来衡量。

公共保障机制。公共保障机制使用农业综合开发项目财政资金变量衡量。农业综合开发项目财政资金是指中央政府为保护、支持农业发展，促进农业科技创新，改善农业生产基本条件，优化农业和农村经济结构，提高农业综合生产能力、农业科技创新能力和综合效益，对农业资源进行综合开发利用的活动而设立的专项资金。农业综合开发项目财政资金选取农业综合开发项目中"财政资金"部分。

在使用超对数随机前沿法测算农业科技金融资源配置效率时，需要分析农业科技金融资源配置效率的影响因素。不仅要考虑科技资源投入要素，还应考虑科技金融生态环境、经济发展水平和条件等因素。根据前文对农业科技金融资源配置效率的影响因素分析，以及基于已有研究，再结合相关数据的可获得性，我们重点考虑农业科技人力资源、物力资源、信息资源、产业结构、经济规模和基础设施等因素在农业科技金融资源配置中的影响。

根据前文所述，对于控制变量的设定如下，农业科技人力资源投入（lum）用农业 R&D 人员全时当量指标表示；农业科技物力资源（lop）用农业机械总动力指标表示；农业科技信息资源（inf）用农村人均计算机拥有量和人均移动电话拥有量表示；农业产业结构（ind）用农业总产出与 GDP 之比表示；经济规模（$pgdp$）用农业 GDP 表示；基础设施（tmt）用农村固定资产投资额表示。

（三）实证分析

1. 基于投影寻踪的农业科技创新综合产出的测算

为使评价结果具有较高客观性和可靠性，对评价指标进行极值归一化处理。通过极值归一化计算，评价指标处于区间 [0，1]。其中，1 表示最优值，0 表示最差值。评价指标极值归一化的结果如表 3 所示。

表 3　评价指标归一化结果

指标	Y_1	Y_2	Y_3	Y_4	Y_5
数值	0.080 52	0.497	0.169	0.553	0.035

将评价指标归一化结果代入 MATLAB 程序，通过调用遗传算法对数据模型进行求解，得到投影寻踪分析法最终的最佳投影方向如表 4 所示，并得到综合投影值，即 2007—2018 年黑龙江省农业科技创新综合产出水平，如表 5 所示。

表 4　最佳投影方向

年份	Y_1	Y_2	Y_3	Y_4	Y_5
2007	0.544	0.485	0.447	0.429	0.198
2008	0.563	0.496	0.456	0.439	0.188

（续）

年份	Y_1	Y_2	Y_3	Y_4	Y_5
2009	0.459	0.346	0.135	0.442	0.675
2010	0.603	0.169	0.356	0.577 6	0.386
2011	0.491	0.489	0.561	0.283	0.354
2012	0.541	0.429	0.486	0.519	0.135
2013	0.481	0.329	0.430	0.385	0.572
2014	0.499	0.282	0.496	0.474	0.447
2015	0.403	0.059	0.512	0.558	0.510
2016	0.619	0.347	0.243	0.638	0.177
2017	0.626	0.206	0.319	0.601	0.318
2018	0.635	0.210	0.309	0.610	0.308

表 5　2007—2018 年黑龙江省农业科技创新综合产出水平

年份	2007	2008	2009	2010	2011	2012	2013	2014	2015	2016	2017	2018
综合投影值	0.433	0.570	0.497	0.359	0.512	0.761	0.860	0.553	C.360	0.640	0.653	0.496

由表 5 生成图 2，从图 2 中可以看出，农业科技创新综合产出水平大体有上升的趋势，在某些年份有所下降，这与农业科技创新产出各指标数据特征基本吻合。

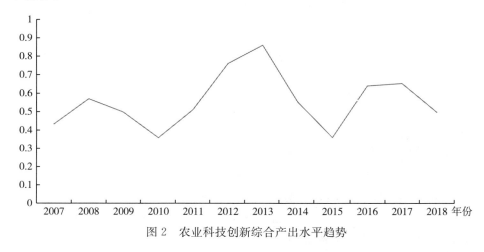

图 2　农业科技创新综合产出水平趋势

2. 农业科技金融资源配置效率分析结果

本研究使用 SFA 计量分析软件 FRONTIER4.1 对模型中的参数进行估计，使用极大似然估计法。表 6 给出了超对数生产函数的参数估计结果。从估计结果来看，σ^2 值为 0.143，γ 值为 0.924，且 σ^2 和 γ 均通过了 1% 的显著性水平检验，体现了实际创新产出发生偏离受技术无效率项的影响，表明技术无效率在各省份的农业科技金融资源配置过程中是显著存在的，同时也证实了 SFA 模型的合理性。

表 6　随机前沿法估计结果

变量名称	系数	变量名称	系数
常数项 β_0	-5.402（-5.567^{***}）	λ_4	-1.30（-1.959^*）
β_1	0.164（1.731^*）	λ_5	-1.30（-1.959^*）
β_2	-0.134（-3.527^{***}）	λ_6	-1.614（-1.695^*）
β_3	0.432（1.772^*）	σ^2	$0.051\,8$（13.553^{***}）
常数项 λ_0	-1.078（-0.664）	γ	$0.439\,4$（4.665^{***}）
λ_1	-2.851（-1.830^*）	Log 函数值	4.585
λ_2	-0.650（-5.299^{***}）	平均效率	0.859
λ_3	-1.262（-1.729^*）	LR	41.043

注：括号内为 t 检验值，*、**和***分别表示在 10%、5% 和 1% 的水平上显著。

从表 6 回归结果看，科技贷款（β_2）在模型中的回归系数为 -0.134，小于 0，且通过了 1% 的显著性水平检验，表明金融机构贷款对农业科技金融资源配置效率的提升具有抑制作用；政府财政资金（β_1）在模型中的回归系数为 0.164，大于 0，且通过了 10% 的显著性水平检验，表明政府财政资金对农业科技金融资源配置效率的提升具有促进作用；农业资本市场资金（β_3）在模型中的回归系数为 0.432，大于 0，且通过了 10% 的显著性水平检验，表明农业资本市场资金对农业科技金融资源配置效率的提升具有促进作用。

在其他控制变量中，农业科技人力资源（λ_1）通过了 10% 的显著性检验，系数为 -2.851，小于 0，说明农业科技人力资源对农业科技金融资源配置效率提升具有显著促进作用；农业科技物力资源（λ_2）通过了 1% 的显著性检验，系数为 -0.650，小于 0，说明农业科技物力资源对农业科技金融资源配置效率提升具有促进作用；农业科技信息资源（λ_3）通过了 5% 的显著性检验，且系数为 -1.262，小于 0，说明农业科技信息资源越完善、越全面，农业科技金融资源配置效率就越高；产业结构（λ_4）、经济结构（λ_5）和基础设施（λ_6）的系数分别为-1.30、-1.30、-1.614，均小于 0，且通过 10％的显著性检验，说明产业结构、经济规模和基础设施显著地促进农业科技金融资源配置效率的提升。

从 2007—2018 年黑龙江省农业科技金融资源配置效率情况来看，农业科技金融资源配置效率有下降趋势，平均效率为 0.859。2007 年效率值为 0.964，2011 年有所下降，下降到 0.881，2012 年又上升至 0.949，之后有所下降，效率值不高，低于 0.9，这也说明，黑龙江省农业科技金融资源供给不足且资源使用效率不高，导致农业科技金融资源配置效率低下。需要政府制定相应政策，并加大科技财政资金投入，引导与调节市场科技金融资源和社会资本供给，提高农业科技金融资源配置效率。

3. 门槛效应实证结果分析

通过研究可知，政府机制作用于农业科技金融资源，进而影响资源配置效率。政府机制是决定农业科技金融资源配置的关键因素，因此，政府机制一定程度上会影响农业科技金融资源投入效果。为了考察不同政府机制下，农业科技金融资源对配置效率的影响效果，使用面板门槛模型进行回归检验，并根据检验结果选择合理的门槛模型，结果如表 7 所示。

表 7　农业科技财政资金对资源配置效率影响的非线性效应检验

项目	模型 1	模型 2	模型 3
门槛变量	grd	er	ps
tf_1	0.06*** (6.3)	0.02*** (−3.1)	0.02*** (3.1)
tf_2	0.06*** (6.1)	0.01** (−2.5)	0.02*** (2.8)
tf_3	0.06*** (5.8)		
tf_4	0.06*** (5.8)		
常数项	−0.61*** (−5.5)	−0.49*** (−4.9)	−0.69*** (−7.5)
lum	0.09*** (10.9)	0.09*** (10.4)	0.09*** (10.3)
lop	0.02 (1.4)	0.02 (1.5)	0.02 (1.2)
inf	0.03*** (4.5)	0.03*** (4.6)	0.04*** (4.9)
ind	0.03 (1.7)	−0.04** (−2.3)	−0.02 (−1.3)
$pgdp$	−0.03* (−1.9)	0.03*** (2.8)	0.02* (1.7)
tmt	0.01 (0.9)	0.01 (0.3)	0.01 (0.1)
单门槛值	11.23	10.79	11.23
双门槛值	11.60	11.26	11.60
三门槛值	12.27	11.93	11.93

（续）

项目	模型 1	模型 2	模型 3
单门槛效应检验	28.93***	14.38**	17.21**
双门槛效应检验	3.50	7.95*	13.51
三门槛效应检验	5.7*	3.89	2.85

注：（）内为 t 检验值，＊、＊＊、＊＊＊分别表示在 10%、5% 和 1% 的水平上显著。

表 7 中，模型 1、2 和 3 探讨了不同政府机制下农业科技财政资金对资源配置效率的影响效果，并且均选择单门槛效应检验模型进行分析。

从模型 1、2 和 3 中可以看出，农业科技财政资金对农业科技金融资源配置效率的影响存在显著的门槛性，只有政府机制处于合理区间时，农业科技财政资金对资源配置效率的促进作用才能充分发挥。当资本集中机制低于门槛值 11.23、政府规制低于门槛值 10.79、公共保障机制低于门槛值 11.23 时，农业科技财政资金对资源配置效率影响系数分别为 0.06、0.02 和 0.02，且在 1% 的水平下显著，说明一定的政府机制下农业科技财政资金对资源配置效率具有显著正向影响；当资本集中机制跨越门槛值 11.23、政府规制跨越门槛值 10.79、公共保障机制跨越门槛值 11.23 时，农业科技财政资金对资源配置效率的影响系数分别为 0.06、0.01 和 0.02，且均在 1% 的水平下显著，说明一定的政府机制下农业科技财政资金对资源配置效率具有显著的正向影响。因此，农业科技财政资金对资源配置效率的影响依赖于政府机制，且该机制小于门槛值时，农业科技财政资金对资源配置效率的促进作用不断增强。其原因在于，农业科技财政资金属于政府财政投资，政府部门对农业科技创新活动不易干预过多，即出现政府"越位"现象，必然导致政府机制失灵。只有政府机制保持适度水平才会提高农业科技金融资源配置效率，促进农业科技创新。

表 8　农业科技资本对资源配置效率影响的非线性效应检验

项目	模型 4	模型 5	模型 6
门槛变量	grd	er	ps
stc_1	0.04*** （4.5）	0.02*** （−3.3）	0.017** （2.26）
stc_2	0.04*** （4.7）	0.02*** （−2.5）	0.019** （2.50）
stc_3			
stc_4			

（续）

项目	模型 4	模型 5	模型 6
常数项	−0.35*** (−4.2)	−0.56*** (−6.0)	−0.48 (−5.7)
lum	0.09*** (11.1)	0.09*** (11.3)	0.09*** (10.6)
lop	0.02 (1.5)	0.02 (1.3)	0.02 (1.2)
inf	0.03*** (4.8)	0.04*** (5.2)	0.04*** (5.2)
ind	0.03* (1.7)	−0.03** (−2.1)	−0.01 (−0.5)
$pgdp$	−0.04*** (−2.6)	0.04*** (3.3)	0.000 (0.03)
tmt	0.01 (0.5)	−0.01*** (−3.0)	−0.01 (−0.2)
单门槛值	3.48	3.48	3.48
双门槛值	4.69	4.69	4.69
三门槛值	5.53	5.53	5.37
单门槛效应检验	13.13***	15.76***	12.69***
双门槛效应检验	2.65	2.26	1.51
三门槛效应检验	0.64	1.13	1.32

注：（）内为 t 检验值，*、**、***分别表示在10%、5%和1%的水平上显著。

表 8 中，模型 4、5 和 6 探讨了不同政府机制下农业科技资本对资源配置效率的影响效果，并且均选择单门槛效应检验模型进行分析。

从模型 4、5 和 6 中可以看出，农业科技资本对农业科技金融资源配置效率的影响存在显著的门槛性，只有政府机制处于合理区间时，农业科技资本对资源配置效率的促进作用才能充分发挥。当资本集中机制低于门槛值 3.48、政府规制低于门槛值 3.48、公共保障机制低于门槛值 3.48 时，农业科技资本对资源配置效率影响系数分别为 0.04、0.02 和 0.02，且在 1%或 5%的水平下显著，说明一定的政府机制下农业科技资本对资源配置效率具有显著的正向影响；当资本集中机制跨越门槛值 3.48、政府规制跨越门槛值 3.48、公共保障机制跨越门槛值 3.48 时，农业科技资本对资源配置效率的影响系数分别为 0.04、0.02 和 0.02，且均在 1%的水平下显著，说明一定的政府机制下农业科技资本对资源配置效率具有显著的正向影响。因此，农业科技资本对资源配置效率的影响依赖于政府机制，且该机制小于门槛值时，农业科技资本对资源配置效率的促进作用不断增强。其原因在于，政府机制通过产业政策倾斜对农业科技资本市场施加影响，充分发挥科技资本市场在农业科技金融资源配置中的引导和撬动作用，吸引社会资本等科技金融要素投入，进而提高资源配置效率。

表 9 农业科技信贷对资源配置效率影响的非线性效应检验

项目	模型 7	模型 8	模型 9
门槛变量	grd	er	ps
tl_1	0.03*** (3.5)	0.02*** (−4.1)	0.01*** (2.8)
tl_2	0.03*** (3.9)	0.02*** (−2.8)	0.01*** (2.7)
tl_3	0.04*** (4.3)	0.03*** (−2.7)	0.02** (2.1)
tl_4		0.01* (−2.0)	−0.15 (−1.4)
常数项	−0.14*** (−1.5)	−0.28*** (−2.7)	−0.24** (−2.4)
lum	0.10*** (12.2)	0.10*** (12.6)	0.10*** (11.8)
lop	0.02 (1.3)	0.02 (1.6)	0.01 (1.1)
inf	0.03*** (5.4)	0.04*** (6.4)	0.04*** (5.7)
ind	0.05*** (2.7)	−0.003** (0.2)	0.01 (0.8)
$pgdp$	−0.06*** (−3.8)	0.02 (−0.1)	−0.03* (−1.9)
tmt	0.001 (0.2)	0.00 (0.1)	−0.001 (−0.4)
单门槛值	7.45	7.45	7.45
双门槛值	8.19	8.15	8.19
三门槛值	8.79	8.67	8.67
单门槛效应检验	15.80*	26.96***	16.05*
双门槛效应检验	23.10***	25.32**	22.47***
三门槛效应检验	7.52	10.70*	9.25*

注：（）内为 t 检验值，*、**、***分别表示在 10%、5%和 1%的水平上显著。

表 9 中，模型 7、8 和 9 探讨了不同政府机制下农业科技信贷会对资源配置效率的影响效果，根据门槛效应检验，模型 7 选择双门槛效应检验模型进行分析，模型 8 选择单门槛效应检验模型进行分析，模型 9 选择双门槛效应检验模型进行分析。

从模型 7、8 和 9 中可以看出，农业科技信贷对农业科技金融资源配置效率的影响存在显著的门槛性，只有政府机制处于合理区间时，农业科技信贷对资源配置效率的促进作用才能充分发挥。当资本集中机制、公共保障机制均低于门槛值 7.45 时，农业科技信贷对资源配置效率影响系数分别为 0.03、0.01，且在 1%的水平下显著，说明一定的资本集中机制、公共保障机制下农业科技信贷会对资源配置效率具有显著的正向影响；当资本集中机制、公共保障机制均介于门槛值（7.45，8.19）时，农业科技信贷对资源配置效率影响系数分别为 0.03、0.01，且在 1％的水平下显著，说明一定的资本集中机制、公共保障机制下农业科技信贷会促进资源配置效率提升，并且这种促进作用随着门槛值变大不断增强；当门槛值高于 8.19 时，在这两种机制下农业科技信贷对资源配置效率的促进作用不断增强。当政府规制低于门槛值 7.45 时，农业科技信贷对资源配置效率影响系数为 0.02，且在 1％的水平下显著，说明一定的政府规制下农业科技信贷对资源配置效率具有显著的正向影响；当政府规制介于门槛值（7.45，8.15）时，农业科技信贷对资源配置效率影响系数为 0.02，且在 1％的水平下显著，说明农业科技信贷对资源配置效率的促进作用有所下降；当政府规制门槛值增加至（8.15，8.67）时，农业科技信贷对资源配置效率影响系数为 0.02，且在 1％的水平下显著，说明农业科技信贷对资源配置效率的促进作用不断减弱；当政府规制突破门槛值 8.67 时，农业科技信贷对资源配置效率的促进作用降至 0.01。从以上分析可以看出，随着政府规制趋严，农业科技信贷对资源配置效率的促进作用下降。其原因在于，在政府规制下，政府部门力求实现经济效益和社会效益最大化，在治理环境污染方面，通过环境规制相关政策，治理环境污染，改善农业生态环境，政府财政资金和农业科技信贷资金投入过多，农业生态环境得到改善，但农业科技创新就会缺乏足够的资金动力，使得农业科技金融资源配置效率有所下降。

三、优化黑龙江省农业科技金融资源配置对策

（一）加强农业科技金融政策引导

充分发挥黑龙江省政府部门引导职能，完善农业科技金融已有的政策，出台农业科技金融专门政策。在融资方面，要逐步完善农业科技型企业贷款细则，推动建立以企业为主体、市场为导向、产学研相结合的技术创新体系，促进政府资金与社会资金、股权融资与债权融资、直接融资与间接融资有机结合，尽快建立完善的风险投资法律法规体系，出台《风险基金法》和《风险投资法》，完善《高新技术知识产权保护法》。综合运用无偿资助、偿还性资助、创业投资引导、风险补偿、货款贴息以及后补助等多种方式，引导和带动社会资本参与农业科技创新。加大财政资金对农业科技项目的支持力度，从财政专项资金和贷款贴息等方面对农业科技项目给予扶持。在融资担保方面，积极推动担保业务的开展，努力建设面向农业中小型科技企业，涵盖创投机构、金融机构、科技担保机构在内的投融资担保体系。在监测评估方面，加强对黑龙江省各地方相关部门农业科技和金融结合实施成效的监测评估，制订农业科技金融发展水平和服务能力评价指标，建立相应的统计制度、监测和评估体系，对

农业科技和金融结合实施成效进行动态评估和表彰奖励。在部门协调方面，加强中央与黑龙江省政府部门科技金融工作联动，建立和完善科技部门与金融管理部门、财税部门、国资监管机构的协调机制，营造协同创新机制，推动产学研、农科教紧密结合。

（二）建立农业科技金融资源共享机制

科技金融资源不仅是科学技术发展的基础条件，也是国家科技进步和科技创新的保障与支撑，在一定程度上成为国家之间竞争的一种重要的战略性资源。因此，黑龙江省政府要高度重视科技金融资源的使用与共享，农业科技金融资源的高效利用与开放共享也尤为必要。农业科技金融资源的共享不仅涉及各类农业科技金融资源参与者之间相互利益和观念的调整，涉及相关的机制和法规建设，特别是涉及现有的农业科技金融管理体制，是一项复杂的系统工程。发达国家大多将促成科技金融资源的共享当作国家行为来看待，强调以政府为主导来统筹规划并注重建立和完善共享的制度。农业科技金融资源的特殊性同样要求黑龙江省政府在农业科技金融资源共享中发挥主导作用。由政府相关部门与金融监管部门、科技部合作，联合培养农业科技金融中介机构，完善信息共享机制和资产评估与专家审核机制，为农业科技与金融市场的有机结合提供有效的制度环境。黑龙江省政府部门要通过建立信息共享机制，减少农业科技金融资源配置过程中的信息不对称现象。要从黑龙江省政府视角，把握农业科技金融资源本质，处理好农业科技金融资源建设、管理及其与共享环节的关系，从而提高农业科技金融资源共享和信息共享的形式、内容和范围，制定黑龙江省农业科技金融资源库以及平台一体化的管理规范和相关制度以及创建农业科技创新平台等，从而构建牢固的农业科技金融资源共享支撑体系。而该体系的构建可以为农业科技资源的流通与优化配置提供宏观设计、资金保障、信息通道和人力支持。

（三）加快和创新农业科技金融服务平台建设

农业科技金融服务平台是为农业科技型企业提供投融资服务，促进农业科技与金融资源结合及科技融资体制改革和发展，引导社会资金关注和参与农业科技型企业发展的服务体系。农业科技金融服务平台是面向市场，以黑龙江省政府投入为引导，企业投入为主体，金融资本、民间资本等积极参与的多元化、多渠道的服务平台。实现农业技术与金融资本的对接，构建集科技风险投资、金融信贷、科技贷款担保、信托投资、企业融资中介服务、政策、信息服务、企业项目推介为一体的农业科技金融服务平台体系，将为农业科技进步和农业企业自主创新能力的提升提供有效支撑。加快和创新农业科技金融服务平台建设，为农业科技金融资源配置提供多元化、多渠道的融资服务，提供政策、信息服务和企业项目资源等服务，为农业科技创新活动提供有力的资金支撑和保障。黑龙江省政府部门通过建立新型的农业科技融资中介，为农业科技创新主体提供优质信息、信用担保等专业化服务，降低黑龙江省农业科技企业信息搜集成本，提高农业科技企业获得融资的成功率，以支撑和促进农业科技创新活动。

（四）优化农业科技金融创新环境

建立健全农业科技金融服务体系，营造良好的农业科技金融创新环境，对农业科技金融资源配置主体行为具有良好的激励功能和约束功能，对黑龙江省农业科技企业生产经营状况、管理水平、投融资需求以及科技成果、项目、人才等信息进行汇总，并及时发布相关信息，加强科技成果商业化评价体系建设，搭建农业科技企业与银行和金融机构对接交流的平台。成立创业投资联盟，为农业科技企业、投资人、创投机构、解化园区构建互通共赢的投融资平台。继续引领金融机构参与农业科技创新创业大赛，为技术与资本对接提供有效服务。着力培育科技特派员创业者和创业团队、大学生创业团队进行创新创业。探索利用黑龙江省产权交易市场为中小型农业科技企业股权流转和融资服务，促进科技成果转化和知识产权交易。建立技术产权交易联盟和统一信息披露系统，为企业通过非公开方式进行股权融资提供服务。建立有利于技术产权流转的监管服务机制，利用产权交易所，依法开展产权交易，为股权转让、知识产权质押物流转、处置等提供良好的农业科技金融创新环境。

（五）逐步加大农业科技金融投入力度

科技资源投入是实施科技创新、建设创新型国家的基础保障。在农业科技经费筹集多元化的趋势下，财政投入仍然起着重要的基础保障和引导、调节作用，是优化科技经费投入的关键，也是通过机制创新优化农业科技金融资源配置的最有效手段。黑龙江省政府部门尤其要充分发挥对农业科技金融资源投入的优化与引导作用，促进农业科技金融资源的均衡与协调发展，提高财政资金的配置效率。充分发挥黑龙江省政府财政科技经费在农业科技投入中的"杠杆作用"和"放大效应"，通过财政补贴、税收优惠等多种方式，引导多渠道、多形式和多层次的研发投入活动，加大政府投入以调动农业科技金融资源配置的能力，建立以政府投入为主导、企业投入为主体、金融信贷与风险投资为支撑、社会投入为补充的多元化、多渠道的科技投融资体系，使黑龙江省农业研发投入占国内生产总值的比例逐年提高。

一是在保证中央财政基本投入的基础上，建立中央与地方投入联动机制，形成财政支持农业科技活动的强大合力，保证地方科技财政资金的稳定增长。

二是全面落实国家相关政策，引导和鼓励黑龙江省农业科技企业增加研发投入，重点支持中小型农业科技企业技术创新和技术改造工作，使企业真正成为研发投入的主体、技术创新活动的主体和技术集成应用的主体。

三是进一步完善黑龙江省中小型农业科技企业技术创新投入机制和农业科技创新风险投资机制。通过贷款贴息、无偿资助和资本金投入等方式支持中小型农业科技企业技术创新，吸引企业、科技创业投资机构和金融机构的投资，逐步建立起符合社会主义市场经济规律、支持中小型农业科技企业技术创新的新型投资机制。

四是鼓励黑龙江省银行、证券、保险等金融机构加强对创新型农业企业的金融支持，引导金融政策积极向农业科技创新项目倾斜，积极发展面向中小型企业的信用担保和再担保机构，加快建立中小型农业科技企业信用担保体系，建立科技成果转化和高新技术风险投资机制，大力发展风险投资基金和风险投资公司，扶持农业创业投资企业发展，并引导其增加对中小型农业企业和高新技术农业企业的投资。

项目负责人：赵丽娟

主要参加人：柴玲、张玉喜、辛立秋、潘方卉等

树立新粮食安全观　牢牢端稳"饭碗"*

李翠霞　许佳彬　刘辰洋　苏甜甜　张　聪

粮丰则农稳，农稳则国安。历史经验证明，对于我们这样一个人口众多耕地少的大国，粮食安全关乎国计民生。保障粮食安全是农业结构性改革的基本底线，是一个永恒的课题。近年来，我国粮食产量连年增长，各地在保障粮食安全方面形成了一系列兼顾当前与长远的新机制、新举措，更注重改革驱动、投入驱动和调动农户种粮积极性。国家统计局公布数据显示，2020 年全国粮食总产量为 66 949 万吨（13 390 亿斤），比 2019 年增加 565 万吨（113 亿斤），增长 0.9%；全国粮食单位面积产量 5 734 千克/公顷（382 千克/亩），比 2019 年增加 13.9 千克/公顷（0.9 公斤/亩），增长 0.2%。我国粮食生产基本实现了"中国粮食装满中国饭碗"，基本解决了 14 亿人吃得饱的问题，但随着生活水平提高、饮食结构变化，如何满足更高要求的"口腹之欲"成为粮食安全的新内涵。

一、我国粮食生产、消费、贸易的基本现状

确保粮食安全的重要任务是保障粮食数量安全，实现粮食供需数量、结构平衡。在国际国内双循环格局的推动下，进行国际贸易是弥补国内供需缺口的必经之路。在我国，小麦、玉米、大豆、稻谷是主要的粮食作物，其种植比例占所有粮食作物的 90% 以上，因此，本文将从小麦、玉米、大豆、稻谷这四种粮食作物出发，探究其生产、消费、贸易演变趋势以及背后的原因。

（一）粮食生产现状

粮食产量是衡量粮食是否能够满足居民需求、保障粮食数量安全的度量指标，也是反映我国粮食生产能力的最直观指标。整体来看，1987—2018 年我

---

* 黑龙江省哲学社会科学研究专题项目（项目编号：20KSH007）。
项目负责人为李翠霞教授，主要参加人员有许佳彬、刘辰洋、苏甜甜、张聪等。

国粮食产量呈现上升趋势，从 40 473.30 万吨增加至 65 789.20 万吨，年均增长率为 1.58％，粮食单产从 3.63 吨/公顷增加至 5.62 吨/公顷。单产的提高反映了科技兴农的切实效果，现代农业机械设备和农业科技能够助推农业生产效益的提高，为全国粮食安全供应提供一定的支撑力量。从粮食生产的种类结构来看，玉米、小麦、稻谷作为人类各种食物的重要原料，在粮食作物总产量中所占比例已经达到 90％，其中，小麦所占比例保持在 20％左右，没有发生较大的变化；伴随着居民收入水平的提高，对肉、蛋、奶等动物性食物的消费需求增加，从而引起对饲料粮需求增加，在生产要素增加以及技术不断进步的推动下，玉米作为重要的饲料原料，其在粮食作物总产量中所占比例有所上升，从 1987 年的 20％上升至 2018 年 39％，产量从 7 924.10 万吨增加至 25 717.40 万吨，增加了 224.55％，由于居民的消费习惯中已经形成对动物性食物的依赖，预测未来对玉米的需求将不会下降；稻谷所占比例有所下降，从 43％下降至 32％，但产量略有提高；大豆在粮食作物生产中所占的比例保持在 2％～4％，反映了我国大豆产量偏低，大豆作为重要的食物需要大量依赖进口。

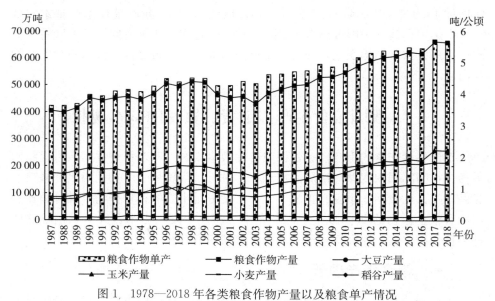

图 1　1978—2018 年各类粮食作物产量以及粮食单产情况

数据来源：农业农村部、国家统计局、水利部、国家林业和草原局公布数据。

（二）粮食消费现状

我国粮食消费总体来说保持上升的趋势，大豆的消费量从 1991 年的

10 509.50千吨增长至2018年的97 763.60千吨，年均增长率为8.61%；玉米的消费量从1991年的96 586.70千吨增长至303 815千吨。年均增长率为4.33%；小麦的消费量从1991年的102 905千吨增长至125 608千吨，年均增长率为0.74%；稻谷的消费量从1991年的179 964千吨增长至2018年的200 865千吨，年均增长率为0.44%。其中，大豆的消费量增长速度最快，但是国内大豆的供给跟不上消费的增长，自给率不断下降，直至2018年下降到14.32%，成为严重依赖进口的农作物品种。玉米、小麦、稻谷基本能实现自给自足，玉米和小麦的自给率偏高，反映出我国粮食种植结构的不平衡，相对于大豆，农民种植玉米、小麦、稻谷的积极性更高（表1）。2018年玉米耕地面积为6.3亿亩，水稻为3.8亿亩，大豆的耕地面积仅为1.2亿亩，主要原因在于种植大豆的经济效益远低于玉米，玉米每亩的收益大约在500元，大豆每亩的收益仅为100～200元。从作物的消费结构来看，大豆消费的增长主要是由于榨油需求快速攀升，玉米消费的增长主要由于饲料需求的增长。随着居民膳食结构的不断调整，消费重心逐渐从口粮转移到畜产品上，畜产品需要大量的饲料，玉米作为饲料的重要原料，其需求在逐渐攀升，饲用消费占玉米消费总量的70%左右，而玉米作为口粮发挥的作用在逐渐减弱。

表1　1991—2018年各类粮食作物自给率及消费占比情况

年份	大豆自给率（%）	玉米自给率（%）	玉米食用占比（%）	玉米饲用占比（%）	小麦自给率（%）	稻谷自给率（%）
1991	94.08	129.45	18.20	63.67	166.13	/
1992	95.18	125.61	15.52	64.92	173.32	/
1993	115.10	127.41	12.81	67.76	180.94	98.64
1994	113.43	129.58	12.31	72.38	177.46	97.80
1995	90.32	144.60	11.35	76.91	176.89	100.39
1996	83.14	160.52	9.99	75.20	187.37	103.41
1997	82.26	149.95	8.67	74.31	201.87	101.97
1998	78.87	170.43	8.50	76.11	204.63	99.80
1999	57.48	171.38	7.68	71.99	209.90	98.96
2000	54.25	161.15	7.80	73.31	203.31	92.60
2001	56.74	151.03	7.54	72.68	191.70	93.03
2002	45.37	139.33	7.01	68.90	176.03	91.75
2003	45.85	139.95	7.03	72.55	152.02	83.58
2004	42.20	144.89	6.93	71.49	143.37	95.04
2005	37.15	145.87	6.43	70.39	142.55	96.86

（续）

年份	大豆自给率（%）	玉米自给率（%）	玉米食用占比（%）	玉米饲用占比（%）	小麦自给率（%）	稻谷自给率（%）
2006	33.49	139.69	6.00	64.85	138.35	97.79
2007	26.82	129.94	5.63	65.22	132.52	100.57
2008	26.78	131.91	5.64	64.18	131.46	104.97
2009	24.71	131.51	5.30	63.91	132.97	106.08
2010	24.71	128.08	4.93	65.36	130.38	101.44
2011	16.74	130.33	4.58	68.24	118.58	102.58
2012	13.52	147.61	4.76	69.44	116.64	103.99
2013	12.21	168.77	4.90	71.13	118.49	102.27
2014	10.80	203.09	5.25	70.44	122.68	103.23
2015	10.09	211.93	4.85	71.59	131.96	104.74
2016	9.98	184.99	4.22	69.15	137.97	104.03
2017	12.36	161.73	3.87	64.87	151.84	104.17
2018	14.32	144.75	3.79	63.26	158.37	101.56

数据来源：布瑞克数据库。

（三）粮食贸易现状

总体来说，我国各种粮食作物进出口贸易中基本呈现进口远多于出口，形成贸易逆差的态势。小麦的进口数量呈现波动下降趋势，由 1987 年的 1 313.61万吨下降至 2018 年的 287.61 万吨，我国小麦的市场供应对进口的依赖降低，而出口量接近于零，国内外小麦价格倒挂，我国小麦在国际市场无竞争优势（图 2）。玉米进口数量呈现不稳定波动状态，2010 年以后进口量稳定在 100 万吨以上，2012 年达到峰值，进口量为 520.71 万吨，进口额为 16.89 亿美元，2018 年进口量为 352.15 万吨，进口额为 7.87 亿美元，而出口量在 2008 年出现大幅度的下降，从 2007 年的 491.66 万吨下降至 2008 年的 28.25 万吨，之后出口数量保持在极低的水平，2018 年出口额仅为 0.06 亿美元，出现严重的贸易逆差（图 3）。大豆的进出口变化趋势最为明显，进口量由 1987 年的 27.31 万吨增长至 2018 年的 8 803.30 万吨，年均增长率为 20.48%，进口额由 1987 年的 0.61 亿美元增长至 2018 年的 380.77 亿美元，年均增长率为 23.06%，进口增长速度极快（图 4）。农业农村部统计数据显示，2018 年大豆进口量在粮食总进口量中所占比例达到 80% 以上，再次印证了国内大豆供给失衡，需依赖国际市场来满足大豆消费需求，保障粮食安全的瓶颈环节在于提高大豆的自给率，降低对进口大豆的依赖，而出口数量由 1987 年的 154.10 万吨下降至 2018 年的 13.39 万吨，2018 年的出口金额仅为 1 亿美元。稻谷的进出口数量均保持在较低水平（图 5）。

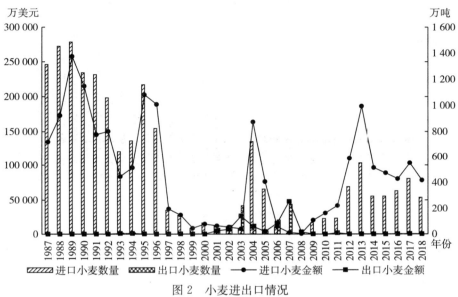

图 2　小麦进出口情况

数据来源：FAO 数据库。

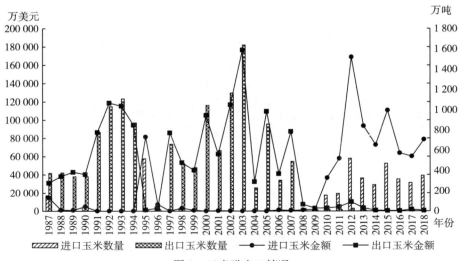

图 3　玉米进出口情况

数据来源：FAO 数据库。

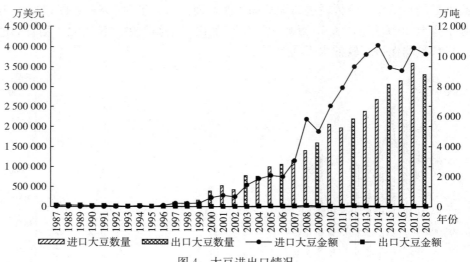

图 4　大豆进出口情况

数据来源：FAO 数据库。

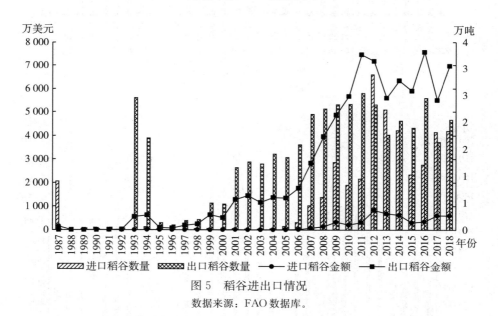

图 5　稻谷进出口情况

数据来源：FAO 数据库。

二、传统粮食安全观的认识

粮食安全这一概念的提出最早可以追溯至 1974 年，联合国粮食及农业组织（FAO）在罗马世界粮食大会上指出，粮食安全的含义为"保证任何人在任何时候都能得到为了生存和健康所需要的足够食品"，自此，粮食安全这一概念开始在国际上广泛传播。早期关于粮食安全的观点主要集中于国家粮食供给和国际粮食供给层面，而忽略了对粮食合理分配及粮食获取障碍的考量。20 世纪 70 年代，部分家庭受制于贫困和粮食供给不畅等原因，无法获得充足的粮食，于是 FAO 在 1983 年将粮食安全的概念拓展为"粮食安全的最终目标，应该是确保所有人在任何时候既能买得起又能买得到他们所需的基本食品"。

随着全球农业发展和经济水平的提升，粮食安全的定义也在不断更新和完善，在充分考虑到粮食的营养、卫生、健康、价格等因素后，FAO 于 2011 年将粮食安全定义为"任何人在任何时候都能从物质的、社会的、经济的途径获得充足、安全、富有营养的食物来满足其膳食需要和饮食偏好以维持健康的、充满活力的生活"。

1983 年，吴天锡在《世界粮食安全政策》一文中首次将粮食安全的概念引入我国，引起了国内学者的广泛关注。我国作为全球人口数量最多的发展中国家，在粮食安全问题上面临更加严峻的挑战。基于我国基本国情与不同历史阶段的发展特点，我国粮食安全观的内涵也在不断演进，其中传统粮食安全观的演变过程具体可以分为三个阶段。

（一）新中国成立初期至 1978 年：以粮食生产为重点，"吃得饱"是核心问题

新中国成立初期，肉、蛋、奶等食物在我国居民食物消费中的占比很小，供应居民食物消费的主体是粮食，我国作为人口大国，粮食稳定生产是保障粮食供给的前提条件，因此，粮食生产在我国一直处于基础性地位，是粮食安全的重中之重。人们普遍持有的观点是：粮食生产能够满足粮食消费需求，人人可以吃得饱，能够自给自足，那么就实现了粮食安全。

在这种粮食安全观念的影响下，我国粮食生产得到了极大程度的重视。1958 年毛泽东同志提出的"以粮为纲"和 1960 年中共中央提出的在全国"大办农业，大办粮食"，均充分体现了国家重视生产的粮食安全思想。在全面实行粮食统购统销和凭票供应制度期间，特别在三年自然灾害时期，粮食生产始终处于粮食安全的核心位置，由于这一阶段的粮食安全观就是要保障老百姓吃得饱，我国粮食单产水平得到极大提高，粮食生产呈现出"以量为主、以质为辅"的特点，粮食生产存在着显著的地域差异。随着我国居民消费水平的提升，这一生产特点逐渐开始难以满足居民的消费需求。

1978年十一届三中全会的召开对粮食安全观的转变是关键性的转折点，自1978年起，我国人均粮食产量稳定地超过600斤，意味着我国吃得饱的问题，从完全依赖行政力量解决，逐步向利用市场调节转变，"吃得饱"将不再是粮食安全的主要矛盾。

（二）1978—2000年：以粮食流通为重点，"吃得着"是主要矛盾

1978年十一届三中全会召开后，农村地区开展了全面的经济体制改革。1982年，我国农村工作"中央1号文件"诞生，肯定了包产到户等生产责任体制的优势，在农业生产过程中，农民有了自主权，可以实现按劳分配，极大地提升了粮食生产的效率；更为关键的是对粮食流通体制进行了全面的改革。

1978年以前，近乎所有农产品的价格均由国家统一制定标准，伴随着改革开放的深入，政府逐渐放开对农产品价格的控制，建立以市场为导向的经济体制，将计划经济和市场经济的优势相结合。1998年，政府出台了《粮食收购条例》等多个文件，旨在全力推进新一轮"粮改"，把粮食生产和流通交给市场调节，种种举措极大地促进了粮食在全国范围内的高效流通，粮食生产地域性差异的问题得到克服，可供居民消费的食物种类日益增多，居民食物消费结构也逐步升级，开始向追求高质量农产品的方向转变。

这一阶段，我国经济发展和人民收入水平得到快速提升，伴随着国家对粮食流通体系的改革以及粮食储备制度的建立健全，绝大多数人可以实现"吃得饱"的目标，此时提升对粮食价格波动的承受力，解决"吃得着""吃得起"的问题才是粮食安全的内涵。

（三）2000—2012年：以粮食贸易为重点，"吃得好"是主攻方向

21世纪之前，基于我国各年度粮食产量波动的现实情况，我国在农产品国际贸易中常常出现净进口与净出口局面的变化，但我国粮食自给率始终保持较高水平，粮食贸易对于粮食安全的影响微乎其微。进入21世纪，伴随农村经济体制改革持续深入，国内粮食生产、国际粮食价格波动以及国际政治经济形势的变化，我国长期以来形成的粮食自给自足的粮食安全观受到巨大冲击。2001年，伴随着我国成功加入WTO，国内粮食生产与国际市场形成全面对接，粮食贸易开始成为粮食安全的核心问题。

粮食贸易的迅速发展，将各国生产的优质粮食送上了我国居民消费的餐桌，也意味着我国可以利用全球范围的农业优势资源，获得价格更低、质量更

高的粮食以供给国内市场的消费需要，满足我国居民对高质量农产品的消费需求。与此同时，也存在一些风险因素，一方面，粮食贸易的展开使我国粮食生产受到了一定程度的冲击，受限于土地成本和机械化水平等因素，我国本土生产的一些粮食产品在价格、质量上均难以获得比较优势；另一方面，我国粮食生产由完全自给自足逐步转为对国际市场的进口依赖，这成了新的粮食安全风险因素。

2009 年之后，我国每年粮食产量稳定在 5 亿吨以上，家庭收入水平快速提升，此阶段确保粮食安全的主要任务是解决吃得好、吃得安全、吃得健康的问题。党的十八大以来，以习近平同志为核心的党中央把粮食安全作为治国理政的头等大事，多次强调"把饭碗牢牢端在自己手上"，赋予了粮食安全新的时代内涵。

三、传统粮食安全观面临的挑战

从 2015 年至今，我国人均粮食占有量始终明显高于联合国粮食及农业组织确定的粮食安全平均线水平，粮食安全是有保障的。但是，我国经济正在由高速增长步入中低速增长、提质增效的新常态，粮食消费还处在一个刚性增长的阶段，粮食安全处于严重的紧平衡的状态，面临来自国内和国际的挑战仍然巨大。

（一）"一家独大"：国际市场粮食进口高度集中

自 2004 年以来，我国粮食贸易已经连续 16 年出现赤字，进口来源地集中在美国、加拿大、阿根廷、澳大利亚等。从 2019 年我国稻、玉米、小麦及大豆的进口来源地及进口数量情况来看，稻进口"一家独大"最为明显，主要进口国为缅甸，进口量为 21 670 吨，老挝为 860 吨，俄罗斯为 591 吨，三个国家合计进口量为 23 121 吨，占总进口的 100%；玉米主要进口国为乌克兰，进口量达到 413.77 万吨，美国、老挝、缅甸、俄罗斯的进口量顺次递减，进口量分别为 31.77 万吨、14.17 万吨、11.64 万吨和 6.95 万吨，五国进口总量为 478.30 万吨，占总进口的 99.83%；小麦主要进口国为加拿大，进口量为 166.30 万吨，法国、哈萨克斯坦、美国、立陶宛进口量分别为 48.10 万吨、39.84 万吨、23.61 万吨和 19.67 万吨，五国进口总量合计 297.52 万吨，占总进口量的 92.84%；大豆是我国粮食作物中进口量最高的品类，大豆主要进口国为巴西和美国，进口量分别为 5 767.65 万吨和 1 701.46 万吨，阿根廷、加拿大、乌拉圭进口量也较多，分别为 879.16 万吨、226.54 万吨和 206.69 万吨，五国进口总量为 8 781.50 万吨，占总进口量的 99.13％。

我国粮食进口情况受制于粮食出口国政策的影响，但是我国的粮食进口政策却较难影响这些国家的粮食出口。以美国为例，2020 年，美国是我国第四大小麦进口来源国，但我国小麦进口量占美国出口量的比重不足 10％，小麦的国际市场仍然是卖方市场，一旦与进口来源国发生贸易冲突，或者这些国家联合起来限制粮食的出口，就可能出现国际市场粮食断供的情况，也就是我们当前所说的粮食"卡脖子"问题。近年来，美国在国际贸易中保护主义盛行，美方会以各种理由或借口来制造贸易摩擦，严重威胁了我国粮食安全。众所周知，美国大豆出口总量的 60％都出口到了中国，这也是中美经贸摩擦以大豆进口作为反制工具的重要原因。

（二）"生态恶化"：冲破环境阻力日益加大

2005 年 8 月，时任浙江省委书记的习近平在考察浙江湖州吉安时首次提出"绿水青山就是金山银山"的科学论断。党的十九大报告中再次强调："必须树立和践行绿水青山就是金山银山的理念，坚持节约资源和保护环境的基本国策⋯⋯实行最严格的生态环境保护制度⋯⋯建设美丽中国，为人民创造良好生产生活环境，为全球生态安全作出贡献。"从 2004 年至 2020 年的粮食"十七连丰"，主要得益于投入品的增加和农业技术的进步。伴随城镇化的不断推进，城镇建设用地和农村劳动力转移导致了土地资源和劳动力资源的日益减少，为缓解粮食生产中土地和劳动力资源的短缺，我国投入了大量的化肥、农药等生物化学用品，以及柴油、机械、灌溉等其他生产要素。2000—2018 年，我国化肥亩均施用量年平均增长率为 1.27％，农药亩均年增长率为 0.46％。我国当前已经成为全世界化肥、农药生产量和施用量最大的国家。农业部2015 年发布的数据显示，我国在占世界 8％面积的耕地上使用了占世界 1/3 用量的化肥，化肥亩均施用量是美国的 2.6 倍，是欧盟的 2.5 倍，主要农产品的化肥超标率已经达到 16％～20％。

大量施用农药和化肥可以在短期内提高粮食产量，但长期过量施用生物化学用品会造成粮食生产的不可持续性，对生态环境和人体健康均会造成严重威胁。在粮食生产过程中，施用的化肥和农药并非完全被农作物所吸收，甚至只是少量吸收，占比相当高的化肥、农药残留通过水、土壤、大气进入生态系统，造成严重的环境污染和生态退化。同时残留在粮食作物中的化肥、农药通过食物链进入人体，严重威胁人类健康，这与当前人民日益增长的对健康、绿色、优质食品的需求相矛盾。在保障粮食安全的前提下实施化肥、农药减量行动、实现绿色发展，是现阶段解决粮食安全问题的重点任务。

（三）"矛盾升级"：生产结构与消费结构不相匹配

产量、进口和库存的"三量齐增"是近年来粮食结构的新特征，归因于我国居民的粮食需求量与粮食生产量出现了严重的结构矛盾。经济发展和居民收入水平的提高带来的是粮食消费需求结构发生明显变化。在已经"不愁吃"的基础上，人民追求的是高品质和健康的食品。消费者对于优质口粮和高蛋白食物的需求量不断增加，但当前的粮食供给跟不上市场消费结构的变化，主要表现为中高端的口粮和大豆供给不足，以大豆为例，目前我国每年还有将近1亿吨的大豆缺口，这进一步解释了"三量齐增"背后的真实原因：一方面高品质粮食难以满足人们需求，另一方面低品质粮食滞销不得不进入库存。

过去人们吃粮食是为了"吃得饱、不挨饿"，一些高产粮食品种大面积推广，但质量和口感却差强人意。稻米和小麦是我国的主要口粮，总产量已经达到"绝对安全"的地步，但品质还远远不能满足人民不断升级的消费需求。稻米作为我国第一大口粮，总量供求基本平衡，但垩白粒率低、食味品质高、口感好的优质米所占比例并不高。虽然我国是传统的稻米之乡，但是每年从日本、韩国等国家进口优质稻米的数量在逐年攀升。小麦作为我国第二大口粮，总量供需也基本保持平衡，但优质专用的强筋和弱筋小麦需求旺盛、产能不足，而中强筋和中筋小麦供大于求。大豆作为植物油和动物饲料的主要来源，在数量上也存在国内生产与人民消费的巨大矛盾，近年来国内生产量占消费量的比重不足20%，极大程度上需要依赖进口。总体而言，我国粮食生产已经由过去的"产量为先"转变为当前"质量并重"的发展阶段，如何从供给侧补齐粮食质量的短板，以适应人们对高端、绿色、健康粮食的需求，如何生产更多市场紧缺和优质特色的粮食是下一步亟待解决的问题。消费结构升级带来的由"多产粮"到"产好粮"的新要求，是对我国传统粮食安全观提出的新挑战。

（四）"收益骤减"：农民种粮积极性大打折扣

随着我国农业生产资料价格的不断上涨，特别是人工成本和土地成本的快速攀升，粮食种植收益骤减，严重影响了农民的种粮积极性。《全国农产品成本收益汇编（2001—2019年）》公布的数据显示，我国粮食生产成本从2000年的350.61元/亩增长至2018年的1 108.89元/亩，增长了2倍多；但是粮食单产水平仅从2000年的356.00千克/亩增长至2018年的374.13千克/亩，仅增长了0.05倍；粮食销售价格（每50千克粮食）从2000年的51.50元增长至2018年的109.44元，仅增长了1.1倍；每亩粮食的净收益从2000年的39.43元减少至

2018 年的-30.53 元,农民种地不仅不赚钱,还要面临亏损的局面。

粮食收益骤减的同时,农民居民家庭人均消费支出(包括家庭设备及用品消费、食品消费、居住消费、服装消费等)呈现上升趋势,农民居民人均消费支出从 2000 年的 1 741.09 元增加至 2018 年的 12 124.00 元,增长了 7.0 倍,粮食种植收益的增幅要远低于农民居民人均消费支出,也就是说种粮收益已经远远不能满足农民居民的消费需求。虽然国家实行了一系列补贴政策缓解种粮收益低的问题,但这种补贴在增加国家财政负担的同时,对动辄上万元的人均消费支出而言仍是杯水车薪。现阶段进城务工的劳动力数量在不断增加,结果导致了农民"兼业种粮"或"土地抛荒"成为部分农村地区的新形态。在种粮农民保住全国人民"米袋子"的同时,如何保住他们的"钱袋子"是当前传统粮食安全问题面临的严峻挑战。

四、再论粮食安全观的新内涵

粮稳则民安,食安即民福。保障国家粮食安全,让中国人端稳自己的"饭碗",并实现从"吃得饱"到"吃得好"的转变,需要我们牢固树立新粮食安全观,深刻理解并准确把握粮食安全的历史性转变,更加科学地指导和安排粮食生产,打造从粮食到食物的全产业链竞争实力,如此才能为"两个一百年"奋斗目标的实现奠定坚实的基础,提供强有力的支撑。

(一)理解粮食安全,要立足于全产业链的角度

在数量安全基础上,保障安全食品基料生产,才能从源头上保障食物安全。因此,必须在自然资源条件、环境基础条件优越区域,优先布局安全食品基料生产基地。以黑龙江为例,截至目前,黑龙江省得到绿色食品生产认证的耕地面积已达 7 396 万亩,得到有机食品认证的耕地面积达 650 万亩,其中符合欧盟标准有机食品认证的耕地面积达 165 万亩,黑龙江省已经成为全国最大的绿色食品原料基地。以黑龙江省绿色食品为原料的产品已经覆盖全国各大主销区,形成了"黑龙江食品原料基地牵动东北,绿色食品覆盖全国"的基本格局,为东北地区优质农产品外销闯出范本。通过建设类似的食品原料基地,形成区域布局合理、资源禀赋条件得以发挥、安全粮食原料稳定供给的基本格局,保障了粮食产业链的具体安全,黑龙江的探索经验给人启发。

(二)实践粮食安全,要立足于统一开放的国内外两个市场

这包含两个层面:一是要形成运行高效的统一国内粮食市场体系,通过

"北粮南运"实现优质粮食及产品外销，维持全国基本粮食必需品价格稳定，满足绿色、有机食品消费升级需求。以粮食自给率为例，广东省粮食自给率不足 30％，黑龙江省粮食自给率接近 400％，通过主产区与主销区有效对接，促进粮食商品化流通，实现主产区资源转化为资金，提升主产区经济总量，满足主销区粮食多样化需要。二是打造稳定供给的国际市场体系，通过打造多元化粮食进口格局，逐渐减少对某些国家相应农产品进口依赖风险，促进俄罗斯及中亚、南美等国家对华粮食出口，形成来源稳定、风险可控的国际粮食供应体系。

（三）把控粮食安全，要立足于历史和未来两个维度

当前，我国人口数量仍在增长，基本口粮需求还会增加，如果短期内国人饮食结构难以改变，对粮食数量的刚性需求也不会发生改变。我国粮食产出区域日益集中，已经成为不可逆转的趋势。2018 年，黑龙江省粮食总产量占全国的 1/9，商品量占全国的 1/8，调出量占全国的 1/3。照当前的趋势看，未来直接粮食需求比例会下降，粮食转化食物及产品的比例会逐渐提升，这就要求我们必须在稳定粮食数量安全、满足基本口粮需求的基础上，结合农业供给侧结构性改革的逐项要求，调整品种结构，满足人们对"肉、蛋、奶"等其他粮食转化品的需求。

五、做好国家粮食安全的"压舱石"

作为"中国大粮仓"，习近平总书记给予黑龙江保障国家粮食安全"压舱石"的高度评价。黑龙江作为粮食生产大省，坚决扛起保障国家粮食安全的重大政治责任，确保只要国家有需要，黑龙江就能产得出、供得好，为"中国粮食""中国饭碗"做出黑龙江新贡献。黑龙江为做好国家粮食安全的"压舱石"，还应从以下三个方面发力。

（一）以五大举措提高农业综合竞争力

近年来，黑龙江省通过机制创新、结构调整、技术推广等多种举措，扎实推进农业供给侧结构性改革，不断提高农业综合效益和竞争力。

第一，机制创新的牵动。一方面，把创新农业经营主体作为调整农业生产关系、推进粮食适度规模经营的突破口。目前在工商部门注册的农民合作社达到 7.9 万个，家庭农场（大户）达到 10.6 万个，带动规模经营面积达到 6 389 万亩。另一方面，黑龙江省坚持把发挥财政政策的撬动作用作为支农护农的

"金钥匙"，为粮食生产提供有力支持。

第二，结构调整的催动。在稳定粮食供给的基础上，积极适应市场需求变化，坚持适区适种，优化粮食作物品种结构。适度扩大优质粳稻生产，调减玉米种植面积，扩大鲜食、饲用等专用玉米生产面积。积极发展高蛋白、高油、高产、多抗大豆新品种，逐步扩大食用高蛋白大豆种植面积。大力发展优质专用小麦品种，扩大优质强筋小麦种植面积。扩大脱毒马铃薯种薯、优质商品薯和主食加工薯供给能力，满足市场消费、产品加工和农民增收的需要。

第三，物质装备的推动。农田水利建设的稳步推进和农机装备建设能力的快速提升，构筑了粮食生产的钢筋铁骨。利用资源优势，把发展农业机械化作为发展现代农业的重要抓手。

第四，技术推广的促动。推进优良品种的使用，挖掘粮食增产潜力。"十三五"期间，黑龙江省共审定推广主要农作物新品种 1 289 个，常规粳稻、大豆、马铃薯育种处于全国领先水平。此外，在加强耕地保护利用方面，坚持"预防为主，综合防治"的植保方针，组建植保机动专业防控服务组织，实现重大病虫害统防统治，年均减少粮食损失超百亿公斤，确保了粮食生产安全。

第五，市场需求的拉动。推进产业链条延伸，提高粮食生产的比较效益。创新粮食加工龙头企业联结农民专业合作社带动基地和农户建立紧密利益关系的组织形式，让农民分享更多粮食加工和销售环节收益。

（二）抓好确保粮食安全的三大着力点

当前，我国粮食安全基础仍不稳固，确保粮食安全任务依然艰巨，把饭碗牢牢端在自己手上，解决好治国理政的头等大事，必须实施"以我为主、立足国内、确保产能、适度进口、科技支撑"的国家粮食安全战略，关键要靠各级政府组织各方力量真抓实干。作为我国重要粮仓的黑龙江省，更要按照中央要求，把保障国家粮食安全放在更加突出的位置，以科技为支撑走内涵式现代农业发展道路，确保粮食的数量安全、质量安全、生态安全，发挥好保障国家粮食安全的"压舱石"作用。

第一，做国家粮食数量安全的"压舱石"。要加大对黑土资源的保护和可持续利用，保障国家粮食安全的基础。一要加强对现有政策的整合，将相关项目资金集中用于黑土地保护建设。二要强化科技支撑，重点开展对土壤改良培肥、保护性耕作等关键技术的研究。加快推广农机与农艺结合的关键改良技术。三要健全法规标准，依法保护黑土地。完善耕地质量、肥料使用等标准体系，为黑土地保护提供科学依据。四要构建长效机制，将黑土地划入永久基本农田，确保数量不减少、质量有提高。

第二，做国家食品质量安全的"压舱石"。要做大做强绿色食品产业，保证中国人碗里盛满优质的中国粮。要积极推动"两稳"（稳定基地面积和产品质量）、"两增"（增加认证数量和销售金额）和"一提高"（提高品牌影响力），把黑龙江粮食产业打造成为集资源优势、生态优势和经济优势于一体的绿色优势产业。一要推进基地建设提档升级，完善粮食基地环境保护和监管制度。二要推进市场带动工程，继续做好"互联网＋绿色食品"工作，推进绿色食品专营店建设，推进绿色食品品牌建设。三要全面推进粮食质量安全监管，完善粮食质量追溯平台建设，维护绿色食品市场秩序。四要推进产品认证开发，引导新型农业经营主体积极开发认证"三品一标"产品。

第三，做国家粮食生态安全的"压舱石"。绿水青山就是金山银山。要围绕"一控两减三基本"目标，切实打好污染治理的攻坚战，将自身打造成高效生态农业先行区，成为国家长久可靠的大粮仓。一要增加对粮食生产面源污染研究及防治的投入，加大对农业节肥、减药、增效关键技术的研发投入。二要建立绿色植保服务体系，为农业生产提供全程绿色植保技术服务，提供农产品、土壤和水的质量及农残检测服务。三要发展农业循环经济，实现粮食生产与其他农业活动的资源利用的最大化和污染物排放的最小化。当前和今后一个时期，要守住生态红线，通过探索建立以市场为导向的农业资源和废弃物回收利用机制、实施山水林田湖草生态保护和修复工程、全面开展永久基本农田划定工作、大力发展生态有机农业等措施，坚决打赢农业生态保护的持久战。

（三）严守绿色底线以树立新食品安全观

新时期保障粮食安全的新目标是让百姓"吃得好"，因此保障粮食安全最终要保障食品安全。保障食品安全，是民心所向、民众所期的一项重大民生工程，实现"舌尖上的安全"，需要我们践行新食品安全观，在最"严"食品安全监管体制下"绿"字当先，将"绿色"的无形价值转化为直接的经济效益，扎实推进食品安全战略，切实保障基本民生，为决胜全面建成小康社会作出"三农"应有贡献。

第一，树立新食品安全观，要严守环境绿色。环境是食品安全的第一道屏障，保障生产、加工、运输等环境安全，是保障食品安全、维护人类健康的必要前提。虽然我国化肥、农药使用量已提前3年实现"十三五"时期化肥农药零增长目标，但据估算，每年因重金属造成污染的粮食还是达到1 200万吨。牢牢固守环境绿色，修复食品安全的第一道屏障，就要做好环境绿色"加减法"：加快农业面源污染治理和土壤污染修复治理进程，保证食品原料生长的土壤环境绿色；减少化肥农药使用量，从化肥使用逐渐向生物肥、有机肥使用转变，实现食品原料成长过程环境绿色。

第二，树立新食品安全观，要严守原料绿色。原料是食品产业发展的基础，保障原料绿色要从源头抓起、从基础抓起，建设好绿色食品原料基地，发挥好基地带动作用，保证绿色食品加工所需优质原料的稳定供应，夯实绿色食品产业的物质基础。

第三，树立新食品安全观，要严守食品绿色。食品安全是食品产业发展的核心，强调从田间到"舌尖"的全过程安全。保证食品绿色就是在原料绿色的基础上，保证加工的绿色、包装的绿色以及品牌的绿色。固守食品绿色，要严格把控加工环节"其他颜色"添加，保证绿色"纯正"；要严格把控过度包装防止污染，树立简约包装观念，保证绿色"可视"；要严格遵守绿色食品标识的使用规范，树立品牌绿色观念，保证绿色"可靠"。

第四，树立新食品安全观，要严守市场绿色。市场是食品产业发展的动力，保障食品安全，要发挥市场对绿色食品需求的引领作用。一是深度挖掘国内绿色食品消费市场潜力，要全面、均衡打开国内绿色消费市场，提升消费者对绿色食品的认知度与甄别能力。同时，既要增强一、二线城市的绿色食品消费能力，又要激发三、四线城市以及农村地区的潜在市场需求。二是继续开拓国际绿色食品市场，要进一步促进我国绿色食品与国际有机食品的有序衔接，增强我国绿色食品产业的国际综合竞争力。

项目负责人：李翠霞
主要参加人：许佳彬、刘辰洋、苏甜甜、张聪、崔力航、奚卉彤、李孝
　　　　　　忠、赵建等

黑龙江省农业社会化服务体系的
运行机制与创新路径研究[*]

张永强　　马桂方

一、黑龙江省农业社会化服务体系发展现状

（一）黑龙江省农业社会化服务主体建设

1. 政府公共机构的服务情况

黑龙江省政府成立的供销合作社、粮食局、农业信息中心、农机站、保险公司、经管站等多家服务机构，在农资供应、粮食收购、信息服务、机械服务、保险服务、技术服务等方面发挥有效载体作用。如五常市设置乡镇两级服务机构，创新性地建立了市、乡、村三级管理服务体系，建立了一系列农业服务平台，如土地经营权流转交易平台、公共信息服务平台、农产品质量安全服务平台等，这些服务平台为农户提供了全程各项专业服务，为农户解决了如土地流转、信息获取、质量监管等问题。五常市的相关举措促进了农业社会化服务的发展，发挥了公共服务机构的引导带动作用，激发了农户对基层推广农业社会化服务的认同。如兰西县以农业经纪人为桥梁和纽带，提高农民进入市场的组织化程度，依托县政府信息平台，建设了农村信息发布中心和村屯信息服务点，健全农村信息服务网络，为农业经营主体提供免费及时的信息服务，完善了县、乡、村、屯四级农技推广体系，打牢了公共性服务基础。

2. 农业龙头企业的建设情况

龙头企业是发展农业社会化服务的重要主体，是推进农业现代化与农业产业化的重要驱动，为此，黑龙江省特别重视龙头企业的发展，出台了一系列扶持政策。2000 年省政府印发了《黑龙江省加快龙头企业建设推进农业产业化

---

　*　黑龙江省社会科学研究专题项目（项目编号：18JYH757）。

　项目负责人为张永强教授，主要参加人员有马桂方、赵建、张占友、田媛、王姚、王荣、彭有幸。

　摘自《黑龙江省农业社会化服务体系的运行机制与创新路径研究》第 3、5、6、8 章。

发展的意见》，明确提出，到 2001 年省级、地市、县（市）的龙头企业总销售收入要达到 300 亿元，利润和税收达到 25 亿元，要比省平均增长幅度多 5‰～8‰，要在经营方面找寻多方投资渠道和积极开拓国内外市场。2003 年黑龙江省为支持龙头企业发展，实施了龙头企业的税收减免办法；2004 年与农业产业化龙头企业合作的农户有 160 万户，与龙头企业合作的农户经营性收入平均增加了 1 300 元；2005 年省政府对 112 家龙头企业进行了政策扶持，吸引了 88.6 亿元的贷款，加速了龙头企业在生产、加工、销售等环节的规模化发展；2014 年政府积极鼓励龙头企业建立生产加工基地，着力发展产供销一体化；2018 年省政府印发了《关于开展"百企帮百村"活动的实施方案（2018—2020 年）》，该方案指出要发挥龙头企业的优势，帮助贫困村增加收入，促进贫困村的稳定发展，尽早摘掉贫困帽。农业龙头企业涵盖农产品的种植、加工、销售、科研等领域，力求打造高端农产品，农业产业化龙头企业在所有新型农业经营主体中经营效益是最高的，所以充分发挥农业龙头企业在提供农业社会化服务中的带动作用至关重要。

3. 农民专业合作社的建设情况

随着农业农村经济的发展，黑龙江省农民专业合作社数量快速增多，经营规模不断扩大，合作社在经营中所涉及的服务内容也在不断丰富，黑龙江省对农民专业合作社的重视程度不断加强，出台了很多相关政策。据统计，截至 2017 年 12 月，黑龙江省共有农民专业合作社 96 000 个，其数量比 2007 年出台《农民专业合作社法》后增加了 25 倍，其中属于市级以上级别的农民专业合作社有 1 738 个；正常运转的有 2.8 万个，占已注册登记的农民专业合作社总数的 29.2%；拥有 1 000 万元以上农业机械设备的合作社有 813 个，约占现代农民专业合作社总数的 3/5；有 16.3 万户的农户已经参与到农民专业合作社中来，已经有 1 128 万亩的耕地面积供农民专业合作社自己经营。2019 年有 1 411 个农民专业合作社拥有现代化的农业机械设备，其中有 36 个是国家级的农业机械合作社示范社，有 242 个是省级的农业机械合作社示范社。农民专业合作社的服务范围在不断丰富，涵盖生产、加工、销售、储藏、运输等领域，提供产前、产中、产后全方位全过程的服务，农民专业合作社不仅在省内扩张，还进一步与其他非本地的农民专业合作社开展跨省、跨乡、跨村等联合合作（许佳彬等，2019），并且逐步实现这种新型的合作社模式的全面发展。农民专业合作社的本质是服务农民，通过土地流转、土地托管、土地入股等方式优化农户的资源配置，解决小农户自己解决不了的问题，带来比农户独立经营更多的收入，因此重视农民专业合作社的发展，更有利于促进农业社会化服务体系的建设。

（二）黑龙江省农业社会化服务内容建设

1. 农业社会化产前服务的现状

　　农业社会化产前服务主要包括农资供应、信息服务等。其功能定位为提高农户经营风险抵抗能力，实现农户科学种植，结合农户真实需求提供适合的农药、化肥、种子等农资。从对黑龙江省农村展开的调查得知，农业社会化服务产前供给覆盖率较低。一方面，服务供给主体与农户之间存在信息不对称的问题。服务供给主体通常为农资供销商、基层服务机构等，农户认为农资供应商是为了销售自己的产品而产生农资供应行为，因此农资供销商推销的种子、化肥难以得到农户的信任，此外农资价格较高，农资配施效果不显著，导致二者合作交易关系不稳定。服务供给主体提供的农资供应服务难以得到农户的信任，农户采纳农资的行为都是结合历年种植经验和周边农户使用的农资效果而定，如何降低产前服务采购成本和交易成本是稳定服务双方交易关系的关键因素。另一方面，农业社会化服务主体在提供产前服务时存在着严重的供需矛盾。当前存在的服务组织所提供的农业社会化产前服务不能充分、彻底地满足广大农户的需求，同时还不能满足现代农业经营主体经济发展的需要，尤其在社会化的信息服务方面，仍然存在信息服务量少、信息不对称、发布不及时、缺乏针对性等问题。在对黑龙江省农村地区开展实地调研的过程中可以看出，目前农户仍然以亲朋邻里间的人际传播作为获得信息的主要途径，通过这种方式所获得的信息大多内容繁杂，信息量虽然比较大，但在信息准确性和时效性等方面有所欠缺；在服务组织所提供的信息方面，由于服务组织发展不够完善，导致信息提供数量少且缺乏针对性，不能为农户的生产经营决策提供完整、及时、有效的信息。针对上述问题，借鉴黑龙江省国有农场产前服务供应的有益经验，按照"统一品牌、统一采购、统一配送、统一营销、统一价格、统一服务标准"的"六统一"要求提前订购农资，每年对化肥、种子、农药进行监督检查、免费检验，清查整顿农资市场，确保广大农户用上放心农资，有效降低农资供应交易成本，有效延长产前服务链条。

2. 农业社会化产中服务的现状

　　农业社会化服务产中环节主要包括机耕、机播、机收和病虫害防治环节。黑龙江省目前基本实现了上述环节的全程机械化操作，2018 年在农地里对农业机械设备的使用率达到了 96.8%。农业机械设备的总动力运到了 5 813.8 万千瓦，拖拉机注册登记的有 160.5 万台，其中有 3.6 万台拖拉机功率在 100 马力以上，农业机械设备的配备结构不断优化，提高了农业机械化服务水平。针对机耕、机播、机收和病虫害防治环节，机械化作业在机耕与机收环节覆盖率较高，在机播环节的普及率相对较低，在病虫害防治环节使用比率最低，原因是此环节服务成本高，由于除草、打药效果难以衡量，机会主义行为容易发生，服务市场中契约约束力弱，损害双方利益的事件容易出现，因此，小规模农户仍然以人工完成为主。

3. 农业社会化产后服务现状

农业社会化服务产后环节主要包括销售、运输、加工、包装等环节。目前农业社会化服务在产后环节发展较缓慢，农户销售农产品的方式主要以售卖给收粮方为主，选择通过批发市场、农业合作组织等中间平台进行专业性销售的较少。产业链后端的服务主体主要由农民专业合作社、农业企业担任，规模化的服务主体在产后环节收购的粮食通常从自己的种植基地中获得，有效实现产前、产中、产后在农资供应、播种施肥、田间管理和收获入库的统一，因此服务主体与独立的农户难以形成紧密的合作关系。订单农业中由于小农户与农业企业间市场地位不均衡，可能会出现农业企业为了满足自身的利益，以违背对方利益为代价，单方面违背契约，使小农户遭受巨大生产损失的情况，小农户利益难以得到有效保障。在此情况下，提高小农户组织化程度、强化中介组织的介入，发展纵向一体化对提升产后服务质量具有重要作用。

（三）黑龙江省农业社会化服务模式建设

作为黑龙江省实现农业生产现代化的重要推手，农业社会化服务体系逐渐充实完善，农业社会化服务内容不断丰富、服务方式不断创新，农业社会化服务呈现新形态。随着"互联网＋"理念的深入，黑龙江省农业社会化服务主体以互联网为引擎，打通了农业服务的全部领域，在互联网平台上的服务范围逐渐扩大，从内容单一的服务拓展到系统的综合性服务，更好地满足农民多样化的社会化服务需求，解决了农业服务的"最后一公里"难题。目前，我国农业社会化服务模式按主导主体的不同大致分为四种。其一，政府主导的服务模式，它是一种由国家政府部门为农业生产经营主体提供社会化服务的模式。其二，龙头企业主导的服务模式，主要是各类涉农企业与农户签订经济合同，将公司与农户的利益通过规范化的途径连接起来。其三，合作经济组织主导的服务模式，是合作经济组织为小规模农户提供产前、产中、产后各类生产经营服务的模式。其四，乡村集体经济组织主导的服务模式，它是乡村集体经济组织为农户提供综合性服务的模式，是一种应用较为普遍的农业社会化服务模式，其服务的生产类型主要以种植业生产为主（蒋永穆，2016）。而黑龙江省农业社会化服务模式主要包含土地托管服务模式、订单服务模式、平台服务模式、股份合作模式，不同服务模式中服务主体在运行特征、功能定位、适用条件方面均有显著差异，服务模式的创新促使农户的协作意识不断增强，分工越来越细化。对于服务主体而言，多元服务模式的产生推进了服务主体间的合作共赢，有效解决服务主体资金不足、供给能力较弱的问题，激发服务主体提升供给能力、创新服务方式、扩大服务范围。为了更好促进服务三体多元化发展，政府部门应该理清自身与市场的关系，为各种农业社会化服务主体提供良好的法律和政策环境，并且将财政支持的重点放在基础设施建设和调控市场失灵的领域。对于服务对象，有效的服务平台可以提供更多就业机会，实现资源要素的优化配置，减少服务交易中的纠纷，同时农业社会化服务模式的优化离不开市场机制与政策环境的引导支持（郭翔宇，2001）。

二、黑龙江省农业社会化服务体系的运行机制

（一）农业社会化服务体系运行机制的整体构建

在图 1 构建的运行机制框架中，多种要素并不是单打独斗，而是在市场推动、政策引导等多重机制共同作用下发挥作用。要提高体系整体的运转效率，就必须要建立服务供给主体之间的"有效联动"、生产要素之间的"及时互补"和外部环境的"互利互信"。

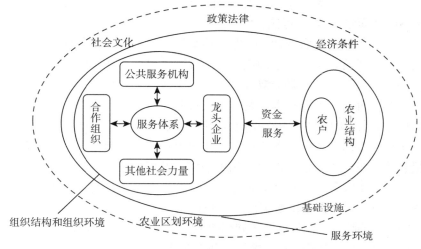

图 1 农业社会化服务体系运行机制框架

1. 服务供给主体之间的"有效联动"

服务供给主体是农业社会化服务体系的构成基础。整个服务供给主体的组织架构是将公共服务作为基本载体、合作组织作为根本保障、大型龙头企业作

为引领、各界社会力量作为增补。各个服务供给主体在合作与互动的过程中要注重平等互利，正向促进有效联动，相互协作。一方面，能充分发挥各个主体的不同优势，打破自有资源不足的限制。另一方面，在更大程度上发挥其功能特性，形成无制度限制与行政壁垒的良好环境。在保持主体之间"有效联动"的基础上，搭建不同服务供给主体的交流合作平台，在利益机制驱动下，实现各个主体之间的高效合作与合理利益分配。服务供给主体所提供的服务质量和其自身的利润水平是决定农业社会化服务体系是否能够持续运转的重要因素。有效的利益协调机制在驱动服务供给主体实现自身利益最大化目标的同时，也能有效增加社会净福利。

2. 生产要素之间的"及时互补"

生产要素之间能否及时互补决定了农业社会化服务体系的功能、服务的质量及范围。图1中的箭头代表了生产要素在不同主体之间的流动，但由于资金、设备等物质性要素与信息、知识等非物质性要素的特性、转移方式有一定差异，其实现及时互补的具体方式也必然不同。应着力发挥农业社会化服务体系的整体功效，弥补不同要素之间的"短板效应"，提高生产要素的利用率。在政府支持下，形成生产要素在不同地域、主体和行业间低成本流动的局面，实现资源的顺畅流动和及时交换。发挥市场"无形的手"和政府"有形的手"的引导力量，实现生产要素的高效利用，围绕特定生产目标实现要素最优配置。

3. 外部环境的"互利互信"

良好的外部环境是农业社会化服务体系正常运行的必备条件。图1中两大主体的存在与经营，生产要素的流动和配置都需要外部环境的支持。营造互利互信的外部环境，有利于降低双方主体的交易成本，其核心在于尊重各个市场参与方的利益诉求，形成合理的利益分配机制。同时，在外部环境管理中，建立诚信体系。外部环境的成长一方面是相关政府部门的职责所在，另一方面也是每一个市场参与主体的任务。但政府作为市场规则的制定者与管理者，应首先严格规范自身行为，避免做出影响市场作用发挥的决策。

农业社会化服务体系在运行的过程中，要强化生产要素之间的互补作用，在市场机制下，寻求服务供给主体与农户之间的动态平衡，提高体系整体生产效率。同时，要结合不同地域、不同行业的特点，找出制约体系运行的"短板"，不断加以改进，优化外部环境，才能实现农业社会化服务体系的动态均衡。

（二）农业社会化服务体系运行机制的具体分析

1. 利益驱动机制

基本内涵：农业社会化服务是市场经济背景下的产物，新型市场需求催生了市场化和正规化的农业服务主体。随着社会生产力发展和虚拟服务商品化程度增加,农业社会化服务组织出现,传统小农直接进行的生产行为逐渐由独立的涉农组织承担,在拥有便利交易场所的情况下,这些服务组织开展要素交换,同传统小农户建立合作关系,组合成为一个完整的资金流动体系、技术传播体系和知识溢出体系(樊亢等,1994)。农业社会化服务体系是不同形式农业社会服务组织依照市场规律、相关制度规定,确定服务购买方、形成合作交易关系的运行机制。上述内容均可说明农业社会化服务体系中的组织行为和产品输出必须与市场导向性兼容(中南财经大学课题组,1996)。

影响路径:随着农业生产力的快速提升,农户对专业社会化服务的需求逐渐增加,农业专业社会化服务体系建设也面临着前所未有的发展机遇。首先,市场需求逐渐增加。改革开放40多年来,我国农业主要从业人员结构发生较大转变。当前,我国从事农业生产的劳动力总体数量逐渐减少、乡村老龄化与空心化现象愈加显现,兼业农户比例上升。要保证第一产业稳定发挥"种好地""养好畜"的基础功能,保证我国14亿多人口的食品安全,就需要发展农业社会化服务,建立专业、高效的社会化服务体系。其次,大力发展专业、高效的社会化服务体系的发展条件基本成熟。在多年政策支持引导的基础上,我国在建设农业社会化服务体系的技术水平、设施装备等方面都已具备良好的条件,加快推进农业社会化服务建设的时机已经出现。基于此背景,利益机制作为社会化服务体系建设的重要驱动,有助于服务主体提高自身社会地位和服务能力,完善内部组织机构与管理体制,发挥社会价值产生显著经济效益。

2. 产业带动机制

基本内涵:一般来说,价值创造贯穿于农业生产的各关键环节,每个环节均包含各主体的分工与协作,最终的目标是向被服务主体供应可推广应用的商品与服务。农业产业的发展离不开高效的社会分工与细致的生产活动,在此过程中创造科学合理的服务体系,组建高效的服务团队不可或缺。所以将专门从事农业社会化服务的主体同农户进行有机结合不仅能够增强农户继续从事农业生产的积极性,同时能够使服务主体将农户带入产业化生产中,促使其分享到二、三产业的增值收益,延长生产性服务供应链,促进三产融合发展。

影响路径:在当前我国农业向着专业化、规模化、集约化与社会化发展的背景下,基于农业产业化理论,以参与农业生产经营过程主体的需求为依托,向其提供相应的服务,进而构建较为完善的服务组织体系。产业化服务模式能够促进农业生产资源的整合、增强农业生产活动中各主体的利益联结、有效减少农业生产投入并实现产业链上下游的信息交流,从而实现传统农业向现代化升级,强化农户利益共享机制的形成。农业产业链的形成是一项系统性强且复杂多样的工程，其中包含的要素十分丰富。但是，受诸多条件的限制，当前农业产业链仍由大型龙头企业助推，农户作为最基本的农业生产主体还没起到主体作用。以农户为主导的农业生产经营方式，使农户在进行农业种植的同时兼顾农产品加工与销售，将农产品流通过程中的更多利润留存于农村、农民之手，并最大限度地实现农产品的高效流通，创新服务组织形式，激发各环节服务与小农户的紧密衔接，有助于形成有效的产业带动机制。

3. 政府引导机制

基本内涵：党的十六大明确提出要建立健全我国农业社会化服务体系，强调政府在经济调节、市场监管、社会管理与公共服务当中的重要作用。十七届三中全会指出，建立新型农业社会化服务体系应将公共服务机构当作载体，政策突出强调了政府在农业社会化服务体系建设中的重要作用。本研究认为政府部门是农业社会化服务体系建设中的带领者、监督者与统筹者，在当前农业社会化服务体系建设中起到主导与带动作用。

影响路径：政府公共机构是我国农业社会化服务体系的重要主体，在优化农业社会化服务体系过程中发挥着相当重要的作用。尤其在我国农村全面推行家庭联产承包责任制以来，农户开始拥有独立的经营权并可以进行自主生产，农户的生产积极性显著提升，为促进农业产量的提高，相比于集体化时期，生产经营主体对农业社会化服务需求更加系统化、多样化。而且随着经济的高度发展，农户对产后与市场连接的流通性服务需求越来越强烈，单一的产前和产中服务，已不再能满足农户的现实需求。此外，由于农户家庭经营数量庞大且高度分散，政府公共机构在提供公共服务方面一直是最具有影响力的单位，在整个服务供给体系中发挥引导带动其他服务供给主体共同发展的作用。

4. 科技支撑机制

基本内涵：社会化服务体系动力机制的构建除了要激发各主体发挥社会化服务功能之外，还应在完善市场机制、技术服务等方面投入更多精力，使得外部动力和技术支撑的作用发挥到最大，最终实现对社会化服务体系建设的整体推进。社会化服务体系的科技支撑机制就是要以改变农业生产方式、改善农业经营管理为目的，以宣传先进生产技术、投入优良作物品种、运用现代化基础设施为途径，结合规范化的管理方式，建立区域性的农业科学技术创新基地、标准化规范化的生产基地、有效示范基地，也可以与农业科研院校、农业龙头企业进行联动发展，构建集农业科技研发、农业企业、农业生产主体于一体的科技支撑机制。

影响路径：应把农业社会化服务体系视为推进农业生产技术创新和技术示

范推广的一个重要平台，优先在具有产业集中优势的核心示范基地应用农业产业的新科技和新成果，然后向其周边辐射的地区逐级推广，逐步提高区域性农产品的品质和档次，促进农业产业综合效益的提高，增加当地农民收入，并带动该区域及其辐射地区农业经济的发展，进一步提高区域农业科技创新发展水平、推进农业生产方式根本性转变。农业科技支撑体系可以分为农业科技研发体系和农业技术推广体系两个部分，在农业社会化服务中，可以通过知识外溢效应和辐射带动作用不断提高周边地区的农业科技研发和技术推广应用水平，从而实现农业生产效率的不断提高。农业技术推广体系作为科技研发体系的支撑和平台，主要由公益性农业技术推广系统、准公益性农业技术推广系统和经营性农业技术推广系统组成。公益性的农业技术推广系统由政府主导型的技术推广、农业科技特派员指导下的技术推广和农业部门的科技推广入户工程构成，农业科研部门及教育部门、农业合作组织等公益性推广主体都在农业技术推广体系中发挥了重要的作用。

5. 主体协作机制

基本内涵：以尊重实际情况、因地制宜为原则，以培育新型农业经营主体为出发点，将建立政府政策投入机制、促进相关产业发展、完善现代农业服务体系作为发展目标，抓住各地加快推进工业化进程、促进城镇化发展的契机，促进经济生产要素向社会化服务需求量较大的核心农户集聚，为农业产业创造良好的创业就业环境，为农业发展培育优秀的管理专业人才和农业技术专业人才，并通过促进农户之间建立合作社等合作形式来提高农民和农户的组织化程度，同时加强农业企业与专业大户、合作社、家庭农场在产业上的联结，在农业社会化服务体系中培育并形成多元化的服务主体联合协作机制。

影响路径：根据社会化服务体系发展所处的不同阶段，针对各个类型农业经营主体的实际情况，对其进行针对性的扶持和引导。将培育有示范带动作用的核心农户作为发展重点，增加核心农户在农业生产经营主体中所占的比例，并对核心农户予以政策、资金、技术、保障等方面的支持，同时要着力推进农户之间的联合，调动农民建立专业合作组织的积极性，提高农民在农业生产过程中的组织化程度，进而在农业产业发展较好、农民合作组织等经营主体发展较为成熟的地区，着力推进农民专业合作社之间的相互联合，形成合作社联社和农业企业，进一步增强经营主体的市场竞争力。通过发展大规模农业产业，建立起各种形式的示范产业和农户与企业对接机制，从而大大提高农民从事农业生产的积极性，对促进农业发展和增强我国农业、农产品竞争力有极大的作用。

三、黑龙江省农业社会化服务模式及运行绩效

（一）典型的农业社会化服务模式

1. 托管服务模式

托管服务模式是贯穿农业生产作业链条，直接完成或协助完成农业产前、产中、产后各环节作业，以政府及村组织动员、农户委托、托管机构受托的方式对耕地进行规模化经营的社会化服务形式。农民在不流转土地经营权的前提下，将全部或部分农业生产环节，以书面协议的形式，交由农业社会化服务组织完成，在双方明确服务价格、质量、时间、效果等细则的基础上，农民支付给农业社会化服务组织固定服务金额，最终生产收益归农民所有。

（1）主要模式。 农业生产作业过程中的托管服务主要按其服务环节来进行分类。包括多环节托管、关键环节综合托管、全程托管等模式。

1）多环节托管。该模式是土地委托方（农户）根据需要，向受托方订购耕、种、防、收环节中的部分农业生产服务项目，按服务项目付费的一种托管服务方式。受托方可以是农业社会化服务的一级供应商（如综合服务类合作社、公司），也可以是服务能力弱一些的二级供应商（如劳务工作队、农机工作队），类似于"按需点菜"，该方式目前在实践中应用较为普遍。

2）关键环节综合托管。由于农业生产的特殊性，部分农业生产环节对农民自有的机械类型与自身技术水平存在一定要求，但农民自身禀赋存在显著差异。因此，关键环节综合托管可以有效弥补部分农民在生产环节中的短板。

3）全程托管。农业生产过程中的全部生产作业环节，都交由受托方来完成，土地委托方（农户）向受托方订购耕、种、防、管、收等全套农业生产服务项目，整体付费。委托方预先支付一定的托管费用，在收获后，可以从受托方获得约定的粮食或者相应的折价。

（2）运行特征。

1）不改变土地承包关系。不同于土地流转，托管服务模式不需要流转土地，也不转移土地的承包经营权，而仅仅将农业生产环节委托给农业社会化服务组织。

2）托管方式的多样性。农民可根据自身兼业情况和劳动力状况，灵活选择土地全程托管或者单环节、多环节托管。有劳动力但又无力完成全部生产作业的，可以把主要环节委托给服务组织。

3）村集体是确保托管服务妥善开展的重要主体。村"两委"对于托管服务的前期准备、中期实施、后期统筹等方面发挥了重要作用。在整村全部开展托管服务的村居中，一方面村"两委"聚集许多小农户，提高小农户组织化程度，提高农户谈判能力，另一方面村委会介入农户与服务主体间，降低了交易与信息搜寻成本。

（3）适用条件。

1）收入结构不断转变，且具有持续稳定非农就业收入的家庭。随着中国经济发展、城镇化的快速推进，城市的就业机会不断增加、基本工资水平不断上升，大量农村劳动力向城市转移。在此背景下，持续稳定的非农就业收入是履行托管合约的重要保障。

2）土地能集中连片，可以实现土地规模经营的主体。在不改变土地经营权的基础上，凭借集中连片与规模化经验，可以实现生产成本的降低、生产效率的提高。

3）具有强有力组织动员能力和协调整治能力的村集体。村集体的组织动员和协调治理依然是推动不同收入结构、不同种粮意愿农户形成土地集中连片经营不可替代的内部力量；而区域地方政府对土地托管的资金管理和政策扶持则是实施土地托管不可或缺的外部力量。

4）具有强有力服务组织载体支持的服务主体。农业社会化服务的有力支撑是开展土地托管与规模经营的重要保障，两者相辅相成、相互促进。

5）土地托管与土地流转共同发展的服务主体。土地托管更易在土地流转之外产生，两者在一定条件下可以相互替代和转化。

2. 订单服务模式

订单服务模式是龙头企业凭借自身优势，与农民签订相关合同，使农民使用其提供或指定的品种，依照标准进行农业生产经营活动，再由企业提供相应的农业社会化服务，在农产品收获后按照协议进行统一价格收购的一种新型农业生产经营模式。

（1）主要模式。

1）龙头企业牵动型（公司＋农户）。龙头企业对农户土地进行规模化种植、统一管理，通过订单服务实现专业化生产、科学化管理，产生显著的规模经济效益。

2）中介订单组织模式。中介订单组织模式主要包括三种，第一种是"公司＋基地＋农户"模式，第二种是"公司＋经纪人＋农户"模式，第三种是"公司＋经纪人＋农户"模式。中介订单组织模式有助于缓解农民与公司之间的信息不对称问题。

（2）运行特征。订单服务模式主要具有以下四大鲜明的特征。

1）综合生产率较高。订单服务通过事先确定服务双方交易关系、交易内容，通过订单契约约束双方机会主义行为，通过利润返还、盈余分红等利益分配方式确定双方获利程度，降低服务交易成本，产生显著的效益。

2）采用大量绿色农业生产技术与生产模式。订单服务在一定程度上要迎合市场需求，对于农产品质量安全、绿色生产水平有较高的要求，因此对于生产基地的绿色循环作业有较高的要求标准。

3）主要为市场而生产，具有很高的商品率，通过市场机制来配置资源，以适应市场对农产品优质化、多样化、标准化的生产需求。

4）商品属性明显。订单服务模式通过市场机制合理配置资源，能够实现市场对多种农产品的需求。

（3）适用条件。订单服务模式适用于在农民专业合作组织、农业企业等服务主体中应用推广。一方面，通过订单提高农户对于合作关系的认同与信任，避免双方由于信息不对称，产生不必要的纠纷，适用于发展能力不足的专业小农户；另一方面，通过订单提高农业生产标准，规范生产规程，提高整体产出与粮食品质，适用于已形成一定规模的种粮大户。

3. 平台服务模式

平台服务模式是指将一些市场主体，如农业企业及合作社（联合社）等作为龙头企业，运用联合和结盟的方式将各个企业联合成一个具有集体属性的服务组织，随后，利用现代信息技术搭建服务应用平台，通过为农户等主体提供社会化服务的方式，把服务的提供者与许多小农户有效联结起来的一种服务模式。

（1）主要模式。

1）协同分销型供应链服务模式。提供供应链服务的相关企业通过国内或区域内较为先进的分销平台，根据消费者自身的营销目的与其所要求的分销体系，为其提供分销体系的设计。同时，利用专业的管理方式整合销售渠道，并提供销售、物流、宣传、市场贸易等全方面服务。

2）电商型供应链服务创新模式。提供供应链服务的企业应该将电子商务目前的发展成果融入自身的管理运营中。运用目前最先进的技术平台来创建包含着远途运输、储存及配销的新型网络系统，让客户享受到 B2B 与 B2C 相结合的线上与线下服务。

（2）运行特征。平台服务模式有助于促使小农户和新型农业生产主体利用移动终端与服务组织进行直接对接和交流，消除小农户与服务组织的信息鸿沟，促进农业服务资源在合理区域流动，全面提高农业社会化服务效率。政府通过农服后台进行项目监管，实时监测服务主体动态、服务价格、服务合同，通过智能手段了解农机实时作业面积，实现项目实施预警与资金的精准调拨，保障项目顺利推进与资金安全。

（3）适用条件。平台服务模式主要适用于物种资源、气候资源、人力资源相对丰裕的地区，以及在科技创新领域发展较快的地区，这类地区具有种植升值潜力较大的特色农作物的自然条件和社会条件。

4. 股份合作模式

股份合作模式指的是农户将自己的土地入股家庭农场和合作社等主体，然后根据这些主体的经营情况来获得相应的股份收益，或者是农户在获得土地租金作为其保底收益后，再获得经营所得的分红收益。农户的土地将由家庭农场或合作社进行统一经营，农户只参与分成的一种服务模式。

（1）主要类型。

1）自主经营型土地股份合作模式。从传统意义上来说，在自主经营型的股份合作模式中，相关的经营主体主要是土地的股份合作社或者是进行土地经营的股份公司。农户一般以土地承包经营权的方式入股来组建合作社。

2）内股外租型土地股份合作模式。在此类合作模式中，通过入股方式所集中的土地并非由合作社自己经营，而是由合作社将其统一进行对外公开出租和转包。

3）社区型土地股份合作模式。在此种合作模式中，合作社的组织单位在其原有的集体经济组织基础上建立。在这种合作模式下，生产资料归集体所有的前提不变，社区内部归集体所有的经济财产被折算成股份从而量化到每一个成员的身上。同时，参考股份制形式来成立合作组织，实行民主化的管理方式，按股分红。

（2）运行特征。

1）自主经营型的土地股份合作模式所面临的问题主要是怎样来提高土地股份合作社的经济效益。此种模式通常以村集体或者种粮大户为发起人，本村农户自愿参与，其中农户的占比较大；各股东之间具有紧密的社会关系，彼此信任程度较高；形成紧密的利益共享、风险共担的合作机制。

2）内股外租型土地股份合作模式具有操作简便、风险较小、可以保证农民的长期稳定收益，从而更大限度地解放农村劳动力的特点。另外，该模式利于实现土地股份合作社和相关龙头企业的土地、技术等多种生产要素的优化组合与互补，从而实现各方的共同利益。

3）社区型土地股份合作模式先是通过设立土地资源股，由合作社统一进行经营或者发包土地，在年终分配土地阶段，将土地资源作为可供分配的优先股，按照其所得收益或者是收益的比例来进行优先分配。每年经营的纯收益在提取了相应比例的盈余公积金和风险金之后，按照将股份量化的方式分配给各个社员。社区的经营性资产在经过专业机构评估之后，再设立集体股。

（3）适用条件。 股份合作模式是基于利润均享与相互合作的基础上而产生的。由于所有者、劳动者双重身份的特点，使其资本的形成具有相对封闭性。所以，这种模式并不适合大规模的企业。股份合作模式要解决的是激励的问题，因此可以根据能否减少因偷懒所应用的激励来对股份合作模式的适用范围进行划分。

（二）农业社会化服务模式的运行绩效比较分析

黑龙江省农业社会化服务体系的运行离不开服务主体与服务对象间由交易而形成的多样化服务模式，探寻不同服务模式的适用条件与优化路径对于创新社会化服务体系起到至关重要的作用。因此，以下从交易成本、服务主体、利益联结等方面对黑龙江省几种典型服务模式进行绩效比较，目的是通过探寻提升服务绩效的路径，不断创新服务模式、改善服务市场环境、丰富农业社会化服务体系。具体内容如表 1 所示。

表 1　黑龙江省农业社会化服务模式运行绩效比较分析

服务模式	服务对象受益程度	经营风险水平	服务主体供给能力	中介组织介入程度	利益联结稳定性	多主体联盟程度	服务交易费用	政策支持力度
订单服务模式	较低	高	较低	较低	弱	低	较高	弱
股份合作模式	较低	较高	较高	较高	强	较高	较低	较弱
托管服务模式	较高	低	高	高	强	较低	低	强
平台服务模式	高	低	高	高	较低	高	高	较强

在服务对象受益程度上，平台服务模式促使服务对象受益程度最高，托管服务模式带动农户受益程度较高，订单服务模式带动农户受益程度较低。原因是平台服务模式相比于其他几种服务模式，多元主体（农民合作社、银行、社会资本）联盟产生聚合效应构成内在驱动，有效缓解农户农业生产资金、技术应用、环境保护等方面的难题。多元主体联合形成稳定的资金链与产业链，在为农户提供种植托管、农资套餐、农产品销售等基本服务的同时，逐步将服务扩展到产后金融、保险、质量追溯体系、品牌推广服务等全产业链条上的服务，促使农户等服务对象分享到二、三产业的增值收益。相比之下，其他几种

服务模式中服务主体较单一，服务资源难以整合，服务供给能力较弱，服务供需对接网络难以构建，影响了服务对象的参与积极性，弱化服务对象的受益程度。

在经营风险水平上，托管服务模式与平台服务模式中服务对象经营风险水平最低。原因是合理的契约签订确定了双方紧密的利益联结，利益分配包括保底＋分红、产量分红、利润分红等方式，无论市场环境如何变动，保底价格的契约准则始终让农户多了一份安心，少了一份忧心。稳定的契约准则也是建立在托管服务模式与平台服务模式生产经营规模大、涉及相关利益主体多的基础之上。农业产业化发展水平越高，不同主体间的盈余分配越需要建立在公平的契约交易基础之上，只有弱化服务对象交易风险，才利于双方服务交易关系的长期稳定发展。

在服务主体供给能力上，订单服务模式服务供给能力最弱。原因是订单服务停留在农资供应、田间管理或者销售环节的时间较长，服务供给以提前预约形式完成，收获后按协议价统一收购，使服务主体更多承担销售、运输、包装、加工等方面的服务功能，而在信息传递、技术指导、资源供给等方面的能力不足。而在其他几种模式中，服务主体会直接代替服务对象进行农业生产环节的作业，在机械、技术、资金等方面资源较丰富，服务主体供给能力较强，在对接服务对象需求方面有显著优势。

在利益联结稳定性上，股份合作模式与托管服务模式利益联结程度最紧密。原因是这两种模式的发展基础是农户与服务组织利益紧密相连，农户要素不仅仅是在农户和服务组织之间的简单流动，而是将土地经营权变成股权，优化资源配置的同时提升农户资产价值。这两种模式下，服务组织凭借多种形式，带动普通农户参与规模化生产，帮助小农户获得全产业链红利，让小农户在现代农业体系中发挥更大作用。

在多主体联盟程度上，平台服务模式与股份合作模式的主体联盟程度高。对于平台服务模式，不同服务主体间联盟是必然趋势，利于聚集不同资产要素，将信息技术、质量追溯、信贷担保等现代要素嵌入服务平台中，延长农业社会化服务产业链、价值链和供应链；对于股份合作模式，单一服务主体与多元服务对象联盟合作成为必然，利于扩大服务组织经营规模、壮大资产存量，产生显著的规模效益。多主体联盟程度高有利于提升小农户的社会地位与市场谈判能力，弱化小农户生产分散、土地细碎，难以对接大市场的劣势。

在服务交易费用上，托管服务模式交易费用最低。原因是土地托管是在不改变农户土地经营权前提下，将农户难以独立完成的环节交由托管组织完成，托管组织服务范围大，托管费用较低，农户响应程度较高，进而通过技术溢出、知识溢出显著降低服务交易成本，包括信息搜寻成本、谈判成本、监督成本等。而平台服务模式中涉及不同的服务主体，由于不同服务主体承担不同的服务功能（如金融、技术、管理等），多元主体形成联盟建设服务平台容易产生较高的交易成本。订单服务模式与股份合作模式均存在服务主体与服务对象利益联结机制不稳定的情况，双方信息不对称、服务主体内部管理机制混乱、市场环境波动导致交易费用较高。

在政策支持力度上，平台服务模式与托管服务模式获得的政策优惠程度最高。在乡村振兴战略实施背景下，党的十九大、十九届三中、四中全会着重指出要加强农业科技社会化服务体系建设，通过提升农业科技供给，壮大市场化社会化服务力量。平台服务模式与托管服务模式是发展科技社会化服务体系的有效载体，将互联网、智慧农业、农产品质量追溯体系、供应链金融等现代科技要素嵌入农业发展中，激发服务模式的内生动力。政府在财政扶持、全托管服务示范项目、全产业链示范区建设等方面不断完善，健全对服务组织激励机制，打造一批服务组织标杆服务组织，创造良好农业社会化服务发展氛围。

四、黑龙江省农业社会化服务体系的创新路径

我国农业农村面临着农业现代化发展的新任务，高新技术农业、高质量育种、高端农产品已经成了现代农业发展的迫切需要，传统的农业服务体系难以与时俱进、发挥作用，新型农业社会化服务架构的打造，已经成了现代农业发展的刚需。目前，我国正处于聚力推进脱贫攻坚与乡村振兴有效衔接的关键时期，新型农业社会化服务应发挥机制优势和资本的力量，成为助力乡村振兴的有力抓手。因此，在宏观层面上，必须在巩固、整合既有工作成果的基础上，从农业社会化服务的主体、机制、模式、内容、环境和平台等方面入手，系统谋划、科学构建新型农业社会化服务体系，打造合作共赢、政企互助、以市场为导向的农业综合服务体系、强化农业社会化服务体系对新时代农业农村发展的支撑作用。在微观层面上，要将社区作为构建农业社会化服务体系、实现农业社会化服务创新发展的重要载体，把社区开发作为农业社会化服务创新发展的有效途径。

（一）培育新型社会化服务主体

培育新型社会化服务主体不仅需要政府深化"放管服"改革、优化营商环境，也需要新型社会化服务主体自身不断增强服务能力以适应市场需求。

一是转变政府公共服务部门的职能。坚持以企业为主体、市场为导向，政府搭平台的理念，以创新驱动新型社会化服务主体的发展。将政府的工作重点转移到基础建设和服务监管上，放权农村集体经济，激发农村集体经济在市场的活力，坚持政府"有形的手"和市场"无形的手"协力架设农户与企业的桥梁。

二是规范提升健全完善农民合作社建设标准。通过完善农民专业合作社制度，充分发挥农民专业合作社在农村经济中的带动作用。精深强化自我管理能力、不断加强市场异质化竞争实力。通过自我提升从而带动农户就业，增加农户创收，实现农业专业合作社的市场化和政治化目标。先是优化农村合作组织的内部资源、合理化分配，由有能力、资本雄厚的农村带头人创办符合当地市场环境的农村专业合作社，但要在产权结构上对其参股份额进行限制，鼓励建立农村"合伙人"模式，让更多的农民享受制度红利。然后，政府发挥"有形的手"的力量，扶持发展势头正旺的农村专业合作社，遥过政府自身形象和公信力，为农超、农企、农市搭桥，拓宽销售渠道。

三是依托区位优势、资源优势助力产业匹配的龙头企业。龙头企业凭借较强的行业影响力和地区就业带动力为农民致富、地区发展创造了活力。首先，应为龙头企业提供用地支持，为生产前端打下产业基础。其次，政府为农村金融体系与龙头企业搭桥，以自身作为担保，提升企业贷款额度，降低贷款利率，并辅以财政性政策性优惠。最后，以龙头企业为核心，打造统一良种、统一防害、统一技术、统一质量、统一销售的标准化地区产品，以大品牌赋能农产品价值，建立企业、合作社、农户的利益共同体。

（二）构建社会化服务联结机制

通过完善龙头企业与农户间的利益联结机制进一步发挥龙头企业在社会服务中的骨干作用。首先，构建以"龙头企业＋合作社＋农户"为主体的产业联盟。由于龙头企业、农民专业合作社现已经成了带动农民增收、推动产业转型升级的关键力量，因此将龙头企业、合作社与农户联合起来非常有必要。龙头企业在产品加工、产品策划、品牌营销等方面拥有巨大优势，而合作社与农户更加熟悉，更加方便对农户进行管理，并且在龙头企业和农户之间具有信用保障作用，助力产业联盟的发展，使农户和龙头企业都能实现自身利益最大化，构建完善稳定的社会化服务联结机制。其次，通过对社会化服务供给方面的扩展来保障社会化服务联结机制的可持续发展，而农业社会化服务是产业联盟的融合剂，因此需要大量优质的社会化服务组织来联结企业、合作社和农户在各自领域所具备的核心技术。最后，政府需要更多关注针对小农户的惠农政策，确保惠农政策真正带领小农户增收。小农户是我国农村的主体，只有小农户的利益得到了提高，才能真正实现现代农业发展。同时，政策的倾斜也让新型的农业服务主体关注到小农户的利益与自身的利益是联结的，只有共同发展才能真正获利。

（三）创新社会化服务模式

创新社会化服务模式，拓宽农业社会化服务方式，提升为农服务水平。一是以土地托管新模式作为新型农业社会化服务的突破点，从传统的土地生产端托管拓展成为全产业链条式服务，立足耕、种、管、收、加、贮、销全产业环节，为农民和各类新型农业经营主体提供不同的全托管模式和半托管模式，做到"一对一保姆式"全托管管理和"多对一菜单式"半托管管理，极大地解放了农村有限劳动力资源，拓展了农村劳动力辐射力度。二是积极深挖社会化服务的内在机制，积极引进黑龙江省智库项目，促进科技成果转化，将理论与实践相结合，用科学的理念指导新型农业社会化服务体系的建设。与此同时，以新型农业社会化服务为科研攻关项目，建立院士工作站，引进省内、国内高尖端人才，丰富社会化服务改进的理论基础和智力扶持。以院士工作站为中心，以各高校、科研机构以及基层组织为基本点，形成省内社会化服务网络，鼓励实行农业推广教授政策，实行包干制，每一个示范基地至少配备一个推广教授，大力推广"科研走下乡"。充分发挥社会资本的力量，通过引进龙头企业，促进"企业＋高校＋合作社＋农户"的模式，带动社会化服务发展。

（四）丰富社会化服务内容

传统的农业社会化服务发展已经遇到了瓶颈，不断地推陈出新才是保障农民利益和促进新型农业社会化服务发展的关键。加强农业技术培训，培养农民的自主创新能力已经成为新型农业社会化服务体系下的新内容。"高校＋企业＋科研基地"的新型农技合作模式成为激发新型农业社会化服务的新动力。加速对绿色病虫害防治技术、农产品全产业链的区块链技术、新型基因育种技术的推广和成果转化，推送至省级乃至国家级新型农业示范基地，以点带面全面推广，获取以特色数字化科技农业为主导的超额利润，借助新型农业社会化服务的手段促进乡村振兴。同时，培养一批懂技术、懂产品、懂农业的新型人才，构建产学研融合新体系。联合各农业高校招录一批学农、爱农的专才到基层工作，不断丰富基层社会化服务的人才队伍。设立基层科研站、基层科研信息平台，助力基层技术人员及时了解行业前沿信息，不断拓展农业社会化服务新体系。

（五）做好社会化服务环境监管

良好的营商环境能促进新型农业社会化服务的资源优化配置和合理化分配。其中，政务环境、市场环境、法治环境以及人文环境不但需要法律法规、政策等硬体系支撑，而且也需要自我意识、文化培养等软体系辅助共同保障。首先要强化政策保障体系，各级政府和部门要强化政策设计和政策协调，相关部门应进一步加强对有关政策的研究力度，提高政策体系的系统性。其次要健全法律法规体系，完善和补充国家对于农业社会化服务体系"放管服"的法律法规，从实际出发简化行政手续、制定有针对性的优惠政策，废除地方法规中涉及地区限制、行业限制的规定，塑造政府的公信力，保障农业社会化服务规范发展。再次是软文化的嵌入，一是改善基层工作者的服务意识和服务态度，全面提升服务效率和服务质量；二是培养农户的维权意识，建立农户快速维权通道，让农户也成为监管者。通过软硬体系相互扶持，为构建良好的社会化服务营商环境助力。

（六）建设社会化服务大数据云平台

推动农业社会化服务供给主体及农户需求平台化建设，建设黑龙江省新型农业社会化网络服务云中心，通过大数据平台实现对黑龙江省全域的服务覆盖，以"一点到家"的服务理念，开展具有针对性的农业社会化服务。目前，可采取的模式有"共享服务"模式以及专业合作组织主导型模式。"共享服务"模式通过选择"高大专"型的新型农业社会化服务组织，通过互联网建立"共享服务"辐射圈，运用专业的技术进行高效处理，解决农民在生产前后环节的困难，并凭借优质的服务扩大辐射圈，从而带动城乡融合发展，促进城镇化建设。与此同时，专业合作组织充分利用互联网红利，采用网络订单模式为新型农业社会化服务体系发展提供有价值的借鉴。具备一定规模和水准的农业信息化服务站、农村金融机构、农机供应合作社、农技推广站等通过互联网平台实现了农户与服务性机构间信息的双向流通，强化了村与村、村与镇乃至村与市之间的直接联络和在线交流，高效及时的服务不断帮助农民解决燃眉之急，促进云端农业社会化服务的建设。

项目负责人：张永强
主要参加人：马桂方、赵建、张占友、田媛、王姚、王荣、彭有幸等

黑龙江省农场绿色食品全产业链
发展对策研究[*]

范亚东

自古以来，我国作为人口大国和粮食大国始终都面临着严峻的粮食安全挑战。在物质相对贫乏的年代，人们更关心粮食产量，以确保最基本的生活所需。但随着社会生产力的发展和粮食生产能力的逐步提高，我国已逐步实现了温饱，食品安全进而成为人们最关心的话题，也成为制约我国当前农业发展的关键环节。绿色食品的认证标准极高，最主要的就是需要在安全无污染的环境下进行生产、加工、切割、运输以及销售等环节，而且需要保证各个环节对产品不会产生二次污染。国际上对于绿色产品的认证已经形成了统一的规范和标准，在此要求下生产出来的产品不仅安全性高而且环保、健康又营养，既可以满足人民群众对食品安全的需求，又能为农民的增收带来新的增长点。随着健康意识的逐渐深入，绿色食品的发展成为促进农业发展的新方向。可以说，促进传统的农业向经济增加值更大的绿色产品产业发展是保障农民收入、促进农业高速、持续、健康发展的新方向和必由之路。

习近平总书记在 2016 年 5 月对黑龙江省考察的时候就曾指出："要积极发展绿色食品产业，培育绿色生态农产品知名品牌，培育一批叫得响、信得过的绿色食品品牌，推动黑龙江由大粮仓变成绿色粮仓、绿色菜园、绿色厨房。"黑龙江应借助供给侧结构性改革的契机以及时代赋予我们的便利条件，逐步提高农业生产质量和竞争力，强化对地区农产品品牌的树立、推广，并且充分利用区域以及气候等条件赋予黑龙江省绿色产品发展的优势，培育新的农业产业品牌，强化农业品牌的顶层设计，带动农场绿色食品产业全产业链发展。在新形势下，我们应该尽量走出以前的舒适区和发展困境，使区域经济社会实现更好更快的发展，应该加强对产品的宣传和推广，让黑龙江的农场绿色产品不仅在国内占有一席之地，而且应该进军国际市场。但是这些美好愿景的实现需要

---

* 黑龙江省哲学社会科学研究专题项目（项目编号：18JYH759）。

项目负责人为范亚东教授，主要参加人员有曹秀霞、付冰仪、隋馨、刘芮、宣淞。

坚实的理论研究作为支持，因此开展黑龙江省农场绿色食品全产业链研究尤为必要。

食品安全问题受到全球广泛关注，国内外市场对于绿色有机食品需求快速增长。黑龙江省是全国公认的绿色产品生产大省，在全国的影响力屈指可数。因此，如何推进黑龙江省从一个产品输出大省发展成为产品质量以及生产模式都占据领先地位的龙头省份是未来发展的方向及目标。"全产业链"的基本概念就是从产品的田间生产到消费者餐桌上的全过程、各个环节均涉及，包括种植环节、选种环节、采购环节、销售环节、运输环节以及品牌推广等环节，这一系列的环节综合在一起便形成了一个行业的产业链系统。全产业链战略有助于推动农产品由初加工向精深加工转变，实现生产与消费的真正连接，解决"大市场"与"小农户"的连接难题。借助丰富的土地资源以及独特的气候环境，垦区农场的特色发展模式对绿色食品的全产业链发展来说具有得天独厚的优势，对于促进黑龙江省的区域经济发展，助推产业升级具有重要的现实意义。

目前学术界关于绿色食品产业发展和全产业链的研究颇多。关于绿色食品产业发展方向的研究，既有从总体上探索我国绿色食品产业发展方向的研究，也有全国各省、自治区结合各自特点和优势进行的比较分析。席运官等（2007）结合新疆创建全国绿色食品强区目标，提出了一个短期的绿色食品发展规划，具体涉及指导思想、规划原则、重点产业、营销体系等各个方面，这为新疆绿色食品开发在数量、质量、效益方面均达到国内领先水平奠定了良好的理论基础。韩杨（2010）认为应重点将分散经营向规模化经营推进，要推动农业标准化生产、加大绿色食品宣传、让居民对绿色食品更为认可。杜魏（2011）认为绿色食品发展尚存在市场建设不健全、品牌知名度低等问题，提出应该加强宣传力度、加强对各个环节的监管、进一步拓展市场等对策建议。张美霞（2019）认为必须从改善区域生态环境出发，结合各地区实际，积极推进生态系统的恢复或者重建，以生态多样性为导向制定保护措施，确保生态环境质量得到切实提高，为发展绿色农业及绿色食品产业夯实基础。

董雪等（2015）以辽宁省的绿色食品为研究对象，在探究产品现状的基础上对辽宁省绿色产品发展中存在的一些问题提出了有针对性的对策建议。蔡加福等（2014）通过对南平市食品产业区域品牌的建设过程进行研究，提出了创建优质食品品牌的重要性，并结合南平市的具体情况，制定了行之有效的发展规划。洪泽雄（2015）在《绿色食品包装材料的发展》一文中阐述了多种绿色食品环保包装材料的使用方法、特性和自身优势，并探讨了其现存问题及解决方法。李晓东（2013）通过研究具体结合北大荒集团这一特殊对象，对黑龙江绿色食品龙头企业的营销方式进行了深入探索，找到了黑龙江地区扩大农场绿色食品营销范围的具体措施，并通过对北大荒集团的深入剖析发现，建立一个合理的营销评价体系对进一步促进企业的发展也是至关重要的，不仅可以降低成本支出，还可以促进资源的有效利用。

通过对以上文献的梳理，我们可以看出，不同的学者基本聚焦于绿色食品消费影响因素、认证模式、管理模式、营销方式以及产业发展影响因素等角度对绿色食品的发展进行了探讨，但较少有学者从全产业链的视角研究农场绿色食品的发展路径。在全球化竞争加剧的大环境下，如何利用特定的市场环境和资源禀赋，探索一条适合自身发展的绿色食品发展道路，是一个值得研究的方向。

一、相关概念界定和理论基础

（一）相关概念界定

1. 绿色食品

绿色食品，是指在促进农业产业可持续发展的前提下，产自优良生态环境，在健康安全的环境中进行生产和加工的品质优良并通过绿色食品发展机构认证的配以统一绿色产品标识的产品。

（1）绿色食品概念的产生。随着二战后农业生产现代化的逐步实现，为了提高产量或者出于其他方面的考量，生产者会使用大量的化肥和农药，这样的做法的后果是提高的产量同时，也暴露出一些问题，比如使土壤受到了污染、环境受到了破坏；化肥和农药中的大量有害物质，也会通过摄入而被食用者吸收，进而出现一系列的健康问题。因此，20 世纪 70 年代，源自美国进而扩展到欧洲的，旨在限制过度使用化学产品以保护生态环境的有机农业理念开始兴起，各发达国家纷纷采取措施，鼓励本国发展有机农业。受到这种思潮的影响，我国也陆续颁布了一系列的法律和标准，希望可以通过立法的形式减少农业生产者对化肥农药的大量使用，并在产品的检验过程中进行严格的把关，控制化学物质的残留量，并按照制定的标准进行评价，真正促进农业生产者生产出符合标准的安全无害的农产品，即绿色食品。

（2）绿色食品的划分。按照我国法律法规的相关规定，绿色食品按照生产技术等级划分，可以暂时划分为 A 级绿色食品和 AA 级绿色食品。其中，AA 级绿色食品，指按照国家绿色食品认证标准中最严格的标准进行认证的产品，生产过程中提倡以有机可再生的肥料和对环境无害的科学防治病虫害措施来保障农业生产。而 A 级绿色食品的生产标准则相对宽松一些，允许在严格控制的条件下，在不危害人类及自然界的前提下有限度使用农药和化肥并配合有机肥料施用和科学防治手段。

（3）绿色食品的具体标准。这个标准是所有想进行绿色产品的生产与销售的企业必须遵循的规范，每项标准均需要按照要求严格实施，具体包括以下几个方面：一是生产环境标准。环境要符合相关规定的要求，具体指耕种范围内的土地应该是安全无污染的，水源、空气也是无污染的，其他各种影响农产品质量的环境因素都应该控制在健康合理的范围内。二是生态环境保护标准。在绿色食品的生产过程中，也应该注重对生态环境的保护，确保在生产前、生产中和生产后，周边环境都不会遭受不可恢复的伤害。三是生产技术标准。绿色食品的生产技术标准可以说是整个绿色食品标准体系的关键，它同时包括绿色食品的生产资料使用标准和绿色食品的生产技术操作规程。四是产品的质量标准。绿色食品的产品标准，是对最终产品的质量进行全方位详细规定的标准。五是包装标准。绿色食品的包装标准明确了在绿色食品的包装过程中所允许使用的原料和允许使用的包装方式，包装的规范直接影响着绿色食品的质量和废弃包装物是否产生二次污染的现象。六是运输标准。绿色食品对于储藏和运输有独特的要求，总体来说可以归纳为：运输迅速，保证产品新鲜；储藏科学，减少二次污染；管理科学，提倡节能减排。

2. 全产业链发展

产业链的定义可以从狭义角度和广义角度进行理解。狭义角度的产业链仅涉及原材料的生产到原材料加工成产成品的各个环节，主要指的是加工的具体环节；广义角度的产业链则是在狭义产业链的基础上进行了延伸，包括后向的延伸和前向的延伸。产业链后向延伸是指企业进行原材料的生产环节和加工环节，产业链的前向延伸指的是向销售环节进行多元化的发展。说到底，产业链发展的实际意义就是把不同阶段的企业进行整合，使其成为相关联的企业集合的一部分。从产业经济学的角度来理解就是，产业链就是在技术的推动下以及企业资金充足的前提下，建立的一个在技术上、空间上、经济上相联系的并且具有特定逻辑关系和时空布局系统的综合体。全产业链的业务涉及产业中的上游业务、中间业务和下游业务。也就是说，全产业链就是把产品原材料的生产和加工、包装美化以及各个环节的物流运输、最终产成品的营销环节在一个行业中完成的经济组织行为。这其中最关键的环节是源头的种植（养殖）环节和与最终的销售环节，当然其他任何一个环节也都非常重要。全产业链发展就是讲求上下游的结合，把终端的市场和消费者的特定需求，通过一定的方式反馈到最初的源头种植（养殖）环节，然后有针对性地进行产品的种植（养殖），形成以市场为导向的产业种植（养殖）和加工模式，以满足淹费者的需求为企业的最终目标。

（二）相关理论基础

1. 全产业链理论

产业链的形成得益于信息技术和制造业的深度融合，产业链最初是由于社会分工导致的。产业链的整合模式有横向整合模式、纵向整合模式和混合整合模式。不论横向、纵向还是混合一体化模式，都试图产生规模经济，抢占更大的市场，获取更多的利润，以维持企业长期稳定发展。具体动因可分为以下几点。

（1）降低交易费用。 当企业进行外部市场交易时，在签订合同的环节应该格外注意可能出现的债务违约风险，这种风险主要是由于信息的不对称引起的，一旦发生会使企业付出更高的成本。

（2）增加市场垄断力。 全产业链战略可以扩大企业的规模、提升企业综合实力，并提高企业获取资源的能力。

（3）消除市场约束。 全产业链的整合可以缓解市场约束带来的压力，反之，也可以被动消除其他竞争对手的市场压制。

（4）优化资源分配。 进行全产业链整合发展的企业都具有多元化经营的特点，这一优势可以成为规避风险的有力武器，有利于企业集团的统一资金配置和外部融资规划。

2. 资源禀赋理论

资源禀赋（或称要素禀赋）是指大自然赋予一个国家或地区的自然资源要素，比如土地、劳动力。我国著名经济学家林毅夫把资源禀赋定义为一个国家或地区拥有的资本、劳动力、耕地等资源的丰缺程度，借鉴威廉姆森资产专用性学说，本研究把资源禀赋细分为区位禀赋和自然资源禀赋。

（1）区位禀赋。 区位禀赋是指一个地区所拥有的各种因素的结合使得这一地区在发展经济等方面存在别的地区无法超越的客观优势。这里包括了资源优势、人口优势等。

（2）自然资源禀赋。 "禀赋"是人天生所具备的素质或天赋，运用到自然资源之中，表明自然资源先天的生产素质状况。自然资源禀赋是指某一地区自然资源的状况与分布，是对某地区蕴含的自然资源的综合评价。

3. 规模经济理论

规模经济是指在一定的生产力水平下，随着企业生产规模的扩大，对生产要素需求量增加，平均成本降低，利润增加。规模经济是以一定的经济规模作为发展基础，根据涉及的范围大小，可以分为行业规模经济和企业规模经济两种主要的方式。

影响规模经济形成的因素主要有以下几方面：自然资源基础条件，物质技术装备的配备情况，经济因素，社会政治历史情况。

通过对绿色食品、全产业链的概念及相关理论进行的阐述和分析可知，黑龙江省借助于区位优势形成了农场绿色食品发展模式，如何进一步从全产业链的角度为农场绿色食品的未来找到新的发展方向是接下来要着力解决的问题。

二、黑龙江省农场绿色食品产业链发展的现状调查

习近平总书记在 2016 年 5 月对黑龙江省考察调研时指出："黑龙江农垦在屯垦戍边、发展生产、支援国家建设、保障国家粮食安全方面作出了重大贡献，形成了组织化程度高、规模化特征突出、产业体系健全的独特优势，是国家关键时刻抓得住、用得上的重要力量。"2010 年，黑龙江垦区被农业部命名为"国家级现代化大农业示范区"。现在，黑龙江垦区粮食综合生产能力已经达到 440 亿斤，具有 400 亿斤商品粮的保障能力。北大荒的发展建设在创造出巨大物质财富的同时，还创造出了以"艰苦奋斗、勇于开拓、顾全大局、无私奉献"为主要内涵的北大荒精神，并不断激励着北大荒人为现代化大农业的建设而努力奋斗。

黑龙江垦区是中国农业先进生产力的模范代表，那里土地资源富饶，耕地规模大、集中程度高，人均资源占有量大，适宜大型农业机械化作业，具有得天独厚的发展现代化大农业的优势。第一产业的从业人员人均占有耕地约 97 亩。黑龙江垦区基本建成了除涝、防洪、水土保持和灌溉基础设施完备的四个大型水利工程设施，有效灌溉面积 2 784 万亩，其中 64% 为耕地面积。生态高产标准农田建成 2 182.5 万亩，占耕地总面积的 51%。农业机械装备总动力 1 045.1 万千瓦，每亩农机动力 0.24 千瓦，农业机械化率高达 99.4%。农用飞机 98 架，每年航化作业能力达 2 400 万亩。仓储粮食能力达 2 249 万吨，粮食烘干能力达 2 100 多万吨。农业科技综合贡献率达 68.2%，科技成果有效转化率达 82%，居世界领先水平。

在省委省政府的大力支持下，黑龙江垦区大力进行体制改革，实施管委会改革的农场有九三、建三江管理局和共青农场，垦区财税管理体制实现了重大突破。在企业化运营过程中绿色食品产业链不断完善。

（一）黑龙江绿色食品发展现状

绿色食品行业企业蓬勃涌现，既为了适应农业生产方式调整，又为了适应食品消费需求变化。2013—2015 年国家连续三年下发中央 1 号文件，为农业

发展工作做出了安排部署。2015 年 7 月国家出台的《关于加快转变农业发展方式的意见》(国办发〔2015〕59 号),对我国绿色食品产业的发展提出明确要求。中国绿色食品产业已发展了 20 余年,已积累了相当大的产业体量,迈入了比较高级的发展阶段,也获得了不菲的商业价值。2013 年,中国绿色食品行业企业已经发展到 7 696 家,商品超出 19 070 种(图 1)。

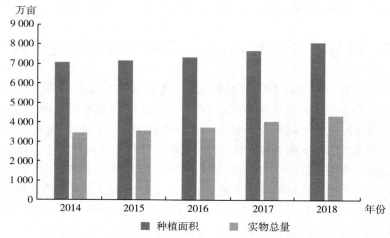

图 1　2014—2018 年黑龙江省绿色食品种植面积及实物总量
数据来源:黑龙江省统计局官网。

黑龙江垦区大部分位于我国东北部小兴安岭南麓、三江平原和松嫩平原地区。辖区内土地总面积达 5.6 万平方公里,其中耕地 4 363 万亩、草地 509 万亩、水面 388 万亩、林地 1 384 万亩,被确定为国家级生态示范区。黑龙江垦区有 9 个农垦管理局和 113 个农牧场,国有及国有控股企业 980 余家。广泛分布在黑龙江省 12 个市县,总人口大约 16 万人。2018 年,黑龙江垦区实现地区生产总值 1 197.3 亿元,同比增长 6.1%;第一、二、三产业比重分别为43.5∶20.7∶35.8;居民人均可支配收入达到 25 421 元,同比增长 6.6%。

通过多年的培育和发展,黑龙江省的绿色食品行业市场大幅拓宽,商业合作伙伴大大增加,进一步构成以京津冀、长江三角洲、珠江三角洲等经济发展繁盛地区为主要市场的销售态势,并通过哈尔滨国际经济贸易洽谈会、中国国际农产品交易会、中国国际有机食品博览会等活动,提高其国际市场份额,其中牡丹江地区因其地理位置优势成了韩国、日本、俄罗斯市场的有机产品重要供货地,年外销农产品达到 19 万吨左右,对俄农产品出口占黑龙江省的71%。黑龙江垦区依托资源优势,形成了以油、乳、米、粉、薯、肉等为主的农畜产品企业集群,分布在黑龙江省的 9 个管理局和总局直属企业,遍及黑龙江垦区的 80 多个农（牧）场，总计 112 家生产企业。2018 年，黑龙江垦区绿色（有机）食品认证面积 3 546 万亩，占垦区总种植面积的 84.4%。其中，绿色食品企业 112 家，有效使用绿标产品数达 292 种；有机农产品企业 67 家；累计获得国家地理标志农产品 9 个；创建全国绿色食品原料标准化基地 63 个；农产品质量追溯系统覆盖规模逐年扩大，建立垦区农产品全程质量追溯企业 70 家，种植业产品可追溯规模达 22 万多公顷、畜禽产品规模达 316 万头（只）。垦区在全国建立了 1 000 余家北大荒绿色食品连锁营销店，与北京华联等大型企业合作建立北大荒农产品销售便利店近 1 500 余家，北大荒品牌的米、面、油、肉、奶等已成为家喻户晓的优质安全农产品。此外，黑龙江省的其他地区也逐渐形成了有地方特色的有机农业发展模式，国内外市场不断拓宽。在"2018 年中国 500 个最具价值品牌排行榜"中，"北大荒"品牌估值 682.75 亿元，在中国品牌 500 强中名列第 54 位，领跑我国农业第一品牌；"完达山"品牌估值 328.69 亿元，排第 146 名；"九三"品牌估值 317.98 亿元，排第 158 名。自 2004 年该榜创立起，"北大荒""完达山"已连续 15 年上榜。

（二）运用 SWOT 方法分析绿色食品产业链发展

1. 黑龙江农场绿色食品产业链优势

（1）独特的气候条件。黑龙江省地处国家东北边陲，是我国纬度最高、最东的省份，属温带大陆性季风气候。年平均降水量为 521 毫米，最多的为尚志市 660.5 毫米，最少的为泰来县 395.8 毫米。年平均气温为 2.7℃，最低的为漠河县－4.3℃，最高的为东宁县 5.5℃，漠河极端最低气温曾达－52.3℃。年平均无霜冻期为 90～170 天，平均光照时间不少于 2 554 小时。农作物生长期降水量是全年度的 83%～94%，日照时长为全年的 44%～48%。夏季昼热夜凉、温差较大，有助于农业作物干物质的成型和营养的吸取。冬季漫长寒冷、白雪皑皑，有力地阻止了病害虫越冬，既减少了病虫害发生概率，也降低了农药施用量。

（2）优良的生态环境。黑龙江省拥有丰富的森林资源，是国家重要的生态省份，是捍卫东北和华北地区的天然屏障，森林山地占 24.7%，丘陵占 35.8%，平原占 37%，水面及其他占 2.5%，平原较其他省份较高，农业生产的自然禀赋优良。耕地资源丰富，全国第二次土地调查显示，黑龙江省有耕地 2.39 亿亩，其中松嫩平原耕地 9 978 万多亩，三江平原耕地 7 743 万亩，农村居民人均耕地 13.5 亩，农业生产一年一季，因此，耕地属于每半年休耕的状况。水资源充沛，全省有 2 881 条流域面积在 50 平方千米以上的河流，有著名的黑龙江、嫩江、松花江、牡丹江、绥芬河等水系，有兴凯湖、镜泊湖、连环湖、五大连池等 253 个常年水面面积在 1 平方千米以上的湖泊，年平均水资源量 810 亿立方米，水资源极其丰富充沛。林业资源方面，拥有大小兴安岭两大林区，黑龙江是国家重要的生态功能区，森林面积大约 2 080 万公顷，森林蓄积量约 17.2 亿立方米，森林覆盖率 45.7%。

（3）充足的原料供给。 黑龙江省在种植业、畜牧业和林业等产业实力较强，农产品资源极为富饶，是国家最重要的"大粮仓"和"大厨房"。在种植业方面，粮食的总产量早已经跃进 1 000 亿斤级别；2011 年粮食总产超出了 1 114.1 亿斤，并且领先于河南，成中国粮食产量第一省；2013 年粮食总产达 1 200.8 亿斤，其中水稻 444 亿斤、玉米 643.2 亿斤和大豆 77.3 亿斤，粮食总产量、商品产量、调出数量稳居全国第一。黑龙江省特色农业产业蓬勃发展，2013 年蔬菜产量 946.1 万吨，增长 9.2%，瓜果类 225.3 万吨，增长 6.3%。在畜牧业方面，黑龙江坐落于黄金玉米种植带及黄金奶牛养殖带，引进的荷斯坦品种奶牛存栏数量、标准化奶牛牛场数量均居于全国第一；商品猪产量位居全国各省区前列，生猪、奶牛、羊和家禽存栏数量分别为 1 356.7 万头、191.7 万头、817.8 万只和 1.4 亿只。在林业经济方面，药用植物等就有 800 多种，经济动物也已经有 300 多种，据初步不完全统计，年蕴藏量分别已经达到 200 万吨、50 万吨。2018 年，全省林业总产值实现 1 200 多亿元（图 2）。

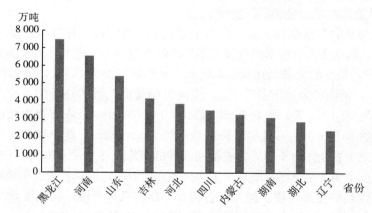

图 2 2019 年主要农作物产品产量前十位省份
数据来源：《中国统计年鉴》。

（4）坚实的产业基础。 黑龙江省是较早倡导发展绿色食品产业的重要省份，绿色食品产业早已走上了产业化、规范化、特色化发展之路，已经形成了粮经饲统筹、贸工农结合、产加销一体的产业格局。总体的规划面积达 107 平方千米，还有 60～70 平方千米的土地可供项目落地。黑龙江农场在绿色食品产业上已经取得了"三个第一"的卓越成绩，还创造了多项第一的成绩：一是在种植面积方面全国第一，二是生产总产量方面全国第一。黑龙江绿色、有机、无公害、地理标志产品总产值约占据全国 1/6，全国每 10 种"三品一标"产品中就可能有一种来自黑龙江北大荒。

（5）完善的政策体系。黑龙江省为支持和打造绿色食品产业，陆续制定出台了一系列有利的推进政策，2013 年出台的《绿色食品产业发展纲要》，就产业布局、科技、发展和营销等方面，提出了很多有力的举措。全省已制定农业技术标准和操作规程大约 2 000 余项，覆盖了粮食作物、经济作物及菌类种植和畜牧养殖等领域，标准入户率达到或超过 98％。有 100 多个绿色食品生产操作规程落地实施，初步构建起了"从田间到餐桌"完备的质量控制体系。

（6）健全的基础设施。在公路设施建设上，黑龙江全省公路总里程约 17 万千米，二级以上公路约 15 546 千米，其中高速公路 4 100 千米、一级公路 1 593 千米、二级公路 9 853 千米。在铁路设施建设方面，黑龙江全省铁路营运里程约 5 906 千米，铁路密度约达 130.4 千米/平方米，是全国铁路密度比较高的区域。在航空设施建设方面，机场总数达 14 个，数量居东北地区首位，在电力设施建设方面，电力资源比较充足，装机总容量达到 2 168 万千瓦，50％的装机容量处于闲置。在园区设施方面，食品产业集聚区交通网络完善，共有 15 个边境口岸、17 个港口、135 个码头泊位，综合过货能力 100 万吨。

2. 黑龙江绿色食品产业链劣势

（1）信息劣势。黑龙江省位于我国东北部，经济发展落后，信息化水平明显低于南方地区。黑龙江省基础设施不完善，城市稀少，三线城市比较多，经济发展不平衡。而绿色食品产业的发展在很大程度上取决于高效的信息水平。

（2）人才劣势。近些年来，人才流出严重，即使农业发达，也依然阻止不了这种现象的发生。黑龙江省虽然拥有大量的劳动力，但是大部分都属于初中级技术人才，缺少高新科技人才、高级管理人才、企业经营人才、产品研发人才。这几种人才的缺失是目前黑龙江省农场绿色食品产业发展的瓶颈，人才劣势也导致了绿色食品产业结构调整出现困难。

（3）技术劣势。黑龙江省农场在有机农业产业建设过程中，有很多有机农业的关键技术（如土壤培肥、生物多样性综合利用、防治病虫害等）还没有大的突破，真正可以用在实际农业生产中的技术不多。同时，在有机农业的建设过程中，很多人还注重运用传统的农业技术（如间作套种栽培技术、沼气发酵技术等），不是十分认可现代农业科学技术，如生物技术、农月设备技术和农业信息技术等。目前，黑龙江省农场的有机农业发展仍以增加产量为首要目标，技术开发重点也在增加产量和收益方面，真正能用在有机农业体系中的基础技术手段非常欠缺。

（4）**有机认证制度体系不完善。**有机认证制度体系是有机农产品质量安全体系的核心子系统，决定着有机农产品质量安全认证制度体系目标的实现和功能的发挥。黑龙江省农场有机农业虽起步较早，但在多年的发展过程中，监管制度的不完善，致使有机认证市场并不规范，因此在有机生产和贸易领域，有机认证体系的执行仍存在偏差。

3. 黑龙江绿色食品产业链机遇

（1）**国家政策支持。**黑龙江省每年发布的农业资助项目及对应金额都很多。例如：农业综合开发产业化经营项目最高资助 170 万元、产品促销资助最高 80 万元、龙头企业带动产业发展试点项目最高资助 800 万元等。

（2）**人们消费水平的提高和消费观念的转变。**近年来，人们生活水平的不断提高不仅带动了对农产品消费种类的需求增加，更带动了对农产品质量要求的提升，国内国际的绿色农产品市场供给存在巨大的发展空间与潜能。而今，随着黑龙江省人们生活水平的提高，有机产品消费已经占据了大约 20％的市场份额，通过有机认证的土地面积自 2000 年以来大幅增长，黑龙江省的有机市场大约占到了全中国有机市场的 22％。

4. 黑龙江绿色食品产业链挑战

（1）**竞争力不足。**从全球看，欧美有机食品标准严于国内绿色食品标准，而且行业自律性很强，产品质量高、信誉好，虽然价格贵，但依然是欧美食品消费的主流（图 3）。国内绿色食品标准低于欧美标准，导致黑龙江省农场出产的绿色食品想要打入欧美市场，需要通过严格的检验检疫，面临重重的政策壁垒，可谓难度很大。黑龙江省是绿色食品种植大省，但加工、销售是短板，实物加工量不如山东、河南等省份，缺少有实力的大型加工企业，50％以上的绿色食品以"原"字号形式卖到省外，主营业务收入份额仅列全国第 10 位。

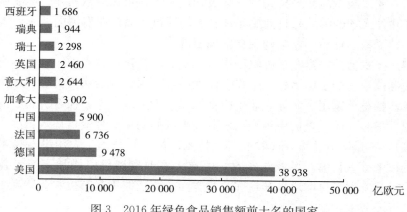

图 3　2016 年绿色食品销售额前十名的国家

（2）出口市场限制。 我国农产品出口到国外要经历重重关卡，仅技术贸易壁垒一项就对我国绿色农产品出口产生了较大的冲击，加之各国贸易间的反倾销等因素，我国绿色农产品在国际市场上往往不具有明显的竞争力。

（3）常规农产品市场对绿色农产品市场的影响。 绿色食品比常规农产品的生产环节多，且对产品的生产过程有着非常严格的要求，这也是让很多生产者即使认识到了有机农业的广阔前景，却仍然望而却步的原因。虽然近几年黑龙江省的有机农业得到了飞速发展，但市场上常规农产品仍占据了大部分的消费比例，这其中的主要原因仍是有机产品的价格相对较高，居民消费水平成为有机食品发展的重要的决定性制约因素。

三、黑龙江省农场绿色食品全产业链发展存在的问题

黑龙江省农场绿色食品产业发展虽然已得到了显著的成果，但很多老问题，比如销售模式弱、产业链短、价格贵等并没有从根本上得到解决，大多数黑龙江农场绿色食品的生产仍然只停留在初加工层次，并未达成对生产精加工、深加工的转化。黑龙江农场绿色食品市场普遍还存在销售平台不顺畅的情况，尤其是现有的品牌数量多但杂乱，除了"北大荒""九三""双鹤""黑森"等几个知名品牌以外，其他大多数品牌名气还远远不够，尤其是同质化现象严重，未形成有效市场竞争力，没有价格优势，甚至农产品积压问题时有发生。

（一）种植（养殖）环节问题

黑龙江省农场绿色食品产量总体水平较高，但对照绿色食品行业标准，其耕作方式依然带有一定的传统痕迹。原材料标准化生产基地没有严格执行各项规定，由于技术普及、监管不到位等原因，在除生产基地以外的监测区域，还存在一些突出问题。

1. 种植标准入户率有待提高

绿色食品的种植有明确的行业标准、操作规范和技术要求，各个层面、各个环节的工作都要严谨规范地按照各项规章进行。但是多数生产主体由于培训工作不到位，企业员工不清楚操作流程和规范或者不照章操作，时常会出现一些问题。更有甚者为了节省成本铤而走险，暗中使用一些不达标的农用生产物资甚至忽略必要的操作步骤等。这些问题都影响了绿色食品质量，2017 年黑龙江省绿色食品抽检合格率为 90%，黑龙江省 5 家企业的 7 个产品被取消绿色食品标志使用权。

2. 科技服务覆盖率有待提高

黑龙江省农场绿色食品种植面积扩张较快，但科技服务步伐延伸的速度跟不上绿色食品产业扩张的速度。特别是一些农业技术推广部门职能严重弱化，尤其一些基层农技推广部门由于人才流失、经费短缺等问题十分严重基本处于瘫痪状态。黑龙江省农业委员会在全国率先制定了《绿色食品生产管理手册》，虽然经过长时间的宣传和大力推广，使用覆盖率还不到 60%。

3. 前期投入产出率有待提高

种植绿色食品不同于种植普通大田农作物，对于生产环境、土壤、投入品、作业人员素质等都有一定的要求。前期一次性投入成本比较高，后期投入相对稳定，特别是前三年转化期间，绿色食品种植相对投入大、产量低，产品不能贴标出售，无法享受绿色食品带来的额外附加值，对农业生产主体而言是较重的经济负担，需要国家和政府给予一定扶持。

（二）加工环节问题

黑龙江在绿色食品产业发展过程中的突出问题在于加工业发展严重滞后，很多产品仍然以"原"字号、初粗加工产品等形式销售到外省区，这导致绿色食品产业长期徘徊在价值链低端。

1. 产品精加工不够

发达国家绿色食品加工率一般在 90% 以上，而黑龙江省只达到 40% 左右，农场也就在 50% 左右，且 85% 以上为粗初加工，欠缺精深加工，加工业不发达严重制约黑龙江省农场绿色食品产业发展。

2. 企业生产能力闲置

在黑龙江省内，加工企业"吃不饱"、停产半停产的问题普遍存在。加工企业生产能力的相对过剩主要是因为精深加工企业加工工艺落后，生产成本比较高，利润空间比较小，导致企业市场竞争力不强。另外，在原料收购竞价上竞争力不强，产品价格没有诱惑力，而且在产销对接、给予农民更多利润等方面做得不好，导致黑龙江省绿色食品以原料形式大量卖到上海、吉林、辽宁等地区。

3. 企业竞争能力偏弱

一方面，绿色食品加工企业受到普通食品加工企业的影响和冲击。另一方面，绿色食品加工企业自身竞争力严重不足。绿色食品加工企业布局分散，阻碍了企业发展壮大，难以形成产业集群效应，妨碍了产业链条延伸。国有及国有控股绿色食品加工企业具有较强的资金、技术、设备与品牌优势，但存在经营管理体制机制不健全的问题。

4. 科技创新能力不足

小微型绿色有机加工企业的设备多数以购买国企或外企淘汰下来的设备为主，设备工艺落后、简陋，另外职工综合水平较低，企业科技创新能力比较差。大中型企业科技研发大多实施"跟随"战略，长年开发不出新的产品，很少有原创性成果，与国内国际一流企业相比，竞争力严重不足。发展资金不足的问题严重并普遍存在，调查结果显示，资金不足的企业占73.9%，是制约科技研发效能提升的重要因素，导致部分有开发潜力、有应用前景的项目无法实施，影响了企业的发展壮大。

（三）销售环节问题

黑龙江省地处偏远，远离全国销售市场中心，"重生产、轻销售""大生产、小市场"的问题比较突出。在企业主营业务收入方面，黑龙江省占全国的比重仅为4%左右，排在全国第10位，其中既有绿色食品企业产品精深加工不足、企业产品附加值不高的因素，也有市场开拓力度不够、销售推广做得不好的原因。

1. 销售网络不健全

黑龙江省拥有丰富的玉米、水稻、大豆等绿色农产品资源，但缺乏依托丰富资源建立起来的"买全国、卖全国"的专业化市场，90%的农产品通过农贸市场、批发市场等渠道卖出去，多数绿色农产品与一般农产品"混搭"销售，导致产量上的数量优势形不成销售上的市场优势。

2. 市场开拓不到位

绿色食品产业发育严重不足，远没有形成种植、加工、销售的专业化分工，存在重生产、轻市场，重产品、轻品牌的现象。许多企业在通过绿色食品认证后，对后续的资源投入、经营管理、品牌维护重视程度远远不够，特别是没有进行有效深入的市场开发营销体系建设，出现了"产品好却无销路"的问题。

3. 品牌影响力不显著

黑龙江省虽然拥有"飞鹤""亲民""北大荒""完达山""九三"等多个绿色有机食品品牌，但从整体上看，品牌多而杂、知名品牌少、品牌市场占有率不高等问题仍然突出。截至2017年底，黑龙江全省绿色（有机）食品注册商标近2 000个，小微企业占有相当比重。囿于自身实力，这些企业的产品往往定位于中低端产品，市场竞争力和影响力不足。

四、黑龙江省农场绿色食品全产业链发展对策

为了促进黑龙江省农场绿色食品产业进一步发展，需要立足现状提出有针

对性的应对策略，利用好现有优势，抓住发展机会，开拓新的市场成为黑龙江新的经济增长点。

（一）保持规模耕种的规模经济效应

凭借黑龙江人均耕地面积高的比较优势，黑龙江省农场的绿色食品的发展模式一直是规模化和区域化相结合，一方面可以带来规模经济优势，另一方面，进行机械化的现代化管理提高了产出效率，有利于降低产品成本进而取得低成本的价格优势。

（二）充分利用气温优势和区位优势、历史积淀资源

黑龙江省地处祖国的最北端，较长时间的低温环境可以使肉类等绿色产品持续保鲜、农作物富含微量元素。根据历史数据的统计，黑龙江也是禽流感等传染病发病率较低的省份，在此基础上大力将肉类等绿色食品以及特色产品发展为营销亮点，进一步提升黑龙江绿色产品的声誉，促进产业链的发展。

黑龙江与俄罗斯、日本、韩国等国家相邻，已经成为相邻国家主要的绿色产品供应地，因此黑龙江省应该充分利用区位优势，开拓国际市场，扩大销售额。黑龙江省拥有丰富的水资源以及土地资源，在充分利用资源优势的基础上，不断开发新的资源优势，获得更显著的经济效益。

（三）充分利用好品牌优势

客户的满意度、市场占有率、客户的忠诚度因素可以影响企业是否可获得竞争优势。黑龙江省农场应该重视已经建立起来的国家品牌，在此基础上走规模化、标准化、特色化的发展道路。不断开发新的产品和市场，既要重视生产也要重视品牌建设，在原有销售渠道的基础上不断开发新的销售渠道，建立覆盖全国的销售渠道网络，扩大销售量的同时不断提升顾客忠诚度和购买率，走一体化的发展道路。

（四）进一步完善绿色食品认证和监管体系

健康的产业链发展离不开高标准的要求，黑龙江省要在现有的基础上进一步严格规范绿色产品的认证和管理体系，不断向国际标准看齐，使产品拥有更加广阔的市场和竞争优势。建立一套从田间到餐桌的质量监督体系和从农民到企业的资金激励体系，全方位扶持绿色产品的发展。

（五）信息时代"互联网＋"思维的运用

信息时代中企业的发展应该把握住新的契机，企业管理者应该学会用互联网思维解决绿色产品产业发展过程中出现的问题，针对不同的地区以及不同的消费者，推出更加精准的宣传和消费模式，把绿色产品产业的发展放在省内经济发展的规划当中，采取积极有效的政策促进绿色产品产业在信息时代的快速发展。

（六）加大研发投入的力度、吸引并留住人才

紧跟国家产业政策发展趋势，在中央1号文件的指导下，制定出符合黑龙江省特色的绿色产业发展政策，在资金上支持绿色产业企业的发展，比如实施税收优惠制度，减轻企业的税收负担、节省企业经营成本，进而提升企业对科技研发的投入力度。

黑龙江省的地理位置，给绿色产品的生产带来优势的同时也带来了一定的劣势，相对于经济和信息比较发达的南方省区来说，黑龙江省难以留住高科技人才。随着绿色产品种植面积的扩大，对高级农业技术人才的需求进一步提高，企业应该利用薪资以及其他福利优势吸引人才。

（七）改变消费观念，加大营销力度

随着健康饮食理念的进一步深入，绿色食品在今后会有更广阔的产品市场，目前由于价格等原因，尚在较小的范围内进行销售，但是随着技术的进步以及生产成本的进一步降低，产品的价格也会随之降低，进而吸引不同收入层次的消费者群体。这就需要在宣传方面加大投入力度，使绿色产品、健康饮食的消费观念更加深入人心，促进产品的进一步销售。

（八）实施一体化战略

已有的研究成果显示，农场绿色产品全产业链发展模式，应该是以市场为导向，协同"互联网＋"等新型销售方式，把绿色产品的经营模式由原来的生产模式逐步向企业化的经营模式转换。农场的绿色食品全产业链发展模式可以从内在运行机制和外在产业绩效的视角进行创新，基于此提出以下四种全产业链发展模式。

（1）以农业生产园区为核心的全产业链模式。即对单一的农场生产功能进行延伸和拓展，使农场成为休闲娱乐和观光旅游的体验园，还可以围绕农场内特有的绿色产品举行系列休闲文化活动等，实现农业生产与农业旅游的产业带动效应，提升农场附加值，促进农民增收、产业增值、经济

发展。

（2）以休闲农庄为核心的全产业链发展模式。该模式的主要思想在于充分利用农村优势以休闲旅游带动农业附加值增加，将"农家乐生活＋休闲观光旅游"完美结合在一起，打破原有的产业界定范围，实现一、三产业的跨产业融合，寻找新的发展蓝海。这种模式不仅可以促进农村文化的保护、环境的改善，还可以进一步促进农场绿色产品与消费者生活深度融合，进一步促进农场文化的推广，形成系列品牌带动效应。

（3）以产业集群为核心的全产业链发展模式。相较家庭联产承包责任制的独立经营模式来说，农场最大的优势就是可以实现规模化经营管理，该模式聚集了农业生产、农产品加工、农业研发、农业休闲、文化创意等产业，形成相互支撑、互相合作、利益共赢的完整产业链，实质上是不同经营主体优势和资源的高度整合。这种模式依赖于政府主导，在整体统筹规划下，形成合作机制，实现资源的最优配置和最大化利用。此类发展模式的不足在于对资源的数量、等级和结构要求较高，集群内协调难度较大，容易形成内部竞争。

（4）以多功能综合体为核心的全产业链发展模式。该发展模式是全产业链发展模式中涉及面最广，也是需要农场具备较高的资源整合能力的一种发展模式。主要涉及农产品的生产、加工、销售推广等各个环节。如果可以发挥好不同经营领域的战略联盟作用、龙头企业的带动辐射作用，将会产生"1＋1＞2"的整体带动效应，为农场绿色产品的发展带来巨大的效益空间。

黑龙江省农场的绿色产品从 20 世纪 90 年代初发展至今，一直存在的问题就是产业链过短，根据波特的五力模型理论，这种零散的产业，应该实施纵向一体化战略进行企业价值链条的延伸，形成产业链，才能发挥产业聚集效应、规模效应。针对农场绿色产品的自身独有特点，农场应该以初级产品为基础，进一步增加深加工下游环节产品附加值，开发相关农家乐特色旅游体验产业，促进经济发展。

五、总　结

本研究对黑龙江省农场绿色产品全产业链发展的研究不仅涉及生产、销售环节，而且包括风险控制和人才管理等领域。通过借鉴其他国家或者地区绿色产品发展的经验和模式，提出适合黑龙江省的特色绿色产品发展模式，以期高效促进绿色产品的转化升级。研究主要得出以下结论。

在产品生产方面，从生产源头出发，建立严格的质量监督和管理体系，并在现有的基础上进一步扩大种植养殖面积、深化技术的创新及其应用、扩大机械化的作业范围。在企业的发展及其管理等方面，应该秉持以人为本的经营管理理念，促进高科技人才的引进及其留用，运用薪酬激励等措施调动个人发挥主观能动性，进而增强企业的创新活力。在产业产能运用方面，响应"去产能、调结构"等国家产业政策的号召，尽量除去无效的增值环节，强化增值比较大的环节，解决企业的产能过剩问题。

通过对黑龙江省绿色产品全产业链发展的机会、挑战、优势、劣势进行分析，找到各个地区发展存在的共性问题，同时，充分研究国内外农场的发展经验，在此基础上，我们认为黑龙江农场绿色产业应该充分发挥地区优势、运用产业链深度延伸、融合"互联网＋"和现代信息技术走现代化农业发展道路。

现阶段，在如何从投入产出率的角度进一步提高农场效益方面还鲜有学者涉足，主要是因为农业产业涉及的数据复杂而且难以充分获得，如果借助政府的力量，建立长期有效的数据收集和观察站，进行成本收益分析的常年累计追踪，相信会给农场绿色产业发展带来新的利润增长点，这应该成为绿色产品全产业链发展未来研究的重点，也是促进黑龙江省经济发展新的增长点。

项目负责人：范亚东
主要参加人：曹秀霞、付冰仪、隋馨、刘芮、宣淞

黑龙江省农业现代化与新型城镇化协调发展研究[*]

刘 畅　王思怡　李 赫　张 贺

十九届五中全会提出，"到 2035 年，基本实现社会主义现代化的长远目标，基本实现新型工业化、农业现代化、信息化、数字化、城镇化，实现现代化经济体系的建立"。近年来，在国家政策方针的指引下，黑龙江省践行以新型城镇化反哺农业现代化、以农业现代化支撑新型城镇化的举措，促进农业现代化与新型城镇化二者协调发展，但在农业比较效益低下和城镇化成本居高不下的双重压力下，经济转型升级难度进一步提升，两化协调发展也受到阻碍。

《2014 年国家新型城镇化规划（2014—2020 年）》指出"要加快农业现代化进程，促进城乡一体化发展"。《2016 年国务院关于印发全国农业现代化规划（2016—2020 年）的通知》提出，"坚持农业现代化与新型城镇化协调发展，加快落实农业转移人口的市民化待遇，促进集约型农业发展，增加农民收入"。2018 年，《全国乡村振兴战略规划（2018—2022年）》提出"促进农业现代化与新型城镇化协调发展，以城镇化反哺农业现代化，以农业现代化支撑城镇化发展"。新型城镇化与农业现代化的协调发展在政府层面的推动下取得了突破性进展，黑龙江省是国家粮食主产区和具有地域特色的农业大省，对其进行农业现代化与新型城镇化协调发展机制的研究，有利于推动城乡统筹发展和农业可持续发展，有利于巩固提升黑龙江省作为国家粮食安全"压舱石"的地位并推动城乡经济社会发展一体化新格局的建设。

---

[*] 黑龙江省哲学社会科学研究专题项目（项目编号：20JYH013）。

项目负责人为刘畅教授，主要参加人员有王思怡、李赫、张贺等。

一、农业现代化与新型城镇化发展历程与现状

（一）黑龙江省农业现代化发展历程

1. 前期准备阶段：1946—1958 年

1946—1948 年，土地改革运动在全国开展，1946 年 6、7 月，黑龙江省各地区党政机关干部深入基层开展土地改革，成立土地改革工作队落实分田地、斗地主。1950 年，国家颁布了土地改革进程中的关键法律——《中华人民共和国土地改革法》，法律提出把土地分给农民，与之前的集体土地相比，新法律的颁布让农民拥有了自己的土地，这极大地提高了农民的生产积极性。1955 年 10 月，党的七届六中全会通过了《关于农业合作化问题的决议》，发展农业合作社成为接下来农业改革的着力点，黑龙江省积极落实决议的有关内容，农民积极加入高级农业生产合作社，这使得黑龙江省的农业合作社实现了从初级社向高级社的转变，与此同时，黑龙江省的农业迅速发展。1958 年在粮食产值方面，黑龙江省的农业生产总值达 22.95 亿元，人均农业生产总值也发生较大的变化，由 1949 年的 162.1 元增长到 207.3 元；在粮食产量方面，黑龙江省粮食总产量由 1949 年的 577.5 万吨增长到 878 万吨；在人均粮食方面，人均粮食占有量增长 4.4%，由 1949 年的 760 千克增长为 793.1 千克。这一时期，居民的购买能力与人均粮食占有量相匹配，因此，黑龙江省整体物价平稳，社会安定，经济平稳健康发展。

2. 初步实践阶段：1958—1978 年

1958 年 8 月，中共中央政治局扩大会议通过了《关于在农村建立人民公社问题的决议》，该决议的发布意味着人民公社运动在全国的开展。实质是将高级农业生产合作社发展成为人民公社。但人民公社的建立却没有提高农业生产，反而对全国农业的发展造成了很大的阻碍。黑龙江省农业生产在这一时期的发展也陡然下滑。与 1958 年相比，1962 年黑龙江省的农业生产总值下降了 36.9%，粮食总产量也开始下降，在 1958 至 1962 年 4 年间，粮食总产量下降了 36.6%，随着人口数量的增长，人均粮食占有量下降了 37%，由 793 千克下降至 500 千克，粮食紧缺。在这段时期，黑龙江省农业发展出现严重的后退，经济发展也受到制约。在总结反思上一阶段农业发展出现的问题后，黑龙江省采取一系列措施调节农业生产，1963—1965 年，黑龙江省的农业生产得到一定的恢复。1966—1976 年的"文化大革命"时期，农业发展再次受到阻碍，黑龙江省的农业发展缓慢。

3. 全面发展阶段：1979—1991 年

1978 年以后，黑龙江省农业发展产生了很大的变革，主要包括四次较大

的改革：一是实施家庭联产承包责任制，二是农产品流通体制发生变革，三是农村税费改革，四是农村实施综合改革。1979—1984 年，黑龙江省开始实施家庭联产承包责任制，这充分调动了农民的生产积极性。1979 年，黑龙江省农村实施"小段包工、联质计酬"的生产责任制，到 1984 年，黑龙江省实施家庭联产承包责任制的生产队超过 98%，同年，中央提出实行土地承包期 15 年以上的政策，至此，黑龙江省农村基本实现了以家庭联产承包为基础、统分结合的双层经营体制。1985—1991 年，农村经济重心发生转移，资金开始向产品流动、企业发展等方面转移，实现了市场化探索与改革，也实现了统购制度的转变，"双轨制"的形成实现了外粮订购的自由市场交易，与此同时，粮食和棉花的统购形式也发生了改革，改为定购形式。1990—1991 年，黑龙江省委提出"四个一体化"战略，一批发展较为规范的农贸市场抓住机遇发展起来。

4. 稳步提高阶段：1992—2000 年

这一时期的农业发展进入市场经济体制时期，邓小平南方谈话和党的十四大的召开使得农村再次掀起改革的浪潮。在这次改革中，农业产业逐渐建立起市场化体系，市场化机制逐渐替代计划经济手段，农村主要通过土地方面的改革稳定农村基本经验制度，为建立社会主义市场经济体制创造条件。在这一系列改革的过程中，黑龙江省的农民收入有了很大的提升，与 1990 年人均家庭纯收入 760 元相比，1998 年的人均家庭纯收入增长了 50.4%，增长至 1 143 元。

5. 加速发展阶段：2001 年至今

进入 21 世纪以来，在农村和农业发展过程中党中央又实施了一系列的改革措施，这些改革的目的主要是为解决农业和农村发展过程中更深层次的问题。改革也充分考虑到工农关系，注重农村全方位的发展。2012 年，黑龙江省发布《黑龙江省人民政府关于印发黑龙江省现代化大农业发展规划（2011—2015 年）的通知》，该通知为农业现代化的发展提出新的方向，至此黑龙江省现代农业的发展进入加速阶段。

（二）黑龙江省农业现代化发展现状

1. 农业产业水平

农业产业化是农村经济改革的重要产物，是解决农村经济发展中矛盾的发展模式，农业产业化可以通过整合农业生产的各个阶段来建立一体化经营机制，从而降低农业的生产交易成本。农业农村部发布的第八次监测数据资料显示，2018 年，黑龙江省有 38 家国家级龙头企业，有 550 家省级龙头企业，包含其在内的 2 000 家农业产业化龙头企业的总收入达 3 100 亿元。

2. 农业投入现状

统计资料显示，截至 2019 年，黑龙江省农业机械总动力达 5 273.5 万千瓦，拥有拖拉机配套农具 220 万部，农用水泵 38.1 万台，节水灌溉机械 38 023 台，联合收割机 19.8 万台，机械脱粒机 14.8 万台。同时，已建成大型水库 28 座，中型水库 28 座，小型水库 847 座，水库库容量达到 2 676 697 万立方米，除涝面积达到 341.1 万公顷，堤防长度为 15 320.76 公里，堤防保护面积 349.9 万公顷。

（三）黑龙江省新型城镇化发展历程

1. 起步发展阶段：1949—1957 年

1949 年，黑龙江省城镇化建设起步迅速，城镇化率是全国平均水平的 2.5 倍。在 20 世纪 50 年代，苏联为我国提供了财政和技术等方面的支持，在此背景下，全国开展了 150 个重点工程，其中，有 22 个重点项目在黑龙江省实施。重工业的发展为城镇化的发展提供了契机，小型工业的发展吸引了一大批劳动力从农村转向城市，推动了城镇化的发展。1953 年，国家开始实施第一个五年计划，黑龙江省抓住发展机遇迅速发展，重工业发展迅速，哈尔滨成为机电工业基地、大庆成为石油生产基地、齐齐哈尔成为机械制造基地。此时，黑龙江省人口达 1 110 万人，城镇化率达到了 28.8%，黑龙江省的一批城市，如哈尔滨、牡丹江、鹤岗以及齐齐哈尔等已经具备现代化城市规模。1949—1957 年，黑龙江省的城镇化发展迅速，城镇化率从最初的 26.27% 上升到 36.87%。

2. 失常发展阶段：1958—1977 年

在 1958—1965 年的 7 年中，全国的平均城镇化率从 16.25% 增长为 17.98%，年均增长 0.25%，而黑龙江省的城镇化率从 37.54% 增长到 37.75%，年均增长 0.03%。黑龙江省在 7 年间的城镇化建设发展进程缓慢，具体分析来看，1960 年是黑龙江省城镇化发展的分水岭，1958—1960 年，黑龙江省的城镇化率增长了 11.02%，年均增长率为 3.67%，城镇化发展速度是第一个时期的 2.76 倍，可以说，这三年是黑龙江省城镇化发展最快的三年，是"过度城镇化"阶段。而在接下来的发展过程中，全国掀起逆城镇化浪潮，黑龙江省的城镇化发展缓慢甚至出现倒退，年均下降 2.16%，逆城镇化浪潮对黑龙江省的经济发展造成了巨大的阻碍。1959—1961 年连续发生自然灾害，1960 年，中苏关系破裂，1961 年，国家对重工业的发展进行压缩，并实施户籍制度，减少城市人口数量，在这一时期复杂的历史背景下，黑龙江省的城镇化率持续下降，发展缓慢。

3. 稳步发展阶段：1978—1994 年

1978—1994 年，在家庭联产承包责任制的推动下，黑龙江省的粮食产量不断提高，有效缓解了粮食生产的压力，农村劳动力得到一定的解放，农民开始进城务工，加上经济改革的发展背景，这一时期，黑龙江省的城镇化建设再次得到发展，城镇化率再次提高，从 35.88% 上涨为 53.42%。在城镇和农村发展了一批集体所有的企业，在 1980 年以后，国家实施城镇治理、城镇改造等一系列政策，企业开始招聘进城务工的农民，这在很大程度上推动了黑龙江省城镇化的发展。黑龙江省的城镇化进入稳步发展阶段。

4. 高速发展阶段：1995—2008 年

自 20 世纪 90 年代以来，黑龙江省的城镇化发展速度进一步加快，年均城镇化率增长达 1.33%。在 2003 年，农民人均收入百强镇的数量越来越多，到 2004 年，黑龙江省县均城镇化率高达 32%，其中漠河和塔河的城镇化率达 95%。在国家统计局公布的《2004 年全国县域经济综合发展指数前 100 位测评结果》中，黑龙江省打破零的突破，百强县的县均 GDP 达到 163 亿元，按国家公布的汇率换算，前十强及部分百强县的人均 GDP 达到 5 000 美元，收入水平接近中等发达国家，以购买力平价换算，人均 GDP 接近中等国家水平。

5. 持续发展阶段：2009 年至今

2009 年，黑龙江省公安机关发布《九项工作基本要求三十条新举措》；2012 年，黑龙江省公安厅发布《关于进一步深入开展户籍管理制度改革工作的通知》《土地储备管理办法》；2014 年黑龙江省政府下发《关于进一步推进户籍制度改革工作通知》《节约集约利用土地规定》。在一系列政策的支持下，黑龙江省城镇化建设持续发展，城市综合承载能力与吸纳农村人口的能力得到明显提高。

（四）黑龙江省新型城镇化发展现状

1. 城镇人口发展现状

一个城镇的发展程度和发展潜力可以通过该城镇的人口发展情况来判断。其中，评价一个地区城镇化发展程度最直观的指标是城镇人口占总人口的比重，为了更加清晰地掌握一个地区的城镇化发展潜力，就需要系统分析该地区的人口情况。与其他地区相比，黑龙江省位于我国最北部，与人口密集的省份相隔较远，而且黑龙江省面积虽大但人口总量不多，人口密度较小，且基于历史基础，黑龙江省的工业化基础比较好，城镇化发展水平也较高，这些都使得黑龙江省的人口数量保持相对稳定、人均受教育程度也较高，但人口老龄化问题也较严重。

2. 城镇经济发展现状

黑龙江省是我国的农业大省，农业发展在黑龙江省占据着非常重要的地位。这都归功于黑龙江省独特的地理位置和历史发展条件。首先，黑龙江省有优质的土壤资源——黑土地，适合种植农作物，而且黑龙江省地处平原，便于开展机械化耕种；与其他地区相比，黑龙江省绝大部分地区位于北温带，农作物一年一熟，农产品质量高；黑龙江省人口少，耕地面积广阔，易于进行规模化经营，粮食的商品率较高。综上来看，黑龙江省具有其他省份所不具备的农业发展优越条件。目前，黑龙江省是我国非常重要的商品粮基地。在计划经济时期，黑龙江省就开始着力发展品牌农业，开发了一大批重点项目，为农业的机械化发展创造了有利条件。以农业发展作为主要经济发展模式使得黑龙江省的城镇化发展具有鲜明的特点，主要表现为城镇化发展以农业为主体，第二、三产业协同发展，以公有制为主体，多种所有制并存。

二、农业现代化与新型城镇化协调发展程度评价分析

（一）指标体系构建及数据来源

在对两大系统耦合关系进行研究前，需要选取指标、构建评价指标体系。当前关于农业现代化综合评价研究较多，但尚未形成统一的评价指标体系。多数研究选择投入、产出、社会发展和可持续发展4个维度构建评价体系，但因数据可获取性和研究空间等因素的差异，具体的指标也具有差异。借鉴已有农业现代化与新型城镇化研究成果的指标体系，在深入掌握与理解农业现代化与新型城镇化的理论与内涵基础上，兼顾科学性、可操作性、系统性、独立性、可比性、概括性、前瞻性及数据可获取性原则，构建适用于黑龙江省哈尔滨市、齐齐哈尔市、鸡西市、鹤岗市、双鸭山市、大庆市、伊春市、佳木斯市、七台河市、牡丹江市、黑河市以及绥化市这12个地级市的农业现代化与新型城镇化的综合评价指标体系（表1）。农业现代化从农业生产投入、农业综合产出、农村社会经济与农业可持续发展等维度出发，反映其与新型城镇化的相辅相成；新型城镇化涵盖人口、经济、土地、社会、生态等城镇化建设方面，以表征黑龙江省城镇化以人为本、城乡统筹与可持续发展；指标层则对应准则层的特征与内涵共选取32项指标。

本研究所选用研究数据主要来自《中国城市统计年鉴（2015—2020年）》、《黑龙江统计年鉴（2015—2020年）》和《黑龙江省各地级市国民经济和社会发展统计公报（2015—2020年）》，对于缺失数据采用均值插补法进行填补。

表 1　黑龙江省农业现代化与新型城镇化评价体系及指标权重

目标层	准则层	指标层	属性（正向/负向）
农业现代化	农业生产投入	农用化肥使用量（万吨）	－
		乡村户数（万户）	＋
		农业机械总动力（万千瓦）	＋
		农作物总播种面积（万公顷）	＋
		粮食播种面积（万公顷）	＋
	农业综合产出	粮食产量（万吨）	＋
		蔬菜、水果产量（万吨）	＋
		油料产量（万吨）	＋
		禽蛋、奶类产量（万吨）	＋
		肉类总产量（吨）	＋
	农村社会经济	农民人均纯收入（元）	＋
		第一产业增加值（亿元）	＋
		农、林、牧、渔业单位从业人员（万人）	＋
		城乡居民储蓄存款余额（亿元）	＋
	农业可持续发展	绿地面积（万公顷）	＋
		生活垃圾无害化处理率（％）	＋
新型城镇化	人口城镇化	第二、三产业从业人员数所占比重（％）	＋
		人口密度（人/平方千米）	－
	经济城镇化	人均 GDP（元）	＋
		第二、三产业增加值（亿元）	＋
		城镇居民家庭人均可支配收入（元）	＋
		社会消费品零售总额（亿元）	＋
	土地城镇化	城市建设用地占市区面积比重（％）	＋
		建成区绿化覆盖率（％）	＋
		房地产开发投资（亿元）	＋
	社会城镇化	普通高等学校（所）	＋
		医院、卫生院床位数（万张）	＋
		公共图书馆图书总数量（万册）	＋
		年末实有城市道路面积（万平方米）	＋
	生态城镇化	一般工业固体废物综合利用率（％）	＋
		工业废水排放量（万吨）	－
		工业二氧化碳排放量（万吨）	－

（二）农业现代化和新型城镇化综合发展水平分析

运用综合评价指数测算出黑龙江省农业现代化和新型城镇化综合发展水平（表2）。从全省整体发展情况来看，2014—2019年黑龙江省农业现代化水平均高于新型城镇化水平。主要是由于黑龙江省2012年印发《现代化大农业发展规划通知》并以此为指南开展农业现代化建设工作（佟光霁，2016），在相关政策推动下，先进农用机械得到推广、无人耕种荒地得以开发利用，加快了农业现代化发展进程。而省域内新型城镇化发展规划则于2015年正式印发，尚处于发展阶段，规划实施经验稍显薄弱，影响了新型城镇化发展。

从时间上来看，2014—2019年黑龙江省农业现代化综合评价指数从0.297上升至0.324，总体呈现缓慢上升趋势，但2018年却有所下降。对于农业现代化体系而言，农业综合产出对其发展具有重要影响。2018年，黑龙江省气象灾害频发，极端气候事件较多。极端事件主要包括农耕期平均气温偏高1.5℃，为1961年以来历史第2位；夏季降水特多，为1961年以来历史第2位。此外，省域内出现台风、暴雨洪涝、干旱等气象灾害，在夏季，共有5个台风云系北上并入西风槽到达黑龙江省，导致农业综合产出量整体下降，农业现代化评价指数降低。此外，黑龙江省新型城镇化综合发展评价指数在2014—2019年呈现波动式增长态势，但增长幅度相对较小。这可能是由于农业转移人口市民化过程受到一定阻碍，对新型城镇化发展产生了一定影响。

从空间布局上来看，2014—2019年各地级市间农业现代化和新型城镇化发展水平存在明显的差异（图1、图2）。依据地理布局，本研究将黑龙江省区域分为西南部和东北部两部分，西南部包括哈尔滨市、绥化市、齐齐哈尔市和大庆市，东北部包括鸡西市、鹤岗市、双鸭山市和伊春市等。就农业现代化综合评价指数而言，农业现代化高水平和较高水平城市分布在黑龙江省西南部，这些市域属于黑龙江省粮食主产区，也是传统农区，具有良好的农业基础。而伊春、双鸭山和七台河等市域则位于林下经济发展区和老工业基地地区，农作物播种面积和农产品产出较少，农业现代化发展水平较低。同时，新型城镇化发展水平从空间布局上看也同样存在这一特征，且哈尔滨市极化态势明显，其综合发展水平显著高于双鸭山、七台河等市。农业现代化与新型城镇化综合评价指数之所以会呈现这一空间分布特征，主要在于哈尔滨市作为省会城市，是全省经济发展的中心，对邻近的周边城市具有较强的辐射带动效应和涓滴效应。

表 2　黑龙江省农业现代化和新型城镇化综合发展水平（2014—2019 年）

地区	农业现代化综合发展评价指数						新型城镇化综合发展评价指数					
	2014 年	2015 年	2016 年	2017 年	2018 年	2019 年	2014 年	2015 年	2016 年	2017 年	2018 年	2019 年
哈尔滨市	0.622	0.798	0.793	0.776	0.640	0.757	0.635	0.832	0.831	0.846	0.842	0.852
齐齐哈尔市	0.510	0.492	0.503	0.605	0.519	0.543	0.249	0.266	0.252	0.244	0.254	0.227
鸡西市	0.175	0.200	0.202	0.180	0.139	0.193	0.209	0.175	0.147	0.150	0.155	0.156
双鸭山市	0.147	0.106	0.101	0.085	0.082	0.113	0.199	0.126	0.124	0.122	0.124	0.121
鹤岗市	0.162	0.138	0.141	0.138	0.110	0.176	0.201	0.207	0.137	0.165	0.150	0.214
大庆市	0.360	0.387	0.398	0.419	0.565	0.490	0.387	0.499	0.393	0.415	0.429	0.411
伊春市	0.192	0.142	0.141	0.089	0.070	0.102	0.189	0.149	0.162	0.112	0.114	0.119
佳木斯市	0.273	0.275	0.308	0.257	0.264	0.319	0.228	0.238	0.194	0.248	0.268	0.245
七台河市	0.108	0.070	0.079	0.095	0.083	0.102	0.188	0.163	0.161	0.158	0.164	0.155
牡丹江市	0.246	0.374	0.391	0.365	0.263	0.334	0.260	0.277	0.175	0.253	0.245	0.309
黑河市	0.306	0.249	0.213	0.200	0.197	0.257	0.181	0.147	0.116	0.134	0.154	0.136
绥化市	0.464	0.458	0.482	0.549	0.492	0.501	0.216	0.186	0.148	0.201	0.193	0.207
黑龙江省	0.297	0.307	0.313	0.313	0.285	0.324	0.262	0.272	0.237	0.254	0.258	0.263

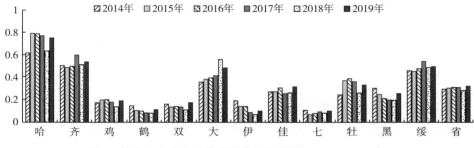

图 1　黑龙江省农业现代化综合发展水平（2014—2019 年）

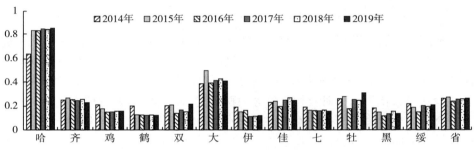

图 2　黑龙江省新型城镇化综合发展水平（2014—2019 年）

（三）农业现代化与新型城镇化耦合发展程度分析

2014—2019 年，黑龙江省各地级市农业现代化和新型城镇化耦合度波动幅度较小，总体维持在 0.424～0.5，属于拮抗耦合（表 3）。从全省整体情况来看，两个系统耦合度由 0.489 变化为 0.488，虽然数值上有所减少，但仍处于中级拮抗耦合阶段。这是由于农业现代化和新型城镇化相互促进、相互作用，在政策激励和运行机制的影响下二者之间的关系会一直维持下去，但受到两个体系自身发展条件的限制，耦合度可能会下降。

表 3　黑龙江省农业现代化与新型城镇化耦合度（2014—2019 年）

地区	2014 年	2015 年	2016 年	2017 年	2018 年	2019 年
哈尔滨市	0.500	0.500	0.500	0.500	0.495	0.499
齐齐哈尔市	0.463	0.477	0.472	0.453	0.470	0.456
鸡西市	0.500	0.499	0.494	0.498	0.500	0.497
鹤岗市	0.498	0.498	0.498	0.492	0.490	0.500
双鸭山市	0.499	0.490	0.500	0.498	0.494	0.498

（续）

地区	2014 年	2015 年	2016 年	2017 年	2018 年	2019 年
大庆市	0.500	0.496	0.500	0.500	0.495	0.498
伊春市	0.499	0.500	0.499	0.497	0.485	0.498
佳木斯市	0.496	0.499	0.487	0.500	0.500	0.496
七台河市	0.488	0.458	0.470	0.484	0.472	0.489
牡丹江市	0.500	0.494	0.462	0.492	0.500	0.500
黑河市	0.473	0.483	0.478	0.490	0.496	0.475
绥化市	0.457	0.453	0.424	0.443	0.450	0.455
黑龙江省	0.489	0.487	0.482	0.487	0.487	0.488

从空间来看，2014—2019 年，各地级市农业现代化和新型城镇化耦合度有增有减，但哈尔滨市连续 4 年的耦合度均为 0.500，始终处于高级拮抗耦合阶段（图 3）。这与哈尔滨市农业发展战略紧密相关，哈尔滨市在国家农田水利建设项目扶持下加大对农林水事务的财政支出，增加水稻种植面积，对农田进行合理规划提高了区域内农业现代化水平。同时，组建农机合作社，建立绿色食品产业园区，发展优质栽培技术，为新型城镇化建设提供充足的农产品保障，满足城镇居民对于基础物资的多元化需求，有利于推进新型城镇化发展。由此可知，农业现代化与新型城镇化耦合发展同农业生产投入、农业发展规划、先进科技推广息息相关。在这期间，黑龙江省西南部农业现代化和新型城镇化发展水平"双高"城市的耦合度稳定在高级拮抗和中级拮抗阶段。其主要原因是哈尔滨市及其沿线城市大庆、绥化及齐齐哈尔位于松嫩平原，是国家重要商品粮生产地。在农业现代化建设方面，凭借地理位置优势，在乡村振兴战略的助推下，大力推进高标准示范农田建设、机械化生产和新型经营主体创新，依托新型城镇化建设带来的资金、人才和技术，加快农业经营方式转变和农业技术革新。在新型城镇化建设方面，经济发展调动并激活了农民发家致富的意识，提升了农民对于学习现代农业技术和现代经营管理方式的积极性，扩大了新型城镇化与农业现代化发展的融合空间。因此，二者耦合度保持稳定。

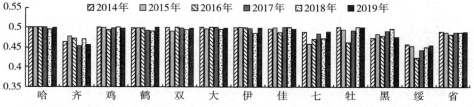

图 3　黑龙江省农业现代化与新型城镇化耦合发展程度（2014—2019 年）

（四）农业现代化与新型城镇化耦合协调度分析

2014—2019 年，从省级层面看，黑龙江省农业现代化和新型城镇化耦合协调度由 0.349 增加到 0.362，呈现小范围波动式上升，耦合协调等级始终维持在轻度失调阶段，具体表现为农业现代化发展水平超前于新型城镇化发展水平（表 4）。2016 年的耦合协调度较上年下降了 0.013，这是由于 2016 年黑龙江省气象灾害对农业生产造成较大影响，系统之间协调性减弱。此后耦合协调度上升的原因在于，一方面，随着我国农业供给侧结构性改革和乡村振兴战略的提出，农业建设人才需求增加，乡村建设和农业发展进程加快，为新型城镇化提供有利的前期条件，也有助于新型城镇化综合发展水平提升；另一方面，"坚持发展现代农业方向，争当全国农业现代化建设排头兵"重要要求中指明黑龙江省农业现代化发展目标，在农业现代化建设中推进五大创新，提供社会化公共服务，释放农业现代化发展活力。农业现代化发展前景趋好，因此与新型城镇化良性协调程度有所提升。

表 4　黑龙江省农业现代化与新型城镇化协调发展水平（2014—2019 年）

地区	2014 年	2015 年	2016 年	2017 年	2018 年	2019 年
哈尔滨市	0.554	0.638	0.637	0.636	0.606	0.634
齐齐哈尔市	0.410	0.425	0.422	0.439	0.426	0.419
鸡西市	0.294	0.306	0.294	0.287	0.271	0.295
鹤岗市	0.281	0.24	0.237	0.226	0.225	0.242
双鸭山市	0.284	0.291	0.263	0.275	0.254	0.311
大庆市	0.420	0.469	0.444	0.457	0.496	0.474
伊春市	0.299	0.270	0.275	0.223	0.211	0.235
佳木斯市	0.337	0.358	0.350	0.355	0.365	0.373
七台河市	0.252	0.231	0.237	0.248	0.242	0.251
牡丹江市	0.343	0.401	0.362	0.390	0.356	0.401
黑河市	0.330	0.309	0.280	0.286	0.295	0.306
绥化市	0.382	0.382	0.366	0.407	0.393	0.402
黑龙江省	0.349	0.360	0.347	0.352	0.345	0.362

黑龙江省各地级市农业现代化与新型城镇化耦合协调度呈现差异化特征。2014—2019 年，双鸭山、七台河和伊春市农业现代化和新型城镇化耦合协调

度低于 0.300，两个系统处于中度失调阶段。从发展综合评价指数来看，三个城市农业现代化的发展水平明显滞后于新型城镇化的发展水平，区域内新型城镇化对农业现代化发展进程的促进作用更强。这是由于双鸭山和七台河两个城市的煤炭等矿产资源较为丰富，是煤电化基地城市，而素有"森林氧吧"之称的伊春拥有富饶的森林生态资源，属于林业资源型产地，三个城市的农业资源较其他城市稍显薄弱，农业综合产出和农业生产投入也相对较低，导致农业现代化与新型城镇化没有达到良性协调。鸡西、鹤岗、牡丹江和黑河四个城市的农业发展也受到当地自然资源的限制，由于侧重老工业基地振兴和森林抚育工作，使得农业现代化与新型城镇化耦合协调等级处于轻度失调阶段。而同样位于煤电化基地的佳木斯市，结合当地实际状况成立农民合作社，发挥了新型经营主体示范带动作用，建立"减化肥、减农药和减除草剂"三减示范基地，增强了农业现代化与新型城镇化的良性正耦合关系。

从空间结构来看，西南部城市农业现代化与新型城镇化协调发展度相对高于东北部城市（图 4）。这是由于西南部城市地处平原，可参与城镇化建设的潜在群体较为广泛，具有新型城镇化发展潜力。通过不断优化调整城乡资源配置，能够切实推动农业结构优化、农民增产增收，促进农业现代化与新型城镇化协调发展。

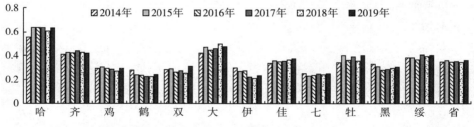

图 4　黑龙江省农业现代化与新型城镇化协调发展程度（2014—2019 年）

三、农业现代化与新型城镇化协调发展影响因素

基于目前国内外学者对农业现代化与新型城镇化二者协调发展影响因素的研究成果，梳理归纳主要观点，影响农业现代化与新型城镇化协调发展的因素大致包括以下几个方面。

（一）生产要素对于黑龙江省"两化"协调发展的影响

农业生产要素情况对于黑龙江省农业现代化与新型城镇化协调发展具有较

大影响。具体从农村劳动力、农业资金投入、黑土耕地面积三个方面对影响机理进行阐述。

农村劳动力对于黑龙江省农业现代化与新型城镇化协调发展的影响表现在：首先，农村的剩余劳动力大量从农村转移向经济文化水平更高的城镇，农村青壮年劳动力从主要从事农业生产转移到非农产业环境，导致城镇人口增加，在促进城镇生产效率提高的同时，需要城镇区域不断加强社会服务水平以及建设相应的公共服务设施，这极大地推动了黑龙江省城镇化进程；其次，农村劳动力的转移，为农业规模化生产建设提供有利条件，是黑龙江省家庭农场、农民专业合作社等多种新型农业经营主体的发展的基础条件，同时也成了黑龙江省乡村振兴建设的重要助力。

黑龙江省在促进农村剩余青壮年劳动力转移的过程中还存在一定改进空间。例如，黑龙江省对于农村转移劳动力的公共服务与社会福利体系建设还不够完善，农民获取就业信息主要通过亲友介绍或网络招聘渠道，信息存在一定滞后性，而政府统一组织或介绍的就业途径较少。此外，农村转移人口的就业渠道与自身能力匹配度并不高，缺少针对农村转移劳动力的针对性就业指导与培训。同时，农村转移劳动力与城镇人口在同等就业位置上的待遇还存在一定差距，在就业福利方面存在很大改进空间。

农业资金投入对于黑龙江省农业现代化与新型城镇化协调发展的影响表现在：黑龙江金融环境较为落后、农业种植生产收益与效率较低、农业生产经营风险较高，导致农业资金来源渠道较为单一，农村金融发展受到一定限制，资金支持的不足，影响农业规模化、现代化种植的发展，进一步影响了农业现代化的实现，同时，资金不足也会影响先进农业技术的推广。

黑土耕地面积对于黑龙江省农业现代化与新型城镇化协调发展具有重要影响。黑土耕地资源是黑龙江省重要的农业生产要素资源，也是黑龙江省成为国家粮食安全重要保障的关键因素。积极推进土地流转政策，是建设新型农业经营主体、实现农业现代化、推进新型城镇化的必要手段。目前，黑龙江省已经形成了以家庭农场以及农民专业合作社为主的多种新型农业经营主体，不仅促进了农民收入水平提高，同时也进一步促进了土地流转，为农村人口转移提供一定前提条件。

目前，黑龙江省土地流转也依然存在一定问题，农村土地"三权分置"政策的出台极大地激发了农户进行土地流转的积极性，但是对于承包权、经营权权责关系划分还不够清晰，导致土地流转中权益关系还不够明确，可能会导致农民之间产生一定纠纷。土地流转的相关政策还有待加强与完善，农村土地流转进行得顺利与否与新型城镇化和农业现代化建设息息相关。因此，促进黑龙江省农村土地有序规范流转是确保"两化"协调发展的重要因素。

（二）城镇化结构对于黑龙江省"两化"协调发展的影响

我国于 2014 年起开展城镇化建设，整体思路包括提高城镇化建设水平、以群众利益为核心建设以人为本的城镇化，并提出一系列针对性的对策建议。黑龙江省作为我国粮油生产基地，也是农业产业化、现代化建设重点区域，转移剩余劳动力以实现规模化经营，最终提升新型城镇化水平，对于带动全省经济发展具有重要意义。基于上述发展背景，《黑龙江省新型城镇化规划（2014—2020 年）》得以发布。

《黑龙江省新型城镇化规划（2014—2020 年）》提出了黑龙江省城镇化结构布局：哈尔滨作为黑龙江省省会，同时作为黑龙江省唯一一个人口超过 500 万人的城市，在城镇化建设中应该起到辐射带动作用，结合哈尔滨地理位置以及历史优势，积极建设哈尔滨地标特征，打造为黑龙江省政治、经济、文化中心，成为东北具有地域优势与特色的核心城市。50 万人口以上的大型城市应该以实现经济建设、文化繁荣、社会福利作为根本发展目标。一是如齐齐哈尔、佳木斯、牡丹江这样的综合性城市，发展具体目标是传承东北老工业基地精神，依托邻水临江的地域优势，加强对于城市生态环境的保护建设，逐步扩大城市影响力，按照城市特色打造地标旅游品牌；二是如大庆这样的石油资源型城市，应积极利用先进技术实现石油开采，同时发展非石油经济，对于大庆特有的湿地等自然资源，也要不断探索其旅游价值；三是如鸡西、鹤岗这样的煤炭资源型城市，在稳定煤炭基本生产的同时，也要持续开展可替代产业建设与发展；四是如伊春等林业资源型城市，应逐步减少对于天然林区砍伐，利用林区优势，销售林区农产品，最终建设为生态型城市群。

黑龙江省城镇化建设发展到今天，还存在一定进步空间。一方面，黑龙江省 12 个主要地级市成为省内经济发展的重要支柱，但黑龙江省县级地区与主要地级市相比，其发展水平还有待进一步加强。黑龙江省有 132 个地级市，然而人口超过 10 万以上的大县城数量不到 40 个，较大规模县城占比还较低。同时，各个县级市的发展水平不均衡，对于当地经济与农业生产以周边农村居民生活水平的改善带动作用有限。另一方面，省内中心城市和重点建设城市与周边县城的联系不够紧密。哈尔滨作为"冰雪之城"享誉全国，黑龙江省多项重点工业建设布局在哈尔滨，其承担着带动全省经济发展的重要责任。但哈尔滨周边县城的发展同哈尔滨相比还存在一定差异：一是周边县市与哈尔滨在户籍制度、社会福利、环境设施和公共服务方面存在不均等现象；二是周边县城与哈尔滨的连接还有待加强，中心城市对周边县城的整体发展调动能力还有待进一步强化，而周边下属县城对于主要城市的支撑能力也不足。从以上城镇化结构布局存在的问题中可以看出，黑龙江省主要城市对于周边县城的调动与扶持能力不足，周边县城没有起到辅助作用，城市之间联系也不够紧密，这些问题的存在不仅影响着黑龙江省新型城镇化建设质量，也削弱了城镇化进程中中心城市对农村、农民发展的作用程度，不利于农业现代化建设，一定程度上也阻碍了乡村振兴的步伐。

（三）产业结构对于黑龙江省"两化"协调发展的影响

黑龙江省产业结构的现状对全省"两化"协调发展的影响主要体现为以下方面：黑龙江省特有的地理位置、资源环境、制度政策等多重因素决定了农业生产是黑龙江省重要支柱产业。例如哈尔滨市主要产业包括中船重工产业园区、哈药集团、哈飞集团、机器人产业建设园区等；齐齐哈尔市主要产业包括汽车能源公司、中恒制药、中航集团齐齐哈尔公司等；牡丹江市主要产业包括百威啤酒建设项目、红星集团等；佳木斯主要产业包括：百威啤酒佳木斯分公司、佳木斯秸秆综合利用公司等；大庆市主要产业包括沃尔沃汽车生产基地、大庆汽配城等；鸡西市主要产业包括电池及石墨深加工公司；双鸭山市主要产业包括冶金炼钢产业园区等；七台河市主要产业包括生物发电公司等；鹤岗市主要产业规划包括中铁集团等。从黑龙江省各个地级市的主要产业中可以看出，黑龙江省在装备制造、绿色食品、化工、冶金、建材、煤化石化、石油化工、天然气化工等产业方面具有一定优势，但是黑龙江省在第三产业如社会服务行业、新型旅游、深加工等方面的建设还比较薄弱，比如黑龙江省多种服务行业的产业链建设还不够完善，导致黑龙江省第三产业的发展进程较为缓慢，进而影响城镇化与农业现代化发展。黑龙江省经济支柱是第一产业以及第二产业，然而随着新型城镇化与农业现代化的发展，黑龙江省应该重点发展第三产业，加大对新能源行业、农产品深加工行业、农业科技行业、社会服务行业等的投资建设。黑龙江省产业建设目标是要紧紧围绕推动现代产业体系建设实现新突破，科学把握新发展阶段，系统、准确、全面贯彻新发展理念，自觉融入新发展格局，坚持推动高质量发展，锚定目标、精准施策，让昔日国家重要工业基地重新焕发生机。把对接国家战略和勇担时代使命相结合、把用足资源优势和狠抓深度开发相结合、把做强重点产业和做长产业链相结合、把统筹区域发展和聚焦点上发力相结合、把谋求长远发展和稳定工业增长相结合。具体要构建"433"工业新体系和"一区两带多基地"工业新布局。未来应该优先发展新能源、绿色食品等省内重点产业，强化能源技术与能源科技，加大对优质人才的奖励力度，注重发展经济的同时也要建设生态文明城市群。

(四) 制度因素对于黑龙江省"两化"协调发展的影响

目前黑龙江省城乡融合发展的进程尚在起步阶段，结合黑龙江省实际情况从户籍制度、土地制度等角度分别探究制度因素对黑龙江省"两化"协调发展的影响。

在户籍制度层面：2014 年下发的《黑龙江省人民政府关于进一步推进户籍制度改革工作的通知》指出，全面放开牡丹江市、佳木斯市、鸡西市、鹤岗市、双鸭山市、伊春市、七台河市、绥化市、黑河市 9 个市的落户政策，同时积极建立和完善积分落户制度。按照总量控制、公开透明、有序办理、公平公正的原则，以合法稳定就业和合法稳定住所、参加城镇社会保险年限、连续居住年限、为经济发展所做贡献等为主要指标，合理设置积分，使达到规定分值的外来务工人员及共同居住生活的配偶、未成年子女、父母等，可以在城区申请登记常住户口。户籍制度改革提出一系列相关政策，但是由于我国城乡二元结构由来已久，而且户籍制度改革中关于城乡居民福利政策以及住房等农村转移居民最关心问题的内容较少，导致黑龙江省的户籍改革工作推进一度受到阻碍。我国长期实施城乡二元结构制度，这一制度的实施影响已经渗透到生活中的方方面面，包括教育、医疗、社会保障、住房、就业等多个层面，使得农村转移人口与城镇居民生活待遇方面存在一定差异，最终导致农村剩余劳动力向城镇转移的积极性下降，劳动力流动和分配的效率不高，也不利于城镇的生产效率水平提高，城乡二元结构制度也成为黑龙江省新型城镇化和农业现代化二者协调发展的重要影响因素之一。

在土地制度层面：2014 年我国提出要积极培育新型农业经营主体，促进土地流转。2016 年正式提出将所有权、承包权、经营权三权分置，这一政策的提出有利于土地流转，明晰土地权力配置。"三权分置"有利于明晰土地产权关系，特别是有利于促进土地流转，培育新型农业经营主体发展适度规模经营，有利于农业现代化建设。土地制度的实施过程还存在一些问题，一是土地权利还不够明确，土地流转过程中还存在监督监管不力的现象，流转周期短会导致土地地力受损；二是农村宅基地制度还不够健全，流转土地的村民权益不够明确，部分宅基地并没有用于耕种，造成了耕地资源浪费。同时，农村土地集体所有权主体虚化，土地所有者（村集体）推动土地资源规范使用力度不够，黑龙江省土地所有权归村集体所有，村集体在行使权利时可能存在不合理、不合法的现象，最终造成村里农民利益受损。土地承包者对土地协调监管意识淡薄，部分承包方将土地经营权流转给他人以后，只要收益稳定便不再关心受让方是否改变了原有土地的地类用途。土地流转、监管制度的落实不到位，有损农民权益，成为城镇化与农业现代化稳步实施过程中的不利因素，也成为影响农业现代化与新型城镇化协调发展的不利因素之一。

2017 年黑龙江省有关部门下发了《关于做好提高城乡低保标准、财政补助水平和农村五保供养标准有关工作的通知》，从 2018 年 1 月 1 日起，将农村低保标准由 2 181 元/(年·人) 提高到 2 700 元/(年·人)；农村五保集中供养标准由 3 648 元/(年·人) 提高到 5 400 元/(年·人)，分散供养标准由 2 644 元/(年·人) 提高到 3 800 元/(年·人)。提高后的农村低保标准，惠及了全省农村贫困群众 117 万人，其中将有 22 万扶贫开发主要对象直接受益。黑龙江省农村最低生活保障的发放对象为因病致残、年老无法劳动、智力残疾等无法自主承担劳动的农村居民。农村基本社会保障制度的建立与实施，确保了黑龙江省生活困难的农村居民的最基本生活，多数农村家庭为家里的老人申请了社会保障，年轻人选择进城打工，这样可以减轻家庭的后顾之忧。黑龙江省农村社会保障制度的建立有助于农村青壮年劳动力转移到城镇，促进城镇生产水平的提升，有助于实现新型城镇化。

四、农业现代化与新型城镇化协调发展对策

（一）提高农业生产率，解放农村剩余劳动力

提高农业生产率，是科技兴农、科技助农的根本目的与期望结果，对于解放农村剩余生产力，巩固黑龙江省国家粮食安全"压舱石"地位以及促进农业现代化与新型城镇化协调发展起着至关重要的作用。我们应充分利用科技发展、工业发展带来的技术进步，利用现代科技改造传统农业，依靠先进生产技术和设备提高农业生产率，提高农产品产出水平，解放农村剩余劳动力，为黑龙江省新型城镇化建设提供充足的物质基础和劳动力保障。可通过改造中低产田、保护黑土地、建设绿色农业、数字农业、智慧农业以及加大财政对农业科研投入来提高粮食生产率。

1. 改造中低产田

深入实施全省中低产田的全面改造，首先需要全面调查全省中低产田的区域分布、地理特征和农业基础设施建设等情况；随后组建相关农田技术改造专家队伍，充分了解共青农场和泰来县等中低产田改造情况，借鉴经验，设计具体农田改造方案，通过水利工程、农业、林业等综合措施提高中低产田农业综合生产能力；最后要定期试验农田的生产能力是否达标，若达标则可投入使用，不达标则需进一步寻找原因，修改方案，重新进行农田改造，确保中低产

田改造后的产出达到预期水平。

2. 保护黑土地

我们应加强对"国家耕地大熊猫"黑土地的保护。近年来黑土地常遭盗挖，生态环境的破坏也使得黑土地流失严重。黑龙江省政府及人民群众应认真贯彻落实《黑龙江省耕地保护条例》的任务要求，加快实施《黑龙江省黑土耕地保护三年行动计划（2018—2020）》所述内容，并继续推进培育黑土地保护利用试点项目，用科技助力黑土地保护，推动农业减肥增绿，提高黑土地质量等级。

3. 建设绿色农业、数字农业、智慧农业

加快绿色农业、数字农业、智慧农业建设的基础是农业信息得到充分汇总和整合，只有信息数据全面，后续利用相关信息进行农业建设与项目研究才能更加快捷高效。所以，加快绿色农业、数字农业、智慧农业建设的关键是大力推进黑龙江省农业资源统计数据平台建设，提高农业信息化程度。同时，将遥感技术、物联网技术和自动化技术等有效融入黑龙江省农业生产当中，进而提高建三江垦区等农业主产区耕、种、收全程"无人化"作业的普及程度，减少生产要素投入，提高全省农业智能化水平，解放农村剩余劳动力。

4. 加大农业科研投入力度

与其他生产部门相比，我国的农业部门研发投入水平较低，由于研发投入不足导致农业生产技术水平滞后，阻碍了农业现代化发展进程。农产品加工业的研发投入不足直接导致农产品加工技术落后，农副产品在产品市场上所占的份额比例逐渐减小，高质量的农产品供给短缺，农民生产的农产品滞销，农民生产积极性受到打击，不利于农业现代化发展。这将影响农产品加工业发展，进而降低其对农村剩余劳动力的吸纳集聚，导致农村剩余劳动力转移受阻，阻碍了新型城镇化的建设进程。如果加大科技研发投入力度，研发高产、高质的农产品新品种、研发效率、效能更高的农产品生产技术以及研发更为方便简捷的农产品加工业生产流程，有利于提高农产品产出水平，提高农业生产率以及农产品附加价值以及实现规模经济，从而在产品市场上争夺更多的市场份额和占据竞争优势，提高农业现代化水平，增强农产品加工业对农村剩余人口的吸纳能力，帮助农村剩余人口向城市转移。

（二）加快产业融合，推进农业劳动力向非农产业转移

实证表明，我国城镇化与农业现代化相结合，构建新型农业经营体系有助于提高劳动生产率，优化产业结构。此外，不同产业的融合有利于实现资源的最优配置，减少无谓浪费。黑龙江省作为农业大省拥有较大的农业人口基数，

当前全省农民转移就业人口数已达到 595.6 万人。基于此，若以特色农业资源和地域禀赋优势打造产业链条，将为农民市民化发展创造有利条件，并进一步推进黑龙江省新型城镇化发展。黑龙江省可利用农业资源和地域禀赋优势发展两类产业：农产品加工业和生态文化旅游产业。依托农业资源优势和特色生态环境优势，引领产业、集聚吸纳更多剩余农村劳动力从事旅游服务业，逐步实现人口从生产性人口聚集到生活性人口聚集的转变。但是，目前的行政区域壁垒严重阻碍城乡统筹发展，省市层面应建立城镇区域统筹协调机制，合理配置资源，定期召开专家会议，发现并解决不断出现的新问题，调动各方劳动力与产业积极性，进而加大新型城镇化建设动力，推动各产业稳步前进。而在新型城镇化发展过程中，对由于征地等原因而被迫失业，却难离故土、不肯外出务工的农民来说，最好的就业形式便是从事农产品加工业或旅游服务业。这些产业所需劳动力数量庞大，对技术技能的要求低，很适合这些失业人员再就业，因此产业融合可以在一定程度上缓解就业压力，发挥农村自我消化剩余劳动力的能力。

1. 农产品加工产业

黑龙江享有"北大仓"的美誉，农产品年产量及销量在全国处于领先地位。农产品加工产业是黑龙江省经济的基础产业和特色产业，可继续推进农产品加工产业建设。农产品加工产业的发展可以增加农产品的附加值，提高农民收入，为农业现代化发展提供资金支持。同时，农产品加工业的发展还可以解决由于生产过程中出现产能过剩而造成的资源浪费问题，并且拉伸了产业链条。由于提升农产品的附加值后农民收入增加，其农业生产的积极性也随之提升。继续推进农产品加工产业建设应以黑龙江省生态保护红线和永久基本农田为准线，在黑木耳、山麻等优势特色农产品主产区，齐齐哈尔、黑河、佳木斯等粮食生产功能区，以及重要农产品生产保护区合理布局原料基地和烘干仓储初加工基地，支持大宗农产品主产区重点发展粮、油、棉等农产品精深加工产业。按照国务院关于"更大规模减税降费"的部署安排，应减免涉农企业税负，引导农村剩余劳动力在当地农产品加工区就业、创业。

2. 生态文化旅游产业

黑龙江有着极为独特壮丽的景色，但旅游资源未被深入开发，旅游业尚存在很大空白，若能充分利用黑龙江省自然风貌，大力扶持这一产业，前景极为可观。培育发展生态文化旅游产业应规范推进黑龙江省 12 个国家级特色小镇和运动休闲特色小镇建设，大力发挥哈尔滨、大庆、伊春等地区的大湿地、大森林和大冰雪等资源优势。挖掘非物质文化遗产，弘扬本地区传统文化，发展民族特色演艺业。还可以利用绥化、黑河等与俄罗斯接壤的独特边境优势建设重点镇，有利于促进自贸区与商贸区的形成，促进国家间的交流合作。同时，应不断推出旅游周边商品，结合当代人的旅游心态、旅行习惯及审美转变，新增一批旅游特色小镇和旅游度假区，遵循黑龙江省旅游发展理念的同时，满足不同年龄、不同国家消费者的需求，打造特色生态旅游产业，在全国旅游城市中获得更明显的特色优势。

（三）推动户籍制度改革完善，加快农村人口市民化进程

推进新型城镇化建设，必须打破原有的户籍制度壁垒，改变城市居民、新产业工人、农民这三种身份在城市中的划分，使进入城市生活的非城市居民市民化。农村转移人口市民化的程度是衡量新型城镇化发展程度的重要指标。因此，农村转移人口市民化程度越高、速度越快，黑龙江省的新型城镇化发展程度就越高、发展速度越快。加快农村转移人口市民化进程的重要措施是推动户籍制度的改革与完善。力争到 2021 年，常住人口城镇化率达到 63％左右，将进城落户新产业工人完全纳入城镇住房保障体系，常住人口保障性住房覆盖率达 30％以上。户籍制度的改革与完善可从放宽落户条件与实施居住证制度两方面进行。如果农村转移人口落户城市没有户籍限制或非落户常住人口与城市居民享受同等福利待遇，将推动农村人口向城市转移。农村人口转移进城市将为城市工业、服务业、制造业等产业提供充足的人力资源支持。在农业现代化发展的过程中，应重视农产品生产、加工以及销售各环节的紧密连接，不能出现掉环。农村人口无障碍转移进城市，为农产品接近广阔的消费市场、农业生产者了解消费市场需求创造了条件。

1. 放宽农村人口落户条件

黑龙江省需通过实施差别化落户政策并适当放宽外市居民和农村人口的落户条件达到深化户籍制度改革的目的，让更多符合条件的农业转移人口落户城镇。优先处理好进城务工时间较长、工作能力突出、能够适应城市发展速度和生活环境的农村劳动力人口的落户问题，随迁家属也可享有投靠政策；再有序引导其他外来农村转移人口落户城市，逐步实现新城镇化。对于哈尔滨、绥化和齐齐哈尔三个特大城市，户籍制度改革完善要坚持存量优先原则，应加大高端人才引进的落户政策，逐步取消重点人群落户限制，但同时也要兼顾区域内部人口的均衡平稳发展。对于大庆、鸡西、双鸭山、黑河、佳木斯、牡丹江和伊春 7 个Ⅱ型城市和鹤岗、七台河 2 个中等城市要全面取消落户限制，让有意愿进城的农村转移人口就近落户，加强农村劳动力和人才向城镇的社会性流动，增强城乡间劳动力、知识技术等生产要素的自由流动，盘活省内人力资源，改善黑龙江省人力资源大幅度外流的局面。

2. 实施居住证制度

黑龙江省应打破传统的城乡户口分离制度,不再采用区分城乡的多种户口形式,建立统一的户口登记制度,将过去的城镇户口、农村户口与暂住证,统一为居住证。对于进城务工的农村转移人口,可凭有效证件至派出所或社区办理居住证,拥有居住证即享有与当地居民的同等待遇。在深入实施居住证制度的过程中,政府应减少居住证审批办理手续,简化居住证审批办理流程,组织开展居住证实施情况调查,综合分析各类实施情况与所遇困难,找出影响实施的因素并制定解决方案,优化居住证制度设计。支持有条件的县域赋予持证人更多的权力,使不想落户和不能落户的未落户常住人口逐步享有与户籍人口同等的服务和权力。通过居住证可以建立区域内的人口信息数据管理平台,逐步完善个人信息采集,加强人口管理,有利于国家整合调取人口方面的信息数据。居住证制度的深入发展既能助推农村转移人口市民化的进程,同时可以顺利完成从户籍到居住的平滑过渡,不会存在衔接不上、断崖式发展的问题。推进户籍制度改革的有序进行,可有效避免因二元户籍制度与福利制度脱轨而导致的各类弊端,加大农村转移人口的流动。

(四) 促进城乡间要素自由流动,实现城乡融合协调发展

实现城乡融合协调发展,除放宽落户政策、实施居住证制度从而达到劳动力解放外,还需打破城乡间技能技术、土地建设、农商经营及基础设施建设的壁垒,细化不同类型城市实现城乡融合的措施,多方面促进城乡间要素自由流动,向全面建设城市化农村方向努力。通过支持土地流转、培育良好营商环境、推进城乡基础设施建设联动发展,可有效促进城乡间要素自由流动,实现城乡融合协调发展。

1. 支持土地流转

土地是农业生产的基本要素,土地面积的大小及质量情况直接决定了生产能否实现规模经济效益。在生产过程中应关注这一土地规模上的生产收益是否大于生产成本。同时,虽然耕地总面积较大,但人均耕地面积较小,生产呈细碎的分散化,不利于提高生产效率和实现规模经济。因此,为了降低农产品单位成本,实现规模经济,应当鼓励土地适当转让和兼并。根据我国宪法,土地由农用土地向非农用土地流转必须由政府主导,农民不能自行抵押买卖。在新型城镇化不断深入的过程中,越来越多的农村人口涌入城市,造成农田转租、宅基地闲置。由于信息闭塞,一般的土地转租仍然以乡邻或亲戚之间为主,转租信息得不到有效的扩散,大量耕地闲置荒废。因此,应明晰农村各类资产权属,建立规范统一的农村产权流转市场,引入市场竞争机制,由政府主导建立

土地流转交易平台，由专家制定相应流程政策，推行农村集体经营性建设用地直接入市，鼓励农户将闲置废弃建设用地复垦，达到建设用地指标后入市交易。还可以建立土地转租中介机构，汇总交易信息，帮助租赁双方及时获得有用信息，健全农村土地流转服务体系，招聘专门人才帮助策划，盘活沉睡的集体资产，将土地资产放入市场灵活运用，将土地资源价值发挥到最大，为农业现代化发展提供相对充裕的土地资源，同时也为新型城镇化发展提供良好的生态环境。最终，必须将户籍制度与土地流转制度有机结合，使农村转移人口土地流转与市民化进程同步进行，只有让农村转移人口享有与城镇居民同等的待遇与权利，他们才能放心将土地放入市场进行流转交易。所以，积极落实用农地交换城市公共服务的制度，有利于促进农业人口向非农业人口转化，加快农村人口向城市迁移。

2. 培优营商环境

培育良好的营商环境有利于资源的流动及资金的循环。政府应出台各类优惠政策，扶植意图入乡发展的企业，鼓励引导城市工商资本下乡，调动农村营商积极性，促进农村经济发展，同时，为城市企业提供更大发展空间，加速资金流转。黑龙江省基层政府部门要在土地、资金和人才使用方面给予大力支持，引导村民与工商资本建立良好信任关系、互帮互助、共同致富，并强化规划引领、清晰传递规划信息。不同类型的城市在促进城乡生产经营融合方面存在一定差异。工业型城市侧重于以工助农，旨在将工业企业的生产要素和规模经营的理念传输给农业产业，鼓励将资本投入农村进行建设，将其产业生产链条延伸至农村，利用农村领域空白创造更大发展空间，形成城乡产业联动的合作体系；对于综合型城市而言，重心应放在改革城乡二元体制，缩短城乡差距，消除乡土歧视，并大力建设"工业园区""农业园区""新型农村社区"等。

3. 推进城乡基础设施建设

统筹推进城乡基础设施建设联动发展，加强农村的公共服务保障，应以中心城市为核心带动周边乡村。统一规划建设，打破行政区域壁垒，统筹规划基础设施建设，合理配置资源，使农村在教育、医疗、市政、环境、文化生活等方面的服务供给达到与城镇相同的水平。着力改善农村人居环境，对于生活垃圾处理、污水排放、化肥农药施用等方面进行整改升级，对农村街道、交通以及围墙、建筑等进行规划美化，对于有意"坐村居市"的农民，提供类似城市的全部供水、供电、供气等配套基础设施，为新型城镇化建设提供良好外部环境。提升公共服务均等化水平，合理规划新城镇建设用地布局，优化原有城镇布局，缩小城乡差距，打通城乡发展渠道。在农业现代化背景下，落实国家精准扶贫政策，提高农村经济水平，引导新型城镇化建设向更加集约、绿色、生态、低碳的方向发展。政府应做好基础设施建设投入的专项基金管理，合理分配资金，有计划地向更偏远的山村或城镇推进基础设施建设。还应将互联网技术融入基础设施建设，积极打造智慧城镇、创新社会管理模式。推进农村基础设施建设需全面调查省内镇村之间公共设施建设情况，并结合域镇及其周边村庄人口的分布特点，重点加强以城镇为中心 3～5 公里半径覆盖范围但基础设施未连接到的村级单位的排水、电力、商业网点等基础设施以及医疗、教育等公共服务建设，致力于将农村基础设施建设提升到城市水平，同时保留乡村独特风俗风貌，打造美丽乡村。

项目负责人：刘畅
主要参加人：王思怡、李赫、张贺、侯修泽、高凤洁、郭一迪、柳圩

黑龙江省农民进城意愿及影响因素研究[*]

余志刚　马　丽　宫思羽　贾晓晨

新型城镇化是全面建成小康社会、实现现代化的必由之路。2004 年以来，6 个中央 1 号文件强调新型城镇化问题；2020 年 4 月，国家发改委印发了《2020 年新型城镇化建设和城乡融合发展重点任务》，进一步明确了政策目标。近年来，我国城镇化建设发展迅速，但质量不高，突出表现为农民市民化滞后。城镇化的主体是农民，新型城镇化的"新"在于以人为核心。推进新型城镇化，必须充分尊重农民意愿，深入了解农民"为什么进城""进什么城""怎么进城"。黑龙江省作为全国最大的粮食主产区和粮食调出省，为国家粮食安全做出了巨大的贡献，但在城镇化发展方面，却面临着很大的困难，农民进城意愿和行为与其他省份相比都有着不一样的特点。在这样的情况下，立足黑龙江省实际情况，了解和把握农民进城的意愿、方式和预期，深入分析影响和制约农民进城意愿的因素，才能追根溯源，更加真实地掌握城镇化的现状、潜力和趋势，从而满足农民的真实需求，推进城镇化的进程、提高城镇化的质量。

一、农民进城意愿的宏观背景及意义

（一）我国农民进城的宏观背景

我国城镇化率随着社会经济发展水平的提高而不断增加。改革开放的 40 年也是我国城镇化建设快速发展的 40 年。1978 年，我国城镇化率仅为 17.92%，而到了 2018 年，城镇化率提高到 59.58%，比世界平均水平高出 4.29 个百分点，表明我国已经基本上实现了城镇化。党中央历来高度重视城镇化发展。2000 年 10 月，"城镇化"一词首次出现在中央文件中。党的十五届五中全会提出"十五计划"，计划提出，"随着农业生产力水平的提高和工业化进程的加快，我国推进城镇化条件已逐渐成熟，要不失时机地实施城镇化战

＊　黑龙江省社会科学研究专题项目（项目编号：20JYH014）。
　　项目负责人为余志刚教授，主要参加人员有马丽、宫思羽、贾晓晨等。

略"。此后，党的十六大、十七大、十八大和十九大报告中都提到了城镇化问题。2013年中共十八届三中全会召开，"新型城镇化"的文字表述在党的文件中首次出现。这表明了党中央对城镇化问题有了更深刻的认识，明确了未来城镇化的发展方向。这次会议确定了城镇化的发展方向，即以人为核心的新型城镇化，它已经成为我国统筹城乡发展，推进现代化进程的重要举措。党的十九大报告指出，"以城市群为主体构建大中小城市和小城镇协调发展的城镇格局"，为新时期如何推进新型城镇化指明了方向。

（二）东北地区城镇化发展的经济社会背景

自2003年国家提出实施东北地区等老工业基地振兴的战略以来，东北地区新型城镇化建设成了推进政治、经济、文化、社会等多方面发展的有力抓手。

东北地区作为我国的粮食主产区，拥有优越的土地资源，农业发达且农村人口众多。由于东北地区是我国重要的老工业基地，工业产业就业机会多，在新中国成立初期，东北地区很多农村人口都变成了工业企业从业人员，东北地区的城镇化水平一直保持在全国领先水平。但是随着改革开放的不断加深和经济全球化时代的到来，东部沿海省份开始快速反超，经济飞速发展，而东北地区产业形态单一和资源枯竭严重阻碍其城镇化进程。导致这种现象出现的原因包括发展动力不足、核心城市实力不强、产业结构不合理、城乡差距逐步拉大、市场经济体制不健全不完善等，这也都是制约东北地区城镇化进程的关键因素。城镇化发展水平在一定程度上反映着一个地区的经济发展水平，东北地区的城镇化建设不仅可以促进东北地区的经济发展，而且能够扩大我国市场需求，拉动我国经济增长。新一轮东北振兴战略是东北地区城镇化发展的重要推动力量，东北地区城镇化建设现在处于机遇与挑战并存的时期。

（三）黑龙江省城镇化发展的经济社会背景

黑龙江省作为东北地区重要的粮食基地，对于我国农业的稳定以及粮食安全有着十分重要的作用。近年来，随着经济的快速发展和产业结构的调整，黑龙江省城乡差距逐渐拉大，大量农村青壮年劳动力选择进城务工，由于自身的文化素质和就业能力偏低，农民只能从事收入相对较低的工作。然而，农民在城市面临着较高的生活成本，子女教育和住房问题也难以解决，而且不能享受和城市居民同等的待遇，农民即使进城，生活质量也没有提高，甚至生活更加艰难。因此，农民不会长久地选择在城市生活，难以成为真正的市民。但城市的高速发展，推动着黑龙江省新生代农民工不断涌入城市"怀抱"，新生代农民工是指 80、90 后的年轻一辈的农民工，新生代农民工相比老一辈农民工具有受教育程度高、对乡村留恋程度低、生活观念先进等特点，这些特点使得他们在城镇化建设方面比老一辈农民工更有优势。但是，农民进城后面临着就业、住房、户籍、子女教育、社会保障等多方面问题，这些因素影响和制约着黑龙江省农民工市民化进程。在这种背景下，对黑龙江省农民进城意愿及其影响因素进行研究十分必要。

二、黑龙江省城镇化现状及其影响因素

（一）黑龙江省城镇化建设实施现状

根据《黑龙江统计年鉴（2020）》，2015—2019 年，随着户籍和农地制度的改革，乡村人口数量五年连降，市镇人口数量稳中有升，农村人口比重相对下降。在这五年中，乡村人口减少了 104 万人，市镇人口增加了 43 万人，部分农村居民实现了向城市居民的转变，同时也实现了剩余农业劳动力流向城镇。农村的乡村就业人员逐年减少，从 2015 年 976 万人到 2019 年的 875.4 万人，5 年间减少了 100.6 万人，城镇就业人员在 2016 年到 2018 年间数量相对平稳，增加了 12 万人，但是到了 2019 年急剧减少，仅一年时间，城镇就业人员减少了 148 万人。农村人口向城市流动，有利于农村土地规模化经营，人口在城市中聚集的同时，各种产业要素也向城市聚集，利于发挥产业的规模效应，更好促进城乡经济发展，缩小城乡居民收入差距。这不仅利于农业集约化生产，更有利于城市群规模扩大。从供给方面看，农业剩余劳动力为城市发展提供大量人力资源；从需求方面看，城市可以为农民工提供多样的消费选择和高品质生活。2010—2020 年，黑龙江省一、二、三产业均能保持一定的增速，尤其是第三产业增长最快，发挥了人口积聚带动经济发展的作用。黑龙江省人均地区生产总值为 36 183 元，远低于全国人均国民收入总值 70 892 元，反映出黑龙江近年来发展不景气。但即使受到疫情的影响，黑龙江省人均可支配收入依然能够保持一定比率的增长，2020 年全省居民人均可支配收入 24 902 元，同比增长 2.7%，其中，城市常住居民人均可支配收入 31 115 元，同比增长 0.5%；农村常住居民人均可支配收入 16 168 元，同比增长 7.9%。截至 2020 年底，全省城镇登记失业率 3.37%，同比下降 0.16 个百分点。

1. 体制障碍逐渐破除

黑龙江省出台一系列的政策措施，保证农地流转的过程中农民利益不受损，加速农村土地流转，便于实现黑龙江省农业生产的集约化，调动农民的"离土离乡"的积极性，促使剩余劳动力转移到城市中并参与到城镇化进程中来。通过完善进城农民的社会保障机制，维护进城农民在城市中应享有的权利。同时，各级政府应扩大财政保障范围，使随迁农民子女在城市内能得到公平的上学机会；出台人才激励措施，引入高素质人才，引导各类人员有序落户。

2. 城镇化进程稳步推进

以工业为主导产业的经济发展已经成为过去式，现在的黑龙江正在大力发展第三产业，随着城镇化建设规模的扩大，其建设质量也有所提高。在2020年各省市城镇化率排名中，31个省市中黑龙江省的城镇化率排第13名，虽不及发达城市，比如上海、北京、天津等，但目前也处于中等偏上。黑龙江省城镇化率与全国平均水平的差距正在逐年缩小。

3. 产业结构不断调整

黑龙江作为全国的农业大省，第一产业产值远高于国家平均水平。近年来，黑龙江省采用新技术，在产量和质量方面"双量"提升，发展绿色农产品产业，打造绿色农产品品牌，使其逐渐成为省内支柱产业。近五年来，第二产业发展趋向平稳，占全省GDP的1/4。政府制定产业转型的战略计划，大力扶持新型服务产业，提高对农村劳动力的吸引力，同时促进其他产业协同发展。第三产业比重逐年提高，有利于黑龙江省产业结构调整和优化，可助力城镇化进程稳步推进。农村人口向城市转移，也有助于生产要素和劳动力在城市中积聚，便于配置生产发展所需要的要素。

4. 各城市城镇化有序进行

目前，哈尔滨、绥化、大庆、齐齐哈尔和牡丹江这5个城市正在构建黑龙江现代都市圈，发展冰雪旅游业，进行城市基础设施智能化改造，努力提升人民在城市中居住的幸福感；位于黑龙江东部的佳木斯、鸡西、七台河、双鸭山和鹤岗，正在进行产业转型，建设现代化工业体系，扩大对俄罗斯的开放力度，有望迎来经济发展的"春天"；位于黑龙江西北部的伊春、黑河、大庆合力发展农业和森林旅游等劳动密集型服务业，加快村庄合并，引导人口向城镇聚集，以满足人们对高水平城镇化建设和对生态宜居城市的建设需求。

（二）黑龙江省城镇化发展的影响因素

1. 户籍及土地制度的阻碍

首先，迁移至城市的农民由于文化程度低，就业机会少，但城市生活成本高，消费支出大，加之如今城市户口的含金量正在下降，而农村户口却意味着更多的补贴和福利，所以，大量农民不愿放弃农村户口而落户城市。其次，土地和宅基地确权的问题一直都在商讨中，对此并没有明确的指导政策，只有这些权利与户籍制度分离，才能让农民进城落户没有后顾之忧。所以户籍制度改革程度，相关政策的落地实施程度，都将影响着黑龙江省城镇化建设的质量。

2. 人口数量减少的制约

黑龙江省也是人口流失最严重的省份之一。黑龙江省处于北部边境，距离经济发展核心地区较远，经济发展速度较慢，2019 年全省 GDP 增速为 4.2%，在全国排名倒数第二位，气候因素方面，黑龙江省冬季漫长且寒冷，并非宜居之地，导致黑龙江省人口流失严重。统计资料显示，在每年的流出人口中，18~59 岁的人员占了 80% 以上，适龄劳动人口的流出，造成了黑龙江省域的低生育率，同时加重了人口老龄化，这就需要原本不富裕的政府在养老保障方面投入大量资金，给经济发展转型造成障碍。黑龙江省劳动力缺少的问题如继续加重，经济发展将持续放缓，导致就业机会变少，招揽人才能力变弱，人力资本流失，进一步阻碍黑龙江城镇化建设。

3. 农民工综合素质亟待提高

黑龙江省绝大多数农民只有初中及以下学历，且缺少相关工作的技能，想要到城市中立足，有安稳的工作和生活是比较困难的。随着经济的发展，新兴产业对高素质的劳动力和新型技能人才的需求更加旺盛，绝大多数农民工不具备这些技能和素质，长此以往，更不利于农民继续在城市中生活和工作。同时，低学历导致低收入，低收入就无法带动城市的消费。消费水平影响着经济发展，经济与城镇化发展水平相互影响。

4. 区域经济发展增速较慢

近年来黑龙江省经济发展缓慢，2019 年全省 GDP 增速为 4.2%，低于全国平均增速（6.1%）1.9 个百分点。黑龙江省的 GDP 对全国 GDP 的贡献比重自改革开放以来也逐年下降，在 1980 年时占全国 GDP 的 5.02%，到 2012 年下降到了 2.55%。据最新的统计资料，2019 年降至 1.38%，七年间下降了 1.17 百分点。虽然黑龙江省 GDP 每年都在增长，但是增长速度远不及国家平均增长水平。产业不够兴旺、经济增长缺乏活力、资金不足、人才流失严重，制约了城镇化的进程和城镇化建设的质量。

5. 城镇化建设规划的局限

在过去黑龙江省的城镇规划中，把特大城市发展建设放在首位，投入大量人力和物力，而忽视了小城市的发展。大城市发展迅速，人口过度集聚，超过了城市生态系统的承受范围，环境恶化，出现了"城市病"，而小城市因为人口过度流出，导致经济发展停滞，城市功能退化。同时，财政投入不足，导致发展质量也没有提升，城市之间的收入差距进一步拉大，各项公共投资朝大城市倾斜，各城市间的区位禀赋差异愈发明显。尽管大城市发挥的辐射带动作用近年来一直都在提升，但是收效甚微，不能满足黑龙江全省域内新型城镇化协调发展及未来全域内经济发展的需要。

6. 社会保障制度的约束

农民工的工作不稳定，流动性很强，极其需要社会保障作为兜底。农民工就业属短时行为，只关注短期利益，且企业为了节约成本，实现更多收益，不愿意和农民工订立劳务合同。《2016 年农民工监测调查报告》显示有 64.9％的农民工从未签订就业合同。目前全国大部分地区对农民工的社会保障制度都是缺失的，这将会减少农民工进城的动力，不利于城镇化的推进。

三、黑龙江省农民进城的理论基础及研究假说

（一）内在基础：成本收益分析理论

农民工市民化成本，一般为农民工将个人身份转换为市民所需付出代价的加总。其中包括获得与当地拥有城市户籍的居民同等的劳务、就业、子女教育、医疗服务、养老保险、住房公积金等一系列公共服务待遇所要付出的代价。从成本承担者角度进行划分，分为个人、企业、政府和社会其他组织所应承担的相关成本。个人成本包括农民工身份转化为市民过程中自我能力提升所需的成本，例如专业技能培训、个人素质提升、教育文化程度提升等；企业成本包括雇佣转化为市民身份的农民工企业所承担的工资、奖金、五险一金、补贴、福利、子女教育经费等；政府和社会其他组织成本包括由政府承担的公共基础设施建设支出、子女教育支出（含学前教育及义务教育）、社会保障及各种社会福利、公共医疗及卫生服务支出等。张国胜等（2013）从社会成本角度着手，将农民工市民化成本从个人生活成本、个人资本、社会权利、住房成本、社会保障成本及公共基础设施建设成本进行全面的测算。研究表明我国东部沿海城市农民工市民化的社会成本约为 10 万元，而内陆大部分城市市民化成本在 5 万元左右。由于城市地理区位、经济发展水平的不同，其承载力不同，且所能承担的人口压力也有所不同。东部沿海城市可以担负的社会成本更高，而内陆城市所能担负的社会成本更低，即内陆大部分城市的个人所需担负的成本高于东部沿海城市。因此，内陆城市地区的农民工如果想顺利迁移进城市则需要更高的学历水平、更强的专业技能以及更全面的个人综合能力。

胡桂兰等（2013）对浙江省、广东省中沿海发达城市进行分析，并基于浙江省嘉兴市的农民工积分入户政策及新居民管理模式，在现有政策基础上，完善了农民工进城相关制度，提出要加快推进农民工市民化进程，提高其市民化效益。农民工市民化为城市和个人都带来了很多好处，不仅仅体现在财务效益

层面，在非财务效益层面也带来了许多好处。例如，在个人层面，进城农民在城市生活工作的过程中，其受教育程度、个人素质、思想认识都得到了提升；在企事业单位及政府层面，进城农民为各级政府、企业带来了好处，包括提升了企业利润中农民工贡献份额（人口红利）、提高了中央政府及地方政府的财政收入等。东部沿海城市为限制大城市人口密度过大，避免其承受超负荷的人口压力而推行的户籍改革制度，提高了特大城市人口流入的"门槛"，一定程度上助力农民工市民化合理推行。许光（2014）在分析城市的环境承载力以及城市内人口规模与农民工城市融入之间的内在关系时发现，经济因素对农民工的吸引力最大，并且其吸引力远高于城市环境资源对农民工的吸引力。由此可见，单纯依靠完善制度的手段不足以达到降低人口密度的目的，反而会因过度控制特大型城市内人口总量引起社会公共福利的损失。应该从产业结构、公共服务、政策制度多方面多角度着手，实现整体福利的帕累托改进。面对不同承载力的城市，对应限定不同流量的人口，在降低社会成本的同时增加农民工市民化收益。

基于以上分析提出假说：

H1 自我身份判断、定居意愿、落户意愿显著影响农民工市民化意愿，且与其市民化意愿呈正相关。

（二）理论模型：人口迁移理论及人力资本模型

第一，人口迁移理论。在城镇化进程中往往会伴随着人口规模与城市承载力不匹配的现象，要从合理布局空间、调整产业结构、完善公共服务三部分着手，进一步实现社会整体帕累托改进。因此，应从农民的视角考虑人力资本、地缘特征对农民工市民化意愿的影响，从而在地域空间上深入研究农民人口的流动方向及迁移意愿，进而解决劳动力为何从农村向城市及周边城镇转移的问题。在发展经济学中，有关人口劳动力转移的理论包括刘易斯的"Dual Sector""Ranis – Fei"模型以及"Todaro"模型，这些都是根据城乡居民的收入分配不同来解释人口劳动力的迁移。在 Todaro 模型中，城乡收入的差异吸引了许多农村劳动力，并且他们会以预期收入最大化为目标，当进城务工者的预期收入高于其从事农业劳动所得或高于其迁移所需成本，那么他们将会作出迁移决策。

除此之外，人口迁移理论的主要内容一方面是人口迁移受到距离因素的影响，人们更愿意就近进行迁移，而远距离迁移目标多为以工商业生产为主、快速发展的城市，并且离城市发展中心越远，人口迁移量越小；另一方面，人口迁移也呈现着阶梯式递进，形成偏远农村—邻近市县—大城市发展中心路径。

反之，大城市人口则由城市发展中心向周边扩散至邻近市县，由近及远，逐步扩散。即需要同时考虑其所在区域类型、地区经济发展水平以及距离市区的远近三个因素。基于此，本研究选取农民工月工资水平（月收入）、所在地区的经济发展水平、城市级别及户口类型分析其对农民工市民化意愿的影响。决策模型如下：

$$M = f(L, CL, PR, Z_1, Z_2) \qquad (1)$$

式中：M 为农民工市民化意愿，L 为地区经济发展水平，CL 为城市级别，PR 为户口类型，f 表示流动函数，Z_1、Z_2 代表模型未进行解释但对农民工进城意愿产生影响的其他因素。

第二，人力资本理论。舒尔茨（1964）认为人力资本是因人们对自身进行投资从而使人们产生能力，表现为人们的身体健康状况、所受知识教育、个人专业能力的总和。农民工的人力资本包括其健康程度、受教育程度、职业技能获取程度、工作经验等结合在农民工个体上所有资本的总和。人力资本的强弱决定了农民工在择业时的信息适配能力、就业信息整合能力、面对多项岗位的选择能力以及生产生活的能力。农民工市民化需要经历三个阶段，包括求职阶段、身份地域迁移阶段、城市融入阶段。在此过程中，个体需承担其市民化所需成本，包括生存成本、转移成本以及对生活的补偿成本。由成本收益分析可得，农民工市民化受到地域、户籍制度、社会公共福利影响。其中对地域差异个人无法进行更改，户籍制度虽无法更改，但不少地方政府采取了积分落户机制，这取决于个体的个人能力、文化程度、职务、技能等。因此，人力资本是农民工市民化的基本影响因素，也是决定性因素，有必要深刻分析其对农民工市民化的影响，以推进市民化进程。

结合劳动力迁移理论和人力资本理论，人力资本迁移模型提供了迁移的微观分析基础。在公式（1）中，Z_1、Z_2 是除了地区经济发展因素以外，影响农民进城意愿的其他因素，包括地缘特征、人力资本及"三权"退出意愿因素。根据人力资本迁移理论及土地制度改革政策，对个体健康情况好、受过良好教育、拥有职业技能等因素的农民工市民化意愿更强烈作出一系列微观假设。

$$Z_1 = f(E, H, C, W, JC) \qquad (2)$$

式中：Z_1 为人力资本及个体特征的相关变量，E 为农民工文化程度，H 为农民工健康状况，C 为农民工拥有职业证书情况，W 为农民工月工资水平，JC 代表劳动力工作性质。

基于以上分析提出假说：

H2 人力资本显著影响农民工市民化意愿，且与其市民化意愿呈正相关。

H2 地缘特征显著影响农民工市民化意愿，且与其市民化意愿呈正相关。

H3："三权"退出意愿显著影响农民工市民化意愿，且与其市民化意愿呈负相关。

根据历史研究成果，本研究构建如图 1 所示的农民工进城意愿的假设模型。模型包括人力资本、地缘特征、"三权"退出意愿三个潜变量。第一个潜变量为人力资本，其中包括文化程度、健康状况、职业（资格）证书、每月平均收入（月工资）、工作性质 5 个可观测变量；第二个潜变量为地缘特征，其中包括地区经济发展水平、城市级别、户口登记地 3 个可观测变量；第三个潜变量为"三权"退出意愿，其中包括承包地经营权、宅基地使用权、集体收益分配权的退出意愿 3 个可观测变量。

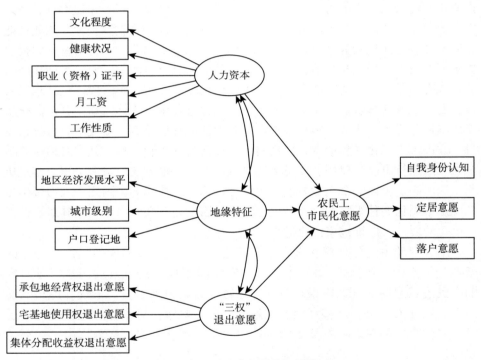

图 1　农民工进城意愿的假设模型

四、黑龙江省农民进城的现实结构分析与实证检验

（一）样本选择

本研究团队对黑龙江省开展了一次较大规模的调查。调查问卷结合黑龙江

省实际情况而设计。分为 3 大部分及 9 小部分。其中 A 为家庭基本情况，B、C 为未进城农民及已进城农民的就业意愿、购房意愿、定居意愿、落户意愿、"三权退出"意愿。采用分层、多阶段、PPS 抽样方法随机抽选对象进行调查，选取黑龙江省 10 个城市 15 个县区，包括哈尔滨市呼兰区、阿城区，齐齐哈尔市龙沙区、建华区、讷河市，鸡西市鸡冠区，鹤岗市兴安区，双鸭山市四方台区、集贤县，佳木斯市前进区、同江市，七台河市桃山区，牡丹江市爱民区，黑河市爱辉区，绥化市北林区。此次调研共回收问卷 1 502 份，其中哈尔滨市 183 份、齐齐哈尔市 245 份、鸡西市 135 份、鹤岗市 87 份、双鸭山市 220 份、佳木斯市 165 份、七台河市 155 份、牡丹江市 147 份、黑河市 81 份、绥化市 84 份。剔除关键信息缺失等无效问卷 190 份，共获得 1 312 份调研样本，有效率为 87.35%。

（二）样本信度、效度检验及因子分析

利用 SPSS 26.0 对所选潜变量及可观测变量进行信度、效度及因子分析（表 1）。整体样本的 Cronbach's α 为 0.651，其中各潜变量的 Crcnbach's α 分别为 0.641、0.618、0.623，说明人力资本、地缘特征、"三权"退出意愿的信度水平较好，且各可观测变量间存在一致性。用主成分因子与方差最大正交旋转方法分析发现，4 个主因子的累计方差解释率分别为 31.556%、50.336%、33.565%、66.681%；14 项可观测变量的标准因子载荷系数均高于 0.6；且样本数据的 KMO 值高于 0.7（$P<0.001$），因此，该样本数据信度、效度较好，模型中各变量间存在较好的相关性，适合做因子分析。

表 1　样本信度、效度及因子分析

变量	可观测变量	表示符号	标准因子载荷系数	Cronbach's α	累积方差解释率（%）
人力资本	文化程度	E	0.845		
	健康状况	H	0.978		
	职业证书	C	0.890	0.641	31.556
	月工资	W	0.811		
	工作性质	JC	0.896		
地缘特征	地区经济发展水平	L	0.980		
	城市级别	CL	0.737	0.618	50.336
	户口登记地	PR	0.992		

（续）

变量	可观测变量	表示符号	标准因子载荷系数	Cronbach's α	累积方差解释率（%）
"三权"退出意愿	承包地经营权退出意愿	CW	0.897		
	宅基地使用权退出意愿	HW	0.687	0.623	33.565
	集体收益分配权退出意愿	RW	0.997		
农民工市民化意愿	自我身份认知	I	0.987		
	定居意愿	S	0.986	0.606	66.681
	落户意愿	R	0.997		

（三）样本描述性统计分析

本研究以人力资本、地缘特征及"三权"退出意愿作为自变量；以农民工市民化意愿作为因变量，基于历史研究成果、假设及理论模型选取相应指标，并对其进行赋值，变量选取结果及其均值、标准差计算如表 2 所示。

表 2　变量描述性统计

因素		表示符号	特征	均值	标准差
人力资本（Y₄）	文化程度	E	小学及以下=1，初中=2，高中=3，中专及职校=4，大专及本科以上=5	1.88	0.94
	健康状况	H	较差=1，良好=2，健康=3	2.81	0.49
	职业证书	C	无=0，初级=1，中级=2，高级及以上=3	0.09	0.43
	月工资	W	(0, 1 000]=1，(1 000, 2 000]=2，(2 000, 3 000]=3，(3 000, 4 000]=4，(4 000, +∞]=5	2.39	1.23
	工作性质	JC	未就业=0，雇员=1，雇主/自我经营=2	0.90	0.71
地缘特征（Y₃）	地区经济发展水平	L	落后=1，一般=2，发达=3	1.70	0.84
	城市级别	CL	五线=1，四线=2，三线及以上=3	1.45	0.73
	户口登记地	PR	本县=1，本市=2，本省=3，外省=4	2.01	0.97

（续）

因素		表示符号	特征	均值	标准差
"三权"退出意愿（Y_2）	承包地经营权退出意愿	CW	无承包地＝0，保留＝1，有偿退出＝2，无条件退出＝3	0.77	0.46
	宅基地使用权退出意愿	HW	无宅基地＝0，保留＝1，有偿退出＝2，无条件退出＝3	0.37	0.57
	集体收益分配权退出意愿	RW	无集体收益分配权＝0，保留＝1，有偿转让＝2	0.12	0.39
农民工市民化意愿（Y_1）	自我身份认知	I	不是＝1，说不清＝2，是＝3	2.55	0.77
	定居意愿	S	没有＝1，不确定＝2，有＝3	2.54	0.78
	落户意愿	R	没有＝1，不确定＝2，有＝3	1.32	0.60

为了更好地分析样本数据的相关情况，选取14个变量进行描述性统计分析，由表2可知，在人力资本上，受访样本中的进城务工人员整体健康状况较好，文化水平初中以下居多，相关职业证书拥有水平偏低，大多数人为雇主打工，月收入平均值超过2 300元。在地缘特征上，所在地区的经济发展水平均值为1.70，所在城市级别的均值为1.45，户口类型均值为2.01，整体就近务工情况较多。在"三权"退出意愿上，承包地经营权退出意愿均值为0.77，宅基地使用权退出意愿均值为0.37，集体收益分配权退出意愿均值为0.12，整体上样本退出"三权"的意愿较低。在其市民化意愿上，自我身份认知均值为2.55，定居意愿均值为2.54，落户意愿均值为1.32，整体上进城务工人员多数将自己看作"城里人"，并且有在城市定居意向，但是整体上想要在城市落户的意愿较弱。

（四）计量模型构建及其结果分析

1. 模型设定

研究设定的变量包括进城务工农民的人力资本及地缘特征，无法对此类因素进行单独衡量，"三权"退出意愿及市民化意愿也属于人们的主观意愿，无法进行直接测量，为避免误差，采用结构方程模型对数据进行处理，包括两种模型。第一，测量模型。用于反映潜变量与可观测变量间的相互作用关系。可观测变量可由调研数据直接获取，潜变量为某种抽象特质，由调研数据得到的可观测变量总结获得。第二，因果模型。反映各个潜变量间因果关系。"因"为外生潜变量，"果"为内生潜变量。本研究结构方程模型公式如下：

$$Y_1 = \gamma_{11} I + \gamma_{12} S + \gamma_{13} R + \varepsilon_1 \tag{3}$$

$$Y_2 = \gamma_{21} CW + \gamma_{22} HW + \gamma_{23} RW + \beta_1 y_1 + \varepsilon_2 \tag{4}$$

$$Y_3 = \gamma_{31} L + \gamma_{32} CL + \gamma_{33} PR + \beta_2 y_1 + \varepsilon_3 \tag{5}$$

$$Y_4 = \gamma_{41} E + \gamma_{42} H + \gamma_{43} C + \gamma_{44} W + \gamma_{45} JC + \beta_3 y_1 + \varepsilon_4 \tag{6}$$

$$Y_5 = \gamma_{11} Y_2 + \gamma_{12} Y_3 + \gamma_{13} Y_4 + \varepsilon_5 \tag{7}$$

式中，ε_1、ε_2、ε_3、ε_4、ε_5 为随机变量。

2. 实证结果分析

构建出的结构模型结果（表3）表明，人力资本、地缘特征对农民工市民化意愿的标准化回归系数分别为 0.162、0.211，且二者均在 1‰ 水平上显著正相关；"三权" 退出意愿对农民工市民化意愿标准回归系数为 −0.120，在 1‰ 水平上显著负相关。由此可见，人力资本越高、地缘优势越明显、"三权" 退出意愿越低，农民工市民化意愿就越强烈。首先，在反映人力资本的 5 个可观测指标中，工作性质、文化程度、健康状况、月工资、职业证书都对人力资本有显著影响，这些指标与人力资本之间的标准化回归系数依次减小，分别为 0.814、0.589、0.453、0.402、0.289，即每月平均收入越高、工作性质为雇主、受教育程度越高、健康状况越好、拥有相关职业证书的农民工的市民化意愿就越强烈。其次，在反映地缘特征的 4 个可观测指标中，城市级别、地区经济发展水平、户口登记地地缘特征之间的标准化回归系数依次减小，分别为 1.000、0.858、−0.321，即城市级别越高、地区经济发展水平越好、户口所在地等级越低的农民工市民化意愿越强烈。再次，在反映 "三权" 退出意愿的 3 个可观测指标中，宅基地使用权退出意愿、集体分配收益权退出意愿、承包地经营权退出意愿与 "三权" 退出意愿之间的标准化回归系数依次减小，分别为 0.995、0.995、0.166，"三权" 退出意愿与市民化意愿之间的标准化回归系数为 −0.120，即 "三权" 退出意愿越低的农民工市民化意愿越强烈。最后，在反映农民工市民化意愿的 3 个可观测指标中，定居意愿、自我身份认知、落户意愿与农民工市民化意愿之间的标准化回归系数依次减小，分别为 0.598、0.495、0.237，即定居意愿越强、越认为自己是 "城里人"、落户意愿越强的农民工市民化意愿越强烈。

表 3　路径、载荷系数估计结果

潜变量	路径	可观测变量	非标准化回归系数	S. E.	CR 值	p	标准化回归系数
个人资本	→	农民工市民化意愿	0.147	0.072	2.045	0.004	0.162
地缘特征	→	农民工市民化意愿	0.112	0.039	2.866	0.004	0.211

（续）

潜变量	路径	可观测变量	非标准化回归系数	S. E.	CR 值	p	标准化回归系数
"三权"退出意愿	→	农民工市民化意愿	−0.604	0.374	−1.616	0.003	−0.120
个人资本	→	文化程度	1.000	—			0.453
个人资本	→	健康状况	0.467	0.072	6.443	＊＊＊	0.402
个人资本	→	职业证书	0.290	0.057	5.076	＊＊＊	0.289
个人资本	→	月工资	2.362	0.299	7.902	＊＊＊	0.814
个人资本	→	工作性质	0.982	0.124	7.949	＊＊＊	0.589
地缘特征	→	地区经济发展水平	1.000	—			0.858
地缘特征	→	城市级别	1.014	0.069	14.705	＊＊＊	1.000
地缘特征	→	户口登记地	−0.430	0.057	−7.563	＊＊＊	−0.321
"三权"退出意愿	→	承包地经营权退出意愿	1.000	—			0.166
"三权"退出意愿	→	宅基地使用权退出意愿	7.387	1.932	3.824	＊＊＊	0.995
"三权"退出意愿	→	集体分配收益权退出意愿	7.389	1.932	3.824	＊＊＊	0.995
农民工市民化意愿	→	自我身份认知	1.000	—			0.495
农民工市民化意愿	→	定居意愿	1.221	0.349	3.493	＊＊＊	0.598
农民工市民化意愿	→	落户意愿	0.372	0.113	3.286	0.001	0.237

　　注：＊＊＊、＊＊、＊为在1％、5％、10％的水平上显著。路径中"→"表示其作为 SEM 进行参数估计的基准。CR 值的绝对值较高，说明潜变量与可观测变量之间的载荷系数估计显著性较高。且各变量均在1％水平上显著。个人资本、地缘特征与农民工市民化意愿正相关，"三权"退出意愿与农民工市民化意愿负相关。

　　根据表3中模型路径分析可知：第一，人力资本是显著影响农民工市民化意愿的因素之一。前文的实证结果表明，人力资本水平越高，其市民化意愿就越强。影响人力资本的可观测变量指标的选取，不但从人力资本的角度考察农民工的身体素质及文化水平，而且在一定程度上可为黑龙江省户籍制度改革提供理论依据与政策支持。选取受教育程度、健康状况、职业证书、每月工资、工作性质等方面来考察人力资本特征及农民工落户政策，具有一定的参考价值和引导意义。这与新型城镇化中提出的要因地制宜制定具体的农业转移人口的落户标准相吻合。将不同农民工的不同人力资本特征与落户城市的城镇承载力与发展潜力进行适配，提出更为精准的差别化落户政策，进而选择最适宜落户区域，分层引导农民工市民化，为推进农民工市民化探索提供借鉴。

　　第二，地缘特征是显著影响农民工市民化意愿的又一因素。地缘特征优势越明显，其市民化意愿越强。城市级别越高、城市经济发展水平越好、户口所在地等级越低的农民工市民化意愿越强烈。以人口迁移理论为基础，发现农民工所在区域产生的推力越强，迁移的拉力也就越强。同时，地缘特征不同时，农民工的个人发展潜力、可享受的社会福利待遇、公共基础设施水平、城镇环境承载力也存在差异。地缘优势明显，说明该地区经济发展水平较高，公共基础设施建设、社会服务水平、医疗保障水平、子女受教育条件都比较完备，政府承担的社会成本较高，农民工个人所承担的成本较低，个人所获收益及福利水平较高，市民化意愿也越强烈。

第三，"三权"退出意愿是显著影响农民工市民化意愿的因素。承包地经营权退出意愿、宅基地使用权退出意愿、集体分配收益权退出意愿越低其市民化意愿越强烈。从城市发展的角度看，城镇化的不断推进导致了农民"候鸟式"迁移，整体普遍想要留在城市，但又担心其基础保障。在新冠肺炎疫情期间，多数进城务工农民因各种各样的原因失业，若退出"三权"，其基本生活保障会受到威胁。因此，大多数人有意愿在城市定居但不愿意转让工地或退出"三权"。由此，应精准进行政策扶持，把握、引导农民工落户，完善相关政策，免除其"后顾之忧"，使其有序退出"三权"，实现高质量城镇化。

第四，自我身份认知、定居意愿、落户意愿三个指标用于衡量农民工市民化意愿。所选取的 3 个可观测变量均对农民工市民化意愿产生显著影响，呈正相关关系。定居意愿、落户意愿反映了农民工实现市民化所面临的房屋选择、定居、环境等因素以及落户选择时的决策行为意愿，通过指标建立和分析可以避免其"候鸟式"迁移，使其能完成真正意义上的身份转变。而自我身份认知指标可以反映农民工心中想要得到的幸福感和被认同感。在心理上，主要应提升农民工在城市的存在感、融入感，实现对身份认知的转化。通过全面分析农民工市民化意愿，并以自我身份认知、定居意愿、落户意愿 3 个指标进行衡量，对于深入拓展延伸农民工市民化内涵、有效推进新型城镇化具有重要意义。

五、提高农民进城意愿的对策及建议

城镇化是我国经济和社会发展的必经之路。城镇化建设发展水平也直接影响农民的进城意愿。伴随着我国多层面的飞速发展，现有的城镇化建设模式暴露出很多不足，如大城市人口的超量积聚和环境严重污染、小城镇发展不均衡、农民工大规模流动且权益得不到保障等。在这样严峻的形势下，我国应准确找出城镇化发展中存在的"病症"，开出针对性的"药方"，并结合我国国情和城镇化发展现状，出台多种政策促进城镇化建设健康发展，有效增强农民进城意愿。

（一）制定提升农民进城意愿的政策法规

1. 增加非农就业机会，保障就业高质稳定

首先，应取消相关行业准入限制，消除部分行业、企业对农民的固有看法，改善农民就业大环境，提升农民综合素质，增加其掌握技能数量和行业选择数量，创造农民就业优势；同时增加各行各业对农民的招聘需求，创造更多的非农就业机会。其次，政府要牵头建立农民进城务工服务体系，提供公开获取就业信息的渠道，助力农民更全面、更迅速地获取此类机会。并且提高各行各业对外开放水平，加速城镇产业结构升级，进一步促进城镇服务业发展，增强城镇产业集聚和人口吸纳能力，加强就业质量和稳定性，提高农民留存率。

2. 强化组织统筹领导，加强部门之间联动

要强化相关组织的统筹领导工作，营造良好工作氛围，自上而下贯彻落实相关政策法规，在思想上提高重视程度，为相关政策落地提供切实保障。基层部门充分发挥自身能动性，做好宣传讲解工作，确保农民知晓并了解相关政策法规。要加强监督，落实责任，定期从严从实评估相关工作过展。各部门需设定相关责任人，坚决抵制形式主义。定期反馈相关工作进度，对工作方式进行多种形式创新。增强政策法规对农民的感召力和进城吸引力。要抓好统筹兼顾，做好各部门工作任务的有机结合，加强不同部门之间的有效联动，让政策法规发挥最大作用。

3. 完善城镇户籍制度，增强农民落户意愿

首先让农民能落户。全面放开城镇落户条件，对于达到常住标准租房居住的进城农民，允许其落户在城镇，并对不合理的落户政策进行改革。对于较大城市，应积极完善和调整相关积分落户政策，根据本地实际情况进行合理调整。其次让农民想落户。要制定相关优惠政策，减免部分费用，加强相关部门的监管。对农民购房租房给予政策补贴，提高农民落户城镇和建设城镇的积极性。最后让农民易落户。相关部门应设立专门服务窗口，加强落户服务引导，简化审批手续，保障农民享受与市民同等的合法落户权益。对于有特殊情况的农民，相关部门应给予精准帮扶，提高其社区融入度和生活幸福感。

4. 因地制宜推进公共服务体制改革

首先，因地制宜推进公共服务体制改革。针对各地区实际发展情况和存在的问题提出解决方案，在公共服务的规模、质量和发展等方面实现较大提升。其次，要提高针对农民的公共服务水平，这需要多个部门和多种力量协作联

合，实现各个城镇共同繁荣发展。再次，重视城镇基础设施建设，增加财政拨款，提供资金保障，提高当地资源和设施利用率，保证公共服务项目的覆盖率。最后，建立相关统筹协调机制，加强各个部门之间的联系和整体监管，实现各部门的有效整合，提升公共服务合力。同时积极吸纳相关人才，提高公共服务工作效率和质量，使进城农民享受平等的公共服务，加快其融入社会速度。

5. 放开随迁子女入学限制，提供更多教育资源

要推进公办学校普遍向随迁子女开放，放开学生入学资格限制。尤其是随迁子女较多的城镇，应对随迁子女的学杂费进行相应减免。同时要对现行教育制度进行完善，简化随迁子女入学手续。要加大教育资源供给，重视相关学校的发展情况，加强各方面扶持和管理，在学校用地、办学资金、师资力量等方面给予支持，在办学方式上进行指导。对民办农民工子弟学校，相关部门应增加财政拨款，将这种学校归到民办教育管理的范畴。对其中发展良好的学校给予表彰和扶持，对达不到国家规定办学标准的酌情取消办学资格，并及时对入学的学生进行妥善安排，为随迁子女的再入学和后续学习提供坚实的保障。

6. 保障农民合法权益是增强农民进城意愿，推进城镇化进程的关键因素

在劳务管理方面，应加强对用工单位的监管力度，保障农民工工资按时发放，杜绝恶意克扣现象。用工单位、企业必须依法保护农民工的正当劳动权益，并且需要为农民工缴纳符合当地标准的社会保险。将侵害农民工权益的"黑心企业"列入"黑名单"，并对其持续监督，营造良好用工环境。在生活方面，应提高进城农民的社会保障水平，加强社区关怀，关注农民生活情况，消除无端歧视。建立专人专事对接机制，积极解决进城农民遇到的生活问题，引导进城农民参与社区活动，增强进城农民的自我认同感和幸福感。

（二）引导政府提供多种补贴

1. 增加财政补贴拨款，减少农民融入成本

首先，增加政府对城镇务工农民的财政补贴拨款力度。补贴的最终受益方一定是进城务工的农民，因此必须以人为本进行补贴。需改善政府财政支出结构，保证充足的资金支持，落实财政补贴政策。其次，适当拓宽财政补贴范围，减少农民在租房购房、购买家电等方面的消费成本，从多方面改善农民经济状况，鼓励农民消费，便于农民进一步融入城镇。最后，健全生产者补贴制度，发展特色文化产业，如手工艺产品制作等。可运用财政的直接补贴手段对农民收入进行补贴，也可给予惠农厂商和企业相应补贴，减轻农民生活压力和

消费负担。

2. 提高农民住房补贴水平，降低农民返乡率

要根据当地情况，采取多种补贴方式，如直接现金补贴、利息补贴、按面积补贴等。住房补贴水平的提高有利于吸引农民进城居住，改变城镇租房贵、买房更贵的现状，减少农民在进城居住成本方面的顾虑。让农民有房可租，购房无忧，享有平等的补贴机会。农民住房补贴不是一时之需，此类政策需要长期落实，让农民"进得来、稳得住、能融入"，引导农民成为城镇常住人口，打消其返乡想法，实现真正意义上的长住久安，为其从农民向市民身份的转化提供切实保障。

3. 降低城镇医疗成本，减免农民医疗费用

"看病难""看病贵""报销少"等问题是阻碍农民进城看病的症结所在。要多方面降低城镇医疗固有成本，同时配合相应的医疗补贴制度，从根本上减轻农民就医负担，让农民敢看病，少花钱，提升其对城镇医疗的认可程度。要统一城乡居民医保制度，健全大病保险体系，将常见重大疾病加入医疗保障范围，增加对农民的医疗费用补贴。要提升城镇医疗人员的薪资、福利待遇水平，增加医务人员配置数量，促进大城市三甲医院与城镇小医院的结对帮扶，让小城镇的居民享受与大城市同等的医疗服务。

4. 深化土地制度改革，增加土地流转补贴

一方面，对土地制度进行深化改革，完善现有土地制度。从现存土地制度入手，制定合适的宅基地、承包地退出补贴办法，如可将原来的宅基地兑换为落户地的经济适用房。这些措施可有效推动农民办理相关手续，鼓励农村劳动力向城镇转移。另一方面，建立多种补贴机制，规范农地流转市场秩序，保证流转的公平性。对于土地流转规模较大的农民，可引导其按市场秩序进行合理流转。黑龙江省应根据省内实际情况，对于其他省份的先进经验积极学习，对其他省份先进的土地流转方式予以借鉴，在加大补贴力度的基础上，推行多种补贴方法，对流转市场进行监督和完善，落实相关制度改革。

5. 降低养老保险门槛，提高养老福利待遇

第一，降低养老保险参保要求，对其覆盖人群进行相应的扩大，加大资金投入、提高养老水平。对进城农民给予专业服务和积极引导，保证其纳入养老保险范围。根据当地消费与物价水平，提高农民的养老金标准，保证其正常生活消费需求得到满足。第二，健全黑龙江省各地区养老体系，保证建造足够的养老服务机构。对进城的老年农民，应及时引导其加入养老服务体系。增加养老机构数量，加强对养老机构资格审查和日常监管，提升其硬件设施和服务水平，提高老人养老质量和生活幸福感。

6. 提高公共服务水平，减免部分服务费用

提升公共服务水平，减免部分服务费用有助于进一步提升进城务工农民的自我认同感和幸福感，促进其转变为常住人口。政府需推进对公共服务体系的改革，在就业、就医、健康、技能培训、知识普及等方面增加资金投入，同时在公共服务费用方面给予农民优惠。政府应增加相关补贴，提升对进城务工农民群体的重视程度，在公共服务费用方面进行适当减免，减轻农民的生活负担。要提高公共服务水平，增加公共服务类别，加派相关工作人员，提供大范围服务、多角度服务、高质量服务，切实帮助进城农民融入城镇。

（三）进一步增加农民收入的相关建议

1. 适当提高农民工最低工资标准

首先，用人单位应依据国家法律法规明确最低报酬，同时提高农民工最低工资标准，促进农民工工资的稳定增长。其次，政府及相关部门也要针对劳动力市场中加班工资缺失、拖欠等不公平乱象进行整治。最后，保证加班时长、加班工作量等的额外工作指标处于合理范围之内。提高农民工最低工资标准，有助于保障农民工进城后维持正常消费水平，缓解农民工城市生活压力，调动农民工进城工作和定居城市积极性，提高农民工市民化程度。

2. 落实优惠政策，实行税费减免

以黑龙江省为例，首先，省地税局应积极落实农民工进城就业创业税收优惠政策，税务机关分层级、分内容抓落实。其次，地税部门应加强与劳动部门、工商部门的联系，做好服务项目对接，掌握进城农民工状态，跟踪并整理政策实施情况，及时弥补政策纰漏。最后，各级地税部门应为进城农民工开通"绿色通道"，方便农民工节假日办理业务，并简化相关审批手续。同时落实相关税费减免，最大限度发挥政策效力，让进城农民工得实惠。

3. 优化城市产业结构，提高城市产业水平

要减少城市之中的资源浪费，尤其是人力资源，应满足农民工诉求，保障农民工工作补贴发放，开展农民工专业化知识培训，增加农民工技能掌握数量，使其有能力选择工作类型。要顺应现阶段城市产业结构发展趋势，加大媒体资金投入，加快传统产业转型，促进新兴媒体行业优化升级。要多措并举推动产业结构升级，实现速度与质量双线共同发展，经济发展与资源环境相匹配、相协调。将优化城市产业结构这项任务落到实处，提升产业水平。

4. 消除行业歧视和准入限制，扩宽农民收入来源

要消除行业歧视和准入限制，提高农民工在生产密集型领域的工资待遇，

完善各项工资发放机制，增加劳动报酬补贴，创新劳动报酬补贴形式，使工资性收入比重增加，提高农民务工积极性；要对土地流转机制进行大力完善，鼓励农民进城就业创业，增加农民家庭经营性收入；要加强对农民的职业技术培训，提升其技术能力和知识储备，提高财产性收入和转移性收入水平；要更新农民陈旧的消费理念，改善农民消费环境，改变农民生产、消费模式，帮助农民实现收入激增。

5. 加强就业创业培训力度，提高农民人力资本水平

首先，加强对农民就业创业灵活培训，使农民在不同环境、不同时间均可就业创业，改善其生活条件。其次，要鼓励农民就业创业，加强有关创业培训力度，为农民就业创业创造良好的环境条件与物质供给。最后，要关注农民创业过程中存在的问题，在创业初期定期对农民进行培训与指导，提高农民创业成功率。并帮助创业农民切实掌握专业技能，提高人力资本水平，帮助农民稳定高效创业，提高创业的成功率、容错率。

（四）打消农民进城顾虑，提高农民市民化意愿

1. 强化城市基础设施建设，调动农民进城积极性

首先，要注重老城区的改造，铺设防寒泡沫，安装防盗窗、应急防火栓，开放图书室，完善社区健身设施，规划娱乐区域，帮助老城区成为富有文化底蕴且舒适宜居的地区。其次，要重视基建过程中问题的解决。政府开展城市基础设施建设中尚存在责权不清、管理不明等责任问题，导致强化基建过程中的许多重要问题无法解决，这需要政府各个部门积极配合，高度重视现有城市区域规划，保障施工建设安全。再次，需要政府重视农民工的权益，一切从维护群众根本利益出发，遵循以人为本的思想，在方便农民工工作生活的前提下进行相关建设，提高农民进城积极性。

2. 健全社会保障体系，提升农民社会认同感

首先，要了解进城务工人员的迫切需求，一方面积极引导农民缴纳社保，另一方面了解部分农民未缴纳社保的原因，做好有效沟通与社区宣传，帮助农民了解整个社保体系，提高农民福祉；其次，要提升劳动和社会保障部门办事服务效率，遵循以人为本的主旨，为广大的进城务工人员提供快速办理社会保障相关事务的渠道；最后，需要明确完善社会保障是改善民生状况的根本路径，城镇居民基本医疗保险、农村合作医疗、城乡医疗救助制度、农村低保、基本养老制度等组成的社保医疗体系需要政府深入完善、持续运作。政府是主导中心，也是核心力量，因此需要政府加大资金投入，进行系统升级，做好人员配置，积极健全社保体系，提升农民社会认同感。

3. 降低日常生活成本，提供基础生活保障

在日常生活保障方面，可探索农民工进城租房试点制度，制定相关优惠政策，提供生活补贴，下发日常生活用品优惠券，最大程度增加农民工在城市的安全感和被包容感。在精神生活保障方面，应对其心理健康给予足够的关注，帮助其解决在城里遇到的、自身无法解决的困难，多组织社区关怀活动。

4. 落实就近迁移政策，加大政策宣传力度

首先，要让农民清楚政策的出发点是以人民利益为中心的，且就近迁移加快了农民到市民的身份转换，便于农民融入城镇。其次，要广泛深入开展相关政策的宣传教育，尤其要以社会教育为主，国民教育为辅。适应新时代形势，充分发挥展览汇演、传统媒体、广播电视、互联网新媒体的作用。运用新的宣传平台，打造专栏，运用创新的形式针对不同年龄、不同群体进行精准滴灌，以广大人民喜闻乐见的方式进行政策宣传。在国民教育中，要提升务工人员的文化水平，在提升其文化素养的同时，使其得到政策宣传的滋养。

5. 完善社区配套服务，营造良好居住环境

首先，完善社区配套服务体系，要系统研究、科学谋划、整体推进，同时也要明确责任、层层落实、长效实施。在文化活动、医疗服务、休闲娱乐等方面提供让农民满意的服务。其次，还需相关部门做好监督，制定相关政策，号召各部门共同参与、协同配合，保证相关政策的顺利落实，为农民营造良好居住环境。最后，加强对进城农民的社区关怀。完善的社区配套服务能有效提升农民的生活幸福感，帮助其融入社区生活，更加积极地参与社区活动，促使其成为城镇常住人口。

项目负责人：余志刚

主要参加人：马丽、宫思羽、贾晓晨、刁岩、崔钊达、王雨浓、潘颖、郭翔宇

黑龙江省农业社会化服务保障农业绿色发展的对策研究[*]

王 洋 许佳彬 代首寒 王泮蘅

一、黑龙江省农业绿色生产社会化服务发展现状分析

(一) 调查区域与内容

1. 调查区域选择

研究数据源于东北农业大学畜牧经济创新团队于 2020 年 1—3 月对黑龙江省开展的实地调查和部分电话回访，是对 2019 年 7—8 月在黑龙江省 47 个村开展的"第六次黑龙江省农业经济社会调查"的补充调查，调查区域覆盖黑龙江省全部市（区）。样本选取主要是分层抽样与典型抽样相结合的方式。首先，对黑龙江省 13 市（区）的样本县进行选择，根据各地市经济发展与人口结构随机选择一定数量的样本县。其次，根据样本县农业生产基本情况选择具有典型性的样本村。最后，在调研过程中根据样本村农业人口数量按照一定比例选择一定数量的农户进行调研。在调研前，对调研员分别进行整体培训和专题培训，重点强调座谈方式和记录整理方式，充分保证每份问卷的有效性。经过样本核实与数据校正，在剔除信息不全面、数据不合乎逻辑的样本后，最终获得 385 个有效样本用于分析农业绿色生产社会化服务对农业绿色生产率的影响。

2. 调查内容

调查问卷内容紧紧围绕相关经济理论与研究问题展开，主要包括以下几个方面：①农户基本特征，包括决策者年龄、受教育程度、非农就业经历、是否担任村干部、是否注册家庭农场、是否加入农民专业合作社等；②农户生产经营特征，包括种植规模、务农劳动力数量、农业收入占比、土地流转情况等；③农业绿色生产社会化服务发展现状，主要探索农户获取农业绿色生产社会化

---

[*] 黑龙江省哲学社会科学研究专题项目。

（项目编号：19GLH044）项目主要参加人：许佳彬、代首寒、王泮蘅、孙玥、余志刚、王立民。

服务主要渠道、农户对各项服务需求情况以及农户对各服务供给主体满意度分析。

3. 调查样本概况

（1）调查农户基本特征。 调查农户基本特征如表1所示。从统计结果来看，在受访的385户农户中，男性农户所占比例较高，达到75.06%，年龄主要分布在31～40岁，占比为34.81%，41～50岁的比例也较高，达到30.13%，受教育程度主要集中在初中及以下，占比高达75.32%，这与目前农村社会实际情况相符。男性劳动者是农业生产的主要力量，从事农业生产者年龄普遍偏高，受教育程度普遍偏低。在非农就业经历方面，43.64%的农户从事过农业生产以外的其他职业，这充分表明农业社会兼业现象已经普遍存在。在村干部任职方面，有5.45%的农户担任村干部或其直系亲属担任村干部。此外，调查结果显示，有15.06%的农户申请注册了家庭农场，60.78%的农户加入了农民专业合作社，农户更倾向于通过上述两种方式提高自身生产的组织化水平。

表1　调查农户基本特征

类型	选项	样本量（人）	百分比（%）	类型	选项	样本量（人）	百分比（%）
性别	男	289	75.06	年龄（岁）	≤30	66	17.14
	女	96	24.94		31～40	134	34.81
受教育程度	未上过学	24	6.23		41～50	116	30.13
	小学	66	17.14		51～60	45	11.69
	初中	200	51.95		>60	24	6.23
	高中	79	20.52	是否注册家庭农场	是	58	15.06
	大专及以上	16	4.16		否	327	84.94
是否兼业	是	168	43.64	是否加入农民专业合作社	是	234	60.78
	否	217	56.36		否	151	39.22
本人或直系亲属是否担任村干部	是	21	5.45				
	否	364	94.55				

（2）调查农户生产经营特征。 调查农户生产经营特征如表2所示。从统计结果可以发现，农户家庭务农劳动力人数以"2人"居多，样本量为208人，占样本总数的52.35%，"1人"和"3人及以上"劳动力样本量分别为96人和81人，分别占样本总数的17.79%和29.87%。从种植规模来看，在3.3公

顷以内规模的农户有 160 人，样本占比 53.69％；3.3～6.7 公顷规模的农户有 48 人，占比 16.11％；6.7～10 公顷规模的农户有 12 人，占比 4.03％；而 10～13.3 公顷和 13.3 公顷以上规模的农户则分别占样本总数的 6.04％和 20.13％。在农地流转方面，64.77％的农户有农地流转行为。

表 2　农户生产经营特征

类型	选项	样本量（人）	百分比（％）	类型	选项	样本量（人）	百分比（％）
务农劳动力人数（人）	1	96	17.79	种植规模（公顷）	0～3.3	160	53.69
	2	208	52.35		3.3～6.7	48	16.11
	3 及以上	81	29.87		6.7～10	12	4.03
非农收入占比（％）	0～20	87	6.71		10～13.3	18	6.04
	21～40	132	18.46		13.3 以上	60	20.13
	41～60	110	41.95	是否有农地流转	是	193	64.77
	61～80	42	32.89		否	105	35.23
	81～100	14					

（二）黑龙江省农业绿色生产社会化服务发展现状分析

1. 农户获取农业绿色生产社会化服务主要渠道分析

根据黑龙江省农业绿色生产社会化服务供给情况，结合对农户的深入访谈，本研究将农业绿色生产社会化服务供给主体划分为农业技术推广中心、高等院校（科研所）、村集体、农民专业合作社、个体经销商以及专业种植大户。调查问卷旨在对农户获取农业绿色生产社会化服务主要渠道进行了解，具体情况如表 3 所示。从统计结果可以看出，从个体经销商处获取过相应的农业绿色生产社会化服务的样本数为 225 个，占样本总量的 75.50％，这表明个体经销商是当前农户获取农业绿色生产社会化服务的主要渠道，但个体经销商多是以盈利为目的的服务供给主体，主要提供的是农资供应服务。197 户农户从专业种植大户处获取过农业绿色生产社会化服务，占样本总量的 66.11％，专业种植户是新型农业经营主体的重要组成部分，其数量最多，与普通农户联系最为紧密，农户一般可从专业种植大户处获得农机作业服务，有时也可获取农资供应服务。此外，从农民专业合作社和村集体获取过相关服务的分别占样本总量的 34.23％和 26.17％。然而，从农业技术推广中心和高等院校（科研所）获取过相应服务的农户分别仅占 17.79％和 8.72％，这表明二者技术溢出效应并不明显，急需改进服务供给方式，提高服务供给比例。

表 3　农户获取农业绿色生产社会化服务主要渠道

统计结果	农业技术推广中心	高等院校（科研所）	村集体	农民专业合作社	个体经销商	专业种植大户
样本数（个）	53	26	78	102	225	197
百分比（%）	17.79	8.72	26.17	34.23	75.50	66.11

2. 农户对各项农业绿色生产社会化服务采用情况分析

为深入探究农户对农业绿色生产社会化服务的采用情况，研究将农业绿色生产社会化服务分为五种，分别是有机肥施用服务、深耕深松服务、测土配方施肥服务、绿色病虫害防控服务、秸秆还田服务，农户对各项农业绿色生产社会化服务采用情况如表 4 所示。通过对数据整理分析发现，目前秸秆还田服务、深耕深松服务和测土配方施肥服务是农户需求最为迫切的服务内容，需求占比分别为 63.90%、57.92% 和 38.96%。为了解其原因，对农户进行深度访谈后发现：第一，秸秆还田是当前农户种植生产最难解决的问题，从采取的环保政策看，不允许焚烧秸秆，但秸秆产量又相对较高，处理难度较大；第二，深耕深松的目的是疏松土壤，打破犁底层，改善耕层结构，以增强土壤蓄水保墒和抗旱抗涝能力，采用深耕深松服务更容易增加期望产出，因此农户对深耕深松服务采用比重也较高；第三，由于土地常年施用化肥、农药导致当前土壤效力大大减弱，部分农户认为只要继续增加化肥、农药的投入就能带来生产效益的提升，这种盲目行为不仅会导致环境的进一步恶化，同时对生产效益的提高作用并不明显，因此农户急需测土配方施肥服务。

表 4　农户对各项农业绿色生产社会化服务采用情况

服务内容	样本数（个）		百分比（%）		需求排序
	需要	不需要	需要	不需要	
有机肥施用	127	258	32.99	67.01	4
深耕深松	223	162	57.92	42.08	2
测土配方施肥	150	235	38.96	61.04	3
绿色病虫害防控	117	268	30.39	69.61	5
秸秆还田	246	139	63.90	36.10	1

3. 农户对各服务供给主体满意度分析

农户对各服务供给主体满意度排序情况如表5所示。数据显示，有107户农户将专业种植大户列在第一位，占样本总量的35.91%，其次是农业技术推广中心、农民专业合作社，通过实地调查了解发现，农户之所以对专业种植大户较为满意主要是因为他们之间的联系较为密切，互动关系较为融洽；第二位出现次数最多的是农民专业合作社，占样本总量的32.89%，其次是村集体、高等院校（科研所），虽然当前农村经济社会中空壳合作社较多，但实际运行的合作社能够较好地满足农户对各项服务的需求；第三位出现次数最多的是农业技术推广中心，占样本总量的31.54%，其次是个体经销商、村集体，说明以推行农业公益性服务为主要职责的农业技术推广中心也能够较好地满足农户的实际生产需要。

表5　农户对各服务供给主体满意度排序

服务主体	第一位		第二位		第三位	
	样本数（个）	百分比（%）	样本数（个）	百分比（%）	样本数（个）	百分比（%）
农业技术推广中心	78	26.17	17	5.70	94	31.54
高等院校（科研所）	13	4.36	58	19.46	38	12.75
村集体	33	11.07	76	25.50	55	18.46
农民专业合作社	56	18.79	98	32.89	27	9.06
个体经销商	11	3.69	17	5.70	67	22.48
专业种植大户	107	35.91	32	10.74	17	5.70

（三）黑龙江省农业绿色生产社会化服务发展存在的问题分析

1. 农业绿色生产社会化服务供给主体能力不强

黑龙江省具有得天独厚的自然优势，农业生产规模化比重不断增加，但农业绿色生产社会化服务供给主体总体上呈现出小、松、散问题，服务供给主体集约化、组织化程度普遍偏低，抵御自然风险和市场风险的能力较弱。从对黑龙江省的实地调查发现，当前农业绿色生产社会化服务供给主体主要是本地的农民专业合作社和专业种植大户，而农业技术推广中心、高等院校（科研所）的技术溢出效应并不明显，村集体本身不具有盈利性质，供给服务局限性较大，而专业服务公司少之又少，并且现存的专业服务公司主要针对大规模经营主体提供服务，中等规模农户和小规模农户根本无法享受专业服务公司带来的资源优势，所以当前黑龙江省农业绿色生产社会化服务的供给主要依托农民专业合作社和专业种植大户。但是，黑龙江省大部分地区的农民专业合作社普遍存在管理水平不高、管理机制松散、管理制度形同虚设的现象，缺乏专业的管理人员，在调研过程中还发现农户与农民专业合作社之间时常发生交易纠纷，处理结果大多不能令农户满意，存在明显"大鱼吃小鱼"的现象。而专业种植大户与其他农户的差异仅表现在种植规模上，一般专业种植大户提供农机作业服务较多，但在供给其他生产性服务上能力较弱。因此，目前黑龙江省农业绿色生产社会化服务供给主体能力还有待进一步提升。

2. 农业绿色生产社会化服务供给内容更新速率低

当前农业生产日益趋于市场化、专业化和信息化方向发展，农户对于传统单一服务的供给已不再满足，而是更加倾向于接受科技化、现代化的农业绿色生产社会化服务。通过与农户进行深入访谈得知，在农资供应服务方面，农户更希望获得高产、抗旱抗倒伏的种子、优质高效的化肥、农药等，同时更希望能够从产地直接购买，减少中间商差价，进而降低生产成本。但是，目前农资供应服务更多是由个体经销商为农户提供，它们本质上属于专业服务公司，但是由于近年来假农资事件频发，农户对个体经销商一是不信任，二是对其提供服务的内容不满足，个体经销商仅充当了"中介"作用，并且从中获取高额利润。在农业信息服务方面，农户对信息化农业的需求程度日益提高，渴望通过快捷、高效的农业信息服务让自身获得更多有价值的农产品价格信息、农产品销售信息、农业气象信息等，但是目前外界提供给农户的信息服务一是来自于传统方式下的村集体广播、告示栏，二是农户通过互联网自行搜索信息，由于农户受教育水平相对偏低，接受信息和解读信息的能力有限，因此并不能较好获取所需信息。在农业技术方面，现存的农业技术服务内容依旧是以组织农户参加技术培训讲座为主，缺少在田间地头对农户的实操指导，农户更需要解决农业生产技术上的难题，例如测土配方施肥、病虫害统防统治等。在农机作业服务方面，虽然目前黑龙江省大部分地区已经实现农业机械化作业，但对于高端机械作业，如深耕深松服务并未实现全面覆盖，一方面是由于服务费用较高农户不愿购买，另一方面是因为原有提供农业作业服务的主体对于更新设备的意愿不强烈。因此，从现实发展来看，黑龙江省农业绿色生产社会化服务内容依旧是传统样式，并未随着农业发展进程的快速推进而有所更新。

3. 农业绿色生产社会化服务供给模式单一

多元化的服务供给模式不仅可以有效满足不同类型农户的需求，而且能够极大程度地提高农业绿色生产社会化服务的供给效率。但目前黑龙江省农业绿色生产社会化服务的供给模式依旧是传统的单一主体供给，如"政府＋农户""农民专业合作社＋农户""个体经销商＋农户"等，多主体联动的供给模式尚未形成。从实际生产来看，这种单一模式的供给存在很多不足。"政府＋农户"的服务供给模式存在明显的服务动力不足，由于政府主导的农业绿色生产社会化服务供给具有追求公益性的特点，服务供给时经常会出现积极性不强、服务不到位的情况，而且有时会出现供需脱节现象，政府推行的服务并不是农户所需要的。"农民专业合作社＋农户"的服务供给模式存在明显的服务能力差异，农户领办的农民专业合作社能够获得政府或企业支持政策的能力不同，在自负盈亏的情况下，合作社的运行风险较大，服务能力大打折扣，而且目前黑龙江省"真合作社"数量过少，很多合作社都是"名存实亡"，并不能发挥较大的作用。而"个体经销商＋农户"的服务供给模式更是存在严重的问题，由于个体经销商多以盈利为目的，有些个体为追求自身利益最大化而采取违背市场规律的方法，以低价格进货高价格售出，存在严重的欺骗农户的行为。农业绿色生产社会化服务的单一供给模式导致服务效果不佳还可能伴有损失农户利益的现象发生，因此急需改进服务供给模式。

4. 农户对农业绿色生产社会化服务需求表达不及时

虽然目前信息传递速率较高，农户向市场表达服务需求的机会越来越多，但仍存在明显的服务需求表达不明确现象，调查过程中很多农户纷纷表示不愿意向外界表达自己的需求信息或即使表达也会隐藏一部分信息，这主要是由于农户既是"理性人"又是"经济人"，受年龄结构和受教育水平的影响，年龄偏大、受教育水平偏低的农户总是自动屏蔽外界力量的干预，即使有服务需求意愿也会依靠自身力量解决，往往导致解决效果差或成本高。以农资供应服务为例，由于市场上的个体经销商多以盈利为目的，且各经销商之间存在明显的竞争关系，宣传与推广多采用夸张手段，在推广过程中承诺太多内容，导致农户经常视其为欺骗行为，本应向市场传递自己所需的各种农资供应服务需求，却一直处于观望状态，希望通过参考其他人的行为选择决定自己是否购买相应的种子、农药、化肥等生产物资。同时，由于农户之间存在规模的差异，部分小农户认为自身种植规模较小，即使表达服务需求也未能获得关注，也就往往忽视了服务需求的表达。另外，为避免"得罪人"，农户并不愿将服务效果直接反馈给服务供给主体，也就导致服务供给主体并不能及时修正供给行为和供给效率。

二、黑龙江省农业绿色生产社会化服务对
农业绿色生产率影响的实证分析

（一）模型构建

1. SBM - Undesirable 模型构建

农作物生产的结果除了包括日常生产生活所需的基本农产品外（在此称之为"期望产出"），还包括一些"非期望产出"（也可称之为"非合意产出"），例如化肥农药的残留、秸秆废弃物、二氧化碳等。SBM 模型的目标函数包括投入和产出的松弛变量，能够有效解决投入和产出的松弛性以及径向和角度选择导致的偏差性问题，在获得所需效率的同时，还可以得出决策单元的投入要素、非期望产出的改进目标与程度，为此本研究采用非期望产出的 SBM 模型对中国粮食生产环境效率进行测算，模型构建过程如下。

假设生产系统内有 n 个决策单元，每个决策单元包括 m 种投入、s_1 种期望产出和 s_2 种非期望产出，它们用向量分别可表示为：

$$x \in R^m, y^g \in R^{s_1}, y^b \in R^{s_2} \tag{1}$$

定义矩阵 X、Y^g、Y^b 为：

$$X = [x_1, x_2, \cdots, x_n] \in R^{m \times n}$$
$$Y^g = [y_1^g, y_2^g, \cdots, y_n^g] \in R^{s_1 \times n} \tag{2}$$
$$Y^b = [y_1^b, y_2^b, \cdots, y_n^b] \in R^{s_2 \times n}$$

式（2）中：$X > 0$，$Y^g > 0$，$Y^b > 0$，由此可将上述生产集合转化为

$$p = \{(x, y^g, y^b) \mid x \geqslant X\lambda, y^g \leqslant Y^g\lambda, y^b \geqslant Y^b\lambda, \lambda \geqslant 0\} \tag{3}$$

式（3）中：$\lambda \in R_n$ 为权重向量，$\lambda \geqslant 0$ 代表规模报酬不变（CRS），如果方程同时满足 $\lambda \geqslant 0$ 且 $\Sigma\lambda = 1$，则代表规模报酬可变（VRS）。Zheng 等（1998）曾指出，如果 CRS 和 VRS 假设下所得结果不同，应该考虑用 VRS 假设下得到的结果。本研究在测度中国粮食生产环境效率时基于 VRS 假设：$x \geqslant X\lambda$ 代表实际投入大于生产前沿投入；$y^g \leqslant Y^g\lambda$ 代表实际期望产出小于生产前沿期望产出；$y^b \geqslant Y^b\lambda$ 代表实际非期望产出大于生产前沿非期望产出。

由于传统 DEA 模型无法考虑"松弛变量"对效率值的影响，也并未考虑同时使期望产出增加、非期望产出减少的技术变化，为此 Tone 于 2001 年提出基于投入、产出松弛变量的环境效率模型（Slack - Based Measure，SBM），并于 2004 年对 SBM 模型做出进一步拓展，从而得到非期望产出条件下对环境效率的评价。某一特定决策单元 (x_0, y_0^g, y_0^b) 的 SBM 效率模型可表达为：

$$p^* = \min \frac{1 - \dfrac{1}{m}\sum_{i=1}^{m}\dfrac{s_i^-}{x_{i0}}}{1 + \dfrac{1}{s_1 + s_2}\left(\sum_{r=1}^{s_1}\dfrac{s_r^g}{y_{r0}^g} + \sum_{r=1}^{s_2}\dfrac{s_r^b}{y_{r0}^b}\right)} \tag{4}$$

$$s.t. \begin{cases} x_0 = X\lambda + s^- \\ y_0^g = Y^g\lambda - s^g \\ y_0^b = Y^b\lambda - s^b \\ s^- \geqslant 0, s^g \geqslant 0, s^b \geqslant 0, \lambda \geqslant 0 \end{cases}$$

式（4）中：s^-、s^g、s^b 分别代表投入变量、期望产出、非期望产出的松弛变量；目标函数 p^* 关于 s^-、s^g、s^b 严格递减，当 $s^- = s^g = s^b = 0$ 时，函数存在最优解，即 $p^* = 1$，代表决策单元充分有效；如果 $0 \leqslant p^* \leqslant 1$，说明决策单元存在效率的损失（即环境无效率），可以在投入和产出上进行相应的改进，这种改进的幅度由松弛变量占各自投入和产出的比例来决定。环境无效率可分解为投入无效率和产出无效率，具体可表示为

投入无效率：$IE_x = \dfrac{1}{m}\sum_{i=1}^{m}\dfrac{s_i^-}{x_{i0}}, (i = 1, 2, \cdots, m)$ \qquad (5)

期望产出无效率：$IE_g = \dfrac{1}{s_1}\sum_{i=1}^{s_1}\dfrac{s_r^g}{y_{r0}^g}, (r = 1, 2, \cdots, s_1)$ \qquad (6)

非期望产出无效率：$IE_b = \dfrac{1}{s_2}\sum_{i=1}^{s_2}\dfrac{s_r^b}{y_{r0}^b}, (r = 1, 2, \cdots, s_2)$ \qquad (7)

式（5）～（7）中：$\dfrac{s_i^-}{x_{i0}}$ 代表决策单元第 i 项投入的相对可缩减比例；

$\dfrac{1}{m}\sum_{i=1}^{m}\dfrac{s_i^-}{x_{i0}}$ 代表决策单元所有投入可缩减比例的平均值；$\dfrac{1}{s_1}\sum_{i=1}^{s_1}\dfrac{s_r^g}{y_{r0}^g}$ 代表决策单元

所有期望产出的可扩张比例的平均值；$\dfrac{1}{s_2}\sum_{i=1}^{s_2}\dfrac{s_r^b}{y_{r0}^b}$ 代表决策单元所有非期望产出

的可缩减比例的平均值。

2. Tobit 回归模型构建

Tobit 回归模型是 1958 年由托宾首次提出，同时也可称为样本选择模型或受限因变量模型，是因变量连续受到某种限制的情况下进行取值的模型，主要于因变量 Y 有零值，且其他值为正并连续时使用。Tobit 回归模型在进行结果估计时需要借用潜变量 Y^*，Y^* 需要满足经典线性模型的基本假设，并且误差项需要服从正态同方差分布，模型设定形式如下：

$$Y^* = X\beta + \varepsilon$$

$$Y = \text{Max}(0, Y^*) = \begin{cases} Y^*, if & Y^* > 0 \\ 0, if & Y^* < 0 \end{cases} \qquad (8)$$

式（8）中：Y 为农业绿色生产率值；X 为影响农业绿色生产率的因素；β 为参数估计系数；ε 为误差项，且有 $\varepsilon \sim N$（0，δ^2）。当潜变量 $Y^* \geqslant 0$ 时，Y 取实际观测值；当潜变量 $Y^* < 0$ 时，Y 取 0。

（二）变量说明与统计

1. 投入产出变量说明与统计

（1）**产出变量**，包括期望产出和非期望产出。期望产出是指农户在实际生产过程中的"合意产出"，根据研究问题的差异，对期望产出的衡量标准也存在差异，考虑到农户是一个多元化的经营主体，农产品产出并非"唯一性"，因此本研究采用农产品总产值来衡量期望产出。非期望产出采用农业面源污染总量来衡量，具体包括化学需氧量（COD_{Cr}）、总氮（TN）、总磷（TP）。借鉴梁疏涛、饶静等、尹梦雅的研究，本研究在农业面源污染总量计算上采用农业产污系数法进行确定，其中化学需氧量（COD_{Cr}）、总氮（TN）、总磷（TP）产污系数分别为 1.286 4kg/hm²、0.008 267kg/hm² 和 0.001 207kg/hm²，农业面源污染总量计算公式为：

$$E = \sum_i S_i (P_{COD_{Cr}} + P_{TN} + P_{TP}) \qquad (9)$$

式（9）中：E 代表农业面源污染总量；S_i 代表第 i 年中农作物总产量（$i=1$，2，$\cdots$，n）；$P_{COD_{Cr}}$、P_{TN}、P_{TP} 分别代表化学需氧量、总氮、总磷的产物系数。

（2）**投入变量**，包括劳动力投入、土地投入、机械投入、种子投入、化肥投入、农药投入等。其中，劳动力投入通过农业生产过程中所耗费的劳动力工时来衡量，包括自用工时数和雇工工时数；土地投入通过农户实际经营耕地总面积来衡量；机械投入通过玉米生产过程中涉及播种、施肥、打药、收割等自有机械投入和雇佣机械投入总费用来衡量；种子投入通过农户种植所有农作物购买种子所花费资金来衡量；化肥投入通过农户种植所有农作物施用化肥总量（包括底肥、种肥、追肥等）来衡量；农药投入通过农户种植所有农作物购买农药所花费资金来衡量。农户具体投入产出指标及相关描述性统计如表 6 所示。

表 6 投入产出变量说明与统计

变量类型	变量名称	变量解释说明	平均值	标准差	最大值	最小值
投入变量	劳动力投入	自用工时和雇佣工时的总和（小时）	1 693.86	1 995.18	18 621.12	56.00

（续）

变量类型	变量名称	变量解释说明	平均值	标准差	最大值	最小值
投入变量	土地投入	农作物播种面积（公顷）	5.68	6.72	58.20	0.20
	机械投入	雇佣机械和自有机械总投入（元）	12 997.76	19 262.73	146 100.00	120.00
	种子投入	购买种子的总投入（元）	4 092.75	5 294.46	42 060.00	135.00
	化肥投入	底肥、种肥、追肥等的总投入（千克）	4 012.13	5 021.40	34 000.00	163.66
	农药投入	农药总施用量（元）	2 527.93	3 832.30	33 817.00	80.00
期望产出变量	农产品总产值	玉米、水稻、大豆等农产品总产值（元）	79 723.05	96 340.61	747 733.33	1 200.00
非期望产出变量	农业面源污染总量	总氮（TN）、总磷（TP）、化学需氧量（COD_{Cr}）（kg）	3 776.68	4 551.14	33 105.26	86.39

2. 农业绿色生产率影响因素变量说明与统计

本研究选择的农业绿色生产社会化服务的具体服务内容包括有机肥施用服务、深耕深松服务、测土配方施肥服务、绿色病虫害防控服务以及秸秆还田服务，将这些内容作为核心解释变量，并依据农户在调查过程中对于"是否采用有机肥施用服务？""是否采用深耕深松服务？""是否采用测土配方施肥服务""是否采用绿色病虫害防控服务"和"是否采用秸秆还田服务"的回答结果对各变量进行0、1赋值，从统计结果可以发现，农户采用秸秆还田服务所占比例最高，达到64%，其次分别为深耕深松服务、测土配方施肥服务、有机肥施用服务、绿色病虫害防控服务，所占比例依次为57%、39%、33%、29%。为重点分析农业绿色生产社会化服务对农业绿色生产率的影响，需控制其他可能影响农业绿色生产率的因素，本研究参考以往文献，选取农户年龄、受教育程度、务农劳动力数量、风险偏好、非农收入占比、土地质量等级、参与合作组织、农业绿色生产技术培训等变量作为控制变量。其中农户风险偏好主要借鉴杨志海的研究，在调查过程中询问农户"若政府提供一项新型农业绿色生产技术，有一半可能使现在收益翻倍，但有一半可能会使收益减少1/3，您是否愿意采用？"（问题1），若回答"愿意"，则继续询问"如果不是减少1/3，而是有一半可能使收益减少1/2，您还愿意采用吗？"（问题2），对第1个问题，若回答"不愿意"，则询问"那有一半可能只减少1/5呢，您愿意采用吗？"（问题3）。若对前2个问题均回答"愿意"，则视该农户为风险偏好者；若对第1个问题和第3个问题均回答"不愿意"，则视该农户为风险规避者；回答其他答案的视该农户为风险中立者。农业绿色生产率影响因素变量说明与统计如表7所示。

表 7　农业绿色生产率影响因素变量说明与统计

变量类型	变量名称	变量解释说明	平均值	标准差
核心解释变量	有机肥施用服务	是否采用有机肥施用服务：是＝1；否＝0	0.33	0.47
	深耕深松服务	是否采用深耕深松服务：是＝1；否＝0	0.58	0.49
	测土配方施肥服务	是否采用测土配方施肥服务：是＝1；否＝0	0.39	0.49
	绿色病虫害防控服务	是否采用绿色病虫害防控服务：是＝1；否＝0	0.29	0.46
	秸秆还田服务	是否采用秸秆还田服务：是＝1；否＝0	0.64	0.48
控制变量	年龄	≤30＝1；31～40＝2；41～50＝3；51～60＝4；＞60＝5	2.55	1.09
	受教育程度	未上过学＝1；小学＝2；初中＝3；高中＝4；大专及以上＝5	2.99	0.89
	务农劳动力数量	农户家庭实际务农劳动力数量（人）	2.04	0.84
	风险偏好	1＝风险规避者；2＝风险中立者；3＝风险偏好者	2.30	0.69
	非农收入占比	0～20＝1；21～40＝2；41～60＝3；61～80＝4；81～100＝5	2.39	1.06
	土地质量等级	1＝本村最差；2＝本村较差；3＝本村一般；4＝本村较好；5＝本村最好	2.80	1.20
	参与合作组织	是否加入农民专业合作社：0＝否；1＝是	0.61	0.49
	农业绿色生产技术培训	是否参加农业绿色生产技术培训：0＝否；1＝是	0.70	0.46

（三）实证结果分析

1. 农业绿色生产率测算结果分析

本部分采用 DEA－SOLVER Pro5.0 对农业绿色生产率进行测算。从测算结果可以发现，目前农户的农业绿色生产率整体偏低，均值为 0.44，仍有较大提升空间。为初步分析农业绿色生产社会化服务对农业绿色生产率的影响，本研究按农户采用农业绿色生产社会化服务种类数量对样本进行分类，分成"未采用组""采用 1 种组""采用 2 种组""采用 3 种组""采用 4 种组""采用 5 种组"。通过对分类后的样本进行比较可以发现，采用农业绿色生产社会化服务种类越多的农户农业绿色生产率越高。"采用 5 种组"农户的农业绿色生产率均值为 0.73，最大值为 1.00，最小值为 0.37，农业绿色生产率主要分布在 0.9～1.0，占样本比例的 30.61%；"采用 4 种组"农户的农业绿色生产率均值为 0.63，最大值为 1.00，最小值为 0.34，农业绿色生产率值同样主要分布在 0.5～0.6，占样本比例的 36.73%；"采用 3 种组"农户的农业绿色生产率均值为 0.47，最大值为 1.00，最小值为 0.27，农业绿色生产率值主要分布在 0.4～0.5，占样本比例的 51.56%；"采用 2 种组"农户的农业绿色生产率均值为 0.38，最大值为 1.00，最小值为 0.15，农业绿色生产率值主要分布在 0.3～0.4，占样本比例的 59.21%；"采用 1 种组"农户的农业绿色生产率均值为 0.32，最大值为 0.46，最小值为 0.05，农业绿色生产率值主要分布在 0.3～0.4，占样本比例的 61.33%；而"未采用组"农户的农业绿色生产率均值为 0.29，最大值为 1.00，最小值为 0.14，农业绿色生产率值主要分布在 0.3 以下，占样本比例为 69.44%。如表 8 所示。由农户采用农业绿色生产社会化服务不同种类数量统计得出的农业绿色生产率分布可以初步判定农业绿色生产社会化服务对提高农户绿色生产率具有显著正向影响。

表 8　按农户采用农业绿色生产社会化服务种类数量统计的农业绿色生产率分布

农业绿色生产率	未采用组		采用 1 种组		采用 2 种组		采用 3 种组		采用 4 种组		采用 5 种组	
	样本（个）	比例（%）	样本（个）	比例（%）	样本（个）	比例（%）	样本（个）	比例（%）	样本（个）	比例（%）	样本（个）	比例（%）
<0.3	50	69.44	22	29.33	8	10.53	1	1.56	0	0.00	0	0.00
0.3～0.4	14	19.44	46	61.33	45	59.21	15	23.44	5	10.20	1	2.04
0.4～0.5	5	6.94	7	9.33	20	26.32	33	51.56	6	12.24	5	10.20
0.5～0.6	2	2.78	0	0.00	1	1.32	8	12.50	18	36.73	10	20.41
0.6～0.7	0	0.00	0	0.00	0	0.00	4	6.25	8	16.33	10	20.41
0.7～0.8	0	0.00	0	0.00	1	1.32	0	0.00	2	4.08	7	14.29
0.8～0.9	0	0.00	0	0.00	0	0.00	0	0.00	2	4.08	1	2.04
0.9～1.0	1	1.39	0	0.00	1	1.32	3	4.69	8	16.33	15	30.61
最小值	0.14		0.05		0.15		0.27		0.34		0.37	
最大值	1.00		0.46		1.00		1.00		1.00		1.00	
均值	0.29		0.32		0.38		0.47		0.63		0.73	

鉴于 SBM 模型能够为每个决策单元提供效率最优时投入要素和农业面源污染量的最佳方案，为此本研究将其测算所得的投入要素和农业面源污染的改进程度按照农户采用农业绿色生产社会化服务的种类数量进行统计分析，如表 9 所示。首先，从投入变量的松弛度上可以发现，随着农户采用农业绿色生产社会化服务种类数量的增加，各投入变量改进程度在逐渐减少。未采用任何服

务的农户投入要素改进程度均为最大，其中种子投入和化肥投入的改进程度高达 72.00％和 75.08％，而劳动力投入、土地投入、机械投入的改进程度也均超过了 60％。随着采用服务种类数量的增加，各投入要素对农业生产的贡献程度逐渐提高，当农户对农业绿色生产社会化服务采用种类数量达到 5 种时，劳动力投入、土地投入、机械投入、种子投入、化肥投入、农药投入改进程度分别降至 20.77％、23.74％、27.80％、21.52％、29.48％、8.88％，改进程度下降明显。其次，从非期望产出的松弛度上可以发现，农户在农业生产过程中存在比较严重的农业面源污染过量排放的问题，尤其是采用农业绿色生产社会化服务种类数量较少的农户，需要改进的程度更大。总体来看，农户在农业生产过程中还有很大的投入节约空间和农业面源污染物减排空间，即在农业绿色生产率充分有效的理想情况下，能够在很大程度上节约农业生产投入的成本并降低污染物的排放量，因此可以进一步判断出农业绿色生产社会化服务对提高农业绿色生产率有显著的正向作用。

表9 各投入要素与农业面源污染需要改进程度比较

采用各种数量	劳动力投入（％）	土地投入（％）	机械投入（％）	种子投入（％）	化肥投入（％）	农药投入（％）	农业面源污染（％）
未采用	−60.10	−66.82	−67.17	−72.00	−75.08	−44.13	−54.22
采用1种	−54.20	−62.54	−64.68	−65.94	−73.35	−39.66	−52.30
采用2种	−48.97	−57.70	−58.66	−59.86	−67.26	−30.49	−45.61
采用3种	−41.52	−50.03	−46.59	−47.92	−60.26	−17.33	−40.36
采用4种	−27.65	−32.92	−35.46	−28.00	−43.45	−17.26	−25.23
采用5种	−20.77	−23.74	−27.80	−21.52	−29.48	−8.88	−16.73

2. 农业绿色生产社会化服务对农业绿色生产率的影响

本部分采用 Stata14.0 统计分析软件对农业绿色生产社会化服务对农业绿色生产率的影响进行 Tobit 回归检验。为提高估计结果的准确性、科学性以及避免多重共线性，在加入控制变量的基础上，逐步将不同农业绿色生产社会化服务类型引入模型，所对应的模型估计结果为模型Ⅰ～Ⅴ。模型Ⅵ为不考虑控制变量时，将全部农业绿色生产社会化服务类型纳入模型探究农业绿色生产社会化服务对农业绿色生产率的影响效应。模型Ⅶ是将全部核心解释变量和控制变量全部纳入模型中进而综合考虑农业绿色生产率的影响因素。Tobit 回归模型估计结果如表 10 所示。从各模型估计结果可以发现，F 值均在 1％水平下通过显著性检验，说明各模型估计结果准确有效，拟合度较好。

表 10　Tobit 回归模型估计结果

变量名称	模型Ⅰ	模型Ⅱ	模型Ⅲ	模型Ⅳ	模型Ⅴ	模型Ⅵ	模型Ⅶ
有机肥施用服务	0.177 0***					0.095 2***	0.075 0***
	(0.018 1)					(0.019 9)	(0.018 0)
深耕深松服务		0.099 4***				0.057 4***	0.030 3*
		(0.019 0)				(0.018 1)	(0.016 5)
测土配方施肥服务			0.140 8***			0.087 2***	0.060 9***
			(0.018 8)			(0.018 3)	(0.017 0)
绿色病虫害防控服务				0.223 6***		0.169 3***	0.162 8***
				(0.016 9)		(0.020 0)	(0.017 9)
秸秆还田服务					0.074 4***	0.063 3***	0.011 5
					(0.021 9)	(0.018 3)	(0.018 4)
年龄	−0.011 9	−0.016 1*	−0.022 1***	−0.013 9***	−0.016 4*		−0.011 7*
	(0.007 9)	(0.008 6)	(0.008 3)	(0.007 3)	(0.008 8)		(0.006 9)
受教育程度	0.024 1	0.026 4	0.018 1*	0.024 8*	0.023 4**		0.016 6**
	(0.009 6)	(0.010 4)	(0.010 1)	(0.008 8)	(0.010 7)		(0.008)
务农劳动力数量	0.012 2	0.007 9	0.004 6	0.003 1	0.003 8		0.003 8
	(0.009 5)	(0.010 3)	(0.010 0)	(0.008 8)	(0.010 6)		(0.008 3)
风险偏好	0.039 1***	0.041 0***	0.036 4***	0.039 3***	0.045 2***		0.029 6***
	(0.012 2)	(0.013 2)	(0.012 8)	(0.011 2)	(0.013 4)		(0.010 5)
非农收入占比	−0.029 8***	−0.030 0***	−0.031 2***	−0.024 6***	−0.028 2***		−0.020 7***
	(0.008 4)	(0.009 1)	(0.008 7)	(0.007 7)	(0.009 5)		(0.007 4)
土地质量等级	0.049 5***	0.058 1***	0.051 7***	0.049 3***	0.066 3***		0.036 1***
	(0.007 0)	(0.007 6)	(0.007 4)	(0.006 4)	(0.007 5)		(0.006 3)
参与合作组织	−0.004 4	−0.003 9	−0.015 2	−0.000 8	−0.010 3		−0.005 0
	(0.017 8)	(0.019 3)	(0.018 7)	(0.016 4)	(0.019 7)		(0.015 4)
农业绿色生产技术培训	0.064 2***	0.056 4***	0.065 6***	0.071 0***	0.051 4**		0.060 3***
	(0.019 7)	(0.021 5)	(0.020 6)	(0.018 2)	(0.022 4)		(0.017 5)
常数项	0.121 5**	0.111 5*	0.193 2***	0.116 2**	0.110 6*	0.257 2***	0.138 1***
	(0.055 0)	(0.059 6)	(0.058 1)	(0.050 1)	(0.061 0)	(0.013 9)	(0.048 3)
对数似然值	117.456 2	87.762 5	100.647 9	147.346 5	80.283 3	130.003 7	171.675 2
LR chi2（9）	260.40	201.01	226.78	320.18	186.05	285.49	368.84
$P>F$	0.000 0	0.000 0	0.000 0	0.000 0	0.000 0	0.000 0	0.000 0
R^2	10.217 5	7.887 2	8.898 4	12.563 2	7.300 3	11.202 2	14.472 4

注：＊＊＊、＊＊、＊分别表示在 1%、5%、10%的水平上显著。

由模型Ⅰ～Ⅵ可知，有机肥施用服务、深耕深松服务、测土配方施肥服务、绿色病虫害防控服务和秸秆还田服务均在1%水平下通过显著性检验，且影响系数均为正，这表明农业绿色生产社会化服务对农业绿色生产率有显著正向影响。以有机肥替代化肥是实现农业绿色发展的有效手段，农业生产过程中离不开化肥这一生产要素的投入，但是常年使用化肥显著增加了土壤板结率，不仅破坏了自然生态资源，同时对农产品产量和质量也带来一定负向影响，有机肥施用服务可以较好地指导农户如何选购优质有机肥、如何施用有机肥，从最大限度上提高有机肥施用率。深耕深松的目的是疏松土壤，打破犁底层，改善耕层结构，以增强土壤蓄水保墒和抗旱抗涝能力，采用深耕深松服务更容易增加期望产出，提高农业绿色生产率。测土配方施肥服务是依据耕地实际情况，指导农户科学合理地施用化肥以显著降低土壤板结率，有效改善自然生态资源环境。绿色病虫害防控服务是采取生态控制、生物防治、物理防治、科学用药等环境友好型措施来控制有害生物的高端服务模式，是促进农业生产安全、农产品质量安全、农业生产安全和农业贸易安全的有效途径，可以显著提升农业绿色生产率。秸秆是黑龙江省解决环境污染问题最为棘手的问题，由于粮食播种面积大，秸秆每年产量达9 000多万吨，非正确的处理方式将会带来严重的污染问题，而秸秆还田服务恰好用最科学的手段处理秸秆问题，既防止了由于秸秆焚烧造成的空气污染，又有助于增加土壤肥力，可以显著提高农业绿色生产率。

由模型Ⅶ可知，在加入其他控制变量以后，秸秆还田服务对农业绿色生产率的影响未通过显著性检验，相比于其他服务内容，秸秆还田服务对农业绿色生产率的影响相对较小，但由于系数为正，同样表明秸秆还田服务对提高农业绿色生产率有一定效果。同时依据各项服务的影响系数可以发现，不同服务类型对农业绿色生产率的影响程度存在一定差异，按照从小到大的顺序依次为绿色病虫害防控服务、有机肥施用服务、测土配方施肥服务、深耕深松服务、秸秆还田服务。从其他控制变量对农业绿色生产率的影响上来看，年龄和非农收入占比分别在10%和1%的水平下通过显著性检验，且系数为负，表明年龄越大、非农收入占比越高的农户，农业绿色生产率越低，这与理论预期和生产实际均相符。年龄越大，思想越固化，对农业绿色生产的认知水平较低，而非农收入占比越高，对农业生产的重视程度越低，相应的农业绿色生产率水平也会较低。受教育程度、风险偏好、土地质量等级、农业绿色生产技术培训分别在5%、1%、1%、1%的水平下通过显著性检验，且系数为正，表明农户受教育水平越高、越是风险偏好者、土地质量等级越高、参加过农业绿色生产技术培训所对应的农业绿色生产率越高，这与以往研究成果相一致。务农劳动力数量、参与合作组织并未通过显著性检验，表明其并不是影响农业绿色生产率的关键因素。同时需要强调的是，所有控制变量在模型Ⅰ～Ⅴ和模型Ⅶ中影响系数符号一致，表明整体模型的稳健性较好。

三、完善黑龙江省农业绿色生产社会化服务体系以保障农业绿色发展的对策建议

（一）提高农业绿色生产社会化服务供给能力

1. 落实政策资金保障制度

完备的资金保障制度是培育农业绿色生产社会化服务供给主体的重要举措，政府应通过一系列扶持手段，例如财政补贴、信贷支持、税收减免等方式，大力支持农业绿色生产社会化服务供给主体发展，确保每一项支持政策均能平稳落地。第一，以政府购买服务方式向有能力承接农业绿色生产社会化服务的供给主体购买服务，通过以奖代补的形式鼓励农业绿色生产社会化服务供给主体不断提高自身业务水平，以此提升经营效益。第二，充分利用现有农业担保体系政策，鼓励并支持有能力的服务供给主体通过向银行借贷的方式拓宽融资路径，不断扩大服务领域，由服务单一化向服务综合化发展。第三，强化督导和调研，做好资金使用的反馈与调节机制，结合农户对服务供给主体的满意度，将政策资金有倾向性地分配，将有限的政策资金用于发展无限的供给潜力上，真正发挥政策引导和扶持的作用。

2. 强化市场引导推进作用

各类服务供给主体是在市场化机制的运行下得以生存和发展，农业绿色生产社会化服务供给主体能力的提升离不开市场的引导和推进。第一，建立有序的农业绿色生产社会化服务交易平台，降低服务供给主体进入的门槛，吸引更多有能力且愿意为各类生产经营主体提供服务的服务主体融入服务供给系统。第二，强化对服务供给主体的监管，制定严格的服务供给规范制度，一旦服务供需双方在交易过程中发生矛盾，能够提供出快速、高效的解决办法，对农业服务领域严重违法的失信主体，按照有关规定实施联合惩戒。第三，对服务供给能力弱、服务供给态度差、服务供给质量不佳的供给主体实行清退处理，引导其有序退出服务供给系统，有效避免系统内部秩序混乱，影响农业绿色生产社会化服务供给系统的整体发展。

3. 推动服务主体联合融合发展

在政策和市场的双重作用下，农业绿色生产社会化服务供给主体已经具备了发展的关键动能，但要想达到服务供给能力最大化，还需推动各类服务主体

联合发展。第一，鼓励以地方农业技术推广中心为核心的各类公益性、经营性和半公益半经营性服务供给主体加强合作，形成"竞争＋合作"的双重发展局面，促进各服务主体之间能够融合发展。第二，积极引导各类服务主体利用现有政策资金、生产技术等，重点围绕某一产业或某一产品进行专业化生产，以服务联合体或服务联盟的形式打造出一批专业性强、服务质量高、服务品类专一的组织体系。第三，强化与高等院校、科研院所开展科研和人才合作机制，确保每一服务组织体系下均有一所高等院校或科研院所的技术支持，扩大知识溢出效应。同时，各类服务主体还可与银行、保险公司等开展深度融合，强化社会保障力量。

（二）推动农业绿色生产社会化服务精准化发展

1. 加大对农资供应服务的供给力度

农资供应服务质量的好坏既表现在对良种、农药、化肥等的研发力度上，还表现在农资从生产商到农户的传递过程中能够降低成本上。因此，加大对农资供应服务的供给力度不仅要保证农资的质量，同时还要注重降低农资传递成本。第一，支持服务供给主体与高等院校、科研院所、种业企业、生物农业企业加强合作，在解决农户选农资难的同时不断提高农资供应服务水平。第二，鼓励服务供给主体充分发挥资源优势，及时传递市场变化信息，尽最大努力保证农资价格的稳定，并做好相应的工作，规避因市场价格的大幅度波动导致农资价格的快速上涨。第三，积极会同相关部门严厉打击制售假冒伪劣农资等不法行为，杜绝假冒农资产品流入农户手中，确保农户用上放心肥、安全药。

2. 强化农业信息服务的支撑作用

第一，以农户所需的一切生产信息为基础，健全农业生产信息的收集、分析、整理、发布等体系，通过有效的市场信息引导农户调整种植结构，优化农业生产布局，并大力支持各类服务组织为农户提供个性化服务，提高服务的针对性和精准性。第二，增强村集体发布农业信息的可靠性，采用农户可接受的方式定期发布国内外重要的农产品价格信息和销售信息，及时更新农业气象信息，增强各类信息供给的及时性与准确性。第三，以农业信息服务下乡的形式，适当对国内外农产品市场供求形式进行研判，特别是针对当前农业热点问题、农民迫切需要并关心的问题，应当组织高级专家组为农民进行现场解答，并通过各种媒介向社会广泛传播，帮助农民及时了解市场风险。

3. 提高农户对农业技术服务的采纳意愿

农业技术服务是现代农业科技成果转化为现实生产力的桥梁和纽带，对农业技术服务的有效推广可以在一定程度上提高农户对技术的采用率。第一，加强对新品种技术服务、测土配方施肥技术服务、病虫害统防统治技术服务、秸秆还田技术服务等的宣传力度，提高农户对各项服务的认知态度，了解各项服务的供给方式、供给价格等。第二，加强对农户在农业技术方面的培训，提高农户的生产管理技能，农技推广部门应与高等院校、科研院所建立紧密联系，组织专家学者、科技人员对农户进行实地指导与技术培训讲座，提高农业技术推广中心和高等院校（科研所）的知识溢出效应。第三，将服务链条逐渐向经济发展能力弱、距农技局较远、地理环境较差的村庄延伸，让更多农户享受到农业科技成果的转化，让农业技术服务遍布于农业生产的各个角落。

4. 全面提升农业机械化服务水平

实践表明，农业生产的全程机械化是农户的普遍诉求，既有助于释放劳动生产效率，又有利于降低农业生产成本，目前黑龙江省的大部分地区虽然已经实现了机械化生产，但是现行的农业机械化水平仍有待进一步提高。第一，加强对有能力或有潜力的农机服务公司、农机专业合作社等的培育力度，培育一批动力足、服务意愿高的农业机械服务供给主体，并对这些主体在购置大型农机具时给予充足的政策优惠。第二，加强对农机手的专业技能培训，提高农机手的专业水平，以农业生产关键环节为培训重点，在赋闲时期，组织一批技术培训专家对农机手进行集中技术培训，为全面提高农机作业质量严格把关。第三，在保证不损害农户主体利益的同时，推行土地连片种植制度，降低农地细碎化，提高大型机械的作业效率，将有助于全面提高农业机械化服务水平，全面提高农户种植收益。

（三）创新农业绿色生产社会化服务供给模式

1. 推进专项服务与综合服务协同发展

农业生产经营在不断地进行专业化分工，随着这种分工越来越细化，农业生产经营的环节越来越多，在一定程度上倒逼服务供给主体对服务内容进行细致分层，在此情况下，迫切需要推进专项服务与综合服务协同发展。第一，充分发挥各类服务组织优势，结合自身实际尽快研发专业化服务内容，确保服务内容精准到位，同时还要注重专项服务与综合服务相互协调发展。第二，在专项服务推广的过程中，服务供给主体在获取自身利益时要保护农民生产效益，事前与农户签订约束性合同，事中保证全程有记录，事后做到有售后服务，不断提高专项服务的标准化水平。第三，要注重统筹和整合基层农业服务资源，不断完善农资供应、农业生产技术指导、农业作业与维修、农业信息发布等综合性、区域性、一体化服务平台，利用现有农业科技及现代物质装备，不断提高综合服务的集约化水平。

2. 结合农户需求特征实行差异化供给

农户在农业生产经营过程中对农业绿色生产社会化服务需求是存在差异的，不同禀赋特征的农户对农业绿色生产社会化服务表达的需要特征必然存在差异，为此在创新农业绿色生产社会化服务供给模式的过程中要注重结合农户需求特征实行差异化供给。第一，针对不同规模的农户在农业技术服务、农机作业服务等方面实行差异化供给，大规模、中等规模农户与小规模农户一般更愿意采纳新技术服务和大型农机作业服务。第二，针对不同年龄结构的农户在农资供应服务方面实行差异化供给，一般来说年龄结构的变化与劳动能力呈负相关关系，年龄结构偏大的农户对农资供应服务的诉求更加强烈。第三，针对不同受教育水平的农户在农业信息服务方面实行差异化供给，受教育水平的差异导致信息接收能力与解读能力存在较大差异，对于受教育水平较低的农户要为其提供通俗易懂的信息服务。

3. 提高农业生产托管服务的普及率

农业生产托管服务是农业绿色生产社会化服务规范化的重要表现形式，具有广泛的适应性和发展潜力，提高农业生产托管服务的普及率有利于农业生产效益的提升。第一，政府应培育一批具有典型引领功能的农业生产托管服务组织，采取政策扶持、项目推动的手段，加大支持推进力度。第二，总结推广成熟的"土地托管""代耕代种""联耕联种"等农业生产托管方式。第三，从农户角度认识农业生产托管的诸多益处，必须清楚意识到土地托管不同于土地流转，经营权依旧掌握在农户手中，采取农业生产托管能够有效降低小规模农户的生产经营成本，同时从环境保护角度来看，农业生产托管对提高土壤肥力具有显著效果。

（四）构建农业绿色生产社会化服务有效反馈机制

1. 构建完整高效的服务需求反馈体系

农业绿色生产社会化服务反馈机制运行要实现常态化，必须具有一系列完整的规范措施加以约束。农业绿色生产社会化服务的长足发展和进步需要多方主体的协同努力，这其中必然少不了农业绿色生产社会化服务受众主体农户的参与，农户积极有效的反馈有助于完善农业绿色生产社会化服务发展过程中的不足，有助于提高服务供给主体的服务能力和服务水平。第一，明确政府投入的主导作用，以县级农业技术推广中心为依托，采取层级递进式手段逐层向上汇报农业绿色生产社会化服务推进情况，及时将农户反馈信息进行整合，为构建完整高效的服务需求反馈体系提供依据。第二，科学合理地做好顶层设计，对于农业绿色生产社会化服务发展布局要合理规划，制定出完整的发展方案，优化农业绿色生产社会化服务资源配置，明晰政府、市场、农户的职能关系。第三，通过多种方式收集农户对农业绿色生产社会化服务需求信息、评价反馈，构建集收集、分析、处理、回应等于一体的完整的服务处理系统。

2. 采取合理激励措施以激发反馈机制活力

农户是农业绿色生产社会化服务效果反馈的不竭源泉，农户只有在采用农业绿色生产社会化服务后做出客观、合理、公正的反馈评价才能留给服务供给主体广阔的提升空间，因此应采取合理激励措施以激发反馈机制活力。第一，制定反馈方案，明确反馈内容，广泛宣传农户对服务供给主体评价的重要性，通过构建完善的评价指标体系，从服务态度、服务质量、服务效率等方面对服务供给主体进行评价，不断提高农户积极参与农业绿色生产社会化服务反馈体系建设的意愿。第二，实行有效反馈奖励制度，对长期积极参与农业绿色生产社会化服务态度、质量、效率评价的农户予以适当奖励，奖励形式应包括精神奖励和物质奖励，以精神奖励夯实农户思想基础，以物质奖励满足农户生产需要。第三，积极推动和完善政策保障建设，研究制定一系列普惠民生的激励政策，营造有利于农业绿色生产社会化服务体系建设的政策环境，形成政府主导、多元服务主体献力、农户广泛参与的理性互动制度与框架，通过责任联动和组织保障体制、经济补偿和典型激励机制，不断激发反馈机制活力。

3. 加强人才建设以提高反馈机制效能

只有将农户有效的反馈信息不断注入反馈系统内，农业绿色生产社会化服务反馈机制才能正常运行。但是，受理性经济人和风险规避态度的影响，农户可提供的有效反馈信息有限，因此在收集反馈信息时需变被动为主动，这便需要专业化人才进行收集、分析、处理等，以提高反馈机制效能。第一，建立专职专人负责制，使之在收集、分析、处理农户的反馈信息过程中，及时提出有效解决方案，最大限度地确保处理结果能让更多农户满意，有效提升农业绿色生产社会化服务的供给效率。第二，加强人才队伍建设，培育一批既熟练掌握服务供需流程又熟悉"政府＋市场＋农户"互动关系，既能保持对信息的敏感度又可以对反馈信息作出合理解释和处理的专业服务人才。第三，加强培训教育，努力提高专职服务人才的专业素养，不断提升其沟通和协调能力，保证专职服务人才知识体系的全面化、系统化，以在处理反馈信息时做到有的放矢。

项目负责人：王洋

主要参加人：许佳彬、代首寒、王泮蘅、孙玥、余志刚、王立民等

提升放大绿色发展优势背景下黑龙江省
黑土地保护激励补偿机制研究*

崔宁波　赵端阳　生世玉　巴雪真　王胜男等

　　"十四五"时期推进黑龙江农业生态文明建设必须提升放大绿色发展优势，而粮食生产恰是实践的重要领域。2018年，习近平总书记在推进东北振兴座谈会上就深入推进东北振兴提出六个方面的要求，其中第四个要求是"更好支持生态建设和粮食生产，巩固提升绿色发展优势"。党的十九届五中全会明确强调，要加快推动绿色低碳发展促进经济社会发展全面绿色转型，全面提高资源利用效率。这就要求必须坚持绿色发展理念，大力加强生态文明建设，积极补齐环境短板，把良好的资源优势转化为农业尤其是粮食生产的生态优势，着力将黑龙江粮食生产安全保障能力向更高水平推进。黑龙江省地处东北黑土区核心区域，然而长期以来粗放式的生产方式、掠夺式的开发利用以及用养失衡导致省内黑土地地力退化问题严重，不仅制约了黑土资源的可持续利用，也使粮食综合生产能力和农业生态安全面临严峻的挑战。如何防止黑土地继续退化、提升耕地质量应成为当前及今后政策关注的重点和方向，加快推进东北地区黑土地保护工作尤为紧迫。为此，重新审视黑龙江省的黑土地现状，科学评价黑土地地力情况并进行预警，明晰黑土地退化的主要原因及其负外部性影响，进而构建有效保护黑土地的激励补偿机制，成为当前及今后黑龙江省经济社会发展中亟待解决的重要现实问题。

一、黑土地利用现状分析

　　一个地区的耕地利用方式和水平不仅影响着耕地的生态环境状况，也关系到粮食产量和综合效益，耕地利用的可持续集约化理应成为农业生态文明建设的重要方面。而黑龙江省作为我国重要的粮食产地之一，耕地数量逐渐减少，

黑龙江省哲学社会科学研究专题项目（项目编号：20JYH076）。
　项目负责人为崔宁波教授，主要参加人员有赵端阳、生世玉、巴雪真、王胜男、杜笑涵、刘紫薇。

人地矛盾逐渐突出，许多地区耕地都存在着利用格局不优化等问题。了解黑龙江省耕地利用状况，有助于进一步明确耕地所承载的压力状况。

（一）黑龙江省耕地面积总体呈现先下降后上升，最后趋于平稳的趋势

由图 1 可看出，19 年间黑龙江省耕地面积总体呈现先下降后上升，最后趋于平稳的趋势，2000—2018 年增加了 660.37 万公顷，而农作物总播种面积却经历先上升后轻微下降的变化。特别地，2007—2008 年农作物总播种面积大于耕地面积。由于自然灾害的影响，农户在受灾后对农作物进行改种或补种，这导致农作物总播种面积与耕地面积之间形成较大差异。

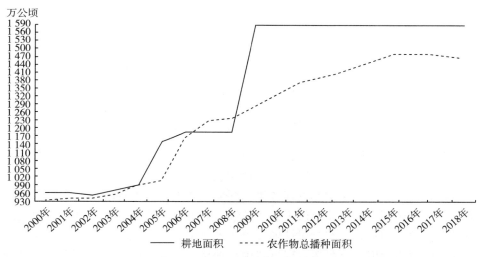

图 1　2000—2018 年黑龙江省耕地面积和农作物总播种面积绝对数量变化

（二）黑龙江省耕地动态变化过程分为三个阶段

根据黑龙江省 2000—2018 年耕地变化的速率，可以将黑龙江省耕地动态变化过程分为 3 个阶段进行分析。第一阶段为 2000—2002 年，黑龙江省耕地面积共减少 10.5 万公顷，耕地年均变化率为－0.36%，在这一阶段耕地处于略微减少期，与一部分耕地转化为城镇建设用地有关。第二阶段为 2003—2009 年，黑龙江省耕地面积共增加 617.6 万公顷，耕地年均变化率为 9.1%，此时耕地处于快速增长期。由于粮食生产逐渐成为保障国家粮食安全的重要环节，黑龙江省作为粮食主产区积极进行农作物的种植，因此耕地面积呈现较大幅度的增加。另外，此阶段耕地的增加也与湿地和草地的开垦有关。第三阶段

为 2010—2018 年，黑龙江省耕地面积共减少了 1.43 万公顷，耕地年均变化率为−0.01%，此时耕地面积处于基本平稳期。国家在关注耕地绝对数量承载力的同时，也考虑到农作物种植对生态方面的影响，促使黑龙江省耕地面积趋于平稳的状态（表1）。

表1   2000—2018 年黑龙江省耕地相关变化特征

年份	耕地面积（万公顷）	农作物总播种面积（万公顷）	耕地利用动态度（%）
2000	961.7	932.9	
2002	951.2	940.0	−0.36
2003	969.0	955.1	
2009	1 586.6	1 284.1	9.1
2010	1 585.8	1 334.8	
2018	1 584.4	1 467.3	−0.01

二、黑土地地力评价与预警分析

（一）黑龙江省黑土地生态承载力评价

对黑龙江省耕地生态承载力进行研究，并提出针对性的对策建议，有利于更好地利用黑龙江省耕地，进一步保障粮食供求平衡，维护我国的粮食安全。同时，有利于进一步保护黑龙江省生态环境。耕地是生态环境系统中的重要组成部分，为循环系统之间提供了有机链接。开展相关研究有利于进一步优化黑龙江省耕地利用规划，有针对性地改善耕地质量，缓和人地协调矛盾，为黑龙江省耕地健康发展提供参考，促进我国耕地生态环境的综合保护和农业的可持续发展。

1. 2000—2018 年黑龙江省人均耕地生态足迹变化总体呈波动上升的趋势

2000—2018 年黑龙江省人均耕地生态足迹变化总体呈波动上升的趋势（图2），可见黑龙江省耕地的生产压力呈现出不断加大的状态。人均耕地生态足迹的峰值出现在 2015 年，为 0.371 0，谷值出现在 2000 年，为 0.190 6，最高值与最低值之间相差 0.180 4。其波动变化主要表现为：2000—2001 年人均耕地生态足迹有所上升，2001—2003 年人均耕地生态足迹呈递减趋势，2004—2015 年呈现长时间的上升趋势，共增加了 0.170 3。其中 2005—2006 年上升幅度较大，2015—2018 年呈现略微下降的趋势。

2. 2000—2018 年黑龙江省人均耕地生态承载力总体呈波动上升的趋势

2000—2018 年黑龙江省人均耕地生态承载力主要呈波动上升的趋势

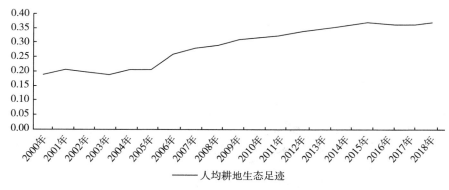

图 2　2000—2018 年黑龙江省人均耕地生态足迹变化

（图 3），耕地的承受能力也呈现波动上升的趋势。人均耕地生态承载力的最大值出现在 2018 年，为 0.366 3，谷值出现在 2000 年，为 0.17，二者之间相差 0.196 3，2007 年以后呈现出较为稳定的上升状态。

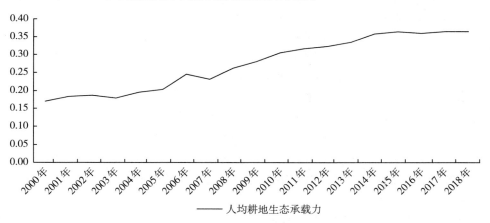

图 3　2000—2018 年黑龙江省人均耕地生态承载力变化

　　黑龙江省人均耕地生态承载力的谷值和峰值均低于人均耕地生态足迹，多数年份中黑龙江省人均耕地生态承载力也多低于人均耕地生态足迹。耕地生产压力较大且高于耕地的承受能力，使得耕地总体上呈现赤字状态，情况不容乐观。

3. 黑龙江省耕地生态承载力时空变化分析

　　为进一步了解黑龙江省耕地生态承载力变化情况，选取 2000—2018 年黑龙江省所辖 12 个地级市和 1 个地区行署，选定基期 2000 年、中间点 2006 年、2012 年和终期 2018 年作为评定时间点，对黑龙江省所辖区域的人均耕地生态承载力进行分析。

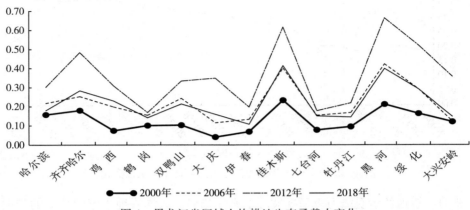

图 4 黑龙江省区域人均耕地生态承载力变化

由图 4 可知,2000—2018 年黑龙江省所辖地区的耕地生态承载力水平呈波动变化趋势,总体来看,2006—2012 年各地区耕地生态承载力水平波动变化较小,2012—2018 年波动变化较大。其中,鹤岗、七台河、牡丹江、伊春的变化幅度较小,黑河的变化幅度较大。特别地,哈尔滨与大兴安岭的耕地生态承载力水平在 2000—2018 年虽经历了波动性的变化,但 2018 年的耕地生态承载力绝对水平总终回落至与 2000 年相似的状态。2000—2018 年,黑龙江省偏北的大部分地区(大兴安岭除外)人均耕地生态承载力水平相对较高。这些地区纬度较高,气温较低,经济发展水平较为落后,吸引人才能力较差,使得常住人口相对较少,但具有较为丰富的生态资源,生态系统较为稳固,故耕地承载能力较强。黑龙江省南部的大部分地区耕地生态承载力水平相对较低,这是由于这些地区经济发展水平较高,第二、三产业较为发达,人口较多,相应的物质生产需求较大,但生态资源数量与北部地区相比较少,使得耕地承载能力较弱。

(二)黑龙江省黑土地生态承载力预警分析

1. 黑龙江省黑土地生态承载力预警分析初步结果

本部分根据改进后的耕地生态足迹计算方法,得出 2000—2018 年黑龙江省年耕地生态压力指数和耕地生态可持续指数(图 5、表 2)。并根据表 3 和表 4 的分级标准来分析其耕地生态压力状态和耕地可持续发展状况。耕地生态压力指数总体结果大于 1,大致呈现先上升、后下降的趋势,主要在 2007 年前后波动较大。其中,2007 年的耕地生态压力最高,2017 年的耕地生态压力较小。耕地生态压力表征状态为平衡偏高状态—高状态—平衡偏高状态,耕地面

临的压力较大，承受的负担较重。耕地生态可持续指数总体结果大于 0.4 小于
0.6，呈现先下降再上升的趋势，呈弱不可持续的状态。其中 2007 年弱不可持
续值最低，耕地的可持续发展水平较高，耕地健康状况较好。

根据 2000—2018 年黑龙江省耕地生态压力指数和耕地生态可持续指数变
化规律，可以得出两者呈现负相关关系。耕地生态压力指数增加，耕地生态可
持续指数降低，表明耕地生态压力加重，耕地利用的不可持续就增加，耕地生
态环境恶劣，耕地生态安全情况堪忧。

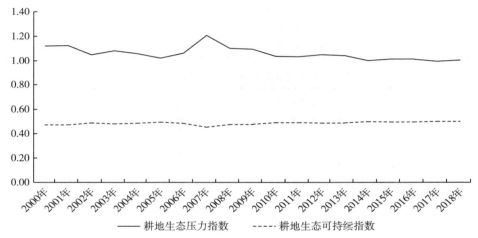

图 5　2000—2018 年黑龙江省耕地生态压力指数与可持续指数变化

表 2　2000—2018 年黑龙江省耕地生态压力指数与可持续指数变化

年份	耕地生态压力指数	耕地生态可持续指数
2000	1.121 2	0.471 4
2001	1.124 8	0.470 6
2002	1.050 4	0.487 7
2003	1.083 3	0.480 0
2004	1.059 9	0.485 5
2005	1.023 6	0.494 2
2006	1.064 4	0.484 4
2007	1.208 8	0.452 7
2008	1.104 2	0.475 2
2009	1.096 8	0.476 9
2010	1.039 0	0.490 4

（续）

年份	耕地生态压力指数	耕地生态可持续指数
2011	1.036 1	0.491 1
2012	1.053 0	0.487 1
2013	1.044 9	0.489 0
2014	1.003 8	0.499 1
2015	1.017 0	0.495 8
2016	1.015 3	0.496 2
2017	0.997 8	0.500 6
2018	1.008 5	0.497 9

表 3　黑龙江省耕地生态压力等级划分标准

生态承载力等级	生态压力类型	生态压力状况	耕地生态压力指数
1		极低	<0.40
2	耕地生态低压区	低	0.41~0.60
3		稍低	0.61~0.80
4	耕地生态中压区	平衡偏低	0.81~1.00
5		平衡偏高	1.01~1.20
6		高	1.21~1.40
7	耕地生态高压区	超高	1.41~1.60
8		严重超高	>1.60

表 4　耕地生态可持续指数分级

等级	耕地生态可持续指数	耕地利用可持续程度
1	>0.70	强可持续
2	0.50~0.70	弱可持续
3	0.30~0.50	弱不可持续
4	<0.30	强不可持续

2. 黑龙江省黑土地生态承载力时空变化预警分析

为进一步对黑龙江省耕地状况做出合理预警，选取与黑龙江省耕地生态承载力时空变化分析相同的研究对象、基期以及评定时间点，对相关区域进行预警分析，并利用地图慧平台绘制了黑龙江省耕地生态压力空间分布图（图 6 至图 9）。

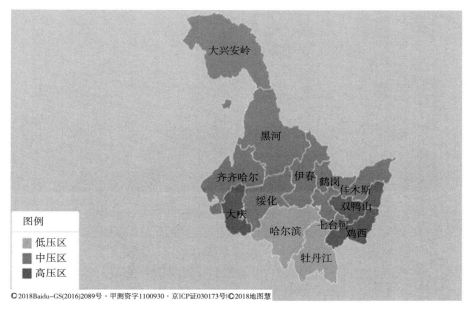

图6　2000年耕地生态压力空间分布

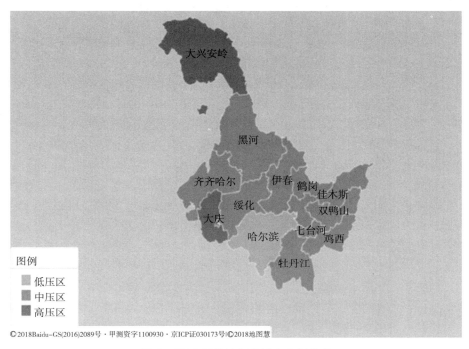

图7　2006年耕地生态压力空间分布

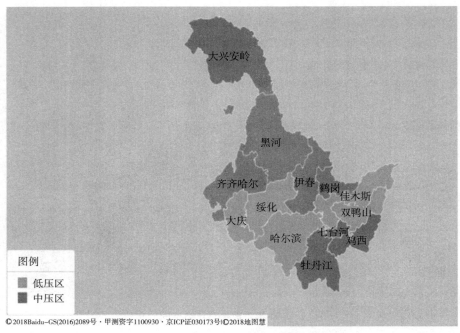

图 8　2012 年耕地生态压力空间分布

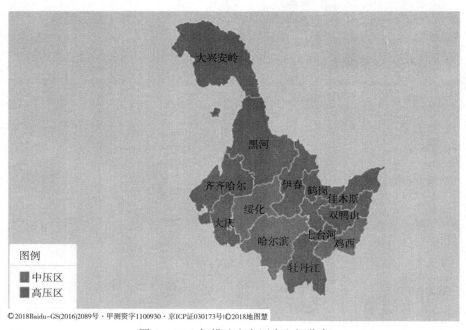

图 9　2018 年耕地生态压力空间分布

（1）黑龙江省区域耕地生态压力指数。从压力区绝对数量变化来看，2000—2018 年黑龙江省内区域耕地情况总体不容乐观。由表 5 可知，耕地生态高压区由 2000 年的 3 个发展为 2018 年的 10 个，耕地生态低压区由 2000 年的 2 个发展至 2018 年的 0 个，原本的耕地生态中压区多转变为耕地生态高压区。其中，2012 年黑龙江省无耕地生态高压区，总体上呈现较好的状态。

表 5　2000—2018 年黑龙江省耕地生态压力等级统计

年份	耕地生态低压区	耕地生态中压区	耕地生态高压区
2000	2	8	3
2006	1	10	2
2012	5	8	0
2018	0	3	10

如图 6 至图 9 所示，从空间分布来看，2000 年黑龙江省南部耕地生态压力较小，大庆、双鸭山、鸡西三者为耕地生态高压区，耕地承受的压力较大。2006 年大兴安岭与大庆地区为耕地生态高压区，黑龙江省中部与东部多为耕地生态中压区，仅有哈尔滨一个城市为耕地生态低压区。2012 年黑龙江省北部和南部多为耕地生态中压区，中部为耕地生态低压区。到 2018 耕地生态高压区明显增多，全省耕地生态低压区数量降至零，仅有哈尔滨、绥化、鸡西三个城市为耕地生态中压区，其他地区均为耕地生态高压区，耕地承受了较为严重的压力。总体来看，黑龙江省西南部的耕地生态压力较其他地区小一些。

特别地，省会城市哈尔滨与其他城市相比面临的耕地压力较小，这与哈尔滨市经济发展水平较其他地区更高有关。牡丹江地区由 2000 年的生态低压区变为 2018 年的生态高压区，可见牡丹江地区的耕地已受到了较大程度的负面影响，日后需要对牡丹江地区的耕地生态环境进行重点关注。鸡西 2000—2018 年经历了由耕地生态高压区向耕地生态中压区的转变，可见当地政府对耕地生态环境的重视。

（2）黑龙江省区域耕地生态可持续指数。由图 10 可知，从整体变化幅度来看，2000—2018 年黑龙江省所辖地区的耕地可持续指数总体呈波动变化的趋势，以 2012 年为分界点呈现出先上升后下降的状态，2012—2018 年各地区耕地生态可持续指数波动变化较大。其中，鸡西、鹤岗的变化幅度较小，黑河、大庆、大兴安岭的变化幅度较大。

反观具体区域情况，截至 2018 年，大兴安岭呈现强不可持续的状态，耕地未来状况堪忧，亟须采取相关保护措施维护大兴安岭的生态环境。位于黑龙江省偏北地区的伊春和黑河的耕地可持续状态也不容乐观，截至 2018 年，指数在 0.35 左右，需要重点加强对当地耕地的保护。黑龙江省西部地区和东部地区较北部地区耕地可持续状态好一些，但也处于弱不可持续状态。省会城市哈尔滨未来状况相对较好。但总体来看，黑龙江省所辖区域均呈现不可持续状态，耕地生态环境不容乐观。

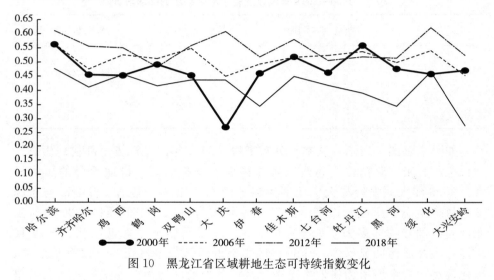

图 10　黑龙江省区域耕地生态可持续指数变化

三、黑土地地力退化原因及改善路径分析[*]

东北黑土区是我国重要的粮食主产区和商品粮生产基地，在国家粮食安全战略中发挥着重大作用。然而，随着经济社会的发展和自然因素的侵蚀，目前黑土层正在以较快速度流失，与此同时，有机质也在以平均每年 0.1% 的速度下降。相比黑土层的高速剥蚀，其形成过程极为漫长。因此，若不加以控制，历经 3 万～4 万年自然条件下形成的黑土地将最多维持 100 年的生命。作为不可再生的战略性资源，黑土地是维护生态系统平衡的重要基础，是实施国家"藏粮于地"战略的重要保障，保护黑土地刻不容缓。

---

　　[*]　部分摘自《奋斗》2021 年第 4 期（作者：崔宁波、赵端阳、王胜男）。

（一）黑土地地力退化原因分析

1. 黑土变"少"了，被侵蚀的土壤变"多"了

黑土变"少"主要体现在随着城镇化、工业化的发展，优质黑土面积减少和土壤受到侵蚀，黑土资源数量亮起了"红灯"。其原因有二：一是城市建设用地导致黑土资源过度开发；二是风蚀、水蚀、冻融以及荒漠化蔓延等自然因素导致了严重的土壤侵蚀。黑土变"少"是人类经济活动与自然环境相互作用的结果。

2. 黑土变"薄"了，流失掉的土壤变"厚"了

黑土变"薄"主要体现在黑土腐殖质层厚度降低，个别水土流失严重的地方"破皮黄"现象严重。究其原因，主要是肥沃的黑土层受水土流失影响逐渐流失，这导致地表土壤有机质含量下降，部分土壤甚至可能丧失生产能力。与此同时，人类的干涉越来越严重，生产经营粗放，致使黑土地过度垦殖，在进行被侵蚀沟壑填充活动时往往会用到邻近区域的土壤，间接致使黑土变"薄"，黑土区荒漠化威胁日益加剧。

3. 黑土变"瘦"了，化肥施用量"膨胀"了

黑土变"瘦"主要体现在土壤的理化性状不断恶化，黑土"身板"极其虚弱，导致其抗御自然灾害的能力降低。黑土变"瘦"，一是因为部分农民种地不养地，认为"人有多大胆、地有多高产"，急功近利地施加化肥，较少施用有机肥料。二是种植结构缺乏合理规划，地块较为零散并且有突出的连作障碍。三是土壤有机质下降，酸化、盐碱化、污染情况严峻。黑土地既利用过度又保护不足，双重因素加速了黑土地的退化。

（二）黑土地地力退化改善路径分析

1. 大力推进保护性耕作实施

大力推进保护性耕作实施，解决黑土地 变"薄"、变"瘦"、变"硬"问题。随着各项政策的出台，作为落实"藏粮于地、藏粮于技"战略的重要抓手，农业用地的保护性耕作导向还是逐渐向深松浅翻、浅旋、休耕轮作和农艺田间管理技术倾斜和延伸，从而进入可持续发展阶段。第一，加大推广秸秆还田，对于大面积黑土地的保护，要大力推动秸秆富集深还、田地覆盖和秸秆离田沤制有机肥三种模式，其中，秸秆富集深还的优势是保证土层顺序不变，并2～4倍量富集秸秆，有效解决秸秆利用问题并彻底解决土壤培肥的迫切需求。第二，降低耕地利用强度，创建耕地轮作休耕制度。为保障国家粮食安全和农民收入稳步增长，应对不适宜连续耕作的地区实行轮作休耕，包括土壤重金属

污染区，地下水漏斗区，生态退化严重地区等，同时加大对重金属污染区耕地的治理。第三，推进有机肥积造技术和化肥农药减量增效。合理的培肥与保护性耕作的有机融合方式是对黑土地进行保护和再利用的一个根本途径，推动农村用地和养田相融合，开发推广绿色生产、综合治理等新型农业技术集成体系，推广实施保护性耕作技术并完善其他相关的配套服务。

2. 加强黑土地土壤污染管控和修复

第一，对于不可避免的建设占用耕地，建议开展耕地表土剥离利用工程、耕地生产能力提升工程、不利于农作物生长的耕地障碍性土壤改良工程等来开展黑土地保护与高值化利用。第二，针对当前表土剥离过程中的及时性和成本增加问题，建议创建省一级新闻平台和线上交易渠道使供应商和土地表层申请者在线登录即时实现快速的交易并减少运输和储存成本。第三，加强对东北农产品产地环境保护，高度重视松花江、辽河流域和近岸海域污染及大中型养殖场畜禽粪污中的重金属污染黑土地的问题，预防与综合治理相结合，要让过载的黑土地"减减压"。

3. 改善黑土地周边的生态环境和生产条件

第一，要扎实推进建设高标准农田、水土保持工程、农田防护林，推进侵蚀沟治理等工作。第二，实施严格的耕地保护制度，加快划定三个界限，即城乡界限，永久基本农田边界和生态边界，控制建设用地总量和使用强度，并严格控制农村集体建设用地规模。第三，切实加强对黑土地水土流失和荒漠化的综合治理，避免由于沟壑侵蚀造成的沉积物沉积，进而降低作物产量。

4. 加强黑土地保护相关制度体系建设，解决体制机制问题

第一，构建黑土地保护管理监督体系。建立健全耕地质量监督和评价机制，大力推进各地信息化技术的运用以提高监督工作效率，增强农民保护黑土地的意识以促进监督体系的建设。第二，构建黑土地保护政策投入体系。健全黑土耕地生态补偿制度，不断提高农业可持续发展能力，进一步巩固和提升东北重要粮食主产区地位；加大对土壤有机质改善、养分平衡、耕地质量监测、水土流失治理等方面的财政支持；大力发展农机服务生产经营主体、农机服务公司等服务组织；实施关于耕地保护的教育方案，并就此问题定期举办讲座，特别是要加强对大型生产商的教育和培训以及为农民提供农业技术服务。第三，构建黑土地保护科技支撑体系。参考绥化"海伦站"的经验，该研究站自成立之初，主要从事黑土农业生态、作物产量提升、自然灾害预防治理等科研任务。自1991年开始，"海伦站"与政府紧密合作，将先进农业技术和优化农业模式进行示范推广，为海伦市及其周边地区创造了良好的经济效益。借鉴该模式，可依托高校等研究机构建设示范区，建立黑土地保育与利用的专业化教

学、科研、技术开发和生产经营管理专业人才梯队，落实"产学研"三位一体，实现技术研发的原创性、技术转化的有效性和技术推广的适用性。第四，构建黑土地保护法律法规体系。建立健全"黑土地保护法"，使黑土地保护有法可依。推进黑土地保护法治建设，要充分考虑多方位因素，实施综合管理，有效整合现有各类资源，依靠强有力的法治保障形成对黑土地保护的联合力量。

四、黑土地保护的激励补偿机制构建[*]

粮食安全问题关乎人民生活水平、社会安定团结和国家稳定发展，耕地作为粮食生产的基本载体，是落实"藏粮于地、藏粮于技"战略的重要物质基础。近年来，随着要素成本的不断攀升，粗放的生产模式、经济利益的驱动和对环境价值的忽视，粮食生产陷入了"高投入、高产出、高污染"的恶性循环，对耕地施加的生态压力也越来越大。过去的基本农田保护、土地用途管制、占补平衡等约束性和建设性政策纵使消耗了巨大的保护成本和监管费用，耕地的数量和质量仍然堪忧。党的十八大报告提出："建立耕地保护生态补偿机制是实现社会经济与环境协调发展的一项重要举措"，十九大报告又指明，健全多元化生态补偿机制，全面实行土壤污染防治行动计划。事实上，耕地不仅是粮食生产最为基础的物质载体，还是一种重要的生态资源，可提供多重生态功能和服务价值，确保耕地的生态安全是耕地保护最为重要的内容。生态补偿遵循耕地生态安全理念指引，在制度上为耕地生态安全提供了保障，其中补偿标准测算的科学性直接决定了补偿的合理性和有效性，是补偿机制建立的核心。

东北地区作为全国最大的粮食主产区和重要的商品粮基地，粮食产量占全国 20% 以上，黑土地带的性状好、肥力高、适宜农作物生长，粮食产量占整个东北地区 1/4 左右。然而近 60 年来，由于粗放的粮食生产方式、高强度的开发利用加之土壤侵蚀，黑土区耕作层土壤有机质含量平均下降 1/3，部分地区下降 1/2，耕层变浅、后劲不足、生态功能退化等问题日益突出，严重威胁黑土资源的持续利用及农业生态和粮食生产安全。党中央、国务院高度重视对东北黑土资源的保护。从 2015 年起，连续六年的中央 1 号文件持续关注东北黑土地的保护利用问题；2020 年 7 月，习近平总书记在吉林省考察时再次强

---

* 摘自于《长白学刊》2021 年第 5 期论文《黑土地保护的激励补偿机制构建》（作者：崔宁波、生世玉）。

调,"要采取有效措施切实把黑土地这个'耕地中的大熊猫'保护好、利用好,使之永远造福人民"。为此,下文从粮食安全战略下的耕地生态赤字和盈余出发,在理论分析基础上,运用碳足迹和产量因子修正的生态足迹模型结合生态系统服务价值法,量化东北黑土区耕地为保障国家粮食安全做出重要贡献的同时所应获得的生态补偿标准,既能反映粮食生产中"副产品"的负面影响,又兼顾生态服务正面效益,以期为调动黑土区粮农在粮食生产同时的耕地保护积极性提供决策参考。

(一) 理论分析

1. 粮食安全视角下耕地生态补偿的原因

基于人口再生产和环境可持续发展的理念,确保粮食安全的意义不仅是在数量上满足现有人口的粮食需求,更多的是在此前提下实现数量和质量安全与农业生态的良性互动。耕地作为保障粮食自给能力的基础,不仅为粮食种植区带来了经济效益和社会稳定效应,还为全社会提供了食物生产、原材料供应、水涵养、气候调节、生物多样性保护等多种生态服务功能。在国家粮食安全全局观下存在耕地的生态赤字区和生态盈余区。生态赤字区是指地区粮食生产不能满足自身的粮食需求,需要粮食主产区供给大量粮食,以满足自身区域的可持续发展。生态盈余区是指在满足自身粮食需求的基础上,需要供给额外的粮食补给国家经济发展和国防安全需求的地区,该类地区耕地资源必须围绕粮食生产的目标进行配置,不能完全按照要素投入最优化的原则调整,这在某种程度上限制了该类地区的经济发展。

事实上,生态盈余区不仅为生态赤字区提供了粮食安全保障,还实现了耕地的各种其余生态外部效益(生态服务功能)。有研究认为人类福利受生态服务供给的直接影响,生态服务价值供给方的生态保护和环境修复行为给社会创造了大量的自然资源和生态环境价值,极大提升了人类福利。然而长期以来,由于丧失了部分发展机会,生态盈余区粮农重视经济效益,就会过度利用耕地资源,造成耕地生态保护与利用的失衡。这种未能将粮食种植的外部效益纳入经营主体的全部收益中,却需承担保护成本的行为就会出现经济外部性,产生经济效益主导效应。在目前务农收入较低的情况下,盈余区粮农追求私人收益最大化,主动进行粮食耕地生态保护的意愿较低,相应地就会减少这种正外部性行为。生态补偿旨在通过显化耕地生态服务功能所产生的生态效益,并将其外部性内部化纳入耕地利用收益之中,由生态赤字区向生态盈余区支付,以补偿其为保障国家粮食安全及提供各种生态服务功能所做出的贡献,提高生态盈余区在粮食生产同时的耕地生态保护积极性(图11)。

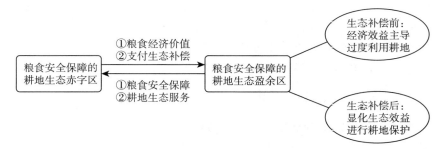

图 11　粮食安全视角下耕地生态补偿的原因

2. 粮食安全视角下补偿标准的测算思路

从耕地生态服务功能的供需角度来说，在市场经济运行过程中，边际私人收益与边际社会收益并非等同，如图 12 所示，AA′、BB′、CC′分别表示粮食耕地生态盈余区每进行一单位粮食耕地保护所付出的机会成本（耕地生态服务供给）、带来的私人收益（盈余区自身的生态服务需求）和社会收益（包括赤字区在内的社会生态服务需求）。根据边际效用等于边际收益的效用最大化原则，P 平衡点所对应的是仅考虑私人需求时的粮食耕地保护程度，Q 平衡点所对应的是考虑社会需求时的粮食耕地保护程度，要实现社会最优粮食耕地保护程度与生态服务供给平衡，就要对耕地的生态外部性进行补偿，使边际私人收益曲线上移，不断接近边际社会收益，达到 Q 点的供需平衡。将耕地所提供的生态服务货币化后，从粮食安全视角出发，区域 a 为生态盈余区满足自身粮食安全保障所消费的耕地生态服务价值，b 为整个社会消费的耕地生态服务价值，b－a 为超出自身粮食安全保障部分的耕地所提供的生态服务价值。另外，要注意的是在生态盈余区和赤字区的粮食交易中，原材料生产、食物供给等生态服务功能已经在市场交易中通过货币形式进行了补偿，称为耕地生态服务市场价值；水土保持、生物多样保护、娱乐文化等调节、支持、文化服务不能进行市场交易，称为耕地生态服务非市场价值。因此，在对粮食安全视角下的耕地生态盈余区进行补偿时，补偿的内容应当是超出自身粮食安全保障的 b－a 部分耕地所提供的生态服务非市场价值；同样，生态赤字区支付补偿的内容也应当是自身粮食供给不足部分的耕地所对应的生态服务非市场价值。

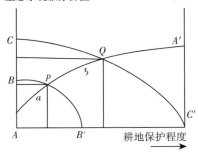

图 12　粮食安全视角下的耕地生态
补偿标准量化分析模型

综合上述分析，基于粮食安全的耕地生态补偿标准测算思路主要分为三部分：①运用修正的生态足迹模型核算区域粮食安全保障的耕地生态盈亏量。②量化单位粮食耕地生态系统服务非市场价值。③依据粮食耕地生态盈亏量和生态系统服务非市场价值确定耕地生态补偿的标准。

（二）研究方法与数据来源

1. 粮食安全保障的耕地生态盈亏计算模型

团队研究选取东北黑土、黑钙土在松嫩平原东部集中分布区的部分城市，包括黑龙江省的哈尔滨市、绥化市、大庆市，吉林省的四平市、长春市，以及辽宁省的草甸土区铁岭市，运用修正的耕地生态足迹模型计算研究区粮食安全保障的耕地生态盈余或赤字。生态足迹模型分为需求端的粮食耕地生态足迹、供给端的粮食耕地的生态承载力以及差额的生态赤字或盈余三部分，计算过程中涉及的主要粮食作物选取东北地区主要种植的水稻、玉米、大豆三类。

（1）粮食安全保障的耕地生态足迹计算。 在粮食生产过程中，对耕地资源的利用不仅只有粮食产出，还包括农药化肥投入等带来的破坏耕地的生态"副产品"，这类"副产品"往往因为核算困难等原因而被忽略计算，这相当于在某种程度上无视粮食生产与耕地保护的矛盾。因此，团队在对粮食安全保障的耕地生态足迹进行核算时分为生物资源足迹核算和碳足迹核算，前者指满足本地区粮食需求所折算的耕地面积，后者指过度追求粮食经济效益的耕地生态性破坏行为引致的"副产品"所折算的耕地面积。为避免二者直接加总导致的重复计算问题，再引入平衡因子修正碳足迹核算结果。

生物资源足迹：

$$EF_1 = Nef = N \times r \times \sum \left(\frac{c_i}{p_i} \right) \tag{1}$$

其中，EF_1 为研究区粮食安全保障的耕地生态足迹总量；N 为人口量；i 为粮食种类；c_i 为研究区第 i 种作物的人均消费量，值得一提的是，多数研究以本区产量代替消费量的"惯性"操作，迫使生态系统必须满足"封闭性"的假说，然而在考虑贸易开放的条件下，c_i 应当为生产量（m_i）与进口量（i_i）、出口量（o_i）共同作用的结果，即，$c_i = m_i + i_i - o_i$，受数据获取限制，此处以省际消费量数据按产量比分配计算；p_i 为第 i 种粮食作物的全国平均生产力；r 为耕地均衡因子，由于其随时间变化调整轻微，直接确定黑龙江省、吉林省、辽宁省因子分别为 0.79、1.09、1.06。

碳足迹：

$$EF_2 = \frac{CB_1}{CB_2} \tag{2}$$

$$CB_1 = \sum (\varepsilon_j B_j)$$

$$CB_2 = \alpha \times \beta \times (44/12) \times \sum (m_i/\theta_i)$$

其中，CB_1 为粮食生产过程中的释碳总量；j 为化肥、农膜等的能源消耗；ε_j、B_j 为第 j 类项目的碳排放系数和投入量；CB_2 为粮食耕地的固碳总量；α 为校正系数，β 为生物量与固碳量之间的转换因子，分别取 0.05 和 0.45；44/12 为碳与二氧化碳之间的换算系数；m_i、θ_i 为第 i 种农作物的经济产量和系数。

粮食安全保障的耕地生态足迹：

$$EF = EF_1 + \delta EF_2 \tag{3}$$

其中，EF 为粮食安全保障的耕地生态足迹；δ 为平衡因子，取 0.5。

（2）粮食安全保障的耕地生态承载力计算。粮食安全保障的耕地生态承载力是指研究区耕地生态系统实际粮食生产和生态环境的供容能力，建立如下公式：

$$EC = Nec = N \times \sum s_i \times r \times y \times (1 - 12\%) \tag{4}$$

其中，EC 为研究区粮食安全保障的耕地生态承载力总量；s_i 为第 i 种粮食作物的人均面积；y 为产量因子，为使结果更为准确，本文以研究区粮食耕地平均生产能力与全国粮食耕地平均生产能力的比值做修正计算；（$1-12\%$）为按照世界环境与发展委员会的报告给出的生物多样性保护面积比例。

（3）粮食安全保障的耕地生态盈亏：

$$ET = EC - EF \tag{5}$$

其中 ET 为耕地生态盈亏量；$ET > 0$ 说明该地区是粮食安全保障的耕地生态盈余区，$ET < 0$ 则为生态赤字区。

2. 单位耕地生态服务非市场价值测算模型

结合研究区粮食产量对单个生态当量（E_a）进行修正，再根据当量值计算单位耕地生态非市场服务价值。

单位耕地生态系统服务非市场价值：

$$Ae = Ae' \times m/m^- \tag{6}$$

其中，Ae 为单位耕地生态系统服务非市场价值；Ae' 为谢高地测算法测算的当年农田生态系统单位面积生态系统服务价值当量；m 为研究区粮食单产水平；m^- 为全国粮食单产水平。

3. 生态补偿标准测算模型

生态补偿的测算面积是以粮食安全保障的耕地生态盈余或赤字量为依据，

量化耕地生态系统服务的非市场价值，兼顾支付能力问题，做出一个补偿系数的修正。

基于此，耕地生态补偿标准的计算模型：

$$C = ET \times Ae \times R_i$$

$$R_i = \frac{1}{\frac{1 + e^{-(E_{n1}+E_{n2})}}{2}} \tag{7}$$

其中，C 为粮食安全保障的耕地生态盈余区应获得的补偿总量，ET、Ae 含义同前，R_i 为补偿系数，因此 E_{n1}、E_{n2} 为全国城市和农村的平均恩格尔系数（此处假设以全国平均水平代表生态赤字区的补偿支付能力）。

4. 生态补偿优先级计算

由于粮食安全保障的耕地生态盈余区与赤字区之间的经济发展存在差异，为了兼顾耕地生态补偿的效率与公平，以生态补偿优先级（ECPS）来量化不同区际间补偿的迫切程度。整体来说，经济发展水平较低的区域耕地补偿迫切程度相对经济发展迅速的地区要高。此处依据 GDP 这种最直观的方法来量化不同空间耕地生态补偿的迫切程度。除此之外，在确定补偿优先级的时候也应当只采用未以货币形式在市场机制中回归的部分。

5. 数据来源

拟对研究区六个城市 2011—2018 年的耕地生态补偿标准进行量化，其中涉及的主要数据有玉米、水稻、大豆及粮食的播种面积、产量、出口量、进口量，化肥、农膜、机械等用量，GDP，人口数量，全国平均粮食产量、播种面积、城镇和农村恩格尔系数等。除进口量和出口量来自布瑞克和艾格农业数据库外，其余均来自全国和各地区统计年鉴。

（三）实证结果分析

1. 东北黑土区粮食安全保障的耕地生态盈亏分析

根据式 1～5 及东北黑土区相关数据测算的粮食安全保障的耕地生态足迹、生态承载力及生态盈亏量如表 6 至表 8 所示。

表 6　2011—2018 年东北黑土区粮食安全保障的耕地生物足迹与碳足迹（万公顷）

年份	哈尔滨市		绥化市		大庆市		长春市		四平市		铁岭市	
	EF_1	EF_2	EF_1	EF_2	EF_1	EF_2	EF_1	EF_2	EF_1	EF_2	EF_1	EF_2
2011	59.1	39.1	34.6	38.0	16.8	12.3	62.4	97.6	28.0	44.5	10.5	36.8
2012	61.1	38.2	35.5	35.6	17.3	11.4	64.4	85.8	28.5	44.5	10.6	37.5

（续）

年份	哈尔滨市		绥化市		大庆市		长春市		四平市		铁岭市	
	EF_1	EF_2	EF_1	EF_2	EF_1	EF_2	EF_1	EF_2	EF_1	EF_2	EF_1	EF_2
2013	63.3	43.9	35.4	40.9	18.0	13.4	66.3	82.2	28.3	43.2	9.0	37.2
2014	64.2	43.9	36.0	44.1	18.1	13.8	67.6	78.1	29.4	44.8	9.3	42.9
2015	64.9	42.0	37.0	41.8	18.7	13.8	70.3	82.6	30.4	46.3	9.6	33.4
2016	68.3	43.3	38.6	43.2	19.7	13.0	73.8	71.8	31.3	40.2	10.6	33.9
2017	67.8	50.4	37.4	48.0	19.7	25.9	73.6	65.8	31.4	37.2	10.0	31.1
2018	62.4	49.0	34.4	46.8	18.1	27.0	67.9	79.9	28.9	43.6	9.2	36.8

表 7　2011—2018 年东北黑土区粮食安全保障的
耕地生态足迹与生态承载力（万公顷）

年份	哈尔滨市		绥化市		大庆市		长春市		四平市		铁岭市	
	EF	EC	EF	EC	EF	EC	EF	EC	EF	EC	EF	EC
2011	78.7	213.7	53.7	192.1	22.9	69.9	111.2	146.1	50.3	137.0	28.9	58.8
2012	80.2	224.1	53.3	213.3	23.0	79.9	107.3	160.5	50.8	136.5	29.4	61.5
2013	85.3	187.7	55.8	178.0	24.7	66.3	107.4	171.5	50.4	140.2	27.6	62.5
2014	86.2	194.5	58.0	183.6	25.0	70.0	106.6	168.4	51.9	134.9	30.7	58.1
2015	85.9	191.2	57.9	178.8	25.6	69.3	111.6	163.7	53.6	131.3	26.3	65.8
2016	90.0	171.9	60.2	155.8	26.3	49.9	109.7	166.9	51.9	130.3	27.5	64.8
2017	93.0	161.5	61.5	131.5	32.7	64.8	106.9	174.1	50.0	127.6	25.6	63.1
2018	86.9	145.5	57.8	131.3	31.6	65.0	107.8	144.5	50.7	115.1	27.6	52.8

　　（1）东北黑土区粮食安全保障的耕地生态足迹与生态承载力分析。由表 6
和表 7 可以看出，考虑"副产品"的研究区粮食安全保障对耕地的需求要比以
往单一考虑生物资源足迹与碳足迹所计算的量多。对比两类生态足迹，除哈尔
滨市和大庆市外，碳足迹量均高于生物资源足迹，且几乎处于持平或上升状
态，说明为追求粮食产量施用的农药化肥所需的固碳耕地量并不低于粮食生产
本身，需要进一步控制粮食生产过程中的碳排放等非期望产出。经平衡因子调
整后的粮食安全保障的耕地生态足迹量由高到低分别为长春市、哈尔滨市、绥
化市、四平市、铁岭市和大庆市，除了人口数量因素的影响外，长春市、哈尔
滨市、绥化市的粮食播种面积高于其他三市，相应的碳足迹和消费总量高，生

态足迹也高。从纵向来看，黑龙江省的三个城市随时间变化有上升趋势，吉林省和辽宁省的变化稍有波动，但都不超过 5 万公顷，这可能归因于黑龙江省的粮食消费，尤其是玉米工业消费量的增长。

在计算粮食安全保障的耕地生态承载力时，反映各市粮食生产能力的产量因子平均值分别为哈尔滨市 1.42、绥化市 1.37、大庆市 1.43、长春市 1.39、四平市 1.62、铁岭市 1.45，均大于 1，说明东北黑土区的粮食生产能力大于全国平均水平。其中，四平市最高，这主要得益于该市出色落实了黑土地保护工作，下属辖区的梨树县率先投资建设了全国最大的黑土地改良基地，大量人力物力的投入使得地力水平明显高于周围地区，粮食增产和农民增收明显，被誉为"梨树模式"。结合评估各市的粮食作物播种面积后，粮食安全保障的生态承载总量哈尔滨市最高，铁岭市最低。2011—2018 年黑土区的耕地生态承载力呈现波动中下降的态势，2018 年整体水平最低，黑龙江省的三个城市 2016 年的下降幅度均超过 25%，长春市和铁岭市的波动幅度较大。受地力退化、自然灾害和粮食种植结构调整（调减玉米、增加大豆种植）等影响，粮食单产水平总体有所降低。在既要保障国家粮食安全又要追求自身经济效益的前提下，过度开发利用黑土区耕地资源必然会使生态环境在一定程度上遭到破坏。中央从 2015 年下拨专项资金开始黑土地保护利用试点工作，但耕地生态修复是一个前期投入大见效慢的过程，地力提高还需要相应周期。不同黑土区城市各自的政策执行力度和耕地环保意识也是导致其差距产生的重要原因。

（2）东北黑土区粮食安全保障的耕地生态盈亏分析。表 8 研究区粮食安全保障的耕地生态盈亏量化数值均为正，说明东北黑土区均为粮食耕地的生态盈余区，除自身粮食供给外，约有 54.1% 的耕地生态承载的粮食产量供给到全国各生态赤字区。盈亏总量受生态足迹与承载力影响，且二者呈相反的变动趋势，因此生态盈余量横向的大小比较、纵向的变化情况均与生态承载力类似。值得注意的是，盈亏数量的变化不仅反映了东北黑土区耕地可持续利用程度的波动下降趋势，也间接影响着全国粮食安全的可持续性。

表 8　2011—2018 年东北黑土区粮食安全保障的耕地生态盈亏（万公顷）

年份	哈尔滨市	绥化市	大庆市	长春市	四平市	铁岭市
2011	135.05	138.45	47.04	34.83	86.75	29.94
2012	143.93	160.00	56.93	53.20	85.74	32.18
2013	102.43	122.24	41.56	64.13	89.76	34.87
2014	108.35	125.54	45.02	61.81	83.02	27.39

（续）

年份	哈尔滨市	绥化市	大庆市	长春市	四平市	铁岭市
2015	105.33	120.35	43.73	52.07	77.75	39.50
2016	81.97	95.59	23.61	57.18	78.45	37.30
2017	68.48	70.02	32.08	67.64	77.57	37.48
2018	58.60	73.44	33.46	36.70	64.44	25.16

2. 东北黑土区单位耕地生态服务非市场价值分析

根据式（6）并结合《中国陆地生态系统单位面积生态服务价值当量表》，测算出东北黑土区 2011—2018 年单位耕地生态系统非市场价值，如图 13 所示。由于粮食单产水平较高，东北黑土区的耕地生态系统服务价值也高于全国平均水平，说明每增加超过自身需求的一公顷耕地粮食生产，就会产生表 9 内相应的生态系统非市场价值被无偿"搭便车"消费。从整体来看，各市在研究期间均处于下降势态，2018 年均达到最低水平；同一省份的不同市区波动趋势较为一致，不同省份间的波动情况相差较大。辽宁省铁岭市的耕地保护和利用相对较平衡，下降年份主要是受气候变化影响引起玉米单产下降。黑龙江省的三个城市生态系统服务价值下降最大，对应了其生态承载力的变化情况，该省粮食耕地透支较为严重，生态保护亟待加强。吉林省的四平市与长春市波动趋势一致，但幅度有所不同，二者差距在不断缩小，由 2011 年每公顷相差 2 234.6 元缩小到 2018 年每公顷相差 822.54 元。

表 9　中国单位面积农田生态系统服务非市场价值

服务类型	景观愉悦	气体调节	气候调节	水涵养	土壤形成与保持	废弃物处理	生物多样性保持	Ae'
当量因子	0.01	0.50	0.89	0.60	1.46	1.64	0.71	5.81
Ea（元/公顷）	8.8	442.4	787.6	530.9	1 291.9	1 451.2	628.2	5 140.9

3. 粮食安全视角下东北黑土区耕地生态补偿标准分析

根据上述理论分析和式（7），考虑支付能力修正后，得出黑土区城市的耕地生态补偿标准如表 10 所示。由于其受粮食耕地生态盈余面积和单位生态系统服务非市场价值影响，在 2012 或 2013 年有所提高后，各地区均出现明显降低趋势，哈尔滨市和绥化市甚至下降至原先的 1/3 左右。如果不加快开展生态补偿行动，粮食耕地所提供的生态外部效益就会进一步降低，应得补偿金额也随之降低，由经济效益主导的粮农进行粮食生产和耕地保护积极性也进一步降

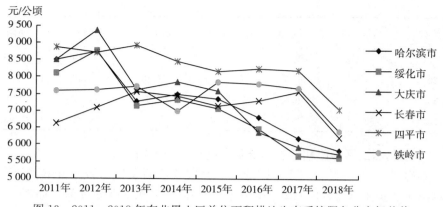

图 13　2011—2018 年东北黑土区单位面积耕地生态系统服务非市场价值

低，间接影响了耕地生态和粮食安全的可持续性。要加大黑土区的耕地保护力度，提高其生态承载力和生态系统服务价值，阻止上述恶性循环的发生。

表 10　粮食安全视角下 2011—2018 年东北黑土区耕地生态补偿总量（十亿元）

年份	哈尔滨市	绥化市	大庆市	长春市	四平市	铁岭市
2011	6.824	6.672	2.379	1.372	4.570	1.353
2012	7.467	8.323	3.165	2.239	4.433	1.455
2013	4.401	5.167	1.868	2.859	4.725	1.590
2014	4.695	5.329	2.049	2.659	4.063	1.108
2015	4.476	4.915	1.920	2.156	3.668	1.795
2016	3.216	3.570	0.865	2.407	3.726	1.675
2017	2.439	2.282	1.092	2.944	3.649	1.653
2018	1.950	2.360	1.095	1.305	2.595	0.919

4. 粮食安全视角下东北黑土区耕地生态补偿优先级分析

考虑到经济发展和生活水平的差距，根据式 7 量化 2018 年研究区的补偿迫切程度，如图 14 所示。补偿优先级由高到低依次为四平市、绥化市、铁岭市、大庆市、哈尔滨市、长春市。从具体指标可分析出四平市、绥化市、铁岭市为了持续供给粮食产出和提供生态服务所进行的土地资源配置，是以牺牲自身发展机会为代价，导致这些地区经济发展相对落后，应该优先得到经济发展水平较高而生态系统服务价值较低的粮食耕地生态赤字区所支付的生态补偿。而哈尔滨市和长春市作为省会城市发展机会相对较多，经济发展水平较高，在补偿资金有限时，从公平角度来说，补偿的迫切程度缓后。

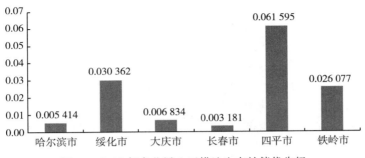

图 14　2018 年东北黑土区耕地生态补偿优先级

（四）研究结论与对策建议

1. 研究结论

研究以粮食安全战略下的耕地生态盈余或赤字为出发点，运用基于碳足迹和产量因子修正的生态足迹模型结合耕地生态系统服务的非市场价值，量化东北黑土区部分城市的耕地生态补偿标准和迫切程度。结果发现：①研究区均为粮食安全保障的耕地生态盈余区，但盈余面积随时间变动呈现出波动中下降的态势。除自身粮食供给外，平均约有 54.1% 的耕地生态承载的粮食产量供给到了各生态赤字区。②同一省份不同市域的单位耕地生态系统服务非市场价值波动趋势较为一致，不同省份间的波动情况相差较大。③基于支付能力修正的粮食耕地生态补偿标准均在研究期初有所上升，而后开始明显下降，2018 年的补偿标准分别为哈尔滨市 19.5 亿元、绥化市 23.6 亿元、大庆市 11.0 亿元、长春市 13.1 亿元、四平市 26.0 亿元、铁岭市 9.2 亿元。④考虑黑土区各城市经济发展水平，生态补偿优先级由高到低分别为四平市、绥化市、铁岭市、大庆市、哈尔滨市、长春市，应当率先向生态补偿优先级高的四平市、绥化市等地区支付耕地生态补偿。

2. 对策建议

第一，在保障粮食与生态"双安全"条件下测算补偿标准和实施生态补偿。由于耕地生态足迹、生态承载力和生态系统服务价值受多种因素影响，除了本研究针对的黑土区部分城市间差异，还存在粮食生产能力低、耕地生态效益水平差的地区，要综合考虑区域经济社会发展水平、自然禀赋差异、已实施的耕地保护工作成效、支付意愿等因素，按差异化的要求对不同地区的粮食生产和生态服务供给者实施动态补偿机制。在实施过程中，要积极探索各种生态价值补偿模式，各省域、市域间利益相关方在不同区划空间的尺度依赖下，完善粮食耕地保护合作共治和生态服务交易补偿平台，建立互惠合作机制，实现整个社会粮食安全和耕地利用的可持续性。

第二，建立多元化融资渠道。生态补偿的实施需要大量资金，可以通过耕地出让金、政府财政、耕地生态社会效益税等多种方式进行融资。同时还可以设立与粮食产量挂钩的黑土地保护调解基金，由赤字区向盈余区支付，包括为维持粮食安全、生态服务供应所必须支付的保护费用和放弃开发的机会成本等在内的经济补偿。但注意其中由于理性人的驱使，赤字区的地方政府很难自愿支付补偿费用，在区际间协商未果时，需要上级政府的调控：一是出于公平原则的考虑，委托专业机构对区际间黑土地保护补偿标准重新测算，在双方之间进行协调；二是对于协调后的横向转移资金进行纵向转移，下发到相应的具体单位。

第三，提高公众对耕地外部效益和生态补偿的认知。盈余区的农户、集体经济组织、用地单位和各级政府等都是耕地保护利用的主体，保障粮食安全的耕地生态补偿必须得到社会公众的认同和支持。一方面，要注重粮食生产带来的耕地生态系统服务价值被无偿"搭便车"消费的科普宣传，通过电视媒体及现场宣传等多种方式，使补偿主体和受偿主体认识到耕地生态社会效益的重要意义、自身的消费行为和应有的补偿义务，提高公众对黑土地保护激励补偿实施的配合意识，为资金筹措提供舆论支持；另一方面，可以通过建立小农户与新型农业经营主体利益联结机制，由新型农业经营主体承担主要耕地保护建设项目实施的主要责任，发挥耕地保护工作的带头作用。

五、黑龙江省黑土地保护政策体系构建

（一）建立有效的黑土地保护激励补偿机制

习近平总书记在黑龙江省考察时强调，"要采取工程、农艺、生物等多种措施，调动农民积极性，共同把黑土地保护好、利用好"。黑龙江省是我国重要的农业大省和商品粮基地，地处东北黑土区核心区域，典型黑土耕地面积1.56亿亩，占东北典型黑土区耕地面积的56.1%，党中央、国务院高度重视东北黑土地的保护，明确提出要采取有效措施，保护好这块珍贵的黑土地，建立有效的黑土地保护激励补偿机制，更好地发挥保障国家粮食安全的"压舱石"作用。

1. 明确目前黑土地保护的重点应当是建立"激励性"补偿机制

长期以来的政策倾向于对黑土地进行"约束性"和"建设性"保护，而对"激励性"保护的重视程度不足。将定量补偿的资金直接用于改善黑土地质量和配套设施的建设，虽取得了一定成效，但对发展县域经济，提高农民参与黑土地保护的积极性效果有限。应将对黑土地的保护重点调整为"激励性"补偿，对参与保护的农民、基层政府和集体经济组织等主体给予补偿，通过直接受益和奖罚并行提高公众自觉保护黑土地的积极性。

2. 巩固和落实农民的补偿主体地位，摆脱小农户与新型农业经营主体补偿的"一刀切"模式

农民是黑土地的主要经营者和保护者，对于政策走向十分关注，建议通过进一步巩固和落实农民黑土地承包经营权，理清土地权利关系，在产权上保障农民的补偿主体地位。同时，摆脱小农户与新型农业经营主体补偿的"一刀切"模式，建立小农户与新型农业经营主体利益联结机制，由新型农业经营主体承担黑土地保护建设项目实施的主要责任，发挥黑土地保护工作的带头作用。

3. 充分考虑黑土地保护的外部性，重新调整补偿标准

目前，黑龙江省给予耕地保护主体的地力补贴、黑土地保护性耕作补贴等主要以成本费用、不同区位技术条件和利用方式为依据，这种补偿标准的制定既缺乏对黑土地所产生的重要生态效益和社会效益的考量，也未顾及黑土地质量和市（县、区）域经济发展水平的差异性。建议在此基础上将黑土地保护成本与生态服务价值作为核心内容，考虑单位面积黑土地所产生的总体外部性及不同地力等级和市（县、区）域支付能力，重新调整补偿标准，并使粮食主销区等黑土地保护的生态和社会效益"受益者"参与支付相应数额的补偿。

4. 探索基于"实物技术＋货币＋农业保险＋社会保障"的一体化黑土区激励补偿形式

在农民经营土地追求收入最大化的现实需求下，激励补偿仍应以经济形式为主。建议根据不同市（县、区）黑土地单位面积经济补偿执行标准，确定其补偿的盈余或赤字，通过中央—省—市级财政纵向转移支付和各市（县、区）之间横向财政转移支付，均衡各地的黑土地保护补偿。该激励补偿可采用货币化补偿、农业生产资料补偿以及生产技术补偿等常规补偿方式，同时也可以通过社会保障缴纳和农业保险补贴的方式进行。

5. 构建黑土地保护经济补偿资金融资体系

现行黑土地保护的资金主要来源于中央和地方财政，相对单一。建议依据循序渐进和社会经济发展的原则，建立包括黑土地出让金、政府财政、黑土地生态社会效益税等在内的多元化融资渠道，设立黑土地保护经济补偿专项基金，统一管理，特定条件下也可将其统一纳入高一级政府财政之内，再通过转移支付的方式回归黑土地保护经济补偿融资体系之中，弱化市、县（区）级政府"理性人"的利益驱动性。

6. 建立健全黑土地保护补偿的法律保障和监督管理体系

黑土地保护激励补偿机制的落实必须有一套权威、高效、规范的法律监管体系作为支撑。建议出台将补偿政策的范围、对象、方式、标准等纳入其中的《黑龙江省黑土地保护的激励补偿条例》，同时，建立市—县（区）—镇一体化的垂直监管体系，健全黑土地质量监测评价机制及相应的责任体系，鼓励各级政府积极采用信息化手段提高补偿落实的监管工作效率。

（二）构建"政策支持＋主体建设＋责任管理"一体化的农户黑土地保护行为引导体系

黑土地是东北粮食生产能力的基石，做好黑土地保护工作对保障国家粮食安全和深入实施"藏粮于地、藏粮于技"战略具有重要意义。2020 年中央经济工作会议和 2021 年中央 1 号文件提出加快实施黑土地保护工程，持续改善黑土地耕地质量，防止耕地退化。农户作为黑土地的主要经营者和保护者，要充分调动其积极性、引导其参与黑土地保护行为并成为黑土地保护中的重要一环。必须不断加强政策支持、完善主体建设、强化责任管理，推动形成政策更加有力、主体更加壮大、管理更加高效的农户黑土地保护行为引导体系。

1. 加强政策支持

近年来，在党中央领导和东北各省区黑土地保护政策的贯彻实施下，黑土地的保护工作初显成效，但由于黑土地的公共物品和外部性特征，仍然存在过度使用、主动保护意识淡薄、无人监督等通有的属性问题，必须要通过公共政策的支持才能得以解决。要坚持问题导向，因地制宜、分类分区施策，确保农户在黑土地利用过程中进行保护，在保护中巩固提升粮食产能。首先，要建立健全黑土地保护的领导协调机制。在现行行政体制下，黑土地保护涉及农业、财政、国土、环保等多个部门，协同难度大，管理成本高。可考虑设立黑土耕地保护领导小组，由其统一负责，并在小组下设办公室，负责会同相关部门进行指挥协调、组织推进以及监督考核，形成部门协同、上下联动的工作机制。同时，要统筹黑土地保护政策与其他政策衔接配合，切实发挥政策集聚效应，既要同向用力又要各有侧重，从源头上保障农户黑土地保护行为有引导。其次，要重点完善黑土地保护的激励补偿和利益调节机制。立足农户和集体经济组织作为黑土地保护激励补偿的受偿主体，以黑土地保护成本和生态社会效益为出发点，在考虑县域经济发展水平基础上，按不同质量的单位黑土地面积执行差异化补偿标准，并探索"实物＋技术＋货币＋农业保险＋社会保障"在内的多样激励补偿形式。可以先进行试点，然后不断优化扩大实施区域，通过直接受偿和奖罚并行调动农户的黑土地保护积极性，发挥黑土地综合效益，让黑土地保护成为农户的自发选择。最后，要确保黑土地保护资金的有效供给。农户过分利用黑土地的行为主要来自"理性人"的利益驱动，在明确了保护补偿的相关标准后，还要有充足的资金保障。现行黑土地保护的资金主要来源于中央和地方财政，相对单一且远远不足，可以循序渐进建立包括黑土地出让金、政府财政、黑土地生态社会效益税等在内的多元化融资渠道。同时加大政府和社会资本合作（PPP）在黑土地保护领域的推广应用，设立黑土地保护专项基金进行统一管理，让保护黑土地的地方不吃亏，让保护黑土地的群众得实惠。

2. 完善主体建设

作为黑土地的实际经营者，农户是黑土地保护的关键主体，其行为也直接决定黑土地保护政策的实施效果。当前，黑土区农户还普遍缺乏积极性和主动性，尤其是在黑土地质量保护的投入上，有愿望而无实际行动。要从产权巩固、服务创新、宣传引导等方面进一步完善黑土地保护主体建设。一是完善黑土地产权制度。产权界定是对黑土地这一稀缺资源权属性、分割性和排他性的认定。要严格遵循《中华人民共和国物权法》的相关规定和"三权分置"原则，进行土地权利内容和关系的梳理，并通过股份合作制等组织形式进一步赋予农民更加持久和稳定的黑土地承包经营权，减少流转过程的摩擦成本和交易费用，在产权上保障农户在黑土地利用、保护和享受相关补贴的主体地位，增加其稳定感和收入预期，激励其增加对黑土地的保护投入。二是推进服务创新机制。通过补助、贷款贴息、设立引导性基金以及先建后补等方式，支持农业社会化服务组织等服务主体发展，培育壮大技术过硬、运行规范的黑土地保护相关专业服务队伍。并鼓励其与农户或新型农业经营主体建立稳固的合作关系，由新型农业经营主体承担黑土地保护建设项目的主要实施责任，采用政府购买、订单作业、生产托管等方式，积极发展"全程机械化－综合农事"服务，带动规模化经营、标准化作业，发挥黑土地保护工作的带头作用。三是加强对黑土地保护的宣传指导。其一，可以通过电视媒体及现场宣传等方式披露黑土地保护信息、普及生态知识、推广技术路线和政策措施，使农户清楚认知粗放生产方式带来的负面影响、黑土地保护的外部效益以及自身享有的优惠政策。其二，深入实施高素质农民培训工程、农村实用人才带头人素质提升计划，着力提高种植大户、新型农业经营主体骨干人员的科学施肥、耕地保育水平，再广泛开展体验式、参与式的培训活动，通过农民喜闻乐见的方式促进黑土地保护进村入户。同时，还要总结目前黑土地保护利用试点成效经验，推介典型案例，凝聚社会共识，营造良好的社会环境和舆论氛围，鼓励非试点区农户参与黑土地保护。

3. 强化责任管理

黑土地保护是一项系统工程，引导农户积极参与黑土地保护工作需要多部门、多领域协调配合，必须有一套权威、高效、规范的责任落实和约束管理体系，才能压实地方政府、农户及新型农业经营主体应履行的黑土地保护责任。因此，一方面要强化地方政府的责任管理。第一，可以通过修订完善黑土地保护地方性法律规章，比如正在征求意见的《黑龙江省黑土地保护利用条例》，旨在出台一部将相关补偿和作业政策的范围、对象、方式、标准、资金管理等纳入其中的黑土地保护条例，以促进黑土地保护走向法制化和规范化。第二，鼓励采用物联网、遥感等信息化手段，构建天空地数字农业管理系统，实现自动化监测、远程无线传输和网络化信息管理，跟踪黑土地质量变化趋势，切实提高监管效率和监管精准性。第三，建立以绩效评价为导向的项目资金安排机制，将黑土地政策目标实现情况、任务清单完成情况、组织实施情况、培训指导情况、资金使用监督管理情况等纳入地方政府绩效考核，严格奖惩措施，不仅能压实黑土地保护责任，还能不断提高财政资金使用效益。另一方面也要强化农户的责任管理意识，通过探索黑土地保护补贴发放与黑土地保护责任落实挂钩机制，强调农户的对等权利和义务，建立起"契约式"的黑土地保护关系，并扩大农户参与相关决策的过程，使农户既成为责任主体也成为监督主体。此外，要加强农村的集体经济组织建设，培育其对农户黑土地保护的监管意识，应视具体情况不同程度地扣发对黑土耕地质量造成损害的相关主体农业补贴，暂停对其进行的信贷金融支持等。简言之，在经济发展过程中，要绷紧黑土地保护这根弦，重视农户作为黑土地保护的经营主体、受偿主体和保护主体地位，不断加强政策支持、完善主体建设、强化责任管理，以此积极正确引导农户实施黑土地保护行为。

项目负责人：崔宁波
主要参加人：赵端阳、生世玉、巴雪真、王胜男、杜笑涵、刘紫薇等

2020 年后黑龙江省产业扶贫长效发展路径与政策支持体系研究*

张梅 邢蕾 杨洒 董双月

党的十八大以来，精准扶贫战略成为建设中国特色社会主义和全面建成小康社会历史任务的重要组成部分。习近平总书记 2020 年在宁夏考察时指出："发展产业是实现脱贫的根本之策，把培育产业作为推动脱贫攻坚的根本出路。"2020 年消除绝对贫困不仅仅是农村贫困问题的终结，同时也是相对贫困标准下城乡贫困问题的起点。产业扶贫仍然是未来一段时间内巩固脱贫成果、提升扶贫质量的关键性措施。2020 年中央 1 号文件提到"强化产业扶贫后续扶持力度"，并且"要研究建立解决相对贫困的长效机制，推动减贫战略和工作体系平稳转型"。这在肯定产业扶贫地位的同时，也充分体现了对 2020 年后产业扶贫政策和机制研究需求的迫切性。2019 年中央 1 号文件《关于坚持农业农村优先发展 做好"三农"工作的若干意见》指出："注重发展长效扶贫产业，着力解决产销脱节、风险保障不足等问题，提高贫困人口参与度和直接受益水平……及早谋划脱贫攻坚目标任务 2020 年完成后的战略思路"。

黑龙江省是粮食主产区和农业大省，和其他省相比，黑龙江省贫困人口的特点是因病致贫率高、家庭收入中农业收入占比较大，因此即使在脱贫后还有不稳定因素存在、返贫风险相对较高。目前，黑龙江省对贫困户扶贫的主要方式是就业扶贫、产业扶贫和社会保障扶贫，产业扶贫仍然是未来黑龙江省相对贫困人口稳定脱贫的主要途径。但是 2020 年后产业扶贫的宏观环境发生了变化，主要表现在更加注重扶贫战略和乡村振兴战略相互衔接、产业扶贫资金的宏微观使用效果和相对贫困人口内生动力的提高，此外还更加注重产业扶贫项目的持续性。在宏观环境发生变化的情况下，黑龙江省产业扶贫如何发展是目前迫切需要解决的问题。

---

* 黑龙江省哲学社会科学研究专题项目（项目编号：19JYH037）。
项目负责人为张梅教授，主要参加人员有邢蕾、杨洒、董双月等。

一、黑龙江省产业扶贫的现状

（一）黑龙江省的产业扶贫运行模式

当前黑龙江省产业扶贫中发挥实际主导作用的主体，即产业的产权所有、实际运营和管理者，包括政府、家庭农场、农民合作社、专业大户、农业产业化龙头企业及贫困农户。而新型农业经营主体中家庭农场及专业大户由于其自身资源的限制带动的扶贫产业较少，所以本研究重点关注了新型农业经营主体中以农民合作社和农业产业化龙头企业主导的产业，由于两者均为"私营"性质，且将两者归为一类进行研究，简称合作社和企业。综上可以把当前黑龙江省的产业扶贫运行模式划分为政府主导模式、合作社或企业主导模式及贫困农户自发模式。

1. 政府主导的产业扶贫模式

该模式是指政府出资、村集体所有、县政府扶贫办及扶贫中心或者村集体运营的产业，由政府管理部门直接参与扶贫的产业扶贫方式。

拜泉县绿色庭院种植专业合作社位于拜泉县团结村，是由政府出资和引导、村集体领办和运营的合作社，参与运营和管理的 5 人全部是村集体成员。通过到户收购、微信销售、快递配送的方式，将农村自家庭院种植的绿色蔬菜销往城市家庭，带动当地农户种植蔬菜，发展庭院经济以增加收入。蔬菜采用订单的形式进行销售，目前订单数量为 200 份，每份 2 000 元，每周定时向购买者配送 8～10 斤的当地蔬菜 6～8 种。2018 年，销售额 30 万元，净利润 10 万元。同时，县技术人员义务为合作社提供专门的技术指导，合作社为农户提供种苗、有机肥，并定期收购蔬菜。目前，共有 65 户参与，共建有 67 个大棚，大棚面积和种植面积由每户的宅院面积所决定，农户种植品种不同导致获得的收入不等，在 500～8 000 元范围内波动。驻村工作队筹资 472 万元，建设了 20 个大棚。同时，合作社还承包了 10 000 亩的村集体用地进行蔬菜种植，承包价格为 300 元/亩，目的在于保证蔬菜供应。此外，政府投入 208 万元，帮助 67 户农户在园中建立了专门的蔬菜种植大棚，成本为 2 000 元/个，里面配有专门的浇灌设备。其中，贫困农户 18 户，非贫困农户 49 户，贫困农户可以免费使用大棚种植蔬菜，而非贫困户则需要交纳 1 000 元的保证金，目的在于约束非贫困户行为，防止非贫困户对大棚不当使用。同时，合作社采用优先雇用贫困农户进行采摘的原则，每人每天 80 元，每年收入可达 1 万元。

2. 合作社或企业主导的产业扶贫模式

该模式是指以企业或者乡村能人带头成立的合作社为中间载体，以入股分红、土地流转租金、订单帮扶、社内务工、生产托管等为利益联结方式，通过合作社或企业运营管理来带动贫困农户脱贫增收的扶贫方式。

黑龙江省坤健农业股份有限公司成立于 2017 年 1 月 16 日，注册资金 1 000 万元，下设 4 个种植合作社、3 个子公司、5 个种植基地，是一家集灵芝培育、种植、加工、销售、科研于一体的集团公司。现有员工 120 人，在不同地区实施不同的管理制度以便于经营。该公司主要种植赤灵芝、鹿角灵芝、松杉灵芝、藏灵芝、紫灵芝五大品类，基料选自大兴安岭鲜柞木椴，富裕县拥有寒地黑土，加之昼夜温差大，自然条件优越，特有的种植技术和高品质的授粉方式等使灵芝及孢子粉品质上乘。2017—2018 年，该企业的产品连续两年在全国灵芝产品检测中各有效成分含量位列第一名，企业被授予"中国富硒食品基地""中国诚信经营企业"等称号。2017 年县农业局投入 310 万元产业扶贫资金，注入富裕县坤富灵芝种植合作社。2018 年新建大棚 70 个、建成灵芝基地 3 个，占地 100 亩，2018 年种植赤芝 100 万椴、野生灵芝 50 万椴，嫁接灵芝 5 万椴，成为中国最大的寒地灵芝棚栽基地。"贫困农户＋合作社＋基地＋公司"的模式，年带动当地 50 户贫困农户脱贫致富。合作社当年上缴利润 31 万元注入县扶贫基金专户，用于全县扶贫，需上交 10 年，合作社与政府签订相应合同。对贫困户增收的帮扶方式：①县财政入股分红，对不同的贫困户进行因类帮扶，2018 年对无劳动能力的贫困农户根据贫困农户的类型按类分红，残疾贫困户及低保贫困户 800 元/户，一般贫困户 300 元/户；②社内务工，务工贫困户大约为 50 人，每人每天 80 元，工作时间至少为 2 个月，每人每年务工收入至少 4 800 元；③产品慰问，定期免费给贫困户发放孢子粉，帮助其增强免疫力。

3. 贫困农户自发扶贫模式

该模式是指贫困农户根据自身家庭特点和发展意愿，通过再就业或发展农业产业的方式，实现自主脱贫的产业扶贫方式。拜泉县出台奖励激励政策，着力推进劳动力转移。在县域外连续务工 3 个月以上的贫困人口，且年工资收入达 10 000~20 000 元的，奖励 1 000 元；年工资收入达 20 000 元以上的，奖励 1 500 元。全年补助往返路费 200 元。在县域内务工的贫困人口，年工资收入达 5 000~10 000 元，奖励 500 元；年工资收入达 10 000~20 000 元的，奖励 1 000 元；年工资收入达 20 000 元以上的，奖励 1 500 元。2018 年通过实施转移就业脱贫工程，扶贫 5 972 人。

富裕县实施"两贷一补"政策，鼓励贫困农户利用金融扶贫政策，发展家庭特色增收项目。种植业奖补政策：种植中草药 5 亩及以上，奖补 800 元；种植马铃薯 6 亩及以上，奖补 800 元；种植甜菜 10 亩及以上，奖补 800 元；种植杂粮 10 亩及以上，奖补 500 元。养殖业奖补政策为：养殖鸡鸭 100 只及以上，奖补 500 元；养殖家兔 30 只及以上，奖补 800 元；养殖大鹅 100 只及以上，奖补 1 000 元；养殖猪、羊、狗、貂 10 只及以上，奖补 1 000 元；养殖马、牛、驴、鹿两只及以上，奖补 1 000 元。

汤原县针对贫困农户举办蔬菜种植培训班，由县农业技术推广人员围绕我国蔬菜的特点、蔬菜商品质量、蔬菜栽培设施应用及维护等方面内容对贫困农户进行培训，引导贫困农户种植蔬菜，发展庭院经济。同时，将光伏发电站内空余土地免费提供给有劳动能力的贫困农户，用于种植知母、桔梗等中草药和大栗子、观赏性花卉等矮科作物，以拓宽贫困农户的增收渠道。

（二）黑龙江省产业扶贫主体与农户的利益联结机制

1. 财政资金入股型

通过设立一定条件筛选企业或合作社，落实产业项目，由地方政府或村集体将扶贫资金以入股形式投给企业或合作社，该合作社或企业按照盈余的一定百分比提取资金，上交县财政进行统筹分配，统一分给全县贫困户。或者遵循扶贫资金所在地原则，将扶贫资金在全镇、全村进行分配。从分配方式上看，呈现从覆盖全县贫困户到乡镇贫困户的趋势。由于筛选出的企业或者合作社有较强的发展潜力，而且有雄厚的扶贫财政资金保证实力，因此贫困户的增收在一段时期内有稳定性。对于获得扶贫资金的企业或合作社来说，以低于银行贷款利息的资金成本获得资金，解决了筹资问题。利用产业扶贫资金带动，通过企业或合作社等的运营增值，实现了企业和合作社的发展，进而促进了县域经济发展。同时，也实现了贫困户增收，比直接将补助发给贫困户的效果要好。深入分析，贫困户获得的分红属于产业资金，分红应该来自其实际参与的企业或合作社。现实中产业资金的实际所有者和处置者是合作社或者企业，但是受益者却是全县或是全乡镇的贫困户，贫困户凭借自身生产要素（土地、劳动力、技术及管理能力）参与到扶贫产业的很少，贫困户与带动主体并没有形成实际的利益联结机制，贫困户对扶贫产业的贡献少。由此可见，产业扶贫资金实际还是带有救济性质，贫困户脱贫的内生动力没有得到激发，还处于被动脱贫状态。当扶贫产业发展较好时，贫困户的增收稳定性可以得到保障，但是当扶贫产业发展不好时，贫困户增收的稳定性就会受到影响。作为委托方的政府和作为代理方的合作社及企业存在一定的目标差异和利益冲突。当合作社或企业的利益与贫困农户的利益发生冲突时，合作社或企业可能会选择以自身的发展和利益为首要目标，作为弱势群体的贫困农户的利益可能会受到损害，所以政府的监督和约束是必不可少的。

2. 资产入股型

由政府部门将贫困户的资金归集，用于修建厂房、建设农业设施等，由贫困户组建合作社，再由合作社委托企业进行经营。贫困户以自身资产（通常是土地）入股合作社，合作社和贫困户签订土地合同，合同期限不固定，合同价随着每年土地的价格而变动（合同价于每年年初确定，以高出当年农户土地流转价格为标准）。同时要求实行土地集中连片承包，年末根据本年经营状况分红，风险双方共担。合作社的收入主要来源于三方面：土地托管、种肥社会化服务收入，以及合作社自营土地收入。合作社通过规模化和机械化经营，以及土地连片经营，可以实现农业社会化服务的标准化管理（定价明确、技术统一、服务统一），降低人工成本、提高机械使用效率，最终实现节本增效。合作社玉米的产量和小农户相比没有优势，收益主要来源于成本节约。土地的规模化经营可以节省种子和化肥的购买成本，从而降低合作社的运营成本。风险分担方面，合作社承担了较大风险，贫困户承担的风险与其投入的个人资源息息相关。不同类型产业的产权归属存在较大差异，但不同类型产业与贫困农户的利益联结方式和利润分配方式趋于一致。在这种模式中，贫困户凭借自身生产要素（土地、劳动力、技术及管理能力）参与到扶贫产业中，贫困户与带动主体形成了实际的利益联结机制，贫困户对扶贫产业的参与度较高。

3. 合作社或者企业托管型

合作社或者企业主导模式的参与主体包括县政府部门、村集体及驻村工作队、银行、合作社或企业、贫困农户，主体类型复杂，参与主体较多。此模式在充分整合贫困农户闲置可利用资源的基础上，结合国家扶贫资源和自身的优势进行市场化运作。合作社及企业在发挥其经济功能实现自身发展的同时，也发挥其社会功能带动贫困农户增收，协助政府完成了贫困农户的脱贫工作。在这一过程中，农民合作社及企业以借助国家扶贫资金实现自身发展和贫困农户增收为目标，政府以利用合作社完成扶贫工作为目标，政府、合作社、企业既是扶贫主体，也是受益主体，而贫困农户则是作为单纯的受益主体而存在，村集体及银行在其中作为次要主体和次要参与者而存在，政府、合作社、企业及贫困农户之间形成了相互依存的利益协调关系。该模式下各扶贫主体的利益协调机制包括实施主体、实施客体、操作工具和实施目标。其中，实施主体包括政府、农民合作社、企业；实施客体是贫困农户、政府、合作社、企业的利益；操作工具包括政府协调和组织协调；实现目标是各主体利益诉求通畅、利益分配合理、利益协调有效，最终实现利益和谐。其中，实施主体承担了较大风险。该模式中的贫困农户对产业项目的参与程度相对于政府主导模式较高。政府和扶贫带动主体之间通过招标、签订合同的方式确定关系，合同包含投入资金数额、带动贫困农户数量及利润分配方案等内容。

相对于政府主导模式，合作社或企业作为与政府完全不相关的独立个体而存在，实施政府监督相对比较困难。所以，县政府应选择有社会责任感、预期运营状况较好的合作社和企业，这对于维护贫困农户的权益具有重要意义。

二、黑龙江省产业扶贫对贫困户增收的效果分析

(一) 模型方法

倾向得分匹配法（PSM）是一种非参数法，该方法的核心是构建一个反事实框架，这在解决选择性偏差问题上具有较强的可行性。运用该方法进行产业扶贫研究的基本思想是通过一定的方式将实验组（政府主导模式、合作社或企业主导模式、贫困户自发模式）的贫困户和对照组（不参与产业扶贫）的贫困户分别进行匹配，实验组和对照组样本除是否参与此种模式外其他条件完全相同，通过实验组和对照组样本在家庭人均纯收入上的差异，来判断产业扶贫模式选择与贫困户家庭人均纯收入之间的因果关系。

贫困户家庭人均收入水平的函数（以选择政府主导模式为例）可表示如下：

$$Y_i^D = F^D(X_i) + \varepsilon_i^D, D = 0,1 \tag{1}$$

（1）式中，Y_i^D 表示贫困户 i 在参与政府主导模式的产业扶贫情况下的贫困户家庭人均收入情况，Y_i^D 是协变量 X_i 的函数，协变量 X_i 包括家庭决策者户主特征、家庭特征、村庄特征及宏观环境特征。D 表示贫困户是否参与政府主导模式的产业扶贫的情况，1 和 0 分别表示参与和未参与。ε_i^D 则为残差项。

给定协变量 X_i 的条件下，通过 Probit 模型估计每个贫困户选择参与政府主导模式的概率，即倾向值得分（以实验组选择政府主导模式为例）可表示为：

$$P_i = P(X_i) = \Pr(D = 1 \mid X_i) = \frac{\exp(\alpha x_i)}{1 + \exp(\alpha x_i)} \tag{2}$$

（2）式中，$D=1$，代表实验组，即该组贫困户选择政府主导产业扶贫模式；$D=0$，代表对照组，即该组贫困户没有参与产业扶贫。$\frac{\exp(\alpha x_i)}{1 + \exp(\alpha x_i)}$ 为累积分布函数。

通过匹配方法，找到对照组的某贫困户 j，使贫困户 j 与实验组的某贫困户 i 的可观测变量取值尽可能相似，即 $X_i \approx X_j$。由于样本量有限，进行有放回匹配，且允许并列。同时，为了验证匹配结果的稳健性，本研究采用 K 邻近匹配法、卡尺匹配法、核匹配法这三种 PSM 方法来估计平均处理效应（ATT）。其中，K 邻近匹配法是以倾向得分值为基础，寻找倾向得分值最接

近的 K 个不同组个体进行匹配，本研究将 K 设为 4，进行一对四匹配，以实现均方误差最小化；卡尺匹配是指通过限制倾向得分的绝对距离进行的匹配，本文将卡尺设为 0.02，对倾向得分值相差 2% 的观测值进行匹配；核匹配是一种整体匹配法，指通过对倾向得分宽带内控制组样本加权平均后同处理组的贫困户进行匹配，本文将默认宽带设为 0.06。

根据匹配的样本，估计的平均处理效应（以实验组选择政府主导模式为例）可表示如下：

$$ATT = E(Y_i^1 - Y_i^0 \mid D = 1) = E(Y_i^1 \mid D = 1) - E(Y_i^0 \mid D = 1)$$
$$= E\{E[Y_i^1 \mid D = 1, P(X_i)] - E[Y_i^0 \mid D = 0, P(X_i) \mid D = 1]\}$$

$$(3)$$

（3）式中，Y_i^1 表示选择政府主导产业扶贫模式的贫困户的家庭人均纯收入，Y_i^0 表示不参与产业扶贫的贫困户家庭人均纯收入的反事实估计。上述公式成立的基本假设：①条件独立假设，不可观察的因素不影响贫困户是否参与政府主导模式，且在控制了 X_i 后，贫困户的人均家庭收入水平将独立于贫困户是否参与该项目的情况；②共同支撑假定，保证对照组和实验组的倾向得分存在重叠部分，且重叠部分是可以测量的。当满足以上两个假定后，匹配后未参与政府主导模式的贫困户收入 $E（Y_i^0 \mid D=0）$ 可近似代替参与该模式产业扶贫在不参与情况下的收入 $E（Y_i^0 \mid D=1）$。

其他两个实验组（合作社或企业主导模式、贫困户主导模式）的 ATT 的计算过程与参与政府主导模式产业扶贫一致。

（二）变量选择和数据来源

本研究选取贫困农户家庭人均纯收入作为被解释变量，以参与产业扶贫的模式为处理变量，同时，对因变量进行对数处理，实证分析产业扶贫模式对贫困农户收入的影响效应。根据结构功能理论，本研究从贫困农户特征、家庭特征、村庄特征、宏观环境特征四个方面构建不同产业扶贫模式扶贫效果的评估协变量体系。同时，根据模型设定以及可忽略性假定的要求，需要尽可能控制那些可同时影响贫困农户参与何种产业扶贫模式决策和贫困农户家庭收入的变量，并且这些变量不受是否参与该产业扶贫模式的影响。借鉴已有研究中的变量选取，本研究选取贫困农户户主特征（年龄、性别、受教育程度）、家庭特征（土地规模、家庭劳动力数量、家中是否有老人或小孩、家中是否有负债）、村庄特征（村庄是否通公路、村庄繁荣程度）、宏观环境（所属市县、是否有技术培训）作为协变量。

课题组于 2019 年 4 月至 2019 年 6 月对选取的黑龙江省 5 个贫困县进行实地调研。调研共发放问卷 546 份，删除无效样本，最终获得有效样本 524 份，样本有效率为 95.97%。其中，参与产业扶贫的 320 份，未参与产业扶贫的 204 份；参与政府主导模式的 106 份，参与合作社或企业主导模式的 103 份，参与贫困农户自发脱贫模式的 111 份。

（三）模型处理结果

1. 建立倾向得分概率模型

利用 Stata15.0 对贫困户参与三种产业扶贫模式的决策方程估计进行拟合。首先采用倾向得分默认的 Probit 模型估计倾向得分，分别从未参与三种产业扶贫模式的贫困户中寻找出与参与每种产业扶贫模式的贫困户中家庭经济条件相似的贫困户。

表 1　倾向得分的 Probit 估计结果

变量	政府主导模式	合作社或企业主导模式	贫困农户自发模式
年龄	0.046 (0.175)	−0.067 (0.207)	0.217 (0.199)
性别	−1.264*** (0.197)	0.607*** (0.205)	0.732*** (0.198)
受教育程度	−0.241 (0.193)	0.455** (0.191)	−0.145 (0.180)
土地规模	0.825** (0.388)	0.328 (0.360)	−0.107 (0.363)
劳动力数量	0.322** (0.162)	0.189 (0.143)	0.500*** (0.162)
家中是否有老人或小孩	0.597*** (0.230)	0.640*** (0.212)	0.644*** (0.230)
家中是否有负债	−0.294 (0.202)	−0.728*** (0.196)	−0.237 (0.195)
村庄是否通公路	−0.716** (0.288)	0.367 (0.334)	−1.095*** (0.263)
村庄繁荣程度	0.804*** (0.176)	0.623*** (0.165)	0.693*** (0.156)
所属市县	−0.122 (0.078)	−0.238*** (0.089)	−0.250*** (0.086)
是否参加技术培训	−0.292 (0.215)	0.273 (0.206)	−0.261 (0.202)

（续）

变量	政府主导模式	合作社或企业主导模式	贫困农户自发模式
常数项	1.587 (0.819)	1.203 (0.872)	1.572 (0.769)
$LR\ chi2$	73.680	57.300	65.700
$Prob>chi2$	0.000	0.000	0.000
$Pseudo\ R2$	0.229	0.171	0.194

注：＊＊＊、＊＊、＊分别表示在 1％、5％、10％的水平上显著；括号外为系数，括号内为标准误差。

从表 1 可以看出，性别、土地规模、劳动力数量、家中是否有老人或小孩、村庄是否通公路、村庄繁荣程度对贫困农户参与政府主导扶贫模式具有显著影响；性别、受教育程度、家中是否有老人或小孩、家中是否有负债、村庄繁荣程度、所属市县对贫困农户参与合作社或企业主导扶贫模式具有显著影响；性别、劳动力数量、家中是否有老人或小孩、村庄是否通公路、村庄繁荣程度、所属市县对贫困农户参与贫困农户自发扶贫模式具有显著影响。倾向得分的 Probit 估计的 $LR\ chi2$ 卡方值分别为 73.680、57.300、65.700，小于 P 值的概率均为 0.000，故拒绝原假设，说明每个模型的总体拟合效果较好，模型整体显著。

2. 估计处理效应

表 2 给出了三种不同匹配方法作用下的贫困农户参与不同模式的产业扶贫对其收入的影响。可以发现，虽然采用了多种匹配方法，但同一种产业扶贫模式对家庭人均纯收入的影响方向和影响程度基本一致，这表明估计结果均具有良好的稳定性。

表 2　倾向得分匹配法处理效应估计结果

不同模式	处理效应 （家庭人均纯收入 fi）	处理组	控制组	净效应	标准误	t 检验值
政府主导模式	ATT					
	匹配前	8.136	8.059	0.077	0.036	2.140
	K 近邻匹配	8.194	8.040	0.154	0.054	2.830
	卡尺匹配	8.194	8.004	0.190	0.054	3.510
	核匹配	8.194	8.072	0.122	0.049	2.480
	平均值	8.194	8.038	0.156	—	—

（续）

不同模式	处理效应 （家庭人均纯收入 fi）	处理组	控制组	净效应	标准误	t 检验值
合作社或企业主导模式	匹配前	8.231	8.059	0.171	0.034	5.050
	K 近邻匹配	8.241	8.110	0.131	0.049	2.690
	卡尺匹配	8.258	8.051	0.207	0.047	4.410
ATT	核匹配	8.241	8.049	0.191	0.048	4.000
	平均值	8.246	8.070	0.176	—	—
贫困户自发模式	匹配前	8.136	8.059	0.077	0.033	2.333
	K 近邻匹配	8.127	8.061	0.065	0.050	1.300
	卡尺匹配	8.127	8.061	0.066	0.048	1.370
ATT	核匹配	8.127	8.047	0.079	0.044	1.780
	平均值	—	—	—	—	—

（1）政府主导产业扶贫模式下的贫困户家庭平均收入净效应为 0.156，即参与政府主导模式产业扶贫的贫困户收入比未参与产业扶贫的贫困户收入平均高 16.88%（$e^{0.156}-1$）。其中，K 近邻匹配方法下的政府主导模式的收入净效应为 0.154，增收效果为 16.65%（$e^{0.154}-1$），在 1% 的水平上显著；卡尺匹配结果显示，政府主导模式的收入净效应为 0.190，增收效果为 20.92%（$e^{0.190}-1$），在 1% 的水平上显著；核匹配结果显示，政府主导模式的收入净效应为 0.122，增收效果为 12.98%（$e^{0.122}-1$），在 5% 的水平上显著。以政府为主导的产业扶贫模式对贫困户具有增收效果，该模式使得贫困户家庭人均纯收入显著提高 16.88%。但是，该模式下的产业扶贫增收效果有限，可能原因在于产业的发展特点和扶持贫困户的特殊性。为了尽快显现扶贫效果，该模式下发展的产业多以短期投资形成的产业为主。虽然从短期来看，能够较快产生收益，但产业的持续获利能力受限，远不如长期投资形成的产业。同时，该模式下的贫困户具有劳动力水平低、年龄偏大的特点，贫困户的特殊性促使该模式与贫困户形成了以资产收益为主的利益联结方式，利益联结方式单一，这也是限制增收效果的重要原因。

（2）合作社或企业主导产业扶贫模式下贫困户家庭平均收入净效应为 0.176，即参与合作社或企业主导模式产业扶贫的贫困户收入比未参与产业扶贫的贫困户收入平均高 19.24%（$e^{0.176}-1$）。其中，K 近邻匹配方法下的合作社或企业主导模式的收入净效应为 0.131，增收效果为 16.65%（$e^{0.154}-1$），卡尺匹配方法下的合作社或企业主导模式的收入净效应为 0.207，增收效果为 23.00%（$e^{0.207}-1$），核匹配方法下的合作社或企业主导模式的收入净效应为 0.191，增收效果为 21.05%（$e^{0.191}-1$），三者均在 1% 的水平上显著。以合作社或企业为主导的产业扶贫模式对贫困户具有增收效果，该模式使得贫困户家庭人均纯收入显著提高 19.24%。但是，其对贫困户的收入增长影响幅度有限，短期投资是限制增长幅度的重要原因。同时，该模式下贫困户产业分红所引起的收入增长容易导致贫困户形成"等、靠、要"的思想，在一定程度上违背了产业扶贫的宗旨，不利于激发贫困户的观念向"自力更生"转变。

（3）贫困户自发扶贫模式下贫困户家庭平均收入处理效应显示，贫困户自发模式对贫困户的增收效果并不明显。虽然，匹配前的 t 检验值在 5% 的水平上显著，但匹配后三者均没有通过显著性检验，即 t 值均小于临界值 1.96。其中，K 近邻匹配方法下的贫困户自发扶贫模式的收入净效应为 0.065，增收效果为 6.72%（$e^{0.065}-1$）；卡尺匹配方法下的贫困户自发扶贫模式的收入净效应为 0.066，增收效果为 6.82%（$e^{0.066}-1$）；核匹配方法下的贫困户自发扶贫模式的收入净效应为 0.079，增收效果为 8.22%（$e^{0.079}-1$）。贫困户自发扶贫模式对贫困户不具有增收效果，可能源于该产业扶贫模式下的产业特征。贫困户由于受资金的限制，往往选择受自然灾害影响大、抗风险能力弱、价格波动大的种植业和畜牧业为产业方向。同时，部分品种类型还面临着生产周期长的问题，这导致短时间内难以看到收益，有能力通过发展产业实现脱贫的贫困户比例较小，贫困户自发脱贫模式缺乏广泛适用性。实践中，这种模式更多是在政府推动下实施的。

研究结果表明：以政府为主导的产业扶贫模式对贫困户具有增收效果，该模式使得贫困户家庭人均纯收入显著提高 16.88%；以合作社或企业为主导的产业扶贫模式对贫困户也具有增收效果，该模式使得贫困户家庭人均纯收入显著提高 19.24%；而贫困户自发扶贫模式的增收效果并不显著。

三、黑龙江省现行产业扶贫中存在的问题分析

（一）产业扶贫项目运行缺乏持续性，贫困户脱贫稳定性弱

现行的产业扶贫政策是服务于 2020 年脱贫攻坚任务的，产业扶贫措施和项目设计缺乏持续性。主要表现为产业扶贫项目存续时间较短，一般都在 2020 年底终止；产业扶贫主体和贫困户的利益联结机制较为松散，贫困户增收缺乏稳定性；产品销售方面很多靠帮扶方直接收购，后续市场不稳定；产业扶贫资金使用效率低下，运营靠政府投资或补贴，扶贫资金投入大、收效小；

扶贫产业都是低端产业，各县都在搞，未来的市场价格必然走低。2020 年后还有大量相对贫困人口存在，未来产业扶贫政策的走向以及产业扶贫项目结束后，对后续产业项目的交接、运营、利益机制设计等问题尚缺乏长远的考虑。

（二）产业扶贫对政府部门依赖较大，资金使用效率低

政府及其相关部门直接参与产业扶贫是具有中国特色的扶贫策略，但不是长久之计。第一，政府部门主要的职能是宏观调控和管理，在应对市场方面不具有优势。第二，扶贫效果和帮扶部门的性质、帮扶责任人的能力呈正相关关系，拥有能量和资源较多的政府部门产业扶贫的效果较好，但大多数扶贫效果不明显。第三，以政府为主导的产业扶贫项目效果好的主要原因是有充足的财政资金投入，如果在衡量效果时加入对政府部门财政投入的考量，则产业扶贫项目的资金使用效率并不高。

（三）利益联结机制存在缺陷，贫困户内生动力不足

扶贫产业主体（政府部门、企业和合作社等）与贫困户的利益联结机制是产业扶贫的核心，它关系到贫困户是否能够真正享受到产业扶贫的收益。政府通过财政贴息、贷款优惠等方式诱导合作社或企业带动贫困户脱贫，但是合作社或企业与贫困户并没有结成紧密的利益联结机制。贫困户依托的资源是财政资金或者小额扶贫资金，能够享受到的收益主要是这些资金所带来的短期的、固定的现金分红，和企业、合作社的效益无关。贫困户很少在企业工作，并没有实际参与企业的经营管理，也不直接参与生产过程，生产技术水平没有提高。这种利益联结方式虽然短期内保证了贫困户的收益，但是由于产业扶贫项目是有实施期限的，期限到了之后贫困户的利益很难再得到保障。而且贫困户在这种机制下参与度很低，经营管理水平和技能没有提高，项目结束后很难实现自主脱贫。另外，现有的产业扶贫项目大多以项目赢利为假设而运行的，最终要面临市场的检验，如果产业项目亏损，贫困户的脱贫成果就没有保障。

（四）产业扶贫项目同质性强，传统产业集中度高

产业扶贫项目雷同、缺乏规划和特色，而且主要集中在传统农业领域。存在产业链条短、科技含量低、能源消耗大、产业层次较低、竞争力不足、经营风险大等问题。黑龙江省的产业扶贫目前主要集中在种植业（玉米、水稻、大豆、杂粮），养殖业（奶牛、肉牛、生猪、白鹅），特色经济作物（亚麻、食用菌、中草药），农产品加工业（玉米加工、马铃薯加工）等项目。由于农产品的收入弹性和需求弹性较小，农产品同质性强，很容易引发市场风险。造成黑

龙江省产业扶贫项目同质性突出的主要原因：①黑龙江省不同地区的资源禀赋（如土地、市场环境、传统产业、地理位置等）同质性高。②受行政区域分割限制，产业扶贫缺乏总体规划和顶层设计。"一村一品"的产业扶贫项目提高了扶贫的精准性，但是这种仅在单个村级范围内孤立设计的产业扶贫方式难以顾及产业布局的合理性，项目之间必然产生重复、无序竞争问题。在传统产业竞争激烈的同时，扶贫产业中新兴业态如光伏、电商、旅游尚处在起步阶段。2018 年阿里巴巴的统计数据显示，2017 年全国 24 个省都有淘宝村（网店数量达到当地家庭户数 10％以上、电子商务贸易年交易额达到 1 000 万元以上的村庄），黑龙江省却未列其中。乡村旅游产品特色不突出、质量不高、吸引力差，带动贫困户人数较少。

（五）扶贫的对象指向不明确，扶贫效果不明显

产业扶贫对象不是指所有的贫困户，而应该是指有劳动能力的贫困户，无劳动能力贫困户的扶贫工作通过社会保障体系完成。有劳动能力的贫困户又按照脱贫态度是否积极分为有响应意愿和无响应意愿两种。有劳动能力且有响应意愿的贫困户参与产业项目的效果应该是最好的，因此产业项目的扶贫目标应该锁定这部分贫困户。有劳动能力无响应意愿贫困户的"等、靠、要"思想严重，影响产业扶贫的效果。但在现实中，产业扶贫的对象只是贫困户，对有无劳动能力并没有明确区别，很多贫困户既享受产业扶贫政策，又享受低保政策，这使得产业扶贫项目带有一定的救济色彩，贫困户内生动力不足。

同时，政府作为扶贫公共产品的主要供给者，其扶贫政策的制定及执行往往带有先天的主导优势，加之当前对扶贫绩效的考核仅是对负责主体的单向性考核，易造成扶贫主体地位失衡。在当前的考核机制下，一些地方政府和相关部门投放扶贫资金后想尽快见到"扶贫效果"，他们认为帮扶贫困农户效率不高，而扶持部分种植、养殖大户或龙头企业则可以明显扩大当地农业经济规模，更容易获得上级重视。"造富造典型比扶持困难群众更容易出名"，这种政绩观加剧了"扶弱不如扶强"现象，扶贫的"马太效应"愈发明显。

四、2020 年后黑龙江省产业扶贫
持续发展的路径和机制

在乡村振兴背景下，将产业扶贫与产业兴旺相结合，需要在目标确立、实施路径、政策保障、制度供给方面对产业扶贫与乡村振兴有效衔接框架进行顶层设计，并在框架内进行系统设计。具体包括乡村振兴和产业扶贫部门的协调

机制、产业兴旺和产业扶贫的衔接机制；政府管理、监督与服务机制；产业扶贫主体的准入机制、监督和约束机制、激励机制。乡村振兴战略和产业扶贫不能单独进行，必须协调推进。两项工作融合推进，就是要确保农业农村发展少走弯路，不搞重复建设，尽可能减少资源浪费。要按照乡村振兴的战略阶段要求，处理好顶层设计和基层探索的关系、市场与政府作用的关系，使市场起决定性作用。产业扶贫的项目选定要与乡村振兴中的"产业兴旺"结合起来，将产业扶贫与地方优势产业有效结合、共同发展。

（一）2020 年后黑龙江省产业扶贫持续发展的路径

通过对不同产业扶贫主体促进贫困户增收效果进行分析，结合黑龙江省产业扶贫现存问题，初步确立 2020 年后黑龙江省产业扶贫的微观路径是以新型经营主体和村集体经济为主导、以农民自发脱贫为补充的模式。政府主导模式将逐步退出。

1. 新型农业经营主体主导的市场化产业扶贫模式

农民合作社和企业作为贫困农户和政府之间的纽带，承担着带动贫困农户脱贫增收的重要任务，通过资本下乡的方式，将土地、资金、劳动力整合起来，大力发展特色优势产业，形成各具特色的产业扶贫模式。在研究中发现，以合作社或企业为主导的产业扶贫模式能够显著提高贫困农户的家庭人均纯收入，这说明合作社或企业主导的产业扶贫模式是实现贫困农户增收的一种有效模式。因此，为了巩固脱贫成效，推动产业扶贫的发展，促进合作社或企业主导的产业扶贫模式发展是完善现有扶贫政策的一项重要手段。但是，通过对该产业扶贫模式各主体的利益联结方式和增收途径进行分析，现有的合作社或企业主导模式在运行中仍存在贫困农户弱势地位突出、农民合作社及企业抗风险能力差等问题，推动该模式的优化发展是当务之急，对保障贫困农户在合作关系中的地位及利益具有重要的意义。

2. 村集体经济组织主导的政策性产业扶贫模式

村级股份经济合作社发展模式是政府利用产业扶贫资金扶持贫困地区、贫困人口发展产业，通过项目制形式实现产业发展促进贫困人口脱贫的一种扶贫模式。村集体组织是产业扶贫项目的主要载体，也是实现农业产业化发展的重要主体。乡村振兴，重在壮大农村集体经济，提升农村生产生活水平。村集体经济组织队伍的合法性特征在与国家法定规则强联结的同时，会对产业化推进等技术性活动进行协调和控制，由此对项目运作合法性以及模式运行规范性予以约束。村集体经济组织建设动员了当地的村民投身乡村建设，提升了农村生产生活水平，稳定了农村生产生活秩序，是正在发生的保底乡村建设，能够激发农民主体的主人翁意识，达到自发增能的良好效果。

3. 贫困农户自发扶贫的内生式扶贫模式

该模式指贫困户通过发展家庭特色增收项目，激发自身的内生动力，从而实现自主脱贫的产业扶贫方式，在产业扶贫中起到了中坚保障作用。小额信贷是农户自发脱贫的途径，也是未来仍需持续发展的产业扶贫方式。庭院经济模式是黑龙江省在小额信贷政策下形成的一种或几种特有的资源、文化等方面的优势，以此形成具有本地区特色的具有核心市场竞争力的产业或产业集群的发展模式。庭院经济是农民以自己的住宅院落及其周围土地为基地，以家庭为生产和经营单位，为自己和社会提供农业土特产品和有关服务的经济形式。庭院经济模式的可实现性在于庭院经济的可生产经营项目繁多，投资少，见效快，商品率高，能够适应市场变化；集约化程度高；只需利用闲散、老弱劳力和剩余劳动时间。庭院经济的发展有助于农产品市场竞争力的提升，还有助于促进农民增收。同时，发展庭院经济后，庭院成为一个小型的生态系统，这种环境有益于农户的身心健康，也对美化农村、调整院落结构具有积极影响。

4. 政府主导模式逐步退出

政府居于主导地位的产业扶贫模式是目前产业扶贫中的重要组成部分，该模式中产业具有由政府单位或村集体所有，并由其出资、运营管理的特点。在研究中发现，以政府为主导的产业扶贫模式能够显著提高贫困农户的家庭人均纯收入，增收效果为 16.88%，这说明政府主导模式是实现贫困农户增收的一种有效模式。该模式对贫困农户增收效果良好，但仍面临诸多问题。一方面，以资产收益分配为主要目的的扶持方式在短期内对贫困农户增收效果明显，但其对贫困农户的帮扶表现为短期收入的增加，且贫困农户的参与较少、增收途径有限；另一方面，该模式在实施过程中，政府居于主导地位导致行政化倾向显著，易出现过度依赖政府的现象。因此，应逐步建立政府退出机制，以市场为导向进行农村资源的有效配置。

（二）2020 年后黑龙江省产业扶贫长效发展机制

1. 新型农业经营主体的利益联结机制

各主体间利益联结机制的构建对产业扶贫发展模式具有积极影响。利益联结方式是贫困农户与农民合作社、企业、政府等产业扶贫主体之间在利益方面相互联系、相互作用的基础。完善不同产业扶贫模式的利益联结方式对于保障贫困农户的利益，促进不同产业扶贫模式的持续健康发展具有重要意义。

（1）促进利益联结机制新思路的推广。 提倡在产业融合发展过程中的不同环节采取不同的利益联结机制和分配方式。在政策的制定过程中，要充分考虑产业链延伸与多功能服务型农业所带来的新利益联结机制和分配方式。在生产环节对参与贫困户采取一种利益联结机制，在加工流通和服务环节采取另一种利益联结机制。对于两种机制的设计，政府要从理念、法律层面给予指导、鼓励，通过实践探索发现利润分配中出现的问题，力求将联结过程中的利润做大并且分配得恰到好处。合作社及企业与贫困农户利益联结方式的多样性会促进扶贫成效的提高。各地应积极总结成功经验，因地制宜推进合作社或企业产业扶贫模式的发展和完善，形成可复制、可推广的扶贫模式，并通过县域效应来带动周边县域扶贫工作的共同开展。

（2）完善产业扶贫模式中各主体的利益分配方式。利益分配方式是产业扶贫过程中各个主体的利益分配关系。完善产业扶贫模式的利益分配方式需要加强对项目的利益分配机制设计，明确政府财政资金投入标准。要根据贫困农户可利用的闲置资源和家庭条件的不同，创新扶贫主体和扶贫客体的利益联结方式，探索推进产业扶贫利益分配机制改革，着力发展资产收益联结、"以奖代补"利益联结、股份收益联结、务工就业利益联结模式。

2. **贫困户的参与机制及共享机制**

从产业特征的角度，研究结果显示，贫困农户的参与程度对不同产业扶贫模式的增收效果均具有显著影响。贫困农户的参与度与产业扶贫模式的增收效果具有正相关性。提高贫困农户的参与能力和参与水平，对激发贫困农户参与的积极性和发展的内生动力具有重要意义。

（1）提高贫困农户的参与能力。合作社要完善组织结构和治理机制，逐步引导作为普通成员的贫困农户参与合作社事务，增强其权利意识和义务意识，加强对贫困农户能力提升的建设。企业要优先采用社内务工、订单帮扶等帮扶措施，带动贫困农户增收。

（2）提升贫困农户的参与水平。由于贫困农户文化水平普遍偏低，在产业的管理和决策等专业程度较高的领域，贫困农户的参与度提升较为困难。因此，需要创新贫困农户的参与方式，政府应在基层实践中建立贫困农户参与监督的平台，吸纳贫困农户代表成为监督队伍中的一员，建立以政府为约束主体、贫困农户为监督主体的利益约束机制，来监督扶贫主体对扶贫资金的使用情况和对贫困农户采取的利益分配办法。不仅有利于保障处于相对弱势地位的贫困农户的利益，而且有利于提高贫困农户的参与积极性。

3. **贫困户自发脱贫的内生机制和动力机制**

贫困农户自发模式具有贫困农户在项目选择和决策过程中介入程度较高、参与程度较高的特点，具有其他两种模式不可替代的优势，是一个值得推广的模式。为不挫伤贫困农户发展的积极性，保持其可再生能力和参与度，政府应制定一系列扶持和引导政策，多措并举确保产业的质量和持续性，促进贫困农户自发模式的可持续发展。

（1）增强贫困农户的风险意识和市场意识。贫困农户自发模式鼓励贫困农户在自己熟悉的环境中充分利用自身的资源优势发展产业，有利于贫困农户加强对自身资源的利用和控制、提高自身素质和能力、发挥自身的能动作用和增强责任感。但较长的生产周期和投资周期使得农业生产面临较大的市场风险和自然风险，为避免亏损，对贫困农户需要加强农业风险意识和市场意识培养。

（2）加大对不同类型产业的培训力度。政府需要发挥引导者的作用，向农户普及专业的平台，帮助农户及时了解关注市场信息，避免因信息不对称导致贫困农户的判断失误。选择当地具有丰富经验的农村能人分享和交流实践经验，帮助贫困农户提高专业水平，做出正确的产业发展决策。

4. 政府主导产业扶贫模式的退出机制

坚持市场主导前提下对现有产业扶贫项目进行分级管理。政府部门需要根据具体情况，按照扶贫项目实施主体的绩效做出是否再追加财政投入的决策。对于市场前景好、资金使用效率高的产业项目可以继续追加投资；其他项目则应在项目完成后终止或退出。政府直接参与的项目要逐步对政府部门的退出做好安排，在产权制度和利益机制设计方面既要考虑避免资产的流失，也要使贫困户脱贫有长久保障。在产业制度设计方面应该确保贫困户对政府扶贫产业项目的财产所有权，在利益联结机制方面可以引入股份制、租赁制和承包制，将产业扶贫项目交由新型农业经营主体或者有经营能力的种植养殖大户、职业经纪人等进行经营。可以考虑试点，从而对政府部门在 2020 年后的退出路径做出合理选择。

五、2020 年后黑龙江省产业扶贫长效发展的政策支持体系和政策建议

（一）政策支持体系

1. 组织结构

首先产业扶贫的组织机构由基层政府组织构成，主要包括县、乡、村三级体系。县级政府作为政策制定者与管理者，对于产业扶贫拥有一定的控制权，这是基于国家扶贫总的要求与地区之间的不同实际情况所决定的。县级党委、政府将扶贫政策的具体任务内容分解到下一级单位，并依照地区进行相应划

分。县级组织机构通过对扶贫政策的实施，对于具体工作进行细化与推行，并且进行相应管理与监督，包括制定任务执行、激励以及考核等相应制度。在政策的执行过程中，除了政策法规的强制力外，需要通过物质、精神等激励机制，保持执行主体在政策执行过程中的动力。县级政府还应该制定专门的考评标准，对政策执行的结果和成效展开评价。扶贫政策中，县级党委、政府参与了政策执行的整个过程，是扶贫工作的具体管理者。

其次，政策的具体执行者为乡镇的政府机关。在县级组织的管理下，乡镇组织负责具体政策的落实情况。乡镇机关是最接近农村生活的基层组织，是扶贫政策真正的执行者。扶贫工作的差异与困难在实际中体现为扶贫对象的不一致性，更强调循因施策。乡镇基层工作人员只有深入实践，才能充分了解到贫困户的不同情况，政策的执行力度才更强。因此，政策的执行应交由贴近农村、了解贫困户的一线基层人员，只有这样，才能够保证扶贫政策的实际落地与传达。

最后，村级组织主要充当协助者的角色，村集体并非正式的行政机构，在政策执行中受限于自身权力，所以一般以协助者的身份参与扶贫治理，并承担了一部分政策执行事宜。同时，村集体作为政策执行的对象，其行政化趋势越发明显。村级自治组织被县域治理纳入政策执行体制当中，发挥了积极保障作用。村级组织是最接近贫困户的执行者，由于农村社会网络的紧密性，村干部往往熟悉民情且具有地方性权威。通过村级组织开展政策执行不仅可以节约成本，还有利于政策效果的发挥。

2. 管理机制

（1）**围绕产业项目建立事前防范、事中监督和事后控制的全程监督机制。**明确责任和权利，纠正重论证、轻实施问题。在对产业扶贫项目科学论证的基础上，建立严格的产业扶贫主体准入制度、加强对产业扶贫主体筛选的规范化管理。开展政府审计和第三方审计相结合的产业扶贫主体项目过程审计，从而减少政府职能部门代理人的寻租行为，以及合作社企业虚假经营和侵吞贫困户利益事件的发生。建立政府部门、第一书记和驻村工作队、村集体、农民自助组织多方面的监督体系建设，发挥正式组织和非正式组织对各产业扶贫主体的监督作用，提升扶贫有效性。

（2）**促进产业扶贫机制的实现手段现代化、信息化、规范化、目标化与长效化。**首先，产业扶贫管理工作对于解放思想、实事求是、开拓创新具有新要求，要让市场在资源配置中起决定性作用，让政府更好发挥政府职能，充分高效地利用社会资源，构建政府、市场、社会协同发展的精准扶贫新发展格局。精准扶贫管理现代化不仅从制度上体现了法制化与规范化，还体现了新型的多元治理思想，力求切实解决贫困问题。

其次，我国贫困人口的数量众多，要按计划时间进行贫困人口的脱贫，就要求实现管理信息化。充分利用先进技术对贫困人口进行动态管理，避免造成管理资源的浪费，节省了公共政策执行的成本。信息化还体现在利用互联网新媒体平台，号召社会力量参与产业扶贫。

再次，精准扶贫管理规范化。规范化的管理制度能够保障扶贫工作高效地完成。精准识别的关口要严格把握，前期通过走访、入户调查，召开相关会议，对全村贫困户和贫困人口进行认真确认和全村公示，贫困人口的相关信息要做到清晰准确。大力加强对精准扶贫档案的管理，力保其规范化，确保扶贫的相关数据和资料档案是准确的、完整的、系统的、安全的。

最后，精准扶贫管理目标化、长效化。明确长期目标和短期目标，建立阶段任务与目标，保障每一个阶段的工作完成度达标。明确各级政府管理职责，对于扶贫成效进行具体的监督与激励，激发贫困户内生动力。对于贫困人口设置相应的扶贫方案，推动精准扶贫，充分发挥地方优势，凝聚社会各界力量，进行常态高效的管理，建立带动贫困户长期发展的产业扶贫机制。

3. 配套制度建设

（1）健全金融服务体系。 从扶贫小额信贷、扶贫再贷款等方面强化金融扶持，建立针对新型农业经营主体，尤其是家庭农场和种植大户的财政支持，产业项目适度向新型农业经营主体倾斜。鼓励金融机构创新符合贫困地区特色产业发展特点的金融产品和服务方式。在现有普惠制政策保险基础上，增加针对新型农业经营主体的保险品种，探索建立收入保险、价格指数保险、区域性保险等多种保险形式。建立风险补偿基金，与银行、保险机构合作，建立和完善再保险制度。鼓励企业和银行及保险公司合作，开展风险制度建设，探索"银行＋保险＋期货"的商业保险模式，防范经营风险，确保农产品供应链的稳定性。

（2）健全科技和人才支撑服务体系。 鼓励各级技术研发推广机构和技术人员以产业基地为依托，加快科研成果转化应用，加强对地方特色农畜产品品种保护力度，推进信息进村入户。加大对贫困地区高素质农民培育和农村实用人才培养力度。

（3）健全市场支撑体系。 改善流通领域基础设施，大力发展电子商务，建立农产品网上销售、流通追溯和运输配送体系，积极培育产品品牌、提高产品品质。吸引企业投资，激励大学生、农民工返乡创业。对家庭农场和种植大户在农业设施、农业机械等生产用固定资产投入给予资金支持。开展土地承包经营权、宅基地使用权流转，以及农用机械抵押试点并逐步推进。在土地托管成规模的县市开展土地托管信息平台建设。

（二）2020 年后黑龙江省产业扶贫长效发展的政策建议

产业扶贫是 2015 年习近平总书记提出的"五个一批"中较为重要的精准扶贫措施。2016 年习近平总书记指出"要脱贫也要致富，产业扶贫至关重要"。但是，从黑龙江省产业扶贫的实施效果来看，产业扶贫的成功典型较少、带动贫困户户数少、增收渠道较为单一。通过分析黑龙江省产业扶贫存在的问题，探寻适合黑龙江省产业扶贫发展的路径、构建产业扶贫主体与贫困户的利益联结机制是目前提升黑龙江省产业扶贫效能的关键。

1. 加强产业资产收益扶贫的长效制度建设

资产收益扶贫作为产业扶贫中一项创新，仍处于探索阶段，如何将对贫困户的"短期的支持"转化为"长期的支持"，对于贫困户的稳定脱贫、有效避免返贫现象的发生具有重要的意义。可通过加强对资产收益扶贫的制度建设，提高制度的规范性和长效性。同时，政府要从县级角度将扶贫产业和其他产业发展进行整合，从而做好顶层设计和整体规划，从乡、村层级做好规划，保证产业的持续性。在实践中需要不断拓展政府主导模式中贫困户的增收途径以及增加分配的灵活性，提升贫困户的参与度，提高贫困户的参与能力和内生动力。可以通过定期更新股权量化的享有者和量化比例让真正需要的贫困户获得帮扶，以确保社会平等和减贫效果的可持续性。

2. 建立贫困户增收和促进参与的利益联结机制

针对贫困户的利益机制设计要考虑两方面因素：一方面确保贫困户持续而稳定地增收、实现脱贫。实现方式多样化，可以构建参股合作型的利益联结机制，贫困户可以资源（土地、资金、劳动力、技术）入股；或流转佣工型利益联结机制，例如土地流转、企业安排就业；或要素供给型利益联结机制，例如技能培训、公益岗位安置以及小额信贷、订单农业等。另一方面还要增强农户的造血能力和参与热情。政府将财政投入形成的资产，例如光伏、水利设施、农机具等固定资产以股份形式量化分配到贫困户。同时鼓励贫困户以自有资源（土地、技术）入股结成股份制或股份合作制实体，与合作社或企业结成利益共享、风险共担的利益联合体，探索"资金变资产、资源变股金、贫困户变股东"的三变模式。提高贫困户的参与度。也可以考虑将各种产业扶贫项目组合打包使用。例如延寿县兴山村的产业扶贫项目就将食用菌产业和光伏产业打包使用，过去光伏产业的扶贫方式是每发电 5 000～7 000 千瓦时给贫困户直接返钱，驻村工作队改变了利益分配方式，将光伏收益购买菌包赠予贫困户，让贫困户通过自身劳动实现脱贫。

3. 合理选择产业扶贫项目，优化现有产业体系

产业选择是产业扶贫是否能够顺利进行的关键。扶贫产业的选择要考虑环境承载、资源、产业基础、市场容量、人力资源、地理位置等多方面的因素，也要考虑到贫困户的参与程度。因此应当选择既具有市场前景，又容易掌握技能的产业，比如食用菌和甜玉米生产等。要明确传统产业、特色产业和优势产业的关系，扶贫产业应该选择优势产业，即市场发展好、收入弹性较大的产业，比如有机农业、质量效益型农业。传统产业不一定是优势产业，比如绥化市兰西县的亚麻产业。特色产业比如乡村旅游、乡村养老等可能会升级为优势产业，但是目前还没有形成规模，因此也不是产业扶贫的重点。产业扶贫的重点是具有比较优势的传统产业。扶贫产业项目的实施需要进行合理规划，从全省角度进行总体规划和顶层设计，县、乡、村根据顶层设计进行分层规划并具体实施，依托资源特点和区位特点合理构建产业布局，以避免产业扶贫的分散性和地区之间恶性竞争。优化现有产业体系，构建主导型、创新型、特色型、保障型的产业扶贫体系。特色型的产业扶贫包括发展手工作坊、特色种植养殖、发展庭院经济等形式。公益型的产业扶贫带有较强的救济性特点，包括公益岗位提供、光伏产业以及产业分红等形式。创新型的产业扶贫形式是未来黑龙江省产业扶贫的方向，包括电商产业、文化旅游村、特色小镇、农技推广、劳动技能培训等。

项目负责人：张梅

主要参加人：邢蕾、杨洒、董双月、王铭生、高志杰、刘永悦

"十四五"期间黑龙江省绿色农业高质量发展促进生态文明建设的路径研究[*]

师帅 翟涛 臧发霞 周林庆

农业高质量发展是乡村振兴的重要内容，是大力推进质量兴农、绿色兴农与品牌强农的要求，也是农业自身发展的内在需要，更是提高农产品国际竞争力与推进农业供给侧结构性改革及实施乡村振兴战略的重要支撑。生态文明建设被纳入"五位一体"的总体布局中，十九大报告中也提出要加快生态文明体制改革，建设美丽中国。

在中国特色社会主义新时代，人民日益增长的美好生活需要对农业发展提出新的、更高的要求。农业生产需要进一步调整发展战略和思路，坚持走绿色、可持续高质量发展之路，加快农业生产由满足人民温饱需求向满足人民营养健康需求转型升级，促进人与自然和谐发展，推动生态文明建设。绿色农业高质量发展以尊重自然、顺应自然、保护自然的理念践行生态文明建设。黑龙江省是农业大省，国家重要的商品粮基地，农业和农村经济在全国占有重要的战略地位，在绿色农业高质量发展促进生态文明建设中应发挥先锋作用。

一、绿色农业高质量发展与生态文明建设的学理分析

党的十九届五中全会坚持新发展理念、着眼推动高质量发展，强调"推动绿色发展，促进人与自然和谐共生"，为推进生态文明建设、共筑美丽中国注入强大动力。农业是国民经济的基础，也是经济发展、社会安定和国家自立的基础。农业高质量发展在推动生态文明建设方面能够发挥重要作用。农业高质量发展具有引领绿色发展，促进农产品供给提质增效，推动产业融合，激发农

* 黑龙江省哲学社会科学研究专题项目（项目编号：20JYH058）。
项目负责人为师帅副教授，主要参加人员有翟涛、臧发霞、周林庆等。

业创新并增加农民收入等特征，是尊重自然与保护自然的发展，是促进人与自然、人与人和谐的发展，是助力生态文明建设的发展，有着深远意义。

（一）农业绿色发展引领生态文明建设

农业绿色发展，摒弃了传统的农业经济发展方式，在农业生产中坚持"尊重自然、顺应自然、保护自然"的理念，是建设生态文明的必然选择。它主要从两方面引领生态文明建设。一是牢固树立农业绿色发展理念，协调农业生产与生态环境保护的关系。让农业绿色发展理念覆盖种养殖业、农产品加工业及乡村旅游业等全领域，渗透到农业生产的全链条。使农业绿色发展成为责任和期待，守住绿水青山，建设美丽农业，引领生态文明建设。二是积极开展绿色生产，引导绿色消费。通过节约利用、清洁利用和替代利用等方式构建农业生产中的绿色能源结构。继续坚持最严格的耕地保护制度，保护耕地质量，巩固农产品生产的基础条件。通过降低消耗、循环利用等方式加快传统农业绿色化；依靠科技进步、管理创新和农民素质提高，培育和形成新的绿色农业经济增长点；建立绿色农产品生产集聚区，打造绿色品牌并扩大品牌影响力，注重产品的差异化布局及专业化分工合作，充分发挥绿色农产品的品牌溢出效应。发放农业绿色生产补贴，通过经济手段解决农业绿色发展的环境问题。绿色生产与绿色消费相辅相成，培育消费者的绿色价值观和消费习惯，引导绿色消费行为，以绿色需求牵引绿色供给。

（二）农产品供给提质增效保障生态文明建设

新的历史阶段，我国农产品供给正由产量增长型转变为品质、效益增长型。农产品供给提质增效是促进农业供给侧结构性改革及农业转型升级的关键。通过优化资源配置在确保农产品供给数量稳定的情况下，促进农产品供给质量与效率提升，实现农业发展由过度依赖资源消耗向追求绿色生态可持续转变，着力增加优质农产品供给以保障生态文明建设。一是实施农业标准化生产，加快制定农产品质量等级、农业生产投入品等各类农业标准，加大对农业标准的宣传力度，引导农业经营主体积极开展标准化生产。要严格农产品质量监管，从源头上强化对农用化学物质生产、销售、使用的监管，加快农产品质量安全追溯体系建设。通过提高农产品质量，增加附加值。二是提高农产品供给各环节的效率。提高农资使用效率、农产品产出率及农产品流通效率。着力提升农业耕地利用效率、农田灌溉水有效性，提高农产品产出率。利用互联网、物联网等现代信息技术，打造线下产品和物流资源一体化农产品供应链，探索"互联网＋农产品流通"新型农产品流通模式，减少流通环节，降低流通成本，进一步发挥流通的基础性和先导性作用，提高农产品供给效率。解决农产品加工不足和加工过度的问题，降低农产品加工损耗率。

（三）农业产业融合支撑生态文明建设

农业产业融合通过产业联动、产业集聚、技术渗透等方式，整合资本、技术以及劳动力等要素，推进农业产业协同发展，延长产业链、拓展产业链、强化产业链，为生态文明建设提供有力支撑。通过农业产业内部的重组融合，构建种养结合的循环农业生态系统，实现资源利用最大化和污染最小化；开展农业产业与其他产业交叉融合，拓展传统的农业产业功能，实现农业产业增值以及生态保护，促进农业产业链延伸，增加农产品附加值并吸纳农村富余劳动力资源。将龙头企业、新型农业经营主体、普通农户等"链"进产业链，并促进小农户与现代农业有机衔接，共同分享产业发展成果。

（四）农业创新赋能生态文明建设

农业制度、政策与科技创新共同赋能生态文明建设。农业制度创新是保障，政策创新是支撑，科技创新是关键。改革创新农业经营制度、耕地保护制度、农村金融制度和人力资本制度等，促进人与自然和谐发展。完善农产品价格支持政策、农业投融资政策及贸易政策等，在国内国际双循环格局下，激活农业发展动力，提升农产品国际竞争力。十九届五中全会提出强化农业科技支撑，建设智慧农业。应从搭设创新平台，协同攻关，科技成果转化等方面形成合力，充分发挥农业科技创新促进人与自然和谐相处的纽带作用。在种业工程、耕地保护、农业生态环境修复等领域建立技术创新平台，革新各类创新主体的协同攻关机制，完善农业科技创新成果评价机制，深化改革、优化调整农业技术转移机制。着力完善政府支持、市场引导的农业科技创新融资机制。

（五）农民增收驱动生态文明建设

农民是农业生产的主体，收入提高能直接调动农民生产的积极性，从精神层面和物质层面让农民共享发展的成果，推动生态文明建设。一方面，农民增收能够反映农民在农业生产中的归属感与幸福感，在社会发展中的认同感与成就感，在环境保护中的责任感与使命感。另一方面，收入提高促使农民生活品质提升，引导其更加关注生态环境质量，潜移默化中提高了生态文明意识。收入提高是农民实现对美好生活向往的保障。同时，农民增收有助于缩小农村与城镇的收入与消费差距，促进人与人和谐发展。

二、"十三五"期间黑龙江省绿色
农业发展取得的成就

(一) 绿色农产品的"质"与"量"的变化

"十三五"期间,黑龙江省农业增加值实现 3 438 亿元以上,占 GDP 比重由 17.4%提高到 25.1%左右。粮食总产 1 508.2 亿斤,占全国总产的 11.3%,连续十年位居全国第一。粮食安全省长责任制考核连续四年位列全国优秀等级,国家粮食安全"压舱石"地位更加突出。

黑龙江农产品素以品质优良、绿色安全著称,是全国最大的绿色食品生产基地。黑龙江将农业发展投向"绿"字号农产品,建立可追溯系统,建立全国首个省级绿色食品质量标准体系,62 项标准规范牢牢锁定"龙江绿",品种和质量契合消费者需要,不仅"种得好",而且"卖得好",带动农民增收。2016 年,全省高标准生态农田新增了 665.4 万亩,建设"互联网+"高标准绿色有机种植示范基地 1 170 个。全省认证绿色有机食品面积 7 400 万亩,占总播种面积的 1/3。

"十三五"期间,黑龙江省绿色食品持续稳定发展,主要指标多年稳居全国前列,已成为全省重要的支柱产业,在引领示范现代农业发展中发挥了重要作用。2020 年,全省绿色、有机食品认证面积达到 8 500 万亩,居全国首位。其中绿色食品认证面积达到 7 650 万亩,比上年增长 4.9%,总量约占全国的 1/5;有机食品认证面积达到 850 万亩,比上年增长 3.1%,在全国处于领先位置。全省绿色食品企业达到 1 047 家,产品 2 666 个(不含农垦);完成中绿华夏有机企业 111 个项目种植环节检查,获证产品 645 个;新登记地理标志农产品 9 个,累计达到 149 个。

"十三五"期间,黑龙江省继续坚持把质量安全放在突出位置,不断强化"从田间到餐桌"的全程质量控制,确保产品质量长期稳定在较高水平。2019 年,抽检产品 2 150 个,抽检数量居全国各省之首,实现了绿色有机食品基地、企业全覆盖,抽检合格率 99.8%。目前,绿色食品已经成为黑龙江省最靓丽的农业名片,成为家喻户晓、人人向往的优质、安全、健康、放心农产品的代名词,形成了"寒地黑土、非转基因"的独特品牌核心价值。

(二) 农民收入方面

2018 年,全省农村常驻居民人均可支配收入达 13 804 元,同比增长 9%,

实现"十三五"期间的最大增幅。整个"十三五"期间，农民收入增速始终高于全省 GDP 和城镇居民收入增速。2020 年，全省"十三五"农业农村工作圆满收官，黑龙江省农村居民人均可支配收入达 16 168 元，同比增长 7.9％，超过全国平均增速，比"十二五"期末增长 45.7％。农村居民人均消费支出为 12 360 元。

2020 年，黑龙江省以"粮头食尾""农头工尾"为抓手，通过发展县域经济实现农民增收，深入实施"百千万"工程和"十百千"培育行动。规模以上农产品加工企业发展到 1 612 家，规模以上农产品加工企业营业收入达 2 961.3亿元。农产品加工转化率达 63％，粮食加工转化率达 68.3％。县域地区生产总值占全省生产总值比重达到 43％，增速快于全省，对全省经济正向拉动作用显著增强。

2020 年，绿色食品加工企业产品产量 1 699 万吨，较上年增长 1.7％；实现产值 1 598 亿元，较上年增长 0.8％；实现利润 90.2 亿元，较上年增长 0.4％。绿色食品产业牵动农户 92.3 万户。绿色农业产业在发展的同时，助力黑龙江省 20 个国家级贫困县和 8 个省级贫困县全部脱贫摘帽，1 778 个贫困村全部脱贫出列，62.3 万贫困人口全部脱贫。全省农村居民人均可支配收入年均增长 7.6％（图1）。

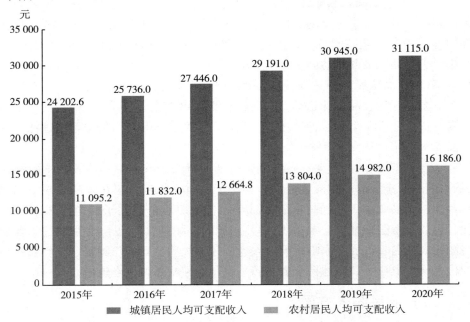

图 1　2015—2020 年黑龙江省城镇、农村居民人均可支配收入统计

（三）农业环境保护方面

"十三五"期间，黑龙江持续打好蓝天、碧水、净土保卫战，各级部门积极宣传适度使用农药、化肥等农用化学物质，面源污染得到一定控制。全省空气指数优良天数比例达 92.9%，比"十二五"期末提高 6 个百分点；优良水体比例较"十二五"上升 11.3 个百分点。初步建立国土空间规划体系，全面完成生态保护红线评估调整工作。落实高标准农业"三减"示范面积 4 000 万亩，全省化肥亩均施用量为全国平均水平的 1/3，农药和除草剂亩均用量为全国平均水平的 3/5。同时，在农业生产过程中减少对于石油产品的使用，运用高效、低毒的杀虫剂、除草剂取代传统的杀虫剂、除草剂，进而减少对生态环境的破坏，发挥对生态环境、自然资源的保护作用。

黑龙江省也积极推进农业废弃物资源化利用。全省秸秆综合利用率达 83%、还田率达 57%；畜禽粪污综合利用率达 75%；农药包装废弃物的回收处置率达到 50%以上。按照农业农村部的统一部署，黑龙江省从 2016 年开始实施耕地轮作试点，探索建立有效的组织方式、技术模式和政策体系，逐步建立有黑龙江特色的轮作休耕制度。2018 年，全省共落实耕地轮作休耕试点面积 1 490 万亩，其中水稻休耕试点面积 140 万亩，耕地轮作试点面积 1 350 万亩。

黑龙江省抓住省内畜牧业大发展的有利契机，加强禽畜粪污资源化利用，实现变废为宝、变害为利。试验证明，连续 3 年每亩施用有机肥 2 吨，土壤有机质含量能够增加 0.18 个百分点。从 2016 年开始，黑龙江省在杂粮杂豆、蔬菜瓜类、薯类水果、鲜食玉米等 20 种作物种植和绿色食品生产中开展"有机肥替代化肥"试验示范，示范项目达到 221 个，落实有机肥施用 1 600 万吨，减少化肥施用 80 万吨。上述措施，既保护了环境，也充分利用了资源。

（四）绿色农业科技进步方面

"十三五"期间，黑龙江省不断完善现代农业生产体系，向机械化、规模化、科技化要产能。农业生产的耕、种、管、收全程机械化已基本实现。智能化育秧车间、自动精量播种、飞机航化"无人"作业、自带导航系统的大型农机等新技术、新成果在黑龙江生根发芽，耕地规模化、集约化日趋完善。在这五年中，新型农业经营主体已成为推动粮食增产的重要力量。家庭农场、种粮大户通过规模经营，拉动粮食增产 8% 左右，农机合作社拉动粮食增产 15% 左右。在"十三五"收官之年，黑龙江省农业综合机械化率已达 97%，高于全国平均水平 30 个百分点；农业科技进步贡献率达 67.1%，高于全国平均水平近 9 个百分点。国家粮食安全"压舱石"的地位进一步巩固提升。

提高农作物产量与品质，是保障国家粮食和食品安全的两项重大核心问题，"十三五"期间，黑龙江省在提质增效上不断地进行技术创新。目前，已应用于建三江红卫、大兴、七星、农强、鸭绿江五大农场的"五谷丰素生物制剂技术"就可以大幅度地提高水稻、玉米等农作物的产量，而且具有较好的抗病性。此外，"水稻前氮后移技术"也是近年来省内各地重点示范推广的一项水稻优质高产新技术。这些高新技术在农业领域广泛应用，使得绿色食品的种植既能够保证增产，又能够保证安全。

"十三五"期间，建三江红卫农场"智慧农业指挥中心"的建立就是智慧农业发展的一个范本，在指挥中心不仅可以看到所有耕地的卫星图像，还可以切换到每个种植区域，即时监控作物生长、病虫害防治以及农药和化肥的使用情况。大数据分析系统每分钟都会根据所有种植作物的生长变化自动生成田间管理建议，为技术人员和种植者准确操作提供科学依据和参考。目前，智慧农业在黑龙江省已经取得一定进展，能够为绿色食品发展提供坚实保障。

（五）绿色农产品品牌方面

"十三五"期间，黑龙江运用"绿色食品企业＋地理标志＋农户"等生产经营模式，推动绿色食品企业发展"区域公用品牌＋企业品牌＋绿色食品标志"，不断放大绿色食品品牌效应，并通过一系列的宣传推介活动及新媒体营销方式，多维度地开展农产品区域公用品牌的推广及销售，讲好品牌故事，打响品牌、擦亮名片，通过农产品区域公用品牌带动一方产业、富裕一方百姓、振兴一方乡村。

2020 年，黑龙江省深入实施品牌战略，成功举办黑龙江省第七届绿博会、第二届国际大米节等展会，推进与阿里巴巴、浙商、顺丰等企业合作，共建绿色食品产业链、质量追溯和交易平台。全省农产品区域公用品牌增加到 215 个，获中国驰名商标的农产品 42 个，中国名牌农产品 19 个。此外，黑龙江在全国 20 多个省市建立农产品销售旗舰店、专营店、社区营销网点达 2 000 余个，促进了生产经营主体与市场销售主体、终端消费群体直接对接，拓展了营销渠道。黑龙江省在国内外绿色食品专营市场的网点发展到 2 100 多家，产品销往全国，且远销 40 多个国家和地区，成为现代农业发展的一个"金"字招牌和一张靓丽名牌。

三、"十三五"期间黑龙江省绿色农业发展的问题

（一）缺乏绿色农业发展意识

首先，农业经营主体尚缺乏绿色生产的意识。虽然黑龙江省各级农业相关

部门大力倡导发展绿色农业，但是因为思想意识较为保守、经济发展较为落后、资源基础较为薄弱，造成一些农业经营主体的农业生产意识没有实质性的变化。农产品增产必须依靠农药、化肥等农用化学物质大量投入的理念尚未有效改善，导致农业污染形势严峻，阻碍绿色农业高质量发展。

其次，政府和企业对绿色农产品的宣传力度不足，导致绿色农产品理念在消费者群体中还没有普及，甚至存在一定误解。部分消费者混淆"绿色"与"纯天然"的概念。实际上，二者的内涵具有较大差异。绿色食品，是指产自优良生态环境、按照绿色食品标准生产、实行全程质量控制并获得绿色食品标志使用权的安全、优质食用农产品及相关产品。纯天然食品一般是指在自然环境中生长的可直接食用的食品，但没有一个严格的控制标准。有些"纯天然"的产品由于在受污染的地方生长，也不一定是健康食品。绿色农业追求的农业生产既要达到充足的产量，又要注重农业可持续发展是否能够满足子孙后代的需要。因此，"绿色"与"纯天然"具有本质区别。

（二）农业生产与生态环境保护间的矛盾依然突出

黑龙江省是我国农业大省，农业资源禀赋优越，生态环境优良。但由于农业资源利用效率不高，生态环境保护不力等原因，导致资源不可持续利用及生态环境破坏问题突出。如何解决农业生产与生态环境保护之间的矛盾，保障绿色农业高质量发展已经成为黑龙江省当前面临的重大问题。

1. 水稻播种面积扩大导致水资源大量消耗

黑龙江省作为我国最重要的商品粮基地，在维护国家粮食安全方面起到"压舱石"的作用。目前黑龙江省粮食生产以玉米、水稻、大豆、小麦、马铃薯为主，还有少部分的杂粮杂豆。其中，玉米、水稻和大豆三大作物面积占农作物播种面积的90%以上，其他作物不足10%。2020年黑龙江水稻播种面积为387.2万公顷，产量约为2 896.2万吨，自2015年以来基本呈现平稳上升趋势；2020年玉米播种面积为548.1万公顷，比2018年减少13.25%；2020年小麦播种面积为4.9万公顷，比2018年减少55.2%。原先种植小麦、大豆等旱作耕地作物的土地多数改为种植水稻，而水稻是高耗水的作物，不少地区长时间大量抽取地下水种植水稻，导致一些地区的地下水位快速下降。《黑龙江省土地利用总体规划（2006—2020年）》的数据也显示，2006—2020年，黑龙江省区域水土流失面积达1 155.94万公顷，占全省总面积的25.5%，其中耕地水土流失面积就达到400万公顷，占全部土地面积的比重近30%，不少市县水土流失面积比重甚至达到50%以上，两大平原水土流失面积超过30%。这将严重影响农业可持续发展。

2. 农用化学物质施用量持续增长

黑龙江省是国家重要的商品粮基地，肩负保障国家粮食安全的重要责任。面临提高粮食产量的压力，存在农药、化肥施用量居高不下，未合理控制及处理其沉积物、农药残留以及废料等问题。2019 年黑龙江省的农作物受到病虫草鼠害的影响较大。其中，水稻瘟病流行风险进一步加大，2019 年鼠密度超过 10％的县份占 30.2％。目前，对病虫草鼠害的防控主要是以农药防除为主。此外，为了增加粮食产量，农业经营主体也会加大化肥施用量。2019 年，黑龙江省的农药施用量为 6.42 万吨；化肥施用量为 223.3 万吨，比 2010 年增加了 8.3 万吨。农药、化肥过度使用会引起土壤酸化和板结，进而使耕地土壤退化，生产力降低，并可活化有害重金属元素如铝、锰、镉、汞、铅、铬等，增加它们在土壤中的活性，或导致有毒物质的释放，使之毒性增强，进一步对土壤生物造成危害。

农膜污染也称为白色污染，是指使用农膜后，没有对其进行回收，造成了农膜随意放置的问题。农膜是一种高分子有机化学聚合物，其在土壤中不易降解，而且降解后也会产生有害物质，如果不对农膜进行合理的处理，会污染土壤环境，还会对农作物的生长造成影响，威胁农产品安全，进而威胁人们的身体健康。黑龙江省由于全年气温比较低，所以，对农膜的使用量比较大，而很多地区使用的都是不可降解的农膜。据统计，在农膜残留比较严重的地区，农作物减产达到了 20％～30％，对农业发展造成不利影响。农用化学物质施用量持续增加造成农业污染加重，已成为阻碍黑龙江省绿色农业高质量发展的重要因素之一。

3. 土地地力持续下降

从资源禀赋上看，黑龙江省土质肥沃，自然肥力较强，《黑龙江省土地利用总体规划（2006—2020 年）》的数据显示，优质土壤占 67.5％，但是由于土地利用粗放，农药、化肥使用过量及一些坡耕地、风沙地、盐碱地水土流失和土壤沙化、盐渍化严重，有机质含量逐年减少，土壤质量逐年下降。农药、化肥过量使用也会影响当地蔬菜瓜果的质量，会使蔬菜瓜果的农药残留超标。2019 年黑龙江省公布的果蔬抽检结果中有 6.5％检测出农药残留超标。这不利于保证农产品的安全，也阻碍了黑龙江省绿色农业高质量发展。

（三）绿色农业发展与配套制度保障问题

黑龙江省绿色农业发展及配套认证、监管体系还不够完善是绿色农业市场开发不足的重要原因之一，已成为影响现阶段绿色农业高质量发展的重要因素。其一，我国绿色食品标准的制定、认证以及管理都有国家专门机构主导，主要是国家绿色食品发展中心以及相关的委托机构,这种模式的约束机制较弱。近年来,多数农产品认证机构研究工作的重点集中在生态环境方面,较少出台关于绿色农业研究的具体支持计划。黑龙江省虽然加强了对绿色农业认证机构的能力建设,规范认证程序,但未对绿色农业生产、认证及销售开展综合管理,尚缺乏一条标准化生产主线。其二,黑龙江省农业人才培训体系有待完善。缺乏培养和留住农业人才的有效机制,优质人力资源流矢严重;对于高素质农民的培训力度不大,培训资金方面存在巨大的缺口,培训效果不好。其三,就黑龙江省农业发展来说,绿色农业与常规农业相比,基础设施设备投入大,生产加工储运标准高、要求严,生产成本相对增加。政府对绿色农业财政补贴制度设计不够合理,还缺乏明确的惠民政策、资金扶持。从事农业生产的多数是资金短缺、技术滞后的农民,凭借个人力量难以长期支持绿色农业发展对大量资金的持续需求,所以发展绿色农业必须依靠政府的大力支持,但黑龙江省财政资金投入还不能满足绿色农业的发展,已经成为制约绿色农业高质量发展的一大问题。

(四)绿色农产品价格与受众收入的差距问题

1. 绿色农产品的高成本引致高价格

由于绿色农产品生产成本较高,导致其价格远高于普通农产品。绿色农产品生产需要无污染的土壤环境,选用优良品种,使用生物农药,采用先进的生产技术和工艺,减少排污,尽力节约自然资源,保护生态环境。

绿色农产品生产为社会带来了正外部性,但是由于企业除了要承担传统成本外,绿色农产品生产企业还需承担环境保护成本,开发和引进环保技术与设备的成本,减少或不使用可能造成农产品污染的原材料而导致的损失成本以及绿色农产品检测、认证和包装成本等绿色成本,增加了企业的成本支出。这种正外部性未得到社会的补偿,即社会未对企业和消费者行为所带来的外在收益给予补偿,通过市场交易,由企业和消费者承担生产中增加的成本。因此,绿色农产品生产企业需要提高销售价格,把成本转移给消费者。这是绿色农产品价格居高不下的主要原因。

对黑龙江省绿色农产品销售情况的调研表明,大米、蔬菜等绿色农产品的实际溢价大约超过购买者意愿的40%。甚至部分绿色蔬菜的价格竟达到普通蔬菜价格近5倍,完全超出了消费者的承受能力。

2. 受众收入水平较低

2019年黑龙江省实现地区生产总值1.36万亿元,按经济规模排名,位居全国第24位,排名较2018年下滑3位。2019年黑龙江省居民人均可支配收入 2.43 万元，低于全国平均水平（3.07 万元），较 2018 年增长了 1 527.74 元，增速为 6.72%；2019 年黑龙江省城镇居民人均可支配收入达到 3.09 万元，低于全国平均水平（4.24 万元），较 2018 年增长了 1 753.29 元，增速为 6.01%；黑龙江省各地市城镇居民可支配收入处于较低水平，2019 年仅大庆市城镇居民可支配收入 4.33 万元，略超全国平均水平，省会哈尔滨市达到 4 万元，其余地市城镇居民可支配收入均低于 3.5 万元，鸡西市最低为 2.5 万元。2019 年黑龙江农村居民人均可支配收入达到 14 982.14 元，亦低于全国平均水平（16 021 元），较 2018 年增长了 1 178.49 元，增速为 8.54%；各地市农村居民可支配收入与全国平均水平相近，其中牡丹江和鸡西两市相对较高，分别为 2 万元和 1.97 万元。

从全国范围来看，黑龙江省的居民收入相对偏低，一定程度上抑制了居民对绿色农产品的需求，也影响了企业从事绿色农产品生产的积极性，企业和消费者之间难以形成生产与消费间的良性互动机制。

四、"十四五"期间黑龙江省绿色农业高质量发展面临的机遇与挑战

（一）面临的机遇

1. 紧抓绿色发展机遇

2005 年，习近平同志在浙江省考察时提出了"绿水青山就是金山银山"的科学论断。该理念是针对我国传统经济发展方式的一次变革。在其指引下，要抓住机遇，坚持走绿色农业发展之路。"绿水青山就是金山银山"的理念使我们深刻认识到，生态环境保护与农业经济发展是融为一体的，抓生态环境保护就是抓可持续发展，保护生态环境就是自然价值保护和自然资本增值的过程，就是培育绿色农业发展潜力和后劲的过程。把生态环境优势转化成绿色农业发展的优势，绿水青山就可以源源不断地带来金山银山。十四五规划进一步指出，坚持该理念，坚持尊重自然、顺应自然、保护自然，加快推动绿色低碳发展，持续改善环境质量，增强全社会的生态环保意识，深入打好污染防治攻坚战。十九届五中全会《建议》明确，构建生态文明体系，坚持绿色发展引领，广泛形成绿色生产生活方式，以高水平的生态环境保护促进经济高质量发展；在生态文明建设方面实现新进步，坚持质量目标倒逼总量减排、源头减排、结构减排，促进经济社会发展全面绿色转型，建设人与自然和谐共生的现代化。这些都为绿色农业高质量发展提供了更广阔的发展空间。在国家大力发

展绿色低碳经济的背景下，要紧抓机遇，秉持"绿水青山就是金山银山"的绿色发展理念，改变传统农业的发展模式。

2. 绿色"一带一路"蓬勃建设为绿色农业高质量发展提供指引与创新平台

自"一带一路"建设以来，我国始终秉持绿色发展理念，在生态环保领域与丝路沿线各国不断加强全方位合作。2016 年习近平总书记指出，"要着力深化环保合作，践行绿色发展理念，加大生态环境保护力度，携手打造'绿色丝绸之路'"。2017 年环境保护部出台了《"一带一路"生态环境保护合作规划》，对绿色"一带一路"建设提出了具体要求，确立了"一带一路"建设的绿色生态标准。2019 年我国启动"一带一路"绿色发展国际联盟，打造绿色技术交流与转让平台，推动开展生态环保产业与技术合作，提高区域生态保护和污染防治能力。2020 年中国环境与发展国际合作委员会指出，要坚持共谋全球生态文明建设，积极参与全球环境治理进程，大力推进绿色"一带一路"建设。绿色"一带一路"倡议的实施以及相关政策的支持，为绿色农业高质量发展提供了指引。

现阶段，黑龙江省仍处于去产能、调结构的经济转型期、体制改革的深化期，加之受省内人才流失、新旧动能转化滞后以及投资带动作用减弱等因素影响，近年来黑龙江省经济下行压力加大。黑龙江省农业对经济增长贡献较大，2019 年农业占全省生产总值的 23.4%，黑龙江省粮食产量持续多年位居全国首位。同时，近年来黑龙江省绿色食品生产发展迅猛，绿色农产品数量及产值不断提高。作为"一带一路"倡议中向北开发的重要沿边窗口，黑龙江有望被打造成为俄罗斯和东北亚经贸合作的重要枢纽。2019 年俄罗斯经济发展部与中国商务部共同签署了《中华人民共和国商务部和俄罗斯联邦经济发展部关于编制〈至 2024 年中俄货物贸易和服务贸易高质量发展的路线图〉的联合声明》。在"一带一路"背景下，部分企业有意在俄建立出口中心，如中粮集团代表团于 2019 年在新西伯利亚市对当地农产品生产商、物流公司、州农业部代表进行了调研，中俄两方就地区出口潜力、谷物市场发展前景进行了磋商；黑河跨境物流园区中，境外石化、农业、物流 3 个园区入驻企业达到 74 户。在"一带一路"背景下，黑龙江省绿色农业发展面临较好的政策机遇，全省各地应积极鼓励和支持企业发展绿色农业，利用综合保税区保税和免配额管理政策，加大绿色农产品出口数量，有力促进绿色农业高质量发展。

3. 碳排放权市场化交易为绿色农业高质量发展提供制度保障

为了实现碳减排目标，2011 年 10 月国家发展改革委印发《关于开展碳排放权交易试点工作的通知》，批准北京、上海、天津、重庆、湖北、广东和深圳七省市开展碳交易试点工作，这标志碳排放权交易机制正式应用到我国碳减排工作中。碳排放交易试点为我国建立全国碳排放交易市场积累了宝贵经验。

当前中国大力发展绿色经济，将节能减排、推行低碳经济作为国家发展的重要任务，旨在培育以低能耗、低污染为基础、低碳排放为特征的新兴经济增长点。生态环境部指出"十四五"是我国碳排放权交易市场发展的里程碑时期，将实现从试点先行到建立全国统一的碳排放权交易市场的转变。全国碳排放权市场的启动，意味着我国节能减碳工作将更加依靠市场化手段。

绿色农业是黑龙江省改造传统农业的必然选择，推进低碳农业、绿色农业建设，实现绿色农业高质量发展，有助于促进城乡生态文明建设协调融合。目前农业碳交易在碳排放权交易市场中所占份额较小，而且并没有建立有效的管理机制。将绿色农业引入碳排放权交易市场，逐步建立起完善的农业碳排放交易体系，有利于促进绿色农业高质量发展。黑龙江省应加快推进农业碳排放核算的方法学研究，形成一套涉及管理部门、生产主体、碳交易主体的核算方法体系，为农业进入碳市场奠定方法基础。同时也要积极发展农业碳排放权市场，选择农民专业合作社示范社、农业产业化龙头企业和大型社会化服务组织、国有农业企业等规模较大、组织程度较高、市场意识强的主体率先开展试点，探索经验。

（二）面临的挑战

1. 新冠肺炎疫情导致经济发展低迷阻碍绿色农业发展

黑龙江省是我国农业大省，肩负着维护国家粮食安全的重大使命，要当好维护国家粮食安全的"压舱石"，不断推进绿色农业高质量发展。2019 年全省粮食产量达 1 500.6 亿斤，连续九年位列全国第一，高标准农田共建成 8 548 万亩，粮食调出量、商品量分别占全国平均水平的 1/3 和 1/8。绿色食品认证面积占全国 1/5，农业科技进步率达 67.1%，主要农作物良种覆盖率达 100%。黑龙江省绿色农业正朝着集约化、高度化方向发展，不但延长了农业产业链，而且提高了农业产业链价值。但是 2020 年爆发的新冠肺炎疫情对黑龙江省正处在上升期的绿色农业发展产生了严重影响。

在春耕备耕方面，由于黑龙江省特殊的气候条件，农作物一年一熟，因此不误农时顺利开展春耕工作，对黑龙江省的农业生产有重要意义。但是由于受新冠肺炎疫情的影响，农资物流受阻，春耕生产资料无法足量供应。同时，由于 2019 年底化肥行情下滑，所以农资经销商和零售商存货普遍不足，并且受疫情影响多处于关门闭市的状态。有一些种植大户，由于规模较大，需要雇用大量劳动力，疫情期间出现的雇工难问题使得春耕备耕无法正常开展。养殖业受疫情影响尤为严重，受部分冷链食品包装阳性影响，民众出于自我防范意识，减少了相关肉类的食用，造成部分农产品市场需求下降。疫情期间，受流通渠道和市场需求变化影响，农产品价格波动也比较大，陷入涨跌共存、产销脱节的两难局面。

2. 农业污染束缚绿色农业高质量发展

农业污染主要源于农用化学物质，秸秆焚烧和畜禽粪污等。农业污染是农村比较常见的污染问题，影响农业生产，也降低生态环境质量。

黑龙江省是农业大省，农业资源比较丰富，但是近年来为了保证粮食产量，农业生产中长期大量投入农药、化肥等农用化学物质，导致土壤肥力不断下降，发展绿色农业的资源环境禀赋优势减弱。化肥、农药等农用物资中也含有大量的污染物，在农业生产中，这些污染物会残存在土壤和农作物中，伴随着降水这些残留的污染物就会渗透到地下水体中，对地下水资源造成污染。同时，农户会用地下水资源对农作物进行浇灌，受污染的水体又会进入到农作物和土壤表面，产生二次污染。这样不断反复的污染过程会对水资源和土壤资源造成严重破坏，使得农作物中的污染物含量也大量增加，降低了农作物的质量。

作为我国重要农业大省，黑龙江省的玉米、水稻等农作物秸秆数量庞大，秸秆露天焚烧会造成大气污染。除了现有的《环境保护法》《大气污染防治法》《治安管理处罚法》《消防法》《森林法》《道路交通安全法》等有关法律明确规定，禁止露天焚烧秸秆，违者将依法处以 500～2 000 元罚款，情节严重的，将依法予以行政拘留以外，黑龙江省出台《黑龙江省禁止秸秆露天焚烧工作奖惩暂行规定》，落实各级党委政府治理露天焚烧秸秆主体责任，推进市、县、乡、村四级网格化监管体系，层层签订责任状。黑龙江省在督导检查过程中紧盯"第一把火"，严查重处违规焚烧秸秆责任人。上述法律与制度安排虽然在一定程度上降低了秸秆焚烧的比例，但秸秆资源化过程中乃存在一定问题，导致秸秆焚烧尚未全面消除。

种植业的污染主要源于农用化学物质施用，畜牧业污染则主要源于畜禽粪污排放。总体上看，规模化养殖场大多数采取干清粪方式并进行简单堆肥还田，污水通过沉井或氧化塘处理直接予以排放；养殖散户对畜禽粪尿基本上都没进行处理，将粪便直接堆放在村边道路上、沟边上和树林树下以及田间地头，而污水则直接排放。2017—2020 年，全省畜禽粪污综合利用率分别达到 65％、68％、72％和 75％以上，规模养殖场粪污处理设施装备配套率分别达到 65％、70％、80％和 95％以上，其中大型规模养殖场粪污处理设施装备配套率提前一年达到 100％。畜牧大县、国家现代农业示范区、农业可持续发展试验示范区和现代农业产业园率先实现上述目标。但是，黑龙江省畜禽粪污利用程度仍有待提高，鸡粪便利用总体上要好于肉牛、奶牛和生猪。鸡场产生污水较少，同时粪便基本都是干清粪并进行堆肥，获得的鸡粪肥直接销售给当地郊区用于种菜、种瓜、水稻育秧，销路畅通。肉牛粪污利用情况也要好于生猪和奶牛。肉牛场产生污水不多，夏季都直接蒸发掉，冬季污水结冰也都直接排放掉，粪便基本都是干清粪并简单堆肥或直接还田利用。生猪和奶牛是黑龙江省畜牧业的主导品种，养殖量相对较大，产生的粪污量相当可观。但是，由于地理位置偏远，粪污处理技术较保守，存在种养一体化程度不高及资源化成本较高等问题，导致畜禽粪污仍未得到有效处理。

"十四五"期间黑龙江省生态文明建设处于压力叠加、负重前行的关键期和攻坚期，总体形势比较严峻，打好农业面源污染治理攻坚战，提升农业绿色发展能力，实现质量兴农、绿色兴农，将是黑龙江省今后一段时期需要应对的重大挑战。

3. 农业产业技术与绿色农业发展需求间的矛盾

《2019 年黑龙江省国民经济和社会发展统计公报》数据显示，截至 2019 年末，全省乡村人口 1 466.8 万人，占总人口的 39.1%，这说明省内乡村人口占据很大比重。但是由于历史原因，农民受教育程度相对较低、缺乏绿色发展的意识。在农业生产过程中，农户大多数更关心自身的利益，环境保护意识比较淡薄。目前来看，为了提高农产品产量，农户会大量使用化肥农药。并且目前农业生产方式大多仍为粗放式生产，粗放式生产是指将有限的农业生产资料投入到尽量多的土地中。由于农业资源有限，农民人数众多，因此为了自己的短期收益最大化，就会对生态环境造成破坏。目前使用绿色农业技术的农民数量较少，一方面是因为农民受教育年限相对较少，对新事物的接受能力相对较差，另一方面由于目前粗放式生产能够给农户带来短期收益，所以对于绿色农业技术应用意识比较薄弱，这就造成了目前黑龙江省内绿色农业技术应用不足的局面。

由于大多数农民的自给自足的粗放式的农业生产模式就可以带来一定的农业产能，而使用绿色农业技术成本较高、技术复杂，故对于绿色农业技术的应用积极性不高。为了促进绿色农业高质量发展，就必须加大对绿色农业技术的推广和宣传力度。目前绿色农业技术推广形式比较单一，主要依靠政府进行推广，然后辅助于龙头企业带动和新媒体宣传等方式。再者，各级政府尚未明确界定绿色农业技术应用的具体考核标准，导致宣传主体、宣传方式、宣传客体、宣传对象等方面暂未取得理想效果。此外，在绿色农业技术的应用推广中，缺乏发挥示范作用的龙头企业，致使绿色农产品市场发展缓慢，甚至出现绿色产品与市场脱节的现象。

五、"十四五"期间黑龙江省绿色农业高质量发展促进生态文明建设的路径

生态文明即人类遵循人、自然、社会和谐发展这一客观规律而取得的物质与精神成果的总和，也是以人与自然、人与人、人与社会和谐共生、良性循环、全面发展、持续繁荣为基本宗旨的文化伦理形态。绿色农业高质量发展可以从加快农村经济发展、夯实绿色发展保障、营造绿色发展氛围等方面促进生态文明建设。

（一）发展农村经济增加绿色经济效益，推进人与社会的和谐发展

1. 转变农业发展方式，发展绿色农业

转变农业发展方式是绿色农业高质量发展的重要保障，其对生态文明建设的具体实践有着重要的指导作用。即要摒弃单纯注重数量增长的模式，在农业发展中要着重从农产品质量安全、生态环境保护等角度综合施策。要大力推广以绿色农业为主体的生态农业，走生态效益型的发展道路，实现农业生产的"绿色化"，促进农业的绿色发展。

绿色农业区别于传统农业，其内涵重在强调以生产绿色食品为核心，以促进农产品安全、生态安全、资源合理利用和提高农业综合经济效益的协调统一为目标，以倡导农业标准化为手段，是一项推动农村经济全面、协调、可持续发展的农业模式。绿色农业具备全面超越传统农业的优势：一是经济效益上的超越，它能充分利用自然本身的生态循环从而最大限度地在合理范围内获取经济效益。二是生态效益上的超越，它把保护和维持生态平衡作为主要目的，不单纯为保护而保护，而是以保护成果作为它的经济产出来源，从而最大限度地产出了等同于经济效益的生态效益。绿色农业通过利用相关要素，对于优化农业结构、推动农林牧渔等产业的综合发展发挥积极的促进作用。

发展绿色农业要根据各地区的不同自然条件、资源条件等制定出各自的发展规划，充分发挥各地的优势。我国很多地区积极开展绿色农业实践，在考虑当地实际情况的同时融入本地特色，形成了具有典型性的绿色农业模式。譬如，被誉为"蔬菜之乡"的山东寿光，依靠科技进步，推行严格的标准化生产，建立了完善的"产、加、销一条龙"生产系统，已从一个普通的农业县发展成为中国的农业强县。可见，在促进绿色农业高质量发展的新时期，转变农业发展方式，重视绿色农业的发展，以绿色农业来推动生态文明建设的进程至

关重要。

这些模式可以为黑龙江省绿色农业发展提供借鉴，但也应结合黑龙江省的资源禀赋优势，适宜地开展绿色农业生产。加强农业面源污染防治是从源头上确保农产品产地环境安全和质量安全的现实需要，是促进绿色农业高质量发展的必然要求，要坚决打好农业面源污染防治攻坚战。首先要实施化肥减施行动，坚持推进化肥减量提效，大力推广测土配方施肥技术。其次实施农药、除草剂减施计划，加强农药风险监测能力和重大病虫疫情监测预警能力建设，更新改造落后施药机械，引进推广酸化电解水防治作物病害等新技术，加强和规范植保无人机等现代植保装备运用。同时畜禽养殖废弃物资源化利用应坚持政府支持、以企业为主体、市场化运作的方针，以畜牧大县和规模养殖场为重点，以肥料化利用为主攻方向，充分发挥绿色有机食品产业引领作用，构建种养循环发展机制。建立畜禽粪污收集、贮存、处理和利用体系，鼓励在养殖密集区建立粪污集中处理中心。

通过转变农业生产方式，黑龙江省农业从粗放型向节能、减肥、降耗、提质、增产发生明显转变，绿色发展项目不断扩展，绿色农产品产能大幅提升，极大促进绿色经济模式升级，促进绿色农业高质量发展，社会经济发展和生态环境增效显著。提高农业资源和投入品的利用效率，走不断提高耕地产出率、资源利用率和劳动生产率的绿色农业高质量发展道路，在发展途径上，按照自身的资源禀赋条件，选择适合资源环境特点的绿色发展、循环发展、低碳发展途径。

2. 推进绿色科技发展，赋能生态文明建设

科学技术作为第一生产力，在农业领域发挥着重要作用。绿色农业高质量发展既需要科学技术的支撑，更需要追求绿色科技的发展与应用。换言之，虽然科技应用的直接驱动力来自生产和社会发展的需要，但绿色科技的应用在这个过程始终以生态价值为基本考量，不以损害自然环境为代价。因此，必须朝着促进生态文明建设的目标发展绿色科技，使科学技术的应用有利于保护生态环境和社会经济的发展。

鉴于黑龙江省农村地区的实际情况，要大力引进各种新的绿色科学技术、新工艺和新产品，推广成熟的绿色农业技术。如畜禽粪便与土壤的综合利用技术、土壤污染控制技术、农药残留快速测定技术等，同时推广污染处理技术，重点发展生物技术、无公害农业技术、经济施肥技术、节水技术等。

同时要加强相关领域的技术研发，加强科技资源整合，重视关键技术研发攻关，建立技术大数据，形成一整套适合黑龙江省绿色农业高质量发展的技术模式与体系。鼓励科研院校与农产品加工、废弃物综合利用等企业采取技术转

让和作价入股方式合作，促进科技成果转化。建设农业面源污染防治科技创新推广联盟，走"产学研"一体化路径，为黑龙江省绿色农业高质量发展突破资源环境束缚提供有利条件。

此外，对农民也要加强绿色科技培训，组织专家和相关技术人员组建技术指导小组，进村做好绿色技术服务工作，使技术下乡，真正服务农村。加强农业人才队伍建设，充分利用各种媒体手段实施科技培训，培养掌握文化和技术的新型农民。农民掌握了绿色技术，才能真正应用到农业生产中，从而转变传统农业生产方式，提高绿色农产品质量，实现增收富民的目标。同时还可以发挥绿色技术在生态修复、生态景观打造方面的优势，带动经济发展，优化农村人居环境。只有广大乡村变绿了，我国生态文明建设的目标才能真正实现。

只有大力推动绿色科技发展，黑龙江省才能抓住全国绿色农业市场所孕育的巨大机遇，提高绿色技术和绿色农产品在全国市场中的份额，为黑龙江省农业经济的绿色转型和高质量发展提供新的经济增长动力。绿色技术的进步使我们能够找到在一定程度上缓解资源危机的替代方案，使资源过度消耗现象得以缓解，并且在生产过程中最大限度地减少废物排放。因此推进绿色科技发展，不光能够带来经济效益，实现社会经济的增长，同时还能够推动乡村振兴，让农村居民走上共同富裕之路，走上质量兴农之路。

3. 优化农村产业结构，壮大绿色产业

生态文明建设虽侧重于生态，但事实上却涉及社会发展的很多方面，是一个完整的系统，不仅包括生态环境的治理保护，更重要的是经济社会的发展。因此，在经济发展中要积极优化产业结构，大力发展多种经济形式，不断壮大绿色产业，推进一二三产业融合发展。

优化产业结构要充分利用当地的资源优势，瞄准市场需求，力所能及地发展特色种养业、农产品加工业等绿色无污染产业。此外，优化产业结构还可以从诸如特色文化、生态景观等多角度入手。也可以在政府的帮助下，扶持建设一批具有当地特色的旅游村镇，充分利用本地丰富资源打造具有市场竞争优势的乡村旅游休闲品牌。调整农村产业结构关键之一就是从市场需要出发，优化农业区域布局，凭借不同地区的各自优势，实现经济利益与生态效益的最大化。农村也需要发展符合当地实际情况高新技术产业，淘汰和取缔高污染、低经济效益的产业，严格控制污染标准。同时培养农村高素质技术人才，实现部分农村失业人员再就业，促进农村企业创新发展。

新时期，黑龙江省要坚持把解决好"三农"问题作为重点，优先发展农业农村，夯实农业基础地位，优化农村产业结构，壮大绿色产业，推动绿色农业高质量发展，建成农业强省。要推进绿色农产品加工业全产业链发展，发展出

口导向型农业，实现绿色农产品多层次、多环节转化增值，把农业和绿色农产品精深加工业打造成产业集群。因地制宜发展农村新产业、新业态，完善绿色农产品现代流通体系，创建国家级农村产业融合先导区，丰富乡村经济业态，拓展农民增收空间，提高绿色农产品质量效益和竞争力。同时还可以大力发展乡村旅游业，在为游客提供良好的农业旅游体验的同时，也可以拓展农村非农产品产业发展的可能性。通过优化农村产业结构，黑龙江省不断壮大绿色产业，提高绿色农产品质量，实现农村居民增收致富的目标，协同推进绿色农业高质量发展和社会经济效益提升，促进经济社会发展全面绿色转型，实现人与社会和谐发展，建成生态强省。

4. 打破城乡二元结构，统筹城乡绿色发展

城乡发展不平衡问题已经成为我们的共识，只有从更高层次出发才能破解这个问题，即要把农村与城市放在同一平台上，予以同等的发展机会和物质支持，从而推动二者同向共进。因此，打破城乡二元结构，首要在于转变重"城"轻"农"的局面和建设思路，协调城乡生态文明建设的研究和规划方法，努力解决城乡规划的统一性，力求在城乡规划、产业布局、基础设施建设、公共财政支出等方面做到一般和特殊、整体和局部的有效结合与科学统筹，从而真正实现城乡的一体化发展。统筹城乡绿色发展，就是针对城乡存在的"二元生态体系"情况而提出的，它以实现城乡一体化绿色发展为目标，致力于将农村的生态环境保护、资源合理利用及绿色产业发展等全部囊括于一体化的格局中，并对其进行全面规划整合，以促进城乡同向同行、绿色共荣，为城乡居民谋求共同发展机会和共享机会。

为了打破城乡二元结构，统筹城乡发展，黑龙江省首先要协调城乡资源、能源的集约利用。由于二元结构的存在，城乡之间的资源和能源开发利用并不在一个平台，而是相对独立。这一方面直接导致城乡之间资源、能源的人为分割和重复建设，阻碍了其在城乡之间的流动和交换，使之无法进行合理有效的配置和使用。另一方面，这也带来了很多不必要的浪费，消耗了农村的资源、能源潜力。因此，有必要站在更高层次统筹城乡资源、能源的开发利用，体现集约效应，实现绿色发展。

其次，要统筹城乡环境保护。从规划和建设两个层面，根据城乡环境污染物的特点，建立规范的环保设施体系，让环保设施和配套机制标准落实到农村发展需要的各个方面，全面提高对污水、垃圾等污染物的处理水平。当前，一些企业为了追求经济效益，上马一些对环境会造成严重污染的项目，抑或排污设备没有达到环保标准的项目。这些企业在建立工厂选址时往往选择一些比较偏远的农村地区，因为这些地区的地价相对城市要低很多，同时当地政府为了促进经济发展放松了环评准入标准。因此，要真正从农村中清除不符合环保标准的企业，确保农村生态环境保护工作有效，就必须建立标准与城市一样严格的企业准入机制。

最后，统筹城乡绿色产业发展。相较于乡村，城市无论是在经济发展方面还是科技创新方面都有着明显的优势，为此，在实现城乡绿色产业统筹发展的过程中，需要城市积极响应。而产业联动是连接城市与农村的有效形式。具体而言，一方面，城市应发挥自身优势，将绿色生产要素分享给农村，并在城乡合作的基础上形成强有力的绿色产业集群，推动二者互利发展。另一方面，需鼓励城市科技型企业在农村投资，发挥科技强农的优势，促进农产品的绿色开发与深加工。就农村而言，要鼓励农村企业进城，在打造农村优势产业链上用功，扩展产业结构，深挖产业附加价值。

通过以上方式，促进黑龙江省城乡绿色发展，不断提高乡村治理能力和治理水平，改变旧有农业发展模式中环境与发展对立的关系，追求环境保护和经济、社会发展的相互融合和协同增效。逐步建立城乡居民权益平等、公共服务均等、个人收入均衡、要素配置合理、产业有机融合的城乡一体化绿色发展新格局，开创人与社会和谐发展的新局面，加快推进黑龙江省生态文明建设。

（二）夯实绿色发展保障，推进人与自然和谐发展

1. 完善法律法规，健全绿色发展法律体系

习近平指出"推动绿色发展，建设生态文明，重在建章立制，用最严格的制度、最严密的法治保护生态环境。"完善的制度体系是推进农村生态文明建设的必要保障，构建科学规范、民主公正、运行高效的制度体系，有助于绿色发展体制机制的形成，并且为多元利益主体积极参与农村生态文明建设提供了强有力的制度保障。

虽然在生态环境保护领域我国已经建立了一套法律法规体系，但仍然存在立法空缺，导致存在许多法规执法不力，许多机构权责交叉不明晰等问题，直接影响了法律的执行效果和威慑力。因此，黑龙江省要加快完善地方的环境立法，因地制宜的地方法不仅能让国家层面的法律更好地落实，也为强化执法保障提供了鲜活的样本。生态环境的保护必须要依靠法治的力量保护生态系统的完整性与特殊性，保障农村绿色高质量发展，进而推动生态文明建设进程。

全省建立健全环境治理监管体系，落实各类主体责任，提高市场主体和公众参与的积极性，形成导向清晰、决策科学、执行有力、激励有效的环境治理体系，为生态文明建设提供有力保障。完成省级以下生态环境机构监测监察执法垂直管理制度改革，深化全省生态环境保护综合行政执法改革，优化职责及

编制配置，提高监测执法履职保障能力。建立健全基层生态环境保护管理体制，乡镇、街道要明确承担生态环境保护责任的机构和人员，落实行政村生态环境保护责任。

环境执法，是推进绿色农业高质量发展的保障，必须坚持源头严防、过程严管、工作严查、损害严惩，对损害环境行为"零容忍"，以法治"红线"守住发展"绿线"。黑龙江省应该根据实际情况制定具体保护措施，基层党委、政府和党员干部应该认真遵守并执行，通过健全绿色发展法律体系，引导教育人民树立共同保护生态环境的意识，实现人与自然和谐发展，将生态文明建设与乡风文明建设相结合，让良好生态环境成为经济社会持续健康发展的支撑点。

2. 完善考核机制，健全绿色监督管理体系

习近平指出："我们一定要彻底转变观念，就是再也不能以国内生产总值增长率来论英雄了，一定要把生态环境放在经济社会发展评价体系的突出位置。"长期以来，对地方领导干部的任用考核多是基于 GDP 的政绩，这种单一片面的考核标准往往导致领导干部盲目崇拜 GDP，违背经济规律，背离地方实情，不顾实际情况大搞政绩工程。为此，必须完善考核机制，将生态效益列入考核之中，建立健全科学有效的绿色监督管理体系。

首先最重要的是实施绿色发展考核机制，黑龙江省应将绿色发展考核作为一种评估方式，在规范相关主体行为的同时也可以提高领导干部的觉悟，调动他们的积极性和参与度。建立奖惩机制，对农业绿色发展中取得显著成绩的单位和个人，按照有关规定给予表彰，对落实不力的进行问责。建立健全绿色发展考核机制，从制度层面督促各利益相关方尤其是地方政府推进绿色农业高质量发展，以此来保障生态文明建设的顺利进行。

其次是不断完善绿色监督管理体系，全面而完善的监督体系是驱动监督对象规范行为的外在动力。在政府监管方面，要从上至下，一级监督一级，遏制过去由于监督制度不完善导致地方政府因片面追求经济利益，牺牲生态效益的现象。在社会监督方面，要建立广泛、多级的媒体通道，通过传统媒体、新媒体定期公布当地绿色农业发展信息，并畅通举报反馈渠道等，广泛接受全社会的监督。

黑龙江省通过完善考核机制，健全绿色监督管理体系，要求农业环境和资源要符合绿色质量标准，并通过建立全面的土地利用和规划体系，使发展速度不致超越环境的承载能力，自然资源不会消耗过量，保护环境不致退化或促进生态环境的改善，确保绿色农业和农村经济的高质量发展。推动乡村自然资本加快增值，实现百姓富与生态美的统一，实现人与自然和谐发展，加快黑龙江

省生态文明建设。

（三）营造绿色发展氛围，推进人与人和谐发展

1. 加强生态宣传教育，树立绿色生态意识

意识是行动的指南，良好的生态意识是实施绿色行动的前提，是建设生态文明的基础。推进黑龙江省绿色农业高质量发展需要加强生态宣传教育，树立绿色生态意识，在省政府的领导下，构建政府、社会组织和公众多元主体共同参与的绿色农业发展治理体系。

农民作为绿色农业高质量发展的建设主体，我们必须重视对广大农民生态意识的培养和综合素质的提高，切实树立绿色农业高质量发展意识。但这是一个较为漫长的过程，不可急于求进。宣传教育的手段、方式和方法需要结合宣传对象的具体情况，根据不同教育对象的接受能力与特点，选择不同的方式方法进行宣传教育，化被动为主动，促使农民逐步树立起绿色生态意识。

黑龙江省还要通过不同的途径和形式开展对绿色农业高质量发展知识的普及工作，增强民众生态保护意识，培育公民反对环境污染和破坏、维护生态平衡的价值观。通过广泛的绿色教育以及环保活动的开展，民众会提高对生态文明建设的关注度，并自主地加入生态保护的队伍中来，其生态文明素养得以逐步提升。目标是在全社会渐渐形成人人都知生态建设，人人都懂生态建设，人人都参与生态建设的良好氛围。

人是绿色农业高质量发展的主体和动力，也是绿色农业高质量发展成果的检验者，绿色发展既取决于人们的行动，也取决于人们的价值观。绿色农业高质量发展是以人为中心的发展，建立在生态可持续发展理念、社会公正和人民积极参与自身发展决策的基础上。通过加强生态宣传教育，人们的绿色生态意识得以树立。

2. 倡导绿色消费观念，践行绿色生活方式

对绿色消费观念进行宣传，可以在无形中提高居民的环保意识，对绿色生活方式的倡导，可以提高居民对于绿色生态建设的参与度。通过宣传教育，居民意识到他们当前的生活环境遭到破坏更多的是人为因素，他们虽然是受害者，但更是直接的责任人。推进生态文明建设、解决生态环境问题要动员每一个居民积极参与环保活动，实现生活方式绿色化转变。

规范消费市场，形成绿色消费理念。消费必不可少，但不同的消费方式具有不同的影响和后果，促进绿色消费对居民生活方式的绿色转变具有重要意义。在规范消费市场的过程中，政府、企业和公众三者的共同参与是不可分割、缺一不可的。政府管理绿色产品认证标准和产品识别，严格控制绿色消费

品的来源和销售渠道，加强对消费市场的执法监督，引导企业大力发展、创新和丰富各种绿色产品。而企业应主动承担起市场主体的责任，在创造经济效益的同时，更要以长远的眼光看待发展，注重环境效益，切忌出现违背生态文明建设理念的行为。公众作为消费主体，在衣食住行等方面要时刻提醒自己树立绿色消费观念，尽可能选择绿色环保产品，规范自己的消费行为，避免因消费不当引起环境问题。

加大宣传力度，倡导绿色生活方式，需要各个单位部门协同整合有关绿色生活方式的宣传资料，充分利用互联网新媒体平台，以线上线下综合方式来扩大环保宣传。如定期举办有关绿色环保的主题宣讲会、开发有关绿色生活的App，让居民能够更便捷地了解到绿色生活方式的相关动态，充分了解绿色消费的重要性。

绿色农业发展是以人为中心的发展，通过倡导绿色消费观念，践行绿色生活方式，使人们认识到经济增长只是社会发展的手段，人的自由全面发展才是社会发展的核心和最终目标。绿色农业高质量发展推动农业经济转型，在促进经济发展的同时，给人们的生活带来幸福感，把经济与人民生活幸福结合起来从而超越单纯的"经济"领域，把经济发展对于财富特别是物质财富的创造变成是服务于实现美好生活的手段，从而试图在经济发展与幸福感的相互统一中实现人的美好生活，进而实现人与人的和谐发展，促进生态文明建设。

项目负责人：师帅
主要参加人：翟涛、邢洁、张磊、臧发霞、荆宇、周林庆等

图书在版编目（CIP）数据

农业与农村经济发展研究 . 2021 / 东北农业大学经济管理学院，东北农业大学现代农业发展研究中心编 . —北京：中国农业出版社，2022.8
ISBN 978-7-109-29868-2

Ⅰ . ①农… Ⅱ . ①东… ②东… Ⅲ . ①农业经济发展－研究－中国－2021②农村经济发展－研究－中国－2021 Ⅳ . ①F32

中国版本图书馆 CIP 数据核字（2022）第 152830 号

中国农业出版社出版
地址：北京市朝阳区麦子店街 18 号楼
邮编：100125
责任编辑：张　丽　　文字编辑：邓琳琳
版式设计：杜　然　　责任校对：周丽芳
印刷：北京中兴印刷有限公司
版次：2022 年 8 月第 1 版
印次：2022 年 8 月北京第 1 次印刷
发行：新华书店北京发行所
开本：720mm×960mm　1/16
印张：29
字数：530 千字
定价：98.00 元